KB041638

편집대표 양 창 수

제 2 판

# 민법주해

## [Ⅱ]

총 칙 (2)

[제 31 조 ~ 제 102 조]

박영사

**편집대표** 양 창 수(한양대학교 법학전문대학원 석좌교수;

              서울대학교 법학전문대학원 명예교수; 전 대법관)


**편집위원** 김 형 석(서울대학교 법학전문대학원 교수)

              오 영 준(서울고등법원 부장판사)

# 머 리 말

『민법주해』총칙편의 초판이 그 제1권부터 제3권으로 발간된 것이 1992년 3월이다. 그로부터 세어보면 벌써 30년의 세월이 흘렀다. 그리고 채권편 각론 마지막의 제19권은 불법행위에 관한 민법 규정의 뒷부분, 그리고「불법행위 후론」으로 인격권 침해·공해·자동차운행자책임을 다뤘는데, 2005년 1월에 나왔다. 그것도 이미 17년 전의 일이다.

이제『민법주해』의 제2판을 출간하기에 이르렀으니 감개가 없을 수 없다. 돌이켜보면, 곽윤직 선생님이 '제대로 된' 민법「코멘타르」의 구상을 처음으로 말씀하신 것은 선생님이 서울대학교 법과대학 정년퇴직을 몇 년 앞둔 1987년 말쯤이라고 기억한다. 선생님은 우리나라에서 민법 관련 문헌이 교과서에 일방적으로 치우쳐 있음을 한탄하면서, 이를 바로잡는 하나의 방법으로 우선 우리의 힘으로 민법의 모든 실제의 또는 상정될 수 있는 문제들에 대하여 그 현재의 모습을 포괄적으로 다루는 —즉, 독일의 wissenschaftlicher Großkommentar에 해당하는— 자료가 나와야 한다고 역설하였다(또 하나는 본격적인 법 관련의 '종합 정기간행물'이다). 그리하여『민법주해』를 편집하는 작업이 개시된 것이다.

그리하여 곽 선생님은 전체「머리말」에서, "이 주해서는 각 조문마다 관련되는 중요한 판결들을 인용해 가면서 확정된 판례이론을 밝혀주고, 한편으로는 이론 내지 학설을 모두 그 출전을 정확하게 표시하고, 또한 논거를 객관적으로 서술하여 민법 각 조항의 구체적 내용을 밝히려는 것"으로서, "그 목적하는 바는, 위와 같은 서술을 통해서 우리의 민법학의 현재 수준을 부각시키고, 아울러 우리 민법 아래에서 생기는 법적 분쟁에 대한 올바른 해답을 찾을 수 있게 하려는 데 있다"고 밝힌 바 있다.

이러한『민법주해』편집·간행의 '목적'이 이제 발간되는 제2판에서도 조금도 변함이 없음은 물론이다.

그러나 당연히 법은 변화하고 발전하는 것이다. 그 사이에 우리 사회는 1980년대 말의 자취는 거의 찾아볼 수 없을 만큼 엄청나게 변모하였다. 사람의 가치나 사고방식에도 그러한 변화가 적지 않다. 그리하여 민법의 규정은 대체로 전과 같다고 하여도, 이로써 처리되어야 하는 법문제의 양상은 사뭇 달라졌다. 그리고 새로운 법률이 제정·시행되거나 종전의 규정이 개정 또는 폐기된 경우도 드물지 않다. 그에 따라 전에 없던 법문제가 제기되고 추구되어야 할 법이념도 달라져서, 새로운 법리가 이에 답한다. 그리하여 새로운 재판례가 나온다. 그리고 종전의 법리나 판례 등도 다시 검토되지 않을 수 없다.

　　또한 지적되지 않으면 안 되는 중요한 사실은, 민법의 해석·적용에 관한 우리의 역량이 전에 비하여 훨씬 충실하여졌다는 점이다. 물론 여전히 개선되어야 할 점이 적지 않음은 인정하지 않을 수 없겠다. 그러나 예를 들자면 비교법적인 시야가 훨씬 넓어져서 어느 외국의 이론에 맹종하는 경향은 많이 청산되었다고 해도 좋을 것이다. 또한 민사재판실무에 대하여도 보다 객관적이면서 비판적인 태도를 취하고, 또한 그 '흐름'에 대한 의식이 날카로워졌다.

　　『민법주해』의 개정판은 이러한 변화를 담으려고 노력하였다. 여러 가지의 어려운 고비를 거쳐 이제 드디어 햇빛을 보게 되는『민법주해』의 개정판이 여러분의 기대에 크게 어긋나지 않기를 바란다.

2022년 2월 25일

편 집 대 표

梁　彰　洙

# 총칙편 집필자

구자헌(특허법원 고법판사)
권  철(성균관대학교 법학전문대학원 교수)
권영준(서울대학교 법학전문대학원 교수)
김상중(고려대학교 법학전문대학원 교수)
김시철(서울고등법원 부장판사)
김형석(서울대학교 법학전문대학원 교수)
박인환(인하대학교 법학전문대학원 교수)
양창수(한양대학교 법학전문대학원 석좌교수; 서울대학교 법학전문대학원
　　　명예교수)
오영준(서울고등법원 부장판사)
윤태식(서울동부지방법원장)
이동진(서울대학교 법학전문대학원 교수)
이연갑(연세대학교 법학전문대학원 교수)
이정민(변호사)
제철웅(한양대학교 법학전문대학원 교수)
진현민(서울고등법원 고법판사)
천경훈(서울대학교 법학전문대학원 교수)
최병조(서울대학교 법학전문대학원 명예교수)
최수정(서강대학교 법학전문대학원 교수)
호제훈(변호사)

(이상 가나다 순, 현직은 2022년 3월 1일 기준)

# 집필내용

# 범 례

## 1. 조 문

§ 49 II (iii)   ← 민법 제49조 제2항 제3호

§ 12-2   ← 민법 제12조의2

부칙 § 10   ← 민법 부칙 제10조

## 2. 재 판 례

### (1) 일    반

대판 80.7.8, 79다1928(집 28-2, 101) ← 대법원 1980년 7월 8일 선고 79다1928
　　　　판결(대법원판결집 제28권 2집 민사편 101면)

대결 05.3.15, 2003마1477(공 05상, 391) ← 대법원 2005년 3월 15일 고지 2003
　　　　마1477 결정(판례공보 2005년 9634면)

대판 80.9.24, 80다1220(요집 민 I-1, 161) ← 대법원 1980년 9월 24일 선고 80
　　　　다1220 판결(대법원판례요지집 민사·상사편 I-1권
　　　　161면)

헌재 05.2.3, 2001헌가9(헌집 17-1, 1) ← 헌법재판소 2005년 2월 3일 선고
　　　　2001헌가9 결정(헌법재판소판례집 17권 1집 1면)

서울고판 71.12.29, 71나1733(고집 71, 612) ← 서울고등법원 1971년 12월 29일
　　　　선고 71나1733 판결(고등법원판결집 1971년 민사편 612면)

대구지판 88.2.10, 87나485(하집 88-1, 226) ← 대구지방법원 1988년 2월 10일
　　　　선고 87나485판결(하급심판결집 1988년 제1권 민사편
　　　　226면)

서울동지판 07.4.24, 2006가단62400(각공 07, 1875) ← 서울동부지방법원 2007
　　　　년 4월 24일 선고 2006가단62400 판결(각급법원 판결공
　　　　보 2007년 1875면)

서울고판 06.2.17, 2005나7544(정보) ← 서울고등법원 2006년 2월 17일 선고
　　　　2005나7544 판결(법원 종합법률정보 검색)

(2) 기타의 재판법원 및 재판종류의 표시

대판(전) ← 대법원 전원합의체 판결

대구고판 ← 대구고등법원 판결

서울중지판 ← 서울중앙지방법원 판결

밀양지원판 ← 마산지방법원밀양지원 판결

서울가결 ← 서울가정법원 결정

(3) 재판례의 출전

집 ←「대법원판결집」,「대법원판례집」

전집 ←「대법원전원합의체판결집」

공 ←「법원공보」,「판례공보」

고집 ←「고등법원판결집」

하집 ←「하급심판결집」

각공 ←「각급법원 판결공보」

월보 ←「판례월보」

신문 ←「법률신문」

총람 ←「판례총람」

요집 ←「대법원판례요지집」

법고을 ←「법원도서관 법고을 DVD」

정보 ←「대한민국 법원 종합법률정보」

로앤비 ← THOMSON REUTERS LAWnB

미공개 ← 공개되지 아니한 재판례

## 3. 법령약어

(1) 법　률

| | |
|---|---|
| 가등기담보등에 관한 법률 | 가담 |
| 가사소송법 | 가소 |
| 가사심판법(폐지) | 가심 |
| 가족관계 등의 등록에 관한 법률 | 가족등 |
| 개인정보 보호법 | 개정보 |
| 개인채무자회생법(폐지) | 개회 |

| | |
|---|---|
| 건설기계관리법 | 건관 |
| 건축기본법 | 건기 |
| 건축법 | 건축 |
| 경매법(폐지) | 경매 |
| 고물영업법(폐지) | 고물 |
| 공공기관의 정보공개에 관한 법률 | 공정보 |
| 공공주택건설 등에 관한 특별법 | 공주 |
| 공무원연금법 | 공연금 |
| 공익법인의 설립 및 운영에 관한 법률 | 공익법인 |
| 공익사업을 위한 토지 등의 취득 및 보상에 관한 법률 | 공토취 |
| 공인중개사법 | 공중개 |
| 공장 및 광업재단 저당법 | 공저 |
| 공증인법 | 공증 |
| 공탁법 | 공탁 |
| 관세법 | 관세 |
| 광업법 | 광업 |
| 광업재단저당법(폐지) | 광저 |
| 국가를 당사자로 하는 계약에 관한 법률 | 국계 |
| 국가를 당사자로 하는 소송에 관한 법률 | 국소 |
| 국가배상법 | 국배 |
| 국가유공자 등 예우 및 지원에 관한 법률 | 예우 |
| 국가재정법 | 국재정 |
| 국민연금법 | 국연금 |
| 국세기본법 | 국세 |
| 국세징수법 | 국징 |
| 국유재산법 | 국재산 |
| 국적법 | 국적 |
| 국제물품매매계약에 관한 국제연합 협약 | 국연매매 |
| 국제사법 | 국사 |
| 국토의 계획 및 이용에 관한 법률 | 국토 |
| 귀속재산처리법 | 귀재 |

| | |
|---|---|
| 여신전문금융업법 | 여신 |
| 온천법 | 온천 |
| 외국인토지법 | 외토 |
| 외국환거래법 | 외환 |
| 원자력 손해배상법 | 원배 |
| 유실물법 | 유실 |
| 은행법 | 은행 |
| 이자제한법 | 이자 |
| 인사소송법(폐지) | 인사 |
| 인신보호법 | 인신 |
| 임대주택법 | 임주 |
| 입목에 관한 법률 | 입목 |
| 자동차 등 특정동산 저당법 | 자저 |
| 자동차관리법 | 자관 |
| 자동차손해배상 보장법 | 자배 |
| 자본시장과 금융투자업에 관한 법률 | 자본시장 |
| 자산유동화에 관한 법률 | 자산유 |
| 저작권법 | 저작 |
| 전자거래기본법 | 전거 |
| 전자상거래 등에서의 소비자보호에 관한 법률 | 전소 |
| 전통사찰의 보존 및 지원에 관한 법률 | 사보 |
| 정신보건법 | 정신보 |
| 제조물 책임법 | 제조 |
| 주민등록법 | 주등 |
| 주식회사의 외부감사에 관한 법률 | 외감 |
| 주택법 | 주택 |
| 주택임대차보호법 | 주임 |
| 주택저당채권유동화회사법 | 주채유 |
| 중재법 | 중재 |
| 증권관련 집단소송법 | 증집소 |
| 지방세기본법 | 지기 |

(2) 부칙, 별표는 법명 뒤에 약칭 없이 '부칙' '별표'로 인용하며, 구법의 경우 법령 앞에 '구'를 덧붙인다.

(3) 법률의 시행령 또는 시행규칙은 법률약어에 '령' 또는 '규'를 붙인다.

(4) 외국법률과 모델규칙 등

| | |
|---|---|
| 독민 | 독일민법 |
| 네민 | 네덜란드신민법 |
| 프민 | 프랑스민법 |
| 스민 | 스위스민법 |
| 스채 | 스위스채무법 |
| 일민 | 일본민법 |
| 오민 | 오스트리아민법 |
| 이민 | 이태리민법 |
| 그민 | 그리스민법 |

| | |
|---|---|
| UCC | Uniform Commercial Code |
| PECL | 유럽계약법원칙 |
| DCFR | 유럽 민사법 공통기준안 |
| PETL | 유럽불법행위법원칙 |
| PICC | UNIDROIT 국제상사계약원칙 |

(5) 외국법령의 조항 인용도 우리 법령의 인용과 같은 방식으로 한다.
   (예)

| | | |
|---|---|---|
| 독민 § 312-b I (iii) | ← | 독일민법 제312조의b 제1항 제3호 |
| 프민 § 17-2 | ← | 프랑스민법 제17조의2 |
| 스채 § 22 | ← | 스위스채무법 제22조 |

## 4. 문헌약어

(1) 교과서 : 저자명만으로 인용한다.
   강봉석, 민법총칙, 제4판, 2014.

강태성, 민법총칙, 제5판, 2013.

고상용, 민법총칙, 제3판, 2003.

고창현, 민법총칙, 2006.

곽윤직 · 김재형, 민법총칙, 제9판, 2013.

권용우, 민법총칙, 제5전정판, 2003.

김대정, 민법총칙, 2012.

김민중, 민법총칙, 2014.

김상용, 민법총칙, 제2판, 2013.

김용한, 민법총칙론, 재전정판, 1993.

김주수 · 김상용, 민법총칙, 제7판, 2013.

김준호, 민법총칙, 제9판, 2014.

김증한 · 김학동, 민법총칙, 제10판, 2013.

명순구, 민법총칙, 2005.

백태승, 민법총칙, 제6판, 2014.

서을오, 민법총칙, 2013.

소성규, 민법총칙, 제4판, 2014.

송덕수, 민법총칙, 제2판, 2013.

이덕환, 민법총칙, 2012.

이영준, 민법총칙, 개정증보판, 2007.

이은영, 민법총칙, 제5판, 2009.

정기웅, 민법총칙, 제3판, 2013.

한삼인, 민법총칙, 2013.

홍성재, 민법총칙, 제5판, 2013.


양창수 · 김재형, 민법 Ⅰ: 계약법, 2010.

양창수 · 권영준, 민법 Ⅱ: 권리의 변동과 구제, 2011.

양창수 · 김형석, 민법 Ⅲ: 권리의 보전과 담보, 제2판, 2015.


(2) 정기간행물

    가연 ←「가족법연구」

    민판연 ←「민사판례연구」

민학 ←「민사법학」

법조 ←「법조」

비교 ←「비교사법」

사론 ←「사법논집」

사법 ←「사법」

사행 ←「사법행정」

신문 ←「법률신문」

월보 ←「판례월보」

재산 ←「재산법연구」

저스 ←「저스티스」

제문제 ←「민사재판의 제문제」

해설 ←「대법원판례해설」

(3) 기   타

구주해 […](집필자) ← 곽윤직 편집대표, 민법주해, 1992~2005 (꺾음괄호 안
          은 권수를 가리킨다)

주석 […](제○판/집필자) ← 김용덕 편집대표, 주석 민법, 제5판, 2019~
               김용담 편집대표, 주석 민법, 제4판, 2010~2016 (꺾음괄
               호 안은 권수를 가리킨다)

## 5. 외국문헌 및 재판례

(1) 외국문헌 및 재판례의 인용

(가) 외국 문헌과 외국 재판례 등은 각국에서 통용되는 약칭으로 인용하는
    것을 원칙으로 한다(연도는 서기로 표기하되, 일본의 경우는 평성, 소화,
    대정, 명치 등의 연호에 따른 연도를 괄호 안에 평, 소, 대, 명 및 그 각 연
    도로 부기한다).

(나) 외국 문헌의 경우 최초로 인용할 때에 간행연도 및 판수(논문의 경우는,
    정기간행물 및 그 권호수 등)를 표시하고, 이후 같은 조항에서 인용할
    때는 "저자(또는 필자), 인용면수"의 방법으로 인용하되(같은 필자의 문
    헌을 여럿 인용하는 경우에는 최초 인용의 각주 번호에 따라 '(주 ○)'를
    필자 이름 아래 붙인다), 다음에 언급하는 주석서는 예외로 한다.

독일 주석서의 경우 "주석서 이름/집필자"

일본 『注釋民法』의 경우 "日注民 […](집필자)" 또는 "日注民 新版 […]
(집필자)"

(2) 재판례의 인용 등

본문 등에서는 각 국의 최고법원에 대하여 다음의 용어를 쓴다.

독일대법원                ←      독일의 Bundesgerichtshof
독일헌법재판소            ←      독일의 Bundesverfassungsgericht
독일제국법원              ←      독일의 Reichsgericht
프랑스파기원              ←      프랑스의 Cour de Cassation
스위스대법원              ←      스위스의 Bundesgericht

# 차    례

## 第 3 章   法    人

## 第 3 節  機　　關

第 4 節　解　　散

第 5 節　罰　　則

第 4 章　物　　件

# 第3章 法 人

## 전 론

## Ⅰ. 법인의 의의

### 1. 법인의 정의

(1) 우리민법에는 법인에 관한 정의 규정을 두고 있지 않다. 학계의 전통적 정의에 의하면 "법인이란 자연인 이외에 권리능력이 있는 것, 즉 권리의무의 주체가 될 수 있는 것"을 말한다.[1] 권리주체성의 중심을 권리능력으로 파악하여 권리능력을 가지는 것은 우선 자연인이고 그 밖에 법인이 있다고 하는 것이다. 이러한 정의는 권리주체성에 관한 민법전의 구성에 충실한 것이다.

§ 31는 법인은 법률의 규정에 의하여서만 성립할 수 있다고 규정하여 이른바 '법인법정주의'를 선언하고, § 32는 영리 아닌 사업을 목적으로 하는 사단 또는 재단을 법인으로 할 수 있다고 규정한다. 법인 일반에 관한 원칙을 선언함과 동시에 민법이 직접 구체적으로 규정하는 것은 비영리법인이라는 점을 명시하고 있는 것이다. 한편 § 39는 영리법인에 관하여 언급하고 있는데,[2] 실

---

1) 곽윤직, 민법총칙, 신정판, 1989, 208; 송덕수, 민법총칙, 제4판, 2018, 552, 양창수·김
　형석, 14. "자연인이 아니면서 법률상 권리·의무의 주체가 되는 것으로, 자연인과 같이 법
　인격(권리능력)을 인정할 목적으로 어떤 관념적 존재를 만들어 그로 하여금 권리·의무를
　가질 수 있도록 한 법적 기술"(고상룡, 172)이라는 정의도 같은 맥락에서 이해할 수 있다.
2) § 39 Ⅰ "영리를 목적으로 하는 사단은 상사회사설립의 조건에 좇아 이를 법인으로 할
　수 있다."

질적으로는 상법의 회사 편에서 영리법인에 관한 망라적인 규정을 두고 있다. 그 첫 조문인 상 § 169[3)]는 회사는 모두 영리목적의 법인이라고 규정한다.

민상법을 아우르는 실정법상의 법인에서는 권리의무의 귀속을 비롯한 대외관계뿐 아니라, 그 내부관계 내지 조직 즉 단체성이 법적으로 중요한 요소가 된다. 단체의 설립을 승인하는 법률은 비영리·영리 등 단체의 목적에 따라 존재하는데, 법인의 조직, 운영, 관리는 사적 자치를 기초로 하여 법률이 정하는 바에 의한다. 이렇게 보면 법인은 비영리 또는 영리의 특정한 목적을 달성하기 위하여 사람이 설립한 '단체'적 조직으로 법률의 규정에 따라 법인격을 취득한 것이라고 할 수 있다.

(2) 사회 및 경제 사정이 진전함에 따라 우리는 사회적·경제적·정치적 방면에서 단체를 통해서 사회생활을 영위하고 있다. 예컨대 비영리·공익 목적의 시민단체, 자본단체인 회사, 노동자단체인 노동조합, 구성원의 경제생활 향상을 도모하는 각종 협동조합, 공동사업체로서의 조합, 정치단체, 정당 등 다양한 단체가 존재한다. 이러한 단체 중에 많은 경우는 법인의 형태를 취하고 있는데, 법인 아닌 단체로 남아 있는 경우도 있다. 우리 민사법(민상법)이 전제로 하고 있는 단체의 결합 형태에는 일정한 조직을 가지는 사람의 집단과 재산의 집합이 있는데, 전자를 널리 인적 단체라고 하고 후자를 재단이라고 한다. 그리고 인적 단체에는 사람의 조직적 결합에 의한 '사단'과 사람의 계약적 결합에 의한 '조합'이 있는데, 법인격이 인정되는 것은 계속성을 가지고 조직을 갖춘 사단뿐이라고 하는 것이 통설이다. 이러한 구분은 사단·조합 준별론이라고 하는데, 독일법학에서 계수한 것이다.

(3) 그런데 법인이란 무엇인가, 그리고 사단·조합은 명확히 구분되는 것인가의 문제는 비법인사단론이나 법인격부인론과 관련하여 재검토할 것이 요구된다.[4)] 비법인사단론은 주로 민법학에서, 법인격부인론은 전적으로 상법학(회사법)에서 논의되고 있는데, 이에 의하면 법인 아닌 사단은 법인격이 없더라도 실질적으로는 법인과 유사한 취급을 받고 있고, 회사법인격 부인에 의하여 법인이 형식적으로는 법인격이 있어도 실질적으로는 그것이 없는 것과 동일한 취급을 받게 된다. 여기서 법인격의 효과가 무엇을 나타내는가 하는 것으

---

3) 상 § 169 이 법에서 "회사"란 상행위나 그 밖의 영리를 목적으로 하여 설립한 법인을 말한다.

4) 구주해(1), 429(이주흥).

로부터 법인이 무엇인가라는 문제에 접근할 수 있다는 것이다.[5] 그로 인해 법인인 것과 법인이 아닌 것 사이의 구체적인 징표가 옅어지고, 법인성의 정도에 따라 법인인 것으로부터 발생하는 효과를 어느 정도 가질 수 있는가 즉 법인격의 다양성 내지 상대성이 점차 인식되게 되었다. 결국 법인격이 있더라도 그 내용이 다양하고 법인격이 없더라도 법인격이 있는 것처럼 취급되는 경우가 있는 바, 이러한 현상은 법인이라고 하는 것의 배후에 있는 실체가 다양할 뿐만 아니라 법기술적인 개념인 법인성의 정도가 강한 것부터 약한 것까지 연속되어 있는 데서 발생한다고 볼 수 있다.[6] 그리고 영리법인을 주로 염두에 두고 최근의 동향을 살펴보면, 사단형 단체에만 법인격이 인정될 수 있다는 이념형으로서의 사단과 조합 구별은 상대화되고 있다고 할 수 있다.[7]

## 2. 법인격의 속성 · 의의

### (1) 법인격의 속성—법기술적 의의

(가) 법인이 되면 어떠한 법률효과가 발생하는가. 이러한 물음에 대해서는, 법인이 되면 취득하는 법기술적인 사항을 각 법인유형이 전부 갖추고 있지는 않기 때문에 법률효과라고 부르지 않고 법인격이 가지는 속성이라고 하는 경우가 있다.[8] 법인의 속성으로서는 ① 법인의 명의로 권리의무의 주체가 되고(권리능력), ② 법인 자체의 명의로 소송당사자가 되며(당사자능력), ③ 법인의 재산에 대하여는 법인 자체에 대한 집행권원에 의해서만 강제집행을 할 수 있고, ④ 법인의 재산은 법인 구성원의 개인적 채권자에 의한 강제집행의 대상이 되지 않고 법인 자체의 채권자의 배타적 책임재산이 되며(책임재산으로서의 법인재산의 분리), ⑤ 법인의 채권자에 대하여는 법인 자체의 재산만이 책임재산이 되고 법인의 구성원의 개인적 재산은 법인의 책임재산이 되지 않는 것(구성원의 유한책임) 등을 든다.[9] 이러한 법인으로서의 속성 중 일부가 법인 아닌 사단에도 인정되는 경우가 있어서 민법학 상으로 '비법인사단론'이 큰 논점이 되어있다.[10] 회사에 관해서는, 법인의 속성은 조합적 요소가 짙은 합명회사 · 합자회사 · 유한책임회사에서 희박하고

---

5) 구주해(1), 429(이주흥).
6) 구주해(1), 429(이주흥).
7) 권철, "'사단 · 조합 준별론'의 재검토 小考", 비교 27-1, 2020, 119, 152.
8) 주석 상법 회사(1), 81(제5판/정동윤).
9) 주석 상법 회사(1), 81(제5판/정동윤).
10) 관련논점은 후술한다(Ⅳ.).

주식회사에서는 뚜렷하다. 즉 합명회사·합자회사와 유한책임회사의 경우에는 사원의 채권자가 사원의 지분을 압류하여 그 사원을 퇴사시킬 수 있고($^{상\,\S\S\,224,}_{269,}$ $^{287-}_{29}$) 지분압류의 효력은 퇴사에 의한 지분환급청구권에 미치므로($_{\S\,223}^{상}$) 사원의 채권자가 회사의 재산에 대하여 집행을 하는 결과로 되어 ④의 속성이 없고, 합명회사와 합자회사의 경우에는 사원이 회사의 채권자에 대하여 직접책임을 지므로 ⑤의 속성도 없다. 따라서 모든 회사가 가지는 속성은 ① 내지 ③에 한정되고, 위의 다섯 가지 속성을 고루 갖추고 있는 것은 주식회사와 유한회사 뿐이다.[11]

(나) 구성원의 유한책임    법인격의 속성인 구성원 유한책임의 의의는 구성원·대표자 개인 등 법인 이외의 자의 재산은 법인채권자의 추급을 면하게 된다는 점에 있다. 즉 구성원 개인재산은 법인채권자의 채권의 공동담보가 되지 않아서 법인채권자는 강제집행을 할 수 없다. 이러한 의미에서 구성원의 유한책임이 인정되는 법인에서는 이를 사원 유한책임의 원칙($^{주식회사는 주주}_{유한책임의 원칙}$)이라고 한다.

구성원의 유한책임은 단체의 법인격 유무 및 조직구조상의 단체유형에 따라 결정된다고 하는 것이 보통이다. 즉 ①법인에서 구성원은 유한책임을 진다. ②사단조합 준별론을 전제로 한 단체유형론에서의 조합형단체에서 구성원은 무한책임을 진다. 다만, 합명회사나 합자회사의 경우는 예외를 이룬다. 이렇게 보면, 구성원의 책임형태로 무한책임과 다른 것을 채용하려면 그 내용을 정한 법률 규정이 필요하다고 하는 것이 현행법 체계에 적합하다. 다만 이 경우에 비영리법인에 대하여는, 명문 규정이 없어도 법인이므로 당연히 구성원의 유한책임이 도출된다는 해석이 필요하다.

(2) 법인격 취득의 실천적 의의

단체에 법인격을 인정하는 것의 실천적 의의로는 법률관계의 단순화, 단체재산의 분리, 법인의 영속성을 들 수 있다. 덧붙이면, 법인격 취득의 현실적인 이유로 법인격을 취득함으로써 사회적 신용이 올라가는 것도 들 수 있을 것이다.

(가) 법률관계의 단순화    법인의 법기술적 의미의 근원은 법인이 자연인과 마찬가지로 권리의무의 주체인 사람으로 취급되는 것에 있다. '자연인 이외의 것으로 권리의무의 주체가 될 수 있는 것'이라는 법인의 전통적 정의는 이러한 것을 나타내고 있다고 할 수 있다.

11) 주석 상법 회사(1), 81(제5판/정동윤).

비법인 단체(민법상 조합)에 있어서 재산의 귀속관계 또는 법률관계는, 법인
이 아니기 때문에 원칙적으로 모든 구성원에게 단체재산이 귀속되고 모든 구
성원이 법률관계의 당사자가 된다. 예를 들면 재산의 귀속관계에 대하여 단체
목적의 달성 내지 공동사업의 운영을 위한 단체적 규율의 필요성에 따라 합유
또는 총유가 관념된다. 이와 달리 법인의 경우에는, 법인에 재산이 귀속하고
법인이 계약당사자가 되어 재산귀속관계 및 법률관계가 단순화된다. 법인인
것에서 발생하는 효과는 법인에서 바로 생기는 효과이기 때문에, 이것을 부정
하기 위해서는 법률의 규정 또는 해석상의 법적 구성(법인격 부인 법리)이 필요하다. 이
러한 단순화는 법기술적으로는 법인의 의인화에 의해 도출된다. 이 때문에 명
예권 등의 인격권 또는 정치적 자유를 비롯한 기본적 인권의 향유주체성이 문
제가 되는 것이다.

　　⑷ 법인재산의 분리·독립　　　법인은 법적 주체성에 관한 기술임과 동
시에 어떤 재산을 다른 재산으로부터 분리하는 기술이다. 법인이 설립되면 법
인재산은 구성원·임원 등 법인 이외의 자의 재산으로부터 분리되어 독립된
책임재산이 된다. 법인재산은 법인에 귀속하고 구성원 개인 기타 법인 이외의
자에게 귀속하지 않기 때문에, 구성원 개인 기타 법인 이외의 자에 대한 채권
자는 법인재산에 대한 강제집행을 할 수 없다. 법인재산은 전적으로 법인의 채
권자에 대한 배타적 책임재산이 되는 것이다.

　　법인이 독립된 권리주체가 되어 법인재산이 구성원 재산에서 분리되면, 구
성원은 법인재산에 대한 권리(지분)를 가지지 않는다. 구성원의 단체재산에 대
한 출자는 법인의 구성원으로서의 지위로 해소되는 것이다. 물론 단체재산에
대한 개인적 권리가 단체 구성원으로서의 지위로 해소되는 것이 법인격 취득
의 의의라고 할 수 있지만, 민법상 조합이나 법인 아닌 사단의 형식으로도 가
능하기는 하다. 다만, 법인 아닌 단체에서는 합유 또는 총유에 관한 규정에 의
한 것이라는 것, 또한 단체재산에 대한 구성원의 권리가 법적구성으로도 남아
있는 것이 법인격을 취득한 경우와 다르다고 할 수 있다. 이에 비하여 단체가
법인격을 취득하면 단체재산은 구성원의 재산에서 분리된 법인재산이 되고,
이에 대한 구성원의 직접적인 개인적 권리관계는 발생하지 않는다. 구성원(사
원, 주주)은 출자를 함으로써 총회에서의 의결권 등을 포함하는 법인의 구성원
으로서의 지위를 취득하는 것이다.

　　⑸ 법인의 영속성　　　법인은 해산되지만 사망하지 않는다. 물론 정관

에 존속기간의 정함을 두는 것은 가능하기 때문에 법인의 영구성이라는 말에 는 어폐가 있지만, 설립자, 구성원, 임원 등 자연인의 사망을 넘어서 존속할 수 있다는 의미에서 법인의 영속성을 이해할 수 있다.

(라) 영리법인과 비영리법인의 차이    우리법제의 현황 파악이라는 측 면에서 단체의 법인격 취득 여부에 관하여 흥미로운 경향을 지적할 수 있다. 구체적으로는 영리법인과 비영리법인이 큰 대조를 이룬다는 점이다. 법인제도 중 영리법인을 규율하는 회사제도는 민법과 상법이 제정된 이후 빠른 속도로 우리 사회에 뿌리내렸다. 영리목적 단체를 독립된 법주체로 파악하는 하는 것 이 저항 없이 우리 사회에 받아들여진 것이다. 법인이라는 법기술에 장점이 있 다면 이것을 활용하면 된다는 일종의 '도구주의'적 발상이 근저에 있다고 파악 할 여지가 있는데, 그 결과 영리법인의 경우 법인격의 법기술적인 측면이 지 나치게 이용되는 면이 발생하게 되었다. 이러한 문제에 대한 대응으로 전개된 것이 바로 '(회사)법인격 부인' 법리이다. 주지하는 바와 같이 상법학(회사법) 의 주요한 논점이다. 이에 비하여 비영리법인의 경우는 큰 대조를 보인다. 우 리 법제의 현황을 보면 비영리단체의 경우 법인격을 취득하지 않고 '비법인사 단'으로 존속하는 비율이 상당히 높은 편이다. 이 점에 대한 구체적인 논점은 후술하지만, 여기에서는 우선 이러한 경향이 비교법적으로는 독특한 것이라는 점을 지적해 둔다. 다른 한편, 세계적으로 1990년 이후 '시민사회'론이 다양하 게 주장되고 이러한 맥락에서 비영리의 다양한 네트워크를 만들기 위한 수단 의 하나로 법인격 취득을 용이하게 하는 추세가 비교법적으로 인정된다. 법인 격 취득이라는 측면에서 보면 우리나라에서는 '비법인사단' 법리가 이러한 흐 름을 담아내는 그릇이 되고 있다.

## 3. 법인본질론—연혁과 함의

민법학은 인간 사회를 '권리·의무관계'로 파악하고 그 주체인 '인(人)', 객체인 '물건', 발생원인인 '행위'라는 기본개념으로 고찰해왔다. 그리고 권리와 의무의 주체인 '인'에는 인간인 자연인(사람)과 그 이외에 법인이 포함되어 있 다고 파악한다. 이러한 관념이 우리민법전에 반영되어 있는바 제1편 제2장의 표제와 §3를 함께 읽으면 인간을 의미한다고 해석되는 '인=사람'이 권리와 의 무의 주체가 되며, §34에 의하면 '법인'도 권리와 의무의 주체가 된다고 규정 한다. 이러한 규정이 제1편에 총칙으로 배치되어 있는 것에서 알 수 있는 대

로, 협의의 '인=사람'과 '법인'을 포함한 광의의 '인'이 민법전이 정하는 권리의
무의 주체가 되는 것으로 해석된다. 즉 제4편과 제5편에서는 권리의무의 주체
가 별도로 확정되어 있지만, 제2편과 제3편에서 '권리와 의무의 주체가 된다',
'권리가 있다', '의무를 부담한다', '책임이 있다', '할 수 있다', '하여야 한다'
등으로 되어 있는 '자'나 '인'은 원칙적으로 광의의 '인'이 해당되는 것이다.

　　전통적으로 법인에 관해서는 그 본질을 둘러싸고 법인본질론($^{법인이론=}_{법인학설}$)이라
고 불리는 논의가 존재한다. 다만 최근의 민법 교과서에서는 법인본질론에 관
하여 상세한 서술을 하는 경우는 드물다. 그 이유는 입법과 학설·판례의 노력
으로 법인이론이 확립되어 있는 오늘날에는 어느 학설에 의거해도 실제로는
결론에 큰 차이가 없고, 따라서 법인의 본질을 논의하는 것이 어떤 의미를 가
지는가에 대한 의문이 있다는 것이다.[12] 이하에서는 법인의 본질에 관한 기존
의 논의를 몇 가지 관점에서 정리해본다.

### (1) 법인본질론의 원형―19세기 중후반~20세기 초반 독일과 프랑스의 논의

　　㈎ 우리 민법총칙 교과서의 법인본질론 서술　　　얼마 전까지만 해도
민법총칙 교과서에서는 법인본질론에 관하여 여러 학설의 내용이 정돈된 형태
로 서술되어 있었다. 각 학설의 주장자로는 독일과 프랑스의 학자 이름이 거명
되었는데 그 내용은 전형적인 것이었다. 즉 민법총칙 교과서에서는 법인의 본
질에 관한 학설을 법인의제설. 법인부인설. 법인실재설의 세 학설로 분류하고
이 순서에 따라 소개하는 것이 통례였다.[13] 이에 따르면 의제설은 사비니
(Savigny)를 대표자로 하는 학설이고, 법인부인설에는 브린즈(Brinz)가 주장하
는 무주재산설 내지 목적재산설, 예링(Jhering)이 주창하는 향유자주체설, 휠더
(Hölder)와 빈더(Binder) 등의 이름으로 알려진 관리자주체설의 세 학설이 있
다. 그리고 실재설에는 기이르케(Gierke)가 역설하는 유기체설과 미슈우
(Michoud), 살레이유(Saleilles)에 의하여 주장된 조직체설이 있다. 서술 순서에
주목하면, 우선 독일학자가 여럿 거명되고 이어서 프랑스 학자들이 거론되면
서 마무리되는 것을 알 수 있다. 민법총칙 교과서의 이러한 서술 방식은 일본
민법학의 법인본질론 서술의 영향을 받은 것이다. 보다 정확하게 말하면 일본
민법학이 주로 '프랑스문헌을 통하여' 독일과 프랑스의 법인이론을 수용한 상

---

　　12) 지원림, 민법강의, 2017, 101; 곽윤직·김재형, 156.
　　13) 곽윤직(주 1), 213.

황에 영향을 받은 것이다.[14][15][16] 이렇게 민법교과서의 법인본질론 서술방식은 ① 법인의제설, ② 법인부인설, ③ 법인실재설로 나뉘고 ③이 다시 ③-1 유기체설과 ③-2 조직체설로 나뉘는 것이 관례가 되었다(②가 생략되거나 ③-1과 ③-2). 이러한 도식적 설명에 의하면, 근대 법인이론의 전개는 ①에서 출발하여 ③의 방향으로 진행하는데, ③의 안에서는 ③-1을 극복하고 ③-2가 도출되기에 이르렀다고 이해된다. 즉 19세기 중반에 개인주의적인 관점에서 법인을 해명한 사비니의 의제설이 등장했으며, 19세기 말에는 기이르케 등에 의한 실재설=유기체설이 나타났고, 나아가 20세기에 들어와서는 법인의 실체를 유기체가 아니라, 법적 조직체라고 하는 살레이유의 실재설=조직체설이 등장했다고 제시한 것이다. 이러한 서술방식에 의하면, 조직체설이 최신학설이고, 법인이론의 종착점인 것과 같이 보인다. 그런데 이는 어떤 의미에서는 당연한 것이다. 왜냐하면 이러한 도식인 설명은 다름 아닌 조직체설에 속하는 학설(미슈우)에 의해 제시된 것이었기 때문이다. 그리고 이 학설이 계수된 이래로 같은 도식이 답습

---

14) 이는 일본민법 기초자 중 한 사람인 토미이(富井政章)에서 시작되어(『民法原論』 (1903)), 마츠모토(松本烝治)가 전개하고 토미이의 개정판(1920)에서 20세기 초의 프랑스학설을 참조하여 전개함으로써 확립된 것으로 하토야마(鳩山秀夫)를 거쳐 와가츠마(我妻榮)에 의하여 계승된 이후 답습되고 있는 것이다. 와가츠마의 『民法總則』은 1930년에 초판이 발행되었고 1965년에 新訂版이 발행되었는데 법인본질론에 관한 서술은 신구판이 거의 동일하다. 와가츠마의 교과서가 초판 간행 이래 1960년대에 이르기까지 많은 영향력을 가진 것을 고려하면 법인학설의 서술이 전적으로 독일법학의 영향 하에 있었던 것 같은 인상을 주게 된 원인의 하나가 되었다고 할 수 있을 것이다. 민법 교과서의 서술방식의 형성과정에 대해서는, 권철, "일본민법학의 법인본질론 계수사 일반", 성균관법학 20-1, 2008, 181 이하.

15) 토미이가 프랑스문헌에 주목한 것은 우연이 아니었다. 프랑스의 법인연구, 특히 미슈우(Michoud)와 살레이유(Saleilles)의 연구는 독일문헌을 잡지논문까지 망라하여 섭렵한 수준 높은 것이었다. 20세기 초반의 독일문헌은 제정된 지 얼마 안 되는 독일민법전의 조문을 어떻게 체계화하는가, 또는 그것을 각자의 법인이론에 의하여 어떻게 정합적으로 설명하는가라는 특수 독일적 문제관심에 적지 않게 영향을 받고 있었다. 이에 비하여 민법전에 법인에 관한 章과 조문을 두지 않은 프랑스에서는 법인을 연구함에 있어서 내외의 법인학설에 대하여 보다 객관적으로 서술할 수 있는 상황에 있었다고 할 수 있다.

16) 독일 법학계에서 본격적으로 법인본질에 관하여 논쟁을 시작한 것은 19세기 후반이었다. 그런데 이 시기의 법인본질론은 법인의 실정법적 성립근거와 법인의 본질을 이론적으로 연관시키려는 데에 있었다. 따라서 1900년 시행된 독일민법이 학설에 관계없이 쟁점의 중요부분을 입법적으로 해결하게 되자 20세기에 들어 법인본질론은 급격히 쇠락하게 된다. 이렇게 본질에 관한 논쟁이 소멸한 후에, 법인은 Jhering이 지적한 대로 법기술적인 보조수단으로 도구적·법기술적 개념에 지나지 않게 되었다. 이같이 20세기에서는, 법인을 단순히 '법에 의하여 권리능력이 부여된 인적·물적 주체'로만 파악하는 법률실증주의적 관점에 입각한 기술적 법인이론이 주류를 이루게 된다. 남기윤, "사법상 법인개념의 새로운 구성", 저스 70, 2003.

되고 있고, 이후의 법인론에 괄목할만한 전개가 없었던 상황이어서 학설 동향이 적극적으로 감안되지 않았기 때문이다. 이 때문에 이른바 '법인본질론'은 위와 같은 전개로 완결된 것으로 다루어지게 되었다고 할 수 있다.

　(나) 이 시기의 법인본질론이 가지고 있었던 법학적 의미　　20세기 초반까지의 독일과 프랑스의 법인본질론은 위와 같은 도식적인 정리를 통해서 우리에게 널리 알려졌다. 유럽 특히 독일과 프랑스에서 전개된 법인본질론은 그 자체로 흥미로운 점을 내포하고 있다. 그 배경에는 다양한 사정이 내재되어 있고, 이를 통해서 19세기 중반부터 20세기 초반에 걸친 법·사회·법학의 전개를 조망할 수 있다. 법인본질론이 활발하게 논의된 배경을 크게 정치·경제·사회의 상황과 법사학적·법이론적 배경의 2개로 나누어 살펴본다.

　먼저 정치·경제·사회의 상황이다. 19세기 중반부터 20세기 초에 이르는 시기에는, 개인과 단체의 관계가 크게 변화하였다. 첫째, 프랑스혁명을 전후로 개인주의가 크게 대두한 것에 맞서서, 단체를 고려한 정치사상이 여러 가지 의미에서 점점 유력하게 된다. 둘째, 자본주의 발달과 더불어 기업의 법적 지위를 확립하는 것이 급선무가 되었고 동시에 노동단체에 대하여 법적으로 대응하는 것도 필요하게 되었다. 셋째, 국민국가가 확립되는 과정에서 국가를 재편성하고 그 정통성을 확보하는 것이 요청되었다.

　다음으로 법사학적·법이론적 배경이다. 첫째, 로마니스텐과 게르마니스텐의 대항이라는 관점과 함께 독일법학과 프랑스법학의 대항이라는 관점을 염두에 둘 필요가 있다. 각각 후발 학파가 선발 학파에 대항하려 한 것이다. 둘째, 보다 일반적으로 학문으로서 법학의 존립이라는 관점도 유익할 것이다. 여기에서도 후발의 공법학·행정법학은 그 존재의의를 변증하기 위한 방책으로서 '국가법인론'을 전개하였다(독일의 경우). 또한 실무 우위의 법학교육에서 학문 우위의 법학교육으로 전환이 도모되는 가운데 '이론'이 요구되었다는 사정도 있다(프랑스의 경우). 셋째, 법학 내재적인 문맥으로서, 법인이론의 전개는 '권리'나 '재산' 개념이 확립되는 것과 밀접하게 관련되어 있는 것에도 주의할 필요가 있다. 넷째, 일반적인 학문적 전통과 관련하여 말하면 의제설과 실재설의 대립은 중세 이래의 유명론과 실재론의 대립과 관련이 있다. 또한 유기체설의 입장은 19세기 후반의 생물학 발전과 관련이 있다.[17]

---

17) 이와 관련된 사정에 대하여, 역사적인 큰 흐름에 대하여는 村上淳一, "団体と団体法の歴史", 岩波講座·基本法学(2)団体, 1983; 최병조, "사법상 단체에 관한 일반론—단체법론의

유럽에서 법인본질론에 관한 치열한 논쟁이 펼쳐진 것의 의의를 잊어서는
안된다. 거기서는 '인'이라는 것은 '인간(사람)'을 가리키는 것이고, 그 이외의
것을 '인간'과 동일시하는 것은 결코 간단한 일이 아니었다. 인＝자연인＋법인
이라는 도식은 강한 저항을 거쳐 가까스로 만들어진 것이다. 법인본질론은 바
로 이를 위한 산고(産苦)였다고 할 수 있을 것이다.

(2) 20세기─법인 규정이 마련된 이후의 논의 상황

　㉮ 20세기에 들어서서 법인을 비롯한 단체법의 논의는 특별한 진전을 보
였다고 할 수 없다. 이론상의 논의는 이미 소진상태에 들어갔고, 다른 한편으
로 상사회사법의 발달은 단체법의 실용적 차원을 제고시키면서 본질을 둘러
싼 근원적인 논의로부터 관심의 방향을 법기술적 차원으로 전환시켰기 때문이
었다.[18] 제2차 세계대전 이후의 논의는 기본권의 신장과 더불어 법인에도 기
본권이 인정되는가 하는 문제를 둘러싸고 진행되었으며, 이른바 법인격부인론
의 제하에 논의의 중점이 사법에서는 상법으로 이전하였으나, 논쟁의 실질은
구논쟁의 재현에 지나지 않았다.[19] 이론상황은 비영리 사단에 관한 한, 종래의
논의를 답습하는 수준에 머물고 있을 뿐 특별한 진전을 보이고 있지 못하다.
단체법의 중점은 이미 지적했듯이 회사법과 경제법 영역에서의 합목적적 견지
에 선 기능적·기술적 논의가 차지하였다.[20] 그런데 20세기 말 이후에 세계적
으로는 동유럽의 사회주의체제 붕괴와 함께 '시민사회'가 주목을 받기 시작하
였다. 샐러먼(Lester M. Salamon)은 유럽과 미국을 비롯하여 세계적으로 일어
나고 있는 시민단체의 진전을 '어소시에이션 혁명(associational revolution)'이
라고 부른다.[21] 21세기에 들어서는 비교정치·사회학적 관점에서 비영리단체
에 관한 관련연구가 큰 흐름이 되고 있는데, 이러한 논의가 비영리단체 법제에

　　역사적 발전과정을 중심으로", 민판연 19, 1997, 523 이하. 독일의 학설에 대하여는 남기
　　윤(주 16) 등. 프랑스의 논의상황에 대하여는 大村敦志, ベルエポックの法人論争 : 憲法学
　　と民法学の対話のために, 憲法論集 : 樋口陽一先生古希記念, 2004, 37 이하; 大村敦志, "共
　　和国の民法学(1) : フランス科学学派を中心に", 法学協会雑誌 121-12, 2004, 2114 이하.
　18) 최병조(주 17), 543.
　19) 최병조(주 17), 544.
　20) 최병조(주 17), 544.
　21) Lester M. Salamon, The global associational revolution : the rise of the third sector
　　on the world scene, Johns Hopkins University, Institute for Policy Studies, 1993. 샐러
　　먼 저서의 번역서로는 이형진 옮김, NPO란 무엇인가, 2000 참조(원저 제목은 America's
　　Nonprofit Sector).

서 어떻게 반영되고 있는지[22]가 법인론의 새로운 논점이라고 할 것이다.[23]

　　(나) 독　　일　　　1900년에 시행된 독일민법이 학설에 관계없이 쟁점의 중요 부분을 입법적으로 해결하게 되자 20세기에 들어 법인본질론은 급격히 쇠락하게 되었다.[24] 19세기 후반 독일에서 펼쳐진 법인본질론에 관한 논쟁은 법인의 실정법적 성립 근거와 법인의 본질을 이론적으로 연관시키려는 데 있었다. 따라서 실정법적으로 거의 완비된 제도를 이루게 된 법인은 실용법학적 측면에서 큰 문제가 없었기 때문에, 학자들은 본질에 관계없이 법인에 관해 "법에 의해서 권리능력을 부여받은 목적에 구속되는 조직"이라는 의미에서 타협하였다. 그 결과 본질에 관한 논쟁이 소멸하였고, 예링(Jhering)이 지적한 대로 법인은 법기술적인 보조수단으로 도구적·법기술적 개념에 지나지 않게 되었다.[25][26]

　　(다) 프 랑 스　　　1804년에 시행된 프랑스민법에는 법인에 관한 명문 규정이 없다. 프랑스에서 법인의 승인은 19세기 후반부터 20세기 초반에 이르기까지 판례와 특별법에 의해서 조금씩 이루어졌다. 예를 들어, 1884년법률에 의해서 노동조합, 1901년법률에 의해서 비영리사단(association)에 관해서 그 존재가 인정되고 법인격이 부여되었다.[27] 프랑스에서는 독일민법 편찬과 관련

---

22) 예를 들어 비영리단체의 거버넌스에 관한 비교법 연구로, Edited by Klaus J. Hopt and Thomas Von Hippel, Comparative Corporate Governance of Non-Profit Organizations, Cambridge University Press, 2010.

23) 이러한 흐름이 어떻게 우리 법제에 영향을 미치고 있는지에 관해서는 후술(Ⅳ.와 Ⅴ.)한다.

24) 법인본질론은 이제 과거 논쟁에 대한 단순한 의무실행(Pflichtübungen)에 지나지 않아 별 의미를 부여받지 못하였고, 더 나아가서 법인본질론은 이미 소진되었다라는 평가도 있다. 이에 관해 Flume, Allgemeiner Teil des Bürgerlichen Rechts(Ⅰ), Die juristische Person, 1983, S. 24 f.; K. Larenz, Allgemeiner Teil des deutschen Bürgerischen Rechts, 7. Aufl., 1989, S. 133. 남기윤(주 16), 167 재인용.

25) 남기윤(주 16), 168.

26) 20세기 독일의 법인이론에 관해서는 남기윤(주 16), 172 이하; 송호영, 법인론(제2판), 48 이하 참조.

27) 프랑스법상 민법상 조합(민사회사)이 아닌, 비영리단체·법인에 관해서 개략적으로 살펴보면 다음과 같다. 1804년에 시행된 프랑스민법전에서는, '비영리'단체·법인에 관해서 규정을 두지 않았다. 1848년의 2월혁명에 의하여 제2공화정이 성립되고 1864년에 결사의 자유, 1868년에 집회의 자유가 각각 인정되게 되었다. 그리고 1875년에 제3공화국이 성립하고 1884년에 노동조합이 합법화되었다. 1901년에 '아소시아시옹 계약에 관한 1901년 7월 1일법(Loi du 1er juillet 1901 relative au contrat d'association)'(이하 '1901년법'이라 한다)이 성립되었다. 아소시아시옹(association)이란, 우리나라에서는 '비영리사단'으로 번역되기도 하는데, 계속적인 형태로 2인 이상의 자가 이익의 분배 이외의 목적을 위하여 지식과 활동을 공동으로 하는 합의이다('1901년법' §1). 또한 허가 없이 또한 사전신고 없이 자유롭게 설립할 수 있다(같은 법 §2). 법인격에 관해서는, 1901년법이 제정될 때까

된 학설의 영향을 받는 한편 자체적으로도 과학학파의 대두라는 법학계의 활발한 학설전개의 흐름 속에서 법인학설이 공법과 사법을 아우르는 큰 논쟁을 불러일으켰다. 프랑스에서는 학설상으로는 독일민법의 영향을 여러모로 받았지만, 나름대로의 고전적 법이론, 정치, 사회의 배경과 맞물려 프랑스의 독자적인 루트를 계속 걷게 된다.[28]

      ㈑ 일        본        1898년에 시행된 일본민법의 법인규정은 독일민법 초안을 대폭 참조해서 만들어진 것인데, 단기간에 성안되어 큰 논쟁 없이 받아들여졌다. 법인본질론에 관한 학설 계수는 민법이 시행된 후에 이루어지게 되는데, 위에서 언급한 바와 같이 주로 프랑스문헌을 매개로 독일 학설과 프랑스 학설이 적극적으로 소개되었다. 이러한 맥락에서 법인학설 중 프랑스 학자인 미슈우의 조직체설이 지지를 많이 받아서, 실재설 그 중에도 조직체설이 통설이 되었다.[29] 이러한 과정에서 종래의 법인학설에 의거하면서도 나름대로의 견해를 제시한 것이 와가츠마(我妻榮)이다. 그는 법인을 "독립된 사회적 작용을 담당함으로써 권리능력의 주체로서의 사회적 가치를 가지는 것"이라고 정의하였다(사회적작용설).[30] 한편 1960년대 후반부터 1970년대에 법인이론의 변화가 일어났다. 법인이론을 "동일한 평면 위에 늘어놓고 그 우열을 비교하는 것은 의미가 없"고, 법인학설은 "각각 역사적 시대환경 속에서 많든 적든 그 당시의 과제에 답하는 것"이라고 하는 논조가 유력하게 주장되었다.[31] 특히 후자와 같은 논의를 시작으로 일본에서는 법인학설 중 하나를 지지하거나 독자적인 법인학설을 주장하는 경향은 거의 없어졌다. 즉 그리고 실정법은 "그 사회의 역사적, 사회적 상황에서 거래의 주체가 될 가치가 있다고 판단한 것에 한하여

---

       지는 아소시아시옹에 법인격이 부여되는 것은 예외였다. 국가, 자자체 등에 신고된 아소시아시옹 중 공익성(utilité public)을 이유로 국사원(Conseil d'État)의 의결을 거쳐 법인격을 부여 받은 것이 당시의 공익성인정 아소시아시옹(association reconnue d'utilité public)이다. 1901년법에 의하여 아소시아시옹은 공익성이 없어도 법인격을 취득할 수 있게 되었지만, 공익성인정 아소시아시옹 제도는 동법에서도 유지되었다(§ 10).

28) 프랑스의 법인 법제에 관해서는 남효순, "프랑스법에서의 법인의 역사 : 법인론 및 법인에 관한 판례와 입법의 발달사", 서울대 법학, 40-2, 1999; 여하윤, "프랑스민법상의 법인론 : 비영리법인에 관한 논의를 중심으로", 비교 15-4, 2008; 박수곤, "프랑스법에서의 민사법인에 대한 규율 : 공익성이 인정된 사단 및 재단법인을 중심으로", 경희법학 45-1, 2010; 권철, "프랑스의 종교단체 법제에 관한 소고 : 1901년 비영리사단법과 1905년 정교분리법을 중심으로", 성균관법학 33-3, 2021을 참조.

29) 相本宏, "法人論", 民法講座(1), 134 이하.

30) 我妻榮, 新訂民法總則, 1965, 126.

31) 川島武宜, 1965, 88, 92, 96.

법인격을 부여하는 것"이고, 법인학설의 대립은 "법인에 있어서 실체적 계기,
가치적 계기 및 기술적 계기 중 어느 것을 강조하는지 그 차이에 귀착"되는
데 불과한 것이므로 "종래의 특정한 법인학설에 구애받지 않고, 위에서 든 3개
의 계기를 염두에 두면서 타당한 해결을 도모해야 한다"고 하는 것이다.[32] 이
러한 맥락에서 1970년대와 80년대에는 예전의 실재설적인 논조보다는 법인의
법기술적 성격의 재인식으로 평가되는 호시노(星野英一)의 견해가 지배적인 지
위를 차지하게 되었다. 호시노는 당시에 유력한 해석방법이던 이익형량론에
의거하여 단체의 실체를 사상(捨象)하고 법기술성을 추구하였다.[33] 이러한 상
황에 대하여는 이 시기의 일본민법학이 실익을 중시하고 관념론을 선호하지
않았던 사정에서 유래한 것으로 평가하는 한편, 일본사회에 회사라는 법인이
실제로 도움이 되고 있다는 도구주의에 귀착된다고 한다.[34] 또한, 법인에 관한
법기술적 장치가 완성된 법체계 하에서는 법인본질론이 해석론에 직결되지 않
아서 그 논쟁의 의미 자체가 없다고 하는 지적도 있다.[35] 한편, 1990년대 후
반 이후에는 법인 법제개혁이 진행된 점에 대해서는 후술한다.[36]

　　(3) 한　　국

　　　(가) 19세기 후반 유럽에서 전개된 법인본질론은 우리민법학에 계수된 이
후, 초기부터 법인실재설이 다수설을 이루는 가운데, 법인의제설이 등장하는
가 하면 법인학설을 종래와 다른 시각에서 접근해야 한다는 견해도 주장되었
다. 법인실재설을 주장하는 우리나라의 학설은 주로 사회적 가치설에 따르고
있다.[37] 종래의 통설적 설명에 의하면 법인의 능력에 관한 문제는 법인본질
론과 밀접한 관계를 가지는 문제이다. 법인본질론이 의제설·부인설에서 실재
설로 옮겨가고, 법인에 대한 입법주의가 제한적 태도에서 긍정적 태도로 변천
함에 따라 법인의 권리능력은 넓게 인정되고, 그 활동능력도 법인의 행위능력
이 인정되게 되어 그 범위가 점차 넓어지며, 불법행위능력도 가지게 된다고 설

---

32) 四宮和夫, 民法總則(第4版), 1986, 75.
33) 星野英一, "いわゆる「権利能力なき社団」について", 民法論集(1), 1970, 271에서 비롯된
　　방법론이 민법학계에 널리 받아들여진 것이다.
34) 大村敦志, 新基本民法2(第2版), 2019, 146.
35) 内田貴, 民法Ⅰ(第4版), 2008, 217.
36) NPO법이 제정되어 시민단체의 법인격 취득이 용이하게 되었고 2006년에는 비영리법인
　　법제의 대개정이 이루어졌다. 권철, "일본의 새로운 비영리법인제도에 관한 소고: 최근 10
　　년간의 동향과 신법의 소개", 비교 14-4, 2007 참조.
37) 곽윤직(주 1), 217; 김증한·김학동, 민법총칙, 제9판, 1995, 158; 김현태, 민법총칙론,
　　1985, 153 등.

명한다.[38][39] 한편 법인의제설의 입장에서 법인은 권리주체임에 적합한 조직체에 대하여 법인격을 부여한 것으로서 법률관계를 간명하게 처리하기 위한 법기술이라고 보거나,[40] 법인의 본질을 법학 고유의 논점에서 고찰하면 현행법 및 거래질서와 조화를 이루는 법인의제설이 타당하다고 주장하는 견해도 있다.[41]

　이와 같이 법인본질론이라는 이론모델에 의존하는 논의는 우리 민법의 법인제도가 의제설과 실재설 중에 어느 쪽을 기초로 하여 규율되어 있는지 논쟁을 벌였다.[42] 이렇게 법인본질론에 의거한 논의가 전개된 것은, 우리 법체계의 특징 및 독일과 일본의 학설의 영향에서 설명할 수 있다. 프랑스의 경우—회사는 제외하더라도—민법의 규정 중에 법인이라는 제목의 장이 마련되어 있지 아니하다. 그 때문에 어느 사회적 실체에 대해 법인으로서의 법률 효과를 부여하고, 그 효과가 인정된 경우에는 이를 법인으로 부르는 귀납적 사고가 가능하였다. 그러나 우리 민법에는 법인이라는 제목의 장이 마련되어 있으면서도 정작 법인이란 무엇인가에 관해서 어디에도 규정이 없기 때문에, 이 문제에 관한 해명이 필요하게 된다고 이해할 수 있다.[43] 다른 한편 19세기 유럽에서는 법실증주의와 법실재주의라는 사상적 대립에 따른 법률정책적 차이가 법인본질론과 결부되어 이 문제가 제기되었고, 이 논쟁이 우리 학계에 그대로 수용되어 아직까지 논의의 대상으로 되어 있는 것이다. 다만 19세기 법인본질론과 다른 점은 법률정책적 논의가 탈락되고 법해석학적 견지에서 실정법상 해석 문제로 그 모습이 바뀌어서 재현되고 있다는 것이다.[44]

　⑷ 법인본질론 중의 어떤 특정 학설에 의거하는 것이 큰 의미가 없다는 것을 전제로 법인의제설과 법인실재설의 절충적 입장에서 법인이 가지는 법기술적 측면과 실체를 갖춘 사회적 실체라고 하는 기능적 측면, 즉 법인의 양면성을 고려하여야 한다는 견해가 유력하게 주장된다.[45] 그리고 유사한 맥락에서 종래의 법인학설에 구애받지 않고 법인의 본질을 구성하는 세 가지 계기,

---

38) 곽윤직(주 1), 218 등.
39) 김상용, 민법총칙, 2009, 210, 백태승, 민법총칙, 2011, 195.
40) 이영준, 민법총칙, 2007, 903.
41) 이은영, 민법총칙, 234.
42) 이에 관해 곽윤직(주 1), 179 이하; 이영준(주 40), 870; 이은영(주 41), 234 이하 등 참조.
43) 남기윤(주 16), 185.
44) 남기윤(주 16), 185.
45) 고상룡, 173; 구주해(1), 462(이주흥).

즉 실체적·가치적·기술적 계기를 고려하여 개개의 구체적인 문제마다 타당한 해결을 꾀하여야 한다는 견해도 주장된다.[46] 또한 법인본질론을 법인이 의제적 존재인가 아니면 실재하는 조직체인가의 논쟁으로 보는 것은 의미가 없다는 것을 전제로 하면서, 법률효과의 귀속단일체로서의 법인에게 일정한 법률적 행위에 따른 효과가 법률적 근거에 의해서 귀속이 인정되는 것으로 그러한 법률적 근거를 찾는 노력의 일환으로 의미가 있다는 논의도 있다.[47] 법인이론을 사단법인과 재단법인에 대하여 각각 분리하여 이론구성을 시도하는 논의도 있다.[48] 이렇듯 최근에는 기존의 법인본질론이 직접적으로 해석론의 문제를 해결하기 위한 것이 아님을 인정하면서, 법인의 본질에 관하여 어느 견해를 취하든 구체적인 법률문제와 관련하여 결과가 달라진다고 보기는 어렵고 단지 설명방법 내지 근거에서만 차이를 보인다[49]는 논의가 주류를 이루고 있다.

㈐ 법인학설은 입법 노력에 의하여 많은 부분이 해결되었으며 그 결과 문제로서의 중요성이 낮아졌다고 할 수 있다. 다만 우리 민법학의 경우에는 '법인 아닌 사단'의 법적문제와 관련하여 법인의 본질을 생각해 볼 필요성이 여전히 있다. 현행 민법 제정 당시부터 최근의 민법개정안에 이르기까지 법인 아닌 단체에 대해서는 민법상 법인에 관한 규정을 유추적용하는 명문의 규정을 두자는 제안이 있었으나 채택되지 않았다. 따라서 비법인사단에 대한 규율은 민법의 총유 규정과 부동산등기법 및 민사소송법상의 관련 규정을 기반으로 하여 판례를 통해 형성되어 왔다고 할 수 있다. 이렇게 우리민법학 상의 비법인사단론은 법인이란 무엇인가를 생각하게 하는 다양한 논의와 관련되어 있다. 나아가, 1990년대 이후 세계적으로 비영리단체에 관한 관심이 높아지고 있는 바, 우리나라의 경우에는 비법인사단에 관한 규율방법과 밀접한 관련이 있다는 관점도 가능하다. 이러한 문제를 포함한 비법인 단체의 법률문제에 관해서는 후술한다.

㈑ 최근 새롭게 법인론이 조명되는 경우가 있다. 대표적인 논점으로는 동물[50]

---

46) 김주수·김상용, 민법총칙, 2011, 155.
47) 송호영(주 26), 58.
48) 박의근, "법인본질론에 관한 소고", 비교 22-4, 2015.
49) 송덕수, 민법총칙, 박영사, 2018, 559.
50) 예컨대, 동물의 인격화에 관한 프랑스의 학설이 존재한다. 동물의 지위에 관한 이론은 일찍이 1909년 Lille 대학교의 Demogue 교수가 동물이 권리의 주체 범주에서 제외되지 않는다는 논지를 펼침으로써 대두되었다[Demogue, La notion de sujet de droit, RTD civ. 1909, p. 620.]. Demogue는 희노애락의 감정을 느끼고 표출하며 그에 따라 행동할

이나 AI에 관한 것이다.[51) 최근 우리나라에서는 AI에 관한 논의가 활발한데, 그 중에는 AI에 대한 법인격 인정 여부에 관한 논의도 있다. 법인격을 부여해야 한다는 긍정설도 존재하는 한편, 비판적인 논조도 유력한 것으로 보인다.[52) 앞으로 논의의 심화가 이루어질 것으로 예상되는데, 이런 때일수록 19세기 중후반 유럽에서 치열하게 논쟁되었던 법인본질론의 의의를 되돌아볼 필요가 있을 것이다.[53)

## II. 법인에 관한 법체계—비영리법인을 중심으로

### 1. 민법상 법인규정

(1) 1958년에 제정된 현행 민법에는 제1편 총칙의 제2장 '인'에 이어서 제3장으로 '법인'의 장이 마련되어 있다.[54) 우선 민법전의 체계와 관련하여 보

---

수 있는 능력을 가진 모든 생명체(être vivant)는 권리주체가 될 자격이 있고, 동물의 경우에도 인간과 마찬가지로 고통 또는 쾌락의 심리적 반응(reaction psychique)을 보이므로 권리의 주체가 될 수 있다고 하였다. 그리고, 1990년대에는 프랑스 동물법 연구의 권위자인 Clermont-Ferrand대학교의 Marguenaud 교수가 신형법전이 동물 대상 범죄를 재산범죄 외의 범주로 분리하였음을 지적하고, 그로부터 동물이 더 이상 재물이 아니라는 결론을 도출하였다. 동물을 인격화(personnification)하는 접근방식으로는, 동물에 대하여 '인간에 가까운 존엄성(dignite voisine de celle de l'homme)'을 인정하는 방식이 있고, 그 다음으로 경우에 따라 권리주체성을 부여하는 법기술적인(technique juridique) 방식의 두 가지가 있음을 소개하면서, 동물과 인간의 경계를 혼동하지 않도록 자신은 후자의 입장에서 동물의 법인격 문제를 접근한다고 하였다. 참고로 덧붙이면, 최근 프랑스 민법개정 (2015년)에서는 법인격 문제와는 관련이 없지만, §515-14를 두어 동물에 관한 규정을 신설하였다.

51) 법인본질론에 관한 기존의 학설을 검토하면서 새로운 앞으로 어떤 새로운 존재를 법인으로 인정해야 하는 상황이 발생할 경우에 의미를 가질 수 있는 이론의 정립이 필요하다고 하는 논의로, 이흥민, "법인의 본질", 법과 정책 22-3, 2016, 263 이하.

52) 예컨대 긍정설로 김진우, "인공지능에 대한 전자인 제도 도입의 필요성과 실현방안에 관한 고찰", 저스 17, 2019; 반대·신중론으로 박수곤, "자율적 지능로봇의 법적 지위에 대한 소고", 국민대 법학논총 31-2, 2018; 이상용, "인공지능과 법인격", 민학 89, 2019. 2020년 이후에도 관련 논문이 속속 등장하고 있다.

53) 인간이 아닌 것에 법인격을 인정하는 것이 결코 단시간에 손쉽게 이루어진 것은 아니었다는 것을 19세기 중후반의 법인본질에 관한 치열한 논쟁을 통해서 곱씹어봄으로써 확인하는 간접체험이 무의미하지 않을 것이다.

54) 제2장의 '인'이 '자연인'을 가리키고 제3장의 '법인'과 아울러 광의의 '인'으로 파악하는 것은 오늘날 민법학의 기본 사항이라고 할 수 있다. 다만 시야를 보다 넓혀서 근대 이후의 민법전을 모두 살펴보면, 민법전에 '법인'에 관한 정돈된 규정을 두는 것이 당연한 것은 아니다. 주지하는 바와 같이 1804년에 시행된 프랑스민법에는 비영리법인에 관한 일반규정은 아예 존재하지 않았다. 지금도 프랑스민법에는 법인에 관한 규정이 몇 개 산재해

면, 총칙편 안에 법인에 관한 하나의 장을 두는 방식은 독일민법($^{제1초}_{안}$)의 영향을 받은 일본민법의 얼개가 한국민법에 계수된 것이다. 각 내용을 살펴보면 큰 틀을 유지하면서 구체적인 부분에서 달라진 점이 발견된다. 독일민법에서는 사단법인과 재단법인이 연혁적으로 태생이 다른 것을 반영하여 엄밀히 나누어 별개로 규정하였다. 이와 비교하여, 의용민법에서는 사단법인과 재단법인의 성립요건을 한 곳에서 통일적으로 구성하였다. 우리민법은 의용민법의 규정방식을 채용하였다. 의용민법과 달라진 점을 살펴보면 다음과 같다. 예를 들어 ① 법인에 관한 장의 첫머리에 제1절 총칙을 두고 여기에 §31부터 §39까지의 규정을 담았다. 의용민법에서는 제1절이 '법인의 설립'으로 되어 있었는데, 그 중의 몇 규정을 '총칙'으로 분리한 것이다. ② 의용민법($^{§}_{34}$)에서는 공익법인만 설립 가능하였으나, 우리 민법 §32는 '공익'보다 넓은 '영리 아닌'(비영리) 사업을 목적으로 하는 법인을 설립할 수 있게 규정하였다. 다만 주무관청의 허가제는 유지되었다. ③ 법인설립등기의 성립요건주의를 채택하였다. ④ 외국법인에 관한 의용민법 §36는 삭제되는 한편, 그 밖에 여러 규정이 신설되었는데 신설 규정은 대부분 의용민법 시행 이후 해석론과 입법론으로 인정되어 온 내용을 명문화한 것이다. ⑤ 법인 아닌 사단에 대한 규율에 관하여, 우리민법 제정 시의 원안에는 의용민법과 마찬가지로 관련규정을 두지 않았으나, 이에 대하여 '민법안의견서'의 제안을 반영한 수정안이 국회에 제출되었다. 내용은 "법인이 아닌 사단 또는 재단에 관하여는 본 장의 규정을 준용한다"라는 것이었는데, 국회 본회의에서 부결되었다. 다만 법인 아닌 사단의 재산소유관계에 관하여 이를 총유로 구성하는 민사법연구회의 제안[55]이 현석호 수정안의 형태로 국회에 제출되어 채택된 결과, 민법 §§275-277가 규정되었다. 한편, 법인

---

있기는 하지만 법인에 관한 장을 두지는 않는다. 법인은 오랜 역사적 연원을 가지고 있지만, 법인에 관한 이론이 발달한 것은 특히 19세기에 접어든 이후라고 할 수 있다. 이러한 맥락에서 여러 나라에서 19세기 중반 이후 법인에 관한 규정이 마련되기 시작하였다. 예를 들면 이탈리아민법(1865년)은 법인에 관한 명시적인 규정 1개를 두었고, 벨기에 민법 초안(1882-1885년)은 법인에 관한 1개의 장을 두었다. 이윽고 19세기 후반의 독일에서는 두 개의 민법초안을 거쳐 민법에 법인에 관한 장을 두고 상세한 규정을 두기에 이르렀다. 일본의 경우는 19세기 말에 제정된 두 개의 민법에서 급격한 변화가 있었다. 공포만 되고 시행되지는 못했던 구민법에서는 법인에 관한 1개의 규정(인사편 제5조)만을 두고 있었지만, 이를 수정하는 형식으로 거의 새로 제정된 민법(메이지민법)에서는 법인에 관한 1개의 장을 마련해 이곳에 상세한 규정을 두었다. 1898년에 시행된 일본민법은 독일민법 제1초안의 영향을 크게 받은 것이다.

55) 주지하는 바와 같이, 이러한 규정의 신설 제안에 결정적인 역할을 한 것은 김증한 교수이다.

아닌 사단의 부동산등기능력은 이미 일제하의 부동산등기령에서 인정되고 있었는데, 1960년 민법과 함께 시행된 부등 §30($\binom{현행법에}{서는 §26}$)에서 이를 이어받아 등기능력을 인정하는 규정을 두었다. 일본 부동산등기법에는 이와 같은 규정이 존재하지 않는 까닭에 결과적으로 우리법의 큰 특징을 이루고 있다. 그리고 민사소송에 있어서 법인 아닌 사단의 당사자능력에 대해서는 의용 민소 §29가 이를 인정하고 있었는데, 1960년부터 시행된 우리 민소 §48($\binom{현행법에}{서는 §52}$)에 의해서도 인정되었다.

　(2) 우리 민법 제1편 총칙편 제3장 법인은 총칙($\binom{제1}{절}$), 설립($\binom{제2}{절}$), 기관($\binom{제3}{절}$), 해산($\binom{제4}{절}$), 벌칙($\binom{제5}{절}$)으로 나누어 법인에 관한 규정을 두고 있다. 제1절 총칙에는 법인 일반에 적용될 수 있는 규정이 일부 포함되어 있지만, 법인에 관한 장의 대부분의 규정은 비영리법인에 관한 규정이다. 제1절 총칙에 규정되어 있는 §31부터 §39의 적용범위를 살펴보자. 첫 조문인 §31는 "법인은 법률의 규정에 의함이 아니면 성립하지 못한다"고 규정하여 법인법정주의를 명문화하고 있는데, 법인 전반에 적용되는 총칙규정의 성격을 가진다. 다만 본조에서 말하는 "법률"에 대해서는 '민법 기타의 법률'로 파악하는 것을 당연한 전제로 하고 있는 것으로 보이는 바,[56] 본조는 사법인 일반에 관한 총칙규정의 성격을 가지는 것이 된다. 우리법은 公法人과 私法人을 구별하고 있는데, 몇몇 법률에서 공법인이라는 용어가 사용되고 있으나 현행 민법에서는 사용되고 있지 않다. §31의 연혁, 독일민법과 같은 공법인에 관한 유추적용 규정($\binom{독민}{§89}$)이 없는 것을 감안하면 §31는 사법인만을 염두에 둔 것이라고 할 것이다.[57] 법인에 관

---

56) 구주해(1), 431(이주흥).

57) 이와 관련하여 우리 §31의 연혁을 확인하는 것이 도움이 될 수 있는데, 이 조문에 관한 입법이유를 알 수 있는 자료가 없는 관계로 본조 제정 시 참조가 된 규정인 의용 §33의 입법이유를 확인해 보기로 한다. 일본민법의 제정과정을 살펴보면, 1890년에 공포된 일본 구민법 인사편 §5는 "법인은 公私를 불문하고 법률의 인허함이 아니면 성립하지 아니한다. 또한 법률의 규정에 따르지 아니하면 사권을 향유할 수 없다"고 규정하고 있었다. 구민법을 수정하는 형식으로 제정된 일본민법(이른바 메이지민법)에서는 총칙편 제3장 법인의 첫 규정인 §33에서 "법인은 본법 기타의 법률 규정에 의함이 아니면 성립할 수 없다"고 규정하였다. 프랑스민법의 영향을 받은 일본 구민법에서는 "公私를 불문하고 법률의 인허함이 아니면"이라고 하여 공법, 사법을 아우르는 법인을 염두에 두고 있었는데, 이것이 메이지민법에서는 "민법 기타의 법률"로 바뀐 것을 알 수 있다. 그리고, 메이지민법 입법이유에서는 "민법에서는 공법인에 관한 규정을 두지 않는 것으로 한다"고 밝히고 있다. 통상적으로 법인에는 공법인과 사법인이 있는 것을 전제로 하는데, 민법은 사법인만을 대상으로 한다는 것이다. 기초위원회인 법전조사회에서는 이 점에 관하여 몇 차례 질문이 있었지만, 기초자들은 공법인은 각각 특별법에 의하는 것으로 민법의 대상 밖이라고 답변하였다. 이러한 점은 일본민법 시행 이후 일본의 법인론에 영향을 미쳤다(大村, 民法讀解,

한 장의 두 번째 조문인 §32는 "학술, 종교, 자선, 기예, 사교 기타 영리 아닌 사업을 목적으로 하는 사단 또는 재단은 주무관청의 허가를 얻어 이를 법인으로 할 수 있다"고 규정하여 민법이 직접 구체적으로 규정하는 것은 비영리법인이라는 점을 밝히고 있다. 그 다음 조문인 §33는 법인설립의 등기에 관해서 규정하여 공시의 여부가 법인격 취득과 불가분의 관계에 있다는 점을 밝히고 있다는 점에서 총칙적 성격을 가진다. 이어서 법인의 권리능력이라는 표제를 달고 있는 §34, 법인의 불법행위능력에 관한 §35도 총칙적인 성격을 가진다. 다만 §34에 대해서는 영리법인인 회사에는 유추적용이 되지 않는다 것이 상법학계의 통설이다. §35는 상 §210에 합명회사에 대하여 본조와 유사한 규정을 두고 이를 다른 회사에도 준용하고 있으므로 상법상 회사에 대하여 본조가 적용될 여지는 거의 없다. §37와 §38는 그 내용상 비영리법인에 한정되는 내용이다. 또한 §39에서 영리법인에 관한 규정을 두고 있지만, §39는 영리법인의 경우 상법상의 회사 규정이 적용 내지는 준용된다는 것을 확인하는 이상의 의미는 없다는 것이 통설적인 견해이며, 불필요한 규정으로 삭제해야 한다는 논의도 유력하다. 다만 민법에서 영리법인에 관한 규정을 두고 있다는 상징적인 의미에서 삭제해서는 안 된다는 입법론도 주장된다. 제2절 설립($\S\S\frac{40-}{56}$), 제3절 기관($\S\S\frac{57-}{76}$), 제4절 해산($\S\S\frac{77-}{96}$), 제5절 벌칙($\frac{\S}{97}$)의 규정은 원칙적으로 비영리법인에 관한 규정이다.

### (3) 총칙편 제3장 법인 규정의 존재의의

　　민법상의 법인 관련 규정은 기본적으로 사법인 그 중에서도 비영리법인에 관한 규정이다. 따라서 민법상의 법인 이외의 법인에 대해서는 상법 또는 특별법의 규정이 적용되고, 당해 법률의 규정에 불비가 있는 경우에만 민법의 규정이 보충적으로 준용되거나 유추적용된다.[58] 민법상 법인 규정의 적용범위에 관련하여 문제가 되는 논점에는 이른바 비법인사단에 대하여 어떻게 규율해야 하는지에 관한 것이 있다. 이에 관하여 민법에서는 재산관계에 관한 것으로 총유 규정을 두어 규율하고 있는 이외에, 통설과 판례는 법인격을 전제로 하는 규정을 제외하고 사단법인에 관한 규정을 준용해야 한다고 한다. 다만, 이에 대하여는 비법인사단에는 다양한 형태가 있는 것을 감안하면 일률적

---

130). 우리 민법과 민법학에서는 부지불식간에 이러한 영향을 받았고 이러한 점을 감안한다면 §31는 사법인을 대상으로 하는 것을 전제로 하고 있다고 파악할 수 있다.

58) 법인에 관한 여러 특별법을 살펴보면, 민법 규정의 준용이나 유추적용이 필요한 경우에는 그러한 취지의 규정을 두고 있다.

으로 민법상 사단법인에 관한 규정을 준용하는 것에는 문제가 있다는 비판이
있다. 2013년 법무부 민법개정안에서는 이러한 논의를 반영한 규정이 제안되
기도 하였다.

　이상과 같은 점을 감안하면, 민법총칙 제3장이 법인 전반을 포함한 단체
일반에 관한 기본법이라고 성질결정 하는 것59)에는 논의의 여지가 있어 보인
다. 특히 법인을 포함한 단체 일반에 관한 기본법적인 성격을 가진다고 단정하
는 데에는 유보가 필요하다. 통설에서 '사단'과 구별되는 '조합' 개념을 당연한
전제로 상정하고 있고, 실제로 민법에서 '조합'에 관해서는 채권각론 부분에
계약 유형으로 규정하고 있는 점에 대한 정합적인 설명이 수반되어야 할 것이
다.60) 물론 민법이 시민사회의 기본법적인 성격을 가지고 있는 바, 이러한 점을
감안하여 보다 폭넓은 적용범위를 가지는 방향으로 해석을 하는 것이 바람직하
기는 하다. 다만 현행 민법전의 규정의 내용과 특징에 관한 성질결정 문제와 바
람직한 제도설계를 위한 입법론은 별개로 논의를 전개해야 할 것이다. 최근 민
법개정에 관한 총론적인 논의에서, 민법총칙편 중 법인관련 규정의 개정논의에
큰 그림이 부재하다고 비판이 제기되었다.61) 이 논의는 현행 민법총칙 제3장
법인 규정에는 단체 일반에 관한 기본법적인 성격이 없다는 것을 전제로 하고
있다. 이러한 점들을 고려하면 민법총칙편 제3장의 법인규정은 "모든 종류의
법인과 단체에 적용되는 일반단체법"이라고 보기는 어렵고, 법인 전반에 관한
총칙규정을 포함한 비영리법인의 기본법이라고 이해하는 것이 합당할 것이다.

## 2. 공익법인, 특수법인

### (1) 공익법인

　(가) 개    념    　일반적으로 공익법인이라 하면 비영리법인으로서 공
익활동을 주된 목적으로 하는 법인을 총칭한다. 하지만 이는 민법상의 개념
은 아니다. 의용민법에서는 공익법인을 기본적인 법인형태로 규정을 하고 있
었기 때문에 비공익이면서 비영리인 경우에는 법인격을 취득할 방법이 없었
다. 예컨대 동창회 등 친목단체는 권리능력 없는 단체로 남아있을 수밖에 없
는 불합리가 발생하였다. 이에 우리민법을 제정하는 과정에서 이러한 문제를

---

59) 주석 총칙(1), 458(제4판/송호영).
60) 권철(주 7), 119 이하.
61) 지원림, "민법개정: 이상과 현실―2009년 민법개정위원회의 개정시안 중 총칙편을 중심
　　으로", 민학 85, 2018, 122.

해결하기 위하여 '공익'법인보다 범위가 넓은 '비영리'법인이라는 범주를 채용하면서 결과적으로 공익법인이라는 용어는 우리민법에서 찾아볼 수 없게 되었다.[62] 다만 비영리법인 중 공익을 목적으로 하는 법인을 공익법인이라고 부른다면, 결국 민법에서는 공익법인과 비공익·비영리법인이 있게 된다. 비영리법인의 범위가 매우 광범위한 점을 감안하면 이렇게 비영리법인 내부에 공익성의 정도에 따라 적어도 두 단계의 유형을 상정하는 것이 가능하며 또한 바람직할 것이다.

　　(내) 공익법인법상 공익법인　　민법상 비영리법인의 이러한 구조는 민법 시행 후 15년 후인 1975년에 민사특별법으로 공익법인의 설립·운영에 관한 법률(공익법인)이 제정되어 공익법인이라는 용어가 사용됨으로써 확인되었다. 공익법인 §1는 "법인의 설립·운영 등에 관한 「민법」의 규정을 보완하여 법인으로 하여금 공익성을 유지하며 건전한 활동을 할 수 있도록 함을 목적"으로 한다고 규정한다. 이로써 법률의 목적이 민법의 규정을 보완하는 것이라는 점을 명문으로 확인하고 있다. 다만 이 법의 적용범위는 다소 한정적이어서, "사회 일반의 이익에 이바지하기 위하여 학자금·장학금 또는 연구비의 보조나 지급, 학술, 자선(慈善)에 관한 사업을 목적으로 하는 법인"에 국한된다. 즉 공익목적 중에서 장학, 학술, 자선에만 한정하고 있는 것이 특징이다.[63] 이 점에서 동법에서 규정하는 '공익법인'은 좁은 의미의 공익법인이라고 말할 수 있다. 관련 대법원 판결에서도 이 법의 적용범위를 엄격하게 해석하고 있는 것으로 보인다.[64]

　　그런데 공익법인법의 제정이유를 확인해 보면, 민법상의 비영리법인 개념

---

62) 한편 민법상 비영리법인의 설립에는 의용민법상 공익법인과 마찬가지로 주무관청의 허가제를 유지하였다. 이러한 점은 비공익·비영리법인이 민법상 법인격을 취득할 수 있게 하여 권리능력 없는 단체의 발생을 줄이려고 하는 취지를 반감시키게 되었고 법인 아닌 단체의 발생을 조장하는 결과를 가져왔다.

63) 같은 법 시행령(§2)에 의하면 "사회일반의 이익에 공여하기 위하여 학자금·장학금 또는 연구비의 보조나 지급, 학술·자선에 관한 사업을 목적으로 하는 법인"이라 함은 다음의 사업을 목적으로 하는 법인을 말한다. 1. 학자금·장학금 기타 명칭에 관계없이 학생등의 장학을 목적으로 금전을 지급하거나 지원하는 사업·금전에 갈음한 물건·용역 또는 시설을 설치·운영 또는 제공하거나 지원하는 사업을 포함한다. 2. 연구비·연구조성비·장려금 기타 명칭에 관계없이 학문·과학기술의 연구·조사·개발·보급을 목적으로 금전을 지급하거나 지원하는 사업·금전에 갈음한 물건·용역 또는 시설을 제공하는 사업을 포함한다. 3. 학문 또는 과학기술의 연구·조사·개발·보급을 목적으로 하는 사업 및 이들 사업을 지원하는 도서관·박물관·과학관 기타 이와 유사한 시설을 설치·운영하는 사업. 4. 불행·재해 기타 사정으로 자활할 수 없는 자를 돕기 위한 모든 자선사업. 5. 제1호 내지 제4호에 해당하는 사업의 유공자에 대한 시상을 행하는 사업.

64) 대판 10.9.30, 2010다43580; 대판 12.4.13, 2010다10160.

과의 관계성에 대한 체계적인 발상에 입각한 입법이라고 하기에는 무리가 있다.[65] 이 문제에 관하여는 2020년 말의 공익법인법 전면개정에 관한 움직임과 관련지우면서 비영리·공익법인 법제에 관한 입법론을 살펴보는 마지막 단락에서 다루기로 한다.

㈐ 상증세법상 공익법인   다른 한편, 넓은 의미의 공익법인 개념도 존재한다. 상속세 및 증여세법(상증세)에 따른 공익법인이 그것이다. 상증세 §16는 '공익법인등에 출연한 재산에 대한 상속세 과세가액 불산입'이라는 표제 아래 다음과 같이 규정하여 '공익법인등'이라는 개념을 인정한다. 상증세 §16는 "상속재산 중 피상속인이나 상속인이 종교·자선·학술 관련 사업 등 공익성을 고려하여 대통령령으로 정하는 사업을 하는 자(이하 '공익법인 등'이라 한다)에게 출연한 재산의 가액으로서 제67조에 따른 신고기한(법령상 또는 행정상의 사유로 공익법인등의 설립이 지연되는 등 대통령령으로 정하는 부득이한 사유가 있는 경우에는 그 사유가 없어진 날이 속하는 달의 말일부터 6개월까지를 말한다) 이내에 출연한 재산의 가액은 상속세 과세가액에 산입하지 아니한다."고 하는데, 여기서의 '공익법인등'은 상증세령 §12에서 드는 각 호의 사업을 하는 자를 말한다고 규정한다. 즉, ① 종교의 보급 기타 교화에 현저히 기여하는 사업, ②「초·중등교육법」및「고등교육법」에 의한 학교, 「유아교육법」에 따른 유치원을 설립·경영하는 사업, ③「사회복지사업법」의 규정에 의한 사회복지법인이 운영하는 사업, ④「의료법」에 따른 의료법인이 운영하는 사업, ⑤ 법세 §24 Ⅲ에 해당하는 기부금을 받는 자가 해당 기부금으로 운영하는 사업, ⑥ 법세령 §39 Ⅰ (i) 각 목에 의한 지정기부금단체등 및 소세 §80 Ⅰ (v)에 따른 기부금대상민간단체가 운영하는 고유목적사업. 다만, 회원의 친목 또는 이익을 증진시키거나 영리를 목적으로 대가를 수수하는 등

---

[65] 이 법의 제정이유는 다음과 같다(국가법령정보센터 사이트(law.go.kr)에서 검색 가능). "오늘날 경제의 성장과 사회의 발전에 따라 공익법인의 수도 증가하거니와 그 규모도 커지고 있는 실정에 있으며, 사립학교법에 의한 학교법인, 종교, 언론과 기타 특별법에 의해 설립된 법인을 제외한 민법에 의한 공익법인은 자선, 장학 등 공익활동으로 사회에 공헌하는 바가 크다고 하겠으나 공익법인에 대하여는 국가의 면세조치, 공과금 면세등 여러 가지 혜택이 주어지므로 설립자가 이를 사적 목적에 이용함으로써 공익법인을 통한 각종 탈법행위가 이루어져 도리어 사회에 폐해를 끼치는 사례도 없지 않은 바, <u>민법상의 공익법인의 설립허가제, 감독관청에 의한 검사, 감독권, 설립허가의 취소 등의 규제만으로서는</u> 새로운 양상의 공익법인의 공익성을 유지시키기가 극히 어려운 실정이라 하겠으므로 공익법인에 관하여 민법에 대한 특례규정을 마련함으로써 사법자치의 원칙아래 공익성을 보장하여 그 본래의 목적사업에 충실하게 하려는 것임."(밑줄 필자) 다만 제정이유의 용어법에는 우리민법의 비영리법인 규정과 모순되는 점이 있다. 즉 "민법상의 공익법인의 설립허가제" 운운 하는 것은, 공익법인을 전제로 하는 일본민법에 관한 문제제기와 우리민법상의 문제를 혼동하고 있는 것은 아닌지, 의심스러운 면이 없지 않다.

공익성이 있다고 보기 어려운 고유목적사업을 제외한다. ⑦ 법세령 §39 I (ii) 다목에 해당하는 기부금을 받는 자가 해당 기부금으로 운영하는 사업 등이다. 이와 같이 상증세법 및 동 시행령에서는 공익의 범주를 종교, 교육, 사회복지, 의료 등을 포함한 넓은 것으로 파악하고 있다. 이 규정에 의해서 선별되는 '공익법인등'의 범주에는 공익법인법상의 공익법인은 물론이고 민법상 비영리법인 중 선별된 것과 더 나아가서는 비법인단체도 다수 포함되어 있다.

여기에서 상증세법상의 '공익법인등' 개념의 특성을 발견할 수 있다. 첫째로 '공익법인등'이라는 관념은 기껏해야 영리를 목적으로 하지 않는 단체를 막연하게 포괄적으로 가리키는 것이어서 다양한 비영리단체의 조직이나 운영에 관하여 통일적인 체계 안에서 파악한 것이 아니다. 따라서 조세입법정책의 관점에서 분류된 것에 지나지 않는 '공익법인등' 관념에서 '공익'성 유무에 관한 체계성을 이끌어내는 것은 불가능에 가깝다. 둘째로 '공익법인등'에 포섭되어 조세혜택을 받는 것은 법인격 유무와 관련이 없다는 것이다.[66]

㈐ 각종 특별법에 의한 비영리·공익법인    그 밖에 각종 특별법에 의한 비영리·공익법인이 존재한다. 민법 이외에 비영리·공익법인의 설립을 규정하는 법률로는, 이미 언급한 공익법인법을 비롯하여, 사회복지사업법($^{사회복지}_{법인67}$), 사립학교법($^{학교}_{법인68}$), 의료법($^{의료}_{법인69}$) 등이 존재한다. 이러한 법인의 카테

---

66) 이러한 점은 법인세법 상의 '비영리법인' 개념에 관해서도 지적할 수 있다. 즉 법인세법 §1 (ii) 규정에 의한 비영리법인이란 ①「민법」§32에 따라 설립된 법인, ②「사립학교법」등 특별법에 따라 설립된 법인으로서「민법」§32에 규정된 목적과 유사한 목적을 가진 법인, ③「국세기본법」§13의 법인으로 보는 단체를 말하는데, 국세기본법 §13의 규정 내용을 보면 ③의 '법인으로 보는 단체'는 이른바 비법인사단·재단의 요건을 갖춘 '법인 아닌 단체'를 '비영리법인' 카테고리에 포함시키고 있는 것을 알 수 있다.

67) §32(다른 법률의 준용) 법인에 관하여 이 법에서 규정한 사항을 제외하고는「민법」과「공익법인의 설립·운영에 관한 법률」을 준용한다.

68) §9(학교법인의 권리능력등) 학교법인의 권리능력과 불법행위능력에 관하여는「민법」제34조 및 제35조의 규정을 준용한다.
   §13(「민법」의 준용)「민법」제47조·제48조·제50조 내지 제54조 및 제55조 제1항의 규정은 학교법인의 설립에 이를 준용한다.
   §27(「민법」의 준용)「민법」제59조 제2항·제61조·제62조·제64조 및 제65조의 규정은 학교법인의 이사장과 이사에게 이를 준용한다. 다만,「민법」제62조중 "타인"을 "다른 이사"로 한다.
   §42(「민법」등의 준용) ①「민법」제79조, 제81조 내지 제95조의 규정은 학교법인의 해산과 청산의 경우에 이를 준용한다. 다만,「민법」제79조중 "이사"를 "이사장"으로 한다. ② 이 법 제18조와「민법」제59조 제2항·제61조·제62조·제64조 및 제65조의 규정은 학교법인의 청산인에 이를 준용한다.

69) §50(「민법」의 준용) 의료법인에 대하여 이 법에 규정된 것 외에는「민법」중 재단법인에 관한 규정을 준용한다.

고리에 어떠한 용어를 사용할 것인지는 명확하지 않다. 민법상 비영리법인, 상법상 영리법인(<sup>회</sup><sub>사</sub>) 이외의 특별법에 의한 법인을 모두 '특수법인'이라고 부르는 경우가 있는데, 이는 '특수법인'을 넓게 파악한 것이라고 할 수 있다. '특수법인'의 범위를 지나치게 넓게 파악하는 분류법이라는 문제에 대해서는 후술한다.

### (2) 특수법인

㈎ 민법에 의하여 설립되는 비영리법인(<sup>민법</sup><sub>법인</sub>)과 상법에 의하여 설립되는 회사(<sup>상법</sup><sub>법인</sub>)를 합하여 '일반법인'이라고 부르고, 민법 및 상법 이외의 법률에 따라 설립되는 법인을 총칭하여 '특수법인'이라 부르는 경우가 있다.[70] 넓은 의미의 '특수법인'이라고 할 수 있는데, 이 개념에는 민법법인과 상법법인을 제외한 특별법으로 인정되는 모든 법인을 포함하게 된다. 한편 국가의 특정한 행정작용을 수행하기 위하여 특별법에 의하여 직접 설립되거나, 특별법에 따른 특별한 설립행위를 통하여 성립되는 법인도 특수법인이라고 부르는 경우가 있다. 이를 좁은 의미의 특수법인이라고 할 수 있다.

㈏ 현행법령상 특수법인이라는 용어는 위와 같은 광의의 개념과 협의의 개념이 혼용되고 있다.[71] 예컨대, 비송 §67와 대법원규칙인 '민법법인 및 특수법인 등기규칙' §1는 "민법 및 상법 외의 법령에 따라 설립된 법인"을 특수법인이라고 규정하고 있어 광의의 특수법인 개념을 사용하고 있다.[72] 반면 국가정보화 기본법 제3조 제10호, 전자정부법 제2조, 토양환경보전법 제23조의2 제3항, 자동차손해배상 보장법 제45조 제4항, 개인정보 보호법 시행령 제2조, 공공기관의 정보공개에 관한 법률 시행령 제2조 등 각종 법령에서는 "특별법에 따라 설립된 특수법인"이라는 용어를 사용하고 있다. 이들 각 규정에서의 특수법인은 협의의 특수법인을 말한다. 판례도 "특별법에 의하여 설립된 특수법인" 등과 같이 표현하여 특수법인 개념을 사용하고 있다.[73]

---

70) 윤장근, "특수법인에 관한 연구", 법제 308, 1990, 19; 법제처, 법령입안·심사기준, 2019, 390. 민법주해, 주석민법에서도 이러한 개념을 채용하고 있다.

71) 법제처(주 70), 390.

72) 대법원규칙 제2560호.

73) 예컨대 사립학교법에 의해 설립된 학교법인, 사회복지사업법에 의해 설립된 사회복지법인, 도시재개발법에 의해 설립된 재개발조합, 농업협동조합법에 의해 설립된 농업협동조합, 구 대한교원공제회법에 의해 설립된 대한교원공제회, 건설공제조합법에 의해 설립된 건설공제조합, 신용보증기금법에 의해 설립된 신용보증기금, 예금자보호법에 의해 설립된 예금보험공사, 한국도로공사법에 의해 설립된 한국도로공사, 한국철도시설공단법에 의하여 설립된 한국철도시설공단, 농촌근대화촉진법에 의해 설립된 농지개량조합, 석탄산업법에 의해 설립된 석탄산업합리화사업단, 방송법에 의하여 설립·운영되는 한국방송공사, 한국마사회법에 의하여 설립된 한국마사회 등이 특수법인이라고 설시하고 있다.

(ㄸ) 이러한 특수법인에 관한 용어법은 일본의 예전 용어법의 영향을 받은 것이다.[74][75] 넓은 의미의 특수법인 개념은 범위가 너무 광범위하다는 점에서 용어를 재검토하는 것이 바람직해 보인다.[76] 특히 학교법인, 사회복지법인, 의료법인 등은 (특별법에 의한) 비영리법인 내지 공익법인으로 포괄하는 것도 방법일 것이다. 실제로 최근에는 이러한 용어법이 늘어가고 있는 추세이다.[77]

### (3) 비영리·공익법인에 관한 체계적인 규율

현행 비영리·공익법인 법제는 해방 이후 우리민법전이 제정(1958년)되면서 비영리법인에 관한 규정을 두고, 민법 이외에 특별법으로 이른바 '공익법인' 내지 '특수법인'으로 불리는 여러 유형(사립학교법, 사회복지법, 의료법, 공익법인법 등)을 인정함으로써 기본적인 틀이 형성되었다. 우리민법에서는 의용민법과 달리 비영리법인을 폭넓게 인정함으로써 제도설계의 면에서는 진일보한 모습을 갖추었음에도 불구하고 한편으로 주무관청의 허가제를 채택(유지)함으로써 내재적인 한계를 가지게 되었고, 실제로 운영된 주무관청제의 실무에서는 우리민법 시행 후 한동안 일본민법상의 공익법인에 관한 실무를 참조함으로써 우리민법상 비영리법인 제도의 취지를 제대로 살리지 못한 면이 있었다. 민법 이외에 특별법을 둠으로써 사법인으로서의 법인유형을 인정하는 법제도는 큰 틀에서 일본의 법제도를 참조한 것이었다. 다만 세부적으로 보면 공익법인 개념에 관한 차이, 종교단체에 관한 법제의 부재, 비법인사단에 관한 민법과 부동산등기법의 규정 등의 면에서 차이를 발견할 수 있고 이러한 점이 우리법제의 특징이 발현되는 계기가

---

74) 상세한 분류와 설명은 예컨대 日注民(2) 新版, 482-573(川村俊雄) 참조.

75) 다만 일본에서 넓은 의미의 특수법인은 예전의 용어법이고 최근에 제도 개혁을 거친 이후 특수법인은 좁은 의미의 개념으로 쓰이고 있다. 특수법인의 개념의 원조인 일본에서는 2000년대에 들어 행정개혁입법의 결과 변화가 있었다. 2000년대 들어 특수법인은 이른바 낙하산 인사에 이용되고 있다거나 업무효율이 떨어진다는 등의 여론이 높아졌다. 이 때문에, 특수법인등 개혁 기본법(동법 부칙 Ⅱ의 규정에 의해, 2006(平 18).3.31.로 실효)에 근거하여, 특수 법인의 사업에 대해서는 폐지, 정리 축소 또는 합리화, 다른 실시 주체에로의 이관등의 조치(동법 § 5 Ⅱ (i))를, 특수 법인의 조직 형태 그 자체에 대해서도 폐지, 민영화, 독립행정법인에로의 이행 등의 조치를 취하는것일도 행하여졌다. 현행 제도에 따르면, 특수법인이란 법인 중 그 법인을 설립하는 취지의 구체적인 법령의 규정에 따라 설립되며, 독립행정법인, 인가법인, 특별민간법인의 어느 것에도 해당하지 아니하는 것을 말한다. 2017년 4월 현재 33개의 특수법인이 있다. 현재는 기존의 넓은 의미의 특수법인 중에서 좁은 의미의 특수법인을 제외한 사법인은 '공익법인' 개념으로 포괄하고 있는 것이 일반적이다.

76) 민법주해나 주석민법에서 다루고 있는 법인 유형을 특수법인으로 부르는 것도 바람직한 것인지 재검토가 필요해 보인다.

77) 법무법인(유한)태평양·재단법인동천공동편집, 공익법인연구, 2015에 게재된 각 논문을 참조.

되었다. 그 특징 중의 하나로 비법인단체가 광범위하게 인정되는 경향을 들 수
있다.

　현행 법제는 비법인사단을 포함한 광의의 비영리단체·법인을 주무관청,
국세청, 행정안전부 등이 중복적으로 감독, 규제하고 있기 때문에 전체상을 파
악하기가 쉽지 않다. 이와 같은 현행 제도에 대해서는 최근에 이르러 비영리
단체 관계자를 포함한 시민사회 사이드에서 비영리단체의 활성화를 위한 제도
개선의 목소리를 높이고 있는 점이 주목된다. 다른 한편으로 우리사회에는 비
영리·공익법인에 대한 뿌리 깊은 불신도 존재한다. 정치적으로 문제가 된 비
영리·공익법인 주무관청제 문제를 비롯하여 유명 시민단체의 기부금 관리 및
회계문제, 코로나사태와 관련된 종교단체의 반사회적 행태 등이 사회적으로
크게 화제가 되었다. 특히 대기업이 설립한 공익재단법인이 편법적·불법적으
로 이용되는 문제에 관한 시민들의 우려도 존재한다.[78]

　민법에서 비영리법인에 관한 일반적인 규정을 두면서 특별법으로 일정 범
위의 공익법인에 관하여 규율하는 이러한 구조를 어떻게 파악해야 하는지, 우
리 실정법상의 비법인단체에 관한 규율방법의 장단점은 무엇인지 등에 대해서
는 논의의 심화가 필요하다. 비영리·공익법인에 관한 체계적이고 효율적인 규
율이라는 측면에서 중요한 논점이라고 할 것이다. 이 논점은 비영리·공익법인
체계의 개선방향과도 관계가 있는 만큼 후술한다(IV, V).

## 3. 비영리법인의 기본법인 민법과 영리법인의 기본법인 상법

　법인의 성립을 규정하는 법률은 다수 존재하는데, 민법과 상법이 각각 비
영리법인과 영리법인에 관한 일반적인 법인제도를 포괄적으로 규정하는 법률
이면서 개별법에 의한 각종 법인의 모델이 되는 기본적인 법률이라고 할 수
있다.

　민법에서는 "법인은 법률의 규정에 의함이 아니면 성립하지 못한다."고 하
여 법인법정주의를 규정하고 있다($\S_{31}$). 따라서 법인이 성립하려면 반드시 그
근거법률이 있어야 한다. 그런데 민법에서는 민법을 근거로 하여 설립할 수 있
는 법인으로 '학술, 종교, 자선, 기예, 사교 기타 영리 아닌 사업을 목적으로 하
는 사단 또는 재단', 즉 비영리법인($\S_{32}$)을 두고 주무관청의 허가를 얻어 주된

---

78) 강석구·송봉규·이성대·신민·최혜선, 공익재단을 이용한 탈법 불법 유형 및 형사정책
　　적 대응방안, 형사정책연구원, 2018.

사무소의 소재지에서 설립등기를 마침으로써 법인으로 성립할 수 있다고 규정한다($\S\S^{32.}_{33}$). 그리고 민법에는 "영리를 목적으로 하는 사단은 상사회사설립의 조건에 좇아 이를 법인으로 할 수 있다"고 하면서($\S^{39}_{1}$), "전항의 사단법인에는 모두 상사회사에 관한 규정을 준용한다."고 규정한다($\S^{39}_{II}$).[79] 상법은 '회사란 상행위나 그 밖의 영리를 목적으로 하여 설립한 법인을 말한다'고 규정하고($\S^{상}_{169}$), 회사를 ① 합명회사, ② 합자회사, ③ 유한책임회사, ④ 주식회사, ⑤ 유한회사의 5종으로 구분하고 있다($\S^{상}_{170}$). 회사는 본점 소재지에서 설립등기를 함으로써 성립한다($\S^{상}_{171}$). 이와 같이 현행법상 인정되는 가장 전형적이고 일반적인 법인의 형태는 민법상 비영리법인과 상법상 회사($^{영리}_{법인}$)라고 할 수 있다.

## Ⅲ. 법인의 종류

### 1. 사법인과 공법인

(1) 공법인과 사법인의 구별은 법인에 관한 가장 기본적인 분류라고 일컬어지고, 최근의 민법 교과서에서는 다음과 같은 간단한 서술만이 이루어지는 보통이다. 즉 공법인은 법인의 설립이나 관리에 국가의 공권력이 관여하는 것($^{예: 국가, 지}_{방자치단체}$)이고, 그 밖의 법인이 사법인이다. 그런데 공법인과 사법인의 중간적 법인도 있다($^{예: 한국은행, 한국토지}_{주택공사, 농업협동조합}$)는 것이다.[80] 헌법재판소는, 공법인과 사법인의 구별을 전통적인 것으로 파악하면서 "설립형식"을 강조하여 공법인은 공법상 설립행위 또는 법률에 근거하고, 사법인은 설립계약 등 법률행위에 근거한다고 한다. 또 그 "존립목적"을 강조하여 공법인은 국가적 목적 내지 공공목적을 위하여 존재하는 것인 반면 사법인은 그 구성원의 공동이익을 위하여 존재한다고 하여 왔으나, 오늘날 사회복지국가의 등장으로 국가가 국민의 모든 생활영역에 간섭하고 활발한 경제활동을 하게 되자, 위와 같은 기준만으로는 구별이 어려운 중간적 영역의 법인도 많이 생겨나고 있다고 설시하고 있다.[81]

---

79) 의용민법 §35와 같은 내용이다. §39는 상 §169를 비롯한 상법의 규정을 감안하면 무의미하거나 잘못된 규정이어서 삭제해야 한다는 학설이 유력하다. 일본민법에서는 같은 이유에서 2004년 개정에서 일민 §35가 삭제되었다.

80) 송덕수(주 1), 560.

81) 헌재 00.6.1, 99헌마553(헌집 12-1, 686, 706-707). 윤진수, "사법상의 단체와 헌법", 비교 15-4, 2008.

(2) 19세기 중엽부터 20세기 초반까지 독일이나 프랑스에서 전개된 법인 이론에서는, 사법인과 공법인 양쪽이 모두 논의의 대상이 되었다. 19세기 말에 제정된 독일민법에서는 법인에 관한 절의 세 번째 관에 공법인에 관한 준용규정을 두고 있다. 그러나 독일민법 초안을 크게 참조하여 제정된 일본민법에는 공법인에 관한 규정을 두지 않았다. 일본민법의 입법자들은 공법인은 민법의 대상 밖이라고 하여 특별법에 의하는 것으로 생각하였던 것이다. 이러한 의용민법의 영향을 크게 받은 결과, 해방 후 제정된 우리 민법의 법인 관련 규정에도 공법인에 관한 규정이 없다. 우리 민법과 민법학에서 공법과의 관련성에 대한 인식이 희박했다는 점은 이러한 맥락에서 그 특징을 파악할 수 있다.

(3) 공법인과 사법인의 구별은 공법과 사법의 구별을 그 전제로 하는 바, 이는 행정법을 사법으로부터 분리시킬 수 있는가라는 문제로 귀결된다. 우리나라는 독일 행정법의 영향으로 인하여 행정법이 사법으로부터 완전히 독립하지 못하였으며, 독일 행정법을 계수한 일본 역시 영미법의 영향을 받으면서 더욱 더 공사법의 구별을 부인하는 입장을 보이고 있다.[82] 우리나라에 있어서 공법과 사법 나아가 행정법과 민사법이 혼동에 빠지게 된 이유는 우리가 독일의 행정법을 일본을 통하여 계수하였기 때문이라는 진단도 있다.[83][84]

우리 공법학계의 학설은 독일법의 영향으로 공법인을 사단법인, 재단법인, 영조물법인으로 구별하고 있으나, 우리 입법자는 그와 같은 구별을 분명하게 제시하지 않는다. 공법인을 사단과 재단 그리고 영조물로 구분하는 노력이 실무에서 보편적이라고 평가하기도 어렵다.[85] 공법학계에서는 일반적으로 공법상 법인, 즉 공법인의 개념을 인정하지만 실무적으로는 공법인 중에서 국가와 지방자치단체를 제외한 공공단체에 대하여 특수법인이라는 개념을 사용하

---

82) 강현호, "公法人과 私法人의 구별에 대한 기초적 논의", 공법연구 32-1, 2003, 433.

83) 강현호(주 82), 436.

84) 공법인과 사법인의 구별에 대한 공법학자들의 견해를 고찰하면, 공법인과 사법인의 구별을 부인하는 견해, 법인설립의 준거법을 기준으로 하는 견해, 법인설립의 강제성 유무를 기준으로 하는 견해, 법인이 향유하는 권리를 기준으로 하는 견해, 법인설립의 목적을 기준으로 하는 견해, 법인의 업무의 특질을 기준으로 하는 견해 등이 있다. 한편 현행법과 법인의 운영실제에 있어서는 공법적인 요소와 사법적인 요소가 혼재되어 있으므로 결국에는 이러한 구별요소들을 종합적으로 고려하여 구별하는 견해 등이 주장되고 있다. 또한 공법인인가 사법인인가의 판별기준으로 특별법에 설립의 근거와 임무가 규정된 법인은 모두 당해 법률에서 정한 행정임무를 수행하기 위한 공법인이 되며, 공법인인가 사법인인가는 오로지 조직형식의 문제이며 따라서 설립근거라는 법형식의 관점에서 결정하여야 한다는 견해도 있다. 강현호(주 82), 442.

85) 송시강, "공법상 법인에 관한 연구", 홍익법학 20-1, 2019, 606.

는 것이 보편적이다. 특히 '특별법에 따라 설립된 특수법인'이라는 표현이 각
종 법령에서 널리 사용되고 있다. 우리 실무에 큰 영향을 미치고 있는 특수법
인의 개념은 일본법의 영향을 받은 것이다. 이와 같이 특수법인의 개념을 앞세
우면 공법인과 사법인의 구별을 부정하기 쉬운데, 이는 근본적으로 공법과 사
법의 구별을 부정하는 견해와 연결되는 것으로 보인다.[86]

　　(4) 최근 일본에서는 민법학자들이 서술한 기존의 도식적인 법인이론에
대해서 공법학자들의 비판적인 검토가 이루어지고 있다. 본디 사법과 공법 모
두와 관련되는 법인이론을 민법학에서 사법상의 논의로만 수용한 결과 불필요
한 이론으로 왜소화시켰다는 비판이다. 예를 들면 미슈우(L. Michoud)의 법인
학설에 대하여(프랑스의 퇼술) 그 원래 목적이 공법적인 측면에 있었음에도 불구하고
예전 민법학자의 소개에서는 그러한 함의가 삭제되어 버렸다는 것이다.[87] 이
렇게 미슈우의 저서는 공법상의 법인을 논한 행정법학상의 논의로 읽혀져야
했다고 한다.[88] 그리고 프랑스 공법학의 태두인 오리우(M. Hauriou)의 법인론
을 재검토하는 논의도 등장하였다.[89] 또한 법인론은 이른바 탈정치화되었는데,
오늘날 문제가 되고 있는 것은 법인의 정치적 측면이라는 주장도 있다. 법인격
부여 문제는 결사의 자유를 출발점으로 하여 그 연장선상에 자리매김 되어야
한다는 관점도 제시되고 있다.[90]

　　(5) 공법인과 사법인의 구별은 사법과 공법의 분리에 관한 근본문제와 연
결되어 있기 때문에 간단히 정리되기 어려운 문제이다. 우리나라는 해방 직후
한동안 일본의 법체계와 법학의 영향 하에 있었는데, 당시 일본의 법체계와 법
학은 독일과 프랑스의 영향을 복합적으로 받은 것이었다. 우리는 이러한 상황
에서 출발하여 점차로 자발적인 외국법 수용을 통하여 독자적인 발전을 이루
어왔는데, 이러한 복합적인 상황을 일목요연하게 파악하기는 쉽지 않다. 아쉽
게도 민법학에서는 이 논점을 독자적으로 논의하지는 않았고 이에 민법 교과
서나 주석서에는 전통 이론에 의거한 간단한 서술만이 이루어지고 있다. 이에
비하여 공법(행정법)학에서는 다양한 문제 제기가 이루어지고 있는 것으로 보
이는데, 아직 통일적인 설명은 어려운 듯하다. 여기에서는 민법학에서도 공법

---

86) 송시강(주 85), 575.
87) 時本義昭, 法人・制度体・国家, 2015.
88) 石川健治, 自由と特権の距離, 2004.
89) 小島慎司, 制度と自由, 2013.
90) 井上武史, 結社の自由の法理. 2014.

학의 문제제기를 반영하고 포섭하는 보다 적극적인 연구가 필요하다는 것만을 지적해 두기로 한다.

## 2. 사단법인과 재단법인

### (1) 개    관

사단법인이란 일정한 목적을 위하여 결합된 인적 결합체(사단)를 그 실체로 하는 법인이고, 재단법인은 일정한 목적을 위하여 바쳐진 재산의 집합(재단)이 그 실체를 이루는 법인이라고 설명되는 것이 일반적이다. 다만 우리민법에는 법인에 관한 정의 규정이 없는 것과 마찬가지로, 사단 및 재단에 관한 정의규정도 존재하지 않는다. 이에 민법과 상법의 관련 규정에서 사단 및 재단 각각의 특징을 유추할 수밖에 없다. 우선 민법에서는 "학술, 종교, 자선, 기예, 사교 기타 영리 아닌 사업을 목적으로 하는 사단 또는 재단은 주무관청의 허가를 얻어 이를 법인으로 할 수 있다"($\frac{\S}{32}$)라고 규정하여, 사단 또는 재단이 비영리목적의 법인이 될 수 있다는 점을 명확히 하고 있다. 그리고 상법($\frac{2011년}{개정 전}$)에서는 "본법에서 회사라 함은 상행위 기타 영리를 목적으로 하여 설립한 사단을 이른다"($\frac{\text{상}}{\S 169}$)고 규정하여 영리법인인 회사는 사단이라는 점을 밝히고 있었다.[91] 이들 규정에서는 법인에 사단법인과 재단법인의 구별이 존재하는 것, 그리고 사단은 비영리법인이나 영리법인이 될 수 있는 것, 재단은 비영리법인으로서만 존재할 수 있다는 것을 알 수 있다. 다만 2011년의 상법 개정에서 상 §169가 개정되어 '사단'이라는 용어가 조문 상에서 사라졌는데, 이것이 사단 개념에 어떠한 영향을 줄 것인지 논의되고 있다.[92] 그리고 우리 민사법상의 단체인 사단과 조합은 그 개념이 서로 대비되어 그 법적 성격이 다르다는 것이 전통이론 및 판례의 입장이다. 이와 같은 사단과 조합의 구별에 관해서는 다음 항목에서 다루기로 하고, 이하에서는 우선 사단과 재단에 관해서 살펴보자.

### (2) 병렬적 구성에 의한 혼용의 문제

'재단' 개념은 오랜 역사적 연원을 갖고 있지만, 민사법 상 권리능력을 가지는 권리주체로서의 '재단법인'은 19세기 서구의 근대적 법학의 산물이다. 이러한 관념을 민법전에 충실히 반영한 법제가 독일민법이다. 우리민법에서는

---

91) 2011년 상법개정으로 상 §169는 "이 법에서 "회사"란 상행위나 그 밖의 영리를 목적으로 하여 설립한 법인을 말한다"로 개정되어 '사단'이라는 용어가 삭제되었다.

92) 이철송, "2011 개정상법의 정책적 및 기술적 오류", 증권법연구 13-2, 2012, 7.

1958년 제정 당시부터 비영리법인에는 사단법인과 재단법인이 있는 것을 전
제로 규정하고 있다. 그런데 우리민법에서는 비영리법인의 설립에 관한 규정
에서 사단법인과 재단법인을 뒤섞어 놓은 조문 배열 방식을 취하고 있다. 이러
한 조문 배열은 일본민법(2006년 개정으로 대부분의 법)의 영향이다.[93] 일본민법의 법
                    (인 규정이 삭제되기 전의 민법)
인규정은 독일민법의 영향을 크게 받은 것이라고 일반적으로 알려져 있지만,
독일민법의 규정은 사단법인과 재단법인을 체계상 엄밀히 준별하고, 그 결과
양자의 설립요건을 각기 다르게 규정하고 있다는 점에서 다르다.[94] 독일에서
비영리사단법인에 대해서는 민법을 설립근거로 하는 한편, 재단법인의 구체적
요건은 실질적으로 각 주법에 맡기고 있다. 이렇게 원래 사단법인과 재단법인
이 연혁적으로 태생이 다른 것임에도 불구하고 우리민법에서는 사단법인과 재
단법인의 성립요건을 혼합적으로 구성하였다. 한편 비교법적으로, 사단법인과
재단법인의 차이를 극명하게 보여주는 것은 프랑스의 경우이다. 1804년부터
시행된 프랑스민법에는 비영리법인에 대한 규정이 없다. 프랑스에서는 개별법
인 '1901년법'에서 비영리사단법인(association)의 설립근거가 명확하게 규정된
이후에도 재단법인에 대해서는 실정법의 규정이 존재하지 않았다. 사법상 재
단법인에 관해서는 1987년의 메세나진흥법이 제정될 때까지 그 설립에 대한
근거법률조차 없었다. 지금도 공익재단법인의 경우, 원칙적으로 행정법원인 국
사원(Conseil d'État)의 데크레에 의하여 개별적으로 공익성에 관한 설립허가를
받은 경우에만 재단법인이 될 수 있다.[95] 이상과 같이 사단과 재단의 취급에는
나라에 따라서 차이가 있다는 것을 감안하면, 비영리·공익 법인에 관한 기본
법제에서 재단과 사단을 혼용할 수 있도록 규정하는 것은 자명하다고 할 수
없고 오히려 우리의 경우가 특이한 예라고 할 것이다.

   이러한 우리민법의 규정방식은 법인설립자의 기호에 따라 양자가 차이가
별로 없는 형태로 선택되고 운용되는 결과를 낳았다. 즉 두 법인의 차이가 강
학상의 차이에 불과하고 실제로는 두 법인유형이 혼용되고 있는 것이 우리법
의 특징이라고 할 수 있다. 이러한 특징은 부작용을 발생시키고 있다. 예컨대,
법인 설립자의 입장에서는 재단법인의 경우에는 사원총회가 존재하지 않기 때

---

93) 이러한 규정 방식은 만주민법에서도 마찬가지로 채용되었다. 이에 비하여 중화민국민법
   (현 대만민법)에서는 독일민법의 규정 방식에 따른 점이 흥미롭다.
94) 고상현, "민법상 재단법인설립에 관한 비교입법사적 연구", 중앙대 법학논문집 36-2,
   2012 에서도 이러한 점을 지적하고 있다.
95) 박수곤(주 28); 권철(주 28) 참조.

문에 설립자의 영향력을 행사하기에 용이한 관계로 사단법인보다 재단법인 유형이 선호되는 경향이 있다. 그러나 이러한 현상이 바람직한 것이라고 할 수는 없다. 사단·재단을 준별하는 논의를 전개하여 양자의 특성에 부합하는 기능을 수행할 수 있도록 제도설계를 하는 것이 요구된다.

### (3) 재단법인형 비영리·공익법인의 거버넌스

민법상 재단법인 개념은 특별법상 법인의 출발점으로 자리매김 되어 있는 경우가 있다. 특히 사립학교법에 관한 논의가 주목된다. 사립학교법에 근거한 학교법인은 재단법인이라는 것을 당연한 전제로 논의가 전개되는 것이 일반적이다. 그런데 이에 대하여는 우리 사립학교법이 일본의 사립학교법을 무비판적으로 계수한 것에서 비롯된 하나의 도그마라는 지적도 가능하다. 사립학교법의 연혁 및 그에서 비롯된 문제점에 대해서는 별도의 논의가 필요하지만, 여기서는 사립학교법이 예전 독일의 학교 법제를 참조하면서 '학교 영조물 이론'을 사립학교 법제에 무비판적으로 받아들인 것에서 유래된 면도 있다는 것, 학교가 국립(공립)인 것을 전제로 한 이론을 사립학교 법제에 대입하여 구성한 결과 다양한 문제점이 발생되고 있다고 진단할 수 있다는 것만을 지적해 두기로 한다.

이러한 맥락에서 사립학교법 개정으로 개방형 이사제도를 취한 것은 재단법인 개념의 형식적인 고집에서 발생하는 문제에 관한 상대화의 단초가 될 수 있다. 최근 사립학교법 등 비영리·공익법인의 거버넌스에 관해서는 관련 연구가 나오고 있는데,[96] 이 중에서도 개방형 이사제도에 주목하면서 관련 대법원 판결을 계기로 구성원들의 법률상 지위 문제를 다루고 있는 논의[97]가 주목된다. 재단법인의 의사결정 구조 내지 거버넌스에 관한 선험적 경직성(일본법의 영향)을 상대화할 수 있는 논의의 실마리로 자리매김해 두기로 하자.

### (4) 종교단체 재단법인화의 문제

종교단체의 민법상 재단법인화는 우리 종교단체 법제의 큰 특징을 이룬다.[98] 종교별로 상황이 다르지만, 재단법인화에 의하여 종교단체의 재산문제

---

96) 김진우, "재단법인 이사의 내부책임", 민학 51, 2010; 김태선, "비영리법인 이사의 선관주의의무", 민학 69, 2014; 이선희, "비영리법인에 있어서 이사의 선관주의의무 : 사립학교법인 이사의 취임승인 취소 등에 나타난 사례를 중심으로, 성균관법학 30-1, 2018; 김정연, "비영리법인 이사의 주의의무에 관한 연구", 비교 26-2, 2019.

97) 김태선, "학교법인의 이사선임에 관한 학교 구성원들의 법률상의 지위", 숭실대 법학논총 47, 2020, 121 이하.

98) 우리나라의 종교단체에 관한 법제는 다른 분야의 법제 정비 상황과 비교하여 낙후되어

가 처리되고 있고 그로 인하여 관련 법률문제에 독특한 전개가 이루어져왔다.
그러나 수많은 교인과 성직자로 구성되어 있고 단위종교단체와 포괄종교단체
로 계층화되어 있는 종교단체의 특성에 걸맞은 규율방법이 요구되는바, 이는
현재와 같은 포괄종교단체의 재단법인화만에 의해서는 충족되기 어려운 문제
이다. 현재 종교단체에 관한 다양한 법률문제는 단위종교단체를 비법인사단으
로 취급함으로써 해결을 도모하고 있지만, 이로 인해 야기된 관련 법률문제의
복잡성을 감안하면 비법인사단에 관한 규율 방법만으로 포섭하기에는 역부족
이라는 것이 드러나고 있다. 현재의 해결방법은 법리적으로도 비교법적으로도
정상적이라고는 할 수 없는 상황인 만큼, 이러한 과도기적인 상태를 지속하기
에는 무리가 있어 보인다.[99]

## (5) 재단법인에 대한 부정적인 이미지

정부출연 연구기관인 형사정책연구원의 보고서[100]는 대기업 및 정치가의
불법적 이용에 관한 강한 문제의식에 터 잡은 연구라는 점에서 흥미롭다.[101] 공
익법인에 관한 실무자의 최근 논의에서도 대기업 집단의 남용 가능성을 날카
롭게 지적한다.[102] 한편 이러한 논의와 대비되는 것으로 기부활성화를 위해서

---

있다. 물론 우리의 법제에서 나름대로 종교단체에 관한 법률문제를 처리해오고 있지만, 천
주교 교구의 재단법인화, 개신교 교단의 재단법인화, 불교사찰에 대한 법규, 유교재산에
대한 규제법규는 1910년대 이후에 형성된 종교단체에 관한 규율 방법인 것을 감안하면,
각 종교별 단체의 법적 규율에 관한 법제는 일제로부터 해방되기 전의 그것이 큰 틀에서
지금까지 영향을 미치고 있는 것으로 보인다.

99) 관련된 논의에 관한 문제제기로 권철, "'종교재단'에 관한 小考 : 종교단체 법인화 문제
　　서론", 숭실대 법학논총 47, 2020, 215. 프랑스의 종교단체 법제에 관한 소개로, 권철(주
　　28) 참조.

100) 연구보고서(주 78), 공익재단을 이용한 탈법 불법 유형 및 형사정책적 대응방안, 형사정
　　책연구원, 2018.

101) 보고서의 머리말에는 다음과 같은 서술이 있다. "새 정부는 권력농단과 부정부패 없는
　　대한민국의 기반을 마련하기 위하여 "반부패 개혁으로 청렴한국 실현"을 제2번 국정과제
　　로 제시하는 한편, 촛불민심의 단초가 된 공익법인의 투명성과 공정성을 강화하기 위해
　　법무부에서 공익법인 제도개혁 TF를 구성·운영하는 한편, 공정거래위원회에서 대기업집
　　단 소속 공익법인 운영실태를 조사·분석하는 등 다각도로 노력하고 있습니다. 또한, 이를
　　위해서는 공익재단의 탈법·불법 이용에 대한 형사정책적 대응방안 마련도 필요한 만큼,
　　형사정책 분야의 국책연구기관인 저희 한국형사정책연구원에서도 공익재단과 관련한 연구
　　과제를 개발·수행함으로써 정부가 추진해온 반부패 개혁의 불법청산 노력에 보조를 맞추
　　었습니다."

102) "공익법인이 도입된 이후에 활성화와 규제 사이에서 많은 갈등을 이루면서 개정을 거듭
　　해 왔다. 대기업집단의 공익법인의 경우, 자산상황 및 주식의 보유 비율, 특히 계열사 주
　　식을 주로 보유하고 있는 점, 보유 주식의 배당이 이루어지지 않거나 예금 수준에 불과함
　　에도 불구하고 주식을 처분하려 하지 않는 점, 기타 공익법인을 이용하여 계열사 지배력
　　확보를 위한 자금 또는 의결수단으로 악용하는 정황 등에 비추어 보건대, 대기업 집단이

공익법인의 규제를 완화해야 한다는 주장도 있다.[103]

　재단법인에 대한 출연이나 기부에 관해서 부정적인 인식이 우리 사회 전반에 공유되고 있다면 공익재단법인의 바람직한 발전방향은 적절한 규제책을 전제로 한 활성화 방안에서 모색할 수밖에 없다고 할 것이다.[104] 부정적인 이미지를 해소하면서 제도를 정비해 나가는 것은 쉽지 않은 과제이지만, 프랑스에서 대혁명기 사상의 영향으로 특히 교회에 대한 기부가 철저하게 규제되는 법제[105]가 만들어진 이후, 문화진흥을 위한 새로운 돌파구를 모색하는 메세나 관련 제도 정비가 이루어진 점은 유익한 참조대상이 될 수 있다.

## 3. 영리법인과 비영리법인

　과거 의용민법에서는 법인을 공익법인과 영리법인으로 나누었기 때문에 공익이 아닌 비영리를 목적으로 하는 단체는 법인이 될 수 없었지만, 우리 민법은 공익법인이라는 카테고리를 버리고 그 범위를 비영리법인 전반으로 확장함으로써($\frac{\S}{32}$) 입법적으로 해결하였다.[106] 이에 민법과 상법이 각각 비영리법인과 영리법인에 관한 일반적인 법인제도를 포괄적으로 규정하는 법률로 자리매김 되었다. 그런데 민법과 상법의 규정상으로 비영리법인과 영리법인의 구별기준이 명확하지 않다. §32는 "학술, 종교, 자선, 기예, 사교 기타 영리아닌 사업을 목적으로"라고 하여 '비영리'법인에 관하여 기본규정을 두고 있는 한편, §39에서는 영리법인에 관하여 "영리를 목적"이라는 표현을, 상법 §169는 회사를 법률적으로 정의하여 "영리를 목적"으로 하는 법인이라고 규정하고 있을 뿐이다. 민법 제정 시의 관련 자료를 살펴보아도 입법자가 영리와 비영리의 구별에 관하여 특별히 언급한 바 없다. 이와 관련하여 우리 민법학과 상법학에서는 비영리법인과 영리법인의 구별에 관하여 예전부터 '구성원에 대한 경제적 이익의 분배'가 있으면 영리라고 하는 견해($\frac{이익}{분배설}$)가 통설로 확립되어 있다.

---

공익법인을 과연 공익목적만으로 이용하고 있는 것인지 의심하게 한다. 한편, 선의의 피해자도 발생하고 있다"(김희연, "상속·증여세법상 공익법인 규제에 관한 소고", 외법논집 43-1, 2019).

103) 예컨대, 김진우, "유산기부 활성화를 위한 입법 과제 : 유류분 제도 및 공익법인의 지배구조에 대한 규제 완화를 중심으로", 외법논집 43-2, 2019, 1 이하.
104) 기업이 설립한 재단법인을 주제로 우리 법제와 외국 법제를 검토하고 소개한 최근의 공동작업으로, 법무법인(유한)태평양·재단법인동천 공편, 기업공익재단법제연구, 2021.
105) 프랑스의 관련 법제에 관한 개관으로 권철(주 28).
106) 독민 §21, 스민 §60, 구 만주민법 §31을 본받은 것이다.

예컨대, 전통학설을 대표하는 민법 교과서에서는 영리법인은 "주로 구성원의 사익을 꾀하고, 법인의 기업이익을 구성원 개인에게 분배하여 경제적 이익을 주는 것을 목적으로 하는 법인"이라고 한다.[107] 또한 상법 주석서에서는 "회사가 기업활동에 의하여 이익을 얻는 것, 즉 영리사업을 경영하는 것만으로는 부족하고, 나아가 대외적인 영리활동으로부터 생긴 이익을 사원에게 분배하는 것도 포함하는 개념이다(통설)"라고 한다.[108] 이러한 맥락에서 '영리아닌'은 수익활동을 하지 않는다는 뜻이 아니라 법인 사업에서 발생한 이익이 구성원에게 분배되는 것이 아닌 사업을 말하는 것으로 해석된다. 다른 한편 구성원이 없는 재단은 성질상 영리법인이 될 수 없게 된다.[109] 이렇게 영리와 비영리의 구별에 대해서 구성원에 대한 이익분배라는 요소를 중시하고 있는 통설에 대해서는 그 구별기준에 관한 비판적 논의가 있다.[110]

영리법인 개념에 관한 통설은 일본학설의 영향을 받은 것이다. 다만 최근 일본에서는 비영리법인과 영리법인에 관한 법제가 개편되어 각각 일반법인법(2006년)과 회사법(2005년)이 각 법인유형의 대표적 법률로 자리 매김 되면서,[111] 비영리와 영리의 개념에 관한 규정이 마련되었다. 즉 비영리법인의 기본법인 일반법인법에서는 잉여금의 분배 금지(일반법인 법§11 Ⅱ)에 관하여 규정하는 한편, 영리법인의 기본법인 회사법에서는 잉여금의 배당(회사법 §105 Ⅰ (i))에 대하여 규정하고 있는 것이다.[112] 이러한 '잉여금'이라는 용어는, 회사법 제정 이전에 상법에서 사용하던 '이익'이라는 용어를 대체하는 것으로 기본적으로는 유사한 내용이지만 '이익'보다는 '잉여금'이 보다 포괄적인 의미를 가진다. 즉 '잉여'라는 문언에서 알 수 있듯이, 구성원에 대한 이익분배의 자원이 되는 잉여금은 반드시 대외적 사업활동(영리사업, 수익사업)에서 유래하는 것일 필요가 없다. 이와 같이 현재의 일본법제에서는 기존의 학설을 포섭하는 형태로 관련 규정이 마련되어 있다.

---

107) 곽윤직(주 1), 220.
108) 주석상법 회사(1), 79(제5판/정동윤).
109) 구주해(1), 467(이주흥). 구주해(1), 610(홍일표).
110) 단체의 주관적 목적과 객관적 활동의 두 측면을 종합적으로 고려하여, 실질적인 주목적, 경제활동여부, 구성원에 대한 이액배당여부 등에 비추어 영리성·비영리성이 판단되어야 한다는 견해(이은영, 민법총칙, 박영사(2009), 223), 독일의 학설 등을 참고로 하여 법인설립 단계와 법인설립 이후의 단계로 나누어 보다 구체적이고 유형론적인 접근이 필요하다는 견해(김진우, 영리법인과 비영리법인의 구별에 관한 법비교적 고찰, 비교 10-3, 2003, 99; 김진우, 영리법인과 비영리법인의 구별, 재산 36-3, 2019, 1)가 있다.
111) 권철(주 36) 참조.
112) 즉 주주의 기본적 권리의 하나로 이익배당청구권(구 일상 §293)을 잉여금배당청구권(회사법 §105 Ⅰ (i))으로 하였다.

## 4. 사단과 조합, 그리고 법인격

민법상 단체 일반을 조직구조에 따라 구분하면 사단과 조합으로 나눌 수 있다.

### (1) 사단과 조합의 준별

㈎ 우리민법과 민법학에서는 사단과 조합을 구별하는 논의가 확고하게 자리 잡고 있다. 민사법적인 관점에서 볼 때 무릇 단체는 사단과 조합으로 크게 분류할 수 있고, 사단과 조합은 단체로서의 성질이 달라서, 법인격이 인정되는 것은 계속성을 가지고 조직을 갖춘 사단형 단체뿐이라는 것이다. 이 논의는 '비법인사단'인 단체는 (사단)법인과 마찬가지로 다루어야 한다는 논의로 연결된다. 연혁적으로 보면 이러한 '사단·조합 준별론'과 '비법인사단론'은 독일에서 유력하게 주장된 학설을 20세기 초반에 일본민법학에서 계수한 것인데, 우리 민법전 제정과정에 영향을 주어 공동소유의 유형으로 총유(와 합유)를 명문으로 규정한 이론적인 근거가 되었다.

민법전 제정 후의 다수학설과 판례법리는 대체로 입법자가 의거하였던 사단·조합 준별론을 큰 틀에서 따르고 있다. 대표적인 학설을 살펴보자. 단체는 "일정한 목적의 달성을 위한 사람의 결합"인데, 거기에는 "사단(Verein)과 조합(Gesellschaft)의 두 유형이 있다.[113] 그리고 합유가 "이른바 조합의 소유형태"이고,[114] 총유는 바로 사단의 공동소유형태, 나아가 사단이 법인격을 얻으면 그 소유관계는 법인의 "단독소유인 것"이어서 이미 공동소유라고 할 수 없어[115] 결국 총유는 "법인격 없는 사단"의 공동소유형태이다.[116] 민법전의 권리능력 없는 사단에 대해서는 그 재산귀속관계를 총유로 한다는 규정을 두고 있을 뿐이라고 하면서 이는 "민법의 입법의 불비의 하나"라고 한다. 그리고 민법이 "독일민법과 같은 잘못을 저지르지 않고서, 인격 없는 사단에 대하여 조합의 규정을 준용한다는 규정을 두지 않았다. 오히려 그 소유관계를 총유라고 함으로써 인격 없는 사단이 조합과는 본질적으로 다르다는 것을 간접적으로 밝히고 있

113) 곽윤직(주 1), 184.
114) 곽윤직, 물권법, 1999, 283.
115) 곽윤직(주 114), 283.
116) 양창수, "공동소유", 한국민법이론의 발전(Ⅰ), 387에서는 이렇게 곽윤직의 논의를 정리하면서 "곽윤직의 논리를 따라가 보면, 총유는 논리필연적으로 공유·합유와는 별개의 공동소유 유형이 되지 않을 수 없다. 그러니 그러한 총유를 민법에 정하였다는 것이 어떠한 의미에서 '장식물'이라고 불리울 수 있을까"라고 지적한다.

다"고 한다.[117] 그리고 "인격 없는 사단에 대해서는 사단법인에 관한 규정 가운데서 법인격을 전제로 하는 것을 제외하고는 그대로 유추적용하여야 하며, 조합에 관한 규정을 적용하여서는 안된다고 해석하여야 한다. 또한 이것이 현재 우리나라의 압도적인 다수설이기도 하다"고 한다.[118] "사단에서는 그 구성원이 단체 속에 파묻혀 개성을 상실하고 단체가 그 구성원의 개성을 넘어선 독립·단일의 존재가 된다. 이에 반하여 조합에서는 구성원의 개성이 상실되지 않고 조합원 개인은 여전히 독립한 존재이며 조합목적 달성에 필요한 한도에서 제약을 받을 뿐이어서, 단체로서의 단일성보다는 구성원의 개성이 표면상 강하게 나타난다"고 한다.[119] 나아가 학설은 설명방식에 차이가 있기는 하지만, 사단과 조합이 ① 통일적인 조직과 기관을 가지고 있고 단체의 명칭을 사용하는지, ② 기관방식으로 행위를 하는지, 아니면 대리방식으로 행위를 하는지, ③ 구성원의 가입·탈퇴가 자유스러운지, ④ 구성원이 의사결정기관을 통하여 "다수결의 원리"에 의하여 단체의 운영에 참여할 수 있는지, 아니면 구성원 각자가 직접 단체의 운영에 참여할 권한이 있는지, ⑤ 재산의 귀속형태가 어떻게 되는지, ⑥ 구성원이 유한책임을 지는지, 아니면 무한책임을 지는지에 관하여 구체적인 차이가 있다고 한다.[120]

　　이와 같이 학설상으로는 '사단·조합 준별론'이 전통 이론의 전제를 이루고 있다. 최근 발간된 주석서에서도 다음과 같이 지적하고 있다. "우리나라의 통설은 사단과 조합을 엄격하게 구별하고 있다. 따라서 조합에 관한 규정은 사단에 적용되지 않고, 사단에 관한 규정은 조합에 전혀 적용되지 않는다고 한다. 이와 같이 사단과 조합을 엄격히 구분하여야 한다는 이론은 현재까지도 절대적인 영향력을 미치고 있다."[121]

　　(나) 판례법리는 기본적으로 전통 이론에 친화적이다. "민법상의 조합과 법인격은 없으나 사단성이 인정되는 비법인사단을 구별함에 있어서는 일반적으로 그 단체성의 강약을 기준으로 판단하여야 하는 바 조합은 2인 이상이 상호 간에 금전 기타 재산 또는 노무를 출자하여 공동사업을 경영할 것을 약정하는 계약관계에 의하여 성립하므로($\frac{\S}{703}$) 어느 정도는 단체성에서 오는 제약을

---

117) 곽윤직(주 1), 190.
118) 곽윤직(주 1), 190.
119) 곽윤직, 채권각론, 1995, 517.
120) 김재형, "조합에 대한 법적 규율", 민법론 Ⅱ, 2004(원 논문은 1997), 151.
121) 주석 채각(5), 39(제4판/임채웅).

받게 되지만 구성원의 개인성이 강하게 드러나는 인적 결합체이다. 이와 비교
하면 비법인사단은 구성원의 개인성과는 별개로 권리의무의 주체가 될 수 있
는 독자적 존재로서의 단체적 조직을 가지는 특성이 있다 하겠는 데 민법상
조합의 명칭을 가지고 있는 단체라 하더라도 고유의 목적을 가지고 사단적 성
격을 가지는 규약을 만들어 이에 근거하여 의사결정기관 및 집행기관인 대표
자를 두는 등의 조직을 갖추고 있고, 기관의 의결이나 업무집행방법이 다수결
의 원칙에 의하여 행해지며, 구성원의 가입, 탈퇴 등으로 인한 변경에 관계없
이 단체 그 자체가 존속되고, 그 조직에 의하여 대표의 방법, 총회나 이사회
등의 운영, 자본의 구성, 재산의 관리 기타 단체로서의 주요사항이 확정되어
있는 경우에는 비법인사단으로서의 실체를 가진다고 할 것이다."[122] "우리 민
법은 법인 아닌 사단의 법률관계에 관하여 재산의 소유 형태 및 관리 등을 규
정하는 §275 내지 §277를 두고 있을 뿐이므로, 사단의 실체·성립, 사원자격
의 득실, 대표의 방법, 총회의 운영, 해산사유와 같은 그 밖의 법률관계에 관하
여는 민법의 법인에 관한 규정 중 법인격을 전제로 하는 조항을 제외한 나머
지 조항이 원칙적으로 유추 적용된다."[123]

　　㈐ 학설상으로는 1990년대 이후 비판론이 유력해지고 있다. 몇몇 논의
를 인용해 보자. "일반적으로 단체의 구성원이 적고 구성원 각자의 개성이 그
단체 내에서 관철되는 경우가 많으며 비교적 단시간에 걸쳐 존재하는 단체는
조합성이 강하고 그 반대의 경우는 사단성이 강하기는 하다. 그러나 이는 일
종의 이념형이라고 할 수 있어서 사회에 현실로 존재하는 단체 중에는 사단적
색채가 농후한 것으로부터 조합적 색채가 농후한 것에 이르기까지 여러 가지
가 있으므로, 사회학적 견지에서는 이러한 구별의 태도가 과연 타당한가 크게
의문"이다.[124]

　　"민법상 사단에는 일정한 법률효과가 인정되고 있으며, 민법은 일정한 사
회적 존재에 대하여 그러한 효과를 인정하려고 한다. 따라서 문제는 첫째로 사
단의 법률효과란 무엇이며, 둘째로 그러한 법률효과를 인정하는 데 적합한 단
체로서 법률이 예정하고 있는 것은 어떠한 것인가를 밝히는 것이다. 이러한 측
면(효과론적 측면)에서 사단과 조합 그리고 권리능력 없는 사단에 관한 실태를 검토해

---

122) 대판 92.7.10, 92다2431.
123) 대판(전) 06.4.20, 2004다37775.
124) 김용한, 민법총칙, 1993, 209.

야 한다. 따라서 학설, 판례가 풀이하고 있는 일반적 성립요건은 하나의 이념형에 지나지 않는다. 결국 그러한 실체를 기존의 제 단체의 추상적 개념에서 찾을 것이 아니고 그 실질적 내용에 따라 유동적으로 파악하여, 그 단체가 사단법인에 관한 법률효과를 인정하는데 적합한 단체인가 조합에 관한 법률효과를 인정하는데 적합한 단체인가를 판단하는 것이 선결과제"이다.125)

　　전통 이론과 판례의 "사단과 조합의 구별은 일종의 이념형에 속하는 것이며, 사회에서 현실로 존재하는 단체에는 사단적 색채가 농후한 것에서부터 조합적 색채가 농후한 것에 이르기까지 여러 가지 혼합유형이 있을 수 있다. 따라서 형식적으로 민법상의 사단과 조합을 구별한다 하더라도, 그 양자에 완전히 포섭될 수 없는 중간적인 유형이 많이 남게 된다. 개별적인 경우에 다라 사단법 혹은 조합법의 어느 쪽을 적용하는 것이 조직이나 구성원의 보호가치 있는 이익에 보다 더 적절, 합당한지 여부를 결정하여야 할 것"이다.126)

　　비법인사단과 조합의 구분은 쉽지 않다. "조합과 법인 아닌 사단은 기관, 구성원의 변동, 명칭에 있어서 거의 비슷하다. 즉 기관에서의 이사는 대표권이 있는 업무집행조합원과 어느 정도 유사하며, 사원총회와 같이 의결권이 있는 조합원총회도 있을 수 있다. 또 구성원의 변동에 관하여도 조합원의 탈퇴는 조합의 해산에 영향을 미치지 않는다. 그리고 민법상 조합은 사단과 마찬가지로 외형상 독립된 명칭으로 거래할 수 있다."127)

　　사단 · 조합 이원론에 관한 비판적 논의를 보다 구체적으로 전개하는 논의도 등장하였다.128)

　　행정법학자의 논의로 도시 및 주거환경정비법(약칭 '도<br>시정비법')에서 규정하는 '정비사업조합'의 법적성질과 관련하여 사단 · 조합 준별론에 관한 비판론을 구체적인 사안에 적용하는 논의가 눈에 띈다.129)

---

125) 고상룡, 민법총칙, 1990, 262.
126) 구주해(1), 480(이주흥).
127) 주석 채각(5), 44(제4판/임채웅).
128) "사회적 기능의 유사성과 적용법리의 상이의 합리적 조정을 위한 시론"의 일환으로 "사단과 조합의 이원론 : 비법인사단법 및 조합법의 해석과 입법적 문제점"을 논한다. "사단법인과 비법인사단에 적용되는 법리의 異同"과 "단체로서의 조합에는 사단법인의 법리가 유추적용될 수 없는가?"의 두 항목으로 나누어 고찰하고 있다. 제철웅, "단체와 법인—사회적 기능의 유사성과 적용법리의 相異의 합리적 조정을 위한 試論", 민학 36, 2007.
129) 김종보, "재건축에서 상가단체의 법적성질과 상가의 관리처분", 행정법연구 51, 2017.

## (2) 사단형 단체

전통 이론과 판례는 사단과 조합의 준별론을 전제로 하고 있는데, 판례에 서 사단형 단체의 특징은 다음과 같이 파악한다. "고유의 목적을 가지고 사단 적 성격을 가지는 규약을 만들어 이에 근거하여 의사결정기관 및 집행기관인 대표자를 두는 등의 조직을 갖추고 있고, 기관의 의결이나 업무집행방법이 다 수결의 원칙에 의하여 행해지며, 구성원의 가입, 탈퇴 등으로 인한 변경에 관 계없이 단체 그 자체가 존속되고, 그 조직에 의하여 대표의 방법, 총회나 이사 회 등의 운영, 자본의 구성, 재산의 관리 기타 단체로서의 주요사항이 확정되 어 있는"[130] 것이다. 사단형 단체에는, 법인으로는 민법상의 비영리사단법인이 나 상법상 주식회사 등이 있고, 법인이 아닌 것에는 비법인사단이 있다.

## (3) 조합형 단체

조합형 단체의 특징은 구성원 상호간에 긴밀한 신뢰관계가 있는 것을 전 제로 하는 것으로, 최소한의 단체적 규율만을 가지고$\left(\substack{민법상\ 조합에\ 관\\하여는\ \S\,703\ 이하}\right)$, 다수결에 의한 경우는 한정되며$\left(\substack{민법상\ 조합에\\관하여는\ \S\,706}\right)$, 구성원의 변경은 예외적 사항$\left(\substack{\S\\716}\right)$인 것 등 이다. 조합형 단체의 종류로는 법인격이 없는 것과 있는 것으로 나눌 수 있다. 법인이 아닌 것으로는, 민법상의 조합$\left(\substack{\S\,703\\이하}\right)$, 합자조합$\left(\substack{상\,\S\,86\text{-}2\\이하}\right)$이 있고, 법인 인 조합형 단체로는 합명회사, 합자회사, 유한책임회사가 있다. 변호사법에 의 한 법무법인은 조합형 단체의 일종으로 법적 성질은 합명회사와 유사하다.[131]

## (4) 사단과 조합, 그리고 법인격

㈎ '사단·조합 준별론'은 '비법인사단론'의 다른 버전이라고 할 수 있는데, 민법이 단체를 어떻게 취급하는지에 관한 근본문제와 관련된다. 우선 '법인', '사단', '조합'이라는 개념의 상호관계를 어떻게 이해하는가에 관한 문제이다. 역사적으로 보면, 프랑스에서는 법인은 조합(회사=société)의 특수한 것으로 발 전해 왔다.[132] 일본민법의 기초자 우메(梅謙次郎)는 법인격이 없는 단체는 조합 (=회사)이라고 생각하고 있었다. 그러나 프랑스민법의 영향을 받은 구민법을 독일민법식으로 수정하는 형식으로 만들어진 일본민법에는 여러 변화가 일어

---

130) 대판 92.7.10, 92다2431.
131) §58(다른 법률의 준용) ① 법무법인에 관하여 이 법에 정한 것 외에는 「상법」중 합명 회사에 관한 규정을 준용한다.
132) 1804년에 시행된 프랑스민법전보다 거의 100년 뒤에 제정된 비영리법인(association)에 관한 법률(이른바 '1901년법')의 association의 법적구성도 비영리라는 점을 제외하고는 큰 범주에서는 société와 같은 계약 구성을 채택하고 있다.

났다. 민법총칙에 법인에 관한 장을 신설하여 사단법인과 재단법인에 관한 상세한 규정을 두었고, 구민법에서의 (민사)'회사'라는 번역어를 '조합'으로 대체하면서 채권편에 계약 유형으로 조합 계약을 두었다.[133] 한편 일본민법 시행 후 독일 학설계수기($\frac{1910\sim}{20년대}$)에는 '권리능력없는 사단론'이 수입되어 이윽고 통설이 되었다.[134] 1958년에 제정된 우리 민법에서는 큰 틀에서 의용민법의 용어와 체계를 계수하면서 당시의 주류적인 학설의 영향도 받게 된다. 우리민법에는 독일 학설과 그것을 계수한 일본 학설의 영향을 동시에 받아 '사단·조합 준별론'을 전제로 한 규정이, 공동소유의 유형으로 총유를 명문으로 인정하는 형태로 두어지게 되었다. 민법제정 이후의 전통 이론과 판례법리는 이러한 상황을 기본으로 형성되었다. 최근 학설상으로는 사단·조합 준별론에 대하여 비판하는 학설이 유력하게 주장되고 있고, 이러한 논의는 민법개정론에도 영향을 미쳐서 비법인단체의 유형적 규율, 총유 규정 폐지론이 주장되고 있다.[135]

　　(나) 법인격 내지 권리주체성의 면에서 사단과 조합의 구별에 변화가 생기고 있다. 이제까지 전형적인 사단과 전형적인 조합을 구분하는 여러 특징 내지 효과로 생각되어온 것이 단체법제의 변화와 단체의 다양성을 배경으로 하여 단체유형과 직결되지 않는 법제도나 해석이 서서히 출현하고 있고 그 결과 각종 단체 유형이 상대화되고 있다. 조합형 단체와 사단형 단체를 명확하게 구별할 수 없다는 비판이 가능해진 것이다.

　　단체법제의 변화와 법인이 조합 중의 특별한 유형으로 발전해 온 역사적 경위 등을 감안하여, (사단)법인은 조합의 부분집합으로 생각하여야 한다는 관점도 불가능하지는 않다. 이 가설을 밀고 나가면, 조합 중 일정한 특색을 갖춘 것을 법인이라고 부르는 것이 가능하고, 비법인사단은 조합 중 법인이 될 수 있는 내부조직을 가진 단체를 어떻게 다루는가에 관한 문제가 된다. 결과적으로 사단이라는 개념은 재단법인을 인정하기 위하여($\frac{재단법인\ 이외의\ 것}{을\ 가리키기\ 위하여}$) 필요한 개념에 지나지 않는다는 입론도 가능하다.[136] 이와 같이 조합, 비법인사단, 법인을 연속적으로 파악하는 논의는 회사에 법인격이 인정되는 것을 잘 설명할 수 있는 장점이 있다. 다만 회사의 예에서도 알 수 있는 바와 같이 이와 같은 '조

---

133) 권철(주 7), 122.

134) 후술[IV. 1. (1)] 참조.

135) 후술[IV. 2. (5)] 참조.

136) 이러한 입론을 전제로 사단의 의미를 파악하는 논의로 김건식·노혁준·천경훈, 회사법, 2019, 51; 권철(주 7), 145.

합법인론'은 주로 영리법인을 염두에 둔 논의인 점에 유의할 필요가 있다.

    ㈐ 단체·법인법제의 최근 동향에서는 '조합'과 '사단'·'법인'의 관계에 대하여 다시 생각해 볼 계기를 찾아낼 수 있다.[137] 우선 조합=무한책임, 법인=유한책임이라는 관련성이 흔들리고 있다. 예컨대 최근 우리 상법전(<sup>상행</sup><sub>위편</sub>)에 신설된 '합자조합'은 법인격을 취득하는지 여부, 유한책임을 인정하는지 여부가 일정한 관련성이 있다고 하더라도, 최종적으로는 별개의 독립된 문제라는 것을 시사한다. 조합과 법인의 관계에 한정해서 말하면, 양자는 선택의 대상이고 이른바 병렬적인 관계에 있다고 볼 수 있다. 다른 한편, 조합으로 구성하면서 법인격을 부여하는 예는 이제까지도 존재해 왔지만, '도시정비법'의 '정비사업조합'은 사법상의 조합에 가까운 유형으로, 구성원에 대한 구속의 정도가 높은 것을 규율대상으로 함으로써, '조합'과 '법인'의 관계를 다시 생각하게 하는 것이라고 할 수 있다. 여기에서는 조합과 법인은, 중첩적인 관계에 있다고 할 수 있는데, 이러한 경우에 법인은 어떠한 의미가 있는지, 법인격 유무에 관한 어려운 여러 문제가 남겨져 있다고 할 것이다.

## 5. 보론 : 민법상 조합의 법인격·권리주체성에 관한 비교법

    민법상 조합은 단체의 권리주체성을 생각하는 때에 시금석이 될 수 있는 개념이라고 할 수 있다. 독일과 프랑스의 법 발전을 살펴보는 것은 비교법적으로 흥미로운 소재이다.[138][139][140]

---

137) 권철(주 7), 147.
138) 프랑스의 단체·법인론에 관한 소개로는 다음과 같은 것이 있다. 김성태, "프랑스회사법상의 회사개념", 상사법연구 9, 1991, 372; 남효순(주 28); 여하윤(주 28); 박수곤, "프랑스법상 권리능력 없는 단체에 대한 규율", 전북대 법학연구 39, 2013; 박수곤(주 28); 권철(주 28).
139) 민법상 조합에 권리능력을 인정한 연방법원 판결을 포함한 최근의 독일 논의에 관하여 소개하는 논문으로 다음과 같은 것이 있다. 안성포, "민법상 조합의 권리능력과 당사자능력: 2001년 1월 29일 독일연방법원의 변경된 판결을 중심으로", 비교 10-3, 2003; 南基潤, "독일법에서 합수이론과 민법상 조합의 법인격인정에 관한 최근 논쟁—우리 사법에서 인이론의 신구성과 관련하여", 저스 79, 2004; 김세준, "독일의 논의를 중심으로 한 민법상 조합의 등기능력", 전남대 법학논총 33-3, 2013; 위계찬, "독일법상 권리능력 없는 사단", 재산 33-1, 2016.
140) 프랑스, 독일 이외에 미국과 영국의 단체 법제에 관한 고찰도 의미 있는 관점이 포함되어 있다. 미국의 단체 법제에 관하여는 다음과 같은 논의가 눈에 띈다(김태선, "미국의 파트너쉽 제도", 재산 33-2, 2016; 김태선, "미국의 단체에 관한 법제도", 중앙법학 19-4, 2017). "미국 법제도의 발전 과정을 참조해볼 때, 우리의 경우에도 민·상법의 상호연관 하에 법인격 유무, 영리성 여부를 고려하여 우리의 실정에 부합하도록 단체에 관한 법제도를 정비하는 것이 필요하다고 생각된다. 민법상 법인제도의 경우 적절한 지배구조제도

## (1) 민법상 조합의 법인격·권리주체성 승인

프랑스에서는 19세기 말에 이미 민법상 조합(민사회사, société civil)에 권리주체성을 승인하는 프랑스 파기원의 판결이 등장하였다.[141] 이것은 민법상 조합에 법인격을 인정하는 형태로 권리주체성을 승인하는 것이었다. 한편 독일에서는 21세기에 들어서서 민법상 조합에 권리능력을 인정하는 형태로 그 권리주체성을 인정하였다. 독일 연방법원이 2001년에 민법상 조합에 권리능력을 승인한 것이다.[142] 그 이전까지 독일의 통설·판례는 민법상 조합에 구성원 사이의 합수적 결합(gesamthänderische Verbundenheit)만을 인정하는 것이었는데, 독일 연방법원 2001년 판결에 의하여 판례법리가 결정적으로 변경되어 학설상으로도 민법상 조합에 권리능력을 승인하는 것이 통설이 되었다. 다만 독일에서 민법상 조합에 권리능력을 승인한 것은, 프랑스의 조합법인론과는 달리 민법상 조합에 법인격을 승인하는 것은 아니다.

## (2) 민법상 조합에 관한 법 발전—프랑스

⑦ 법인인 민법상의 조합      위에 언급한 바와 같이, 프랑스에서는 이미 19세기 말(1891)에 민법상 조합을 법인으로 하여 권리주체성을 승인하였다. 권리주체성을 자연인과 법인만을 승인하는 권리주체에 관한 2원론적인 제도를 견지한 것이다. 다만 그 이전인 19세기 초부터 말에 이르는 시기에는 자연인만이 권리주체로 인정하는 일원론이 주류적인 견해였다고 할 수 있다.

프랑스의 조합법인론은 당초에는 법률이 아닌 판례에 의하여 법인 성립을 승인하는 것이었는데, 그 후에 법률에 의한 승인으로 발전되었다. 다만 민법상의 조합을 법인으로 구성한다고 하지만, 공시의 요청을 고려하면 본질적인 차이가 있다. 즉 1978년의 프랑스민법 개정[143]에 의하여 프민 §1842 I 이 société는 등기 시부터 법인격을 향수한다고 규정한 것이다. 이것은 아래에서 언급하는 독일의 법 발전에서도 발견할 수 있는 경향이다. 즉 당사자 의사에 의하여 자유롭게 설립될 수 있는 조합에 대하여 권리주체성이 인정되게 되지

의 법제화가 필요하고, 이때 상법상 회사제도의 규정과 관련 법리가 참고 될 수 있을 것으로 본다. 다만 그 경우에도 비영리 법인의 특수성을 세심히 고려할 필요가 있다."

141) Chambre des requêtes de la Cours de cassation, 23 févr. 1891, Recueil Dalloz 1891, I, 337.
142) 독일 연방법원 제2민사부 2001년 1월 29일 판결(BGH, 29.01.2001-II ZR), BGHZ 146, 341 = NJW 2001, 1056.
143) Loi 78-9 1978-01-04 JORF 5 janvier 1978 rectificatif JORF 15 janvier, 12 mai 1978 en vigueur le 1er juillet 1978.

만, 그 후 공시제도 발전과 더불어 일정 정도의 제약이 부과되는 것이다.

(나) '법인격 없는 조합'의 새로운 생성        그런데 프랑스법에서는 그 뒤에도 변화가 있다. 즉 민법상 조합의 외연의 바깥쪽으로 새롭게 대체물이 생겨난 것이다. 프랑스법 상 익명조합의 변화가 그것이다. 1978년의 프랑스민법 개정에 의하여 프랑스법 상의 익명조합(société en participation)은 반드시 익명성을 가지는 것이라고는 할 수 없게 되었다. 왜냐하면 프랑스법 상의 익명조합은 비익명형 조합(société en participation ostensible)을 포함하고 있기 때문이다. 따라서 프랑스법 상 익명조합은 더 이상 익명조합이라고 부를 수 없다. 번역어의 선택은 쉽지 않은 문제인데,[144) 우리현행법의 개념과의 혼동을 피하려면 '비법인 조합'이라고 불러야 할 것이다.[145)

### (3) 민법상 조합에 관한 법 발전—독일

독일에서는 연방법원 2001년 판결이 민법상 조합에 권리능력을 승인함에 따라, 결과적으로 당사자가 자유롭게 민법상 조합을 설립할 수 있고 이와 함께 권리능력의 승인에 따른 제도구축이 잘 되어 있는 것처럼 보이기도 한다. 그러나 공시가 요청됨으로써 자유설립이라는 편리성에서 오는 간편성과 익명성을 잃어버리게 되었다는 점에 주의할 필요가 있다. 즉 위 독일 연방법원 2001년 판결 및 그 후의 2008년 결정[146)에 의하여 민법상 조합에 권리능력이 승인됨과 아울러 부동산등기능력도 승인되었다. 이러한 등기절차를 적합하게 반영하기 위하여 2009년에는 독일 부동산등기법(Grundbuchordnung)이 개정되었다. 독일 부등 §47가 개정되어 II 제1문에서 권리가 민법상의 조합에 대하여 등기되어야 할 때에는 그 조합원도 또한 부동산등기부에 등기되어야 한다고 규정되었다. 동시에 독일민법도 개정되어 독민 §899a(민법상 조합에 관한 조치)가 삽입되었다. 이에 의하면 "민법상 조합이 등기부에 등기된 경우에는, 부등 §47 II 제1문에 의하여 부동산등기부에 등기된 사람이 조합원이라는 것 및 그 외의 다른

144) 명순구 역, 프랑스민법전, 2004, 739이나 박수곤, "프랑스법상 권리능력 없는 단체에 대한 규율", 전북대 법학연구 39, 2013, 47에서는 '익명조합'으로 번역한다. 남효순, "프랑스법에서의 법인의 역사", 서울대 법학 40-3, 1999, 178에서는 '익명회사'로 번역한다. 이동진, "건설공사공동수급체의 법적 성격과 공사대금청구권의 귀속", 민판연 35, 2013, 542, 주 64)에서도 '익명조합'이라는 번역어가 부적절하다고 지적한다.
145) 즉 프랑스법에서 비법인 조합(société en participation)은 구성원이 등기하지 않는 것을 합의한 조합(société)를 말한다(프민 §1871 I). 우리 민법상의 조합인 내적조합이나 익명조합에 상당하는 것이라고 할 수 있다.
146) 독일 연방법원 제5민사부 2008년 4월 12일 결정(BGH, 04.12.2008-V ZB), BGHZ 179, 102 = NJW 2009, 594.

조합원은 없다는 것이 그 등기된 권리에 관하여 추정된다."[147] 이와 같이 현행 독일법에서는 부동산등기부의 공시를 통하여 이른바 간접적인 민법상 조합의 실체관계가 공시된다. 독일의 문헌 중에는 민법상 조합이 '간접적으로' 등기되어 있다고 하는 것도 있다.[148] 보통의 경우에는 권리주체인 법인·단체 자체가 공시되고 그것을 전제로 부동산소유권 등의 권리관계가 공시되는바, 이러한 관계가 뒤바뀌어서 부동산 권리관계의 공시를 통하여 단체 관계가 공시된다고 할 수 있다.

### (4) 권리주체 2원론 및 3원론

프랑스는 자연인과 법인에만 권리주체를 인정하여 이른바 권리주체 2원론을 취하고 있는 것에 비하여, 현재 독일 단체법에서는 자연인과 법인 이외의 제3의 권리주체를 승인하는 형태로 민법상 조합은 권리능력이 있지만 법인은 아니라고 파악하는 권리주체 3원론을 취하는 것이 특징적이다. 자연인, 법인과 함께 권리능력을 가지는 조합형 단체[149]에 사업자로서의 주체성을 인정하여 이것을 명시하는 독민 § 14에는 이러한 권리주체 3원론이 잘 나타나 있다. 우리 학계에는 독일식 권리주체 3원론에 주목하면서 우리법을 재검토하려는 논의가 존재하는바,[150] 위에서 지적한대로 공시 문제가 비법인단체의 법인격 내지 권리주체성 유무를 판단하는데 주요 논점이 될 수 있다는 관점을 포함하여 비법인단체의 법적구성에 관한 논의의 심화가 기대된다고 할 것이다. 이하에서는 우리법상 비법인 단체의 규율 문제를 살펴본다.


## Ⅳ. 비법인 단체의 규율

우리 민법은 자연인 이외에 법인에게 권리능력을 인정한다. 어떤 비영리 사단이 법인으로 되기 위해서는 주무관청의 허가를 받고($\frac{\S}{32}$) 그 주된 사무소에

---

147) 조문 번역은, 양창수, 2018년판 독일민법전, 2018 참조.
148) Christof Wagner, Die »registrierte« Gesellschaft bürgerlichen Rechts, Mohr Siebeck, 2014, S.3.
149) rechtsfähige Personengesellschaft. 양창수(주 147)에서는 '권리능력 있는 인적회사'로 번역한다.
150) 독일의 논의에 주목하면서, 프랑스식 권리주체 2원론과 독일식 3원론에 관하여 고찰하고 우리법을 재검토하는 소재로 삼는 논의로, 남기윤(주 139), 53 이하; 남기윤(주 16) 166 이하 참조.

설립등기를 하여야 한다($\frac{§}{33}$). 법인이 된 사단은 일정한 범위 내에서 권리·의무의 주체가 될 수 있다. 그런데 많은 사단이 주무관청의 허가 및 설립등기의 절차를 거치지 않아 법인 아닌 사단의 형태로 머물러 있다. 이러한 법인 아닌 사단에 대하여 우리 민법은 물권편 §275 이하에서 총유규정을 두고 있다. 그리고 민소 §52는 법인 아닌 사단 또는 재단에게 당사자능력을 인정하며, 부등 §26는 법인 아닌 사단이나 재단에 대하여 등기능력을 인정하고 있다. 법인이 아닌 단체는 그 자체로 거래현실에서 중요한 역할을 수행하고 있는데, 거래과정에서 단체 구성원이나 단체와 거래한 제3자 등의 법적 보호문제가 생기며, 또한 단체가 취득한 재산의 귀속관계를 둘러싼 법적 문제가 대두된다. 따라서 그에 대한 법적 구성의 필요성이 제기된다.

## 1. 비법인사단론 개관

### (1) 前史: 20세기 초반 일본의 독일 학설계수[151]

독일민법에는 '권리능력 없는 사단'에 관한 규정이 두어져 있고, '권리능력 없는 사단에 관하여는 조합에 관한규정을 적용한다'고 규정되어 있다($\frac{독민}{§54}$). 일본민법의 법인규정은 독일민법(초안)의 영향을 크게 받았다. 그러나 일본민법에는 '권리능력 없는 사단'에 관한 규정이 존재하지 않는다.[152] 일본에서 '권리능력 없는 사단론'이 나타난 것은 1920년대였다. 이 개념은 민법 시행 후에 학설에 의하여 도입된 것이다. 그 효시가 된 것은 스가와라(菅原拳二)의 논고[153]라고 하는데, 이 이론을 정착시킨 것은 와가츠마(我妻榮), 이시다(石田文次郎) 등의 학자들이었다. 이들의 논의는, 독일민법전 제정 후에 독일에서 전개된 '권리능력 없는 사단론'[154]을 도입하려고 한 것이었다. 덧붙여 1926년의 일본 민사소송법 개정에 의하여 구 §46($\frac{현}{§37}$)가 신설된 점[155]도 논의를 촉발하게 되

---

151) 이하의 내용은 주로 阿久澤利明, 「権利能力なき社団」, 星野英一編集代表, 「民法講座Ⅰ」 (有斐閣, 1984), 237頁 이하를 참조.

152) 독민 §54는 제2초안 단계에서 들어간 것이기 때문에, 일본민법의 기초자들은 이것을 알지 못하였다고 보통 알려져 있지만, 제2초안의 일정부분은 기초자들에 의하여 참조되어 있었기 때문에, 알고 있으면서 굳이 이러한 규정을 두지 않았다고 할 수도 있다. 민법 기초자 중 1인인 우메 켄지로는 '결국 조합과 같은 취급을 받게 되기 때문에' 굳이 규정을 두지 않았다고 할 여지도 있다는 것이다. 그렇다고 하더라도 '권리능력 없는 사단'에 관한 규정이 없는 것은 의심할 여지없는 사실이다.

153) 菅原拳二, 「権利能力なき社団(1-2)」, 法学論叢 9巻1号, 6号(1923).

154) 조합과는 분리하여 오히려 사단법인에 가깝게 하려는 논의.

155) 당시 일본 민사소송법 관련 규정(§46(현 §37))의 기초과정에 관한 소개는 정규상, "민법상 조합의 당사자능력에 관한 고찰", 민사소송 16-2, 2012를 참조. 동 논문의 "일본민

었다는 것을 부언해 둔다. 독일 학설의 영향을 받은 여러 학설의 관심은, 조합과는 다른 '사단'이란 무엇인가(권리능력 없는 사단은 무엇인가?)를 밝히려는 것에 있었다. 그러나 다양한 시도가 있었음에도 불구하고, 이 점은 충분하게 밝혀지지는 않았다. 표준적인 논의라고 되어 있는 것은 와가츠마(我妻榮)의 "단체로서의 조직을 갖추고 대표의 방법, 총회의 운영, 재산의 관리, 그 밖의 사단으로서의 주요한 점이 규칙에 의하여 확정되어 있지 않으면 안된다"고 하는 논의이고,[156] 판례도 이것에 의거하고 있다.[157]

### (2) 우리민법 제정과 비법인사단에 관한 규율

우리민법 제정과정에서는 권리능력 없는 사단에 관한 논점이 크게 논의되었다. 구체적으로는 정부제출 원안에 대한 '민법안의견서'의 수정제안(김중한 교수 집필부분)이 국회심의 과정에서 '현석호수정안'을 통해서 국회에서 심의된 것이다. 수정안은 이론적으로는 독일학설에서 유래하여 일본에서도 학설상 유력하게 주장되고 있던 '권리능력 없는 사단론'과 관련이 있는 것이었다. 수정안은, ① 권리능력없는 사단·재단에 민법상 법인에 관한 규정을 준용하고, ② 권리능력 없는 사단의 소유형태로 '총유'에 관한 규정을 마련해야 한다는 내용이었는데, 국회의 심의 결과 ①은 부결되고 공동소유의 유형론에 관한 수정안만이 받아들여져 우리 민법의 명문규정($\S\S 275\text{-}277$)으로 자리 잡게 되었다.

한편 비법인사단의 부동산등기능력에 대해서는 이미 일제하의 조선부동산등기령이 이를 인정하고 있었으며, 1960년 현행 민법과 함께 시행된 부등 $\S 30$(현행$\S 26$) 역시 비법인사단의 부동산등기능력을 인정하였다. 부동산등기능력에 관한 규정은 일제하에 종중 부동산 관련 문제가 조선고등법원 판결을 통해서 크게 논란이 되면서 이와 관련하여 마련된 부동산등기령에서 유래하는 것으로 일본의 부동산등기법에서는 찾아볼 수 없는 우리만의 독특한 규정이다. 그밖에 민사소송에서의 비법인사단의 당사자능력에 대해서는 의용 민소 $\S 29$가 이를 인정하고 있었으며, 이는 1960년 7월부터 시행된 우리 민소 $\S 48$(현행$\S 52$)에 의해서 인정되었다. 이러한 절차법상의 특별규정도 사단형 단체인 '비

---

사소송법에서 사단개념의 정립경과"라는 항목에는 이하와 같은 서술이 있다. "명치민사소송법에서의 사단의 개념내포 : 일본법 전체를 통틀어 법전상 사단이라는 개념이 최초로 나타난 것은 1890년(명치23년)의 명치 민사소송법 제14조 제2항과 제138조 제2항에서였다."
156) 我妻榮(주 30), 133頁.
157) 日最判 1964(昭 39).10.15, 民集 18-8, 1671; 日最判 1967(昭 42)10.19, 民集 21-8, 2078.

법인사단'은 민법상 사단법인과 유사하게 다루어야 한다는 논의의 일환으로 파악할 수 있다.

### (3) 비법인사단의 발생원인

사단이 법인격을 취득하는 길은 현행법에서 반드시 곤란한 것은 아니다.[158] 그럼에도 불구하고 인격 없는 사단이 많이 존재하는 이유는 무엇일까? ① 그 이유의 하나는 법인 아닌 사단이 법인격을 취득할 수 있는 근거법인 민법이 사단법인의 설립에 관하여 허가주의를 취하고 있는데 있다($\S_{32}$). 즉 주무관청의 허가가 사단법인설립의 절차적 요건의 하나이며, 만일에 그러한 허가를 얻지 못하거나 또는 허가를 얻지 못하고 있는 동안은, 사단은 권리능력 없는 사단으로서 존재할 뿐인 것이다. ② 또 하나의 이유는, 설립자가 행정관청의 사전의 허가나 사후의 감독 기타의 법적 규제를 받는 것을 좋아하지 않을 경우에는, 법인설립이 강제되지 않는 이상, 인격 없는 사단으로서 존속할 뿐이다. 그리하여 현행 민법상 권리능력 없는, 또는 법인격 없는 사단의 존재는 불가피하며, 그 수는 상당히 많다.[159] ③ 다음으로 민법에서 법인 아닌 사단을 규율하는 일반규정은 두고 있지 않지만, 재산귀속 형태에 관한 총유 규정을 두고 있다는 점을 둘 수 있다. 비법인사단의 법률문제를 규율함에 있어서는 그 소유 형태를 총유로 규정하는 것만으로 충분하지는 않지만, 일단 비법인사단에 관한 분쟁에서 기준이 될 수 있는 근거규정이 되어 방대한 양의 판례법리가 축적되고 있다. ④ 그리고 민사소송법 및 부동산등기법에서 법인 아닌 사단의 소송상 당사자능력과 부동산등기당사자능력을 명문으로 인정하고 있는 관계로 법인격 취득의 인센티브가 크지 않다는 점을 지적할 수 있다. 법인격을 취득하지 않더라도 사단으로서 소송을 하거나 나아가 부동산을 소유하는 등 거래활동을 하는데 크게 불편하지 않고, 굳이 법인설립등기를 하여 주무관청의 감독($\S_{37}$), 재산목록과 사원명부의 비치($\S_{55}$) 등의 불편을 감수할 필요가 없기 때문에 법인 아닌 사단으로 존재하게 되는 것이다.[160] 특히 법인 아닌 사단에 부동산등기능력을 인정하는 것은 비교법적으로 예를 찾아볼 수 없는 규정이

---

158) "현행 민법은 의용민법과는 달라서, 법인을 공익법인·영리법인으로 이분하지 않고, 비영리법인·영리법인의 두 가지로 나누고 있기 때문에, 구민법에서보다도 사단이 권리능력을 취득할 수 있는 길이 훨씬 넓어져 있다. 의용민법에서는 비영리·비공익을 목적으로 하는 사단(동창회, 학술연구단체 등)은 권리능력을 취득할 길이 막혀져 있었으나, 현행법에서는 그러한 사단도 비영리법인으로 성립할 수가 있다." 곽윤직(주 1), 225.

159) 곽윤직(주 1), 225.

160) 전경운, "우리 민법상 총유에 관한 일고찰", 토지법학 26-1, 2010, 167.

다.[161] ⑤ 그밖에도 민법은 법인이 해산하는 경우에 잔여재산의 귀속권리자에 대하여 정관에서 지정한 자를 원칙으로 하고($\frac{\S 80}{I}$) 귀속권리자를 정하지 아니한 경우에는 주무관청의 허가를 얻어서 그 법인의 목적과 유사한 목적을 위하여 처분하도록 규정하고 있는데($\frac{\S 80}{II}$ 본문), 실제로는 주무관청에서 표준정관을 마련하여 잔여재산을 법인의 목적과 유사한 목적을 가진 법인이나 국가 또는 지방자치단체에 귀속하도록 하고, 이에 따르지 아니하는 경우에는 설립허가를 하지 아니하는 사실상의 제도운영으로 인해 법인설립허가신청을 하지 않아 법인 아닌 사단으로 남게 되는 경우가 있다.[162] ⑥ 이상과 더불어, 법인 아닌 사단이 양산되는 이유로는 대표적인 유형($\frac{종중, 종}{교단체}$)을 규율하는 특별법의 부존재를 지적할 수 있다. ⑦ 또한 관련 특별법이 존재함에도 불구하고 단체에 법인격을 부여하는 규정을 두지 않는 경우도 있다($\frac{주택법상 주택조합, 집합건물법상 관리}{단, 비영리민간단체법, 정당법상 정당 등}$).

### (4) 구체적인 예

우리민법학 상의 법인 아닌 사단론에는 법인이란 무엇인가에 관한 논의의 특징이 잘 나타난다. 비교법・비교사회학의 관점에서 살펴보아도 우리나라와 같이 다양한 종류와 엄청난 수의 비법인사단이 존재하는 나라는 예를 찾아보기 힘들다. 비법인사단의 대표적인 예로는 종중($\frac{혈연}{형}$), 종교단체($\frac{주로 개신교}{의 지교회}$)가 있고 그 이외에도, 공동주택 입주자대표회의[163]($\frac{지연}{형}$), 아파트부녀회, 주택조합($\frac{주택}{법}$), 집합건물 관리단,[164] 주민단체($\frac{어촌계, 자연부락, 洞・里 명의}{의 주민공동체, 주민자치회[165]}$), 정당, 사단($\frac{법}{인}$)의 하부조

---

161) 법인 아닌 사단의 등기능력을 인정하는 부동산등기법의 규정은 연혁적으로 종중소유 부동산의 공시방법을 마련하고자 했던 1930년 조선등기령에서 유래한 것으로, 이제는 오히려 비법인사단을 양산하는 원인중의 하나를 제공하고 있다. 이 점은 우리나라의 비법인단체론을 이해하는데 중요한 출발점이라고 생각한다. 우리의 비법인단체론을 재검토하는데 피해갈 수 없는 논점이다.

162) 공익법인 §13 I 에서는 '해산한 공익법인의 잔여재산은 정관이 정하는 바에 의하여 국가 또는 지방자치단체에 귀속한다'고 규정한다(박찬주, "법인 아닌 사단 및 재단에 대한 새로운 이해", 부산대 법학연구 48-1, 2007, 823).

163) 대판 07.6.15, 2007다6307.

164) '법인격 없는 사단'이나 이와 유사한 성격을 가진 특수한 '민법상 조합'. 김규완・강혁신, 관리단 운영의 투명성 제고 등 운영 개선방안(법무부용역보고서), 법무부, 2015. 일본에서는 특별법에서 법인격을 부여한다.

165) 주민자치회는 행정안전부 장관이 설치・운영하고 있는 시범사업으로 2013년에 시작되었다. 2020년에 국회에 제출된 지방자치법 개정안에서 관련 조항을 둠으로써 주민자치회 설치・운영 권한은 주민과 지자체가 갖는 등 제도적 근거를 마련하였으나 국회의 심의과정에서 관련 조항이 모두 삭제된 채로 2020년 12월 본회의를 통화하였다. 결국 주민자치회는 당분간 계속해서 시범 운영되게 되었다. 참고로 일본의 지방자치법 §260-2에 의하면, 지방자치단체의 인가를 받아 주민자치회(自治會, 町內會)가 지연단체로 법인격 취득이 가능하다. 전국적으로 4만 단체 이상 존재하고 있다. 이와 같이 최근 논의되고 있는 주민자

직[166] 등을 들 수 있다.

### (5) 비법인사단에 대한 부동산등기용 등록번호 부여 현황[167]

부동산등기법은 등기부에 권리자로 등기되는 사람을 특정하고 허무인 명의의 등기를 방지하며, 부동산에 관한 자료의 전산화를 통한 다양한 행정목적의 수행에 이바지 할 수 있도록 하기 위하여 권리자의 성명 및 주소와 함께 주민등록번호를 기재하도록 하고 있다($\frac{부등}{I(v)}\S\frac{48}{II}$). 이와 같은 취지에서 국가·지방자치단체·국제기관·외국정부·외국인·법인·법인 아닌 사단이나 재단에도 부동산등기용 등록번호를 부여하여 이를 등기하도록 하고 있다.[168] 부동산등기용 등록번호 부여 절차에서 작성되는 부동산등기용 등록번호 대장($\frac{관련\ 규정[위\ 규}{정\ \S 7]에서는}$ $\frac{'등록번호화일'이}{라고\ 하고\ 있다}$)상 등록된 법인 아닌 단체의 현황은 아래 [표 1]과 같다. 여기에서 법인 아닌 사단을 다시 구별하는 것은 불가능하다. 다만 종중이나 종교단체, 기타단체의 동, 리를 법인 아닌 사단으로 본다면 아래 수치는 대부분 법인 아닌 사단에 해당한다고 볼 수 있을 것이다.[169]

[표 1] 법인 아닌 단체에 대한 부동산등기용 등록번호 부여 현황―국토교통부

| 종중 | 종교단체 | 기타단체(노인회, 마을회, 어촌계, 산림계 등) | 합계 |
|---|---|---|---|
| 226,842 | 54,458 | 102,420 | 383,720 |

자료(부동산등기용 등록번호 등록 현황)에 의한 통계(2018.12.31. 기준).

### 2. 법인 아닌 사단에 관한 구체적 논점

#### (1) 사단·조합 준별론과 비법인사단론

위 Ⅲ. 4.의 '사단과 조합'에 관한 서술을 참조.

---

체회 제도는 공법과 사법의 구별, 공법인과 사법인의 구별, 시민단체에 법인격을 인정하는 것의 의미 등 단체·법인법에 관한 흥미로운 논점이다. 민법학에서도 비교법적인 검토를 비롯하여 공법학과의 학제적인 후속연구가 필요하다.
166) 사단법인의 하부조직의 하나라 하더라도 스스로 단체로서의 실체를 갖추고 독자적인 활동을 하고 있다면 사단법인과는 별개의 독립된 비법인사단으로 볼 수 있다(대판 09.1.30, 2006다60908 등 참조).
167) 본 항목은 사법정책연구원 연구총서(연구책임자: 이동선), 법인 아닌 사단의 공시 방안에 관한 연구, 2019, 10에서 참조.
168) '법인 및 재외국민의 부동산등기용 등록번호 부여에 관한 규칙', '법인 아닌 사단·재단 및 외국인의 부동산등기용 등록번호 부여절차에 관한 규정' 등.
169) 사법정책연구원 연구총서(주 167), 10.

(2) 법인 아닌 사단의 대표적 유형과 그 법률관계

본서의 '법인 후론' 및 '공동소유 후론'을 참조.

(3) 특유의 논점—법인 아닌 사단의 재산 분배 가부

판례는 종중, 어촌계, 자연부락 및 동·리 등에 대해서 분배가능하다는 입장을 취한다. 학설은 주로 종중에 관해 분배가능 여부를 다투고 있다.

(개) 종중재산의 분배를 제한하여야 한다는 입장으로는, 종중을 사안에 따라 사단적 성격과 재단적 성격을 함께 가지는 혼합단체로 보되, 주요 기본재산의 처분에 관해서는 재단의 법리를 적용하여 종중 구성원이 이를 함부로 처분할 수 없도록 하자는 견해,[170) 종중재산을 분배하는 것은 정관사항인 목적의 변경에 해당하는데, 이러한 정관의 변경은 마치 비영리법인을 영리법인으로 변경하는 것과 같이 비법인 사단으로서의 동일성을 해하므로 허용되지 아니한다는 견해,[171) 협의의 종중재산인 제위토 등은 종중의 기본재산으로 보아 사단법인의 기본재산 처분에 관한 법리를 유추하여 함부로 이를 처분하여 배분하지 못하도록 하자는 견해,[172) 종중재산 분배는 종중의 목적에 정면으로 위배되고, 종중의 해산을 인정하지 않는 점에서 예외적인 필요성을 인정하기도 어려우며, 종중재산의 분배는 종중의 물적 기반을 침해하는 결과를 초래할 뿐 아니라 이를 통해 사실상 종중의 조직변경이나 해산을 가져올 수 있으므로 허용될 수 없다는 견해 등이 있다.[173)

(내) 분배를 허용할 수 있다는 입장으로는, 종중재산 일부가 불필요해지거나 종중재산이 수용되어 보상금을 받게 되는 경우에 이를 분배하는 것을 막을 이유가 없고, 총유물인 종중재산은 종중규약에 특별한 규정이 없으면 종중총회의 결의로 분배를 결정할 수 있다는 견해,[174) 종중재산의 수용으로 지급되는 막대한 수용보상금 등의 분배를 인정하지 않고 봉제사, 시제 등의 용도로만 사용하도록 하는 것은 엄청난 사회적 지출이므로 종중재산의 분배를 허용하는 것이 사회현실에 부합한다는 견해,[175) 민법개정론의 일환으로 총유에 관한 §275~§277의 삭제를 제안하면서 분배가능설을 주장하는 견해[176) 등이 있다.

---

170) 김제완, "단체 법리의 재조명: 종중재산의 법적 성격", 인권과 정의 355, 2006, 155.
171) 이우석, "종중재산의 귀속과 분배에 관한 연구", 재산 25-1, 2008, 28-29.
172) 배성호, "종중의 본질과 종중재산의 법리에 관한 판례분석", 인권과 정의 428, 2012, 106.
173) 송인권, "종중에 관한 판례이론의 문제점", 법조, 2015, 87-99.
174) 김재형, "단체로서의 종중", 제문제 14, 2005, 368-370.
175) 강인철, "종중재산을 둘러싼 법적 분쟁에 관한 연구", 저스 119, 2010, 116-117.
176) 정병호, "법인 아닌 사단의 재산관계 규율에 관한 입법론적 고찰", 홍익법학 14-1,

(대) 판례는 종중재산의 분배가 허용된다는 입장이다.[177] 무효로 판단한
예도 있다.[178]

### (4) 특유의 논점—교회의 분열과 재산 문제

(가) 해방 후 한국의 개신교회는 교세가 폭발적으로 확장되면서 기존 교단
이 분열되거나 새로운 교단이 생겨나고,[179] 법인 아닌 사단인 개별교회가 소속
교단을 변경하거나 분열되는 등 매우 다양한 법적분쟁이 발생하였다. 널리 알
려진 논점으로 이른바 '교회분열'에 관한 법률문제를 들 수 있다. 관련된 논점
은 이른 시기부터 연구대상이 되었고,[180] 관련 판례에도 상당한 축적이 있다.
판례법리는 대법원 06.4.20. 선고 2004다37775 전원합의체 판결을 기점으로
전기를 맞이하였고 관련 판례평석도 다수 공간되었다.[181]

---

2013, 19. 내용은 다음과 같다. "분배가능설, 분배불가설 모두 나름대로 일리가 있으나, 분
배불가설은 현재 법원의 실무와 반대되기 때문에 분배불가설을 입법에 반영하게 되면 상
당한 사회적 혼란을 초래할 우려가 있다. 또 분배가능설을 취하면, 후손들간에 불평등이
야기된다는 지적에 대해서는 그것이 판례가 설정한 종원 자격에서 비롯된 것이지 종중 재
산을 처분하여 분배할 수 있는지 여부와는 직접 관련이 없는 것이 아닌가 한다. 또 종중에
대해서 민법의 비영리법인에 관한 규정을 그대로 적용해야만 하는가도 의문이다. 종중재
산은 후손들의 입장에서 보면 결국은 선조들의 유산으로 볼 수도 있다. 따라서 이것을 처
분하여 종원들에게 분배한다는 것이 국민의 법감정에 반한다고 할 수 없다. 이런 관점에
서 법원의 실무에서도 종중 재산의 분배를 허용하고 있다고 본다. 또 미성년자에게는 분
배가 안 된다는 점도 선조들의 유산의 관점에서 보면 분배해서는 안 된다는 결정적인 근
거가 되지 않는다고 생각한다. 자연발생적인 종중에 대해 그 재산을 신탁재산으로 보는
것도 불합리하다. 마지막으로 분배하는 것은 종중과 거래한 제3자(채권자)에게 손해를 끼
칠 우려가 있다는 지적에 대해서는 §39-2의 유추적용에 의해(분배하는 점에서는 영리법
인의 법리를 유추할 수 있음) 제3자가 보호될 수 있다고 본다."
177) 대판 94.4.26, 93다32446; 대판 10.9.9, 2007다42310, 42327.
178) 대판 2007.9.6, 2007다34982; 대판 10.9.9, 2007다42310, 42327.
179) 해방 이후에는 여러 이유로 교단들이 분리되고 통합하는 과정을 겪었다. 예를 들어, 장
로교의 경우에는 1952년 고려신학교가 대한예수교장로회와 합동하여 대한예수교장로회
(고신)로 환원되었고, 1957년에는 성서비평학을 수용하는 장로교 계열이 한국기독교장로
회로 분리해 나갔다. 1959년 세계교회협의회 가입을 둘러싸고 대한예수교장로회(통합)와
대한예수교장로회(합동)가 분리되었으며, 1961년 대한예수교장로회(호헌)가 분리되었다.
성결교의 경우에는 1961년 세계교회협의회(WCC) 가입 문제로 기독교대한성결교회와 예
수교대한성결교회로 분리되었다. 오순절교의 경우에는 2009년에 기독교하나님의성회(서대
문측)와 기독교하나님의성회(통합), 기독교하나님의성회(순복음)로 분리되는 등의 과정을
겪었다. 고병철 외, 2018년 한국의 종교 현황, 문화체육관광부, 2018, 23.
180) 관련 선행연구는, 김증한, "교회가 분열한 경우의 교회재산의 귀속", 서울대 법학 1-1,
1959; 김진현, "교회분열시의 재산귀속문제에 관한 연구", 서울대 박사학위논문, 1988을
비롯하여 최근까지 상당한 축적이 있다.
181) 수많은 관련 논문이 있는데, 여기에서는 판결에 관여한 연구관(판결당시)이 집필한 논고
로 민유숙, "교회의 분열적 분쟁에 대한 새로운 해결", 정의로운 사법(이용훈 대법원장 재
임기념), 2011과 교회관련 법률문제 전문가의 논고로 서헌제, "교회분열에 관한 대법원 판

(나) 개신교의 개별교회가 재산을 보유하는 형태를 살펴보면, ① 교단(노회)이 설립한 재단법인의 재산으로 하는 형태를 취하거나, ② 지교회가 자체적으로 재단법인을 설립하거나, ③ 비법인사단인 지교회의 이름으로 직접 등기하는 형태, ④ 교회의 유력자인 목사나 장로 등의 명의로 신탁하는 형태 등이 있다. ②의 경우는 지교회가 법인격을 취득한 것이므로 분쟁 사례가 많지 않고, ④의 경우는 부동산실명법에 위반되어 무효가 될 것이므로 그에 따른 일반 법리에 따라 처리하게 된다. ①의 경우와 관련하여, 대부분의 개신교 교단은 지교회의 재산을 총회나 노회가 설립한 재단법인('이른바 유지재단')에 편입시키도록 하고 있고, 실제 대형 교단 소속 지교회들은 소유의 재산을 유지재단에 편입하는 예가 많다.[182] 대법원 판례로는, 지교회가 교단이나 노회가 설립한 유지재단에 증여하는 형식으로 자신의 재산을 이전하였더라도 그 실체는 명의신탁에 해당하거나 해당할 여지가 있다고 본 예가 있다.[183]

1995년에 시행된 구 부동산 실권리자명의 등기에 관한 법률('부동산 실명법')은 명의신탁약정은 물론 이에 터 잡은 물권변동까지 무효로 하면서($^{§4}_{Ⅰ,Ⅱ}$), 다만 교회 등 종교단체에 대해서는 조세포탈, 강제집행의 면탈을 목적으로 하지 않은 명의신탁에 대해서는 실명등기 의무를 면제함으로써($^{§11}_{Ⅰ 단서}$) 위 법 시행 전의 명의신탁은 유효한 것으로 인정되었다. 그런데, 구 부동산실명법은 교회 등 종교단체에 대해서는 종중과 같은 명의신탁 자체에 대한 예외는 인정하지 않았기 때문에, 위 법 시행 후에 유지재단 등의 명의로 신탁된 부동산에 대해서는 부동산실명법 이후의 명의신탁 무효 법리가 그대로 적용되게 되었다. 이에 대해서는 다양한 견해가 주장되었고 논의가 계속되었다.[184] 학설상의 개선방안으로는 구체적으로 ① 부동산실명법 개정, ② 종교법인법 제정, ③ 신탁법의 법리 적용 등이 검토되었다. 이러한 논의의 영향으로 2013년에 부동산실명법이 개정되었는데, 구체적으로는 교회 등 종교단체에 대해서도 종중과 같은 명의신탁에 관한 예외규정을 신설하였다. 즉 동법 §8 (ⅲ)는 '종교단체의 명의로 그 산하조직이 보유한 부동산에 관한 물권을 등기한 경우'로서 조세포탈, 강제집행 면탈 또는 법령상 제한 회피 목적이 아닌 한 명의신탁을 허용하면서, 부칙

결의 의의", 저스 145호, 2014를 들어둔다.
182) 윤철홍, "기독교유지재단의 운영현황과 문제점", 민학 43-1, 2008, 20.
183) 대판 91.5.28, 90다8558; 대판 00.6.9, 99다30466; 대판 10.10.14, 2010두10501.
184) 윤철홍(주 182); 오시영, "지교회와 유지재단의 재산관계에 대한 고찰", 토지법학 24-1, 2008.

§ 2에서 위 개정 규정을 부동산 실권리자명의 등기에 관한 법률 제정일로 소급하여 적용·하도록 함으로써 위 개정 법률 시행 전의 명의신탁까지도 탈법 목적이 아닌 한 유효하게 되었다.[185)]

### (5) 민법개정안

민법개정작업에서는 주로 비법인사단에 관한 규율 여부 및 그 내용, 그리고 총유규정의 존폐문제가 다루어졌다. 민법개정작업의 과정에서는, 각 담당 분과위원회의 안이 만들어진 후 실무위원회, 위원장단회의에서 다시 검토되고 최종개정시안으로 확정되는 프로세스를 거쳤는데, 비법인사단에 관한 규율 여부 및 그 내용, 그리고 총유규정의 존폐문제에 대해서는 분과위원회안이 실무위원회나 위원장단회의에서 여러 차례 수정 내지는 폐기되는 과정을 거쳤다. 이는 관련 논점이 입법론적으로도 난문에 속한다는 것을 보여준다고 할 것이다.

법무부 개정시안에서는 비법인사단에 대해서 법인에 관한 장의 규정을 준용하기로 하였다($\S_{39-2}$).[186)] 사단·조합 준별에 관한 전통이론을 전제로 하는 규정으로 우리 민법 제정 과정 이래로 꾸준히 제기되어온 논점이다.[187)] 아울러 영리 목적의 비법인사단도 존재한다는 것을 염두에 둔 관련 규정을 신설하였다($\S_{39-3}$).[188)] 비법인사단에는 다양한 형태의 단체가 있다는 것을 인정하는 점에서 이 규정은 전통이론에 대한 비판론의 영향을 받은 것이라고 할 것이다. 이러한 내용을 포함한 법인 개정시안은 시효에 관한 개정시안과 함께 2010.12.3. 입법예고된 뒤 18대 국회에 제출되었으나 국회의 임기만료로 폐기되었다.[189)] 그리고 개정시안 성안과정에서는, 비법인사단에 관한 규정을 신설하는 개정시안에 따르면 비법인사단도 실질적으로 사단법인과 다름없는 취급을 받게 되므

---

185) 권철(주 99), 230.

186) § 39-2(법인 아닌 사단과 재단) 법인 아닌 사단과 재단에 대하여는 주무관청의 인가 또는 등기를 전제로 한 규정 및 제97조에 따른 벌칙을 제외하고는 이 장(章)의 규정을 준용한다.

187) 우리 민법 제정과정에서 유사한 규정 신설이 민법안의견서에서 제기되고 현석호 수정안으로 국회에 제출되었으나 결국 입법에는 이르지 못한 것에 대해서는 이미 살펴보았다.

188) § 39-3(영리를 목적으로 하는 법인 아닌 사단의 사원의 책임) ① 영리를 목적으로 하는 법인 아닌 사단의 재산으로 사단의 채무를 완제(完濟)할 수 없는 때에는 각 사원은 연대하여 변제할 책임이 있다. ② 영리를 목적으로 하는 법인 아닌 사단의 재산에 대한 강제집행이 주효(奏效)하지 못한 때에도 각 사원은 연대하여 변제할 책임이 있다. ③ 제2항은 사원이 법인 아닌 사단에 변제의 자력(資力)이 있으며 집행이 용이한 것을 증명한 때에는 적용하지 아니한다.

189) 관련한 내용의 해설로는, 권영준, 2014년 법무부 민법개정시안 해설(민법총칙·물권편), 법무부, 2017 참조.

로, 비법인사단과 사단법인의 차이를 염두에 둔 총유 규정은 삭제되어야 한다
는 논의[190]도 있었다($^{2011년 제2분}_{과위원회 안}$). 그러나 이러한 주장은 최종적으로는 받아들
여지지 않았다.[191] 그 후 정부는 19대 국회에 2014년 10월 24일 법인에 관한
개정안을 다시 제출하였다($^{의안번}_{호 12119}$). 이 개정안은 종전에 제출된 개정안 중 비
법인사단에 관한 규정이 제외된 점이 특징적이다.[192]

민법개정안에 관해서는, §39-2는 사단·조합 준별론을 전제로 한 것이라
고 할 수 있는 것에 비하여, §39-3은 기존의 준별론과는 달리 영리목적의 비
법인단체를 전제로 한 내용이어서, 이러한 개정 제안이 동시에 이루어진 점은
흥미롭다. 앞으로 관련 규정의 개정을 다시 시도하는 때에는 밀접한 관련이 있
는 총유 규정의 존폐문제와 아울러 종합적인 정합성 검토가 필요하다고 할 것
이다.

### 3. 비법인사단론의 함의

#### (1) 개    관

우리나라의 단체·법인제도의 특징을 상징적으로 보여주는 것으로 비법인
단체가 광범위하게 존재하는 현상을 들 수 있다. 비법인단체가 광범위하게 존
재하는 현실을 그대로 용인하고 이에 대하여 가능한 한 법인격을 가지는 것과
같은 법적효과를 최대한 보장해 주는 방향으로 계속 나아가는 것이 바람직한
것인지, 아니면 가능한 한 비영리단체가 법인격을 취득할 수 있도록 제도를 개
편하는 것이 바람직한 것인지, 실정법의 해석론을 초월하여 입법론도 시야에
넣고 본격적으로 재검토할 필요가 있다.[193]

---

190) 수정론 내지 폐지론으로, 이호정, "우리 민법상의 공동소유제도에 대한 약간의 의문", 서
　　울대학교 법학 24-2·3, 1983; 제철웅(주 128); 정병호, "법인 아닌 사단의 재산관계 규율
　　에 관한 입법론적 고찰", 홍익법학 14-1, 2013; 이계정, "총유 규정의 개정 여부와 비법인
　　사단의 규율", 민학 78, 2017.

191) 분과위원회가 제안하는 총유 규정의 폐지와 비법인사단에 관한 규정 신설이 받아들여지
　　지 않은 이유에 관한 해설 내용은 다음을 참조. 윤진수, "공동소유에 관한 민법개정안", 민
　　학 68, 2014; 권영준(주 189), 63, 469 이하.

192) 엄동섭, "법인·단체법의 변천과 과제", 법과 기업 연구 8-2, 2018, 105.

193) 비법인단체를 실재하는 것으로 파악하여 가능한 한 법인격을 가진 것과 같은 효과를 인
　　정하려는 논의를 어떻게 평가하여야 할까. 오해의 여지가 있지만 굳이 비유를 하자면 사
　　실혼 관계의 커플에게 가능한 한 법률혼의 효과를 인정하려는 논의와 유사한 면이 있다고
　　할 수도 있다. 사실상태를 존중하려는 이러한 경향에 대하여 섣부른 판단은 유보하겠지만,
　　제정법이 법인격을 인정하는 의미(민법전이 혼인 제도를 마련한 의미)에 대하여 다시 한
　　번 생각해 볼 계기를 제공하고 있다고 생각된다.

비법인단체의 존재를 적극적으로 인정하는 논의는 법인격의 유무에 따른 양자택일이 아닌 중간적인 것으로 인정하려고 하는 유연한 사고방식이기는 하다. 그러나 과연 그렇게 취급할 필요가 있는 것일까? 물론 현행법으로는 비영리법인이 되기 위해서는 주무관청의 허가를 얻어야 하는 절차가 있고 법인격 취득 이후에는 주무관청의 관리감독을 받아야 하는 번거로움이 있기는 하다. 그러나 허가의 취득 및 주무관청의 관리감독이 번거롭다는 문제는 입법으로 해결해야 하는 문제이다. 이러한 문제의식 하에 최근의 민법개정논의에서 인가주의로의 전환을 도모하거나, 주무관청제를 폐지하여 비영리법인의 설립을 용이하게 하려는 움직임이 있다고 할 수 있을 것이다.

'비법인사단'론이 거의 문제제기 없이 받아들여지고 있는 배경에는 우리나라에서는 단체라고 하는 것이 (인위적인 것이 아닌) 자연스러운 존재로 여겨지고 있다는 사정이 있다고 생각된다. 단체의 설립이 사람의 의사에 의해서 이루어진다는 감각이 부족하다고 할 수 있다. 그 결과 '어찌되었든 단체가 있으니까'라는 논의와 연결된다. 물론 법인의 설립을 용이하게 한다고 하더라도 비법인사단이 없어지지는 않을 것이다. 예외적인 상황에서 비법인사단이 발생하는 것은 어쩔 수 없는 현실이지만, 현재 상황과 같이 제한 없이 양산되는 상태를 방치하기 보다는 가능한 범위 내에서 줄여나가기 위한 노력이 필요하다는 것이다.[194][195] 여러 모로 본격적인 논의가 필요하다고 생각되지만, 이하에서는 구체적으로 두 가지 논점에 대해서 언급하기로 한다. 종교단체에 관한 규율과 비영리민간단체법에 관한 것이다.

## (2) 종교단체에 관한 법적 규율

　　(가) 비법인단체가 광범위하게 존재하는 현상에는 종교단체를 규율하는 법률의 부재가 큰 원인을 제공하였다고 할 수 있다. 상속세 및 증여세법(상증세법)

---

194) 비법인사단의 대표적인 예라고 할 수 있는 재건축조합과 관련하여 법인화의 경향이 감지된다. 즉 2003년부터 시행된 '도시 및 주거환경정비법'에서는 §16 Ⅰ에서 "주택재개발사업 및 도시환경정비사업의 추진위원회가 조합을 설립하고자하는 때에는 토지등소유자의 4분의 3 이상 및 토지면적의 2분의 1 이상의 토지소유자의 동의를 얻어 정관 및 국토해양부령이 정하는 서류를 첨부하여 시장·군수의 인가를 받아야 한다"고 규정하고, §18 Ⅰ에서는 "조합은 법인으로 한다"고 명확히 규정하고 있다. 다만, 구 주택건설촉진법과 현행 §44에 의한 재건축조합에 대해서는 이와 같은 규정이 없어서 판례상 비법인사단으로 인정하고 있던 것과 대비된다. 노동조합의 법인화도 같은 맥락에서 이해될 수 있을 것이다.

195) 대표적인 법인 아닌 사단의 규율 방법으로 종중에 관해서도 특별법을 제정하자는 유력한 주장이 있다. 이동명, "종중에 대한 법적 규율: 관습에서 성문의 법률로", 민판연 19, 1997, 549-582.

의 조세혜택을 받고 있는 '공익법인등'($^{상증세법}_{시행령\ \S 12}$)에는 종교단체가 상당한 비율
($^{34,843개}_{중\ 17,606개}$)[196])을 차지하고 있는데, 이 통계에서 말하는 종교단체에는 민법상의
법인격을 취득한 종교단체 이외에도 법인 아닌 단체로서 인정된 종교단체가
포함되어 있다. 문화체육관광부에서 발간한 자료($^{2018년\ 한국}_{의\ 종교현황}$)에 의하면 민법상의
법인격을 취득한 종교단체의 수가 1,181개인데,[197]) 이를 감안하면 단순 계산
으로 세제 혜택을 받고 있는 종교단체 중 법인 아닌 단체의 비율이 93%를 넘
어서고 있다. 종교단체를 규율하는 개별법이 없는 상황에서 종교단체에 관한
조세혜택을 주는 방편으로 '공익법인등'의 범주에 비법인 종교단체를 편입시켜
대응하고 있는 것인데, '공익법인등'에 해당하는 다른 법인유형과 비교해도[198])
정상적인 상황이라고 할 수는 없을 것이다. 전통적으로 불교와 유교에 대해서
는 그 재산문제를 중심으로 특별법에 의하여 국가의 개입이 일정한 범위에서
제도화되어 있는 것에 비하여, 개신교 교회와 관련된 법적 규율의 문제는 대한
민국 수립 이후 거의 자율에 맡겨져 있다. 비교법적으로는 조세문제와 관련하
여 국가가 종교단체의 재산문제에 일정 한도에서 관여하는 것은 자연스러운
것이고, 종교의 자유나 정교분리와 배치된다고 할 수 없다.[199])

　　㈏ 종교단체 재단법인화 문제　　　종교단체의 민법상 재단법인화는 우
리 종교단체 법제의 큰 특징을 이룬다.[200]) 종교별로 상황이 다르지만, 재단법

---

196) 2018년 통계에 의하면, '공익법인등' 34,843개 중 종교관련이 17,606개를 차지하고 있
　　다. 자료출처: 국세청, 국세통계, 8.7.1 사업목적별 공익법인 가동 법인수(자료갱신일
　　2020.1.23).
197) 문화체육관광부(고병철·강돈구·조현범), 2018년 한국의 종교 현황, 2019, 123.
198) 위에서 인용한 국세청 통계(8.7.1 사업목적별 공익법인 가동 법인수)의 다른 버전(8.7.2
　　사업목적별 공익법인 결산서류 의무공시 법인수)에 의하면 사업목적별 공익법인 중의 대
　　부분 법인이 결산서류 의무공시 법인으로는 되어 있는 바, 그 상세를 보면 상증세법상 '공
　　익법인등'에 해당하는 '사회복지', '교육', '학술·장학', '예술문화', '의료', '기타'에 관한 통
　　계가 상세하게 열거되어 있는데, 유일하게 '종교'항목은 빠져있다. 이러한 사항을 포함하여
　　공익법인의 세무에 관한 국세청의 매뉴얼을 검토해 보면, '공익법인등'에 부과되는 의무사
　　항(예컨대, 외부회계감사를 받을 의무 등)이 종교단체의 경우 예외적으로 면제되고 있다.
　　국세청, 공익법인 세무안내, 2020, 참조.
199) 예컨대 프랑스의 역사를 되돌아보면 주지하는 바와 같이, 대혁명을 계기로 하여 국가
　　가 교회재산을 국유화하고 종교에 대한 기부를 철저하게 규제하는 체제가 완성되었는데,
　　이 과정에서 많은 논쟁이 있었다. 현행 체제는 사적 영역(개인, 비영리단체, 종교단체)에
　　대한 일정액 이상의 기부는 규제되고 있다. 통계에 따라 다소 편차는 있지만 전체 인구의
　　50% 전후가 가톨릭교회 신자인 것을 감안하면 종교단체의 상당 부분은 교회 및 관련단체
　　를 지칭하게 된다. 프랑스의 종교단체 법제에 관한 개관으로, 권철(주 28) 참조.
200) 우리나라의 종교단체에 관한 법제는 다른 분야의 법제 정비 상황과 비교하여 낙후되어
　　있다. 물론 우리의 법제에서 나름대로 종교단체에 관한 법률문제를 처리해오고 있지만, 천
　　주교 교구의 재단법인화, 개신교 교단의 재단법인화, 불교사찰에 대한 법규, 유교재산에

인화에 의하여 종교단체의 재산문제가 처리되고 있고 그로 인하여 관련 법률문제에 독특한 전개가 이루어져왔다. 그러나 수많은 교인과 성직자로 구성되어 있고 단위종교단체와 포괄종교단체로 계층화되어 있는 종교단체의 특성에 걸맞은 규율방법이 요구되는바, 이는 현재와 같은 포괄종교단체의 재단법인화만에 의해서는 충족되기 어려운 문제이다. 현재 종교단체에 관한 다양한 법률문제는 단위종교단체를 비법인사단으로 취급함으로써 해결을 도모하고 있지만, 이로 인해 야기된 관련 법률문제의 복잡성을 감안하면 비법인사단에 관한 규율 방법만으로 포섭하기에는 역부족이라는 것이 드러나고 있다. 현재의 해결방법은 법리적으로도 비교법적으로도 정상적이라고는 할 수 없는 상황인 만큼, 이러한 과도기적인 상태를 지속하기에는 무리가 있어 보인다.[201]

㈐ '종교법인법' 제정론        이른바 종교법인법 제정에 관한 논의는 1960년대 초반부터 최근까지 다양한 맥락에서 주장되어 왔다.[202] 시기별로 살펴보면 다음과 같다. 1961년 6월 '사회단체등록에 관한 법률', 1971년 10월 YMCA "신앙의 기본권과 종교법인" 시민논단, 1980년 12월 YMCA "종교법인법 제정의 입법성을 말한다"(국보위 종교<br>분과 위원), 1989년 학술단체인 사단법인 한국종교사회연구소 주관 종교법인법 공청회, 1999년 5월 교육방송 EBS 종교법인법 제정 공개토론회, 2007년 4월 종교법인법 제정추진 시민연대(이하<br>종추련) "종교법인법왜필요한가?"이다. 이 중에서 1989년에 개최된 공청회의 기록이 단행본으로 출간되어 있고, 각 종교별 대표들과 학자들의 토론 형식으로 관련 논점을 상세하게 논의하고 있어서 우리나라의 종교단체 법인화에 관한 문제 상황을 파악하는데 여러모로 참고가 되는 유익한 자료이다.[203][204]

㈑ 외국의 종교단체 법제        유럽의 여러 나라의 예를 보면 정치, 경제, 사회적으로 교회와 관련된 단체 문제가 법인론의 중심 문제 중의 하나라는

---

대한 규제법규는 1910년대 이후에 형성된 종교단체에 관한 규율 방법인 것을 감안하면, 각 종교별 단체의 법적 규율에 관한 법제는 일제로부터 해방 전의 그것이 큰 틀에서 지금까지 영향을 미치고 있는 것으로 보인다.

201) 관련된 논의에 관한 문제제기로 권철(주 99), 215 이하.

202) 이진구, "해방 이후 종교법인법 제정을 둘러싼 논쟁", 한국종교 32, 2008, 19 이하.

203) 한국종교사회연구소 편, 한국의 종교와 종교법: 종교단체의 법인체 등록, 1991.

204) 민법학의 관점에서 종교단체 법인화에 관한 법적 문제를 검토한 논고로. 윤철홍, "종교단체의 법인화", 비교 15-4, 2008, 129 이하; 소성규, "종교단체의 법적 규율을 위한 입법적 시론", 법과 정책 연구, 12-2, 2012, 453 이하; 신동환, "종교법인법 제정에 관한 시론", 아주법학 10-1, 2016, 71 이하 등이 있다.

것을 알 수 있고, 프랑스[205]와 독일[206]을 비롯한 대부분의 국가에서 종교단체
는 법인화되어 있다. 일본에서는 1951년에 종교법인법이 제정되었다.[207]

    (마) 학교법인(사립학교법) 등과 비교      비영리법인에 관한 일반법인
민법 이외에 종교단체에 법인격을 부여하는 특별법 내지는 개별 규정을 두지
않은 이유는 무엇인가. 이 논점에 대해서는 법학적 검토뿐만 아니라 정치사회
적인 측면을 포함한 다각적인 검토가 필요하다. 여기에서는 일단 비교대상으
로 학교법인을 들어 둔다. 학교법인의 경우에는 애초에는 관련 특별법이 없이
민법상의 재단법인으로 설립되었는데, 민법의 규정만으로는 규율하기에는 한
계가 있다는 것을 감안하여 특별법인 사립학교법이 제정되었고 이 법률에 의
하여 규율이 이루어지고 있다.[208] 물론 사립학교법 자체의 해석론을 둘러싸고
다양한 문제점이 지적되고 있고 우리나라의 현실을 감안한 법제의 체계적인
정비가 필요하다는 점은 인정되지만, 여기에서는 종교단체의 경우에는 이를
규율하는 법률 자체가 없다는 점을 확인하는 것이 중요하다. 사립학교법에 의
한 학교법인의 규율 이외에도 사회복지사업법에 의한 사회복지법인, 의료법상
의 의료법인도 유사한 예로 들 수 있다. 이러한 예와 종교단체의 법인화에 관

---

205) 프랑스의 경우에는 1901년에 제정된 비영리사단에 관한 법률과 1905년에 제정된 정교
    분리에 관한 법률에서 종교단체에 관한 상세한 규정을 두고 있다. 권철(주 28).
206) 독일의 경우에는 종교단체가 공법상의 단체와 민법상의 단체의 두 종류로 나뉜다. 민법
    상의 단체는 본기본법에 편입된 바이마르헌법 § 137 Ⅳ에서 규정하는데, 민법상의 비영리
    사단법인으로서 법인격을 취득한 경우이다. 공법상의 단체는 바이마르헌법 § 137 Ⅴ, Ⅵ에
    서 규정하는데 엄격한 절차를 거쳐서 법인격을 취득하도록 되어 있다.
207) 이 법률은 일본이 제2차 세계대전에서 패전한 후 연합국최고사령부의 지침에 따라 그
    전에 존재했던 종교단체법이 폐지된 후에 제정된 것이다. 이 법률은 종래 관습에 의해 관
    리·운영되어 왔던 종교단체를 종교의 자유 보장과 국가의 중립 확보라는 헌법 원리 아래
    에서 규율하기 위해, 종교단체가 스스로 재산을 관리하고 사업을 수행할 수 있도록 종교
    단체에 법인격을 부여하되, 사단법인이나 재단법인 어느 것에도 속하지 않는 특별한 성격
    을 가지고 있으므로 민법이 아닌 특별법으로 규율하려 한 것이다. 일본의 종교법인법에
    대해서는 헌법상 종교의 자유와 평등의 원칙에 입각하여 종교단체의 자율성을 보장하려
    한다는 점을 지적하는 논의가 우리나라에서도 제기되어 왔고, 이러한 문제제기의 맥락에
    서 관련 입법제안이 최근까지도 이루어진 바 있다. 한국종교사회연구소 편(주 203), 78 이
    하; 민경배, "종교법인법 제정의 입법성을 말한다", 시민논단: 20주년 기념호, 1968-1987,
    1988, 111; 고기복, "종교단체의 법인화에 관한 연구", 유럽헌법연구 19, 2015, 462 이하.
208) 과거에는 민법상 재단법인이 사립학교를 설치·운영하였다. 그러나 1963.6.26. 사립학
    교의 특수성에 비추어 그 자주성을 확보하고 공공성을 앙양함으로써 사립학교의 건전한
    발달을 도모하기 위하여 사립학교법이 제정되었고(사학 § 1), 사립학교법은 '학교법인'이
    라는 특수법인을 설립하여 사립학교를 설치·경영하도록 하였다. 이에 따라 사립학교법
    이 제정되기 전에 사립학교를 설치·경영하던 민법상의 재단법인은 사립학교법 시행일인
    1963.7.27.부터 6개월 안에 그 조직을 학교법인으로 개편하도록 하였다(사학 부칙 § 2).

한 특별법이 존재하지 않는 문제를 비교하는 후속연구가 기대된다.

## (3) 비영리민간단체지원법

우리나라에서는 비영리민간단체를 지원하기 위한 법률이 제정되어 있다. 비영리민간단체지원법(제정 2000.01.12 (법률 제6118호) 행정자치부)이 그것이다. 이 법의 규정은 여러모로 흥미로운 점들을 포함하고 있다. 이 법에서는 등록제를 시행하고 있다.[209] 흥미로운 것은 이 법은 등록과 법인격을 결부시키고 있지 않은 점이다. 기존의 비영리법인은 물론이고 비법인단체도 이 법률 및 시행령에서 정하는 요건을 갖추면 등록대상이 되고 각종의 혜택을 부여하고 있다. 등록된 비영리민간단체 중에서 비법인단체가 상당수를 차지하고 있다. 중앙부처에 등록된 단체 중의 40%, 지방자치단체에 등록된 단체 중에서는 80%에 이르고 있다. 이 중에는 종교단체는 포함되어 있지 않은 점을 고려하면 이러한 비법인단체에 이러한 국고보조 및 조세혜택을 부여하는 것은 특징적인 현상이라고 할 수 있다.

비영리민간단체지원법은 일본의 특정비영리활동촉진법(NPO법)과 비교할 수 있는 것으로 보이는데, 두 법률의 구체적인 규율방법은 상당한 차이를 보이고 있다. 이러한 양국의 두 법률을 비교해보는 것은 양국의 비영리시민활동단체 법제의 비교라는 차원에서 흥미로운 소재가 될 수 있다. 예를 들어 각 법의 §1를 비교하는 것만으로도 양국의 특징을 발견할 수 있다.[210] 일본의 NPO법은 법인격을 부여함으로써 시민의 사회공헌활동의 건전한 발전을 촉진하는 것이 목적이라고 하여 법인격 부여가 비영리활동을 촉진한다는 것이 전제가 되어 있다.

이에 비하여 한국의 비영리민간단체지원법은 "활동을 보장하고 건전한 민간단체로의 성장을 지원"함에 있어서 법인격의 유무에 관해서는 일체 언급을

---

209) 규정은 다음과 같다.「동법 §4(등록) ① 이 법이 정한 지원을 받고자 하는 비영리민간단체는 그의 주된 공익활동을 주관하는 장관(이하 "주무장관"이라 한다), 특별시장·광역시장 또는 도지사(이하 "시·도지사"라 한다)에게 등록을 신청하여야 하며, 등록신청을 받은 주무장관 또는 시·도지사는 그 등록을 수리하여야 한다.
　② 주무장관 또는 시·도지사는 비영리민간단체가 제1항의 규정에 의하여 등록된 경우에는 관보 또는 공보에 이를 게재함과 동시에 행정자치부장관에게 통지하여야 한다. 등록을 변경한 경우에도 또한 같다.」
210) 비영리민간단체지원법(제정 2000.1.12 법률 제6118호) §1(목적) 이 법은 비영리민간단체의 자발적인 활동을 보장하고 건전한 민간단체로의 성장을 지원함으로써 비영리민간단체의 공익활동증진과 민주사회발전에 기여함을 목적으로 한다.
　特定非營利活動促進法[NPO법](제정 1998.3.25 법률 제7호) §1(목적) 이 법률은 특정비영리활동을 하는 단체에게 법인격을 부여하는 등에 의하여, 자원봉사활동을 비롯한 시민이 하는 자유로운 사회공헌활동으로서 특정비영리활동의 건전한 발전을 촉진하여 더욱 공익증진에 기여함을 목적으로 한다.

하지 않는 구조로 되어 있다. 우리의 비영리민간단체지원법의 등록요건은 비영리법인으로 법인격을 부여하기에 충분한 내용을 갖추고 있는 것을 감안하면 굳이 법인격 부여에 관하여 소극적으로 규정할 이유를 어디에서 찾아야 하는지를 비롯하여, 이러한 입법의 형태에서 우리나라 법제 상 법인격 부여의 의미에 관한 특성을 찾아낼 여지가 있다고 생각되는 만큼 흥미로운 검토대상이라고 할 것이다.[211]

## 4. 비법인재단, 신탁법

### (1) 비법인재단

비법인단체에 관한 법률문제는 대부분 비법인사단에 관한 것이고 이에 비하여 비법인재단에 관한 문제는 지엽적인 것이라고 할 수 있다. 관련판결을 살펴보면, 비법인재단으로 인정된 것은 사찰에 관한 것이 눈에 띄는데, 대부분이 사찰에 관한 특별법이 규정하는 등록제와 관련된 것으로 보인다.[212] 같은 맥락에서 하급심에 향교재산법과 관련된 것이 있고, 사립학교법과 관련된 것도 존재한다.

민사법의 기본법리에 비추어 비법인재단을 쉽게 인정할 수 없는 이유는, ① 법인격을 취득하는 법인설립의 방법을 통하거나 ② 최소한 신탁법에서의 수탁자 재산 분리 법리와 같은 명문의 근거가 존재하지 않는 한, 용이하게 책임재산의 분리를 달성할 수 없기 때문이다.[213]

### (2) 법인 제도와 신탁 법리

일정한 재산을 독립시켜서 운용하는 법기술로서는 재단법인 이외에 신탁

---

211) 이러한 점은 정당에 법인격을 부여할 것인지에 관한 입법태도에서도 발견할 수 있다. 우리의 정당법 및 관련법에는 정당의 법인격에 관한 규정을 두고 있지 않지만, 일본에서는 "정당교부금을 교부 받는 정당 등에 대한 법인격 부여에 관한 법률"(政党交付金の交付を受ける政党等に対する法人格の付与に関する法律)을 두고 있다. 다만 독일에서는 정당을 법인격 없는 단체로 취급하는 등 각국의 특성이 반영되어 있다.

212) 대판 91.6.14, 91다9336. 판결요지 "전통사찰보존법에 따라 문화공보부에 전통사찰로 등록되어 있고 독립한 사찰로서의 실체도 갖추어 권리능력 없는 재단으로 인정되는 사찰의 경우, 그 사찰 명의로 등기된 재산은 독립한 권리주체인 사찰의 소유인 것이지 그 사찰의 창건 또는 재산관리에 있어서 신도들이 기여한 바가 크다 하더라도 그것이 신도들의 총유물로서 사찰에 명의신탁된 것이라는 법리는 성립할 수 없는 것이고(당원 1970.2.10. 선고 66누120, 121 판결 참조), 한편 전통사찰보존법에의하여 전통사찰로 등록된 사찰의 재산에 대한 관리권은 같은법 § 2 (ii), § 5, § 12 등의 규정에 의하여 그 사찰 주지에게 일임되어 있는 것이고, 특별한 사정이 없는 한 신도들의 단체인 신도회에 그 관리권이 있다고 볼 것이 아니다."

213) 이러한 논점에 관한 비교법적인 문제제기로, 권철, "프랑스민법학 상의 'patrimoine' 개념에 관한 고찰: 법인격과 재산의 관계에서 본 학설사와 실정법", 민학 63-2, 2013, 45 이하.

이 존재하는데, 비영리재단법인, 공익재단법인에 관해서는 목적신탁, 공익신탁
과의 관련성을 포함하여 검토되어야 할 것이다. 민법상 비영리재단법인은 신
탁법상의 목적신탁 그리고 공익신탁법상의 공익신탁과 기능적으로 유사하
다.[214] 상법의 '합자조합' 그리고 신탁법의 신탁(목적신탁, 유한책)은 각각 법기술적
으로는 사단법인과 재단법인에 대하여 기존의 이론틀을 재검토하게 하는 흥미
로운 소재를 제공하여 준다. 이러한 최근의 민상법 관련 입법동향을 살펴보면
새로운 제도의 특징 중 하나로 '재산관리 자유의 확장' 경향을 들 수 있다. 재
산관리 자유의 확장에는 두 종류가 있다. ① 개인의 재산관리·처분의 자유 확
장이다. 목적신탁이라는 새로운 제도는 이와 관련이 있다. ② 기업의 자금조달
을 위하여 책임재산을 분리하는 자유의 확대이다. 특히 자산유동화를 위한 '도
구'로 이용되는 것이 기대되기도 한다. 여기에서는 법인격이 가지는 여러 기능
중에 책임재산을 분리하여 원 소유자의 도산으로부터 격리시키는 기능이 각광
을 받는 것이다. 법적구성에 있어서 유용하다면 법인이 아닌 신탁이라도 합자
조합(2011년 상법개정)이라도 관계없다. 이러한 지적은 최근의 제도에서 발견되는 '경향'
을 지적하는 것인데, 이러한 경향에 대해서 '재산관리의 자유'라는 측면만이
지나치게 중시되고 있는 것이 아닌가라는 문제 제기가 가능하다. 예컨대, 목적
신탁을 존속기한 없이 허용하는 신탁법의 규정은 법인격과 절연된 목적재산을
자유로이 설립할 수 있는 것과 같은 결과를 가져온다는 것이다. 법제사적으로
도 비교법적으로도 다소 편향된 선택이라는 지적이 가능하다.[215] 나아가 공익
목적이 아닌 '비영리'재단법인의 존재이유는 무엇인가? 사회적인 수요의 관점
에서 보면, 공익목적이 아닌 비영리재단법인에 대해서 사회적인 수요가 어느
정도 있는지는 검토가 필요하다.

---

214) 공익법인법은 동법의 적용대상인 공익법인을 사회 일반의 이익에 이바지하기 위해 학자
   금, 장학금, 연구비의 보조나 지급, 학술, 자선에 관한 사업을 목적으로 하는 법인으로 정
   의한다(공익법인 § 2). 그리고 공익을 목적으로 하는 신탁을 규율하는 특별법인 공익신탁
   법은 매우 포괄적인 범위에서 공익사업을 정의하면서, 이러한 공익사업을 목적으로 하는
   신탁법상의 신탁으로서 법무부장관의 인가를 받은 신탁을 공익신탁이라고 부른다(공익신
   탁 § 2 (ⅱ)). 이처럼 이들 제도는 실제 그 활용범위가 상당 부분 겹친다. 때문에 재산을
   출연하여 공익 성격을 가지는 목적을 달성하고자 하는 경우, 신탁법상의 목적신탁이나 공
   익신탁법상의 공익신탁 또는 민법상의 비영리재단법인이나 공익법인상의 공익법인 중에
   서 어떠한 제도를 선택할 것인지의 문제가 제기된다. 그리고 이를 결정함에 있어서는 각
   제도간의 구분, 특히 법인과 신탁의 차이점이 중요한 의미를 갖게 된다. 최수정, 신탁법,
   2016, 13.
215) 이러한 점을 지적하는 논의로 오영걸, "신탁의 변용적 계수와 그 법리적 과제들", 서울
   대 법학 60-4, 2019, 117.

## V. 비영리·공익단체 법제의 전망—민법·공익법인법 개정 논의

### 1. 민법·공익법인법 개정 논의

#### (1) 민법 상 비영리법인 규정 개정의 연이은 좌절

민법상의 비영리법인 규정에 관한 개정안이 수차례 성안된 바 있다.[216) 하지만 매번 국회에서 심의되지 못한 채 국회의 임기종료로 자동폐기되어 결실을 맺지 못하였다. 기존의 민법개정안은 지난 60년 동안 이루어진 논의를 총결산하는 의미가 있다는 점에서 그 성과는 긍정적인 평가를 받아 마땅할 것이다. 그러나 앞으로의 60년을 염두에 둔 비영리·단체 법제의 제도설계를 고려한다면 민법상의 비영리법인 규정을 포함한 보다 본격적이고 종합적인 재검토가 필요하다. 이러한 면에서 기존의 민법개정안의 주요부분이 국회에서 통과됨으로써 일단 매듭을 짓는 것이 효율적이라고 할 것이다. 이제까지 준비해온 민법개정안이 결실을 맺지 못하면 중장기적인 안목에서 새로운 60년을 염두에 둔 제도설계에 관한 논의가 점점 무거운 짐을 지게 되어 결국 더욱 넘기 어려운 산으로 다가올 것이다. 물론 민법개정에 관해서도 원점에서 다시 검토하여 비영리·단체법제의 큰 그림을 완성하기 위해 논의를 거듭해 나가는 것이 바람직하겠지만, 단기적인 관점에서는 우선 기존 개정안의 중요부분을 매듭짓고 새로운 단계의 논의를 추진하는 것이 효율적이다. 다만 기존 개정안의 내용대로 민법개정이 이루어진다고 하더라도 여전히 중장기적 관점에서 비영리·공익단체 법제에 관한 제도 개선 문제는 남게 된다. 오히려 새로운 단계·국면에서 현대적인 의미의 비영리·공익단체 법제에 관한 본격적인 논의가 진행되어야 한다. 이러한 맥락에서, 최근 비영리·공익단체 법제에 관한 문제제기가 여러 방면에서 주장되고 있는 것은 바람직하다.[217)

---

216) 윤진수, "법인에 관한 민법개정안의 고찰", 서울대 법학 46-1, 2005; 장근영, "상법의 관점에서 바라본 민법개정안의 법인제도", 비교 17-3, 2010; 권철, "민법의 관점에서 바라본 민법 개정안의 법인제도 : 비영리단체·법인 제도의 바람직한 상에 대한 각서", 비교 17-4, 2010; 정병호, "법인 아닌 사단의 재산관계 규율에 관한 입법론적 고찰", 홍익법학 14-1, 2013; 송호영(주 26), 387; 권영준(주 189); 엄동섭(주 192); 지원림(주 61) 등 참조.

217) 일례로 비영리법인의 거버넌스에 관해서 비교법적인 관점을 포함한 민법학과 상법학에서의 검토가 이루어지고 있는 것은 주목할 만한 움직임이라고 할 것이다. 예컨대 김진우, "재단법인 이사의 내부책임", 민학 51, 2010; 김태선, "비영리법인 이사의 선관주의의무", 민학 69, 2014; 이선희, "비영리법인에 있어서 이사의 선관주의의무 : 사립학교 법인 이사의 취임승인 취소 등에 나타난 사례를 중심으로, 성균관법학 30-1, 2018; 김정연, "비영리법인 이사의 주의의무에 관한 연구", 비교 26-2, 2019; 김태선, "학교법인의 이사선임에

## (2) 공익법인법 전면개정 논의

민법 개정안이 연이어 폐기된 상황에서 공익법인법($\binom{\text{공익법인의 설립·}}{\text{운영에 관한 법률}}$) 전면개정안이 시민사회의 주목을 받기 시작하였다. 2020년 말에는 정부주도의 법률안이 법무부안으로 공표되었고[218] 공청회가 개최된 후 2021년에 국회에 제출되었다.[219] 그리고 공익법인법을 폐지하고 새로이 '공익법인의 운영 및 활성화에 관한 법률'을 제정하는 내용의 국회의원 발의 법률안이 국회에 제출되었다.[220][221]

법인 전론의 맺음말에 갈음하여, 때마침 제안되어 있는 공익법인법 전면개정안에 관한 평가라는 형식으로 제도설계에 관한 개괄적인 논의를 하는 것이 시의적절하다고 생각된다. 입법론의 이면을 들여다보면 제도개선의 목표가 분명하지 않고 논의가 정리되지 않은 것으로 보인다. 공익법인법의 기초가 되는 민법개정이 지지부진한 상태에서 공익법인법의 전면개정을 추진하는 것은 자칫 사상누각이 될 수 있다.

## 2. 공익법인법 전면개정론의 함의

법률안 내용을 평가하기 위해서는 이번 개정의 목적을 제대로 확인할 필요가 있다. "공익법인의 규제 vs. 비영리·공익단체활동의 활성화" 둘 중에 어느 쪽에 중점을 두는지에 따라 개정안의 평가는 크게 달라진다. 미리 결론적으로 평가하면. ① 정권의 붕괴의 도화선이 된 비영리·공익법인의 문제에 대한 대응 등 '규제'라는 차원에서 개정안이 만들어진 것이라면 개정 내용이 어느 정도 이해될 수 있지만, ② 보다 관점을 넓혀서 비영리·공익단체 활동의 '활성화'라는 제도개선의 측면에서 바라보면 여러모로 미흡하다.

이하에서는 주로 '정부안'을 염두에 두면서 부차적으로 '윤호중 의원안'에

---

관한 학교 구성원들의 법률상의 지위", 숭실대 법학논총 47, 2020 등.
218) 입법예고는 2020년 10월 21일자 "법무부공고 제2020-301호"에 의한 것이다. 국민입법 참여센터 홈페이지에서 열람 가능하다.
219) 공청회는 2020년 11월 25일에 개최되었다. 공청회는 법무부 온라인 채널에서 관련 영상 및 자료를 볼 수 있다. 정부안은 2021년 7월 30일에 국회에 제출되었다.
220) 이른바 '윤호중 의원안'. 윤호중 의원을 포함한 17명의 국회의원이 2020년 6월 10일에 공동발의한 법안이다(의안번호 313호). 구체적인 내용은 국회 홈페이지의 '의안정보시스템'에서 검색 가능하고, 법안 내용에 관한 법제사법위원회의 검토보고서가 업로드 되어 있다(2020년 7월).
221) 국회의 의안정보시스템에서 '공익법인'을 키워드로 검색하여 보면 그 밖에도 공익법인법의 일부개정에 관한 여러 개의 법안이 제출되어 있지만, 공익법인법의 전면적 개정 내지 제정을 염두에 둔 '윤호중 의원안'에 대해서만 언급한다.

대해서도 언급하는데, 크게 두 가지 점에 주목한다. 하나는 민법상 비영리법인과 공익법인의 관계 설정에 관한 것(1)이고, 또 하나는 공익법인의 범위 조정 및 이른바 '공익위원회'의 신설에 관한 것(2)이다.

## (1) 비영리·공익법인의 중층구조 명확화

### ㈎ 민법상 비영리법인과 공익법인과의 관계

> 법률안 제22조(공익법인의 인정) ① 「민법」 제32조에 따라 설립된 사단법인이나 재단법인은 위원회에 공익법인의 인정을 신청할 수 있다.

법률안은 이 규정을 둠으로써 민법상 비영리법인으로 설립된 단체들을 전제로 하여 그 중에서 공익성을 '인정'받은 법인이 공익법인이 된다는 점을 명확하게 하고 있다.

프랑스, 영국, 일본과 같은 외국의 비영리·공익법인 제도의 특징으로 이른바 '중층구조'[222]를 취하고 있다는 점을 지적할 수 있다. 비영리단체가 법인격을 손쉽게 취득하는 비영리법인 제도가 전제가 되어 기층(1층)을 형성하고, 이 중에서 공익성을 인정받은 법인이 공익법인이 되어 그 위(2층)에 위치하는 '중층구조'이다.[223] 이러한 관점에서 보면 이번 개정법안 §22의 도입으로 비영리·공익법인 법제는 이러한 중층구조를 형성하게 된다. 이로써 제도설계의 면에서는 일견 선진국형 비영리·공익법인 제도의 얼개를 갖추게 된다고 볼 여지가 있다. 그러나 그 내실을 살펴보면 무시할 수 없는 큰 차이점이 발견된다.

### ㈏ 내재적 한계—민법 상 비영리법인 인정범위의 협소성

우선 지적할 수 있는 것은 잠재적인 공익법인의 풀(pool)이라고 할 수 있는 비영리법인의 범위가 좁다는 점이다. 주지하는 바와 같이 민법상 비영리법인은 주무관청의 허가제를 취하고 있는 관계로 많은 비영리단체들이 법인격을 취득하지 않거나 못하여서 비법인단체로 남아있다. 이에 주무관청의 허가를 받아야 법인격을 취득하게 되는 현행 민법상의 비영리법인만이 공익법인 인정 신청을 할 수 있다고 규정하게 되면, 중층구조 중 기층이 상대적으로 빈약한 상태로 남게 되는 불균형이 발생하게 된다. 이러한 문제는 이미 지적한 바와 같이 민법개정의 일환으로 비영리법인 설립 허가제를 완화하려는 개정시도가 아직 결

---

222) 명칭은 필자가 임의로 붙인 것이다.

223) 비영리단체가 손쉽게 법인격을 취득할 수 있도록 하는 대신 원칙적으로 비영리법인에는 조세혜택에 제한이 있고, 공익성을 인정받아 공익법인이 되면 비로소 조세혜택을 비롯한 지원책이 마련되는 것이 프랑스, 일본의 비영리·공익법인 제도의 기본적인 골자이다.

실을 맺지 못한 점과도 관련이 있다. 비영리법인에 관한 기본적 제도 정비가
선행되지 않으면 공익법인 제도 개선이 제대로 달성되기 어렵다는 점을 다시
한 번 확인한다.

　　㈐ 비 교 법　　　　프랑스[224]와 일본[225]의 법제는 비영리법인의 설립을
폭넓게 인정하는 한편, 이러한 비영리법인 중에서 공익성이 인정된 경우에는
공익법인으로 취급하는 점에 공통점이 있다. 비영리단체는 쉽게 법인격을 취
득할 수 있는데 조세감면 등의 혜택에 제한이 있는 한편, 공익법인으로 인정되
면 세제를 비롯한 여러 방면의 지원책이 제공되는 구조이다. 이러한 점에서 공
익법인으로 인정받게 하는 유인책이 제도적으로 보장되는 한편, 시민들이 손
쉽게 비영리법인을 설립하여 법인에게 인정되는 기본적인 법적 효과는 누릴
수 있게 하는 중층구조라는 점은 위에서 이미 언급한 대로이다.

　　㈑ 민법상 비영리법인 규정의 존재의의―비영리법인을 통괄하는 개별
법의 필요성?　　　　민법상의 비영리법인 규정에 관한 개정안이 수차례 성안
된 바 있고 아직 결실을 맺지 못한 것은 이미 지적하였다. 여기에서는 관점을
장기적인 것으로 바꾸어 민법상 비영리법인 규정의 존재의의에 관하여 생각
해 보자. 민법상의 비영리법인 규정은 존치되어야 하는가 아니면 비영리법인
에 관한 기본법을 별도로 제정하여야 하는가. 민법전에 비영리법인 규정을 존

---

224) 프랑스의 비영리 · 공익법인 법제 포인트를 정리하면 다음과 같다. 1804년에 제정된 프
　　랑스민법전에는 비영리 중간단체를 적대시하는 대혁명 사상이 반영되어 비영리법인에 관
　　한 규정을 두지 않았다. 그러나 19세기를 지나는 동안 프랑스 사회에서는 시민들이 자율
　　적으로 모여서 결사체를 만드는 것의 중요성이 점점 증대되어 이윽고 1901년에 비영리사
　　단법인에 관한 법률이 제정되어 헌법적인 가치를 가지는 중요한 위치를 차지하게 된다.
　　1901년법은 1905년에 제정된 정교분리법과 함께 종교단체에 관한 규율이 포함된 독특한
　　비영리법인 법제로 프랑스 시민사회에 완전히 정착되었다. 프랑스 비영리법인 제도의 특
　　징은 비영리사단법인의 경우에는 1901년법에 따라 간단한 등록만으로 손쉽게 법인격을
　　취득할 수 있는 점이다. 법인격 취득이 쉽게 인정되는 대신 기부금의 모집이나 세제혜택
　　에는 제한이 있고, 비영리법인 중에서 국사원(행정법원)의 허가를 받은 경우에 비로소 공
　　익법인이 될 수 있다. 공익법인은 소수에 불과하지만 기부금을 널리 모집할 수 있고 세제
　　혜택도 폭넓게 인정된다. 박수곤(주 28); 권철(주 28) 참조.
225) 최근 일본에서는 민법상의 법인규정을 대부분 삭제하고 명목적인 규정만 남기면서 비
　　영리법인에 관한 기본법을 '일반법인법'이라는 이름으로 독립시켜 특별법으로 제정하였다.
　　'일반법인법'의 규정은 매우 상세한데(일반법인법의 규정이 매우 상세한 것은 같은 시기에
　　제정된 회사법의 규정을 여러모로 참조한 결과이다), 제도개혁의 포인트는 주무관청제를
　　폐지하면서 준칙주의를 채택하였다는 점이다. 일본의 제도는 폭넓게 비영리법인의 설립을
　　허용하는 한편, 공익인정위원회를 신설하여 비영리법인 중에서 공익성을 인정받은 법인만
　　이 공익법인이 되는 것이 골자이다. 일본의 공익인정위원회는 영국의 charity commission
　　을 벤치마킹한 것이다. 권철(주 36) 참조.

치하는 경우, 그 존재의의는 어디서 찾아야 하는가.

프랑스나 일본과 같이 비영리법인에 관한 개별법을 제정하고 민법전에는
비영리법인관련 규정을 두지 않는 방법을 채택하여야 할까. 이와 같은 방법은
중장기적인 관점에서 보면 고려해볼 만한 선택지라고 할 수 있다. 그러나 민법
전을 시민생활의 기본법으로 자리매김하는 의미에서 보면, 비영리법인에 관한
기본적인 규정들을 정비해서 민법전에 존치하는 것도 나름대로 의미가 있다.
기존의 민법개정안에서는 주무관청의 허가주의를 인가주의로 변경하는 제안이
되어 있는 만큼, 현실적으로는 이러한 정도의 개정이라도 기존 제도를 개선하
는 첫걸음으로 의미가 없지 않다고 할 것이다. 물론 현대 시민사회에서 자유로
운 결사를 보장하는 의미에서 비영리사단법인 제도를 자리매김한다는 점과 비
교법적 관점도 아울러 고려하면, 비영리사단법인의 경우에는 주무관청제를 유
지하게 되는 인가주의보다 한걸음 더 나아간 준칙주의로의 전환을 적극적으로
고려해야 할 것이다. 다만 준칙주의를 채택할 경우, 최근 일본의 경우처럼 주
무관청제가 폐지되는 것을 전제로 비영리법인이 되기 위한 상세한 준칙을 상
세하게 규정하는 방식을 취하게 될 수 있고 이렇게 되면 민법전의 다른 규정
과의 균형 상 민법에 모든 규정을 두기 어렵게 된다. 이러한 점을 고려하면 민
법전이 가지는 시민사회의 기본법이라는 성격을 감안할 때 민법총칙 상 비영
리법인 규정을 존치하면서 비영리법인에 관한 '기본사항'을 규정하는 것으로
다듬는 것에도 큰 의미가 있다.

　　　㈒ 개별분야를 규율하는 단행법의 필요성?　　　한편 민법상의 비영리
법인 규정이나 '비법인사단' 이론으로 대응하기에 무리가 있는 경우에는 독립
된 단행법을 만드는 것이 바람직하다. 그 동안에 학설과 판례, 그리고 조세실
무에 의하여 어느 정도 대응해왔고 그 나름대로 의미가 있지만, 이제는 '비법
인사단을 사단법인과 같이 취급하는' 법리만으로 처리하기에는 역부족인 분야
가 있다는 것을 인정해야 한다.[226]

## (2) 공익법인의 범위 조정 및 공익위원회의 신설

　　　㈎ 공익법인의 범위 문제―내재적 한계　　　이미 지적한 바와 같이
공익법인법은 공익목적 사업의 범위를 "학자금·장학금 또는 연구비의 보
조나 지급, 학술, 자선에 관한 사업"으로 한정하여 공익법인의 인정 범위가 지
나치게 협소하다는 문제점이 지적되어 왔다. 개정안($\frac{\S 2}{iii}$)이 공익목적 사업 범

---

226) 위 Ⅳ. 3. 참조.

위를 확대하고 있다는 면에서 개선된 것은 확실하지만 위에서 언급한 바와 같이 개정안에 따르면 민법상 법인 중에서 공익법인을 인정하는 것으로 설계되어 있는 까닭에 공익법인의 범주가 근본적으로 제한될 수밖에 없는 한계가 내재되어 있다. 그 결과, 특별법상의 공익법인(사회복지, 학교 등)이 포함되지 않다. 이러한 점과 관련하여 제21대 국회에 제출되어 있는 '윤호중 의원안'의 경우에는, 정부안과 같이 민법법인 중에서 공익법인을 선별하는 것으로 한정하고 있지는 않지만, 특별법상의 공익법인(사회복지, 학교 등)이나 종교단체 등이 공익법인에 포함되는지 여부가 명확하지 않다는 점에서 유사한 문제를 안고 있다. 만약 법률안의 내재적인 한계를 뛰어 넘어 이를 포함시키는 방향으로 볼 경우에는 필연적으로 중복 규율문제가 발생할 여지가 생기게 되어 큰 난관으로 등장하게 된다. '윤호중 의원안'에 대한 법사위 검토보고서에서는 이러한 점을 정확하게 지적하고 있다.[227]

비영리민간단체법의 규율대상을 어디까지 포섭하는지 여부도 문제될 수 있는데, 현행 비영리민간단체법에 의한 등록과 지원은 법인격 유무와 무관한 것을 고려하면, 기존에 비영리민간단체법상 등록되어 지원을 받고 있는 단체가 민법상의 비영리법인으로 허가를 받은 후에 공익위원회에 공익인정을 신청해야 하는 비현실적 노력을 감행하는 경우가 실제로 있을지 여부에 관해서 회의적으로 볼 수밖에 없다. 이와 같이 새로운 제도가 활동하고 있는 시민단체들을 포섭하는지 여부는 일본의 제도개혁 과정에서 큰 문제로 부각된 바 있다.

(나) 일본의 전철을 답습?        2006년에 비영리법인 전반을 포함한 공익법인 개혁을 실시한 일본에서는 제도설계 과정에서 큰 논란이 있었다. 원래의 제도설계에서는 특별법상의 공익법인은 물론 이른바 'NPO법'도 포섭하는 큰 그림을 그리면서 추진되었는데, 여러 제도적 한계에 부딪혀서 결국 특별법상의 공익법인(사회복지법인, 학교법인, 종교법인 등)이 공익법인 범주에서 제외되었다. 그리고 손쉽게 법인격을 취득할 수 있고 세제혜택도 받을 수 있어서 민간비영리부문의 입지를 넓혔다는 평가를 받고 있었던 '특정비영리활동촉진법'(이른바, NPO법)상의 비영리법인을 제도개혁의 일환으로 포섭하는 문제를 둘러싸고 시민단체 및 NPO관계자의 큰 반발에 부딪혀 새로운 제도의 틀 밖에 두는 결과를 가져왔다.[228] 반발의

---

227) 허병조, 공익법인의 운영 및 활성화에 관한 법률안 검토보고, 법제사법위원회, 2020, 15-17, 20-22의 문제제기 참조.

228) 일본의 비영리·공익법인 제도개혁이 행정개혁의 일환으로 추진된 결과, 민간비영리활동의 촉진이라는 관점이 충분히 실질화되지 않은 것이 정부안에 대한 민단단체, NPO관계자

원인은, 기존 제도에 따르면 NPO의 법인격 취득은 물론 세제혜택 등을 받을 수 있게 되어 있는 상황에서, 새로운 제도를 도입하게 되면 원점으로 돌아가서 새롭게 공익성 인정을 받아야 하는 제도가 되는 결과 이를 NPO관계자들이 받아들이지 않은 것에 있었다. 이러한 점은 우리의 경우에도 많은 시사점을 던져 준다고 할 것이다.

　　이러한 관점에서 볼 때, 공익법인법 전면개정안의 공익법인 범주는 일본의 제도설계의 결과만을 참조한 나머지, 태생적인 한계를 답습하고 있는 것으로 보인다. 게다가 위에서 지적했듯이 일본에서는 적어도 새로운 비영리법인 제도(일반법인법)의 틀 안에서는 주무관청제를 폐지하고 준칙주의를 도입하는 것에는 성공을 한 것이 비하여 정부안의 경우에는(윤호중안의 경우에도) 그 문제가 미해결인 것을 감안하면 제도개선을 위한 여정은 아직 갈 길이 멀다고 하지 않을 수 없다. 특별법상의 공익법인이나 세제혜택을 받는 비법인단체를 공익위원회가 포섭하여 통괄할 수 있을지에 관한 문제는 현행제도의 주축을 담당하고 있는 주무관청(보건복지부, 교육부, 문화체육관광부, 행안부, 법무부 등)이나 기재부(국세청)와의 조정이 매우 어려운 과제로 등장할 것이라는 점, 비법인민간단체의 경우에는 굳이 새로운 제도에 따르지 않을 것이 예상되기 때문에 제도 개선에는 넘어야할 산이 상당히 남아 있다고 생각된다.

　　㈐ 공익위원회의 권한 및 위상　　공익성을 인정하는 독립기구를 창설하여 공익법인을 체계적으로 관리·감독해야 한다는 취지의 개선방향은 최근 발표된 많은 연구에서 주장되는 바이다.[229] 공익인정, 관리감독 체계의 일원화, 공익인정위원회 창설을 포함한 제도 구상과 관련해서는 영국, 일본, 그리고 프랑스의 제도가 참고대상이 될 수 있다. 다만 각국에서 위원회가 차지하는 위상이 제각각이고 각국의 법적, 사회적, 역사적 배경에서 탄생되어 운용되고 있다는 점을 고려하면, 공익위원회의 설치만으로 만병통치약이 될 수 있다는 논의는 경계해야 한다.

　　위에서 살펴본 바에 의하면 공익법인법 전면개정안에서 신설하고자 하는 공익위원회의 위상은, 그 원조인 영국의 사정과 큰 차이가 있다. 영국의 경

---

　　의 반발을 불렀다. 이에 관해서는 권철(주 36) 참조.

229) 이중기, 공익신탁과 공익재단의 특징과 규제, 2014, 491 이하; 고상현, "공익법인의 설립", 공익법인연구, 2015, 89 이하; 김진우, "공익법인의 규제와 감독", 공익법인연구, 2015, 213 이하; 손원익, "공익법인과 조세", 공익법인연구, 2015, 318 이하; 권철, "민법의 관점에서 바라본 민법 개정안의 법인제도: 비영리단체·법인 제도의 바람직한 상에 대한 각서", 비교 17-4, 2010; 이희숙, "공익법인 법제 현황과 개선 방향: 공익위원회 설치 논의를 중심으로", 외법논집 43-1, 2019, 1 이하.

우 charity commission(공익위원회)에 charity로 등록되는 단체의 범주에는 우리법제에서 비영리민간단체, 학교법인, 사회복지법인, 종교단체 등에 해당하는 것이 상당 부분 포함된다. 영국의 공익위원회는 이러한 단체들을 총괄하는 컨트롤 타워인 것이다. 이러한 차이점을 간과하고 개정안의 공익위원회가 관장하는 공익법인의 범위가 매우 좁은데도 불구하고 영국과 유사하다는 전제에서 논의를 전개하는 것은 문제가 있다고 할 것이다.

그렇지만 현행 제도의 문제점을 개선하기 위한 돌파구로 공익위원회 도입을 추진하는 것은 여러모로 의미가 있다. 공익위원회의 장점을 우리의 실정에 맞게 도입하는 것이 중요한데, 기존 제도가 새로운 제도 도입에 장벽이 되고 있는 점에 대한 철저한 사전검토 작업이 없이, 이 제도를 도입하면 문제가 저절로 해결될 것처럼 논의하는 것에도 주의가 필요하다. 2006년 일본에서 정권의 명운을 걸고 행정개혁의 일환으로 비영리·공익법인 개혁을 추진하였음에도 불구하고 위에서 언급한 바와 같은 한계에 부딪힌 점을 고려하면 유사한 법제를 가지고 있는 우리의 경우 제도 개혁이 성공하기 위해서는 보다 면밀한 검토와 강력한 추진력이 필요할 것이다.

이러한 관점에서 국회에 제출된 정부안이 공익위원회를 법무부 산하에 두고 있는 점을 고려하면, 비영리·공익단체의 활성화를 전제로 한 개혁적 추진과는 거리가 있어 보인다. 이미 언급한 바와 같이 개정이 공익법인에 관한 규제를 강화하는 것에 주된 목적이 있다면 나름대로의 해결책을 내놓은 것이라고 평가할 수 있지만, 다른 한편 공익법인의 규제를 강화하기 위한 해결책으로 공익위원회라는 제도를 도입하게 되는 것에 대해서는 비판의 여지가 있을 것이다. 결국 공익법인법 전면개정의 주안점이 어디에 있는지 명확하게 하는 것이 우선되어야 하고, 중장기적인 관점에서는 시민의 비영리활동 활성화라는 관점에서 공익위원회 구상을 돌파구로 삼아 민법의 비영리법인 규정을 포함한 제도 개혁을 체계적으로 이루어낸다는 다층적인 접근방법이 필요하다.

[권 철]

# 第1節　總　則

**第31條**(法人成立의 準則)
　　法人은 法律의 規定에 依함이 아니면 成立하지 못한다.

## Ⅰ. 본조의 취지

　　법인 성립에 대하여 국가는 법적으로 아무런 제한을 두지 않기도 하고, 때로는 법적인 제한을 두는 등 법인 성립에 관한 국가의 태도는 시대적으로 변해 왔다. 오늘날에는 금지·방임의 어느 한 극단에 치우치지 않고, 법인의 여러 특징을 고려하여 금지·방임·조장·강제 등의 여러 태도를 취하고 있다.[1]

　　법인은 법률의 규정에 정함이 없으면 성립하지 못한다고 규정함으로써 민법은 법인의 설립에 관하여 이른바 자유설립주의를 배제하고 허가주의를 취한 것으로 해석된다.[2] 대법원도, 민법이 법인의 자유설립을 부정하고 있다고 판시하였다(대판 96.9.10, 95누18437).

　　민법이 법인의 설립에 관하여 허가주의를 채택한 결과, 어느 단체가 법인으로서의 실체를 가지고 있더라도 주무관청의 허가를 받지 못하면 법인이 아닌 사단 또는 재단으로서 존재하게 된다.

---

1) 곽윤직·김재형, 169.
2) 곽윤직·김재형, 170; 김상용, 민법총칙, 제3판, 2014, 237; 김준호, 131; 송덕수, 민법총칙, 제4판, 2018, 579.

## II. 법인설립에 관한 입법주의

법인의 설립에 관한 여러 가지의 입법주의가 있는데, 우리나라는 앞에서 보았듯이 자유설립주의를 제외한 여러 입법주의를 필요에 따라 사용하고 있다.

### 1. 자유설립주의

법인의 설립에 관하여 아무런 제한을 두지 않고 법인으로서의 실체를 갖추면 법인격을 인정하는 입법주의이다. 이러한 순수한 의미에서의 자유설립주의를 취하고 있는 국가는 거의 없다.

### 2. 준칙주의

법인설립에 관한 요건을 법률로 규정해 놓고 그 요건을 충족하면 행정관청의 허가나 인가가 없어도 당연히 법인이 성립하는 것으로 인정하는 입법주의이다. 준칙주의에서는 성립 여부가 외부에 알려지지 않아 거래의 안전을 해할 염려가 있기 때문에 조직과 내용의 공시를 위하여 등기·등록 또는 신고를 성립 요건으로 하는 것이 보통이다. 민법은 영리를 목적으로 하는 사단법인은 상사회사에 관한 규정을 준용하도록 하고 있고($\frac{\S}{39}$), 상법은 회사는 설립등기를 함으로써 성립하도록 규정한 결과, 영리법인은 등기가 성립요건으로 요구된다. 노동조합 및 노동관계조정법은 노동조합을 법인으로 하고자 할 경우에는 등기를 요하는 등 준칙주의를 채용하면서 법에 등기를 성립요건으로 규정하고 있다($\frac{노조}{\S 6}$).

### 3. 허가주의

법인의 설립에 관하여 행정관청의 자유재량에 의한 허가를 필요로 하는 입법주의이다. 민법은 비영리법인에 관하여 허가주의를 취하고 있다($\frac{\S}{32}$). 그 밖에 사립학교법도 학교법인에 관하여 허가주의를 취하고 있다($\frac{사학}{\S 10}$ⅰ).

행정관청의 법인설립 불허처분에 대하여 재판에 의하여 불복할 수 없는 것은 아니지만 불복사유가 매우 제한되어 있다. 따라서 허가주의에서는 법인설립의 자유가 크게 제한된다. 대법원은 "비영리법인의 설립허가를 할 것인지 여부는 주무관청의 정책적 판단에 따른 재량에 맡겨져 있다. 따라서 주무관청의 법인설립 불허가처분에 사실의 기초를 결여하였다든지 또는 사회관념상 현저하게 타당성을 잃었다는 등의 사유가 있지 아니하고, 주무관청이 그와 같은 결론에 이르게 된 판단과정에 일응의 합리성이 있음을 부정할 수 없는 경우에는, 다른 특별한 사정이 없는 한 그 불허가처분에 재량권을 일탈·남용한 위법이 있다고 할 수 없다."고 판시하였다( 대판 96.9.10, 95누18437 ).

### 4. 인가주의

법률이 정한 요건을 갖추고 행정관청의 인가를 얻음으로써 법인으로서 성립할 수 있게 하는 입법주의이다. 인가주의에서는 허가주의와 달리 법률이 정하고 있는 요건을 갖추고 있으면 인가권자는 반드시 인가하여야 하고, 이 점에서 허가주의와 구별된다. 인가의 요건이 충족되어 있는데도 행정관청이 인가하지 않는 경우에는 법원에 그 처분의 취소를 구하는 행정소송을 제기하여 구제받을 수 있다.

인가주의에 의하여 설립되는 법인으로는 법무법인·지방변호사회·대한변호사협회( 변 §§41, 65, 79 ), 상공회의소( 동법 §6 ), 농업협동조합( 동법 §15 ), 중소기업협동조합( 동법 §32 ), 수산업협동조합( 동법 §16 ), 여객자동차운수사업조합( 여객자동차운 수사업법 §53), 해운조합( 한국 해운 조합 법 §9) 등이 있다.

### 5. 특허주의

하나의 법인을 설립할 때마다 특별법의 제정을 필요로 하는 입법주의이다. 특허주의는 재정, 금융, 산업 등에 관한 국가의 정책을 실현하기 위하여 국영기업을 설립하는 때에 사용된다. 따라서 특허주의에 의해 설립된 법인은 사기업의 형태, 특히 주식회사의 모습을 취하는 경우가 있더라도 그것은 반드시 출자자나 주주 개인만의 이익을 목적으로 하는 것이 아니다.[3]

특허주의로 설립되는 법인으로는 한국은행, 한국산업은행, 한국수출입은행, 중소기업은행, 대한석탄공사, 한국토지주택공사, 한국방송공사, 한국석유공사, 한국수자원공사, 한국전력공사, 한국조폐공사, 한국철도공사, 한국과학기술원, 한국마사회 등이 있다.

---

3) 곽윤직·김재형, 171.

## 6. 강제주의

법인의 설립을 국가가 강제하는 입법주의이다. 의사회·치과의사회·한의사회·조산사회·간호사회($^{의료법}_{\S28}$), 지방변호사회($^{변}_{\S64}$), 대한변호사협회($^{변}_{\S78}$) 등이 강제주의로 설립되는 법인의 예이다.

한편 일정한 유자격자가 법인을 설립한 경우에 설립행위에 참여하지 않은 유자격자도 당연히 회원이 되는 것으로 하는 이른바 가입강제도 일종의 강제주의로 설명된다. 예를 들면, 상공회의소법에 의하면 일부의 상공회의소가 공동하여 대한상공회의소를 설립한 경우 다른 상공회의소도 당연히 그 회원이 된다($^{동법}_{\S37\,1}$).[4]

[호 제 훈]

## 第 32 條(非營利法人의 設立과 許可)

學術, 宗敎, 慈善, 技藝, 社交 其他 營利아닌 事業을 目的으로 하는 社團 또는 財團은 主務官廳의 許可를 얻어 이를 法人으로 할 수 있다.

# I. 서 론

법인은 그 목적이 영리의 추구에 있는냐 아니냐에 따라서 영리법인과 비영리법인으로 나눌 수 있는데 본조는 비영리법인의 설립요건 중 설립목적과 주무관청의 허가에 관하여 규정하고 있다. 비영립법인은 비영리사단법인과 비영리재단법인으로 다시 나눌 수 있는데, 민법은 본조에서 비영리사단법인과

---

4) 곽윤직·김재형, 171; 송덕수(주 2), 580.

비영리재단법인의 설립에 관한 기본적 요건을 함께 규정하고 있다. 아래에서 그 요건의 구체적 내용을 살펴보기로 한다.

## II. 목적의 비영리성

학술·종교·자선·기예(技藝)·사교 기타 영리 아닌 사업을 목적으로 하는 사단법인 또는 재단법인이 비영리법인이다.

'영리 아닌 사업'이란 사원의 이익을 목적으로 하지 않는 사업을 말하며 반드시 공익, 즉 사회 일반의 이익을 목적으로 할 필요는 없다.

이익을 분배할 사원이 존재하지 않는 재단법인은 항상 비영리재단법인만 인정되고, 사단법인은 영리성 유무에 따라 영리사단법인과 비영리사단법인으로 나눌 수 있다.

영리 아닌 사업을 목적으로 하여야 하므로 영리도 아울러 목적으로 하고 있는 경우에는 비영리법인이 아니라 영리법인이다. 다만 비영리사업의 목적을 달성하기 위해서 비영리법인의 본질에 반하지 않는 정도의 영리행위를 하는 것은 허용된다.[1] 예컨대 비영리사단법인인 예술단체가 전시회를 개최하면서 입장료를 징수하는 행위 등은 가능하다. 그러나 그러한 경우에도 영리행위로 인한 수익은 사업목적의 수행을 위하여 사용되어야 하며 어떠한 형식으로든 사원에게 분배되어서는 안 된다. 비영리법인의 본질을 해하면 안 되기 때문이다.

## III. 설립행위

사단법인과 재단법인으로 나누어서 살펴보기로 한다. 비영리사단법인의 설립행위는 법인의 정관작성을 의미하고, 비영리재단법인의 설립행위는 법인의 정관작성과 함께 재산의 출연을 의미한다.

---

1) 곽윤직·김재형, 160; 송덕수, 620.

## 1. 비영리사단법인의 설립행위

(1) 사단법인의 설립행위는 사단법인의 근본규칙인 정관을 작성하는 행위이다. 사단법인을 설립하려면 2인 이상의 설립자가 정관을 정하고 이를 서면에 기재하고 기명날인하여야 한다($\frac{\S}{40}$). 민법은 설립자의 수에 대하여 정하고 있지 않으나 사단의 성질상 복수의 설립자가 있어야 하므로 2인 이상이어야 한다. 정관에는 설립자들이 반드시 기명날인하여야 하며 기명날인이 없는 정관은 효력이 없다.

(2) 설립행위의 법적 성질

정관의 작성이라는 사단법인의 설립행위는 서면에 의하는 요식행위이고 그 실질은 장래에 성립할 사단에 법인격 취득의 효과를 발생시키려는 의사표시를 요소로 하는 법률행위이다. 법률행위로서의 사단법인 설립행위가 어떠한 법적 성질을 가지는 것인지에 관하여 학설상 견해가 나뉜다.

(개) 합동행위설     설립자 전원이 합동하여 법인설립이라는 공동의 목적에 협력하는 점에서, 사단법인의 설립행위를 계약이나 단독행위와 구별된 그 밖의 특수한 법률행위로 파악하여 이를 「합동행위」라고 하는 견해가 있다.[2]

(내) 계 약 설     설립행위를 단체적 효과발생을 목적으로 하는 특수한 계약이라고 설명하거나, 공동으로 조직체를 창조하고 표의자는 스스로 그 조직체의 구성원으로 되는 것을 내용으로 하는 계약으로 이해하는 견해도 있다.[3]

(다) 검      토     사단법인의 설립행위에는 쌍방대리 금지에 관한 §124는 적용되지 않으며, 설립행위를 구성하는 의사표시의 일부가 의사의 흠결이나 흠으로 무효 또는 취소되더라도 다른 의사표시의 효력에 영향을 미치지 않는다는 점에 있어서는 합동행위설 및 계약설이 같은 결론에 이른다.[4]

다만 허위표시에 관한 §108의 적용과 관련하여, 합동행위설은 상대방이 없는 합동행위라는 설립행위의 특수성에 비추어 그 적용이 없는 것으로 보지만, 계약설은 설립행위를 계약으로 보는 이상 §108도 적용된다는 견해를 취하고 있다.

---

2) 김상용, 민법총칙, 제3판, 2014, 240; 송덕수, 민법총칙, 제4판, 2018, 581.

3) 양창수·김재형, 4; 곽윤직·김재형, 174; 이은영, 258.

4) 논리 구성에 있어서는 다음과 같은 차이가 있다. 합동행위설은 설립행위는 상대방 없는 합동행위이지 계약이 아니므로 계약에 관한 규정의 적용이 없다는 입장이고, 계약설은 단체의 설립행위라는 특수성에 비추어 일반적인 계약과 달리 다른 의사표시의 효력에 영향이 적용이 없다는 입장이다.

　　사단법인의 설립행위가 일반적인 계약과는 다른 측면이 있으나 이 점을 설명하기 위하여 계약이나 단독행위와 구별되는 합동행위라는 개념을 인정할 필요가 있는지는 의문이다.[5] 계약의 개념을 양 당사자 사이의 대칭적 구조로만 보는 시각에서 벗어나서 계약은 수인 사이에서도 다면적으로 성립할 수 있다는 것을 인정한다면 합동행위라는 개념을 가져오지 않더라도 사단법인의 설립행위를 계약으로 설명할 수 있다. 즉 사단법인의 설립행위는 단체의 설립을 목적으로 하는 다수당사자의 다면적인 합의의 결과로 단체가 탄생하는 특수한 단체계약으로 이해할 수 있다.[6]

## 2. 비영리재단법인의 설립행위

　　(1) 재단법인의 설립자는 일정한 재산을 출연하고 정관을 작성하여야 한다($\frac{\S}{43}$). 재단법인의 설립에는 사단법인과 마찬가지로 정관의 작성행위가 필요하지만 그 외에도 재산출연행위가 필요하다는 점에서 사단법인의 설립행위와 차이가 있다.

　　(2) 정관의 작성

　　정관의 작성은 설립자가 이를 작성하여 기명날인함으로써 성립하는 요식행위라는 점에서 사단법인의 정관작성과 차이가 없다.

　　사단법인과 달리 사원자격의 득실에 관한 규정과 법인의 존립시기나 해산사유는 정관의 필요적 기재사항이 아니다. 재단법인에는 사원이 없으므로 사원자격의 득실에 관한 규정이 있을 수 없고, 재단법인의 영속성과 설립자의 의사를 존중하기 위하여 법인의 존립시기나 해산사유는 임의적 기재사항으로 한 것이다.

　　정관은 필요적 기재사항을 모두 기재하고 있는 때에만 유효하고 그중 하나라도 빠지면 정관으로서 효력이 생기지 않는다. 설립자가 필요적 기재사항 중 가장 중요한 '목적과 자산'만을 정하고 그 밖의 명칭, 사무소의 소재지, 이사의 임면의 방법과 같은 비교적 가벼운 사항을 정하지 않고서 사망한 경우에 재단법인의 성립을 부인하는 것보다는 이를 보충해서 사망자의 의사를 실현케 하는 것이 바람직하다. 그리하여 민법은 이해관계인 또는 검사의 청구에 의하여 법원이 이들 사항을 정하여 정관을 보충하고 이로써 법인을 성립시키는 길

---

5) 곽윤직·김재형, 174.
6) 주석 총칙(1), 604(제4판/송호영).

을 열어 주고 있다($\S_{44}$).[7]

### (3) 재산의 출연

설립자는 일정한 재산을 출연하여야 한다. 재산의 출연이란 자기의 재산을 감소시키고 타인의 재산을 증가하게 하는 것을 말한다. 출연할 재산의 종류에는 법률상 아무런 제한이 없다. 부동산, 동산의 소유권을 비롯하여 각종 물권과 채권 등이 모두 출연재산이 될 수 있다.

대법원은 재단법인 설립과정에서 그 출연자들이 장래 설립될 재단법인의 기본재산으로 귀속될 부동산에 관하여 소유명의만을 신탁하는 약정을 한 경우, 이러한 명의신탁계약이 새로 설립된 재단법인에 대하여 효력을 미치지 않는다고 판시하였다($^{대판\ 11.2.10,}_{2006다65774}$).[8]

재단법인의 설립행위는 생전행위로도 할 수 있고 유언으로도 할 수 있다. 재산출연행위는 무상행위라는 점에서 증여 및 유증과 비슷하므로, 민법은 생전처분으로 재단법인을 설립하는 때에는 증여에 관한 규정을 준용하고($\S^{47}_{I}$),[9] 유언으로 재단법인을 설립하는 때에는 유증에 관한 규정을 준용한다($\S^{47}_{II}$).[10]

출연재산이 언제 재단법인에 귀속되는지에 관해서는 후술한다($\S^{48}_{부분}$).

### (4) 설립행위의 법적 성질

1인의 설립자가 하는 설립행위를 단독행위로 보는 데에는 이견이 없다. 2인 이상의 설립자가 공동으로 재단법인을 설립하는 경우에도 상대방 없는 단

---

7) 곽윤직·김재형, 179.

8) 대판 11.2.10, 2006다65774.

"재단법인의 기본재산은 재단법인의 실체를 이루는 것이므로, 재단법인 설립을 위한 기본재산의 출연행위에 관하여 그 재산출연자가 소유명의만을 재단법인에 귀속시키고 실질적 소유권은 출연자에게 유보하는 등의 부관을 붙여서 출연하는 것은 재단법인 설립의 취지에 어긋나는 것이어서 관할 관청은 이러한 부관이 붙은 출연재산을 기본재산으로 하는 재단법인의 설립을 허가할 수 없고, 또한 재단법인 설립과정에서 그 출연자들이 장래 설립될 재단법인의 기본재산으로 귀속될 부동산에 관하여 소유명의만을 신탁하는 약정을 하였다고 하더라도, 관할 관청의 설립허가 및 법인설립등기를 통하여 새로이 설립된 재단법인에게 아무 조건 없이 기본재산 증여를 원인으로 한 소유권이전등기를 마친 이후에까지 이러한 명의신탁계약이 설립된 재단법인에게 효력이 미친다고 보면 재단법인의 기본재산이 상실되어 재단법인의 존립 자체에 영향을 줄 것이므로, 위와 같은 명의신탁계약은 새로 설립된 재단법인에 대해서는 효력을 미칠 수 없다."

9) § 557(증여자의 재산상태변경과 증여의 해제), § 559(증여자의 담보책임)가 준용될 주요 규정이다.

10) 유언의 방식에 관한 규정(§ 1060, § 1065 내지 § 1072), 유언의 효력에 관한 규정(§ 1078 내지 § 1085, § 1087, § 1090) 등이 준용될 주요 규정이다.

독행위로 보고 그러한 단독행위가 경합하는 것으로 파악하는 것이 다수의 견해이다.[11]

## Ⅳ. 주무관청의 허가

비영리 사단이나 재단이 법인격을 취득하기 위해서는 주무관청의 허가가 있어야 한다($\S_{32}$). 민법은 허가주의를 취하고 있다. 주무관청이란 법인이 목적으로 하는 사업을 관리하는 행정관청이다.

허가 여부는 행정관청의 자유재량에 속하지만, 재량권의 한계를 넘거나 재량권을 남용한 경우에는 불허가처분에 대하여 행정소송으로 다툴 수 있다.

## Ⅴ. 설립등기

주된 사무소의 소재지에서 설립등기를 하여야 하며, 이 설립등기를 함으로써 법인은 성립한다($\S_{33}$). 즉 설립등기는 법인의 성립요건이다. 자세한 내용은 후술한다.

[호 제 훈]

**第 33 條**(法人設立의 登記)
法人은 그 主된 事務所의 所在地에서 設立登記를 함으로써 成立한다.

11) 곽윤직·김재형, 179; 김상용(주 2), 244; 송덕수(주 2), 587; 김준호, 136.

## I. 법인등기제도

법인은 자연인과 같이 사회적 활동을 하는 실체이지만 자연인과 달리 명확한 외형이 없기 때문에 제3자로서는 법인의 존재나 내용을 쉽게 알 수 없다. 법인과 거래하는 제3자를 보호하기 위해서는 법인의 조직이나 내용을 일반에게 공시할 필요가 있다. 이것이 법인에 관한 등기제도이다.

민법은 법인등기의 종류에 따라 그 효력을 달리 정하고 있다. 설립등기는 법인의 성립요건으로 하고, 그 밖의 등기는 대항요건으로 하고 있다.

민법은 법인등기를 강제하는 방법으로 다음과 같은 수단을 강구하고 있다. 첫째, 등기하지 않으면 제3자에게 대항하지 못하게 함으로써 실체법상의 불이익을 준다. 둘째, 등기의무 있는 이사, 청산인 등이 등기를 게을리 하면 과태료의 제재를 받는다($\S 97 \atop (i)$).

## II. 법인설립등기

### 1. 설립등기절차

설립등기에 관해서는 본조 및 §49에 그 기간, 사항, 장소, 효과 등이 규정되어 있다. 분사무소를 설치하거나 사무소의 이전이 있는 때에도 그 분사무소 소재지 및 새로운 사무소 소재지에서 설립등기와 동일한 사항의 등기를 하여야 한다($\S\S 50, \atop 51$).

법인의 등기에 관해서 비송사건절차법이 규정하고 있다($_{\S 60}^{비송} {}_{이하}$). 법인설립의 등기는 법인을 대표할 사람이 신청한다($_{\S 63}^{비송} {}_{I}$). 등기신청서에는 법인의 정관, 이사의 자격을 증명하는 서면, 주무관청의 허가서 또는 그 인증이 있는 등본, 재산목록을 첨부하여야 한다($_{\S 63}^{비송} {}_{II}$).

### 2. 설립등기의 효력

민법상 법인은 주된 사무소의 소재지에서 설립등기를 함으로써 성립한다($\S \atop 33$). 법인의 설립은 다수의 이해관계인이 관여할 수 있으므로 권리관계를 획일적으로 확정하기 위하여 법인설립등기에 창설적 효력을 부여하는 것이다.

성립요건으로서의 법인설립등기는 주된 사무소에서의 등기만을 의미하고

종된 사무소에서의 설립등기는 여기에 해당하지 않는다. 종된 사무소에서의
설립등기는 성립요건이 아니라 대항요건이다($^{§54}_1$).

[호 제 훈]

## 第34條(法人의 權利能力)
法人은 法律의 規定에 좇아 定款으로 定한 目的의 範圍 內에
서 權利와 義務의 主體가 된다.

## Ⅰ. 본조의 취지

### 1. 본조의 의의

자연인은 출생에 의해 당연히 권리능력이 인정되고 그 권리능력의 내용도
모든 사람에게 동등하다. 그러나 법인은 일정한 목적의 실현을 위하여 법률에
의하여 법인격이 주어지기 때문에 법인에게 어떠한 범위의 권리·의무를 인정
할 것인지가 문제되고 이것이 법인의 권리능력의 문제이다.

본조는 법인의 권리능력에 관하여 "법인은 법률의 규정에 좇아 정관으로
정한 목적의 범위내에서 권리와 의무의 주체가 된다."고 규정하고 있다. 즉 법
인의 권리능력의 범위에는 법률에 의한 제한과 목적에 의한 제한이 있다는 점
을 밝히고 있다. 그 밖에 민법이 특별히 규정하지 않고 있더라도 법인은 자연

인의 천연의 성질을 전제로 하는 권리를 가질 수 없음은 명백하고 학설상 이론이 없다.

## 2. 입 법 례

독일민법과 스위스민법은 법인의 권리능력이 법인의 성질에 의한 제한과 법률에 의한 제한이 있을 뿐 목적에 의한 제한은 인정하지 않는다. 따라서 법인은 목적 범위 내에서뿐만 아니라 모든 범위에서 권리능력을 갖는 것으로 이해되고 있다. 이와 달리 영미법은 법인의 권리능력을 목적 범위내로 제한하는 태도를 취한다. 즉 영미법은 이른바 ultra vires의 이론(ultra vires는 본래 'beyond the power', 즉 '권한을 넘는'이라는 의미로, 회사의 정관에 의하여 부여된 능력 밖의 행위, 특히 회사의 목적 외의 행위를 무효로 하는 법리이다.)에 의하여 법인의 권리능력을 그의 목적 범위 내로 제한하는 태도를 취한다.[1] § 34는 일민 § 43를 본받은 것인데, 일민 § 43는 영미법상의 ultra vires의 이론을 본받은 것으로 이해되고 있다.

## II. 본조의 성격

본조는 제목을 '법인의 권리능력'이라고 규정하고 있음에도 본조가 정관상의 목적으로 제한하려는 것이 무엇인지에 대하여 견해가 나뉜다.

## 1. 학　　설

### (1) 권리능력 및 행위능력 제한설

통설은 법인은 권리능력이 있는 모든 범위에서 행위능력을 가지므로 법인의 권리능력의 범위는 법인의 행위능력의 범위와 일치하는 것으로 이해한다.[2] 이러한 통설에 의하면 본조를 법인의 권리능력에 관한 규정인 동시에 행위능력에 관한 규정으로 본다.

본조에 의해 법인의 권리능력이 정관목적에 의해 제한되는 만큼 법인의 행위능력도 제한된다고 한다. 법인의 대표기관이 한 법률행위가 정관목적의 범위 내이면 법인의 행위로 인정되고, 그에 반해 법인의 대표기관이 한 법률행위가 정관의 목적범위를 벗어나면 그것은 법인의 권리능력 및 행위능력과 무

---

1) 송덕수, 민법총칙, 제4판, 2018, 594; 김상용, 민법총칙, 제3판, 2014, 249.
2) 곽윤직·김재형, 186; 송덕수(주 1), 596; 김상용(주 1), 251.

관한 행위이므로 법인의 행위로 인정될 수 없고 대표기관 개인의 행위에 지나지 않는다.

### (2) 행위능력제한설

본조는 '법인의 권리능력'이라는 제목에도 불구하고 법인의 권리능력과는 무관하고 행위능력을 제한하는 것이며 결국 법인 대표자의 대표권을 제한하는 규정이라고 본다.[3]

행위능력제한설은 법인의 본질을 단순한 의제가 아닌, 사회적 기능을 실체로 보는 이상 자연인과 마찬가지로 제한할 필요가 없다는 점, '목적에 의한 제한'을 넓게 해석할 것이냐, 좁게 해석할 것이냐의 문제는 거래의 상대방에 대한 보호와 법인의 재정적 기초의 안정이라는 상반·모순된 가치관에 기인한 것으로 '능력'의 문제보다 상위에 위치하는데도, 단순히 '능력'의 문제로 다루려는 것은 잘못이라는 점, 본조를 권리능력의 문제로 보는 경우에는 법인이 타인에게 손해를 가하는 불법행위를 법인의 '목적의 범위내'의 행위로 보아야 한다는 점을 근거로 한다.

### (3) 대표권제한설

본조는 법인의 대표기관의 대표권의 범위를 규정하는 것일 뿐, 권리능력이나 행위능력과는 무관한 규정이라고 본다. 구체적으로 '정관으로 정한 목적의 범위 내'란 법인의 대표기관이 법인으로부터 받은 '수권의 범위 내'로 새겨야 하고, 대표기관의 행위가 정관목적에 벗어난 것이더라도 이를 법인의 권리능력의 유월이 아닌 대표권의 유월로 본다면, 그 행위는 당연무효로 보는 것이 아니라 외형적인 수권에 따른 법률효과의 귀속여부를 다툴 수 있을 것이므로 상대방의 지위가 보호될 수 있다고 한다.[4]

## 2. 판　례

대법원은 여러 판결에서 "민법 제34조에 의하면 법인은 법률의 규정에 좇아 정관으로 정한 목적의 범위 내에서 권리와 의무의 주체가 된다고 규정하고 있으므로 법인의 권리능력이 그 목적에 의하여 제한됨은 자명한 것이나 그 목적의 범위내라 함은 이를 광의로 해석하여 정관에 열거된 목적과 그 외에 법인의 목적을 달성함에 필요한 범위를 지칭하는 것으로 해석함이 타당할 것이

---

3) 고상룡, 200.
4) 주석 총칙(1), 624(제4판/송호형).

다"고 판시함으로써 본조가 권리능력에 관한 규정임을 명백히 하였다(대판 91.11.22, 91다8821; 대결 01.9.21, 2000그98). 다만 그 후의 판결에서는 특수법인인 축산업협동조합과 관련하여 "법인의 권리능력 혹은 행위능력은 법인의 설립근거가 된 법률과 정관상의 목적에 의하여 제한되나, 그 목적 범위 내의 행위라 함은 법률이나 정관에 명시된 목적 자체에 국한되는 것이 아니라 그 목적을 수행하는 데 있어 직접, 간접으로 필요한 행위는 모두 포함한다."고 판시함으로써, 본조가 행위능력에 대한 규정일 수도 있는 가능성을 열어놓았다는 평가가 있다.[5]

## III. 권리능력의 제한

### 1. 성질에 의한 제한

법인은 사람의 천연의 성질을 전제로 하는 권리를 가질 수 없음은 명백하다. 생명권·친권·배우자의 권리·정조권·육체상의 자유권 등은 누릴 수 없다. 이에 비하여 사람의 천연적 성질을 전제로 하지 않는 재산권·명예권·성명권·신용권 등은 법인도 가질 수 있다. 대법원은 "민법 제764조에서 말하는 명예란 사람의 품성, 덕행, 명성, 신용 등 세상으로부터 받는 객관적인 평가를 말하는 것이고 특히 법인의 경우 그 사회적 명성, 신용을 가리키는데 다름없는 것이며 명예를 훼손한다는 그 사회적 평가를 침해하는 것을 말하는 것이다."고 판시하여 법인이 명예권의 주체가 될 수 있음을 명확히 하였다.[6]

재산상속권은 성질상 사람의 천연적 성질을 전제로 하는 것은 아니므로 성질상 법인이 누릴 수 없는 것은 아니나, 우리 민법은 상속인을 사람에 한정하고 있으므로(§1000 내지 §1004) 법인에게는 상속권이 인정되지 않는다. 따라서 법인이 상속권을 가질 수 없는 것은 성질에 의한 제한이라기보다는 법률에 의한 제한으로 보는 것이 타당하다.[7] 한편 법인을 수증자로 하는 유증은 인정되므로 법인이 포괄유증을 받음으로써 상속과 동일한 효과를 얻을 수 있다.[8]

5) 박찬주, "법인의 능력", 저스 108, 한국법학원, 2008, 82.
6) 대판 88.6.14, 87다카1450.
7) 주석 총칙(1), 614(제4판/송호영).
8) 곽윤직·김재형, 181; 송덕수(주 1), 593; 김상용(주 1), 249.

## 2. 법률에 의한 제한

법인은 법률의 규정에 의하여 성립되는 권리주체이므로($\frac{\S}{31}$) 법인의 권리능력의 범위도 법률로 제한할 수 있다. 현행법 가운데 법인의 권리능력을 일반적으로 제한하는 법률은 없고 개별적인 제한규정이 있을 뿐이다.

법률이 법인의 권리능력을 제한한 대표적인 예로 상 §173를 들 수 있다. 상 §173는 '권리능력의 제한'이라는 제목으로 "회사는 다른 회사의 무한책임사원이 되지 못한다."고 규정하고 있다. 이러한 법률 규정에 따라 회사는 다른 회사의 무한책임사원으로서의 권리를 향유하거나 의무를 부담할 수 없다.

그밖에 대부분의 학설은 §81의 "해산한 법인은 청산의 목적범위내에서만 권리가 있고 의무를 부담한다."는 규정, 상 §245의 "회사는 해산된 후에도 청산의 목적범위내에서 존속하는 것으로 본다."는 규정, 도산 §328의 "해산한 법인은 파산의 목적의 범위 안에서는 아직 존속하는 것으로 본다."는 규정도 법률에 의한 법인의 권리능력 제한의 예로 들고 있다.[9] 이에 대하여 법률이 권리능력을 제한한다고 하더라도 그것은 구체적이고 특정한 권리나 의무에 한해서 이를 인정하지 않겠다는 것을 의미하는 것이지, "청산의 목적" 또는 "파산의 목적"과 같은 추상적이고 포괄적인 기준으로 법인의 권리능력을 일반적으로 제한하겠다는 것을 의미하는 것은 아니므로 이 조항들은 법인의 권리능력을 법률로 제한한 것을 보기 어렵다는 견해도 있다.[10]

법인의 권리능력은 법률에 의하여 제한할 수 있을 뿐이고 명령이나 규칙에 의하여는 제한할 수 없다.[11]

## 3. 목적에 의한 제한

### (1) '정관으로 정한 목적의 범위 내'의 의미

본조는 '정관으로 정한 목적의 범위 내에서 권리와 의무의 주체가 된다'고 규정하여 정관으로 정한 목적의 범위 내에서 법인의 권리능력을 인정한다. 여기에서 '정관으로 정한 목적의 범위 내'라는 것이 법인의 목적으로서 정관에 규정되어 있는 사항만을 의미하는 것은 아니라는 점에 학설상 다툼은 없지만, 목적의 범위 내를 어떻게 해석할 것인지에 관하여는 견해가 나뉜다. 즉 ⅰ) 목

---

9) 곽윤직·김재형, 181; 송덕수(주 1), 593; 김상용(주 1), 249.
10) 주석 총칙(1), 614(제4판/송호영).
11) 곽윤직·김재형, 181; 송덕수(주 1), 594.

적을 달성하는 데 필요한 범위 내라고 해석하는 견해, ⅱ) 목적에 위반하지 않
는 범위 내라고 해석하는 견해가 있다. 후자가 다수설이다.[12]

　본조는 법인제도를 목적 범위 이외로 남용하는 것을 방지하기 위한 규정
으로 이해하여야 한다. 이러한 본조의 취지를 고려할 때 법인에게 충분히 활동
의 기회를 주고 또한 거래의 안전을 꾀하기 위해서는 법인의 권리능력을 목적
을 달성한 데 필요한 범위 내라고 좁게 해석할 것이 아니라 목적에 위반하지
않는 범위 내라고 해석하는 다수설의 견해가 타당하다.[13]

　대법원은 "법인의 권리능력은 법인의 설립근거가 된 법률과 정관상의 목
적에 의하여 제한되나, 그 목적 범위 내의 행위라 함은 법률이나 정관에 명시
된 목적 자체에 국한되는 것이 아니라 그 목적을 수행하는 데 있어 직접, 간접
으로 필요한 행위는 모두 포함한다."고 판시하였다.[14] 이러한 대법원의 판시를
판례가 소수설인 ⅰ)설의 입장을 취한 것으로 이해하는 학설이 다수이다.[15] 그
러나 대법원은 법인의 권리능력의 범위를 목적을 달성하는 데 필요한 직접, 간
접의 모든 행위로 확대함으로써 ⅰ)설보다는 포섭범위를 넓힌 것으로 이해되
고 그 결과 실질적으로는 권리능력의 범위를 목적에 위반하지 않는 범위 내라
고 해석하는 다수설과 차이가 없어졌다.

　판례가 법인의 목적범위 내의 행위로 본 것으로는, ① 학교가 교육목적 달
성에 수반하는 채무를 변제하기 위해 학교건물을 대물변제하는 행위( 대판 57.11.28, 4290민상613 ) ② 벽지제조업·국내외 수출업 등과 이에 부대하는 사업을 목적으로 하
는 영리회사가 조합원으로 소속된 수출조합에 맡겨놓은 대금을 같은 조합의
다른 조합원회사 대표이사의 아들이 횡령함에 따라 조합이 변상책임을 부담하
게 되었으나 조합 자체로는 변제능력이 없게 되자 다른 조합원회사가 그 아들
이 지고 있는 손해배상채무를 인수하는 행위( 대판 68.5.21, 68다461 ), ③ 어업협동조합이
내빈 등의 접대를 위하여 한 채무부담행위( 대판 74.6.25, 74다7 ), ④ 건설공제조합이 정
리채권을 정리계획에 의해 출자전환받는 것( 대결 01.9.21, 2000그98 ), ⑤ 법인의 목적 수행
에 필요한 어음행위( 대판 81.3.13, 80다1049, 1050 ), 연대보증( 대판 99.10.8, 98다2488 ), ⑥ 영업상 중요한 토지
의 매도( 대판 09.12.10, 2009다63236 ) 등이 있다.

　판례가 법인의 목적범위에 속하지 아니한 것으로 본 것으로는, ① 건설공

---

12) 곽윤직·김재형, 182; 송덕수(주 1), 595; 김상용(주 1), 250.
13) 곽윤직·김재형, 182; 김상용(주 1), 250.
14) 대판 91.11.22, 91다8821; 대결 01.9.21, 2000그98; 대판 07.1.26, 2004도1632.
15) 곽윤직·김재형, 182; 송덕수(주 1), 595; 김상용(주 1), 250.

제조합이 조합원 아닌 자의 채무를 보증하는 행위(대판 72.7.11., 72다801), ② 토목회사가 타인의 극장경영에 따른 손해배상채무를 보증한 행위(대판 74.11.26., 74다310) 등이 있다.

### (2) 회사에의 적용 여부

상법에는 회사의 권리능력과 관련하여 본조와 같은 규정이 없다. 회사도 법인이므로 회사의 권리능력이 정관에서 정한 목적범위 내로 제한되는지가 문제된다.

통설은 회사의 권리능력이 정관상 목적에 의해서 제한되지 않는다는 견해이다.[16] 그 근거로는 ① §34를 명문으로 준용하는 규정이 없으며, ② 비교법적으로 보더라도 이러한 이론은 거의 사라졌고, ③ 회사의 목적이 정관에 기재되어 공시되기는 하지만 어떠한 거래가 그 목적범위 내인지를 제3자가 확인하는 것이 매우 어려운 일이며, ④ 출자자인 사원의 이익을 보호하는 것은 내부적으로 이사의 책임을 묻는 방식으로 이루어져야 하는 것이지, 회사의 행위의 효력을 부인함으로써 달성하는 것은 법적 안정성을 해친다는 것이다.[17]

정관에 기재된 목적에 의해 회사의 권리능력이 제한된다는 견해[18]는 그 근거로, ① §34는 법인 전체에 적용되는 규정이므로 회사에 한하여 그 적용을 배제하기 어렵고, ② 회사의 법인격은 설립목적을 달성하기 위해서 부여되는 것이므로 설립목적의 범위 내로 권리능력이 제한되는 것이 당연하며, ③ 회사의 설립목적은 정관과 상업등기부에 의하여 공시되므로 회사채권자의 보호에도 문제가 없으며, ④ 회사의 대표기관이 정관상 목적범위를 초과하여 행위를 하면 무효이고 거래의 안전은 이사의 제3자에 대한 손해배상책임(상 §401)으로 보완하면 된다고 한다.

대법원은 "회사의 권리능력은 회사의 설립근거가 된 법률과 회사의 정관상의 목적에 의하여 제한되나 그 목적범위 내의 행위라 함은 정관에 명시된 목적 자체에 국한되는 것이 아니라 그 목적을 수행하는 데 있어 직접, 간접으로 필요한 행위는 모두 포함되고 목적수행에 필요한지의 여부는 행위의 객관적 성질에 따라 판단할 것이고 행위자의 주관적, 구체적 의사에 따라 판단할 것은 아니다."라고 판시하였다(대판 09.12.10., 2009다63236). 이러한 판시내용을 판례가 제한긍정설을 취한 것으로 평가하기도 하나, 그 목적범위 내의 행위를 폭넓게 해석하

---

16) 이철송, 회사법강의, 2015, 78; 정동윤, 상법(상), 2015, 357; 정찬형, 상법강의(상), 2015, 468; 송옥렬, 상법강의, 2018, 731; 김홍기, 상법강의, 2018, 336.

17) 송옥렬(주 16), 731.

18) 최준선, 회사법, 2015, 101.

여 사실상 그 제한을 부정하고 있는 것과 마찬가지라는 점은 앞서 설명한 바
와 같다.

[호  제  훈]


**第 35 條**(法人의 不法行爲能力)

① 法人은 理事 其他 代表者가 그 職務에 關하여 他人에게
加한 損害를 賠償할 責任이 있다. 理事 其他 代表者는 이
로 因하여 自己의 損害賠償責任을 免하지 못한다.

② 法人의 目的範圍外의 行爲로 因하여 他人에게 損害를 加한
때에는 그 事項의 議決에 贊成하거나 그 議決을 執行한
社員, 理事 및 其他 代表者가 連帶하여 賠償하여야 한다.

# Ⅰ. 본조의 취지

## 1. 본조의 의의

본조는 법인의 불법행위능력에 관하여 규정하고 있다. § 35 Ⅰ 전단은 "법인

은 이사 기타 대표자가 그 직무에 관하여 타인에게 가한 손해를 배상할 책임
이 있다.″라고 규정하였다. 이러한 규정은 법인의 대표자가 그 직무에 관하여
타인에게 손해를 입힌 경우에 법인이 불법행위에 기한 손해배상책임을 진다는
의미이다. 본조는 법인의 불법행위능력이라는 제목을 가지고 있지만, 본조의
내용은 법인의 대표기관의 불법행위에 대하여 법인의 불법행위책임을 인정하
는 것이다. 즉 법인의 불법행위능력은 법인의 불법행위책임을 인정하는 것이
된다.[1]

## 2. 본조의 법적 성격

본조가 법인 자신의 불법행위책임을 인정하는 근거에 대하여는 학설상 견
해가 나뉜다. 법인의 본질을 어떻게 보느냐에 따라 설명을 달리 한다.

법인의 행위능력을 부정하는 법인의제설은 법인의 불법행위능력도 인정하
지 않는다. 따라서 본조는 법인의 불법행위능력에 관한 규정이 아니라, 법인과
밀접한 관계가 있는 대표기관의 행위에 의하여 제3자가 손해를 입은 경우에
행위자 개인만이 아니라 법인도 책임을 지게 하는 것이 사회적으로 타당하다
는 데 기초한 정책적 고려 또는 보상책임의 원리에 기초한 규정으로 이해한다.

법인실재설에 의하면, 법인은 그 실체가 사회적 활동을 할 수 있는 일정
한 목적을 향한 조직체로서 법인격을 가지며 행위능력이 있다. 대표기관의 행
위가 곧 법인 자신의 행위이고, 대표기관의 행위로 타인에게 손해를 가한 경우
에 법인은 자신의 불법행위로서 손해배상책임을 지게 된다. 즉 법인은 불법행
위능력이 있으며 §35 I 전문의 규정은 법인이 가지는 불법행위능력에 관한 당
연한 규정이라고 보게 된다. 다만 §35 I 후문에서 대표기관 개인에게도 불법
행위책임을 인정한 것은 피해자를 보다 두텁게 보호하기 위한 정책적 고려 및
대표기관으로 하여금 불법행위를 하지 않도록 방지하는 예방적 목적에 기한
규정으로 이해한다.[2]

---

1) 곽윤직·김재형, 187.
2) 김상용, 민법총칙, 제3판, 2014, 252.

## II. 법인의 불법행위책임의 요건

### 1. 대표기관의 행위일 것

법인의 행위는 법인의 대표기관의 행위를 통하여 이루어지고 대표기관의 행위에 한하여 법인으로 행위로서 인정된다. § 35 I 전문에는 '이사 기타 대표자'라고 규정되어 있으나 법인의 대표기관을 의미한다. 이사 외의 대표기관으로는 임시이사($\binom{\S}{63}$), 특별대리인($\binom{\S}{64}$), 직무대행자($\binom{\S\S\ 52\text{-}2,}{60\text{-}2}$), 청산인($\binom{\S\S\ 82,}{83}$)이 있다.

이사는 특정의 법률행위를 대리할 수 있는 대리인을 선임할 수 있다($\binom{\S}{62}$). 이들 이사에 의하여 선임되어 대리권이 주어지는 대리인($\binom{\text{지배인}\cdot\text{개개의 행위}}{\text{에 대한 임의대리인}}$)이 한 행위에 대해서도 법인에게 본조의 불법행위책임이 성립하는지가 문제된다. 통설은 이들은 법인의 대표기관이 아니므로 이들의 행위에 대해서는 법인의 불법행위가 성립하지 않고, 법인은 사용자로서 사용자책임($\binom{\S}{756}$)을 질 뿐이라고 한다.[3] 이에 반해 대표권한이 있는 이사가 적법하게 선임한 대리인에게도 대외적으로는 법인을 대표($\binom{\text{또는}}{\text{대리}}$)할 수 있는 권한이 있으므로 이들이 그러한 대리권한을 행사함에 있어서 발생한 불법행위에 대해서는 본조가 적용될 수 있고, 그러한 경우 사용자책임에 의하게 되면 사용인인 법인의 면책가능성이 있지만 ($\binom{\S\ 756}{\text{I 단서}}$), 본조에는 법인에게 면책가능성이 인정되지 않아 피해자보호에 보다 충실하게 된다는 견해가 있다.[4]

대법원은 "민법 제35조에서 말하는 '이사 기타 대표자'는 법인의 대표기관을 의미하는 것이고 대표권이 없는 이사는 법인의 기관이기는 하지만 대표기관은 아니기 때문에 그들의 행위로 인하여 법인의 불법행위가 성립하지 않는다."고 판시하여 본조의 '이사 기타 대표자'에 대표권 없는 이사는 포함되지 않는다고 해석하였다($\binom{\text{대판 } 05.12.23,}{2003\text{다}30159}$). 이에 대하여 이사가 비록 대외적인 대표권은 없고 대내적인 업무집행권한밖에 없다고 하더라도 이사의 불법행위가 외형상 법인을 대표하는 행위로써 표출되었다면, 본조가 적용될 수 있다는 견해가 있다.[5]

대법원은 「민법 제35조 제1항은 "법인은 이사 기타 대표자가 그 직무에 관하여 타인에게 가한 손해를 배상할 책임이 있다"라고 정한다. 여기서의 '법

---

3) 곽윤직·김재형, 187; 김상용(주 2), 253; 양창수·김형석, 39.
4) 주석 총칙(1), 636(제4판/송호영).
5) 주석 총칙(1), 636(제4판/송호영).

인의 대표자'에는 그 명칭이나 직위 여하, 또는 대표자로 등기되었는지 여부를 불문하고 당해 법인을 실질적으로 운영하면서 법인을 사실상 대표하여 법인의 사무를 집행하는 사람을 포함한다고 해석함이 상당하다. 구체적인 사안에서 이러한 사람에 해당하는지는 법인과의 관계에서 그 지위와 역할, 법인의 사무 집행 절차와 방법, 대내적·대외적 명칭을 비롯하여 법인 내부자와 거래 상대방에게 법인의 대표 행위로 인식되는지 여부, 공부상 대표자와의 관계 및 공부상 대표자가 법인의 사무를 집행하는지 여부 등 제반 사정을 종합적으로 고려하여 판단하여야 한다」고 판시하였다($\binom{\text{대판 11.4.28,}}{\text{2008다15438}}$). 이로써 대법원은 법인을 사실상 대표하여 법인의 사무를 집행하는 사람을 본조에서 정한 대표자에 포함된다는 견해를 취하였다.

　　통설은 사원총회나 감사도 법인의 기관이지만 이들은 외부에 대하여 법인을 대표하는 대표기관이 아니므로 이들의 행위로 법인의 불법행위가 성립하지 않는다고 한다.[6] 이에 대하여 본조는 법인의 기관이 한 행위로부터 손해를 입은 자가 법인에게 손해를 청구할 수 있도록 함으로써 피해자를 보호하려는 취지에서 둔 규정이므로, 본조의 책임성립을 반드시 대표기관의 행위로 국한할 필요는 없고, 이를 테면 사원총회의 결의의 형식으로 특정인의 명예를 훼손하는 성명을 외부에 공표하였거나, 감사의 부적법한 감독권의 행사로 이사의 권리가 침해된 경우에는 피해자는 법인에게 본조의 책임을 물을 수 있다는 견해가 있다.[7]

## 2. 직무에 관한 행위일 것

### (1) 직무관련성

　　㈎ 대표기관은 그가 담당하는 직무행위 범위 내에서만 법인을 대표한다. 대표기관이 한 불법행위 역시 직무와 관련하여 한 것에 한해서 법인의 불법행위가 성립될 수 있다. 대표기관의 행위라 하더라도 직무행위의 범위를 벗어나면 대표기관 개인의 불법행위일 뿐이고 법인의 불법행위로 되지 않는다.

　　㈏ 통설은 본조의 '직무에 관하여'를 행위의 외형상 대표기관의 직무수행행위라고 볼 수 있는 행위뿐만 아니라 행위 그 자체로는 본래의 직무행위에 속하지 않으나 직무행위와 사회관념상 견련성을 가지는 행위도 포함되는 의미

---

6) 곽윤직·김재형, 187; 김상용(주 2), 253; 양창수·김형석, 39.
7) 주석 총칙(1), 636(제4판/송호영).

로 새긴다.[8)]

(대) 대법원은 토지구획정리조합의 대표자가 구획정리사업 시공회사의 원활한 자금 운용 등을 위하여 시공회사의 채무를 연대보증하였으나 조합원총회 등의 결의를 거치지 아니함으로써 연대보증행위가 무효로 된 경우, §35 I 에 의하여 조합의 불법행위책임을 인정하면서 "법인이 그 대표자의 불법행위로 인하여 손해배상의무를 지는 것은 그 대표자의 직무에 관한 행위로 인하여 손해가 발생한 것임을 요한다 할 것이나, 그 직무에 관한 것이라는 의미는 행위의 외형상 법인의 대표자의 직무행위라고 인정할 수 있는 것이라면 설사 그것이 대표자 개인의 사리를 도모하기 위한 것이었거나 혹은 법령의 규정에 위배된 것이었다 하더라도 위의 직무에 관한 행위에 해당한다고 보아야 한다."고 판시하였다($\frac{\text{대판 04.2.27,}}{\text{2003다15280}}$).

(라) 통설과 판례의 견해를 종합하여 '직무에 관하여'의 의미를 정리하면 다음과 같다.

(a) 직무행위 그 자체, 즉 행위의 외형상 직무행위라고 인정되는 것은 비록 그것이 부당하게 행해진 경우에도 직무행위에 해당한다. 예를 들어 회사의 대표이사가 회사소유의 자동차에 대한 집행관의 강제집행을 방해하여 압류를 할 수 없게 함으로써 채권자에게 손해를 입힌 경우, 그 대표이사의 행위는 회사의 재산관리라는 직무행위에 해당하는 것이고 회사는 그 손해배상책임이 있다($\frac{\text{대판 59.8.27,}}{\text{4291민상395}}$).

(b) 직무행위와 적당한 견련관계에 있고 외형상 법인이 담당하는 사회적 작용을 실현하기 위하여 행하는 행위라고 인정되는 행위도 '직무에 관하여'에 포함된다. 예를 들어 법인의 채권을 실행하기 위하여 소송을 제기한 대표이사가 채무자의 반증을 뒤집기 위하여 실제 채무자는 위증을 하지 않았는데도 위증을 하였다고 고소를 한 때에는 그 채무자에 대한 법인의 불법행위책임이 인정된다.[9)]

(c) 피해자가 대표기관의 행위가 직무에 관한 행위가 아니라는 것을 알았거나 이를 알지 못한 데 중대한 과실이 있으면 법인은 불법행위책임을 지지 않는다. 대표기관의 한 행위가 직무와 관련한 것인지를 외형적으로 판단하는

---

8) 곽윤직·김재형, 188; 김상용(주 2), 253; 송덕수, 민법총칙, 제4판, 2018, 599; 주석 총칙(1), 657(제4판/송호형).

9) 곽윤직·김재형, 188.

이유는 법인의 사정을 잘 알지 못하는 피해자를 보호하기 위한 것인데 피해자
가 대표기관이 한 행위가 직무에 관한 행위가 아니라는 것을 이미 알고 있다
면 그러한 피해자에 대해서까지 배상을 인정할 필요는 없을 것이다.[10]

　　대법원은 "법인의 대표자의 행위가 직무에 관한 행위에 해당하지 아니함
을 피해자 자신이 알았거나 또는 중대한 과실로 인하여 알지 못한 경우에는
법인에게 손해배상책임을 물을 수 없다고 할 것이고, 여기서 중대한 과실이라
함은 거래의 상대방이 조금만 주의를 기울였더라면 대표자의 행위가 그 직무
권한 내에서 적법하게 행하여진 것이 아니라는 사정을 알 수 있었음에도 만연
히 이를 직무권한 내의 행위라고 믿음으로써 일반인에게 요구되는 주의의무에
현저히 위반하는 것으로 거의 고의에 가까운 정도의 주의를 결여하고, 공평의
관점에서 상대방을 구태여 보호할 필요가 없다고 봄이 상당하다고 인정되는
상태를 말한다."고 판시하였다(대판 04.3.26, 2003다34045). 대법원은 비법인사단의 대표자가
직무에 관하여 타인에게 손해를 가한 경우에 본조를 유추적용하여 비법인사단
의 손해배상책임을 인정할 수 있는지 여부가 문제된 사안에서도 위 판결과 같
은 취지로 판시하였다(대판 08.1.18, 2005다34711).

## (2) 대표권을 남용한 경우

　　법인의 대표기관이 외형적·형식적으로는 '대표권의 범위 내'에서 한 행위
이지만 오로지 자신의 개인적 또는 제3자의 이익을 꾀할 목적으로 권한을 남
용하여 부정한 대표행위를 한 경우이다. 이러한 대표권의 남용은 외관상으로는
완전한 대표행위로 보이지만, 실질은 법인을 위한 의사가 없이 대표자 자신 또
는 제3자의 이익을 위하여 하는 행위이다.

　　이러한 대표권 남용의 효력에 관하여 학설은 대표권이 남용된 경우에도
원칙적으로 법인에게 법률효과의 귀속을 모두 인정하면서도, 예외적으로 그
효과를 부정해야 하는 경우의 근거에 대해서는 견해가 나뉜다. ① 대표권의 남
용행위에 대하여 원칙적으로 유효한 법인의 행위이지만 상대방이 악의 또는
중과실이 있는 경우에는 법인의 행위로서 효력이 없다는 견해,[11] ② 악의의 상
대방이 법인에게 대표권 남용행위의 효과를 주장하는 것은 신의칙에 반하거나
권리남용에 해당하여 허용될 수 없다는 견해,[12] ③ 대표권 남용행위를 대표권

---

10) 주석 총칙(1), 639(제4판/송호형).

11) 곽윤직·김재형, 195.

12) 송덕수(주 8), 601.

의 내부적 제한 위반의 경우와 동일하게 파악하여 그 대표권 남용행위도 법인의 행위이지만 상대방이 악의인 경우에는 그 남용행위는 효력이 없다는 견해, ④ §129의 표현대리책임을 적용하여 상대방은 법인을 상대로 채무의 이행을 청구하거나, 이행청구에 갈음하여 대표자의 기망행위(대표권남용으로 인하여 소멸된 대표권의 행사)에 터잡아 그러한 불법행위로 인해 발생한 손해에 대해서 본조의 규정에 따라 법인에게 손해배상을 청구할 수 있다는 견해[13] 등이 있다.

판례는 ① 앞에서 보았듯이 상대방이 대표기관의 진의를 알았거나 알 수 있었을 때에는 대표기관의 행위는 무효라고 하여 법인의 책임을 부인한 취지의 다수의 판결(대판 04.3.26, 2003다34045; 대판 05.7.28, 2005다3649; 대판 08.5.15, 2007다23807 등)과 ② "주식회사의 대표이사가 그 대표권의 범위내에서 한 행위는 설사 대표이사가 회사의 영리목적과 관계없이 자기 또는 제3자의 이익을 도모할 목적으로 그 권한을 남용한 것이라 할지라도 일응 회사의 행위로서 유효하고, 다만 그 행위의 상대방이 그와 같은 정을 알았던 경우에는 그로 인하여 취득한 권리를 회사에 대하여 주장하는 것이 신의칙에 반하므로 회사는 상대방의 악의를 입증하여 그 행위의 효과를 부인할 수 있을 뿐이라고 함이 상당하다."고 판시한 판결(대판 87.10.13, 86다카1522)이 있다.

### (3) 대표권의 범위를 넘어서서 행위를 한 경우

법인의 대표자가 법인의 목적범위 내이기는 하나 자신에게 부여된 대표권의 범위를 넘어서서 대표행위를 한 경우이다. 예를 들면 법령, 정관, 사원총회의 결의 등에 의하여 대표권이 제한되는 행위에 관하여 대표행위를 한 경우이다. 앞에서 본 대표권의 남용은 대표기관이 자신에게 부여된 대표권한의 범위내의 행위지만 법인을 위해서가 아니라 자신 또는 제3자의 이익을 위해서 행위한 경우이고, 이 경우는 대표기관이 자신에게 부여된 대표권한을 초과하여 행위를 한 경우이다.

이처럼 대표권의 범위를 넘어서서 행위를 함으로써 상대방이 피해를 입은 경우에 법인에게 어떤 책임이 인정되는지에 관하여, 학설은 ① 본조를 적용하여 법인의 불법행위책임을 인정하는 견해,[14] ② 무권대리로서 §126의 표현대리의 규정을 적용하는 견해,[15] ③ 본조의 불법행위책임과 §126 표현대리의 규정을 당사자가 선택해서 적용할 수 있다는 견해[16]가 있다.

---

13) 주석 총칙(1), 640(제4판/송호영).
14) 김상용(주 2), 255.
15) 송덕수(주 8), 601; 고상룡, 215.
16) 주석 총칙(1), 640(제4판/송호영).

판례는 법인의 대표기관이 대표권한의 범위를 벗어나서 한 행위이더라도 그것이 회사의 권리능력 범위 내에 속한 행위이면 본조를 적용하여 법인의 불법행위책임을 인정하는 입장으로 보인다. 대법원은 '학교법인의 대표자가 교육시설의 확장 등 학교의 정상적인 유지 운영을 위하여 금원을 차용하고 수표를 발행하는 행위는 법인대표자의 직무행위이고 또 이는 법인의 사무집행에 관한 행위로서의 객관적인 외형을 갖추었으므로, 법인은 위 대표자가 타인으로부터 금원을 차용하고 수표를 발행함에 있어 사학 §16 및 §28가 정하는 이사회의 결의를 거치지 아니하고 감독관청의 허가를 받지 않은 잘못으로 인하여 타인이 입은 손해를 불법행위자로서 배상할 의무가 있다'는 취지로 판시하였다 ($ \frac{\text{대판 75.8.19.}}{75\text{다}666} $).

비록 대표기관이 대표권한의 범위를 벗어나서 한 행위이더라도 법인의 목적범위 내에 해당할 경우에는 본조의 직무관련성을 외형적으로 판단하기 때문에 본조의 불법행위책임이 성립될 수 있다. 한편 이러한 경우에 법인의 대표에 관하여는 대리에 관한 규정이 준용되므로($ \frac{§59}{Ⅱ} $), 대표기관이 대표권의 범위를 넘어서서 행위를 한 경우에는 §126의 권한을 넘은 표현대리의 규정이 준용될 수 있다. 따라서 상대방으로서는 법인을 상대로 §126의 표현대리에 따른 책임과 본조의 불법행위책임을 선택적으로 주장할 수 있다.[17]

### 3. 불법행위에 관한 일반적 요건을 갖출 것

§35 Ⅰ은 일반불법행위에 관한 §750의 특별규정이므로 §750가 요구하는 일반불법행위의 요건이 갖추어져야 한다. 즉, ① 대표기관이 책임능력을 가지고 있을 것, ② 고의 또는 과실이 있을 것, ③ 가해행위가 위법한 것일 것, ④ 가해행위로 인하여 피해자가 손해를 입었을 것 등의 요건을 모두 갖추고 있어야 한다.

불법행위의 일반적 요건 중 대표기관이 책임능력을 가지고 있어야 하는지에 대하여는 학설이 나뉜다. 통설은 책임능력을 가지고 있어야 한다는 입장이다.[18] 반대하는 견해는 법인이 불법행위책임을 면하기 위하여 책임무능력자를 대표기관에 임명하는 경우에는 속수무책으로 될 것임을 이유로 대표기관의 책임능력은 요건이 아니라는 점, 본조는 대표기관의 행위를 법인에게 귀속시킴

---

17) 곽윤직·김재형, 189; 주석 총칙(1), 642(제4판/송호형).
18) 곽윤직·김재형, 189; 김상용(주 2), 256; 송덕수(주 8), 602.

으로써, 법인에게도 자연인과 마찬가지의 불법행위능력을 인정하여 법인의 상
대방을 보호하려는 규정임을 고려하면, 비록 책임무능력상태에서 행하여진 대
표기관의 불법행위에 대해서도 §35 I 전단에 따라 법인에게 책임이 귀속되어
야 한다는 점을 논거로 제시한다.[19]

## III. 본조의 효과

### 1. 법인의 불법행위가 성립하는 경우(§35 I)

앞에서 본 성립요건이 모두 갖추어져 법인의 불법행위가 성립하는 경우
법인은 피해자에게 손해를 배상하여야 한다.

법인의 불법행위책임이 발생하는 경우에 §35 I 후문은 가해행위를 한 대
표기관 개인도 법인과 함께 배상책임을 지도록 규정하고 있다. 이러한 규정
의 법적 성격에 대하여, 기관 법인의 불법행위능력을 부인하는 법인의제설에
의한다면 비록 정책적인 특별규정인 §35 I 전문에 의하여 법인이 책임을 지
게 되더라도 대표기관의 행위는 어디까지나 그 기관 자신의 행위이므로 기관
은 불법행위책임을 벗어나지 못한다고 설명할 수 있다. 이에 반하여 법인실재
설에 의하면 기관의 행위는 법인의 행위가 되므로 기관 개인의 책임이란 있을
수 없다는 결론이 이르게 된다. 그러나 법인실재설을 따르는 학설도 기관 개인
의 책임을 인정한다. 즉 ① 기관 개인의 행위는 법인의 행위이지만 여전히 기
관 개인의 행위로서의 성질을 잃지 않으므로 법인의 책임도 발생하고 기관 개
인의 책임도 발생한다는 견해,[20] ② 법인본질론과 무관하게 피해자를 두텁게
보호하려는 정책적인 고려에 의한 규정이라는 견해[21] 등이 있다.

대표기관이 직무와 관련하여 행한 불법행위로 피해를 입은 피해자는 손해
의 충분한 배상을 받을 때까지 법인이나 대표기관 어느 쪽에 대해서도 손해배
상을 청구할 수 있다. 이 경우 법인과 대표기관 양자의 손해배상책임은 부진정
연대채무관계에 있다.

이처럼 법인과 대표기관 개인이 경합하여 피해자에게 손해배상책임을 부

---

19) 이은영, 289; 이영준, 951; 주석 총칙(1), 640(제4판/송호형).

20) 곽윤직 · 김재형, 190.

21) 송덕수(주 8), 603; 백태승, 237; 주석 총칙(1), 644(제4판/송호형).

담하는데, 만일 법인이 피해자에게 손해배상책임을 이행하였다면 법인은 대표기관 개인에 대하여 구상권을 행사할 수 있는지가 문제된다. 다음에서 설명하듯이 법인과 기관의 내부관계에서 기관은 선량한 관리자의 주의로 그 직무를 수행할 의무가 있다($\S\frac{61}{5}$). 만약 대표기관이 그의 직무에 관하여 타인에게 손해를 입혀 법인으로 하여금 배상책임을 지게 하였다면 그 대표기관은 선량한 관리자의 주의의무를 위반한 것이라고 볼 수 있다. 즉 임무를 게을리한 것이 되므로 법인은 기관 개인에 대하여 구상권을 행사할 수 있다($\S\frac{\S}{65}$).[22]

한편 대표기관이 직무에 관하여 타인에게 손해를 입혀 법인의 불법행위가 성립하고 그 대표기관도 §35 Ⅰ 후문에 의하여 손해배상책임을 지는 경우에 대표기관 이외에 법인 내부의 사원총회 등에서 의결에 참여한 사원 등이 불법행위책임을 부담하는지 여부를 판단하는 기준에 관하여 대법원은 다음과 같이 판시하였다.

① "법인의 대표자가 그 직무에 관하여 타인에게 손해를 가함으로써 법인에 손해배상책임이 인정되는 경우에, 대표자의 행위가 제3자에 대한 불법행위를 구성한다면 그 대표자도 제3자에 대하여 손해배상책임을 면하지 못하며 ($\S\frac{35}{1}$), 또한 사원도 위 대표자와 공동으로 불법행위를 저질렀거나 이에 가담하였다고 볼 만한 사정이 있으면 제3자에 대하여 위 대표자와 연대하여 손해배상책임을 진다. 그러나 사원총회, 대의원 총회, 이사회의 의결은 원칙적으로 법인의 내부행위에 불과하므로 특별한 사정이 없는 한 그 사항의 의결에 찬성하였다는 이유만으로 제3자의 채권을 침해한다거나 대표자의 행위에 가공 또는 방조한 자로서 제3자에 대하여 불법행위책임을 부담한다고 할 수는 없다. 이 때 의결에 참여한 사원 등이 대표자와 공동으로 불법행위를 저질렀거나 이에 가담하였다고 볼 수 있는지 여부는, 그 의결에 참여한 법인의 기관이 당해 사항에 관하여 의사결정권한이 있는지 여부 및 대표자의 집행을 견제할 위치에 있는지 여부, 그 사원이 의결과정에서 대표자의 불법적인 집행행위를 적극적으로 요구하거나 유도하였는지 여부 및 그 의결이 대표자의 업무 집행에 구체적으로 미친 영향력의 정도, 침해되는 권리의 내용, 의결 내용, 의결행위의 태양을 비롯한 위법성의 정도를 종합적으로 평가하여 법인 내부행위를 벗어나 제3자에 대한 관계에서 사회상규에 반하는 위법한 행위라고 인정될 수 있는 정도에 이르러야 한다."($\frac{대판\ 09.1.30,}{2006다37465}$)

---

22) 곽윤직·김재형, 190; 김상용(주 2), 257; 송덕수(주 8), 603; 백태승, 237.

② "법인의 대표기관이 법인과 사이에 계약을 체결한 거래상대방인 제3자에 대하여 자연인으로서 민법 제750조에 기한 불법행위책임을 진다고 보기 위해서는, 그 대표기관의 행위로 인해 법인에 귀속되는 효과가 대외적으로 제3자에 대한 채무불이행의 결과를 야기한다는 점만으로는 부족하고, 법인의 내부행위를 벗어나 제3자에 대한 관계에서 사회상규에 반하는 위법한 행위라고 인정될 수 있는 정도에 이르러야 한다. 그와 같은 행위에 해당하는지 여부는 대표기관이 의사결정 및 그에 따른 행위에 이르게 된 경위, 의사결정의 내용과 그 절차과정, 침해되는 권리의 내용, 침해행위의 태양, 대표기관의 고의 내지 해의의 유무 등을 종합적으로 평가하여 개별적·구체적으로 판단하여야 한다."($\binom{\text{대판 19.5.30.}}{\text{2017다53265}}$)

## 2. 법인의 불법행위가 성립하지 않는 경우(§35 Ⅱ)

대표기관의 행위가 법인의 목적의 범위를 벗어난 것이어서 법인의 불법행위로 인정되지 않는 경우에는 법인은 그러한 행위에 대해서 책임을 지지 않음은 물론이다. 이 경우에는 그러한 행위를 하여 타인에게 손해를 끼친 대표기관 개인이 불법행위의 일반원칙에 따라 책임을 진다.

법인의 조직이나 신용을 직접 또는 간접으로 이용한 불법행위는 타인에게 예상치 못한 큰 손해를 끼치는 경우도 적지 않으므로, 민법은 피해자 보호를 위해서 법인의 목적범위를 벗어나 행위로 타인에게 손해를 입힌 경우에 그 사항의 의결에 찬성하거나 그 의결을 집행한 사원, 이사 및 기타 대표자가 연대하여 배상책임을 지도록 규정하였다($\binom{\S 35}{Ⅱ}$). 여기에서 '목적범위 외의 행위'라고 하는 것은 §35 Ⅰ의 대표기관이 '직무와 관하여' 한 것이라고 인정될 수 없는 행위를 말한다. 즉 외형이론에 따르더라도 대표기관의 직무라고 볼 수 없을 정도로 직무관련성이 인정되지 않는 경우를 말한다. 그리고 '연대하여' 배상책임을 진다는 것은 비록 이들 사이의 행위가 공동불법행위($\frac{\S}{760}$)의 요건에 미비하더라도 본조는 관련자들의 연대책임을 인정함으로써 피해자를 두텁게 보호하겠다는 것을 의미한다.[23]

§35 Ⅱ의 "목적범위외의 행위"라고 하는 것은 §35 Ⅰ의 대표기관이 "직무에 관하여" 한 것이라고 인정될 수 없는 행위를 말한다. 즉 외형이론에 따르더라도 대표기관의 직무라고 볼 수 없을 정도로 직무관련성을 초월한 경우에

---

23) 백태승, 230; 주석 총칙(1), 631(제4판/송호형).

는 법인의 불법행위로 귀속시킬 수 없게 된다. 이 경우에는 그러한 행위를 하여 타인에게 손해를 끼친 대표기관 개인이 불법행위의 일반원칙에 따라 책임을 져야 할 것이다.

## Ⅳ. 본조의 적용범위

### 1. 다른 단체에의 적용

법인의 불법행위능력에 관한 본조는 별도의 특별규정이 없는 한 모든 법인에게 적용된다. 따라서 민법상 법인을 포함한 사법상 법인은 물론 공법상 법인($\substack{\text{사단, 재} \\ \text{단, 영조물}}$)과 특별법상 법인에 대해서도 본조가 적용될 수 있다.[24] 다만 상법은 § 210에서 합명회사에 대하여 본조와 유사한 특별규정을 두고 이를 다른 회사에도 준용하고 있으므로($\substack{\text{상 }§§ 269, \\ 389 \text{ Ⅲ, } 567}$) 상법상 회사에 대해서는 본조가 직접 적용될 여지는 없다.

법인 아닌 단체에 대해서도 본조가 유추적용된다는 것이 통설이다. 판례도 비법인사단인 종중($\substack{\text{대판 } 94.4.12, \\ 92 \text{다} 49300}$), 노동조합($\substack{\text{대판 } 94.3.25, 93 \text{다} 32828, 32835 \text{에서 "노동조합의 간부} \\ \text{들이 불법쟁의행위를 기획, 지시, 지도하는 등으로 주도}}$ 한 경우에 이와 같은 간부들의 행위는 조합의 집행기관으로서의 행위라 할 것이므로 이러한 경우 § 35 Ⅰ 의 유추적용에 의하여 노동조합은 그 불법쟁의행위로 인하여 사용자가 입은 손해를 배상할 책임이 있다"고 판시), 주택조합($\substack{\text{대판 } 03.7.25, 2002 \text{다} 27088 \text{에서 "피고 조합과 같은 비법인사단의 대표자가 직무에 관하여 타인에} \\ \text{게 손해를 가한 경우 그 사단은 § 35 Ⅰ 의 유추적용에 의하여 그 손해를 배상할 책임이 있다"고 판시}}$), 설립중인 회사($\substack{\text{대판 } 00.1.28, \\ 99 \text{다} 35737}$) 등에 본조를 유추적용하고 있다.

### 2. 대표기관의 채무불이행에도 적용되는지 여부

본조의 조문명이 '법인의 불법행위능력'이라고 되어 있지만, 그 내용은 법인의 대표기관이 타인에게 가한 손해에 대한 법인의 배상책임에 관한 것이다. 여기에서 대표기관의 불법행위에 한하여 본조가 적용되는 것인지, 나아가 대표기관의 채무불이행에 대하여도 본조가 적용되는 것인지 견해가 나뉜다.

통설은 본조는 대표기관의 불법행위에 한하여 적용된다는 입장이다. 이에 반하여 대표기관의 불법행위는 물론 채무불이행에 기한 손해배상의 경우에도 § 35 Ⅰ 이 적용된다는 견해가 있다. 그 논거로 ① § 35 Ⅰ 은 "법인은 이사 기타 대표자가 그 직무에 관하여 타인에게 가한 손해를 배상할 책임이 있다."고 규정하여 대표기관의 불법행위로 제한하지 않고 있는 점, ② § 35 Ⅰ 은 법인의

---

24) 주석 총칙(1), 631(제4판/송호영).

대표기관의 행위로 제3자에게 손해를 끼쳤을 때 상대방 보호 내지 거래안전
차원에서 법률정책적으로 둔 규정이라는 점 등을 들고 있다.[25]

　법인이 대표기관을 통하여 법률행위를 할 때에는 대리에 관한 규정이 준
용되므로($\S{59 \atop II}$) 그 법률효과는 법인에게 귀속된다. 따라서 법인의 대표기관이
법률행위에 관한 의무를 위반하여 상대방에게 손해가 발생한 경우에도 그 법
률효과는 법인에게 귀속되어 법인이 손해배상책임의 주체가 된다. 즉 대표기
관의 채무불이행에는 민법상 대리의 관한 규정과 채무불이행에 관한 규정을
적용하여 손해배상책임을 인정하면 되므로 법인의 불법행위책임에 관한 본조
를 적용할 필요가 없다. 본조를 채무불이행에도 적용할 경우 §35 II에 따라
채무불이행책임의 귀속주체가 아닌 대표기관도 법인과 함께 책임을 부담하여
야 하는 문제가 생긴다. 따라서 본조는 대표기관의 불법행위에 한하여 적용된
다는 통설의 견해가 타당하다.

　대법원은 "법인이 대표기관을 통하여 법률행위를 한 때에는 대리에 관한
규정이 준용된다($민법 \atop 조 제2항$ 제59). 따라서 적법한 대표권을 가진 자와 맺은 법률행위의
효과는 대표자 개인이 아니라 본인인 법인에게 귀속하고, 마찬가지로 그러한
법률행위상의 의무를 위반하여 발생한 채무불이행으로 인한 손해배상책임도
대표기관 개인이 아닌 법인만이 책임의 귀속주체가 되는 것이 원칙이다."라고
판시하였다($대판 19.5.30. \atop 2017다53265$). 이 쟁점에 관한 직접적인 판시는 아니지만 대법원도
대표기관의 채무불이행으로 인한 손해배상책임에 대하여는 §59 II와 채무불
이행책임에 관한 규정이 적용됨을 전제로 판단한 것으로 이해된다.

　대표기관이 실제로는 자신이 부담하여야 하는 채무임에도 불구하고 책임
을 회피하려는 수단으로 법인의 법인격을 내세워 행위하는 경우에는 법인격
부인의 법리에 의하여 대표기관에게 책임을 물을 수 있으므로 거래 상대방을
보호하기 위하여 채무불이행의 경우에도 본조를 적용할 필요성은 적어진다.
대법원은 이러한 법인격 부인의 법리에 관하여 "회사가 외형상으로는 법인의
형식을 갖추고 있으나 법인의 형태를 빌리고 있는 것에 지나지 아니하고 실질
적으로는 완전히 그 법인격의 배후에 있는 타인의 개인기업에 불과하거나, 그
것이 배후자에 대한 법률적용을 회피하기 위한 수단으로 함부로 이용되는 경
우에는, 비록 외견상으로는 회사의 행위라 할지라도 회사와 그 배후자가 별개
의 인격체임을 내세워 회사에게만 그로 인한 법적 효과가 귀속됨을 주장하면

---

25) 백태승, 232.

서 배후자의 책임을 부정하는 것은 신의성실의 원칙에 위반되는 법인격의 남용으로서 심히 정의와 형평에 반하여 허용될 수 없고, 따라서 회사는 물론 그 배후자인 타인에 대하여도 회사의 행위에 관한 책임을 물을 수 있다고 보아야 한다."고 판시하였다(대판 01.1.19, 97다21604; 대판 08.9.11, 2007다90982).

### 3. § 756와의 관계

§ 35 I 은 "법인은 이사 기타 대표자가 그 직무에 관하여 개인에게 가한 손해를 배상할 책임이 있다"고 규정하고 있고, § 756 I 은 "타인을 사용하여 어느 사무에 종사하게 한 자는 피용자가 그 사무집행에 관하여 제3자에게 가한 손해를 배상할 책임이 있다"고 규정하고 있다. 법인의 대표기관이 아닌 피용자가 불법행위를 한 경우에는 본조가 적용되지 않고 § 756 I 이 적용된다. 즉 법인은 피용자의 위법행위에 대하여는 본조의 책임이 아니라 § 756의 사용자책임을 진다. 대법원은 "법인에 있어서 그 대표자가 직무에 관하여 불법행위를 한 경우에는 민법 제35조 제1항에 의하여, 법인의 피용자가 사무집행에 관하여 불법행위를 한 경우에는 민법 제756조 제1항에 의하여 각기 손해배상책임을 부담한다."고 판시하여 같은 견해를 취하고 있다(대판 09.11.26, 2009다57033).

본조의 책임과 사용자책임은 타인의 불법행위를 전제로 하고 그 불법행위의 효과가 본인(즉, 법인·사용자)에게 귀속한다는 점에서는 기본적으로 같은 구조를 가지고 있다. 그러나 본조의 책임은 법인의 대표기관이 하는 불법행위이고, 사용자책임은 대표기관 이외의 피용자가 하는 불법행위에 대한 책임이라는 점에서 차이가 있다.[26] 본조의 책임은 법인 자신의 책임으로서 면책이 인정되지 않으나, § 756의 사용자책임에 의하여 법인이 지는 책임은 법인 자신의 책임이 아니라 사용자로서 지는 것으로 일정한 요건이 갖추어지면 면책이 인정된다(§ 756 I 단서).[27]

[호 제 훈]

---

26) 주석 총칙(1), 634(제4판/송호형).
27) 송덕수(주 8), 597.

**第36條**(法人의 住所)

　　法人의 住所는 그 主된 事務所의 所在地에 있는 것으로 한다.


# Ⅰ. 본조의 취지

　　법인의 경우에도 자연인과 마찬가지로 일정한 장소를 주소로 하여 법률관계의 기준으로 할 필요가 있다. 본조는 법인의 주소를 정하는 기준을 제시하고 있다.


# Ⅱ. 본조의 내용

　　본조는 법인의 주소를 그 주된 사무소의 소재지에 있는 것으로 규정한다. 여기에서 '주된 사무소'란 법인의 최고수뇌부가 존재하는 장소, 즉 본부가 되는 곳의 사무소를 말하며, 사무소가 2개 이상 있는 때에는 중심이 되는 중요한 사무소가 그 주된 사무소이다.

　　정관에 주된 사무소로 기재된 사무소와 사실상 주된 사무소로 기능하는 사무소가 다를 경우에는 주된 사무소가 후자로 이전되었다고 보아야 한다($\binom{통}{설}$). 아래에서 보듯이 이 경우 사무소 이전의 등기를 하지 않으면 사실상 주된 사무소가 주된 사무소임을 제3자에게 주장할 수 없다.

　　법인의 설립등기는 주된 사무소의 소재지에서 하여야 한다($\binom{\S 49}{1}$). 사무소를 이전한 경우에는 이를 등기하여야 하고($\binom{\S}{51}$), 등기하지 않으면 제3자에게 대항할 수 없다($\binom{\S 54}{1}$).

　　그 밖의 주소의 효과는 자연인에 있어서와 같다. 다만 법인의 성질상 적용될 수 없는 것도 있다($\binom{\S\S 22.}{27}$).

[호 제 훈]

**第 37 條**(法人의 事務의 檢査, 監督)
　　法人의 事務는 主務官廳이 檢査, 監督한다.


## I. 본조의 취지

　　민법상 법인은 비영리를 목적으로 하고, 그 사무의 내용은 공공의 이해에 밀접한 관련이 있으므로 법인의 사무를 검사·감독할 필요가 있다. 법인의 사무를 검사·감독하는 기관으로 법인내부의 조직으로는 감사가 있고, 사단법인에 있어서는 그 최고기관인 사원총회가 법인의 업무 일반을 감독할 권한을 가지고 있다. 감사는 비영리법인에 있어서는 필수적 기관이 아닐 뿐만 아니라, 이를 두는 경우에도 감사가 법인의 사무를 충분히 검사·감독하는 데에는 일정한 한계가 있다. 사원총회는 통상 연 1회 개최될 뿐이므로 법인의 세부적인 업무처리의 상황을 검사·감독한다는 것은 사실상 기대하기 어렵다. 법인의 업무집행은 법인의 목적에 따라 달리하므로 설립허가를 준 주무관청이 계속하여 감독하는 것이 타당하다. 따라서 본조는 법인이 존속하고 있는 동안은 법인의 설립허가를 준 주무관청이 법인의 사무를 검사·감독하도록 하였다. 법인이 청산 단계에 있는 동안은 법원이 청산사무를 감독한다.


## II. 본조의 내용

　　감독의 내용은 법인의 사무 및 재산상황의 검사, 설립허가의 취소 등이다.[1] 주무관청이 법인의 사무를 검사·감독하는 방법에는 제한이 없다. 민법은 법인의 설립허가의 취소($\S_{38}$), 법인의 정관변경의 허가($_{II, 45\ III}^{\S\S 42}$) 등의 방법으로 주무관청이 법인사무를 검사·감독할 수 있도록 규정하고 있다.

　　정부부처는 소관하는 비영리법인의 감독을 위하여 총리령 또는 부령의 형식으로 감독규칙($_{감독규칙}^{비영리법인}$)을 제정하고 이에 따라 비영리법인의 사무를 감독하고 있다.

　　대법원은 "주무관청이 비영리법인인 재단법인의 이사 임면에 관한 규정을

---

1) 송덕수, 민법총칙, 제4판, 2018, 644.

검토하고 법인설립 또는 정관변경을 허가할 것인지 여부를 결정하도록 하여
재단법인에 대한 주무관청의 감독의 실효를 거두도록 한 법의를 찾아볼 수 있
고, 따라서 법인의 이사와 감사의 임면에 있어 주무관청의 인가 또는 승인을
요한다는 취지의 정관의 규정이 있을 때에는 주무관청은 위 민법의 이사 임면
에 관한 정관규정을 검토함으로써 재단법인을 일반적으로 감독하는 권한을 정
관의 규정에 의하여 구체적인 이사와 감사의 임면에 대하여 확장하였다고 보
는 것이 타당하다."고 판시하여 법인의 임원취임에 대한 주무관청의 승인 또는
인가는 법인에 대한 주무관청의 감독권에 근거한다는 점을 밝혔다(대판 00.1.28. 98두16996).

[호 제 훈]


## 第 38 條(法人의 設立許可의 取消)

法人이 目的 以外의 事業을 하거나 設立許可의 條件에 違反
하거나 其他 公益을 害하는 行爲를 한 때에는 主務官廳은 그
許可를 取消할 수 있다.

# Ⅰ. 본조의 취지

민법에 의거하여 설립되는 법인은 비영리를 목적으로 하여 주무관청의 허
가를 받아 법인격을 인정받는다. 그렇게 설립된 법인이 당초의 설립목적과는
달리 목적이외의 사업을 하거나 설립조건에 위반하거나 기타 공익을 해하는
행위를 하는 경우에는 법인격을 부여한 의미가 없어지고 그러한 법인은 사회

적 존재이유를 잃게 된다. 본조는 그와 같은 경우 법인의 설립을 허가한 주무관청이 그 설립허가를 취소할 수 있도록 규정하여 공익을 해하는 법인이 더 이상 존립할 수 없도록 한다. 주무관청의 설립허가취소는 §37에서 규정하는 주무관청의 법인사무에 대한 검사·감독의 한 방법임은 앞에서 설명하였다.

## Ⅱ. 설립허가의 취소원인

### 1. 개 요

민법은 설립허가의 취소원인으로 i) 법인의 목적이외의 사업을 하는 것, ii) 설립허가의 조건에 위반하는 것, iii) 기타 공익을 해하는 행위를 하는 것을 규정하고 있다.

법인의 설립허가를 취소하는 것은 법인을 해산하여 결국 법인격을 소멸하게 하는 처분이므로 그 취소원인은 본조에 규정한 사유에 국한된다.[1] 대법원도 "비영리법인이 설립된 이후에 있어서의 그 법인에 대한 설립허가의 취소는 민법 제38조에 해당하는 경우에 한하여 가능하다."고 판시하여 같은 견해를 취하였다($\binom{\text{대판 77.8.23, 76누145;}}{\text{대판 82.10.26, 81누363}}$). 따라서 법인의 목적달성이 불능하게 된 경우에는 법인의 해산사유에 해당될 수는 있어도($\frac{\S}{77}$) 법인의 설립허가를 취소할 수 있는 사유에는 해당되지 않는다.[2]

### 2. 취소원인

#### (1) 목적 이외의 사업을 한 때

대법원은 "비영리법인이 '목적 이외의 사업'을 한 때란 법인의 정관에 명시된 목적사업과 그 목적사업을 수행하는 데 직접 또는 간접으로 필요한 사업 이외의 사업을 한 때를 말하고, 이때 목적사업 수행에 필요한지는 행위자의 주관적·구체적 의사가 아닌 사업 자체의 객관적 성질에 따라 판단하여야 한다."고 판시하였다($\binom{\text{대판 14.1.23;}}{\text{2011두25012}}$).

이처럼 비영리법인은 정관에 명시된 목적사업을 수행하는 데 직접 또는 간접으로 필요한 사업은 할 수 있으므로 비영리 사업의 목적을 달성하기 위한

---

1) 주석 총칙(1), 634(제4판/송호영).
2) 대판 68.5.28, 67누55.

수단으로 비영리 사업의 본질에 반하지 않을 정도의 영리사업을 하는 것을 목적 이외의 사업을 하였다고 평가할 것은 아니다.[3] 예를 들면 비영리법인이 입장료를 징수하는 전람회를 개최한다든지, 입원료를 받고 환자를 수용하는 행위 등의 수익사업 기타 부대사업을 한 경우이다.

비영리법인이 정관에 명시된 목적과 다른 비영리목적의 사업을 하는 경우 (예를 들면 정관에는 복지사업이 목적사업으로 되어 있는 비영리법인이 실제로는 교육사업을 하는 경우)에 목적 이외의 사업을 하는 것으로 평가하여 법인설립의 허가를 취소하는 것은 부당하다. 이러한 상태가 지속된다면 주무관청은 법인사무의 검사·감독권($\frac{\S}{37}$)에 근거하여 법인에게 정관변경을 명할 수 있을 것이다($\frac{\S\S\,42.}{45}$).[4]

### (2) 설립허가의 조건을 위반한 때

설립허가의 조건을 위반한다는 것은, 예컨대 일정한 물적 시설이나 장비 또는 인력을 갖출 것을 조건으로 하여 법인설립이 허가되었는데, 법인이 그 조건으로 정한 시설이나 인력을 갖추지 않는 경우를 말한다.[5] 다만 그 조건이 법인의 설립허가조건인지 아니면 주무관청의 단순한 권고사항에 불과한 것인지를 실제로 판별하기 곤란한 경우도 있겠지만, 그것이 후자에 해당하는 경우에는 이를 위반하였다고 하여 설립허가를 취소할 수는 없다. 판례는 감독관청에 제출할 서류를 기한 보다 지연하여 제출한 사실만으로 설립허가조건을 위반하였다고 하여 설립허가를 취소한 것은 재량권을 일탈한 위법한 처분이라고 하였다($\frac{대판\ 77.8.23.}{76누145}$).

### (3) 공익을 해하는 행위를 한 때

대법원은 '공익을 해하는 행위를 한 때'에 해당하기 위한 요건에 관하여 다음과 같이 판시하였다($\frac{대판\ 17.12.22.}{2016두49891}$).

㈎ 해당 법인의 목적사업 또는 존재 자체가 공익을 해한다고 인정되거나 법인의 행위가 직접적이고도 구체적으로 공익을 침해하는 것이어야 한다.

㈏ 법인의 목적사업 또는 존재 자체가 공익을 해한다고 하려면 해당 법인이 추구하는 목적 내지 법인의 존재로 인하여 법인 또는 구성원이 얻는 이익과 법질서가 추구하고 보호하며 조장해야 할 객관적인 공공의 이익이 서로 충돌하여 양자의 이익을 비교형량하였을 때 공공의 이익을 우선적으로 보호하

---

3) 곽윤직·김재형, 160.
4) 주석 총칙(1), 650(제4판/송호영); 김진우, "비영리법인의 설립허가취소", 법조 64-6, 70.
5) 김진우(주 4), 75.

여야 한다는 점에 의문의 여지가 없어야 하고, 그 경우에도 법인의 해산을 초래하는 설립허가취소는 헌 § 10에 내재된 일반적 행동의 자유에 대한 침해 여부와 과잉금지의 원칙 등을 고려하여 엄격하게 판단하여야 한다.

　　㈐ 목적사업의 내용, 행위의 태양 및 위법성의 정도, 공익 침해의 정도와 경위 등을 종합하여 볼 때 해당 법인의 소멸을 명하는 것이 그 불법적인 공익 침해 상태를 제거하고 정당한 법질서를 회복하기 위한 제재수단으로서 긴요하게 요청되는 경우이어야 한다.

## Ⅲ. 설립허가취소의 절차와 효력

### 1. 취소절차

　　민법은 본조에서 설립허가를 해준 주무관청이 설립허가의 취소권한을 갖는다는 것을 규정한 외에 그 취소절차에 관하여는 아무런 규정을 두지 않았다. 주무관청은 § 37가 규정하고 있는 주무관청의 법인사무에 대한 검사・감독의 한 방법으로 설립허가를 취소할 수 있다.

　　정부부처가 소관하는 비영리법인의 감독을 위하여 총리령 또는 부령의 형식으로 제정한 비영리법인 감독규칙에 비영리법인의 설립허가 취소에 관한 절차에 관하여 규정되어 있는 것이 일반적이다.

### 2. 설립허가취소의 효력

　　주무관청이 설립허가를 취소하더라도 그 효력은 장래에 대하여서만 효력을 발생한다. 주무관청이 설립허가를 취소하는 처분을 하면 법인은 법인격취득의 전제조건이었던 허가를 상실하게 되므로 법인격을 상실하게 되고 해산 및 청산절차에 들어가게 된다.

### 3. 설립허가취소에 대한 구제절차

　　주무관청에 의한 법인설립허가의 취소는 행정청이 행사하는 처분에 해당한다. 따라서 이에 불복이 있는 법인은 행정심판법에 의하여 심판청구를 하거나 행정소송법에 의하여 행정소송을 제기하여 법인설립허가 취소처분의 취소를 구할 수 있다. 설립허가취소처분으로 인해 법인은 청산법인으로 되어 청산

목적의 범위 내에서 존속하게 되지만, 만약 설립허가의 취소처분이 행정심판
이나 법원의 판결에서 취소되면 취소처분의 효과는 소급해서 상실되므로 취소
처분이후에 청산목적을 넘어 행해졌던 법인의 행위도 모두 유효로 인정된다.[6)]

[호 제 훈]


**第 39 條**(營利法人)
　① 營利를 目的으로 하는 社團은 商事會社設立의 條件에 좇
　　아 이를 法人으로 할 수 있다.
　② 前項의 社團法人에는 모두 商事會社에 關한 規定을 準用
　　한다.


## I. 영리법인의 의의

　영리법인은 영리를 목적으로 하는 사단법인이다. 영리법인은 사업에서 발
생한 이익을 구성원에게 분배하여 경제적 이익을 주는 것을 목적으로 하는 법
인이다. 따라서 교통·통신·보도·출판 등의 공공사업을 목적으로 하더라도 구
성원의 이익을 목적으로 하는 법인은 영리법인이다. 영리법인은 사단법인이다.
영리법인은 이익분배를 받을 구성원의 존재를 그 전제로 하기 때문에 구성원
이 없는 재단법인은 영리법인이 될 수 없다.
　영리법인은 ① 상행위($\S^{상}_{46}$)를 영업으로 하는 상사회사와 ② 상행위 이외의
영리행위(예.농업·어업·광업 등)를 목적으로 하는 민사회사로 나눌 수 있으나 어느 경우든
영리를 목적으로 한다는 점에서는 차이가 없다.

---

6) 주석 총칙(1), 652(제4판/송호형).

## II. 본조의 내용

§ 39 I은 영리를 목적으로 하는 사단은 상사회사설립의 조건에 좇아 이
를 법인으로 할 수 있다고 규정하고 있다. 상사회사는 특별법인 상법의 회사설
립에 관한 규정에 의하여 법인격을 취득하고 민사회사는 본조에 의하여 법인
격을 취득하는 것을 전제로 둔 규정이다. 그러나 상 § 169는 "회사"란 상행위
나 그 밖의 영리를 목적으로 하여 설립한 법인을 말한다고 규정함으로써 상행
위 이외의 영리행위를 목적으로 하는 민사회사도 상법상의 회사에 포함시키고
있다. 즉 상법은 상사회사와 민사회사를 구분하고 있지 않다. 따라서 민사회사
도 상법의 회사에 관한 규정이 직접 적용되므로 상법상 회사설립에 관한 규정
에 의하여 법인격을 취득할 수 있다. § 39 I은 실질적으로는 별 의미가 없다.[1]

§ 39 II은 민사회사에 상사회사에 관한 규정을 준용하도록 규정하고 있다.
그러나 앞에서 보았듯이 민사회사에 대하여도 상법의 회사에 관한 규정이 직
접 적용되기 때문에 무의미한 규정이다.

[호 제 훈]

---

1) 송덕수, 민법총칙, 제4판, 2018, 561.

# 第2節 設 立

**第40條**(社團法人의 定款)

社團法人의 設立者는 다음 各號의 事項을 記載한 定款을 作成하여 記名捺印하여야 한다.

　　1. 目的
　　2. 名稱
　　3. 事務所의 所在地
　　4. 資産에 關한 規定
　　5. 理事의 任免에 關한 規定
　　6. 社員資格의 得失에 關한 規定
　　7. 存立時期나 解散事由를 定하는 때에는 그 時期 또는 事由

## Ⅰ. 본조의 취지

정관이란 단체의 내부를 규율하는 근본규칙 또는 그러한 근본규칙을 기재한 서면을 말한다. 본조는 사단법인의 설립행위인 정관의 작성 중 필요적 기재사항에 대하여 규정하고 있다.

## Ⅱ. 정관의 기재사항

사단법인 정관은 반드시 기재하여야 하는 필요적 기재사항과 그렇지 않은 임의적 기재사항으로 구성된다.

## 1. 필요적 기재사항

본조에 규정된 필요적 기재사항은 반드시 기재되어야만 하고 그 중 하나라도 빠지면 정관으로서의 효력은 생기지 않고 주무관청으로부터 법인설립의 허가를 받을 수 없게 된다.

(가) 목    적      민법상 사단법인은 학술·종교·자선·기예(技藝)·사교 기타 영리 아닌 사업을 목적으로 하는 비영리 법인이므로 정관에 기재하는 목적은 영리 아닌 사업이어야 한다.

(나) 명    칭      명칭사용에 특별한 제한은 없다. '사단법인'이라는 명칭을 쓰지 않아도 된다. 이와 달리 상법상 회사의 경우에는 그 종류에 따라 합명회사, 합자회사, 주식회사, 유한회사의 명칭을 사용하여야 한다($\frac{상}{§19}$).

(다) 사무소의 소재지      사무소가 둘 이상 있을 때에는 이를 모두 기재하여야 하고 주된 사무소를 정하여야 한다($\frac{§36}{참조}$).

(라) 자산에 관한 규정      자산의 종류·구성·관리·운용방법·회비 등에 관한 사항이다. 주무관청 및 일반의 제3자에게 법인의 재정적 기초를 알리는 데 필요한 정도의 기재가 필요하다.

(마) 이사의 임면에 관한 규정      이사의 수, 자격, 임기, 선임과 해임의 방법 등에 관한 사항이다. 상법에는 주식회사의 이사의 선임방법에 관한 제한이 있지만($\frac{상}{§382 \, I}$), 민법에는 그러한 제한이 없다. 비영리 사단법인의 이사는 반드시 사원총회에서 선임하도록 하지 않아도 되고, 사원이 아닌 자를 이사로 선임할 수 있도록 규정하여도 무방하다.[1]

(바) 사원자격의 득실에 관한 규정      사원자격의 취득 및 상실에 관한 사항 즉 사단의 가입, 사퇴, 제명 등에 관한 사항이다.

(사) 존립시기나 해산사유를 정하는 때에는 그 시기 또는 사유      이에 관한 사항은 이를 정하고 있는 때에만 기재하면 된다.

## 2. 임의적 기재사항

정관에는 기재되어 있으나, 필요적 기재사항에 해당하지 않는 사항을 말한다. 임의적 기재사항에는 특별한 제한이 없다. 민법의 규정 중에서 정관에서 특별히 규정하고 있지 않으면 효력이 없다든가, 또는 정관에서 특별히 정하고

---

1) 송덕수, 민법총칙, 제4판, 2018, 583.

있는 경우에는 민법의 규정을 적용하지 않는다는 규정 등이 많은데 모두 임의
적 기재사항이다($\S41, \S42, \S58, \S59, \S62, \S66, \S68, \S70\ \text{II},$
$\S71, \S72, \S73\ \text{III}, \S75\ \text{I}, \S78, \S80, \S82\ 등$).

　　임의적 기재사항이라도 일단 정관에 기재되면 필요적 기재사항과 마찬가지
의 효력을 가지게 되므로, 이를 변경하려면 정관변경의 절차에 따라야 한다.[2]


　　　　　　　　　　　　　　　　　　　　　　　　[호　제　훈]



## 第 41 條(理事의 代表權에 對한 制限)

　　理事의 代表權에 對한 制限은 이를 定款에 記載하지 아니하
면 그 效力이 없다.


## I. 본조의 취지

　　이사는 법인의 대표기관으로서 법인의 사무를 대표한다. 이사가 대표하는
사무에는 제한이 없으므로 법인의 행위능력에 속하는 모든 사항에 관하여 대
표권을 가지는 것이 원칙이다. 이사의 대표권은 단독대표가 원칙이다. 이사가
2인 이상 있는 경우에도 원칙적으로 각 이사는 각자 단독으로 법인을 대표한
다($\S59\atop\text{I}$).

　　이처럼 이사의 대표권은 원칙적으로 법인의 모든 사무에 미치지만, 법인으
로서는 이사의 대표권을 제한할 필요가 있는 경우가 있다. 이를 위해 민법은
이사의 대표권을 제한할 수 있는 규정을 두고 있는데, ① 정관에 의한 제한
($\S59\atop\text{I 단서}$), ② 사원총회의 의결에 의한 제한($\S59\atop\text{I 단서}$) 등이다. 본조는 정관에 의해
서 이사의 대표권이 제한될 수 있음을 규정하고 있다.


## II. 본조의 내용

　**1.** 본조에서 규정하고 있는 정관에 의한 이사의 대표권의 제한은 이사의

---

2) 주석 총칙(1), 658(제4판/송호형).

대표권의 범위에 대한 제한이 아니라 대표권의 행사방법에 대한 제한을 의미한다.[1] 예를 들면, 일정한 행위에 관하여 사원총회의 동의를 얻게 하거나 이사 전원이 공동대표로만 대표권을 행사할 수 있도록 이사의 대표권을 제한하는 경우이다.

**2.** 이러한 대표권의 제한은 정관에 기재하여야 한다. 정관에 기재하지 않은 대표권의 제한은 무효이다. 따라서 정관에 이사의 대표권을 제한한다는 규정이 기재되어 있지 않으면 그러한 대표권제한사항을 위반한 대표행위도 법인의 행위로 그 효력이 인정된다.

**3.** 대표권의 제한사항이 정관에 기재되어 있다고 하더라도 이를 등기하지 않으면 제3자에게 대항하지 못한다($\frac{\S}{60}$). 여기서 대항할 수 없는 제3자의 범위에 관해서는 학설상 다툼이 있는데 §60에서 다루기로 한다.

**4.** 정관에 대표권에 대한 제한이 정하여져 있다는 것과 대표권의 제한에 관하여 등기가 되어 있다는 것은 대표권의 제한을 주장하는 자가 주장·증명하여야 한다. 민법은 원칙적으로 법인의 이사는 각자가 전면적인 대표권을 가진다는 입장에 있으므로 이러한 원칙에 반하여 대표권의 제한을 주장하는 사람이 그 예외를 주장·증명하여야 한다고 새기는 것이 타당하다.[2]

[호 제 훈]

---

1) 주석 총칙(1), 658(제4판/송호형).
2) 양창수, 민법연구 제3권, 2006, 350; 송덕수, 민법총칙, 제4판, 2018, 612.

**第 42 條**(社團法人의 定款의 變更)

① 社團法人의 定款은 總社員 3分의 2 以上의 同意가 있는 때에 限하여 이를 變更할 수 있다. 그러나 定數에 關하여 定款에 다른 規定이 있는 때에는 그 規定에 依한다.

② 定款의 變更은 主務官廳의 許可를 얻지 아니하면 그 效力이 없다.

# Ⅰ. 본조의 취지

정관의 변경은 법인이 동일성을 유지하면서 그 조직을 변경하는 것을 말한다. 사단법인은 인적 결합체를 그 실체로 하고, 그 조직이나 활동은 구성원의 자주적 의사결정에 의해서 정해지므로 그의 실체가 되는 인적 결합 자체가 동일성을 잃지 않는 한 정관이 자주적으로 변경되더라도 법인의 동일성은 상실되지 않는다.[1] 본조는 사단법인의 정관 변경의 요건에 관하여 정하고 있다.

# Ⅱ. 정관 변경의 요건

## 1. 사원총회의 결의

정관의 변경에는 총사원 3분의 2 이상의 동의가 있어야 한다.[2] 다만 총사원 3분의 2 이상이라는 특별결의의 정수에 관해서는 정관에서 다르게 규정할 수 있다.

---

1) 곽윤직·김재형, 203.
2) 대법원은 전원합의체 판결로 특정 교단에 가입한 지교회가 소속교단을 탈퇴하거나 변경하는 것은 사단법인 정관변경에 준하는 것으로 의결권을 가진 교인 3분의 2 이상의 찬성에 의한 결의를 필요로 한다고 판시하였다(대판(전) 06.4.20, 2004다37775).

사단법인의 정관 변경은 사원총회의 전권사항이다. 정관에서 총회의 결의에 의하지 않고 정관을 변경할 수 있다고 규정하고 있더라도(예를 들면 이사회의 결의로 변경할 수 있다고 정하는 경우) 그 정관의 규정은 무효이다.[3]

## 2. 주무관청의 허가

정관의 변경은 정관변경의 결의를 거쳐 주무관청의 허가를 얻지 않으면 효력이 없다. 주무관청의 정관 변경 허가는 §37에서 규정하는 주무관청의 법인사무에 대한 검사·감독의 한 방법임은 앞에서 설명하였다.

이상의 요건을 갖추면 정관변경의 효력이 생긴다. 다만 변경사항이 등기사항인 경우에는 변경등기를 하지 아니하면 그 변경으로 제3자에게 대항하지 못한다($^{§54}_1$참조).


## Ⅲ. 관련 문제

### 1. 정관변경금지규정의 효력

정관에서 그 정관을 변경할 수 없다고 규정하고 있는 경우에 정관을 변경할 수 있는지가 문제된다. 이 경우에도 총사원의 동의가 있으면 정관을 변경할 수 있다는 데 이견이 없다. 이 경우에 정관의 변경을 인정하지 않는다면 상황의 변화에 따라 자주적으로 활동하는 사단의 본질에 반하기 때문이다.[4]

### 2. 정관의 목적을 변경할 수 있는지 여부

사단법인의 정관에서 정한 법인의 목적을 다른 것으로 변경할 수 있는지가 문제된다. 정관에서 정한 목적도 정관 변경의 절차에 따라서 변경할 수 있다는 데 이견이 없다. 사단법인은 사원들의 자율적인 조직체이므로 사원들의 결의에 의해서 법인의 목적의 변경도 가능하다고 보아야 하고, 본조도 목적의 변경을 제외하지 않고 있다. 다음에서 보듯이 민법이 재단법인에 있어서도 목적의 변경을 인정하고 있는 점에 비추어 사단법인이 자율적으로 목적을 변경

---

3) 곽윤직·김재형, 204; 김상용, 민법총칙, 제3판, 2014, 272; 송덕수, 민법총칙, 제4판, 2018, 629; 백태승, 253.
4) 곽윤직·김재형, 204.

할 수 있다고 보아야 한다.

　정관의 목적을 변경하는 경우에 본조가 정하는 통상의 정관변경절차에 따라 총사원의 3분의 2 이상의 동의로 족하다는 것이 다수의 견해이다. 정관의 목적을 변경하는 것에 찬성하지 않는 사원은 사단법인을 탈퇴할 수 있다.

　정관의 목적 변경이 가능하다고 하더라도 거기에는 일정한 한계가 있다. 먼저 비영리법인의 목적을 영리목적으로 변경하는 것은 허용되지 않는다. 이때에는 비영리법인에서 영리법인으로 성격이 바뀌면서 법인의 동일성이 유지된다고 할 수 없기 때문이다. 또한 사단법인의 본질에 반하는 정관의 변경은 무효이다. 대법원은 비법인 사단의 사례에서, ① 종중원의 일부를 종원으로 취급하지도 않거나 일부 종원에 대하여는 영원히 종원으로서의 자격을 박탈하는 것으로 규약을 개정한 것은 종중의 원래의 설립목적과 종중으로서의 본질에 반하는 것으로서, 규약개정의 한계를 넘어 무효라고 판시하였고(대판 78.9.26. 78다1435), ② 고유의미의 종중에 관한 규약을 만들면서 일부 구성원의 자격을 임의로 배제할 수 없는 것이며, 특정지역 내에 거주하는 일부 종중원에 한하여 의결권을 주고 그 밖의 지역에 거주하는 종중원의 의결권을 박탈할 개연성이 많은 종중규약은 종중의 본질에 반하여 무효라고 판시하였다(대판 92.9.22. 92다15048).

[호 제 훈]

## 第 43 條(財團法人의 定款)
　財團法人의 設立者는 一定한 財産을 出捐하고 第40條 第1號 乃至 第5號의 事項을 記載한 定款을 作成하여 記名捺印하여야 한다.

## I. 본조의 취지

재단법인의 설립을 위해서는 ① 목적의 비영리성, ② 설립행위, ③ 주무관청의 허가, ④ 설립등기 등의 요건이 갖추어져야 한다. 본조는 그 중 재단법인의 설립행위에 관하여 규정하고 있다. 재단법인의 설립행위란 법인의 목적 실현을 위해 필요한 재산의 출연과 정관의 작성을 말한다. 재단법인의 설립행위는 정관의 작성 외에 설립자가 일정한 재산을 출연하여야 한다는 점에서 사단법인의 설립행위와 근본적으로 다르다.

## II. 재단법인의 설립행위

### 1. 재산의 출연

설립자는 일정한 재산을 출연하여야 한다. 재산의 출연이란 자기의 재산을 감소시키고 타인의 재산을 증가하게 하는 것을 말한다. 출연할 재산의 종류에는 법률상 아무런 제한이 없다. 동산·부동산의 소유권을 비롯한 각종의 물권뿐만 아니라, 지명채권·지시채권·무기명채권 등도 출연재산이 될 수 있다.

대법원은 '재단법인 설립과정에서 그 출연자들이 장래 설립될 재단법인의 기본재산으로 귀속될 부동산에 관하여 소유명의만을 신탁하는 약정을 하였다고 하더라도, 관할 관청의 설립허가 및 법인설립등기를 통하여 새로이 설립된 재단법인에게 아무 조건 없이 기본재산 증여를 원인으로 한 소유권이전등기를 마친 이후에까지 이러한 명의신탁계약이 설립된 재단법인에 효력이 미친다고 보면 재단법인의 기본재산이 상실되어 재단법인의 존립 자체에 영향을 줄 것이므로, 위와 같은 명의신탁계약은 새로 설립된 재단법인에 대해서는 효력을 미칠 수 없다'는 취지로 판시하였다(대판 11.2.10, 2006다65774).

재단법인의 설립행위는 생전행위로도 할 수 있고 유언으로도 할 수 있다. 재산출연행위는 무상행위라는 점에서 증여 및 유증과 비슷하므로, 민법은 생전처분으로 재단법인을 설립하는 때에는 증여에 관한 규정을 준용한다(§47 I). §557(증여자의 재산상태 변경과 증여의 해제), §559(증여자의 담보책임)가 준용될 주요 규정이다. 유언으로 재단법인을 설립하는 때에는 유증에 관한 규정을 준용한다(§47 II). 유언의 방식에 관한 규정(§1060, §1065 내지 §1072), 유언의 효력에 관한 규정(§1078 내지 §1085, §1087, §1090) 등이 준용될 주요 규정이다.

출연재산이 언제 재단법인에 귀속되는지에 관해서는 후술한다($\substack{\S 48 \\ 부분}$).

## 2. 정관의 작성

정관의 작성은 설립자가 이를 작성하여 기명날인함으로써 성립하는 요식
행위라는 점에서 사단법인의 정관작성과 차이가 없다.

사단법인과 달리 사원자격의 득실에 관한 규정과 법인의 존립시기나 해산
사유는 정관의 필요적 기재사항이 아니다. 재단법인에는 사원이 없으므로 사
원자격의 득실에 관한 규정이 있을 수 없고, 재단법인의 영속성과 설립자의 의
사를 존중하기 위하여 법인의 존립시기나 해산사유는 임의적 기재사항으로 한
것이다.

정관은 필요적 기재사항을 모두 기재하고 있는 때에만 유효하고 그중 하
나라도 빠지면 정관으로서 효력이 생기지 않는다. 설립자가 필요적 기재사항
중 가장 중요한 '목적과 자산'만을 정하고 그 밖의 명칭, 사무소의 소재지, 이
사의 임면의 방법과 같은 비교적 가벼운 사항을 정하지 않고서 사망한 경우에
재단법인의 성립을 부인하는 것보다는 이를 보충해서 사망자의 의사를 실현케
하는 것이 바람직하다. 민법은 이해관계인 또는 검사의 청구에 의하여 법원이
이들 사항을 정하여 정관을 보충하고 이로써 법인을 성립시키는 길을 열어 주
고 있다($\substack{\S 44 \\ 참조}$).[1]

## 3. 설립행위의 법적 성질

1인의 설립자가 하는 설립행위를 단독행위로 보는 데에는 이견이 없다. 2
인 이상의 설립자가 공동으로 재단법인을 설립하는 경우에도 상대방 없는 단
독행위로 보고 그러한 단독행위가 경합하는 것으로 파악하는 것이 다수의 견
해이다.[2]

[호 제 훈]

---

1) 곽윤직·김재형, 179.
2) 곽윤직·김재형, 179; 김상용, 민법총칙, 제3판, 2014, 244; 송덕수, 621; 김준호, 136.

**第44條**(財團法人의 定款의 補充)

　　財團法人의 設立者가 그 名稱, 事務所所在地 또는 理事任免
　　의 方法을 定하지 아니하고 死亡한 때에는 利害關係人 또는
　　檢事의 請求에 依하여 法院이 이를 定한다.


## Ⅰ. 본조의 취지

　　본조는 재단법인의 설립행위 중 정관작성의 보충방법에 대하여 규정하고
있다. 정관에서 필요적 기재사항이 하나라도 빠지면 그 정관은 무효이고 주무
관청의 설립허가를 얻을 수 없는 것이 원칙이나, 민법은 이미 재산을 출연한
사자의 의사를 존중하는 동시에 재단법인이 추구하는 비영리사업을 존립시키
려는 취지에서 정관의 흠결을 보충할 수 있도록 하였다. 본조는 그 보충방법을
규정하여 정관의 유효요건을 충족시킬 수 있도록 하였다.


## Ⅱ. 본조의 내용

　　본조는 재단법인의 설립자가 정관의 가장 중요한 사항인 목적과 자산에
관해서만 규정하고 명칭·사무소의 소재지 또는 이사임면의 방법 등과 같이
비교적 가벼운 사항을 정하지 않고 사망한 경우에는 이해관계인 또는 검사의
청구에 의해서 법원이 그 부분을 보충함으로써 정관을 유효한 것으로 할 수
있도록 하였다. 사단법인의 경우에는 사원 스스로가 정관을 보충할 수 있기 때
문에 이와 같은 규정을 두고 있지 않다.

　　정관보충사항을 정하는 법원의 관할에 관하여는 비송사건절차법이 규정하
고 있다. 재단법인의 정관보충에 관한 사건은 법인설립자 사망 시의 주소지의
지방법원이 관할한다($_{§32\,Ⅰ}^{비송}$). 만약 법인설립자의 주소가 국내에 없을 때에는
그 사망 시의 거소지 또는 법인설립지의 지방법원이 관할한다($_{§32\,Ⅱ}^{비송}$).

[호  제  훈]

**第45條**(財團法人의 定款變更)

　① 財團法人의 定款은 그 變更方法을 定款에 定한 때에 限하여 變更할 수 있다.

　② 財團法人의 目的達成 또는 그 財産의 保全을 爲하여 適當한 때에는 前項의 規定에 不拘하고 名稱 또는 事務所의 所在地를 變更할 수 있다.

　③ 第42條 第2項의 規定은 前2項의 境遇에 準用한다.

# Ⅰ. 본조의 취지

　　사단법인은 인적 결합체를 그 실체로 하며 그 조직이나 활동은 모두 구성원의 자주적 의사결정에 의하여 정해진다. 그러므로 사단법인의 실체가 되는 인적 결합 자체가 동일성을 잃지 않는 한 정관이 자주적으로 변경되더라도 법인의 동일성이 상실되지 않는다. 이에 반하여 재단법인은 설립자에 의하여 출연된 재산이 설립당시의 정관에서 정한 목적과 조직에 의해 법인격을 부여받게 되는 타율적이고 고정적인 조직체이므로 정관은 변경할 수 없는 것이 원칙이다. 그러나 재단법인의 정관변경을 전혀 인정하지 않는다면 재단법인에게 사회적 실정에 알맞은 활동을 기대할 수 없게 되므로 민법은 일정한 제한을 하여 재단법인의 정관의 변경을 인정하고 있다.[1] 즉 ① 정관에 그 변경방법을 정한 때($\S^{45}_{\text{I}}$), ② 일정한 경우 명칭이나 사무소소재지를 변경할 때($\S^{45}_{\text{II}}$), ③ 법인목적을 달성할 수 없어서 법인의 목적변경이 불가피할 때($\S_{46}$)에는 재단법인의 정관변경을 허용하고 있다. 본조는 이러한 예외적인 재단법인의 정관 변경 중 앞의 두 경우에 대하여 규정하고 있다.

---

1) 곽윤직·김재형, 205.

## II. 본조의 내용

### 1. 정관의 변경방법이 정해져 있는 경우(§45 I)

설립자가 정관에서 그 정관의 변경방법을 정하고 있는 경우에는 그 방법에 따라 정관을 변경할 수 있다($\S^{45}_{I}$). 이것은 본래 의미의 정관변경이 아니라 정관내용을 실행하는 것에 불과하다. 정관에서 특별히 변경을 금지하는 정관규정이 정하여져 있지 않는 한, 목적을 비롯한 모든 정관규정은 변경방법을 정한 정관규정에 따라 변경할 수 있다.

### 2. 법인명칭 또는 사무소 소재지의 변경(§45 II)

정관에 변경방법이 규정되지 않았더라도 재단법인의 목적달성 또는 재산의 보전을 위하여 적당한 때에는 재단법인의 명칭 또는 사무소의 소재지를 변경할 수 있다.

### 3. 정관변경의 허가

이러한 정관변경은 주무관청의 허가를 받아야 그 효력이 생긴다($\S^{45\ III}_{42\ II}$). 변경된 사항이 등기사항이면 등기하여야 제3자에게 대항할 수 있다($\S^{54}_{I}$).

여기에서 주무관청의 허가의 법적 성질이 허가인지 또는 인가인지가 문제된다. 대법원은 전원합의체판결로 재단법인의 정관변경 '허가'는 법률상의 표현이 허가로 되어 있기는 하나, 그 성질에 있어서 법률행위의 효력을 보충해 주는 것이지 일반적 금지를 해제하는 것이 아니므로, 그 법적 성격은 인가라고 보아야 한다고 판시하여 종전 판결을 변경하여 인가설을 취하였다($^{대판\ 96.5.16,}_{95누4810}$). 판례의 견해에 따르면 법률이 정하는 정관변경 요건을 갖추고 있으면 주무관청은 그의 자유재량으로 인가 여부를 판단할 것이 아니라 반드시 인가를 하여야 한다.

## III. 관련문제—기본재산의 처분

재단법인은 일정한 목적에 바쳐진 재산이라는 실체에 대하여 법인격이 부연된 것이므로 출연된 재산, 즉 재단법인의 기본재산은 법인의 실체인 동시에 법인의 목적을 수행하기 위한 가장 기본적인 수단이다. 따라서 법인의 기본재산을 처분하면 재단법인의 실체가 없어지고 동시에 법인이 목적을 수행할 수 없게 된다. 재단법인의 기본재산에 관한 사항은 정관의 기재사항이므로 기본재산의 처분 등 변경은 정관의 변경을 초래한다.

판례도 재단법인의 기본재산의 처분은 정관변경에 해당하여 주무관청의 허가가 있어야 효력이 발생한다는 입장인데, 정리하면 다음과 같다.

① 재단법인의 기본재산의 처분은 결국 재단법인의 정관의 변경을 초래하므로 정관의 변경이 이루어지지 아니하면 재단의 기본재산에 관한 처분행위는 그 효력이 발생할 수 없다고 할 것이고, 정관의 변경은 주무관청의 허가를 얻지 아니하면 그 효력이 없다(대판 74.6.11. 73다1975).

② 재단법인의 기본재산에 관한 사항은 정관의 기재사항으로서 기본재산의 변경은 정관의 변경을 초래하기 때문에 주무장관의 허가를 받아야 하고, 기존의 기본재산을 처분하는 행위는 물론 새로이 기본재산으로 편입하는 행위도 주무장관의 허가가 있어야 유효하다(대판 91.5.28. 90다8558).

③ 재단법인의 기본재산의 처분은 정관변경을 요하는 것이므로 주무관청의 허가가 없으면 그 처분행위는 물권계약으로 무효일 뿐 아니라 채권계약으로서도 무효이다(대판 74.6.11. 73다1975).

④ 주무관청의 허가 없이 행해진 재단법인의 기본재산에 대한 경매는 그 효력을 발생할 수 없다. 다만 재단법인의 정관변경에 대한 주무관청의 허가는 경매개시의 요건은 아니고 경락인의 소유권취득에 관한 요건이므로 경매신청시에 그 허가서를 제출하지 아니하였다 하여 경매신청을 기각할 것은 아니다. (대결 86.1.17. 85마720).

⑤ 재단법인의 기본재산 처분에 대한 주무부장관의 허가는 반드시 사전에 받아야 하는 것이 아니라 이를 처분할 때까지 받으면 족하므로 소유권이전등기청구소송의 경우에는 사실심 변론종결 시까지 허가를 받으면 된다(대판 74.4.23. 73다544).

[호 제 훈]

**第 46 條**(財團法人의 目的 其他의 變更)

　　財團法人의 目的을 達成할 수 없는 때에는 設立者나 理事는
　　主務官廳의 許可를 얻어 設立의 趣旨를 參酌하여 그 目的 其
　　他 定款의 規定을 變更할 수 있다.

## Ⅰ. 본조의 취지

　　재단법인이 목적을 달성할 수 없으면 그 법인은 해산할 수밖에 없다. 그러
나 사회적으로는 법인을 해산시키는 것보다는 목적을 변경해서라도 존속·하
여 활동하도록 하는 것이 바람직하고 설립자의 의사에도 맞는 경우가 있다. 민
법은 이러한 경우 정관에 정관변경의 방법이 정해져 있지 않더라도 일정한 요
건을 갖추어 법인의 목적을 포함하여 정관의 규정을 변경할 수 있도록 하였다.

## Ⅱ. 본조의 내용

### 1. 본조에 의한 정관변경의 요건

　　(1) 재단법인의 정관에 목적을 포함한 정관규정의 변경에 관하여 규정되
어 있으면 그에 따라 변경하면 되므로($\frac{\S}{45}$), 본조는 정관에 정관의 변경방법이
정해지지 않았거나 변경방법이 정해져 있더라도 목적이 변경금지사항으로 정
해져 있는 경우에 적용된다.[1]

　　(2) '재단법인의 목적을 달성할 수 없는 때'란 법인 설립 당시 정관에 정
한 목적이 이미 실현되었거나 실현불가능하여 당초의 목적으로는 재단법인의
활동을 영위할 수 없는 경우를 말한다.

　　(3) 정관변경의 대상은 목적을 포함하여 정관의 모든 규정이 해당된다.

---

1) 주석 총칙(1), 673(제4판/송호영).

(4) 설립의 취지를 참작하여야 한다. 여기에서 설립의 취지를 참작한다는 의미는 만약 설립자가 법인설립 당시에 목적 실현이 이미 되었거나 목적 실현이 불가능하게 되었음을 알았다면 과연 다른 어떤 목적을 실현하기 위해서 재산을 출연하였을지를 고려하여 판단하라는 의미로 가급적 법인의 동일성을 유지하라는 취지이다.[2] 특히 정관의 목적을 변경하는 경우에 문제되는 요건으로 변경된 목적이 설립 취지에 어긋나서는 안 된다. 다만 반드시 전의 목적과 비슷한 목적으로 변경하여야 한다는 것을 의미하지는 않는다.

(5) 정관변경을 할 수 있는 사람은 설립자 또는 이사이다. 재단법인에는 사원이 없으므로 사원총회의 결의로 정관변경을 할 수도 없기 때문에 설립자나 법인의 관리책임자인 이사가 할 수 있도록 규정한 것이다.[3]

(6) 주무관청의 허가를 얻어야 한다. 주무관청은 법인의 설립취지를 참작하여 허가 여부를 판단하게 된다. 앞의 §45에서 보았듯이 문언으로는 '허가'라고 규정되어 있지만, 대법원은 이를 '인가'로 해석한다. 이에 대해 §45 Ⅲ에서 규정하고 있는 주무관청의 허가는 판례와 같이 인가로 보더라도, 본조에서 재단법인의 정관목적을 변경하는 것은 새로운 재단법인을 설립하는 것이나 다름없는 것이므로 이 목적변경에 대한 허가의 성질을 인가로 보게 되면 법인설립에 대한 민법의 허가주의와 배치되므로 민법을 개정하여 재단법인의 설립과 정관의 변경을 일관성 있게 규율하여야 한다는 견해가 있다.[4]

## 2. 정관변경의 효과

이상의 요건이 갖추어지면 당초의 재단법인은 동일성을 유지하면서 새로운 목적을 가진 재단법인으로 존속하게 된다. 이때 목적 등의 변경사항은 등기하여야 제3자에게 대항할 수 있다($\S 54 \atop 1$).

[호 제 훈]

2) 주석 총칙(1), 673(제4판/송호형).
3) 송덕수, 민법총칙, 제4판, 2018, 631.
4) 곽윤직·김재형, 206.

**第 47 條**(贈與, 遺贈에 關한 規定의 準用)

　① 生前處分으로 財團法人을 設立하는 때에는 贈與에 關한
　　 規定을 準用한다.

　② 遺言으로 財團法人을 設立하는 때에는 遺贈에 關한 規定
　　 을 準用한다.


## Ⅰ. 본조의 취지

　재단법인의 설립을 위해서는 설립자는 일정한 재산을 출연하여야 한다.

　재단법인 설립을 위한 재산의 출연은 생전처분으로도 할 수 있고 유언으
로도 할 수 있다. 재산출연행위는 무상행위라는 점에서 증여 및 유증과 비슷하
다. 본조는 생전처분으로 재단법인을 설립하는 때에는 증여에 관한 규정을 준
용하고, 유언으로 재단법인을 설립하는 때에는 유증에 관한 규정을 준용하도
록 하였다.


## Ⅱ. 본조의 내용

　**1.** 생전처분으로 재단설립을 설립하는 때에는 증여에 관한 규정을 준용한
다($^{\S\,47}_{1}$). 증여에 관한 규정은 §564부터 §562까지이나 증여에 관한 모든 규정
이 재단법인의 설립행위에 준용된다고 할 수 없다. 계약을 전제로 한 증여에
관한 규정은 단독행위인 재단법인의 설립행위에 그대로 준용될 수 없다. 재단
법인 설립과 관련하여 준용될 수 있는 규정은 출연약정의 서면작성($^{\S}_{555}$), 출연
자의 재산상태변경과 증여해제($^{\S}_{557}$), 출연자의 담보책임($^{\S}_{559}$) 등이다.

　설립행위에 해당하는 재산의 출연도 법률행위의 일종이므로 법률행위에
관한 규정이 적용된다. 대법원은 「민법 제47조 제1항에 의하여 생전처분으로
재단법인을 설립하는 때에 준용되는 민법 제555조는 "증여의 의사가 서면으로
표시되지 아니한 경우에는 각 당사자는 이를 해제할 수 있다."고 함으로써 서
면에 의한 증여(출연)의 해제를 제한하고 있으나, 그 해제는 민법 총칙상의 취
소와는 요건과 효과가 다르므로 서면에 의한 출연이더라도 민법 총칙규정에

따라 출연자가 착오에 기한 의사표시라는 이유로 출연의 의사표시를 취소할
수 있고, 상대방 없는 단독행위인 재단법인에 대한 출연행위라고 하여 달리 볼
것은 아니다」라고 판시하여 재단법인 설립을 위하여 서면에 의한 증여(출연)를
한 경우에, 증여의 해제와는 별도로 출연자는 착오에 기한 의사표시를 이유로
출연의 의사표시를 취소할 수 있음을 밝혔다(대판 99.7.9, 98다9045).

  **2.** 유언으로 재단법인을 설립하는 때에는 유증에 관한 규정을 준용한다
(§47 II). 유언에 의한 재단설립의 경우에 준용되는 유언에 관한 규정으로는 유언
에 방식(§1060, §1065 내지 §1072) 및 유언의 효력에 관한 규정(§1078 내지 §1085, §1087, §1090) 등이다.

                                              [호 제 훈]


**第 48 條**(出捐財産의 歸屬時期)
  ① 生前處分으로 財團法人을 設立하는 때에는 出捐財産은 法
    人이 成立된 때로부터 法人의 財産이 된다.
  ② 遺言으로 財團法人을 設立하는 때에는 出捐財産은 遺言의
    效力이 發生한 때로부터 法人에 歸屬한 것으로 본다.

# I. 본조의 취지

  재단법인의 설립을 위해서는 설립자는 일정한 재산을 출연하여야 하는데,
그러한 출연재산이 언제 법인에게 귀속하는지가 문제된다. 본조는 생전처분으
로 재단법인을 설립하는 경우와 유언으로 재단법인을 설립하는 경우를 구분하
여 출연재산의 귀속시기에 대하여 규정하고 있다.

## Ⅱ. 출연재산의 귀속시기

### 1. 본조의 내용

본조는 ① 생전처분으로 재단법인을 설립하는 때에는 출연재산은 법인이 성립된 때로부터 법인의 재산이 된다고 규정하고($\S^{48}_1$), ② 유언으로 재단법인을 설립하는 때에는 출연재산은 유언의 효력이 발생한 때로부터 법인에 귀속한 것으로 본다고 규정한다($\S^{48}_{II}$). 이러한 규정에 의하면 법인의 성립시기는 법인의 설립등기를 한 때이므로 생전처분으로 재단법인을 설립하는 경우에는 법인설립등기 시에 출연재산이 법인에 귀속된다. 또한 유언의 효력발생시기는 유언자가 사망한 때이므로 유언으로 재단법인을 설립하는 경우에는 유언을 한 설립자가 사망한 때 출연재산이 법인에 귀속하게 된다. 유언에 의하여 재단법인을 설립하는 경우에 출연재산을 유언자 사망 시로 소급해서 법인에 귀속하는 것으로 보는 것은 유언자의 사망 후 법인이 성립할 때까지 출연재산이 상속재산으로서 상속인에게 상속됨으로써 발생하는 불합리한 결과를 피하기 위한 것이다.[1]

### 2. 본조의 해석론

#### (1) 문제의 소재

민법은 법률행위에 의한 물권변동에 관하여 성립요건주의를 취하고 있고($\S\S^{186,}_{188}$), 채권양도에 관한 원칙으로 지시채권의 양도에는 증서의 배서·교부를 효력발생요건으로 요구하고($\S_{508}$), 무기명채권의 양도에는 증서의 교부를 효력발생요건으로 요구하고 있다($\S_{523}$). 이러한 민법 규정들에 의하면, 물권을 출연하여 재단법인을 설립하는 때에는 재산출연행위는 법률행위($^{물권}_{행위}$)에 해당하여 법인 명의의 부동산의 등기 또는 법인에 대한 동산의 인도가 있는 때에 법인 재산으로 된다. 또한 채권을 출연하여 재단법인을 설립하는 때에는 지시채권의 경우에는 증서의 배서·교부가 있는 때에, 무기명채권의 경우에는 증서의 교부가 있는 때에 법인재산으로 된다. 이러한 결과는 출연재산의 귀속시기를 정하고 있는 본조의 내용과 합치하지 않는다.

본조에서 정한 출연재산의 귀속시기와 물권변동의 원칙 등과의 충돌을 어

---

1) 곽윤직·김재형, 176.

떻게 해결할지에 관하여 견해가 대립한다. 출연재산이 물권인 경우와 채권인 경우를 나누어 검토한다.

### (2) 출연재산이 물권인 경우

㈎ 학      설        다수설은 본조를 §187에 규정된 "기타 법률의 규정"으로 보아서 등기나 인도 없이 본조가 정하는 시기, 즉 생전처분으로 재단법인을 설립하는 경우에는 법인이 성립한 때에, 유언으로 재단법인을 설립하는 경우에는 유언자가 사망한 때에 법인에 귀속된다고 해석한다.[2] 즉 본조는 재단법인의 재산적 기초를 확실하게 하기 위하여 물권변동에 관한 성립요건주의의 예외를 규정한 것으로 본다. 본조는 법인이 재산이 없는 상태로 성립하는 것을 방지하기 위한 규정이므로 출연자의 출연행위에 반하는 처분을 제한할 수 있어야 한다는 이유로 법인이 설립되기만 하면 등기 등의 요건을 갖추지 않더라도 본조가 정하는 시기에 출연재산을 취득한다고 한다. 다수설에 의하면 법인 성립 후 출연자의 출연행위에 반하는 재산 처분은 무권한자의 행위가 된다.

소수설은 재단법인의 설립을 위한 재산의 출연행위는 법률행위로 인한 물권의 변동에 해당하므로 재단법인은 물권변동의 일반원칙에 따라 설립자로부터 등기($\S_{186}$)나 인도($\S_{188}$)를 받아야만 출연재산의 소유권을 취득한다고 해석한다.[3] 본조를 민법상 물권변동의 원칙에 대한 예외로 볼 수 없다는 입장이다. 소수설에 의하면 법인 성립 후 법인 앞으로 소유권이전등기가 되지 않은 상태에서 출연자가 제3자에게 출연재산을 처분하더라도 유효하게 된다.

㈏ 판      례        대법원은 과거에는 다수설과 같이 재단법인의 설립자가 출연한 부동산은 등기 없이도 재단법인의 설립과 동시에 법인에게 귀속한다고 하였다($^{대판\ 76.5.11,}_{75다1656\ 등}$). 그 후 전원합의체 판결로 종전 견해를 변경하여 본조 제1항의 규정은 출연자와 법인과의 관계를 상대적으로 결정하는 기준에 불과하기 때문에 출연재산이 부동산인 경우에 출연자와 법인 사이에는 법인의 성립 외에 등기를 필요로 하는 것은 아니지만, 제3자에 대한 관계에 있어서 출연행위는 법률행위이므로 출연부동산이 법인에게 귀속하기 위해서는 등기를 요한다고 판시하였다($^{대판\ 79.12.11,}_{78다481,\ 482}$). 또한 유언으로 재단법인을 설립하는 경우에도 제3자에 대한 관계에서는 출연재산이 부동산인 경우에 그 법인에 귀속되기

---

2) 곽윤직·김재형, 177; 송덕수, 민법총칙, 제5판, 2020, 628; 김상용, 민법총칙, 제3판, 2014, 246.

3) 백태승, 224; 이은영, 267.

위해서는 법인의 설립 외에 법인 앞으로의 등기가 필요하므로, 재단법인이 그와 같은 등기를 마치지 아니하였다면 유언자의 상속인의 한 사람으로부터 부동산의 지분을 취득하여 이전등기를 마친 선의의 제3자에 대하여 대항할 수 없다고 판시하였다(대판 93.9.14. 93다8054 ).

판례는 설립자와 재단법인 사이의 대내적 관계와 제3자와 재단법인 사이의 대외적 관계를 분리하여, 대내적으로 출연재산은 본조가 정한 시기에 등기 또는 인도가 없어도 재단법인에게 귀속하지만, 대외적으로는 재단법인이 제3자에게 대항하기 위해서 출연재산을 재단법인 명의로 등기 또는 인도할 것이 요구된다는 입장으로 이해된다.

㈐ 검    토       위와 같은 견해의 대립은 법인의 재산확충을 목적으로 하는 본조와 물권거래의 명확화를 의도하는 성립요건주의(§§ 186, 188 ) 중 어느 것을 우선할 것인지에서 비롯된다.

소수설은 물권변동에 관한 성립요건주의에 충실한 해석으로 거래의 안전을 보호할 수 있는 측면이 있다. 그러나 소수설은 법인의 재산확충을 위하여 출연재산의 귀속시기를 규정한 본조를 무시하는 해석이다. 소수설에 의하면 재단법인 설립등기를 갖추더라도 출연재산에 관한 소유권이전등기를 할 때까지는 전혀 재산이 없는 재단법인이 있게 되는데 이는 재단법인의 본질에 반한다.

다수설은 출연자의 출연행위에 반하는 처분을 제한할 수 있으므로 재단법인의 보호에는 충실하지만 거래의 안전에는 문제가 있다. 예를 들어 설립자가 재산을 출연하여 재단법인이 설립된 후 재단법인에 소유권이전등기를 마치지 않은 동안에 그 출연부동산을 제3자에게 처분하여 소유권이전등기를 마쳤다면 등기의 공신력이 인정되지 않으므로 다수설에 의하면 재단법인은 제3자에 대해서 추급할 수 있고 제3자가 선의라 하더라도 그 출연부동산을 취득할 수 없다.

이처럼 다수설이나 소수설은 모두 문제점을 가지고 있다. 현행법의 테두리에서 합리적인 해석을 시도할 수밖에 없다. 설립자가 재산을 출연하겠다는 의사를 표시함으로써 일정한 재산을 법인에 이전할 채무를 부담한다고 볼 수 있다. 이 경우 그 이행행위로서 물권행위를 하여야 하는지, 아니면 이것이 필요 없다고 할 것인지는 입법정책의 문제이다. 그런데 민법은 본조에서 물권행위 즉 등기나 인도가 없이도 출연재산이 본조에서 정한 때에 귀속하도록 정했다. 본조가 없다면 §186와 §187에 따른 등기나 인도가 필요하겠지만 본조가 있는 이상 출연재산은 등기나 인도가 없더라도 본조에서 정한 때에 재단법인에 귀속된다고 해석할 수밖에 없다. 결국 본조는 §187에서 규정하는 '기타 법률의 규정'에 포함되므로 재단법인의 출연재산 귀속은 등기를 요하지 않는 물권취득에 해당한다.[4)]

판례는 재단법인의 대내적 관계와 대외적 관계를 구분하여 출연자와 법인 사이에는 다수설과 같이 등기 없이도 출연부동산은 법인 설립과 동시에 법인에게 귀속되지만, 법인이 그가 취득한 부동산을 가지고 제3자에게 대항하기 위해서는 등기를 필요로 한다는 견해를 취한다(출연자가 법인성립 후 출연행위에 반하는 처분을 한 경우에 그 처분의 효력을 어떻게 볼지에 관하여 본다면 소수설과 같은 결론이다). 다수설의 견해를 취하게 되면 발생하는 거래의 안전 내지 제3자 보호의 문제를 해결하기 위하여 이러한 이론 구성을 취한 것으로 이해된다. 그러나 이러한 판례 이론은 본조가 규정하는 문언을 넘어선 이론 구성이고 민법상 근거도 없다.

본조의 해석을 둘러싼 견해 대립의 근본적 원인은 본조가 물권변동에 관하여 대항요건주의를 취했던 구민법의 규정을 그대로 답습함으로써 성립요건주의를 취한 현행 민법의 물권변동원칙과 어긋나게 되었다는 데에 있다.

이를 바로 잡기 위한 입법론이 제시되는데, 2010년 민법개정안의 내용은 다음과 같다.[5)]

§48 Ⅰ에 "재단법인을 설립하기 위하여 출연한 재산의 권리변동에 등기, 인도 그 밖의 요건이 필요한 경우에는 그 요건을 갖춘 때에 법인의 재산이 된다."는 규정을 신설하여 민법의 물권변동 원칙에 부합하도록 하였다.

§48 Ⅱ에 "설립자의 사망 후에 재단법인이 성립하는 경우에는 출연에 관하여는 그의 사망 전에 재단법인이 성립한 것으로 본다."는 규정을 두고, §48 Ⅲ에 "제2항의 경우에 출연재산은 제1항의 요건을 갖추면 설립자가 사망한 때부터 법인에 귀속한 것으로 본다. 재단법인이 성립한 후 설립자가 사망한 경우에도 이와 같다."는 규정을 두도록 하였다. 설립자가 법인설립의 과정 중에 사망했을 경우에 출연재산이 일단 상속인에게 귀속되었다가 설립허가를 받아 설립등기를 마친 때에 법인에게 귀속되는 문제를 해결하기 위해 설립자의 사망 전에 재단법인이 성립한 것으로 의제하고 출연재산에 대한 물권변동 등 권리변동의 요건을 갖추면 설립자가 사망한 때에 재단법인에 귀속한 것으로 간주하도록 하였다.

---

4) 곽윤직·김재형, 177.
5) 2010년 민법개정안 전에 2004. 10. 21. 정부안으로 국회에 제출된 2004년 민법개정안이 있었으나 폐기되었으므로 그 후 제출된 2010년 개정안으로 설명하기로 한다.

**(3) 출연재산이 채권인 경우**

(개) 출연재산이 채권 중 지명채권인 때에는 채권양도에 특별한 요건이 필요하지 않기 때문에 본조가 정하는 시기에 법인에 귀속한다.

(내) 출연재산이 지시채권이나 무기명채권인 경우에는 문제가 있다. 지시채권인 경우에는 §508의 규정에 의하여 양도를 위해서는 증서의 배서·교부가 필요하고, 무기명채권인 경우에는 §523의 규정에 의하여 양도를 위해서는 증서의 교부가 필요하기 때문에 출연재산이 물권인 경우와 유사한 문제가 생긴다. 다수설은 본조를 §508나 §523의 예외규정으로 보아 지시채권이나 무기명채권이 출연재산인 경우에도 그 배서·교부나 교부가 필요하지 않으며 본조가 정하는 시기에 법인에 귀속된다고 한다. 소수설은 지시채권인 경우에는 §508의 규정에 증서의 배서·교부가, 무기명채권인 경우에는 §523의 규정에 의하여 증서의 교부가 있어야만 법인에게 귀속한다고 한다.

(대) 출연재산이 물권이 경우에서 검토하였듯이 입법론은 별론으로 하고 현행법의 테두리에서는 본조를 다수설과 같이 해석하는 것이 타당하다.

[호 제 훈]

**第49條**(法人의 登記事項)

① 法人設立의 許可가 있는 때에는 3週間內에 主된 事務所所在地에서 設立登記를 하여야 한다.

② 前項의 登記事項은 다음과 같다.

　　1. 目的

　　2. 名稱

　　3. 事務所

　　4. 設立許可의 年月日

　　5. 存立時期나 解散理由를 定한 때에는 그 時期 또는 事由

　　6. 資産의 總額

　　7. 出資의 方法을 定한 때에는 그 方法

　　8. 理事의 姓名, 住所

　　9. 理事의 代表權을 制限한 때에는 그 制限

# Ⅰ. 본조의 취지

법인은 자연인과 같이 사회적 활동을 하는 실체이지만 자연인과 달리 명확한 외형이 없기 때문에 제3자로서는 법인의 존재나 내용을 쉽게 알 수 없다. 법인과 거래하는 제3자를 보호하기 위해서는 법인의 조직이나 내용을 일반에게 공시할 필요가 있다. 이것이 법인에 관한 등기제도의 취지임은 앞에서 살피 바와 같다. 민법은 본조부터 §54까지 법인의 등기와 관련된 사항에 대하여 규정하고 있는데, §49 Ⅰ은 설립등기의 기간, 장소 등에 대하여, §49 Ⅱ은 설립등기에 기재하여야 할 사항에 대하여 규정하고 있다.

# Ⅱ. 설립등기

## 1. 설립등기의 기간, 장소 등

법인설립의 허가가 있는 때에는 3주간 내에 주된 사무소의 소재지에서 설립등기를 하여야 한다($^{\S 49}_{1}$). 이때 등기기간은 주무관청의 설립허가서가 도착한 날로부터 기산한다($^{\S}_{53}$). 주된 사무소란 사무소가 둘 이상 있는 경우에 법인활동의 중심을 이루는 사무소를 말하지만, 설립등기를 함에 있어서는 형식적으로 정관과 등기부에 주된 사무소로 기재된 사무소를 말한다.

## 2. 등기사항

### (1) 목      적

법인이 어떠한 사업을 하는지 제3자가 알 수 있을 정도로 표시하면 되는데, 통상은 법인의 목적을 위해서 행하는 사업의 종류를 구체적으로 표시하는 방식으로 한다.

### (2) 명　　칭

법인의 명칭은 법령상 사용이 제한되는 명칭을 제외하고는 자유롭게 정할 수 있다(은행 §14, 봄). 비송사건절차법의 위임에 따라 제정된 대법원 규칙인 「민법법인 및 특수법인 등기규칙」 §4에 의하면 민법상 법인의 명칭을 등기하는 때에는 사단법인 또는 재단법인임을 표시하도록 하고 있으므로, 법인설립등기를 할 때에 사단법인인지 재단법인인지를 표시하여법인의 명칭을 등기하여야 한다. 다만 법인의 명칭 중에 법인의 종류를 표시하는 문자가 사용되고 있는 경우에는 별도로 사단법인인지 재단법인인지를 표시할 필요가 없다(같은 조 단서).

### (3) 사 무 소

법인의 사무소의 소재지를 등기하여야 한다. 사무소가 수개인 때에는 그 중 1곳을 주된 사무소로, 나머지를 분사무소로 등기한다.

### (4) 설립허가의 연월일

주무관청으로부터 받은 설립허가서에 기재된 일자를 등기하면 된다.

### (5) 존립시기나 해산사유

법인이 존속하기로 하는 기간을 미리 정하여 놓거나, 법정해산사유 이외에 일정한 사유가 발생하면 법인이 해산하기로 정한 사유가 있으면 이를 등기하여야 한다.

### (6) 자산총액·출자방법

자산의 총액이란 정관상의 기본재산은 물론 기타 법인이 보유하는 일체의 적극재산의 총액에서 채무 등의 소극재산을 공제한 순재산액을 말한다. 자산의 총액을 등기사항으로 정한 것은 법인채무의 일반담보가 되는 재산의 현황을 공시하도록 하는 취지이다.

출자의 방법에 관한 사항, 예를 들어 사단법인의 정관에 발기인이나 사원들의 출자의무에 관한 규정이 있거나, 재단법인의 정관에 설립자가 정기적으로 출연하기로 하는 규정이 있을 때 그러한 사항을 말한다. 법인과 거래하는 제3자에게 법인의 지불능력을 공시하기 위한 것이다.

### (7) 이사의 성명·주소, 이사의 대표권의 제한

법인의 이사의 성명 및 주소를 등기하여야 한다. 비송사건절차법은 이사의 등기를 할 때에 주민등록번호도 등기하도록 요구하고 있다(비송 §62). 만약 동일인이 이사에 재선되어 중임이 된 경우에 비록 그의 성명·주소에 변동이 없다 하더라도 일단 이사자격을 상실하고 새로운 자격을 취득한 경우에는 이사변경등기를 하여야 한다($_{§\,52\,참조}^{비송}$).

　이사는 법인의 사무에 관하여 각자 법인을 대표하는 것을 원칙으로 하지만($_{1\,본문}^{비송\,§\,59}$), 정관이나 사원총회의 결의에 의해서 이사의 대표권을 제한할 수 있다($_{1\,단서}^{비송\,§\,59}$). 그러한 이사의 대표권의 제한에 관한 사항은 등기하여야 하며 이를 등기하지 않으면 제3자에게 대항하지 못한다($_{§\,60}^{비송}$).

[호　제　훈]

**第 50 條**(分事務所設置의 登記)
　① 法人이 分事務所를 設置한 때에는 主事務所所在地에서는 3週間內에 分事務所를 設置한 것을 登記하고 그 分事務所所在地에서는 同期間內에 前條 第2項의 事項을 登記하고 다른 分事務所所在地에서는 同期間內에 그 分事務所를 設置한 것을 登記하여야 한다.
　② 主事務所 또는 分事務所의 所在地를 管轄하는 登記所의 管轄區域內에 分事務所를 設置한 때에는 前項의 期間內에 그 事務所를 設置한 것을 登記하면 된다

## I. 본조의 취지

　분사무소란 법인이 주사무소 이외에 별도로 설치한 사무소를 말한다. 분사무소의 신설이 정관변경사항인 경우에는 정관변경 절차에 따라 정관을 변경하고 주무관청의 허가를 얻어야 한다($_{II}^{§\,42}$). 본조는 법인이 분사무소를 설치한 경우 그 등기에 대하여 규정하고 있다.

## Ⅱ. 본조의 내용

　　법인이 분사무소를 설치한 때에는 주사무소 소재지에서는 3주간 내에 분사무소를 설치한 것을 등기하고 그 분사무소 소재지에서는 같은 기간내에 §49 Ⅱ의 설립등기사항을 등기하여야 하며, 이미 다른 분사무소가 있는 경우에는 다른 분사무소의 소재지에서는 그 기간 내에 새로운 분사무소가 설치된 것을 등기하여야 한다($\S_{I}^{50}$).

　　주사무소 또는 기존의 분사무소의 소재지를 관할하는 등기소의 관할구역 내에서 분사무소를 신설하는 경우에는 3주간 내에 그 분사무소가 설치된 것을 등기하면 되고 그 밖의 설립등기사항을 등기할 필요는 없다($\S_{II}^{50}$).

　　본조의 등기기간, 즉 3주간의 기간은 주무관청의 허가를 필요로 하지 아니할 경우에는 실제로 분사무소를 설치한 날로부터, 주무관청의 허가가 필요한 경우에는 그 허가서가 도착한 날로부터 기산한다($\S_{53}$).

　　본조의 분사무소 설치의 등기는 설립등기 이외의 등기로서 제3자에 대한 대항요건이다($\S_{54}$). 분사무소 설치의 등기 없이는 법인은 분사무소의 설치로써 제3자에게 대항하지 못한다. 여기서 제3자란 법인의 기관이나 사단법인의 사원 등 법인에 관여하는 자 이외의 자를 의미한다. 따라서 사단법인의 사원은 여기의 제3자에 해당하지 않으므로 법인은 분사무소의 설치등기전이라도 분사무소에 대한 회비납부 등을 청구할 수 있다. '대항할 수 없다'는 것은 법인이 그 설치를 제3자에 대하여 주장할 수 없다는 뜻일 뿐이고 제3자로서는 분사무소의 설치를 부인할 수도 있고 아니면 그 설치를 인정하여 어떤 주장을 할 수도 있다.

[호 제 훈]

**第 51 條**(事務所移轉의 登記)

① 法人이 그 事務所를 移轉하는 때에는 舊所在地에서는 3週
間內에 移轉登記를 하고 新所在地에서는 同期間內에 第
49條 第2項에 揭記한 事項을 登記하여야 한다.

② 同一한 登記所의 管轄區域內에서 事務所를 移轉한 때에는
그 移轉한 것을 登記하면 된다.


# Ⅰ. 본조의 취지

본조는 법인이 사무소를 이전한 경우 그 등기에 대하여 규정하고 있다.


# Ⅱ. 본조의 내용

법인이 사무소를 이전하는 때에는, 구소재지에서는 이전한 날로부터 3주간 내에 이전등기를 하고, 신소재지에서는 같은 기간 내에 설립등기사항을 등기하여야 한다($§51 \atop Ⅰ$).

다만 동일한 등기소의 관할구역 내에서 사무소를 이전하는 때에는 사무소가 이전된 사실만 등기하면 되고 그와 별도로 §49 Ⅱ의 설립등기사항을 등기할 필요가 없다($§51 \atop Ⅱ$).

본조에서의 사무소는 주사무소뿐만 아니라 분사무소를 포함한다. 사무소의 이전이 사무소의 소재지를 변경한 경우에 해당하면 정관의 변경을 필요로 하므로($§40 \atop 참조$) 이때에는 정관 변경 절차에 따라 정관을 변경하고 주무관청의 허가를 얻어야 한다($Ⅱ \atop {§42 \atop 참조}$). 등기기간은 사무소의 이전으로 주무관청의 허가가 필요한 경우에는 주무관청의 허가서가 도착한 날로부터($§53 \atop 참조$), 주무관청의 허가가 필요하지 않는 경우에는 현실적으로 사무소가 이전한 날로부터 기산한다. 본조의 등기를 하지 않으면 사무소의 이전으로써 제3자에게 대항하지 못한다($§54 \atop Ⅰ$).

[호 제 훈]

**第 52 條**(變更登記)

　第49條 第2項의 事項 中에 變更이 있는 때에는 3週間內에 變更登記를 하여야 한다.


## I. 본조의 취지

　본조는 법인설립등기의 변경등기에 대하여 규정하고 있다. 변경등기란 등기한 사항에 관하여 후발적인 사유로 변경이 생긴 경우에 변경 후의 사실에 부합하도록 하는 등기를 말한다. 당초의 등기에 착오 또는 유루가 있어서 원시적으로 등기사항의 기재가 사실과 불일치하여 이를 바로잡기 위하여 행하는 경정등기와는 구별된다.


## II. 본조의 내용

　본조는 §49 II에 규정된 법인설립등기사항 중에 변경이 있을 때에 변경등기를 할 것을 요구한다.

　변경등기의 대상은 기존에 등기된 사항을 고쳐서 등기하는 것(예를 들면 법인명칭의 변경, 주사무소의 이전, 임원의 교체), 기존의 등기사항을 삭제하는 것(예를 들면 기존분사무소의 폐지, 임원의 해임), 새로운 등기사항을 추가하는 것(예를 들면 새로운 분사무소의 설치, 법인의 존립시기나 해산사유를 새로 설정), 기타 형식적인 변경(예를 들면 단순한 자구의 수정) 등이 모두 포함된다. 이사가 재임 또는 중임하는 경우에는 그 성명·주소의 변경이 없어도 구자격상실, 신자격취득을 등기하여야 한다. 또한 이사가 사망하고 새로운 이사가 선임된 경우에도 구이사퇴임 및 신이사선임의 변경등기를 하여야 한다.[1]

　법인의 등기사항과 정관의 기재사항은 반드시 일치하지는 않는다. 따라서 정관변경이 있다고 하더라도 반드시 변경등기절차가 뒤따르는 것은 아니고, 변경등기에 의해서 정관변경이 반드시 있어야 하는 것도 아니다. 변경하고자 하는 등기사항이 정관의 기재사항이라면 정관변경절차를 거쳐 주무관청의 허

---

1) 주석 총칙(1), 689(제4판/송호형).

가를 필요로 한다($\S\S\frac{42.}{45}$).2)

　본조의 변경등기는 3주간 내에 하여야 하는데, 주무관청의 허가를 필요로
하는 경우에는 그 허가서가 도착한 날로부터($\S\frac{53}{45조}$), 그 밖의 경우에는 현실적으
로 변경이 있은 날로부터 기산한다.

　본조의 변경등기는 제3자에 대한 대항요건이므로, 법인은 변경등기 없이
는 변경된 사항으로써 제3자에게 대항하지 못한다.

[호  제  훈]


## 제 52 조의2(직무집행정지 등 가처분의 등기)

　　이사의 직무집행을 정지하거나 직무대행자를 선임하는 가처
　　분을 하거나 그 가처분을 변경·취소하는 경우에는 주사무소
　　와 분사무소가 있는 곳의 등기소에서 이를 등기하여야 한다.


## I. 본조의 연혁 및 취지

　상법은 주식회사 및 유한회사의 이사, 감사 또는 청산인의 지위를 다투는
소가 제기된 경우에 법원은 가처분의 형식으로 이들의 직무집행을 정지할 수
있도록 하면서 그 공백을 메우기 위해서 직무대행자를 선임할 수 있도록 하였
다($\S\,407\,\frac{상}{I}$). 그리고 이러한 법원의 직무집행정지 및 직무대행자선임의 가처분
은 본점과 지점의 소재지에서 등기를 하도록 하고 있다($\S\,407\,\frac{상}{III}$). 상법의 적용을
받는 이사 등의 직무집행정지 및 직무대행자의 가처분에 대해서는 이처럼 상
법에 명문으로 규정되어 있었다.

　상법의 적용을 받지 않는 민법상의 사단법인이나 재단법인의 이사, 법인격
없는 사단·재단의 대표자 등의 경우에도 그 지위를 다투는 소송을 제기하면
서 그 직무집행정지 가처분을 신청할 수 있는지가 문제되었다. 판례는 민법상
법인의 이사회결의에 하자가 있는 경우에 관하여는 법률에 별도의 규정이 없
으므로 그 결의에 무효사유가 있는 경우에는 이해관계인은 언제든지 또 어떠

---

　2) 주석 총칙(1), 689(제4판/송호형).

한 방법에 의하든지 그 무효를 주장할 수 있으므로 무효주장의 방법으로 이사회결의 무효확인소송을 제기할 수 있고, 이를 본안으로 하여 이사의 직무집행정지가처분 및 그 대행자선임 가처분을 신청할 수 있다고 하였고(대판 00.2.11, 99다30039), 학설도 이러한 가처분이 허용된다는 점에 이론이 없었다. 다만, 이러한 단체임원에 대한 가처분은 이를 등기할 법적 근거가 없었고, 직무대행자로 선임된 자의 업무범위에 관한 규정이 없어 대표자에 대하여 직무집행정지가처분이 발령된 단체와 거래하는 제3자에게 불측의 손해를 입힐 가능성이 있었다. 이에 따라 민사집행법 제정과 동시에 민법과 상법을 개정하여 민법 및 상법상 법인의 임원에 대한 직무집행정지 등 가처분이 등기사항이라는 점과 직무대행자의 업무범위는 원칙적으로 법인의 통상사무에 한정된다는 점을 명시하고 (§§ 52-2, 60-2, 상 §§ 183-2, 200-2, 265), 민집 § 306로 법인 임원의 직무집행정지 등 가처분의 등기촉탁절차를 신설함으로써 민법이나 상법상의 단체 임원의 일반에 관하여 직무집행정지 가처분이 가능함을 명백히 하는 동시에 그 실효성을 제고하였다.[1] 다만 대표적인 사법상의 법인이라고 할 수 있는 민법과 상법상의 법인에 관하여만 위와 같은 규정을 마련하였을 뿐, 비법인 사단이나 재단, 공법인 등에 관하여는 구체적인 사정에 따라 해석에 의하거나 개별 법률들에서 민법 또는 상법의 위 규정을 준용하도록 여지를 남겨 두었다.

본조는 이사의 직무집행정지 및 직무대행자선임의 가처분(그 가처분의 변경·취소를 포함)에 대해서 이를 등기하도록 하고 있고, § 60-2에서는 직무대행자의 권한범위를 정하고 있다.


## II. 본조의 내용

본조는 이사의 직무집행을 정지하거나 직무대행자를 선임하는 가처분을 하거나 그 가처분을 변경·취소하는 경우에는 주사무소와 분사무소가 있는 곳의 등기소에서 이를 등기하도록 규정하였다. 민집 § 306는 법원사무관등은 법원이 법인의 대표자 그 밖의 임원으로 등기된 사람에 대하여 직무의 집행을 정지하거나 그 직무를 대행할 사람을 선임하는 가처분을 하거나 그 가처분을 변경·취소한 때에는, 법인의 주사무소 및 분사무소 또는 본점 및 지점이 있는

---

1) 법원행정처, 법원실무제요, 민사집행법[IV], 328.

곳의 등기소에 그 등기를 촉탁하도록 하였다.

본조의 등기 역시 제3자에 대한 대항요건이다. 따라서 가처분의 등기 없이 법인은 종전이사의 직무가 집행정지된 사실 혹은 새로 직무대행자가 선임된 사실을 가지고 제3자에게 대항할 수 없다.

직무집행정지가처분이 등기할 사항일 경우에 등기는 본래의 집행이라고 하기보다는 넓은 의미의 집행으로서 가처분등기는 집행방법의 성격을 가진다. 채권자와 채무자 사이의 가처분결정의 효력은 등기 이전에 가처분 결정의 송달에 의하여 발생하고, 다만 가처분등기가 경료되면 제3자에 대하여도 가처분결정의 효력으로 대항할 수 있게 된다.[2]

비법인 사단 및 재단의 이사에 대한 가처분은 등기로 공시되지 않으므로 대세적 효력이 없는 가처분이 되어 가처분의 효력은 고지받은 당사자에게만 미친다. 따라서 종전의 이사가 제3자에게 한 재산처분 등의 법률행위의 효력에는 영향을 미치지 않는다.[3]

[호 제 훈]

## 第 53 條(登記期間의 起算)

前3條의 規定에 依하여 登記할 事項으로 官廳의 許可를 要하는 것은 그 許可書가 到着한 날로부터 登記의 期間을 起算한다.

## I. 본조의 취지

본조는 등기할 사항이 주무관청의 허가를 필요로 하는 경우에 등기기간의 기산일에 대하여 규정하고 있다. 등기를 신청하여야 할 법인설립자 또는 등기의 대표권있는 이사 등의 주소 또는 거소가 주무관청의 소재지로부터 원격지에 떨어져 있는 경우를 배려하려는 것이 입법취지이다.

---

2) 법원행정처(주 1), 344.
3) 이시윤, 신민사집행법, 2016, 690; 김홍엽, 민사집행법, 2017, 495.

## II. 본조의 내용

　　본조의 대상이 되는 등기할 사항으로 관청의 허가를 요하는 것은 §50의 분사무소설치의 등기, §51의 사무소이전의 등기, §52의 변경등기 사항 중 정관변경 및 그에 따른 주무관청의 허가가 필요한 경우이다.

　　이러한 내용의 변경등기는 3주간 내에 하여야 하는데, 그 기산점은 주무관청의 허가가 있은 때부터가 아니라, 허가서가 도착한 날로부터이다.

[호 제 훈]


**第 54 條**(設立登記 以外의 登記의 效力과 登記事項의 公告)
　　① 設立登記 以外의 本節의 登記事項은 그 登記後가 아니면 第三者에게 對抗하지 못한다.
　　② 登記한 事項은 法院이 遲滯없이 公告하여야 한다.


## I. 본조의 취지

　　본조는 법인설립등기 이외의 등기의 효력에 대하여 규정하고 있다.


## II. 본조의 내용

　　앞에서 설명하였듯이 법인설립등기는 법인성립의 효력발생을 위한 성립요건이다($\S_{33}$). 법인설립등기를 제외한 그 이외의 분사무소설치등기, 사무소이전등기 및 기타 변경등기 등은 모두 대항요건이다($_{54}\S_1$). 대항요건이라는 것은 이를 등기하지 않고서는 제3자에게 그 등기사항을 주장하지 못한다는 의미이다. 다만 제3자가 이를 인정하는 것은 가능하다. 대항요건이므로 등기된 대로의 실체적 효력을 갖는 것도 아니다. 대법원은 이사 변경의 법인등기가 경료되었다 하더라도 등기된 대로의 실체적 효력을 갖는 것은 아니라고 판시하였다

$\left(\begin{smallmatrix}대판\ 00.1.28.\\98다26187\end{smallmatrix}\right)$.

　　여기서 제3자란 법인의 기관 및 사단법인의 사원을 제외한 기타의 자를 의미한다. 제3자의 선의·악의를 가리지 않으므로 등기 없이는 악의의 제3자에게도 대항할 수 없다.

　　법원은 등기한 사항을 지체 없이 공고하여야 한다($\begin{smallmatrix}§54\\II\end{smallmatrix}$). 등기한 사항의 공고는 신문에 1회 이상 게재하여야 한다($\begin{smallmatrix}비송\\§65-2\end{smallmatrix}$).

[호 제 훈]


**第 55 條**(財産目錄과 社員名簿)

　① 法人은 成立한 때 및 每年 3月內에 財産目錄을 作成하여 事務所에 備置하여야 한다. 事業年度를 定한 法人은 成立한 때 및 그 年度末에 이를 作成하여야 한다.

　② 社團法人은 社員名簿를 備置하고 社員의 變更이 있는 때에는 이를 記載하여야 한다.

# I. 재산목록

## 1. 본조의 취지

　§55 I은 법인으로 하여금 재산목록을 작성하고 비치할 의무를 규정하고 있다. 재산목록의 작성 및 비치를 법인의 의무로서 규정한 취지는 법인의 재산상태를 명확하게 하고, 제3자로 하여금 그것을 용이하게 알 기회를 주며, 설립자, 이사, 사원 등 법인에 관여하고 있는 자들의 개인재산과 법인재산과의 혼동을 방지하는 한편 주무관청의 법인에 대한 업무감독상의 편의를 위한 것이다.

**2. §55 I의 내용**

재산목록이란 법인에 속한 적극 및 소극 총재산의 종류, 수량을 기재한 서면을 말한다.

재산목록은 법인설립시 및 매년초 3개월 내에 작성하여야 한다($^{§55}_{1 본문}$). 법인설립시에 작성하는 것을 기본재산목록이라 하고, 매년 3월내에 작성하는 것을 매년도재산목록이라고 한다.

제1항 후문은 사업년도를 정한 법인의 경우에는 매년도재산목록을 그 연도말에 작성하도록 규정하고 있다. 법인의 사업연도는 1년을 초과하지 않는 범위 내에서 법령이나 법인의 정관 등에서 정하는 1회계기간으로 법인이 관할세무서장에게 신고하여야 하나, 그 신고를 하지 아니하는 경우에는 매년 1월 1일부터 12월 31일까지를 그 법인의 사업연도로 한다($^{법세}_{§6 참조}$). 사업연도를 정한 법인은 그 사업연도말에 매년도재산목록을 작성하여야 한다.

재산목록의 기재형식에 관해서는 특별한 규정이 없으므로 본조의 취지에 맞게 제3자가 법인의 재산상태를 충분히 알 수 있고 주무관청으로서도 법인의 재산상태를 감독할 수 있도록 작성하여야 한다. 재산목록의 비치장소는 법인의 사무소이다. 재산목록의 작성 · 비치는 이사의 직무에 속하고 이를 태만히 하거나 부정한 기재를 한 때에는 과태료의 제재를 받는다($^{§97}_{(ii)}$).


## II. 사원명부

§55 II은 사단법인으로 하여금 사원명부를 비치하고 사원의 변경사항을 기재하여야 할 의무를 규정하고 있다. 사원명부의 비치 및 변경사항 기재를 법인의 의무로서 규정한 취지는 그 사단법인이 어떤 사원들로 구성되어 있는가를 제3자에게 명시하여 열람할 수 있도록 하기 위해서이다.

사원명부는 총사원의 명부이다. 사단법인이 설립되면 사원명부를 작성하여 비치하고 그 사원의 변경이 있을 때에 이를 기재하여야 한다. 사원명부의 비치장소는 법인의 사무소이다. 사원명부의 작성 · 비치는 이사의 직무에 속하고 이를 태만히 하거나 부정기재를 하게 되면 과태료의 제재를 받는다($^{§97}_{(ii)}$).

[호 제 훈]

**第 56 條**(社員權의 讓渡, 相續禁止)

社團法人의 社員의 地位는 讓渡 또는 相續할 수 없다.

# Ⅰ. 본조의 취지

본조는 사단법인 사원권의 양도성 및 상속성을 부인하고 있다. 비영리법인의 구성원인 사원의 지위가 공익권의 성격이 강한 점을 고려한 조항이다.

# Ⅱ. 본조의 내용

## 1. 사 원 권

사단의 구성원인 사원이 사단에 대하여 가지는 권리를 통틀어서 사원권이라고 한다. 사원의 사단에 대한 법적 지위라고 할 수 있다.

사원권은 크게 공익권과 자익권으로 나누어진다. 공익권은 사단의 관리, 운영에 참가하는 것을 내용으로 하는 권리로서, 결의권, 소수사원권, 업무집행권, 감독권 등이 그에 속한다. 자익권은 사원 자신이 이익을 누리는 것을 내용으로 하는 권리로서, 사단의 설비를 이용하는 권리 등이 이에 속한다. 한편 사원은 사원은 사원의 자격에서 사단에 대하여 일정한 의무를 부담한다. 회비납부의무, 출자의무 등이 그 예이다.

## 2. 사원권의 양도성 및 상속성

영리법인에서의 사원권은 자익권으로서의 성격이 강하므로 양도나 상속이 허용된다(상 §335). 이에 반해 비영리법인에서의 사원권은 공익권으로서의 성격이 강하므로 양도나 상속이 허용되지 않는다. 본조는 비영리법인인 사단법인 사원권의 양도성과 상속성을 부인하고 있다. 다만 사단법인 사원권의 양도 및 상속을 부인하는 본조의 규정은 강행규정이 아니므로 정관으로 사원권의 양도나 상속을 인정하는 것은 가능하다.

　　대법원은, §56는 "사단법인의 사원의 지위는 양도 또는 상속할 수 없다" 고 규정하고 있으나, 위 규정은 강행규정은 아니므로 정관에 의하여 이를 인정 하고 있을 때에는 양도·상속이 허용된다고 판시하였고(대판 92.4.14.<br>91다26850), 비법인사 단에서도 사원의 지위는 규약이나 관행에 의하여 양도 또는 상속될 수 있다고 판시하였다(대판 97.9.26.<br>95다6205).

　　　　　　　　　　　　　　　　　　　　　　　　　　　　　　[호 제 훈]

# 第3節 機　　關

## 전　　론

## I. 기관의 의의

　　법인이 독립적인 권리의무의 주체로서 활동하기 위해서는 내부적으로 법 인의 의사를 결정하고, 외부적으로 법인을 대표하여 행위하며, 기타 법인의 여 러 기능을 수행할 일정한 조직이 필요하다. 이러한 조직을 기관이라고 한다. 가장 대표적인 예로 법인은 의사결정기관, 업무집행기관, 감독기관 등을 필요 로 한다. 기관은 복수의 자연인 및/또는 법인으로 이루어질 수도 있지만(예: 여<br>러 명의 자연인 및/또는 여러 개의 법인<br>이 사원총회를 구성하는 경우), 하나의 자연인이 법인의 기관을 구성하기도 한다(예: 자<br>연인인<br>이사들은 각자<br>기관에 해당함). 민법에서는 이사, 감사, 사원총회를 법인의 기관으로 상정하고 있다. 　　종래 기관과 법인과의 관계를 법인본질론과 연계하여 설명하기도 하였다. 즉 법인의제설에 따르면 이사는 법인의 대리인에 불과하여 법인의 기관이라는 관념이 인정되지 않지만, 법인실재설에 따를 때에 대리인과 구별되는 기관이 라는 관념이 비로소 인정된다는 것이다.[1] 그러나 법인의제설이라는 것이 사회 적인 활동의 주체 내지 권리의무의 주체로서 법인의 실재성을 부인하는 것은

---

1) 구주해(1), 654(최기원).

아니므로,[2] 법인의 본질을 어떻게 파악하든 법인의 의사결정, 업무집행, 감독
등을 수행하는 기관이라는 관념과 모순되는 것은 아니다.[3]

## II. 기관의 종류

　법인의 기관은 종래 의사결정기관, 업무집행기관, 감독기관의 세 종류로
분류해 왔다.[4] 사단법인의 사원총회는 의사결정기관이고, 사단법인·재단법인
의 이사는 업무집행기관이며, 사단법인·재단법인의 감사는 감독기관이다. 그
러나 이러한 구분이 반드시 정확하고 일의적인 것은 아니다. 예컨대 이사들로
이루어진 이사회는 의사결정기관이라고도 할 수 있지만, 사단법인에서는 사원
총회의 결정 사항을 집행하는 업무집행기관으로 볼 수 있는 측면도 있고, 운영
하기에 따라서는 이사장을 감독하는 감독기관의 성격을 띨 수도 있을 것이다.

　또한 법인의 기관은 법률상 반드시 두어야 하는 필요기관과 그렇지 않은
임의기관으로 구분할 수 있다.[5] 민법상 사단법인에서 사원총회와 이사는 필요
기관이고, 감사는 임의기관이다. 민법상 재단법인에서 사원총회는 있을 수 없
고, 이사는 필요기관이며, 감사는 임의기관이다. 다만 '공익법인의 설립 및 운
영에 관한 법률'의 적용을 받는 공익법인에서는 사원총회($^{사단법인인\ 공}_{익법인의\ 경우}$), 이사
($^{공익법인}_{\S 5\ 1}$) 외에 감사($^{공익법인}_{\S 5\ 1}$), 이사회($^{공익법인}_{\S 6\ 1}$)도 필요기관이다. 사립학교법의 적용
을 받는 학교법인에서는 이사($^{사학}_{\S 14\ 1}$), 감사($^{사학}_{\S 14\ 1}$), 이사회($^{사학}_{\S 15\ 1}$)가 필요기관이다.

　민법에서는 법인의 기관으로 이사, 사원총회, 감사를 정하고 있다. 비영리
법인만을 규율의 대상으로 하는 민법의 기관 관련 규정은 영리법인을 대상으
로 하는 상법 회사편은 물론, 상세한 공법적 규제사항을 정하고 있는 공익법인
법 및 사립학교법의 기관 관련 규정에 비해 훨씬 소략하다. 이하 각 조문별 주
해에서 나타나듯이 현재 법인의 기관에 관한 민법 조문은 지나치게 소략하여
실제 법인운영이나 그에 관한 분쟁에 대하여 유의미한 지침을 제공해주지 못
하는 경우가 많다. 각 조문별 주해에 등장하는 분쟁 사례와 학설 대립의 상당

---

　2) 송호영, 법인론, 제2판, 2015, 56-58.
　3) 주석 총칙(1), 639(제5판/송호영)(법인의제설과 법인실재설의 논쟁은 더 이상 의미가
　　없고, 법인의제설=대리설, 법인실재설=기관설로 단순 도식화해서는 안 된다고 함).
　4) 구주해(1), 654(최기원); 주석 총칙(1), 779(제5판/문영화).
　5) 구주해(1), 654(최기원); 주석 총칙(1), 779(제5판/문영화).

수는 입법이 불완전하거나 미흡한 데에서 비롯되는 것으로 보인다. 향후 민법
개정 시에는 법인의 운영과정에서 실제 발생하는 문제를 해결하는 데에 합리적
인 지침을 제공할 수 있도록 관련 조문을 대폭 보완하고 정비해야 할 것이다.

[천 경 훈]


## 第 57 條(理事)

### 法人은 理事를 두어야 한다.

## Ⅰ. 본조의 의의

이사는 대외적으로 법인을 대표하고 대내적으로 법인의 업무를 집행하는

상설적 필요기관이다. 사단법인과 재단법인 모두 본조에 따라 이사를 반드시
두어야 한다. 본조는 강행규정이므로 이에 반하여 이사를 두지 않기로 한다거
나 이사 제도를 폐지하는 정관 규정 또는 사원총회 결의는 효력이 없다.[1]

그러나 이사의 존재는 법인의 성립 또는 존속요건은 아니므로, 이사가 없
더라도 법인은 성립하고, 이사가 일시적으로 없더라도 법인이 권리능력을 잃
거나 해산되는 것은 아니다.[2] 다만 본조의 취지상 이사가 없게 된 경우에는
빠른 시간 내에 이사를 선임해야 할 것이다.[3]


## II. 이사의 인원수 및 자격

### 1. 인원 수

이사의 원수에 대하여는 민법상 제한이 없다. 최소 인원이 정해져 있지 않
으므로 이사는 1인이어도 무방하고, 최대 인원에 대한 제한도 없다. 정관으로
그 원수를 정할 수 있고 실제로 정관에 이사의 최소 또는 최대 인원수를 정하
는 경우가 많으나, 이는 정관의 필요적 기재사항은 아니므로 반드시 정관으로
정해야 하는 것은 아니다.[4]

공익법인의 경우 이사는 5명 이상 15명 이하이어야 하고($\frac{공익법인}{\S 5\ I}$), 학교법
인의 경우 이사는 7명 이상이어야 한다($\frac{사학}{\S 14\ I}$). 공익법인 및 학교법인의 경우
이사 중에 결원이 생기면 2개월 내에 보충하여야 한다는 특칙이 있다($\frac{공익법인}{\S 5\ VII,\ 사}$
$\frac{학}{\S 24}$). 두 법 모두 2개월 내에 보충하지 않을 경우의 벌칙은 따로 정해져 있지
않다.

### 2. 자    격

#### (1) 정관으로 정한 자격

⑺ 자격요건의 예        이사로 될 수 있는 자격에 관하여 민법에는 규
정이 없지만, 정관으로 이사의 자격요건을 정하는 것은 가능하다.[5] 예컨대 연

---

1) 구주해(1), 656(최기원).
2) 주석 총칙(1), 699(제4판/주기동).
3) 주석 총칙(1), 780(제5판/문영화).
4) 구주해(1), 656(최기원).
5) 구주해(1), 656(최기원); 주석 총칙(1), 780(제5판/문영화).

령, 국적, 거주지, 전과 등을 기준으로 자격을 정하거나, 법인의 사원에 한정하거나, 일정한 직업에 종사하는 자만으로 제한하거나, 일정한 전문직 면허·허가 등을 보유한 자만으로 제한하는 것도 원칙적으로 가능하다.

정관에 특별한 규정이 없는 한 사단법인에서 사원이 아닌 자도 이사가 될 수 있음은 물론이다.[6] 다만 사단법인의 경우 이사는 사원 중에서 선임하여야 한다는 취지를 정관에 정하고 있는 경우가 있고, 그러한 자격 조항은 유효하다고 할 것이다.

(나) 자격흠결시의 효과    정관으로 정한 자격을 갖추지 못한 자를 이사로 선임하였거나, 또는 이사로 선임된 자가 그 후에 정관으로 정한 자격을 갖추지 못하게 되었을 때에 그 효과는 어떠한가? 정관에서 그 효과를 명확히 규정하고 있다면 그에 따를 것이나, 정관에서 이를 규정하고 있지 않다면 문제가 된다.

대법원은 "법인의 정관에 이사가 갖추어야 할 자격을 규정하고 있을 뿐 그 자격이 흠결된 경우의 효과 내지 취급에 관하여 아무런 규정도 두고 있지 아니하다면, 이사회의 적법한 결의를 거쳐 선임된 이사가 정관에서 정한 자격을 흠결한 것으로 사후에 밝혀진다고 하더라도, 이를 이유로 그 이사를 해임함은 별론으로 하고, 그러한 사정만으로는 그 이사선임결의가 무효로 되거나 이미 선임된 이사가 그 지위를 당연히 상실하게 되는 것이라고 할 수 없다"고 판시한 바 있다.[7]

그러나 이 사건에서 문제된 것은 재단법인의 정관에서 정한 "설립취지에 찬동하고 재단 발전에 기여할 의사를 가진 사회적 덕망이 있는 자"라는 추상적인 자격이었다. 대법원은 이 규정은 "불확실한 내심의 의사와 함께 '사회적 덕망가'라는 추상적인 내용을 내세우고 있어서 어떠한 사람이 그러한 자격을 갖추지 못한 것인지에 관한 판단이 자의적일 수 있는데, 아직까지 피고들이 그러한 자격을 갖추지 못했음을 보여 주는 객관적인 자료가 드러나지 않은 점" 등을 지적하였다. 따라서 해당 사안에서 이사 지위를 상실하지 않는다는 결론은 수긍할 수 있다.

그러나 위 판시사항을 일반론으로 확대해석하여, 정관에서 객관적이고 명확한 자격을 정하고 있는 경우에도 그 흠결은 해임 사유가 될 뿐 이사 지위에

---

6) 주석 총칙(1), 780(제5판/문영화).
7) 대판 07.12.28, 2007다31501.

는 영향이 없다고 단정할 수 있을지는 의문이다. 예컨대, ① 정관에서 해당 법인의 사업과 관련하여 금고 이상의 형을 선고받고 그 판결이 확정된 경우에 이사자격이 없다고 정하고 있는데 그러한 결격사유에 해당하게 되었다거나, ② 정관에서 일정한 자격(교사자격, 변호사자격 등)을 갖춘 자만이 이사가 될 수 있다고 정하고 있는데 그러한 자격 없는 자가 이사로 선임되었다거나 또는 이후에 징계 등의 사유로 그 자격을 잃게 되었다거나, ③ 사단법인의 정관에서 사원만이 이사가 될 수 있다고 정하고 있는데 사원 아닌 자가 이사로 선임되었다거나 또는 이후에 제명·탈퇴 등의 사유로 사원이 아니게 된 경우는 어떠한가? 정관에서 정한 자격요건 또는 결격요건이 객관적이고 명확하다면, 결격사유가 있는 자를 이사로 선임해도 선임의 효력이 없고 임기 중 결격사유가 발생하면 이사 지위도 잃는다고 해석해야 할 것이다.[8] 그래야 정관으로 이사 자격을 정한 취지가 관철될 수 있고, (사단법인의 경우) 일정한 자격을 이사 선임의 전제로 삼은 사원들의 의사에도 부합하며, 특히 그러한 자격이 규제법령을 준수하기 위한 것일 경우에는 이사 지위를 자동적으로 상실시켜야 법인의 이익을 보호할 수 있기 때문이다.

### (2) 법　　인

자연인만이 이사로 될 수 있고 법인은 이사가 될 수 없는가? 이에 관해 민법은 별다른 언급이 없으나, 현행 민법 해석상으로 자연인만이 이사가 될 수 있다고 보는 것이 다수설이다.[9] 그 근거는 이사에게 부과되는 선량한 관리자의 주의의무를 수행하려면 실제로 사고력과 판단력을 갖춘 자연인이어야 한다는 점, 그 위반 시 민사책임은 물론 일정한 경우에는 형벌까지 부과되므로 이사가 자연인이어야 의무와 책임의 효과적인 작동이 가능하다는 점, 이사에 관한 제반 조항이 자연인을 전제로 한 것이라는 점 등에서 찾을 수 있을 것이다. 반면 정관에서 달리 정함이 없는 한 법인의 이사자격을 인정해야 한다는 견해

---

8) 이사에게 사원 자격을 요구하는 경우에 관하여 同旨, 주석 총칙(1), 700(제4판/주기동)(사원인 이사가 제명 등의 사유로 사원 자격을 상실하면 이사 지위도 자동적으로 상실한다고 함). 한편 주식회사에서는 정관에 정한 이사자격을 결한 자를 선임해도 선임의 효력이 없고, 임기 중 결격사유가 발생하면 당연히 퇴임한 것으로 보는 것이 지배적인 견해이다. 김건식·노혁준·천경훈, 회사법, 제6판, 2022, 361. 한편 주식회사 사외이사의 경우 법정된 결격 사유에 해당하게 되면 그는 이사로서의 지위를 잃는다(상 §382 Ⅲ, §542-8 Ⅱ).

9) 구주해(1), 656(최기원); 주석 총칙(1), 700(제4판/주기동); 김증한·김학동, 218; 양창수·김형석, 41; 이영준, 953; 이은영, 271 등. 상법상 회사의 이사에 관하여도 해석론으로는 자연인이어야 한다는 것이 다수설이다. 주석상법 회사(3), 194(제5판/권재열); 김건식·노혁준·천경훈(주 8), 361; 이철송, 회사법강의, 제29판, 2021, 661 등.

도 있다.[10] 이 견해는 특별법상 법인의 이사자격을 인정하는 예가 있는 점, 민법에서도 이를 금지하는 명문의 규정이 없는 점, 법인도 행위능력을 가지는 이상 기관으로서 역할을 할 수 있는 점 등을 근거로 한다.

판례 중에는 "$\binom{중소기업협동}{조합법에 따른}$ 조합의 정관에서 이사장, 이사 및 감사는 총회에서 조합원 중에서 선출하는 것으로 규정하고 있더라도, 그 조합원이 법인인 경우에는 그 대표자가 이사장, 이사 및 감사의 피선출권을 갖는다"고 하여 법인이 아닌 자연인만이 임원 자격이 있음을 전제로 판시한 것이 있다.[11]

해석론과 별개로 입법론으로는 법인에게 이사자격을 부여하는 방안을 적극적으로 고려해야 할 것이다. 실제로 법인이 다른 법인의 이사가 될 수 있도록 허용하는 입법예는 많이 있고, 우리나라에도 법인이 이사, 청산인, 관리인 등이 될 수 있음을 명시한 입법예가 적지 않다.[12]

### (3) 제한능력자

대리인은 행위능력자임을 요하지 않고($\frac{§}{117}$) 이는 법인의 대표에 관하여 준용되므로($\frac{§59}{II}$), 법인을 대표하는 이사 역시 행위능력자임을 요하지 않는다는 것이 통설이다.[13] 물론 의사무능력자의 행위는 무효이므로 그는 이사가 될 수 없다고 보아야 할 것이지만,[14] 제한능력자는 일정한 요건 하에 이사가 될 수 있다.

(가) 미성년자    미성년자가 법률행위를 함에는 법정대리인의 동의를 얻어야 하므로($\frac{§5}{I}$) 이사 취임을 승낙함에도 법정대리인의 동의를 얻어야 한다. 바꾸어 말하면 미성년자는 법정대리인의 동의를 얻어 이사가 될 수 있다.[15]

미성년자가 법정대리인의 동의를 얻어 이사가 되었다면 이사로서 개별 행위마다 별도로 법정대리인의 동의를 얻을 필요는 없다고 할 것이다. 설령 이사

---

10) 주석 총칙(1), 782(제5판/문영화); 김진우, "재단법인의 조직과 의사결정", 법조 674, 2012, 102.

11) 대판 01.1.16, 2000다45020.

12) 협동조합기본법 §34 Ⅳ(법인도 협동조합의 임원이 될 수 있음을 명시함); 자본시장 §§197, 198(투자회사의 법인이사에 관해 규정함); 도산 §74 Ⅵ, §355 Ⅱ(법인이 관리인 또는 파산관재인으로 선임될 수 있음을 규정함); 예금자보호법 §35-8 Ⅰ(예금보험공사가 청산인이 될 수 있음을 규정함) 등.

13) 주석 총칙(1), 782(제5판/문영화).

14) 주석 총칙(1), 700(제4판/주기동).

15) 구주해(1), 656(최기원); 주석 총칙(1), 700(제4판/주기동); 주석 총칙(1), 782(제5판/문영화).

가 되는 데에 대한 동의에서 향후 개별행위에 대해 법정대리인의 별도 동의가 필요하다고 명시적으로 유보해 놓았다고 하더라도, 이사의 대표권에 대한 제한은 정관에 기재해야 효력이 있고($^{\S}_{41}$) 등기해야 제3자에게 대항할 수 있으므로($^{\S}_{60}$), 그러한 동의 없음을 이유로 미성년자인 이사의 대표행위를 취소하거나 무효를 주장할 수는 없다고 할 것이다.

　　(ㄴ) 피성년후견인　　　피성년후견인의 행위는 언제든 취소할 수 있고 ($^{\S\,10}_{1}$) 성년후견개시의 심판은 위임관계의 법정종료사유이므로($^{\S}_{690}$), 피성년후견인은 이사가 될 수 없다고 할 것이다.[16] 다만 피성년후견인의 이사 취임승낙 및 이사로서의 행위가 가정법원이 정한 '취소할 수 없는 피성년후견인의 법률행위의 범위'에 속하는 경우에는 예외적으로 이사가 될 수 있다는 해석도 가능할 것이나($^{\S\,10}_{II\,참조}$), 실제로 그런 상황을 상정하기는 어렵다.

　　(ㄷ) 피한정후견인　　　피한정후견인의 경우 원칙적으로 행위능력이 인정되고, 다만 가정법원이 '한정후견인의 동의를 받아야 하는 행위의 범위'를 정한 경우에 그 범위에서만 행위능력이 제한된다($^{\S\,13}_{1}$). 따라서 피한정후견인이 이사가 될 수 있느냐는 가정법원이 정한 '한정후견인의 동의를 받아야 하는 행위의 범위'의 여하에 달려 있게 될 것이다. ① 이사(임원) 취임 또는 법인의 이사(임원)로서의 업무집행 등이 그 범위에 속해 있다면, 한정후견인의 동의를 얻어야 이사가 될 수 있다. ② 그 범위에 회사의 이사로서의 직무집행과 전혀 무관한 친족·상속법적 사항만이 포함되어 있다면, 한정후견인의 동의 없이도 이사가 될 수 있다고 할 것이다. ③ 법인의 업무집행과 유관할 수도 있는 법률행위에 관한 사항, 예컨대 일정 규모의 매매·차입·보증 등 재산거래에 관한 사항이 포함되어 있는 경우라면, 한정후견인의 동의를 얻어야 이사가 될 수 있다고 해석함이 타당할 것이다.

　　한정후견인의 동의를 얻어 이사가 되었다면 그 후 이사로서의 행위에 대해 개별적으로 한정후견인의 동의를 얻을 필요는 없다고 보아야 할 것이다. 설령 이사가 되는 데에 대한 동의에서 향후 이사로서의 개별행위에 대해 별도로 동의가 필요함을 유보하였더라도, 이사의 대표권에 대한 제한은 정관에 기재해야 효력이 있고($^{\S}_{41}$) 등기해야 제3자에게 대항할 수 있으므로($^{\S}_{60}$), 그러한 동의 없음을 이유로 피한정후견인인 이사의 대표행위를 취소하거나 무효를 주장할 수는 없다고 할 것이다.

---

16) 주석 상법 회사(3), 195(제5판/권재열).

(4) 파 산 자

파산자는 이사가 될 수 있는가? 수임인의 파산은 위임의 종료사유가 되므로($\frac{\S}{690}$), 파산선고를 받은 자를 이사로 선임할 수 없고, 이사로 선임된 자도 파산선고를 받으면 이사로서 종임하게 된다는 견해가 있다.[17] 파산자의 경우 자력이 제한되어 회사 및 제3자에 대해 책임을 지기에 적합하지 않고, 행위능력이 제한되어 법인의 업무집행에도 적합하지 않은 점 등을 추가적인 근거로 들 수 있을 것이다.

반면 파산자를 이사로 선임할 수 있다는 견해도 있다. §690에 규정된 위임의 종료사유로서 '수임인의 파산'은 임의규정에 불과하여 당사자들이 달리 정할 수 있는 점, §127 (ii)에 규정된 대리권의 소멸사유로서 '대리인의 파산'도 본인이 파산자를 대리인으로 선임하는 것을 금지하는 것은 아니라는 점 등을 근거로 한다.[18] 이사로 선임된 자의 파산은 그 종임사유가 되지만, 이미 파산한 자를 그 사실을 알면서도 이사로 선임하는 것은 가능하다는 일본의 일부 견해도 이와 유사한 견지에 서 있는 것으로 보인다.[19]

(5) 겸직제한

법인의 감사도 이사가 될 수 있는지 문제된다. 주식회사와 유한회사의 경우에는 감사는 이사가 될 수 없다는 명문의 규정($\frac{\text{상 }\S\S411,}{570}$)이 있으나 민법상 법인에 관하여는 그러한 규정이 없다. 그러나 이사의 직무집행에 대한 감독기능을 수행한다는 감사의 본질을 고려하면, 법인의 이사와 감사를 한 사람이 겸직하는 것은 감독기능을 형해화하는 행위로서 허용되지 않는다고 볼 것이다.[20] 즉 같은 법인의 감사직을 유지한 채로 이사가 될 수는 없다.

다른 법인의 이사, 감사, 사용인 등으로 근무 중이라는 사실은 법인 이사로서의 자격에 영향이 없다. 그러나 이익충돌 방지 등을 위해 일정한 직위에 종사하고 있거나 종사했던 자는 이사가 될 수 없다고 정관에서 정하고 있다면, 이는 전술한 '정관으로 정한 이사자격'의 문제에 해당하여 그러한 자격요건은 원칙적으로 유효하다.

(6) 자격정지

사형, 무기징역 또는 무기금고의 판결을 받은 자는 일정한 자격을 상실하

17) 구주해(1), 658(최기원); 김준호, 142.
18) 주석 총칙(1), 783(제5판/문영화).
19) 日注民(2) 新版, 357(藤原弘道).
20) 구주해(1), 657(최기원).

는데, 그 중에는 법인의 이사가 되는 자격도 포함된다($\substack{형 §43 \\ I (iv)}$).²¹⁾ 별도로 자격 정지형을 받은 경우에도 자격정지 기간 동안 이사가 되는 자격이 정지되므로 이사가 될 수 없다.

### (7) 국적 및 거주요건

특별법이나 정관의 규정이 없는 한 외국인 또는 비거주자라고 하더라도 그것만으로는 이사 자격을 제한할 근거가 되지 않는다.²²⁾

### (8) 공익법인 등의 특례

공익법인의 경우 이사의 과반수는 대한민국의 국민이어야 하고($\substack{공익법인 \\ §5 IV}$), 공익법인과 특별한 관계가 있는 자($\substack{공익법인령 \\ §12}$)의 수는 이사 현원의 5분의 1을 초과할 수 없다($\substack{공익법인 \\ §5 V}$). 또한 미성년자, 피성년후견인, 피한정후견인, 파산선 고를 받고 복권되지 아니한 자, 금고 이상의 형을 받고 집행이 종료되거나 집 행을 받지 않기로 확정된 후 3년이 지나지 않은 자, 임원 취임승인이 취소된 후 2년이 지나지 않은 자는 이사가 될 수 없다($\substack{공익법인 \\ §5 VI}$).

학교법인에 관하여는 사학 §21, §22에서, 사회복지법인에 관하여는 사회 복지사업법 §18 V에서, 각각 임원의 자격과 결격사유에 관하여 정한다.


## Ⅲ. 이사의 선임

### 1. 이사 선임의 법적 성질

#### (1) 법적 성질

이사 선임의 법적 성질에 관하여 우리나라에서는 위임에 유사한 계약이라 고 하는 것이 통설이다.²³⁾ 판례도 "민법상 법인과 그 기관인 이사와의 관계는 위임자와 수임자의 법률관계와 같은 것"이라고 하거나,²⁴⁾ 법인과 이사의 법률

---

21) 한편 유기징역 또는 유기금고의 판결을 받은 자는 그 형의 집행이 종료하거나 면제될 때까지 일정한 자격이 정지되는데(형 §43 Ⅱ), "법인의 이사, 감사, 지배인이 될 자격"은 정지되지 아니한다.

22) 주석 총칙(1), 783(제5판/문영화).

23) 위임계약이라는 견해로는 이영준, 953. 위임에 유사한 계약이라는 견해로는 곽윤직·김 재형, 192; 김대정, 442; 김상용, 259; 김증한·김학동, 218; 명순구, 226; 백태승, 240; 양 창수·김형석, 42, 이은영, 271 등.

24) 대판 82.3.9, 81다614; 대판 96.12.10, 96다37206; 대판 96.1.26, 95다40915 등.

관계는 "신뢰를 기초로 한 위임 유사의 관계"로 볼 수 있다고 한다.[25] 따라서
법인과 해당 이사 간에 그를 이사로 선임하기로 하고 그가 이사로 취임하기로
하는 의사의 합치가 있어야 한다.

### (2) 법인의 청약 필요 여부

사단법인의 이사를 사원총회의 결의로 선임하는 경우, 그러한 결의와 피선
임자의 취임승낙만으로 이사의 지위를 취득하는지 아니면 그에 더하여 법인의
청약이 필요한지에 관하여 다툼이 있다.[26] ① 청약필요설은 총회의 선임결의
는 내부적 의사결정에 불과하고 이사 지위를 취득하려면 선임결의에 더하여
법인과 피선임자 간에 계약이 성립되어야 하므로, 이를 위해서는 법인 대표자
에 의한 청약이 필요하다고 한다. ② 청약불요설은 이사 지위를 취득하려면 법
인의 선임의사가 드러난 선임결의와 피선임자의 동의($^{취임}_{승낙}$)로 족하고, 그에 더
하여 별도로 법인 대표자에 의한 청약은 필요하지 않다고 한다.

청약필요설에 따르면 사원총회의 선임결의에도 불구하고 현재 법인의 대
표권을 가진 자가 청약을 하지 않으면 이사선임의 효력이 발생하지 않으므로,
결국 현재 법인의 대표자에게 사실상의 거부권을 부여하는 셈이 된다. 이는 사
단법인의 의사결정 구조 및 단체법적 성격과 맞지 않으므로 청약불요설이 타
당하다. 주식회사의 임원선임 결의와 관련하여 종래의 판례는 청약필요설을
취하였으나,[27] 2017년 전원합의체 판결로 이를 변경하여 현재는 청약불요설을
취한다.[28]

청약불요설에 대해서는 이사 선임행위를 위임 유사의 계약으로 파악하는
통설과 부합하지 않는다는 비판도 있다. 그러나 정관에 따라 사원총회에서 이
사선임 결의를 하였다면 그것으로 법인의 선임의사는 분명히 드러난 것이므
로, 별도로 대표자의 청약이 없더라도 법인과 이사 간의 의사의 합치를 인정하
는 데에 문제가 없을 것이다.[29] 청약불요설을 취하면서 "법인이 이사를 선임하
는 법률관계는 법인 내부적으로 조직을 구성하는 것이고 사원총회의 이사선임

---

25) 대판 13.11.28, 2011다41741 등.

26) 이는 주로 주식회사에서 이사 지위 취득과 관련하여 논의되었는데, 사단법인의 사원총
   회에서 이사를 선임하도록 정관에서 정하고 있는 경우에도 동일한 문제가 생긴다.

27) 대판 95.2.28, 94다31440(주식회사의 감사 선임); 대판 05.11.8, 2005마541(주식회사의
   감사 선임).

28) 대판(전) 17.3.23, 2016다251215(주식회사의 감사 선임).

29) 그러한 선임결의로써 법인의 청약이 있었다고 해석한다면 청약-승낙의 틀에서도 큰 모
   순 없이 설명할 수 있을 것이다.

결의는 피선임자의 동의를 정지조건으로 하는 단독행위"라고 설명하는 견해도 있다.[30]

## 2. 선임방법

### (1) 정관이 정하는 방법에 따른 선임

민법은 이사의 선임방법에 관하여 아무런 규정을 두고 있지 않다. 다만 사단법인 또는 재단법인의 정관에 이사의 임면에 관한 규정을 두도록 함으로써 (사단법인은 §40 (v), / 재단법인은 §43 ) 정관에서 이사 선임방법을 정할 수 있도록 하고 있을 뿐이다.

통상적으로 사단법인에서는 사원총회의 결의로 이사를 선임하고,[31] 재단법인에서는 이사회의 결의에 의하여 이사장이 이사를 위촉하는 것으로 정관에 정하는 경우가 많다.[32] 그러나 사단법인이든 재단법인이든 그 밖의 방법, 예컨대 이사의 선임 권한을 상급단체에 위임하거나, 제3자인 행정기관에 선임 권한을 부여하거나, 이사장 등 법인 내의 특정인에게 부여하거나, 일정한 지위에 있는 자를 당연직 이사로 하는 것도 가능하다.

비법인사단에 관한 것이기는 하지만, 이사 선임방법에 관한 규약의 내용을 존중하는 취지로 판단한 판례가 있다. 비법인사단인 주택조합에서 최초 임원은 총회에서 선출하되 결원인 임원은 임원회의 추천을 받아 조합장이 임명하도록 정하고 있었는데, 그 규약이 정한 바에 따라 결원인 임원을 조합장이 임명하는 것이 사단성의 본질에 반하는 것으로 볼 수 없다고 판시하였다.[33] 이는 비법인사단의 임원 선임에 관한 자치규약의 내용을 존중한 판시로서, 법인의 이사 선임에 관하여도 참고가 된다고 할 것이다.

다만 그러한 제3자의 선임권이 법인의 성질에 비추어 남용되는 경우, 예컨대 이사선임권을 가진 제3자의 특수한 목적을 위해 법인이 이용되고 사원총회의 영향력은 사실상 배제하는 경우에는 그러한 정함은 허용되지 않는다는

---

30) 주석 총칙(1), 786(제5판/문영화).
31) 구주해(1), 659(최기원)은 사단법인의 이사는 사원총회에서 선임하는 것이 正道라고 한다. 독민 §27 Ⅰ도 이를 원칙으로 하고 있는데, 다만 이는 임의규정이므로 정관으로 달리 정할 수 있다.
32) 주석 총칙(1), 701(제4판/주기동). 그밖에 설립자가 선임하게 하거나, 결원이 발생한 경우에 잔존 이사들이 선임하게 하거나, 재단 외부의 제3자로 하여금 선임하게 하는 방법 등이 고려될 수 있다. 김진우, "재단법인 기관의 임면에 관한 고찰", 인권과정의 429, 2012, 89.
33) 대판 97.1.24, 96다39721, 39738.

견해가 있다.[34] 경청할 견해이지만, 실제로 정관에서 정한 제3자의 이사선임
권을 어떤 경우에 무효로 해석할지는 쉽지 않다. 만약 제3자의 선임권이 법인
및 사원들에게 해로울 정도로 남용되고 있다면, 사원들은 사원총회에서 정관
을 개정하여 이사 선임방법을 변경하면 될 것이다.

선임방법의 하나로 정관에서 이사장을 이사의 호선으로 선임하도록 정하
는 경우가 있다. 호선은 '특정한 사람들이 자기네 가운데서 어떠한 사람을 골
라 뽑는 방법의 선거'를 일컫는데, 호선의 특성상 후보자 모두에게 의결에 참
여할 기회를 부여해도 호선의 본질에 반하지 않으므로, 비록 정관에 '임원의
선임 및 해임이 자신에 관한 사항일 경우 당해 이사장 또는 이사는 그 의결에
참여하지 못한다'고 규정되어 있더라도 이러한 제척사유는 적어도 위와 같은
방식의 이사장 호선에는 적용되지 않는다는 것이 판례의 태도이다.[35]

### (2) 묵시적 선임 가부

선임행위는 묵시적으로도 행해질 수 있다는 견해가 많다[36]. 이 견해들이
근거로 드는 대법원 판결에서는 "법인 대표자의 유임 내지 중임을 금지하는
규약이 없는 이상, 임기만료 후에 대표자 개임이 없었다면 그 대표자를 묵시적
으로 다시 대표자로 선임하였다고 해석할 것"이라고 판시하였다.[37] 사실관계
에 따라 그렇게 해석할 수 있는 경우가 전혀 없지는 않겠으나, 이사의 임기만
료 시에는 퇴임이사의 직무수행권의 문제(후술 IV. 4. 참조)로 접근함이 원칙이고, 유임
내지 중임을 금지하는 규약이 없다는 이유로 성급히 묵시적인 선임을 인정할
것은 아니라고 본다.

### 3. 임   기

이사의 임기에 대하여 민법상으로는 아무런 정함이나 제한이 없다. 따라서
이사의 임기는 정관이나 선임기관의 결의로 정할 수 있고, 실제로 대부분의 법
인에서 정관으로 이사의 임기를 정하고 있다.

중임 가능 여부, 중임의 최대 횟수 등도 정관으로 정할 수 있다. 그러한
조항의 해석에 관해 종종 다툼이 있다. 예컨대 사단법인의 정관에 회장의 중임

---

34) 구주해(1), 659(최기원).
35) 대판 06.6.15, 2004다10909(학교법인에 관한 사안).
36) 곽윤직·김재형, 192; 김상용, 259; 김주수·김상용, 229; 김증한·김학동, 218, 백태승, 240; 이영준, 953.
37) 대판 70.9.17, 70다1256(비법인사단인 전주관성묘에 관한 사안).

을 금지하는 규정을 두고 있고 전임자의 궐위로 인하여 회장에 선임된 이른바 보선회장을 특별히 중임제한 대상에서 제외한다는 규정을 두고 있지 않다면, 보선회장 역시 중임이 제한된다고 해석해야 한다.[38] 피고 법인의 정관에서 '이사장, 원장, 이사는 민법상의 이사가 된다'고 규정하면서 '이사의 임기는 3년으로 하되, 원장은 1차에 한하여 중임할 수 있다'고 규정하고 있다면, 이사장이나 원장이 아닌 이사의 임기만을 3년으로 정한 것이 아니라, 이사장과 원장을 포함한 민법상 이사의 임기를 3년으로 정하면서 그 중 원장은 1차에 한하여 중임할 수 있다고 규정한 것으로 봄이 타당하다.[39]

공익법인의 경우 이사의 임기를 정관으로 정할 수 있으나 4년을 초과할 수 없고, 연임할 수 있다($\frac{공익법인}{\S 5 \text{ III}}$). 여기서 연임할 수 있다는 의미는 한 차례만 연임할 수 있다는 것으로 해석하는 견해도 있으나,[40] 다음에서 보는 사립학교법의 감사의 예에 비추어보면 2회 이상 연임할 수도 있다는 뜻으로 해석함이 타당할 것이다. 학교법인의 경우 이사의 임기는 정관으로 정하되 5년을 초과할 수 없고 중임할 수 있다($\frac{사학}{\S 20 \text{ III}}$). 감사의 경우 "3년을 초과할 수 없고 1회에 한하여 중임할 수 있다"($\frac{사학}{\S 20 \text{ III}}$)고 명시한 점에 비추어 보면, 이사의 경우에는 2회 이상 중임도 가능하다고 보아야 할 것이다.

정관이나 선임기관의 결의로 임기를 정하지 않은 경우에는 기간의 정함이 없는 위임 유사의 계약이 체결된 것이므로, 그 계약이 존속하고 있는 한 이사의 지위도 존속한다고 볼 것이다.[41] 따라서 임기를 정하지 않은 경우에는 이사의 사망, 파산, 성년후견선고, 사임, 해임, 정관에서 정한 이사 자격의 상실 등에 의해 종임될 때까지 이사의 지위도 존속한다.

정관으로 이사의 임기를 '종신'으로 하는 것도 가능한가? 민법상 임기의 정함이 없으므로 종신이사 자격을 부여하는 것 자체는 유효하지만, 중대한 의무위반 또는 직무집행 불능 등 중대한 사유가 있는 때에는 언제든 해임할 수 있다고 보아야 할 것이다.[42]

38) 대판 00.11.24, 99다12437.
39) 대판 08.9.25, 2007다17109.
40) 구주해(1), 660(최기원).
41) 주석 총칙(1), 704(제4판/주기동).
42) 김진우, "사단법인 이사의 해임—대법원 2013.11.28. 선고 2011다41741 판결", 비교 22-2, 2015, 766.

## 4. 등    기

이사가 선임되면 주된 사무소 소재지에서 3주 내에 이사의 성명, 주소를 등기해야 한다($^{§\,52,\,§\,49}_{\text{II (viii)}}$). 이 때 등기기간의 기산일은 선임의 효력발생일이다. 사원총회의 결의에 의하여 선임되는 경우 청약필요설의 입장에서는 선임결의, 법인의 청약, 피선임자의 취임승낙이 모두 갖추어진 날이라고 하나, 전술한 청약불요설에 따르면 선임결의, 피선임자의 취임승낙이 모두 갖추어진 날이 기산일이 된다.[43] 실제로 등기신청시에는 이사의 선임기관을 소명하는 정보와 선임과 승낙을 소명하는 정보로서 정관, 의사록 등과 취임승낙서를 첨부하여야 하고,[44] 법인에 의한 위임계약의 청약을 증명하는 서류는 제출대상이 아니다.

## Ⅳ. 이사의 종임

### 1. 개    관

이사의 종임[45]에 관하여 정관에 정함이 있으면 그에 따라야 한다($^{§\,40}_{\text{(v)}}$). 법인과 이사 간의 법률관계는 위임 유사의 계약관계이므로 정관에 정함이 없으면 위임의 일반적 종료사유인 이사의 사망, 파산, 성년후견선고에 의하여 이사는 종임한다($^{§}_{690}$). 또한 정관에서 이사의 자격을 정한 때에는 그 자격을 상실함으로써 이사의 지위도 상실한다($^{\text{견해대}}_{\text{립 있음}}$).

### 2. 임기만료

이사의 임기를 정관이나 선임기관의 결의로 정한 경우 이사는 정관에서 정한 임기가 지난 때에 이사의 지위를 잃는다. 임기만료와 동시에 다시 이사로 선임된 경우($^{\text{이른바}}_{\text{중임}}$)에는 새로 임기가 개시되므로, 등기 역시 퇴임등기와 선임등기를 별도로 해야 한다.[46]

---

43) 주석 총칙(1), 787(제5판/문영화).
44) 법원행정처, 법원실무제요 민법법인등기실무, 2018, 315.
45) 문헌에 따라서는 종임, 퇴임 등의 용어를 혼용하는 경우도 있으나, 이 책에서는 이사가 그 지위를 잃는 모든 경우를 '종임'으로 통칭하고, 그 하위개념으로 해임, 사임, 임기만료라는 용어를 구분하여 사용하기로 한다. '퇴임'이라는 용어는 등기실무상 임기만료라는 뜻으로 사용되기도 하지만, 후술하는 퇴임이사의 문제와 관련하여서는 사임과 임기만료를 아우르는 의미로 사용하기로 한다.
46) 구주해(1), 661(최기원); 주석 총칙(1), 788(제5판/문영화).

## 3. 사　　임

### (1) 개　　관

위임계약은 각 당사자가 언제든지 해지할 수 있으므로($\S^{689}_I$), 수임자인 이사는 언제든지 위임계약을 해지하여 사임할 수 있다. 다만 부득이한 사유 없이 상대방의 불리한 시기에 사임하는 때에는 이로 인하여 법인에게 발생하는 손해를 배상하여야 한다($\S^{689}_{II}$).

### (2) 사임의 방식과 절차

사임의 의사표시는 일정한 방식을 요하지 않는다. 일방적인 사임의 의사표시로 족하고, 이사회의 결의나 관할관청의 승인이 있어야 하는 것도 아니다.47) 단독행위이므로 법인에 대한 일방적 의사표시로써 그 효력이 발생하고 법인의 승낙을 요하지 않는 것은 물론이나,48) 상대방 있는 단독행위이므로 이를 수령할 수 있는 기관에게 해야 한다.49) 법인에 대표권이 있는 이사(이사장 등)가 정해져 있다면 그에게 해야 하고, 모든 이사가 각자 또는 공동으로 대표권을 가지는 경우라면 그 중 한 명 이상에게 해야 한다.

정관에서 사임에 관한 특별한 절차를 규정한 경우에는 그에 따라야 한다. 대법원은 이사는 § 689 Ⅰ에 따라 언제든지 법인을 대표하는 자에게 고지함으로써 사임할 수 있지만 이는 임의규정에 불과하므로, 당사자 사이의 특약 또는 정관의 규정에 의하여 사임절차를 달리 정하는 것도 유효하다고 한다. 그리하여 해당 법인의 정관에서 "이사의 임기 전의 사임은 이사회의 결의로 한다"는 규정은, 법인과 이사와의 관계를 명확히 함은 물론 이사의 신분을 보장하는 의미도 아울러 가지고 있어 단순히 주의적 규정으로 볼 수는 없다고 판시하였다.50) 또 다른 사건에서 피고 법인의 정관은 "본 시험연구원의 임원은 서면으로 보고하여 이사회의 의결로서 사임할 수 있다"고 규정하고 있었는데, 대법원은 위 규정의 취지를 "임원이 임기 전에 사임하는 경우에 있어 그 절차 및 효력을 명확히 규정함과 아울러 이사회에서 그 임원의 사임의사가 진정한지 여

---

47) 대판 03.1.10, 2001다1171(일방적 사임의 의사표시로 법률관계가 종료되므로, "원고의 사임의사를 받아들여 해임한 피고 학원의 이사회 결의가 무효이므로 사임의 효력이 발생하지 아니하였다"는 취지의 상고이유를 받아들이지 아니함).
48) 대판 92.7.24, 92다749; 대판 10.9.30, 2010다43580.
49) 대판 92.7.24, 92다749("재단법인의 이사는 법인에 대한 일방적인 사임의 의사표시에 의하여 법률관계를 종료시킬 수 있고, 그 의사표시가 수령권한 있는 기관에 도달됨으로써 효력을 발생하는 것").
50) 대결 96.4.15, 95마1504.

부를 확인함으로써 임원의 신분을 보장하기 위함"으로 해석하고, "따라서 피고 법인의 임원이 피고의 대표자에게 사임의 의사표시를 하였다고 하더라도 곧바로 사임의 효력이 생긴다고 볼 수 없고, 이사회에서 의결이 있어야 비로소 사임의 효력이 생기는 것으로 보아야 하므로, 사임의 의사표시를 한 임원은 이사회에서 의결이 있기 전까지는 사임의사를 철회할 수 있다"고 판시하였다.[51]

요컨대 정관이나 특약으로 정한 절차적 요건을 갖추지 못한 사임의 의사표시로는 사임의 효력이 발생하지 않는다고 보아야 할 것이다.

### (3) 사임의 효력발생과 철회

사임의 효력은 사임의 의사표시가 법인의 권한 있는 기관에 도달한 때에 발생한다.[52] 다만 사실관계에 따라서는 과연 사임의 의사표시가 언제 도달했다고 볼 수 있는지 불분명한 경우도 적지 않다. 판례에 나타난 예로는, 재단법인의 이사이던 A가 이사회에 즈음하여 정당한 이사인 B와 C에게 이사직 사임서를 제시하고 이사직에서 사임할 뜻을 밝혔으나, C의 철회권유를 받고 곧바로 개최된 이사회에 참여하였다가, 그 회의가 끝난 후 사임서를 제출하고 재단을 떠났다. 이때 그 이사회 결의의 효력이 문제되었는데, 위 사실관계에서 "이사직을 사임한다는 의사표시의 표시행위는 위 이사회결의가 끝난 때까지는 완료되지 아니하였다"고 보아, 위 이사회 결의 당시 A는 적법하게 이사직을 보유하고 있었다고 판시하였다.[53]

사임의 의사표시가 효력을 발생한 후에는 마음대로 이를 철회할 수 없다.[54] 반대로 아직 사임의 의사표시가 효력을 발생하기 전이라면 철회할 수 있다. 앞서 소개한 것처럼 정관에서 이사의 사임에 이사회 의결을 요하도록 정한 경우에, 그 의결 전까지는 아직 사임의 효력이 발생하지 않으므로 사임의 의사표시를 철회할 수 있다고 판시하였다.[55] 또 다른 사안에서는 "사임서 제시 당시 즉각적인 철회권유로 사임서 제출을 미루거나, 대표자에게 사표의 처리를 일임하거나, 사임서의 작성일자를 제출일 이후로 기재한 경우 등 사임의사가 즉각적이라고 볼 수 없는 특별한 사정이 있을 경우에는 별도의 사임서 제출이나 대표자의 수리행위 등이 있어야 사임의 효력이 발생하고, 그 이전에 사임

---

51) 대판 08.9.25, 2007다17109.
52) 대판 92.7.24, 92다749; 대판 93.9.14, 93다28799; 대판 08.9.25, 2007다17109.
53) 대판 93.9.14, 93다28799.
54) 대판 93.9.14, 93다28799; 대판 08.9.25, 2007다17109.
55) 대판 08.9.25, 2007다17109.

의사를 철회할 수 있다"고 판시하였다.[56) 이 사안에서는 이사 A는 작성일자가 2000.12.31.로 기재된 사임원을 12.26. 학교법인에 제출하였으나 사임의사를 철회하여 12.29. 사임원을 반환받았는데, 이 경우 "사임원 작성일 도래 이전에 한 사임의사 철회로써" 이사직을 그대로 유지한다고 판단했다. 또 이사 B는 2000.12.26. 이사회 종료 후 "사임의사 수리를 요청하는 내용"의 사임원을 제출하였다가 곧바로 사임의사를 철회하여 12.30. 사임원을 반환받았는데, 이 경우 "즉각적이지 아니한 사임의사를 철회함으로써" 이사직을 그대로 유지하게 되었다고 판단하였다.

이사가 사임하면 그 뜻을 등기하여야 하지만($\frac{\S}{52}$), 이는 효력요건이 아니라 대항요건일 뿐이다. 즉 사임의 등기가 되기 전에는 사임으로써 제3자에게 대항할 수 없다($\frac{\S}{54}$).

## 4. 임기만료·사임 이사의 직무수행권[57)

### (1) 문제의 소재

임기만료 또는 사임에도 불구하고 후임이사가 선임되지 아니한 때에, 전임이사는 여전히 법인의 이사로서의 권리의무를 가지는가? 예컨대 법인을 대표하여 소를 제기하거나, 정관에 따른 총회소집권 등의 권한을 행사하거나, 이사회에서 의결권을 행사할 수 있는가? 여기에 대해서는 몇 가지 입장을 생각할 수 있다.

첫째, 급박한 사정이 있는 때에 한하여 직무수행권을 인정하는 입장이다. 위임에 관한 §691는 "위임종료의 경우에 급박한 사정이 있는 때에는 수임인[…]은 위임인[…]이 위임사무를 처리할 수 있을 때까지 그 사무의 처리를 계속하여야 한다"고 규정하고 이 경우에는 "위임의 존속과 동일한 효력이 있다"고 한다. 이에 따르면 이사의 임기만료 또는 사임으로 법인의 사무가 중단되는 등의 "급박한 사정"이 있다면, 그는 임기만료 또는 사임에도 불구하고 여전히 이사로서의 권리의무를 가지고 사무처리를 계속해야 할 것이다. 그러나 그 퇴임이사 이외에 다른 이사들이 재직 중이고 그들이 직무를 수행할 수 있다면

---

56) 대판 06.6.15, 2004다10909.
57) 이에 관한 상세한 분석은 천경훈, "비영리법인 퇴임이사의 직무수행권에 관한 판례 小考", 자율과 정의의 민법학(양창수 교수 고희 기념 논문집), 2021, 1244-1260. 본조 주해에서는 임기만료 또는 사임으로 종임한 이사를 상 §386 Ⅰ의 용례에 따라 퇴임이사로 통칭한다.

"급박한 사정"을 인정하기 어려우므로, 퇴임이사의 직무수행권은 인정되지 않
는다.

　둘째, 퇴임으로 정원에 결원이 생겼음에도 후임자가 없는 경우에 원칙적으
로 퇴임이사의 직무수행권을 인정하는 입장이다. 상법 주식회사 편에서는 이
사의 임기만료 또는 사임으로 인하여 법률 또는 정관에서 정한 이사의 정원을
채우지 못하게 된 때에는 퇴임이사는 그 결원이 채워질 때까지 이사로서의 권
리의무를 가진다고 정한다($\S\,386\,\text{상}\,\text{I}$). 이는 이사의 임기만료 또는 사임으로 인한
회사의 업무중단을 방지하고 연속성을 확보하기 위한 규정인데, 그러한 규정
이 없는 민법에서도 동일한 결과를 해석론으로 인정할 수 있을지 문제되는 것
이다. 긍정설은 비록 민법에 상 $\S\,386$ I과 같은 규정은 없으나 법인사무의 계
속적 집행을 위해 민법상 법인에 대하여도 같은 결과를 인정한다.[58] 반면 부정
설의 입장에서는 $\S\,691$에서 정한 "급박한 사정"이 없는데도 퇴임이사가 후임
이사 취임 시까지 직무수행권을 갖는다는 것은 민법의 해석론으로는 무리라고
본다.

　(2) 과거의 판례

　　㈎ 최초의 몇몇 판결에서는 마치 상 $\S\,386$ I과 같이 퇴임이사가 후임이
사 선임 시까지 자동적으로 이사로서의 권리를 갖는 것처럼 설시하였다. 재단
법인의 이사 전원의 임기가 만료되자 만료일로부터 1달 후에 이사 전원이 중
임 결의를 한 사안에서, 대법원은 "이사 전원의 임기가 만료되었다 하여도 후
임이사가 선임될 때까지는 그 이사로서의 권리를 행사할 수 있다고 해석하여
야할 것이므로 임기완료된 정족수에 달하는 이사가 적법한 절차에 의하여 후
임이사를 선임하는 결의를 하였다하여도 그 결의를 무효라 할 수 없"다고 판
시하였다.[59] 임기가 만료된 일부 이사들이 학교법인의 이사회 결의에 참석한
사안에서도 대법원은 "학교법인의 이사는 임기가 만료되었다 하더라도 후임이
사가 선임될 때까지는 여전히 이사로서의 권리를 행사할 수 있는 것이므로 임
기가 만료된 이사가 후임이사를 선임하기 위한 이사회에 참여하여 그 선임결
의를 하였다 하여 그것을 법률상 무효한 결의라고는 할 수 없다"고 하였다.[60]

　　㈏ 그 후 1968년에 "임기만료된 이사에게 이사 직무를 행사하게 할 필

　58) 구주해(1), 662(최기원).
　59) 대판 63.4.18, 63다15.
　60) 대판 67.2.21, 66다1347.

요성이 있는지 여부"를 기준으로 판단하는 판결이 나왔다. 학교법인의 이사
가 학교법인 및 다른 이사를 상대로 이사직무집행정지가처분을 신청한 사건에
서 피신청인은 신청인의 이사 임기가 만료하여 가처분을 신청할 법률상 이익
이 없다고 주장하였다. 대법원은 위 1967년 판결의 판시를 인용하면서도 "위
와 같은 해석의 이유는 […] 법인의 정상적인 활동을 할 수 없는 사태를 방지
하자는데 그 취지가 있다"고 하면서, "이사 중의 일부에 임기가 만료되었다 하
여도 아직 임기가 만료되지 않은 다른 이사들로서 정상적인 법인의 활동을 할
수 있는 경우에는 구태여 임기만료된 이사로 하여금 이사로서의 직무를 행사
케 할 필요는 없다고 해석"하였다. 그리하여 "임기 만료된 이사로 하여금 계속
하여 이사로서의 직무를 행사케 할 특별한 필요성이 있는가"를 심리해야 한다
고 하여 신청을 인용한 원심을 파기하였다.61)

　　㈐ 1972년에는 위 1968년 판결과 반대의 결론을 취한 판결이 나왔다.
이 사건에서 학교법인의 이사 겸 이사장인 원고는 경북 교육위원회의 취임승
인취소처분에 대해 취소를 구하는 행정소송을 제기하였는데, 원심은 원심 계
속 중에 원고의 이사 및 이사장 임기가 만료하여 소의 이익이 없다는 이유로
소를 각하하였다. 그러나 대법원은 "민법상의 법인에 있어 이사의 전원 또는
일부의 임기가 만료되었음에도 불구하고 그의 후임이사의 선임이 없는 경우에
는 그 임기 만료된 구이사로 하여금 법인의 업무를 수행케 함이 부적당하다고
인정할만한 특별한 사정이 없는 한 구이사는 신임이사가 선임될 때까지 그의
종전의 직무를 수행할 수 있다"고 판시하며, 원심을 파기하였다.62) 위 1968년
판결은 임기만료된 이사(신청인)의 법률상 이익을 인정한 원심을 파기한 것임
에 반하여, 위 1972년 판결은 임기만료된 이사(원고)의 법률상 이익을 부정한
원심을 파기한 것이다.

(3) 현재의 판례 법리

　　㈎ 일 반 론　　　1980년대 이후의 판결들은 사건별로 다소 차이는 있
지만 대개 일반론에서는 위 1968년 판결과 1972년 판결을 결합하여 판시하
고, 그때그때 사실관계에 따라 적절한 결론을 도출하고 있다. 또한 사임에 관
하여도 임기만료와 동일한 판시를 하고 있다.

　　즉 [A] "민법상의 법인에 있어 이사의 전원 또는 일부의 임기가 만료되었

---

61) 대판 68.9.30, 68다515.
62) 대판 72.4.11, 72누86.

거나 사임하였음에도 불구하고 그의 후임이사의 선임이 없는 경우에는 그 임기만료되거나 사임한 구이사로 하여금 법인의 <u>업무를 수행케 함이 부적당하다고 인정될 만한 특별한 사정이 없는 한</u> 구이사는 신임 이사가 선임될 때까지 <u>그의 종전의 직무를 수행할 수 있다"</u>고 하면서도($\substack{1972년\ 판결이\\강조한\ 부분}$), 동시에 [B] "임기가 만료되거나 사임한 이사의 위와 같은 업무수행권은 그 이사가 아니고서는 법인이 정상적인 활동을 중단할 수밖에 없는 급박한 사정이 있는 경우에 한정되는 것이므로, 아직 임기가 만료되지 않거나 사임하지 않은 <u>다른 이사들로써 정상적인 법인의 활동을 할 수 있는 경우에는 구태여 임기가 만료되거나 사임한 이사로 하여금 이사로서의 직무를 계속 행사케 할 필요는 없고,</u> 따라서 그와 같은 경우에는 그 이사는 임기만료나 사임으로 당연히 퇴임한다"고 판시한다($\substack{1968년\ 판결이\\강조한\ 부분}$).63) 판례는 이때 다른 이사들로써 법인의 정상적인 활동이 가능한지 여부는 당해이사의 임기만료시를 기준으로 판단하여야 하고 그 이후의 사정까지 고려할 수는 없다고 한다.64)

(나) 임기만료의 경우      판례는 이사의 임기만료 후 다른 이사 내지 대표자가 없거나 이사회를 구성할 수 없을 정도로 소수만 남게 되는 경우에는 [A]에 따라 임기만료 이사의 업무수행권을 인정한다. 예컨대 각종 소나 신청에서 법률상 이익이나 원고적격 등을 인정하기도 하고,65) 이사선임 등 이사회

---

63) 이러한 정식화가 처음 이루어진 판결은 대판 82.3.9, 81다614인데, 이 판결에서는 [A] 부분의 근거를 §691에 기한 긴급처리권으로 명시하면서 "후임이사 선임시까지 이사가 존재하지 않는다면 기관에 의하여 행위를 할 수밖에 없는 법인으로서는 당장 정상적인 활동을 중단하지 않을 수 없는 상태에 처하게 되고, 이는 민법 제691조에 규정된 급박한 사정이 있는 때와 같이 볼 수 있으므로 임기 만료된 이사라고 할지라도 […] 이사의 직무를 계속 수행할 수 있다"고 하였기 때문에 [A] 부분과 [B] 부분의 괴리가 덜하였다. 그러나 그 후 대판 83.9.27, 83다카938; 대판 88.3.22, 85누884부터는 [A] 부분의 설시에서 §691를 명시적으로 언급하지는 않는다.

64) 대결 14.1.17, 2013마1801. 다만 이전의 판례에서는 원심 변론종결 당시를 기준으로 하는 것처럼 판시한 적도 있었다(대판 98.12.23, 97다26142).

65) 대판 98.12.23, 97다26142("원심 변론종결 당시 원고들을 포함한 모든 이사나 감사의 임기가 이미 만료되고 그 후임이사나 감사가 선임되거나 임시이사가 선임되지 아니하여 피고 법인은 정상적인 활동을 할 수 없게 되므로 원고들은 적법한 후임이사나 감사가 선임될 때까지 이사나 감사로서의 직무를 수행할 수 있다 할 것이고, 피고 법인을 적법하게 운영하거나 이를 감독하여야 할 이사와 감사의 직무에 기하여 이 사건 이사회결의의 무효확인을 구할 법률상 이익이 있다"); 대판 00.1.28, 98다26187("원고들이 이 사건 소로서 구하는 각 이사회의 결의가 모두 무효로 판명될 경우에는 원심변론 종결 당시 피고 재단의 적법한 이사는 한명만이 남게 됨을 알 수 있으니 그런 경우 이사회의 의사정족수 관계에서 정상적인 법인의 활동을 할 수 없으므로 특별한 사정이 없는 한 원고들을 포함한 전임 이사들이 적법한 후임 이사가 선임될 때까지 종전의 직무를 수행하여야 하고, 따라서 원고들로서는 그 직무수행의 일환으로 그 각 이사회 결의의 하자를 주장하여 그 무효

결의에 참여할 권한을 인정하기도 하며,[66] 취임인가 및 그 취소처분과 관련하여 직무를 계속하고 있는 것으로 취급하기도 한다.[67]

　　반면 임기만료 이사가 범죄를 저질렀거나 다른 구성원들과 심각한 분쟁 중인 경우에는 [A]에서 말하는 '업무를 수행케 함이 부적당하다고 인정할 만한 특별한 사정'을 인정하여 직무수행권을 부정한다.[68] 또한 임기만료 이사 이외에도 다수의 이사가 있는 경우에는 [B]에서 말하는 '직무수행을 계속하게 할 필요성'을 부정하여 직무수행권을 부정한다.[69]

---

확인을 구할 법률상의 이익이 있다"); 대판 07.6.15, 2007다6291(비법인사단인 공동주택 입주자대표회의에서 회장의 임기만료에 따른 후임 회장의 선출이 부적법하여 효력이 없다면, 특별한 사정이 없는 한 차기 회장이 적법하게 선출될 때까지 퇴임 회장이 대표자로서의 직무를 일정한 범위 내에서 계속 수행할 수 있다고 하여, 그가 입주자대표회의를 대표하여 제기한 업무집행정지 등 가처분의 적법성을 인정함); 대판 07.6.15, 2007다6307(위 2007다6291 판결과 유사한 취지).

66) 대판(전) 07.7.19, 2006두19297("학교법인의 경우 민법상 재단법인과 마찬가지로 이사를 선임할 수 있는 권한은 이사회에 속하여 있으므로, 임기가 만료된 이사들의 참여 없이 후임 정식이사들을 선임할 수 없는 경우 임기가 만료된 이사들로서는 위 긴급처리권에 의하여 후임 정식이사들을 선임할 권한도 보유하게 된다"); 대판 10.6.24, 2010다2107(재단 이사장의 임기가 만료된 후 그 후임 이사장이 선출되지 않았다면, 임기만료 등으로 생긴 결원을 충원하기 위한 이사회를 소집·결의하는 것은 급박하게 처리할 필요가 있는 업무로서 임기만료된 구 이사장이 업무수행권을 가지므로, 이사회 결의에 관한 의사정족수와 의결정족수를 산정함에 있어 구 이사장을 포함시킨 조치는 정당함).

67) 대판 93.8.27, 93누593(원고가 이사의 임기만료 후에도 향교재단 이사장의 직무를 계속 수행하고 있는 것으로 보아 그 취임인가를 취소한 원심의 조치는 정당하다고 함—다만 이 판결은 임기만료 이사가 직무를 계속 수행하고 있다는 사실적 상태에 주목한 것이고, 그에게 법적인 권한이 있는지를 직접 판단한 것은 아님).

68) 대판 03.7.8, 2002다74817("이미 임기만료된 대표자가 위법하여 무효인 대의원회 결의를 구실로 연임되었다고 주장하면서 직무를 계속 수행하는 데 대하여 다른 구성원들이 이의를 제기하면서 그 직무수행의 금지를 구하는 소송을 제기하였고 이미 임기만료 후 몇 년의 장기간이 지나갔다면, 그러한 사실만으로도 구 대표자로 하여금 종전의 업무를 계속 수행케 함이 부적당"하다고 판시하며, 임기만료된 재건축주택조합장의 직무수행금지를 구하는 원고의 청구를 §691를 근거로 기각한 원심을 파기함); 대판 05.3.25, 2004다 65336(임기 만료되거나 사임한 구 이사로 하여금 법인의 업무를 수행케 함이 부적당하다고 인정될 만한 특별한 사정이 있다면 직무수행권이 인정되지 않는바, 재단업무와 관련하여 사기죄로 징역 3년의 형이 확정되어 수감 중이고 별도로 사기죄로 확정된 징역 2년의 집행유예가 실효되어 추가로 복역해야 할 상태에 있는 구 이사가 제기한 이사회결의무효확인의 소는 확인의 이익이 부정될 수 있다고 함); 대판 07.7.26, 2005도4072(대종회 업무와 관련하여 사기 등의 범행을 저지른 자는 후임이사 선임 전이라도 전임이사로서 대종회의 업무를 계속 수행케 함이 부적당한 특별한 사정이 있으므로 그가 이사로서 이사회의 사록을 작성한 행위는 자격모용사문서작성에 해당하고, 그러한 특별한 사정이 없는 전임 이사는 후임이사의 적법한 선임 시까지 대종회 업무를 수행할 수 있으므로 그의 이사회의 사록 작성행위는 자격모용사문서작성에 해당하지 않음).

69) 대판 83.9.27, 83다카938(임기 만료된 이사로 하여금 계속하여 이사로서 직무를 행사하게 할 필요성을 부정하는 취지); 대판 88.3.22, 85누884(임기가 만료되지 아니한 이사들만

㈃ 사임의 경우　　　사임의 경우에도 최근 판례는 기본적으로 임기만료의 경우와 동일하게 취급하는 것으로 보인다. 그리하여 사임이사 이외에는 다른 대표자가 없게 되는 경우에는 [A]에 따라 그의 직무수행권을 인정하였지만,[70] 사임이사가 법인의 이익에 반하는 주장을 하며 법인과 분쟁 중인 때에는 [A]에서 말하는 '직무를 수행케 함이 부적당하다고 인정될 만한 특별한 사정'을 인정하여 그의 직무수행권을 부정하였고,[71] 사임이사 외에도 다른 이사가 다수 있는 때에는 [B]에서 말하는 '급박한 사정' 내지 '필요'를 부정하여 사임이사의 직무수행권을 부정하였다.[72]

㈄ 요약 및 평가　　　앞서 서술한 판례들은 대략 다음과 같이 요약할 수 있을 것이다. ① 퇴임이사 이외의 이사들로는 법인을 정상적으로 운영할 수 없는 급박한 사정이 존재한다면 퇴임이사의 직무수행권이 인정된다. ② 다만 그런 경우에도 퇴임이사로 하여금 직무를 수행하게 하는 것이 부적당한 특별

---

으로도 회사를 정상적으로 운영할 수 있으므로 임기만료 이사들에게 이사로서 직무를 수행하게 할 필요성을 부정하는 취지); 대결 14.1.17, 2013마1801(이사 3명의 임기가 만료된 당시 이들을 제외하고도 12명의 이사가 남아 있어 법인으로 정상적인 활동을 할 수 있는 상태였으므로, 이들 3명에게 후임이사가 선임될 때까지 종전의 직무를 계속하여 수행할 권한이 인정된다고 볼 수 없음).

70) 대판 96.1.26, 95다40915(비법인사단인 재건축조합에서 사임한 재건축조합장이 조합장 변경 인가나 직무대행자 선임이 되지 않은 상태에서 정관상 규정에 따라 행한 총회소집이 적법하다고 한 원심판결을 수긍함); 대판 96.10.25, 95다56866(비법인사단인 재건축조합의 정관에 조합장이 궐위된 경우의 대표권 행사에 관해 아무런 정함이 없다면, 이사들이 대표권이나 총회소집권을 가지게 된다고 할 수도 없으므로, 조합장은 사임 후에도 후임 조합장이 선임될 때까지 조합장의 직무로서 총회소집권을 가지므로 총회소집이 적법하다고 함). 이 두 판결에서는 일반론으로 [A] 부분만 설시하고 [B] 부분은 설시하지 않았다.

71) 대판 12.8.23, 2011다19997(사기죄 등 각종 범죄를 저질러 피고 재단의 임원 자격을 상실한 사람의 부인인 원고는, 피고재단의 이사 및 대표이사직에서 사임한 후 여러 소송에서 피고재단의 이익에 반하는 주장을 하고 있는데, 이런 상황에서 원고로 하여금 피고재단의 이사 및 대표이사로서의 업무를 계속 수행케 하는 것은 부적당하므로, 원고는 이사회결의의 부존재 또는 무효확인을 구할 확인의 이익이 없다고 함).

72) 대판 96.12.23, 95다40038(재단의 정관에 이사장 궐위시의 이사회소집절차나 이사장직무대행자의 선출에 관한 규정이 준비되어 있고, 사임한 이사장 외에 나머지 8인의 이사들의 지위에 아무런 변동이 없었다면, 재단의 정상적인 활동이 중단될 수밖에 없는 급박한 상태에 있다고 볼 수 없으므로, 이사장에서 사임한 자는 대표권이나 업무수행권을 완전히 상실하게 된다고 함); 대판 03.1.10, 2001다1171(학교법인인 피고의 정관에 이사장 궐위시 이사회 소집절차나 이사장 직무대행자의 선출에 관한 규정이 마련되어 있고 이사 정수 15명 중 과반수인 8명의 이사가 잔존하는 이상 그들만으로도 정상적인 법인의 활동을 할 수 있으므로, 구태여 사임한 원고로 하여금 이사장 또는 이사로서의 직무를 계속 행사하게 할 필요는 없다고 함); 대판 10.9.30, 2010다43580(약 1년 10개월 전에 사퇴한 구 이사인 원고에게 직무수행권을 인정해야 할 정도로 피고가 현재 정상적인 법인의 활동을 할 수 없는 급박한 상태에 있다고는 보기 어렵다고 함).

한 사정이 있는 때에는 직무수행권을 인정할 수 없다. 잔여 이사의 존재, 궐위 시 대행규정 및 후속절차의 존재는 ①의 단계에서 '급박한 사정의 존부 문제'로 고려되고, 해당 퇴임이사의 범죄사실 및 법인과의 분쟁관계는 ②의 단계에서 '부적당한 특별한 사정'으로 고려된다.

이처럼 현재의 판례 법리는 정원 결여 시 자동적으로 퇴임이사의 권리의무가 유지되도록 한 상 §386 Ⅰ을 유추적용한 것으로는 보기 어렵다. 오히려 위임종료 후에도 급박한 사정이 있는 때에는 수임인의 긴급처리권을 인정하는 §691를 유추적용한 것이라고 할 수 있다.[73] 이러한 점에 주목하여 ① 대표권 있는 이사가 사임하거나 임기만료된 경우 정관에 직무대행 규정이 있어 정관에 정한 직무대행자가 직무를 대행할 수 있다면 퇴임이사의 직무수행권은 인정될 여지가 없고, ② 정관상 직무대행 규정이 적용될 수 없다면 퇴임이사에게 대표권이 전속되었는지를 따져서 만약 그에게만 대표권이 전속되어 있다면 그의 긴급처리권이 인정된다고 해석하는 견해가 있다.[74] 정관의 직무대행 규정 유무와 퇴임이사에의 대표권 전속 여부를 중요한 기준으로 적시한 것은 타당하나, 이런 정식화로 모든 판례가 깔끔하게 설명되는지는 의문이다.

한편 증명책임에 관해 현재 판례는 다소 불분명한 점이 있지만, 퇴임이사라는 이유만으로 곧바로 직무수행권이 있다고 추정되는 것은 아니므로, 퇴임이사의 직무수행권을 주장하는 자가 '퇴임이사 이외의 이사들로는 법인을 정상적으로 운영할 수 없는 급박한 사정'을 증명해야 할 것이다.[75] 그러한 필요성에도 불구하고 퇴임이사의 직무수행권을 부정하는 자는 '퇴임이사가 종전의 직무를 수행하는 것이 부적당하다고 인정할 특별한 사정'을 증명하여야 할 것이다.

### (4) 관련 문제

㉮ 퇴임이사의 직무수행권의 범위       퇴임이사의 직무수행권이 예외적으로 인정된다고 하더라도 이는 법인이 정상적인 활동을 중단하게 되는 처지를 피하기 위하여 보충적으로 인정되는 것이므로,[76] 그러한 보충적 범위를

---

73) 대판 82.3.9, 81다614 등 일부 판례에서는 §691를 근거로 명시하였다.

74) 유형웅, "대표권의 전속과 사임한 대표자의 긴급처리권", 민판연 40, 2018, 30-31.

75) 대판 10.9.30, 2010다43580(의료법인에서 "약 1년 10개월 전에 사퇴한 구 이사인 원고에게 직무수행권을 인정해야 할 정도로 피고가 현재 정상적인 법인의 활동을 할 수 없는 급박한 상태에 있다고는 보기 어렵고, 달리 이를 인정할만한 증거가 없다"고 한 원심을 지지함).

76) 대판 82.3.9, 81다614; 대판 97.6.24, 96다45122; 대판 03.3.14, 2001다7599 등.

넘어선 직무수행은 적법하지 않다.

　예컨대 임기만료된 이사장이 "별다른 급박한 사정도 없이 임기 만료 전의 현임 이사를 해임하고 그 후임자를 선임하기 위한 이사 및 평의원 연석회의를 스스로 소집하고 이를 제안"하는 것은 부적당하다.[77] 사회복지법인의 임기만료된 대표이사는 후임 대표이사가 정식으로 취임할 때까지 대표이사의 직무를 계속 수행할 수 있고 그 일환으로서 이사회를 소집할 권한도 가지지만, "이미 이사회의 결의에 의하여 새로운 임원진이 구성되었음에도 별다른 급박한 사정도 없이 그 구성을 변경하기 위한 임시이사회를 스스로 소집하여 이를 제안"하는 것은 부적당하다.[78] 또한 정관에 따라 대표권을 갖는 이사인 회장이 사임한 경우 일반 이사가 법인을 대표할 권한을 가진다고 할 수 없고, 사임한 회장은 후임 회장이 선출될 때까지 대표자의 직무를 계속 수행할 수 있으나, 그가 법인의 업무용 기본재산을 처분한 것은 "사임한 대표자가 보충적으로 행사할 수 있는 직무수행권의 범위를 벗어난 것"이어서 무효라고 한다.[79]

　이처럼 퇴임이사의 업무수행권은 구체적 사정에 따라 예외적·보충적으로 인정되는 것이므로, 그의 이사로서의 지위가 포괄적으로 인정되는 것은 아니다. 판례도 "급박한 사정을 해소하기 위하여 퇴임이사로 하여금 업무를 수행하게 할 필요가 있는지를 개별적·구체적으로 가려 인정할 수 있는 것이지 퇴임이사라는 사정만으로 당연히 또 포괄적으로 부여되는 지위는 아니므로 비록 그의 업무수행권이 인정되더라도, 더 나아가 이사 지위의 확인을 구하는 청구는 기각되어야 한다"고 하였다.[80]

　　(ㄴ) 퇴임이사의 직무수행권의 종기　　퇴임이사의 직무수행권의 종기는 후임이사가 실제로 선임될 때까지이다.[81] 따라서 후임이사가 선임되지 않은 이상 임기만료 후 상당한 기간이 지났다거나 퇴임이사가 통상업무에 속하지 않는 업무를 수행했다는 사정만으로는 퇴임이사의 대표권이 당연히 소멸하거나 정지되는 것은 아니다.[82]

---

77) 대판 82.3.9, 81다614(재단법인에 관한 사안).
78) 대판 97.6.24, 96다45122(사회복지법인에 관한 사안).
79) 대판 03.3.14, 2001다7599(사단법인에 관한 사안). 다만 결론에 있어서는 해당 법인이 그 매매계약에 따른 수입을 취득하고 세금까지 납부하여 매매계약을 묵시적으로 추인했다고 보았다.
80) 대판 96.12.10, 96다37206(재단법인에 관한 사안).
81) 주석 총칙(1), 797(제5판/문영화).
82) 대판 07.6.15, 2007다6307(비법인사단인 입주자대표회의에 관한 사안).

㈐ 퇴임이사의 의무와 책임　　판례에서 문제된 사안에서는 이사의 직무권한이 주로 문제가 되고 있지만, 임기만료 이사의 직무권한이 인정되는 경우라면 이사로서의 의무와 책임도 동일하게 인정되어야 할 것이다($\substack{상§386\\I 참조}$). 직무수행권만을 가질 뿐 그 직무에 관하여 의무와 책임을 부담하지 않는다면 법인의 기관으로서의 역할을 정상적으로 수행할 수 없고 입법취지에도 반하기 때문이다. 예컨대 임기만료 후에도 직무수행권을 갖는 이사라면 그 직무수행권과 관련하여 선량한 관리자의 주의의무를 다하여 법인의 사무를 처리해야 하고($\substack{§\\61}$), 그 위반에 대하여는 손해배상책임을 진다($\substack{§\\65}$)고 해석해야 할 것이다.

## 5. 해　　임

### (1) 개　　관

민법은 법인의 이사의 해임에 관하여 아무런 규정도 두고 있지 않다.[83] 정관에서 해임의 사유와 절차에 관한 정함이 없거나 불분명한 경우에는 해임에 일정한 사유가 필요한지, 해임에 어떠한 절차를 따라야 하는지 등이 문제된다. 정관에서 해임에 관하여 사유와 절차를 정한 경우에는 그에 따르면 되지만, 그 이외의 사유로도 해임이 가능한지 문제되는 경우가 있다.

### (2) 해임사유

㈎ 정관에 정함이 없는 경우　　이 경우 해임사유가 있어야 해임할 수 있는지가 문제된다. 비교법적으로는 해임사유를 요하지 않는 예와 요하는 예가 모두 발견된다.[84] 해임사유를 요하지 않는 경우에는 재단법인의 이사회 및 사단법인의 사원총회 등 선임기관의 이사에 대한 통제력을 강화할 수 있고, 해임사유를 요하는 경우에는 이사의 지위를 보장하여 독립적인 직무수행을 보호할 수 있다.

우리 민법의 해석상으로는 ① 정관에 다른 정함이 없으면 위임에 관한 규정($\substack{§689\\I}$)을 준용하여 법인이 언제든지 해임할 수 있다는 견해($\substack{해임사유\\불요설}$),[85] ② 위임에서 인정되는 상호해지의 자유는 법인의 계속성에 비추어 유추적용할 수

---

83) 주식회사에서는 언제든지 주주총회의 특별결의로 이사를 해임할 수 있다(상 § 385 I 본).
84) 후자의 예로 독민 § 84 Ⅲ에서는 중대한 사유가 있어야 법인의 이사를 해임할 수 있도록 한다.
85) 주석 총칙(1), 708(제4판/주기동); 고상룡, 222; 송덕수, 606; 양창수·김형석, 42 등. 상 § 385 I 도 이와 같은 취지를 주식회사에서 천명한 것이라고 볼 수 있다.

없고 부득이한 사유가 있을 때에만 해임할 수 있다는 견해(<sub>필요설</sub><sup>해임사유</sup>),86) ③ 사단
법인의 경우에는 총회에 의한 자주적 의사형성이 가능하므로 해임사유 없이
언제든 해임이 가능하나, 학교법인을 비롯한 재단법인의 경우에는 재단의 복
리를 위한 실체적이고 합리적인 사유가 있어야 해임할 수 있다는 견해87)가 대
립된다.

　　판례는 정관에 해임사유 및 절차에 관한 다른 정함이 없는 경우에 관하여
"법인과 이사의 법률관계는 신뢰를 기초로 한 위임 유사의 관계이고, 위임계
약은 원래 해지의 자유가 인정되어 쌍방 누구나 정당한 이유 없이도 언제든지
해지할 수 있으며, 다만 불리한 시기에 부득이한 사유 없이 해지한 경우에 한
하여 상대방에게 그로 인한 손해배상책임을 질뿐이다"라고 하여, 해임사유 불
요설을 취한다.88)

　　생각건대, 정관 규정에 의한 적법한 절차에 따라 해임하였음에도 해임사
유의 흠결을 이유로 해임의 효력 자체를 부정할 수 있다면 장기간 법률관계
를 불안정하게 하는 문제가 있다. 이미 사원총회 또는 이사회에서 이사를 해임
하였다면 근본적인 상호 신뢰관계가 무너진 상태인데 해임의 효력을 부인하고
이사지위를 회복시키는 것이 효과적인 구제수단인지도 의문이다. 이사가 언제
든 사임할 수 있는 것과 균형을 이룰 필요도 있다. 따라서 해임사유 불요설이
타당하다고 할 것이다.

　　원칙적으로 해임사유를 묻지 않더라도 권리남용적인 해임, 예컨대 실제로
이사에게 아무런 잘못이 없거나 오히려 이사가 법인의 이익을 보호하기 위해
노력하였음에도 불구하고 사단법인의 사원총회 또는 재단법인의 이사회에서
일부 사원이나 이사장 등과의 견해 대립 또는 이해관계 대립 등을 이유로 해
임한 경우에는 달리 볼 것인가? 주식회사에 관하여는, 이 경우에도 해임 자체
는 유효하되 회사의 손해배상의무가 발생한다는 견해89)와 해임 자체가 위법하
고 효력이 없다는 견해90)가 대립된다. 원칙적으로는 사유를 불문하고 해임 자
체는 유효하다고 보아야 하겠지만, 사안에 따라서는 권리남용의 일반 법리에

---

86) 김상용, 259. 권리남용적인 해임은 효력이 없다는 견해[구주해(1), 664(최기원)]도 비슷
　　하다.
87) 김진우, "학교법인 이사(장)에 대한 해임결의―2014.1.17.자 2013마1801 결정", 조선대
　　법학논총 22-3, 2015, 707-708.
88) 대결 14.1.17, 2013마1801; 대판 08.9.25, 2007다17109 외 다수.
89) 정동윤, 회사법, 제7판, 2005, 389.
90) 구주해(1), 663(최기원).

따라 그 효력을 부인해야 할 가능성도 배제할 수 없을 것이다.

(4) 정관에 정함이 있는 경우       만약 정관에서 해임사유를 명시적으로 규정하고 있다면, 이것은 이사의 신분을 보장하거나 해임을 제한하는 의미를 가진다.[91] 따라서 원칙적으로 그 사유가 존재하여야 적법하게 해임할 수 있다고 할 것이다. 그렇다고 해서 정관에 명시된 해임사유 이외의 사유로는 어떤 경우에도 이사를 해임할 수 없다면 법인의 이익에 반하는 상황이 우려된다. 따라서 이사의 '중대한 의무위반', '중대한 위법행위', '정상적인 집무집행 불능'과 같은 중대한 사유가 있다면, 정관에 정한 해임사유에 정확히 해당하지 않는 경우에도 해임할 수 있다고 보아야 할 것이다.[92]

판례는 정관에 이사의 해임사유와 절차를 정하고 있다면, 법인으로서는 이사의 중대한 의무위반 또는 정상적인 사무집행 불능 등의 특별한 사정이 없는 한, 정관에서 정하지 않은 사유로 이사를 해임할 수 없다[93]고 한다. 즉 원칙적으로 정관에 정한 해임사유가 필요함을 밝히면서도 중대한 사유가 있으면 정관에서 정하지 않은 사유로도 해임할 수 있다는 여지를 남기고 있다. 같은 맥락에서 대한불교조계종의 대표인 종정에 관하여도 원칙적으로 종헌에서 해임할 수 있도록 정해진 경우 외에는 함부로 해임할 수 없다고 하면서도, 중대한 과오가 있음을 이유로 예외를 인정한 바 있다.[94]

### (3) 해임권한과 해임절차

(개) 해임권한       이사의 해임 권한은 정관이 정한 기관이 갖되, 정관에 다른 정함이 없다면 이사의 선임기관에 있다고 해석해야 한다.[95] 즉 정관에 선

---

91) 김진우(주 42), 766.
92) 김진우(주 42), 766.
93) 대판 13.11.28, 2011다41741.
94) "[조계종의] 대표자인 종정은 그 사단의 최고집행기관일 뿐만 아니라 상징적·정신적 최고지도자로서 그 사단에 있어서는 최고의 존엄성이 부여되는 지위에 있"으므로, 일반사단의 대표자와 달리 조계종의 정관에 해당하는 종헌에서 종정을 해임할 수 있도록 정해진 경우 외에는 종정 선임기관이라 하더라도 함부로 종정을 해임할 수는 없고, 다만 종정에게 중대한 과오가 있어서 이를 그대로 방치하면 종단의 존립이 위태롭게 될만한 특수한 사정이 있는 경우에 한하여 예외적으로 그 해임이 가능한데, 이 사안에서는 "종정이 폭력으로 중앙총회 개최를 방해하고 무효인 종령을 발포하여 중앙종회의 회의개최권을 침해하고 종헌상 근거없이 중앙종회를 해산하고 종회 의원의 자격을 박탈하고 종회 의원의 자격을 박탈하는 등의 위법행위를 자행함으로써 종회 의원의 권리행사를 방해하고 종단 최고의결기관을 폐쇄하고 그 기능을 소멸시키고 이로 인하여 종단에 극심한 내분과 혼란을 초래케 하여 종단의 존립을 위태롭게 하였다면 종정의 직무집행정지 및 직무대행자선임 가처분 사유가 된다"고 판시하였다(대판 79.6.26, 78다1546).
95) 구주해(1), 664(최기원); 주석 총칙(1), 791(제5판/문영화).

임기관에 관한 언급은 있으나 해임기관에 관한 언급은 없다면, 선임기관이 해임권한도 가지는 것으로 해석해야 한다. 일반적으로 사단법인에서는 사원총회 결의로 이사를 선임 및 해임하도록 정관에서 정하는 경우가 많고, 재단법인에서는 이사회 결의로 이사를 선임 및 해임하도록 정관에서 정하는 경우가 많다. 입법론적으로는 정관으로 달리 정할 수 있다는 전제 하에 이사의 선임·해임기관을 명시하는 것이 바람직할 것이다.[96]

사단법인에서 사원총회 아닌 다른 기관이 이사의 선임 또는 해임을 결정하도록 정관에서 정하고 있다면 원칙적으로 존중되어야 할 것이다. 예컨대 사단법인에서 ① 이사회가 이사선임 및 해임기관으로 정관에 정해져 있고 사원총회는 그러한 권한을 갖는다는 언급이 없는 경우라든지 ② 이사회가 이사선임 기관으로 정관에 정해져 있고 해임에 관하여는 별다른 언급이 없는 경우에는, 사원총회는 이사선임 및 해임 권한을 갖지 못한다고 해석할 수밖에 없다.[97] 정관에서 선임기관과 다른 기관에서 이사를 해임하도록 정하고 있는 경우에도 원칙적으로 그러한 정관 규정은 존중되어야 할 것이다.

다만 법인의 기관이라 할 수 없는 특정인에게 이사해임 권한을 부여하는 정관 규정의 효력은 함부로 인정할 수 없을 것이다. 재단법인에서 설립자에게 이사에 대한 임의해임권을 부여한 정관의 규정은 독립한 법인체인 재단의 자치를 보장할 수 없게 되어 효력이 없다는 타당한 견해가 있다.[98]

(내) 해임절차　　해임에 관한 절차를 정관에서 정하고 있다면, 그러한 절차를 준수하여야 적법한 해임으로서의 효력이 발생할 것이다. 예컨대 정관에서 평의원 재적 3분의 2 이상의 임원해임결의 요구가 있어야 이사를 해임할 수 있도록 정하고 있는데, 그러한 요구절차 없이 이사 및 평의원 연석회의에서 해임결의를 하였다면 이는 무효이고, 그 해임결의를 가지고 위 해임결의 요구의 의사가 있었던 것과 같이 간주하거나 또는 그 요구흠결의 하자가 치유된 것으로 볼 수 없다.[99]

이사를 해임하기로 하는 사원총회 또는 이사회의 결의가 있으면 그로써

---

96) 사단법인에서 정관에 달리 정함이 없는 한 최고의사결정기관인 사원총회가 이사에 대한 해임권한을 갖는다는 견해로, 김진우(주 42), 770.

97) 구주해(1), 664(최기원); 주석 총칙(1), 709(제4판/주기동); 주석 총칙(1), 792(제5판/문영화).

98) 김진우(주 87), 707; 주석 총칙(1), 792(제5판/문영화).

99) 대판 82.3.9, 81다614.

해임의 효력이 발생하는가? 제1설은 해임결의는 법인의 내부적 의사결정에 불과하므로 그러한 결의에 의하여 즉시 해임의 효력이 발생하는 것이 아니라 이사에 대한 해임의 의사표시가 이사에게 도달한 때에 비로소 효력이 발생한다고 한다.[100] 반면 제2설은 정관에 사원총회 또는 이사회의 결의로 이사를 해임하도록 규정하면서 달리 해임절차에 관한 규정이 없다면, 이사선임의 경우와 마찬가지로 별도의 해임의 의사표시 없이 그 결의에 의하여 이사 지위를 상실한다고 한다.[101] 전술한 바와 같이 이사선임의 경우 선임결의와 당사자의 취임승낙만으로 효력이 발생하고 대표기관에 의한 청약은 필요하지 않은 점에 비추어 보면, 해임의 경우에도 해임결의의 통지 또는 고지는 효력발생의 요건이 아니라고 보아야 할 것이므로, 제2설이 타당하다.

(4) 해임의 효과

해임된 이사는 이사의 지위를 상실한다. 다만 §689 Ⅱ의 규정에 따라 부득이한 사유 없이 이사를 해임하였다면, 법인은 해임된 이사의 손해를 배상해야 한다.[102] 해임된 이사가 이 규정에 따라 손해배상을 청구할 수 있으려면 다음 요건이 충족되어야 한다.

첫째, 부득이한 사유가 없는 해임, 즉 정당한 이유가 없는 해임이어야 한다. 여기서 정당한 이유의 의미에 관하여는 주식회사에서 이사 또는 감사의 해임에 관한 판례가 참고가 될 것이다. 즉 "법인과 이사 사이에 불화가 있는 등 단순히 주관적인 신뢰관계가 상실된 것만으로는 부족하고, 이사가 직무와 관련하여 법령이나 정관에 위반된 행위를 하였거나 정신적·육체적으로 이사로서 직무를 감당하기 현저하게 곤란한 경우, 이사로서 직무수행능력에 대한 근본적인 신뢰관계가 상실된 경우 등과 같이 당해 이사가 그 직무를 수행하는 데 장해가 될 객관적 상황이 발생한 경우"에 비로소 임기 전에 해임할 수 있는 정당한 이유가 인정된다.[103]

---

100) 구주해(1), 664(최기원); 주석 총칙(1), 709(제4판/주기동); 김진우(주 42), 775.
101) 주석 총칙(1), 793(제5판/문영화). 일본에서 주식회사 대표이사 해임에 관하여 같은 입장으로 日最判 66.12.20(판례タイムズ 202号 115); 江頭憲治郎, 株式會社法, 제6판, 2015, 395.
102) 참고: 상 §385 Ⅰ("이사는 언제든지 제434조의 규정에 의한 주주총회의 결의로 이를 해임할 수 있다. 그러나 이사의 임기를 정한 경우에 정당한 이유 없이 그 임기만료 전에 이를 해임한 때에는 그 이사는 회사에 대하여 해임으로 인한 손해의 배상을 청구할 수 있다").
103) 대판 13.9.26, 2011다42348(주식회사의 감사); 대판 04.10.15, 2004다25611(주식회사의 이사) 등.

둘째, 손해가 발생하여야 한다. 여기서 손해의 가장 대표적인 예는 그가 '해임을 당하지 않았더라면 받을 수 있었을 보수', 즉 잔여기간에 상당하는 보수라고 할 수 있다. 잔여기간에 상당하는 보수를 손해로 인정하려면 다시 몇 가지 요건이 충족되어야 한다. ① 우선 임용계약 또는 정관 등에 임기가 정해져 있어야 '잔여기간'이란 관념이 성립할 수 있다.[104] ② 적법한 보수청구권이 존재하고 있어야 한다. 예컨대 보수가 정관이 정한 한계를 넘거나, 법령이나 정관에 따른 보수산정 절차(예컨대 정관에서 이사의 보수액 책정<br>은 보수위원회를 거치도록 한 경우)를 위반하여 정해졌거나, 그 액수가 지나치게 과다하여 위법하다면,[105] 애초에 보수청구권이 인정되지 않으므로 잔여기간의 보수가 정당한 손해로 인정될 수도 없다.

셋째, 해임과 손해 사이에 인과관계가 존재하여야 한다. 이와 관련하여, 해임으로 인하여 그 법인에 근무를 면하게 된 사이에 다른 업무에 종사하며 얻은 보수 기타 소득을 이사가 받을 손해배상액에서 공제할 것인가의 문제가 있다. 이를 손익상계로서 공제하려면, ① 손해배상책임의 원인이 되는 행위로 인하여 피해자가 새로운 이득을 얻었고, ② 그 이득과 손해배상책임의 원인인 행위 사이에 상당인과관계가 있어야 한다. 판례는 임기가 정해진 주식회사의 감사가 임기 중에 정당한 사유 없이 해임된 사안에서 잔여임기의 보수에 상당한 손해의 배상을 명하면서도, 그가 해임된 후 잔여임기 중 다른 회사에서 일하며 받은 소득은 해임으로 인하여 절감하게 된 시간과 노력을 사용하여 얻은 이득이라는 이유로 손해배상액에서 공제하였다.[106] 민법상 법인의 이사에 관하여도 동일한 결론을 도출할 수 있을 것이다.

(5) 등　기

이사의 해임은 등기하여야 한다($\frac{\S}{52}$). 등기를 하지 않으면 제3자에게 대항하지 못한다($\frac{\S54}{1}$). 따라서 해임된 이사가 해임등기의 해태로 인해 등기부상 이사로 남아 있는 상태에서 직무상 대표행위를 하였다면, 회사는 그 상대방에게

---

104) 상 § 385 Ⅰ에서는 '임기를 정한 경우'일 것을 명확히 요구한다.

105) 주식회사에서 과다한 보수(퇴직금) 청구권이 부정된 예로, 대판 16.1.28, 2014다11888 ("이사가 회사에 대하여 제공하는 직무와 지급받는 보수 사이에는 합리적 비례관계가 유지되어야 하며, 회사의 채무 상황이나 영업실적에 비추어 합리적인 수준을 벗어나서 현저히 균형성을 잃을 정도로 과다하여서는 아니 된다").

106) 대판 13.9.26, 2011다42348("당해 감사가 그 해임으로 인하여 남은 임기 동안 회사를 위한 위임사무 처리에 들이지 않게 된 자신의 시간과 노력을 다른 직장에 종사하여 사용함으로써 얻은 이익이 해임과 사이에 상당인과관계가 인정된다면 해임으로 인한 손해배상액을 산정함에 있어서 공제되어야 한다").

그 이사가 해임되었다는 사실을 주장할 수 없다.[107]

### (6) 재판상 해임의 가능 여부

이사의 해임을 소로써 구할 수 있는가? 상법은 주식회사에 관하여 "이사가 그 직무에 관하여 부정행위 또는 법령이나 정관에 위반한 중대한 사실이 있음에도 불구하고 주주총회에서 그 해임을 부결한 때에는 발행주식의 총수의 100분의 3 이상에 해당하는 주식을 가진 주주는 총회의 결의가 있은 날부터 1월 내에 그 이사의 해임을 법원에 청구할 수 있다"고 규정하는데($§385 \frac{상}{1}$), 이러한 규정이 없는 민법상 법인에서도 이와 유사한 소를 인정할 수 있는지 문제된다. 판례는 그러한 소는 형성의 소인데 법적 근거가 없으므로 이를 불허하고, 따라서 이를 피보전권리로 하는 직무집행정지 가처분도 불허한다.[108]

입법론으로는 비영리법인의 이사의 의무위반 통제수단으로서 이사해임청구소송 제도 및 직무집행정지 제도를 도입할 필요가 있다. 우리나라에서 비영리법인은 주무관청의 감독을 받도록 되어 있지만, 주무관청이 무관심하거나 또는 이른바 낙하산 인사 등의 방식으로 주무관청이 해당 법인과 유착되어 있는 경우에는 제대로 된 감독을 기대하기 어렵다. 이에 이사의 의무위반 또는 법령위반이 있을 경우 행정관청 또는 이해관계인의 청구에 의하여 비영리법인의 이사를 해임하는 사법적 절차를 마련할 필요가 크다고 본다.[109]

[ 천  경  훈 ]

---

107) 주석 총칙(1), 793(제5판/문영화); 백태승, 241.

108) 대결 97.10.27, 97마2269("기존 법률관계의 변경·형성의 효과를 발생함을 목적으로 하는 형성의 소는 법률에 특별한 규정이 있는 경우에 한하여 허용되는데, 학교법인 이사장에 대하여 불법행위를 이유로 그 해임을 청구하는 소송은 형성의 소에 해당하는바, 이를 허용하는 법적 근거가 없으므로 이를 피보전권리로 하는 이사장에 대한 직무집행정지 및 직무집행대행자 선임의 가처분은 허용되지 않는다."). 同旨: 대판 01.1.16, 2000다45020.

109) 이에 관한 입법론으로 이선희, "비영리법인 이사의 의무위반에 대한 통제—해임과 직무집행정지를 중심으로", 민학 87, 2019, 31-65(특히 47-58).

## 第 58 條(理事의 事務執行)

① 理事는 法人의 事務를 執行한다.

② 理事가 數人인 境遇에는 定款에 다른 規定이 없으면 法人의 事務執行은 理事의 過半數로써 決定한다.

# Ⅰ. 본조의 의의

이사의 직무권한은 대내적으로 사무집행을 할 수 있는 권한과 대외적으로 법인을 대표하여 행위할 수 있는 권한으로 나누어 설명하는 것이 보통이다. 이렇게 둘을 구분하는 시각에서 본조는 이사의 대내적 사무집행을, §59는 이사의 대외적 대표권을 다루고 있는 것으로 이해할 수 있다.

본조 Ⅰ에서는 이사가 법인의 사무집행권을 가진다는 점을 선언하고, Ⅱ에서는 이사가 복수인 경우에 과반수로 결정한다는 원칙을 정하고 있다. 실제로 이사가 복수인 경우에는 대부분 이사회라는 회의체를 구성하여 활동하지만, 이사회에 관해서는 민법에 정함이 없다. 본조의 주석에서는 이사의 사무집행의 의의·방법을 서술한 후(Ⅱ), 이사회의 여러 쟁점에 관하여 서술한다(Ⅲ).

## Ⅱ. 사무집행

### 1. 사무집행의 의의

사무집행이란 법인의 목적 달성을 위하여 직접 또는 간접으로 필요한 모든 사무의 처리를 말한다.[1] 법인의 목적은 정관에 정해져 있지만, 사무집행 범위는 그 목적에 한정되는 것이 아니라 목적 달성에 직접 또는 간접으로 필요한 모든 사무를 포함하므로 훨씬 넓어진다. 현실적으로는 사원총회 또는 이사회의 결의에 의하여 그 범위가 정해질 수도 있다.

민법이 규정하는 이사의 사무집행으로는 법인의 등기($\S\S^{50\sim}_{52}$), 재산목록과 사원명부의 작성·비치($\S_{55}$), 사원총회의 소집($\S_{69}$), 총회의사록의 작성($\S_{76}$), 파산신청($\S_{79}$), 청산에 관한 사무집행($\S_{82}$) 등이 있으나, 이는 예시적인 것에 불과하다.[2] 법인의 장단기 계획 작성, 각종 계약의 체결과 이행, 재산의 매매·차입·대여, 기부금품의 모집, 채용·해고·직원복지 등 법인의 존속과 운영을 위한 일체의 사무가 이사의 사무집행에 포함된다.

이사는 사무집행을 할 권한 뿐 아니라 의무도 있다.[3] 민법상 명문의 규정은 없으나 대표행위와 마찬가지로 정관의 규정 및 총회의 결의에 따라서 하여야 하고, 그 과정에서 선량한 관리자의 주의의무를 다하여야 한다. 이에 관한 상세는 §61에 대한 주석 참조.

### 2. 사무집행의 방법

#### (1) 업무의 위임

이사가 법인의 사무를 집행한다고 선언한 본조 Ⅰ은 강행규정으로 보아야 한다.[4] 민법은 이사에게 법인의 사무집행을 맡기면서 이를 전제로 설립, 등기, 선관주의의무, 이사의 책임 등에 관한 여러 법적 장치를 마련하였는데, 이사 아닌 자가 포괄적으로 사무집행을 담당한다면 민법의 이러한 전제가 무너지기

---

1) 구주해(1), 666(최기원); 주석 총칙(1), 798(제5판/문영화).
2) 구주해(1), 666(최기원); 주석 총칙(1), 799(제5판/문영화).
3) 구주해(1), 666(최기원).
4) 구주해(1), 666(최기원).

때문이다. 따라서 정관으로 이사 아닌 제3자가 사무집행을 담당하는 것으로
정한다면 그러한 정관규정은 무효로 보아야 할 것이다.

이사는 자신이 담당하는 사무집행을 다른 이사 또는 이사 이외의 자에게
위임할 수 있다. 그러나 이때에도 이사는 정관 또는 총회의 결의로 금지하지
아니한 사항에 한하여 특정한 행위를 대리하게 할 수 있을 뿐$\binom{\S}{62}$ 포괄적으로
위임할 수는 없다. 이에 관하여는 §62에 대한 주해 참조.

(2) 이사가 2인 이상인 경우

이사가 1인인 경우에는 단독으로 모든 사무집행을 할 수 있으나, 이사가 2
인 이상인 경우에는 서로 의견이 다를 수 있다. 그 경우에 본조 Ⅱ은 다수결의
원리를 도입하여 정관에 다른 규정이 없으면 이사의 과반수로써 결정하도록
하고 있다. 여기서 이사의 과반수라 함은 재적이사의 과반수를 의미한다.[5] 임
기만료 또는 사임 후 이사로서의 직무수행권을 가지는 퇴임이사도 재적이사의
수에 산입되어야 할 것이다.[6]

'정관의 다른 규정'의 예로는, 재적이사 전원 또는 출석이사 전원의 찬성을
요하거나, 재적이사의 3분의 2 이상의 찬성을 요하는 등으로 본조보다 더 엄
격한 요건을 정할 수도 있고, 재적이사 과반수 출석에 출석이사 과반수의 찬성
과 같이 본조보다 더 완화된 요건을 정할 수도 있다. 그러나 복수의 결정이 나
올 수 있는 방식, 예컨대 재적$\binom{또는}{출석}$ 3분의 1 이상의 찬성과 같은 규정은 효력
이 없고, 그 경우 임의규정인 본조가 적용된다고 보아야 할 것이다.

## Ⅲ. 이 사 회

### 1. 총    설

본조 Ⅱ은 복수의 이사들의 과반수로 의사를 결정한다고만 언급하고 있고,
그러한 결정을 하기 위한 보다 상세한 구조 내지 조직에 관하여는 침묵하고
있다. 실제로 대부분의 법인은 이사들로 이루어진 회의체인 이사회를 두고, 일

---

5) 주석 총칙(1), 799(제5판/문영화).
6) 대판 10.6.24, 2010다2107(재단 이사장의 임기가 만료된 후 그 후임 이사장이 선출되지
않았다면, 임기만료 등으로 생긴 결원을 충원하기 위한 이사회를 소집·결의하는 것은 급
박하게 처리할 필요가 있는 업무로서 임기만료된 구 이사장이 업무수행권을 가지므로, 이
사회 결의에 관한 의사정족수와 의결정족수를 산정함에 있어 구 이사장을 포함시킨 조치
는 정당함).

정한 사항은 반드시 이사회에 부의하도록 하며, 실제로 중요한 의미를 가지는 공익법인·학교법인에서 이사회는 필수기관이므로, 이사회의 소집과 결의 등에 관하여 다양한 분쟁이 발생한다. 그러나 민법은 이사회에 관해 전혀 언급이 없으므로, 우선 각 법인의 정관규정에 따라야 하고, 경우에 따라 사원총회에 관한 민법규정, 공익법인법과 사립학교법 등의 이사회에 관한 규정 등을 참고할 수 있을 것이다.

이와 관련하여 통설은 이사회의 소집·결의 및 의사록의 작성 등에 관해 정관에 특별한 규정이 없는 한 사원총회에 관한 규정($^{\S\S\,71}_{76}~$)을 유추적용함이 적당하다고 한다.[7] 그러나 이는 매우 일반적인 수준에서의 언명에 불과하고, 과연 사원총회에 관한 규정을 이사회에 유추적용함이 타당한지는 후술하듯이 개별 쟁점별로 검토를 요한다.

## 2. 이사회의 구성과 권한

### (1) 이사회의 구성

민법상 아무런 규정이 없으나, 이사회는 이사 전원으로 구성된다. 이사장, 대표이사 등은 이사직을 겸유하고 있으므로 역시 이사회의 구성원이 된다.

공익법인의 이사회 구성에 관하여는 공익법인법에 특칙이 있다. 공익법인에 이사회를 두고($^{공익법인}_{\S 6\,I}$), 이사회는 이사로 구성하고($^{공익법인}_{\S 6\,II}$), 이사장은 정관으로 정하는 바에 따라 이사 중에서 호선하며($^{공익법인}_{\S 6\,III}$), 이사장은 이사회를 소집하고 이사회의 의장이 된다($^{공익법인}_{\S 6\,IV}$).

학교법인에도 거의 같은 특칙이 있다. 학교법인에 이사회를 두고($^{사학}_{\S 6\,I}$), 이사회는 이사로 구성하고($^{사학}_{\S 6\,II}$), 이사장은 이사회를 소집하고 이사회의 의장이 된다($^{사학}_{\S 6\,III}$).

### (2) 이사회의 권한

민법은 이사회 자체에 관해 언급이 없으므로 그 권한에 관해서도 당연히 언급이 없다. 결국 강행규정에 반하지 않는 범위에서 정관으로 정한 사항에 관해 이사회가 권한을 갖게 된다.

한편 공익법인법($^{\S 7}_{I}$)과 사립학교법($^{\S 16}_{I}$)에서는 공익법인 및 학교법인의 이사회가 심의·결정할 사항을 아래와 같이 열거하고 있다. 이러한 이사회 결

---

7) 곽윤직·김재형, 197; 김상용, 264; 김주수·김상용, 233; 김증한·김학동, 231; 백태승, 245; 이영준, 960; 이은영, 271 등.

의 없이 한 대표행위의 효력에 관하여는 §60 주해 Ⅳ. 2. 참조. 두 법의 적용
을 받지 아니하는 민법상 법인에서도 만약 이사회가 설치되어 있다면 아래와
같은 정도의 중요한 사항은 이사회에서 심의·결정하도록 정관에서 정하는 것
이 바람직할 것이다.

**[표] 이사회가 심의·결정할 사항**

| 공익법인 | 학교법인 |
|---|---|
| 1. 공익법인의 예산, 결산, 차입금 및 재산의 취득·처분과 관리에 관한 사항<br>2. 정관의 변경에 관한 사항<br>3. 공익법인의 해산에 관한 사항<br>4. 임원의 임면에 관한 사항<br>5. 수익사업에 관한 사항<br>6. 그 밖에 법령이나 정관에 따라 그 권한에 속하는 사항 | 1. 학교법인의 예산·결산·차입금 및 재산의 취득·처분과 관리에 관한 사항<br>2. 정관의 변경에 관한 사항<br>3. 학교법인의 합병 또는 해산에 관한 사항<br>4. 임원의 임면에 관한 사항<br>5. 학교법인이 설치한 사립학교의 장 및 교원의 임용에 관한 사항<br>6. 학교법인이 설치한 사립학교의 경영에 관한 중요사항<br>7. 수익사업에 관한 사항<br>8. 기타 법령이나 정관에 의하여 그 권한에 속하는 사항 |

### 3. 서면결의

#### (1) 서면결의의 허용 여부

　　이사회의 소집 및 의사진행 등에 관하여 논하기 전에, 우선 이사회가 반드
시 회의를 개최해야 하는지 아니면 회의록에 기재된 내용을 이해하고 서명하
는 방식의 서면결의도 가능한지부터 검토할 필요가 있다. 이 역시 민법에는 언
급이 없으므로 정관이 정한 바에 따라야 한다.

　　첫째, 정관으로 서면결의를 허용하고 있다면 그에 따라 적법하게 서면결의
를 할 수 있다. 정관에서 서면결의의 절차와 요건 등을 정하고 있다면 그에 따
라야 적법한 서면결의로 인정될 수 있을 것이다.

　　둘째, 정관에서 서면결의를 불허하고 반드시 회의를 개최하여 결의해야 한
다고 정하고 있다면 서면결의는 적법한 결의가 될 수 없다. 다만 '이사회는 재
적이사 과반수의 출석으로 개최하고 출석이사 과반수의 찬성으로 의결한다'는
정관 규정은 의사정족수 및 의결정족수에 관한 일반규정이어서 서면결의를 금

하는 규정이라고는 볼 수 없다.[8)]

셋째, 정관에 서면결의의 허용 여부에 관해 정함이 없다면 서면결의도 가능하다고 보아야 할 것이다.[9)] 본조 Ⅱ에서도 "이사의 과반수로써 결정한다"고 할뿐 이를 위한 의견 취합의 방법에 관하여는 별다른 제한을 두고 있지 않기 때문이다. 판례도 신용협동조합에서 서면결의 방식의 이사회 결의가 허용된다고 판시한 바 있다.[10)]

### (2) 공익법인의 특칙

공익법인의 경우 이사회의 결의는 서면결의로 할 수 없다고 규정한다(공익법인§9Ⅲ). 이는 공익법인에서 대면회의를 통한 토론과 신중한 의사결정을 촉진하려는 공익적 목적에서 마련된 조항이므로 강행규정으로 보아야 할 것이다. 따라서 공익법인에서 이사회의 서면결의는 이사회결의로서의 효력을 갖지 못하고, 이에 반하는 정관규정은 효력이 없다.

공익법인에서 일부 이사가 이사회 회의에 참석하여 결의하였고 불참이사들은 의사록에 찬성의 뜻으로 서명한 경우, 해당 결의 전체가 서면결의로서 무효가 되는가? 소집절차 및 결의방법에 다른 하자가 없다면, 해당 결의 전체를 무효로 할 것은 아니고 불참이사의 서명 부분만 효력이 없다고 보면 족할 것이다. 즉 실제로 참석한 이사들만으로 의사정족수 및 의결정족수를 충족한다면 결의 자체는 유효하다고 보아야 할 것이다. 공익법인법에서 서면결의를 금지한 이유는 대면회의를 통한 토론과 신중한 의사결정을 기대한 것인데, 실제 회의에 참석한 이사들로 정족수를 충족한다면 그러한 입법목적은 이미 달성된 것이기 때문이다.

## 4. 이사회의 소집

이사회를 소집함에 있어서는 정당한 소집권자가 정관에 정해진 절차에 따라 모든 이사에게 소집통지를 하여야 한다.

---

8) 대판 05.6.9, 2005다2554.

9) 주석 총칙(1), 799, 802(제5판/문영화); 안성포, "비영리법인의 지배구조", 단국대 법학논총 28, 2005, 285.

10) 대판 05.6.9, 2005다2554(신용협동조합법이 이사회의 결의 방법에 관하여 아무런 규정을 두고 있지 않으므로 이사회결의를 요하는 사항에 관하여 이사들에게 개별적으로 결의사항의 내용을 설명하고 동의를 받은 후 미리 작성한 이사회회의록에 날인을 받는 방식으로 의결을 하는 이른바 서면결의 방식에 의한 이사회결의를 금지하는 것으로 볼 수 없다고 함).

(1) 소집권자

정관에 소집권자로 정해진 자가 이사회를 소집할 수 있음은 당연하다. 그렇다면 정관에 소집권자로 정해지지 아니한 이사도 이사회를 소집할 수 있는가?

대법원은 재단법인에 관한 2017년 결정에서 정관에 소집권자로 명시되지 않은 이사도 소집권자로 명시된 이사에게 이사회 소집을 요구하고, 그가 정당한 소집을 거절하면 자신의 사무집행 권한에 의하여 직접 이사회를 소집할 수 있다고 하였다.[11] 다만 이사가 수인인 경우에 정관에 다른 규정이 없으면 법인의 사무집행은 이사의 과반수로써 한다는 본조 Ⅱ은 이 경우에도 적용되므로, 소집권자로 명시된 자 이외의 이사가 이사회를 소집하는 때에는 ① 과반수에 미치지 못하는 이사가 정관의 특별한 규정에 근거하여 이사회를 소집하거나 ② 과반수의 이사가 본조 Ⅱ에 근거하여 이사회를 소집해야 한다.[12] 이 때 이사들은 본래의 사무집행권에 기초하여 이사회를 소집하는 것이므로 법원의 허가를 받을 필요가 없다. 이 결정에서는 임시이사회 소집허가 신청을 각하하였는데, 신청인인 이사들의 이사회 소집권이 없다는 취지가 아니라 법원의 허가를 받을 필요가 없고 법원도 허가할 법률상 근거가 없다는 취지이다.

위 2017년 결정의 사안은 정관에 이사들의 이사회 소집요구권과 그 행사절차가 명시된 경우였다. 그렇다면 정관에 그런 권한조차 정해져 있지 않은 경우에는 어떠한가? 그 경우에도 이사들은 소집권 있는 이사에게 이사회 소집요구를 하고, 그가 불응하면 직접 (다만 정관에 특별한 규정이 없으면 단독으로는 할 수 없고 과반수의 이사의 뜻을 모아) 소집할 수 있다고 보아야 할 것이다. 과반수 이사의 뜻을 모았음에도 정관 규정의 미비를 이유로 이사회 소집조차 할 수 없다는 것은 과반수 이사들에게 사무집행을 맡긴 본조의 취지에 반하는 결론이기 때문이다.[13]

한편 §70 Ⅲ은 사단법인의 소수사원이 이사에게 요건을 갖추어 임시총회

---

11) 대결 17.12.1, 2017그661("이사가 수인인 민법상 법인의 정관에 대표권 있는 이사만 이사회를 소집할 수 있다고 규정하고 있다고 하더라도 이는 과반수의 이사가 본래 할 수 있는 이사회 소집에 관한 행위를 대표권 있는 이사로 하여금 하게 한 것에 불과"하므로, "정관에 다른 이사가 요건을 갖추어 이사회 소집을 요구하면 대표권 있는 이사가 이에 응하도록 규정하고 있는데도 대표권 있는 이사가 다른 이사의 정당한 이사회 소집을 거절하였다면, […] 이사는 정관의 이사회 소집권한에 관한 규정 또는 민법에 기초하여 법인의 사무를 집행할 권한에 의하여 이사회를 소집할 수 있다").

12) 대결 17.12.1, 2017그661.

13) 상법상 주식회사의 경우 각 이사는 이사회를 소집할 수 있는 것이 원칙이고(상 §390 Ⅰ), 이사회 소집권한을 가진 이사를 따로 정한 경우에도 다른 이사는 그에게 이사회 소집을 요구할 수 있고, 그가 정당한 이유 없이 소집을 거절하면 다른 이사가 직접 소집할 수 있다(상 §390 Ⅱ).

의 소집을 요구하였으나 2주간 내에 이사가 총회소집의 절차를 밟지 아니한 경우 법원의 허가를 얻어 임시총회를 소집할 수 있도록 규정하고 있다. 이를 이사회 소집에 유추적용할 수 있을 것인가? 학설상으로는 매우 일반적인 수준에서 "정관에 이사회를 두도록 규정하면서 이사회의 소집, 결의방법, 결의사항 등에 관한 규정은 두고 있지 않다면 사원총회에 관한 규정을 유추적용해야 한다"는 견해가 많다.[14] 그러나 대법원은 사원총회와 이사회는 구성과 운영의 원리가 다르고, 사원총회의 경우 법원이 소수사원의 보호를 위해 후견적 지위에서 관여하여야 할 필요성이 인정되지만 집행기관인 이사회는 그렇지 않다는 점 등을 근거로, 위 조항은 이사회 소집에 유추적용할 수 없다고 한다.[15] 즉 이사들이 정관상 소집권에 기하여 또는 본조에 따른 사무집행의 일환으로 이사회 소집을 하면 되는 것이지, 법원에 허가를 구할 필요도 없고 그럴 근거도 없다는 것이다. 법원은 이사회 결의의 효력에 관하여 다툼이 발생하면 사후적으로 그 소집절차의 적법 여부를 판단할 수 있을 뿐이다.[16]

(2) 통지방법

통지방법 역시 정관이 정하는 바에 따라야 한다. 정관에서 서면에 의할 것을 요구하지 않는다면, 서면이 아닌 구두(직접 또는 유무선 전화), 문자메시지, 전자우편, SNS 등으로 통지하더라도 무방하다고 볼 것이다. 이미 이사회 개최사실 및 그 일시, 장소를 알고 있는 이사에게는 통지를 생략하더라도 그 결의에 하자가 있다고 보기는 어려울 것이다.[17]

통지 시에는 내실 있는 회의준비를 위해 회의의 목적사항을 밝히는 것이 바람직하겠지만, 정관에서 이를 요구하지 않는 한 이를 밝히지 않았다고 하여 하자 있는 통지라고 할 수는 없다.[18] 물론 정관에서 회의 목적사항을 기재할 것을 요구하고 있음에도 이를 기재하지 않고 통지하였거나 또는 기재된 목적 이외의 사항에 관하여 결의하였다면 하자가 인정될 것이다.[19]

어떤 경우이든 최소한 이사회의 개최일시와 장소는 통지사실에 포함되어

---

14) 주 7 참조.
15) 대결 17.12.1, 2017그661.
16) 대결 17.12.1, 2017그661.
17) 주석 총칙(1), 713(제4판/주기동).
18) 주식회사의 경우 이사회 소집통지 시에는 주주총회 소집통지와 달리 회의의 목적을 기재할 필요가 없다. 다만 후술하듯이 공익법인과 학교법인의 경우에는 이사회 소집시 회의의 목적을 명시하여야 한다.
19) 대결 05.5.18, 2004마916.

야 한다. 일단 통지된 일시 또는 장소를 추후에 변경하거나, 일시·장소를 공
란 또는 미정인 상태로 일단 통지한 후 추후 보완하는 경우에도, 그러한 변경
이나 보완에 합당한 이유가 있고 이사들의 참석을 곤란하게 하는 특별한 사정
이 없는 한 소집통지 자체가 위법하다고 보기는 어려울 것이다.

(3) **통지기간**

소집통지 기간은 법에 정함이 없으므로 정관에 따라야 한다. 정관으로 소
집통지 기간을 어느 정도 자유롭게 정할 수 있는지 문제될 수 있는데, 주식회
사, 공익법인, 학교법인 등에서 7일 전 통지를 원칙으로 정하고 있음에 비추어
보면, 너무 짧거나($_{일\;통지}^{예:\;당}$) 너무 긴($_{전\;통지}^{예:\;2월}$) 정관의 사전통지 조항은 그 효력에
의문이 제기될 수 있을 것이다.

주식회사의 경우 원칙적으로 회의 7일 전에 통지를 발송하도록 하되 정관으
로 이를 단축할 수 있고($_{§\;390\;Ⅲ}^{상}$), 이사 및 감사 전원의 동의가 있는 때에는 사전통
지 절차 없이 언제든지 회의할 수 있다($_{§\;390\;Ⅳ}^{상}$). 민법상 법인에서도 이사 전원의
동의가 있는 때에는 정관으로 정한 소집통지 기간을 준수하지 않아도 적법한 통
지가 있었다고 볼 것이다. 공익법인과 학교법인의 경우 후술하는 특칙이 있다.

(4) **통지의 상대방**

통지의 대상은 재적 이사 전원이다. 사임 또는 임기만료 후 이사로서 업무
집행권이 인정되는 이사에게도 통지해야 할 것이다.

(5) **공익법인의 특칙**

공익법인의 이사회 소집절차에는 공익법인법의 특칙이 적용된다. 이사장은
필요하다고 인정할 때에는 이사회를 소집할 수 있고($_{§\;8\;Ⅰ}^{공익법인}$), 재적이사의 과반
수[20]가 회의 목적을 제시하여 소집을 요구하거나 감사가 불법 또는 부당한 점
이 있음을 발견하여 이사회에 보고하기 위해 이사회 소집을 요구하는 때에는,
그 소집요구일로부터 20일 이내에 이사회를 소집해야 한다($_{§\;8\;Ⅱ}^{공익법인}$). 이사회를
소집할 때에는 적어도 회의 7일 전에 회의 목적을 구체적으로 밝혀 각 이사에
게 알려야 한다($_{§\;8\;Ⅲ\;본문}^{공익법인}$). 다만 이사 전원이 모이고 또 그 전원이 이사회의 소
집을 요구할 때에는 그러하지 아니하다($_{§\;8\;Ⅲ\;단서}^{공익법인}$). 소집권자가 궐위되거나 이사
회 소집을 기피하여 7일 이상 이사회 소집이 불가능한 경우에는 재적이사 과
반수의 찬동으로 감독청의 승인[21]을 받아 이사회를 소집할 수 있다($_{§\;8\;Ⅳ}^{공익법인}$).

---

20) 학교법인의 경우 '반수 이상'인 것과 다르다.
21) 감독청의 소집승인을 얻고자 할 때에는 승인신청서에 (i) 이사회의 소집이 불가능한 사

## (6) 학교법인의 특칙

학교법인의 이사회 소집절차에는 사립학교법의 특칙이 적용된다. 그 내용
은 위에서 본 공익법인법의 특칙과 거의 동일하다. 이사장은 필요하다고 인정
할 때에는 이사회를 소집할 수 있고($§17^{사학}_{I}$), 재적이사의 반수 이상[22]이 회의
목적을 제시하여 소집을 요구하거나 감사가 불법 또는 부당한 점이 있음을 발
견하여 이사회에 보고하기 위해 이사회 소집을 요구하는 때에는, 그 소집요구
일로부터 20일 이내에 이사회를 소집해야 한다($§17^{사학}_{II}$). 이사회를 소집할 때에
는 적어도 회의 7일전에 회의의 목적을 명시하여 각 이사에게 통지하여야 한
다($§17^{사학}_{III 본문}$). 다만, 이사 전원이 집합되고 또 그 전원이 이사회의 개최를 요구
한 때에는 예외로 한다($§17^{사학}_{III 단서}$). 소집권자가 궐위되거나 이사회 소집을 기피
함으로써 7일 이상 이사회 소집이 불가능할 때에는 재적이사 과반수의 찬동으
로 이를 소집할 수 있되, 소집권자가 이사회의 소집을 기피한 경우에는 관할청
의 승인[23]을 얻어야 한다($§17^{사학}_{IV}$).

## 5. 이사회의 의사진행과 결의

### (1) 회의방식

이사회는 직접 만나서 회의를 진행하는 것이 보통이나, 정관으로 전화회의
또는 영상회의로 진행할 수 있다고 정하고 있다면 전부 또는 일부 이사가 그
와 같은 방식으로 참여해도 적법하다. 정관에 별다른 언급이 없는 경우에는 다
툼이 있을 수 있으나, 역시 전부 또는 일부 이사가 전화회의 또는 영상회의 방식
으로 참여해도 적법한 회의로 보아야 할 것이다. 전화회의 또는 영상회의 방식
이 전세계적으로 모든 분야에서 점점 일상화되고 있고, 이에 관해 가장 상세한
규정을 둔 상법 회사편의 주식회사에서도 음성을 동시에 송수신하는 원격통신수
단에 의한 결의 참여를 허용하고 있는 점($§391^{상}_{II}$)을 고려할 필요가 있을 것이다.

### (2) 의사진행

정관에 따라 의장으로 지정된 이사가 이사회의 의사를 진행한다. 실제로

---

유와 이를 증명하는 서류, (ii) 재적이사 과반수의 찬동을 증명하는 서류, (iii) 이사회를 소
집하지 못함으로 인하여 예상되는 손해의 구체적인 사실을 증명하는 서류를 첨부해야 한
다(공익법인령 §15).

22) 공익법인의 경우 '과반수'인 것과 다르다.

23) 이사회 소집을 위한 관할청의 승인이 소집권자가 궐위된 경우에는 필요하지 않고 이사
회 소집을 기피한 경우에만 필요하다는 점에서, 두 경우 모두 관할청의 승인을 얻어 소집
하도록 한 공익법인법(§8 IV)의 규정과 다르다.

많은 법인의 정관에서 이사장이 이사회의 의장직을 맡도록 정하고 있다. 정관에서 따로 의장으로 지정된 이사가 없다면, 출석한 이사들의 호선으로 의장을 선출할 수 있을 것이다. 정관으로 정하는 경우는 물론 그렇지 않은 경우에도 이사들의 질문권과 토론권은 자유롭게 보장되어야 한다.

### (3) 의결권의 대리행사

이사는 대리인을 통하여 출석 및 의결권 행사를 할 수 있는가? 이사회에서 이사는 단순히 미리 결정한 대로 찬반의 의사표시를 하는 것이 아니라 선관주의의무를 다하여 토론과 의사교환에 참여할 것이 요구된다. 따라서 이는 원칙적으로는 대리에 적합하지 아니하고, 그런 이유로 상법상 주식회사에서는 이사회의 대리출석 및 대리표결은 허용되지 아니한다는 것이 통설과 판례이다.[24]

민법상 법인의 경우에도 정관에 별다른 정함이 없다면 이사회에서 대리는 허용되지 아니한다고 보아야 할 것이다.[25] 판례도 대리출석을 이사회결의의 하자로 보는 전제에서 판시한 것이 있다.[26] 다만 일정한 기관에서 지명하는 사람이 이사를 맡게 되어 있는 경우( 예컨대 정부기관의 일정한 직책에 있는 자가 당연직 이사인 경우 ) 그는 이사회에서 그가 속한 조직의 입장을 전달 내지 대변하는 경우가 대부분인데, 그런 경우에는 대리에 의하더라도 실제로 달라질 것은 별로 없을 것이다. 따라서 만약 이러한 경우에 정관에서 명시적으로 대리를 허용하고 있다면, 그러한 정관규정을 무효라고 단정할 것은 아니라고 본다.

### (4) 특별이해관계 있는 이사의 의결권 행사

특별이해관계 있는 이사의 의결권은 제한되는가? 상법상 주식회사($\frac{\text{상 } \S\S 391}{\text{III, } \S 368 \text{ III}}$), 공익법인($\frac{\text{공익법인}}{\S 7 \text{ II}}$), 학교법인($\frac{\text{사학}}{\S 16 \text{ II}}$) 등에서는 특별이해관계 있는 이사의 의결권을 명시적으로 제한하고 있다. 민법에는 이러한 정함이 없지만, 이사는 선량한 관리자의 주의로 그 직무를 수행해야 하므로 그러한 주의의무와 모순되는 개인적인 이해관계를 가진 사항에 관하여는 의결권을 행사하지 못한다고 보아야 할 것이다.[27] 판례도 "민법 제74조는 사단법인과 어느 사원과의 관계사항을

---

24) 대판 82.7.13, 80다2441; 김건식 · 노혁준 · 천경훈, 회사법, 제6판, 2022, 384.

25) 학교법인 이사회에 관한 논의로 김현선, "학교법인의 이사회 의결권 위임에 관한 효력—민법 제62조와 사립학교법 제19조 제3항과의 관계", 법이론실무연구 2-2, 2014, 115.

26) 대판 78.8.22, 76다1747("학교법인의 이사회가 소집권자에 의하여 소집되지 아니하고 대리인을 출석시켜 결의케 하는 등의 하자가 있을 경우에는 그 이사회결의가 사실상 이사 전원의 의사에 일치된다고 하더라도 적법하다고 할 수 없"다고 함).

27) 주석 총칙(1), 714(제4판/주기동); 주석 총칙(1), 803(제5판/문영화).

의결하는 경우 그 사원은 의결권이 없다고 규정하고 있으므로, 민법 제74조의 유추해석상 민법상 법인의 이사회에서 법인과 어느 이사와의 관계사항을 의결하는 경우에는 그 이사는 의결권이 없다"고 한다.[28)]

예를 들어 법인과 이사 간의 매매, 임대, 소비대차, 용역계약 등을 이사회에서 승인하는 때에 그 이사는 의결권을 행사하지 못한다. 법인의 이사가 대표이사 또는 대주주로 있는 다른 회사와 법인 간의 계약을 법인 이사회에서 승인하는 경우에도 마찬가지로 보아야 할 것이다. 반면 이사장의 선임·해임, 이사의 선임·해임 등의 경우에 해당 이사는 이사회 구성원으로서의 권한을 행사하는 것일 뿐 개인적인 지위에서 특별이해관계를 가지는 것은 아니므로 의결권을 행사할 수 있다고 본다.[29)]

특별이해관계 있는 이사의 의결권이 부인되는 경우 정족수 산정방법이 문제된다. 판례는 "민법상 법인에서도 상법 제368조 제4항, 제371조 제2항의 유추해석상 이해관계 있는 이사는 이사회에서 의결권을 행사할 수는 없으나 의사정족수 산정의 기초가 되는 이사의 수에는 포함되고, 다만 결의 성립에 필요한 출석이사에는 산입되지 아니한다"고 판시한다.[30)]

### (5) 결의요건

결의요건 역시 민법에는 전혀 언급이 없으므로 정관이 정하는 바에 따른다. 재적이사 과반수 출석에 출석이사 과반수 찬성, 재적이사 과반수 찬성, 재적이사 3분의 2 이상의 찬성 등 다양한 방식이 있을 수 있다.

이사 전원의 찬성을 요구하는 정관조항은 사실상 회사운영의 병목상태를 초래할 가능성이 높으므로 바람직하지 않으나, 그렇다고 해서 정관자치를 무시하고 그러한 조항은 무효라고 단정하기도 쉽지 않을 것이다. 다만 복수의 모순되는 결론이 나올 수 있는 결의요건(예: 재적이사의 3분의 1 이상 찬성)은 무효라고 보아야 할 것이다. 후술하듯이 공익법인과 학교법인의 이사회 결의요건에는 특칙이 있다.

이사회 결의요건에 관하여 정관에 특별한 규정이 없는 경우[31)]에는 어떻게 할 것인가? 이 경우 재적이사 과반수 출석에 출석이사 과반수 찬성에 의하여

---

28) 대판 09.4.9, 2008다1521(민법상 법인의 이사회에서 아파트형 공장 신축사업과 관련한 자금확보 및 투자분배 안건을 결의함에 있어 이사가 수분양자인 경우).

29) 주석 총칙(1), 803(제5판/문영화). 주식회사의 이사에 관하여 다수설이다. 김건식·노혁준·천경훈(주 24), 386; 주석 상법 회사(3), 195(제5판/송옥렬).

30) 대판 09.4.9, 2008다1521.

31) 정관 규정이 무효인 경우도 포함될 것이다.

결정된다는 견해가 있다.[32] 그 근거로는 ① 이것이 회의체의 일반원칙이라는 점, ② 이사회의 소집, 결의방법 등에 관하여 정관에 특별한 규정이 없으면 사원총회의 규정을 유추적용할 수 있다는 것이 통설인데 사원총회에 관한 §75에 의하면 같은 결과가 된다는 점, ③ 본조 Ⅱ은 이사회가 없는 경우에 적용되는 것이라는 점 등을 든다.

그러나 ① '과반수 출석, 출석이사 과반수 찬성'이 민법 규정에 우선하는 '회의체의 일반원칙'이라고 볼 근거도 희박하고, ② 준용조항도 없이 §75를 유추적용하여 본조 Ⅱ에 우선시킬 수 있는지도 의문이며, ③ 여러 명의 이사가 이사회를 구성한 경우와 이사회라는 조직을 구성하지는 않았지만 모여서 의견을 취합하는 경우를 구분할 필연적 이유가 있는지는 의문이다. 본조 Ⅱ의 적용을 피하고 '회의체의 일반원칙'을 따르고자 한다면 정관에 그와 같이 규정하면 되고, 만약 정관에 다른 조항이 없으면 이사회 결의요건으로서도 본조 Ⅱ에 따라 재적이사 과반수의 찬성을 요한다고 보아야 할 것이다.

(6) 이사회 의사록

이사회는 의사록(회의록)을 작성하여야 한다. 원칙적으로 이사회 개최 당일에 이를 작성해야 할 것이나, 참석 이사들의 확인을 받는 등 의사록을 최종 확정하는 데에는 상당한 시간이 걸릴 수도 있다. 의사록에는 일시, 장소, 논의된 안건, 출석한 이사·감사의 이름, 중요한 논의사항, 표결결과 등을 기재해야 할 것이다. 후술하듯이 학교법인의 경우에는 의사록 작성에 관한 상세한 특칙이 있다. 사원총회 의사록에 관하여는 §96에 대한 주해 참조.

(7) 공익법인의 특칙

공익법인에서 이사회의 의사(議事)는 정관에 특별한 규정이 없으면 재적이사 과반수의 찬성으로 의결한다($\S 9 \text{ } \text{공익법인} \text{ I}$). 이사는 평등한 의결권을 가지고($\S 9 \text{ 공익법인 II}$), 이사회의 의사는 서면결의에 의하여 처리할 수 없다($\S 9 \text{ 공익법인 III}$). 또한 이사회의 의결은 대한민국 국민인 이사가 출석이사의 과반수가 되어야 한다($\S 9 \text{ 공익법인 IV}$). 이사장이나 이사가 공익법인과 이해관계가 상반될 때에는 그 사항에 관한 의결에 참여하지 못한다($\S 7 \text{ 공익법인 II}$). 후술하는 사립학교법과 달리 회의 방식과 의사록 작성에 관하여는 특칙을 두고 있지 않다.

(8) 학교법인의 특칙

학교법인 이사회의 의사는 정관에 특별한 규정이 없는 한 재적이사 과반

---

32) 주석 총칙(1), 714(제4판/주기동).

수의 출석으로 개의하고, 정관이 정한 이사 정수의 과반수 찬성으로 의결한다
($\S_{18}^{사학}$ I). 이사회의 회의는 이사가 동영상과 음성을 동시에 송수신하는 장치가
갖추어진 다른 장소에 출석하여 진행하는 원격영상회의의 방식에 의할 수 있
다. 이 경우 해당 이사는 이사회에 출석한 것으로 본다($\S_{18}^{사학}$ II). 동영상과 음성
을 동시에 송수신하는 장치에 한정하고 있으므로 음성만을 송수신하는 장치에
의한 출석($^{컨퍼런}_{스콜}$)은 인정되지 않을 것이다.[33] 이사장 또는 이사가 학교법인과
이해관계가 상반하는 때에는 그 이사장 또는 이사는 당해 사항에 관한 의결에
참여하지 못한다($\S_{16}^{사학}$ II). 이사회는 회의 당일에 회의록을 작성하거나, 또는 회
의조서를 작성한 후 조속한 시일 내에 회의록을 작성하여야 한다($^{사학 \S 18-2}_{I, III}$).
회의록은 공개하는 것이 원칙이다($\S_{18-2}^{사학}$ IV).

## 6. 이사회 결의의 하자

### (1) 하자 사유와 그 효과

민법상 법인의 이사회 결의의 하자 및 그 법률효과에 관하여는 민법에 아
무런 정함이 없다. 이사회 결의의 하자로는 ① 결의의 내용이 법령 또는 정관
에 위반되는 경우와 ② 소집절차 및 결의방법에 하자가 있는 경우로 나누어
볼 수 있다. 이러한 하자가 있는 경우에는 그 결의의 효력이 없다는 것이 통
설·판례의 입장이다.

위 ①의 예로는 공서양속에 반하는 결의, 공익법인법이나 사립학교법에서
금지하는 행위($^{기본재산의 처분, 타인의 채무}_{보증, 타인에 대한 담보제공 등}$)을 내용으로 하는 결의, 법률에 정해진 소
수사원권을 완전히 박탈하는 내용의 결의 등을 들 수 있다. 이러한 결의는 원
칙적으로 효력이 없다고 할 것이다.[34]

위 ②의 예로는 소집권자 아닌 자의 소집,[35] 이사 전부·일부에 대한 소집

---

33) 이는 2011년 개정 이전 상 §391 II과 동일한데, 입법적으로는 현행 상법과 같이 음성
만 송수신하는 장치에 의한 참석도 인정함이 타당할 것이다.

34) 주석 총칙(2), 803(제5판/문영화); 김진우, "학교법인 이사(장)에 대한 해임결
의—2014.1.17.자 2013마1801 결정", 조선대 법학논총 22-3, 2015, 694.

35) 대판 88.3.22, 85누884("민법상 비영리법인의 이사회결의가 법령 또는 정관이 정하는
바에 따라 정당한 소집권자가 아닌 자에 의하여 소집되고 적법한 소집절차도 없이 개최되
어 한 것이라면 그 이사회결의는 당연무효"); 대판 00.2.11, 99두2949("재단법인 이사회가
법령 또는 정관이 정하는 바에 따른 정당한 소집권자 아닌 자에 의하여 소집되고 그 이사
가운데 일부만이 참석하여 결의를 하였다면, 그 이사회의 결의는 부적법한 결의로서 효력
이 없다"); 대판 06.10.27, 2004다63408("재단법인 이사회가 법령 또는 정관이 정하는 바
에 따른 정당한 소집권자 아닌 자에 의하여 소집되고 그 이사 가운데 일부만이 참석하여
결의를 하였다면, 그 이사회의 결의는 부적법한 결의로서 효력이 없다").

통지 누락,[36] 정관에서 정한 소집통지 사항의 누락,[37] 사립학교법·공익법인법 등 특별법에서 정한 소집절차 및 결의요건 위반, 의사정족수 또는 의결정족수 미달,[38] 특별이해관계 있는 이사의 의결권 행사, 특별이해관계 없는 이사의 의결권 부인, 이사의 정당한 발언을 제지하거나 회의장에서 축출하는 등 위법한 의사진행 등을 들 수 있고, 이 경우에도 원칙적으로 그 결의는 무효라는 것이 통설과 판례의 태도이다. 하자가 중대하여 아예 결의가 부존재한다고 볼 정도라면 그 결의는 부존재한다고도 할 수 있을 것이다.[39] 다만 무효인 경우와 부존재인 경우의 법률효과나 쟁송방법에 별다른 차이가 있지는 않은 것으로 보인다.

　　이사회 결의가 무효라면 처음부터 그 결의는 효력을 갖지 못하므로, 그 파급효과는 상당하다. 예컨대 이사회의 이사선임 결의가 무효라면 그 선임된 이사는 이사로서의 권리의무를 소급적으로 잃는다. 특히 대표이사 선임 결의가 무효라면 그가 법인을 대표하여 한 법률행위도 소급적으로 효력을 잃게 된다. 이사회의 자산매도 결의가 무효라면 그 매도행위가 효력을 잃으므로, 이미 이행이 이루어진 경우에도 자산에 대한 소유권은 원칙적으로 매도인인 법인에 남아 있게 되어 매도인인 법인은 그 회복을 위한 물권적 청구권을 갖게 된다.

## (2) 경미한 하자의 경우

　　절차상 하자가 경미하여 결의에 영향을 미치지 못했을 경우라고 해도 결

---

36) 대판 92.7.24, 92다749("이사회를 개최하지도 아니하였으면서 일부 이사들이 이를 개최한 양 의사록만 작성하거나 일부 이사들만이 모여 이사회를 개최하였다면 이러한 이사회의 결의는 존재하지 아니하는 것이거나 당연무효라고 보아야 할 것"); 대판 94.9.23, 94다35084("사회복지법인의 이사회가 특정 이사에게 적법한 소집통지를 하지 아니하여 그 이사가 출석하지 아니한 채 개최되었다면 그 이사회결의는 무효").

37) 대결 05.5.18, 2004마916("사회복지법인의 정관에 이사회의 소집통지시 '회의의 목적사항'을 명시하도록 정하고 있음에도, 일부 이사가 참석하지 않은 상태에서 소집통지서에 회의의 목적사항으로 명시한 바 없는 안건에 관하여 이사회가 결의하였다면, 적어도 그 안건과 관련하여서는 불출석한 이사에 대하여는 정관에서 규정한 바대로의 적법한 소집통지가 없었던 것과 다를 바 없으므로 그 결의 역시 무효").

38) 대판 61.12.3, 4294민재항500("재단법인의 기부행위에 이사회는 이사의 과반수가 출석치 않으면 개회치 못한다고 규정된 경우 이사 7명 중 3명의 이사에 의하여 한 이사회의 결의는 정족수 미달의 이사에 의한 것으로서 무효").

39) 그러나 부존재한 결의라고 판시한 사건을 보면, 결의가 무효라고 판시한 사건보다 결의의 하자가 더 중한지는 의문이다. 예컨대 대판 92.11.24, 92다428("의료법인 이사회의 결의가 법령 또는 정관이 정하는 바에 따른 정당한 소집권자 아닌 자에 의하여 소집되고 적법한 소집절차 없이 개최되었으며 총원 9인의 이사 중 7인의 이사만이 참석하여 결의를 한 것이라면, 참석하지 아니한 2인의 이사 중 1인은 이미 이사 사임의 의사를 표시한 자이고, 나머지 1인은 이사로서의 권한을 다른 이사에게 위임하였다고 할지라도 그와 같은 이사회의 결의는 부존재한 결의로서 아무 효력이 없다").

의가 무효라는 점은 달라지지 않는다는 것이 주류적인 판례의 태도이다.⁴⁰⁾

즉 "민법상 비영리법인의 이사회결의가 법령 또는 정관이 정하는 바에 따른 정당한 소집권자가 아닌 자에 의하여 소집되고 적법한 소집절차도 없이 개최되어 한 것이라면 그 결과가 설사 적법한 소집통지를 받지 못한 이사가 출석하여 반대의 표결을 하였던들 이사회결의의 성립에 영향이 없었[을 것이라고] 하더라도 그 이사회결의는 당연무효"라고 한다.⁴¹⁾ 예컨대 이사 중 일부에게 소집통지가 누락된 경우, '그들이 적법한 소집통지를 받고 출석하여 반대했더라도 다른 이사들의 찬성으로 어차피 결의가 성립했을 것'이라는 사정은 하자를 치유하지 못하고, 결의가 무효라는 점에 영향이 없는 것이다. 적법한 소집통지를 받지 못해 출석하지 못한 이사가 만약 출석했더라면 다른 이사들을 설득하여 다른 결론에 이르렀을 수도 있으므로, 이러한 판례의 태도는 기본적으로 타당하다.

다만 절차적 하자가 매우 경미하고 결의의 결과에도 영향을 미치지 아니한 때에는, 법적 안정성의 측면에서 구체적으로 판단하여 이사회 결의의 효력에 영향이 없다고 보아야 할 경우도 있을 것이다.⁴²⁾ 예컨대 정관에서 7일 전 사전통지를 요구하였는데 6일 전에 통지한 경우, 정관에서 서면통지를 요구하는데 이메일로 통지한 경우, 일부 특별이해관계 있는 이사가 결의에 참석하였으나 그들을 제외하고도 의결정족수에 문제가 없는 경우, 일부 이사가 대리인을 통해 출석하였으나 그들을 제외하고도 의결정족수에 문제가 없는 경우 등에 있어서, 언제나 그 결의가 무효라고 단정해야 하는지는 의문이다.⁴³⁾ 이처럼 경미한 절차적 하자의 경우에 결의의 효력을 부정할 법리적 근거도 분명하지 않고, 다른 사유로 현 이사진에 이견을 가진 일부 이사들에 의해 악용될 수도 있으므로, 구체적 사실관계에 비추어 결의의 효력을 인정하는 것이 법적 안정성은 물론 법인의 이익 보호를 위해 오히려 합당한 경우도 있을 것이다.

**(3) 하자의 치유**

㉮ 이사 전원의 동의에 의한 절차상 하자의 치유        법령 또는 정관에

---

40) 이는 사원총회의 경우에 하자가 경미하면 결의의 효력을 인정하는 판례가 상당수 발견되는 것과 대조적이다. §95에 대한 주해 참조.
41) 대판 87.3.24, 85누973; 대판 92.7.24, 92다749; 대판 08.5.15, 2008다3534.
42) 주석 총칙(1), 713(제4판/주기동); 주석 총칙(1), 804(제5판/문영화).
43) 물론 이러한 경우 후술하는 하자의 치유 법리의 적용가능성이 우선 검토되어야 할 것이나, 하자의 치유는 이사 전원의 동의를 요구하므로 만약 극소수의 일부 이사가 문제를 삼는 경우에는 아무리 하자가 경미하더라도 하자의 치유 법리는 적용되기 어렵다.

의한 소집절차를 거치지 않았거나 소집절차에 하자가 있음에도 불구하고 이사 전원이 이사회의 개최에 동의하여 이사회를 열어 결의를 한 경우에는 하자가 치유되어 그 이사회 결의는 유효하다고 보아야 할 것이다.[44] 또한 적법한 소집 통지를 받지 않은 이사 전원이 이사회에 참석하여 찬성하였다거나, 결의방법에 하자가 있음에도 불구하고 이사 전원이 이의를 제기하지 않고 결의에 찬성했다면, 특별한 사정이 없는 한 그러한 절차상의 하자는 치유된다고 할 것이다. 소집절차 또는 결의방법을 법령이나 정관으로 정한 이유는 이사들의 참석기회를 보장하고 원활한 의견교환과 합리적인 의사형성을 달성하기 위함인데, 절차상 하자에 의하여 부정적인 영향을 받은 이사들이 스스로 회의에 참석하고 결의에 찬성하였다면, 그 결의를 무효로 하는 것보다는 오히려 효력을 인정하는 것이 이사들의 의사에도 부합하고 법령·정관의 취지에도 맞을 것이기 때문이다.

　　판례도 학교법인에 관한 사안에서 "이사회의 소집 당시 그 소집통지서에 기존 총장의 해임 여부가 회의의 목적사항으로 기재되지 않은 절차상의 하자가 있다고 하여도 […] 이사회 결의 당시 9인의 임시이사 전원이 참석하여 그 사항에 대하여 의결하였다면 그 결의는 유효하다"고 하였다.[45] 또한 정관에서 규정한 소집권자 이외의 이사가 이사회를 소집한 사안에서 "재단법인의 이사 1인이 임시이사회를 소집할 당시 그 법인의 정식이사로서 국내에 있는 사람은 그밖에 없었고, 그가 소집한 임시이사회에 그와 법원에 의하여 선임된 임시이사가 모두 출석하여 출석한 이사 전원이 소집절차의 적법성 여부를 문제 삼지 않기로 하였다면 정관규정에 불구하고 위 임시이사회에서 한 대표이사 선임결의[…]가 위법한 것이라고 할 수는 없다"고 하였는데, 이는 국내에 있는 정식이사와 법원이 선임한 임시이사 전원이 적법성 여부를 문제 삼기 않기로 함으로써 하자가 치유되었다는 뜻으로 해석할 수 있을 것이다.[46]

　　(내) 통지받지 못한 이사의 출석만으로 치유되는지 여부　　　소집통지를

---

44) 주석 총칙(1), 712(제4판/주기동). 주식회사의 이사회에 관한 상 §390 Ⅲ에서는 명문으로 그러한 취지를 정하고 있다. 한편 재단법인에 관한 대판 06.10.27, 2004다63408에서는 '이사 6인 중 1인인 甲에 대한 이사회 소집통지가 누락되어 그가 불참한 위 이사회 결의가 무효'라는 원고의 주장에 대하여, 위 甲이 이사회에 참석하고 의사록에 날인하였다는 사실을 인정하고 이를 이유로 위 주장을 배척한 원심을 지지하였다. 이는 하자가 치유되었다는 판단이라기보다는 하자를 인정할 수 없다는 취지로 해석할 수도 있을 것이다.

45) 대판 01.9.25, 2001다23379.

46) 대결 92.7.3, 91마730(다만 사안을 보면 외국에 있는 일부 정식이사가 출석하지 않은 것으로 보이므로 재적이사 전원의 동의가 있었다고 하기는 어렵다).

누락하는 등 소집절차에 하자가 있는 경우에, 적법한 소집통지를 받지 못한 이 사가 출석하기는 하였으나 반대의 표결을 하였다면, 그러한 경우에도 하자가 치유되는가? 소집절차의 하자에도 불구하고 실제로 출석하여 의사표시를 하였으므로 표결의 찬반과 무관하게 절차적 하자는 치유된다는 견해도 있을 수 있을 것이다. 그러나 하자의 치유를 인정하는 근거는 절차상 하자에 의하여 정상적인 참석과 표결에 부정적인 영향을 받은 이사들 스스로 그 결의의 효력 발생을 원한다는 데에 있다. 그러한 이사가 비록 출석은 했으나 명시적으로 반대의 표결을 하였다면 당해 결의의 효력 발생을 희망했다고는 보기 어려우므로, 함부로 하자의 치유를 인정할 수는 없을 것이다.

적법한 소집통지를 받지 못한 이사가 출석하여 찬성 표결을 하기는 하였으나 절차적 하자에 대한 이의를 유보한 경우, 즉 절차적 하자를 지적하며 그에 대한 문제제기 가능성을 유보한 경우는 어떠한가? 하자의 치유 근거가 해당 이사의 의사에 있는 이상, 이는 해당 이사가 '당해 결의의 하자치유를 통한 효력 발생'에 동의하였는가라는 의사해석의 문제라 할 것이고, 그러한 동의 의사가 있었음을 이사회 결의가 유효함을 주장하는 자가 증명해야 할 것이다.

판례도 "사전에 통지되지 아니한 이사해임안건이 사회복지법인 이사회에 상정된 경우 그 해임의 대상이 된 이사가 […] 이사회 소집절차 위반의 하자가 치유되었다는 점에 동의하지 않는 한 당해 이사가 우연히 이사회에 출석하고 있어 재적이사 전원이 출석하여 있다는 사정만으로는 회의의 목적이 구체적으로 회의 7일 전에 각 이사에게 통지되지 아니한 이사회 소집절차 위반의 하자가 치유될 수는 없고, 당해 이사가 소집권자인 대표이사라고 하더라도 마찬가지"라고 하며, "이러한 동의가 있었다는 사실은 이사회 결의가 유효함을 주장하는 자가 증명"해야 한다고 한다.[47]

(4) 쟁송방법

민법상 법인의 이사회의 결의에 하자가 있는 경우의 쟁송절차에 관하여는 법률에 별도의 규정이 없다. 판결에 의하여 법률관계의 변동을 구하는 형성의 소는 명문의 규정이 있는 경우에만 허용되므로, 법령상 근거가 없는 이사회결의 취소의 소는 허용되지 않는다.[48]

---

47) 대판 08.7.10, 2007다78159.
48) 이시윤, 신민사소송법, 제11판, 2017, 206; 주석 총칙(1), 715(제4판/주기동); 주석 총칙(1), 804(제5판/문영화). 한편 사원총회결의 취소의 소도 인정되지 않는다. §75에 대한 주해 참조.

결의에 무효사유가 있는 경우에 이해관계인은 언제든지 또 어떤 방법에
의하든지 그 무효를 주장할 수 있다.[49] 이사회결의 무효 확인의 소를 제기할
수도 있고, 다른 소송에서 그 결의가 무효임을 주장·입증하며 이를 전제로 여
러 주장을 할 수도 있다. 예컨대 ① 법인의 부동산 매도를 승인한 이사회결의
가 무효임을 주장하며 해당 법인이 매수인을 상대로 그 부동산에 관한 소유권
이전등기의 말소를 구한다든지, ② 대표이사를 선임한 이사회결의가 무효임을
주장하며(따라서 그가 대표권<br>이 없음을 주장하며) 그 대표이사가 법인을 대표하여 체결한 물품매매계약
에 따른 상대방의 물품인도청구를 당해 법인이 거절하는 경우 등 다양한 상황
이 있을 수 있다. 이런 경우에 있어 먼저 이사회결의 무효확인의 소를 제기할
필요 없이, 법인이 제기한 소유권이전등기 말소소송(①의<br>경우) 또는 상대방이 제기
한 물품인도청구소송(②의<br>경우) 등에서 공격·방어방법으로 이사회결의의 무효를
주장·입증하면 된다.

이사회결의 무효 확인판결의 효력은 소송의 당사자 사이에서만 발생하고
대세적 효력은 없다.[50] 따라서 법인에 대하여 이사회결의의 무효를 주장하려면
무효확인의 소의 피고를 법인으로 하여야 한다.[51] 예컨대 이사선임결의에 무
효사유가 있는 경우 법인을 피고로 하여 이사선임에 관한 이사회결의무효확
인판결을 받아 법인을 대표하는 자의 신청으로 그 판결에 따른 등기를 신청
할 수 있다.[52] 이 때 이사선임결의의 무효 또는 부존재를 이유로 이사취임등기
의 무효를 주장하는 자는 그 등기의 원인이 되는 이사선임결의의 무효확인 또
는 부존재확인의 소를 제기하여야 하지, 임원등기의 무효확인을 구하는 소는
임원취임에 관한 분쟁을 근본적으로 해결하는 가장 유효적절한 수단이라고 볼
수 없어 확인의 이익이 없다.[53]

[천  경  훈]

---

49) 대판 00.1.28, 98다26187; 대판 00.2.11, 99다30039; 대판 03.4.25, 2000다60197.
50) 대판 00.1.28, 98다26187; 대판 00.2.11, 99다30039; 대판 03.4.25, 2000다60197.
51) 학교법인 이사회의 이사선임 결의는 학교법인의 의사결정이므로 그 결의의 존부나 효력
    유무의 확인판결을 받으려면 학교법인을 상대로 하여야 하고, 이사 개인을 상대로 한 확
    인판결은 학교법인에 효력이 미치지 아니하여 즉시확정의 이익이 없으므로 그런 판결을
    구하는 소는 부적법하다. 대판 10.10.28, 2010다30676, 30683.
52) 법원행정처, 법원실무제요 민법법인등기실무, 2018, 313.
53) 대판 06.11.9, 2006다50949.

**第 59 條**(理事의 代表權)

① 理事는 法人의 事務에 關하여 各自 法人을 代表한다. 그
  러나 定款에 規定한 趣旨에 違反할 수 없고 特히 社團法
  人은 總會의 議決에 依하여야 한다.

② 法人의 代表에 關하여는 代理에 關한 規定을 準用한다.

## I. 본조의 의의

이사는 대외적인 관계에서 법인을 대표하는 권한을 가지는데, 이를 대표권
이라 한다. 본조는 ① 이사가 각자 대표권을 가진다는 점, ② 대표행위에 있어
정관의 규정과 (사단법인의 경우) 총회의 결의에 의하여야 한다는 점, ③ 대리에 관한 규
정이 준용된다는 점을 정하고 있다. 그러나 실제로 대표권에 관하여는 민법 조
문에 언급되지 않은 매우 다양한 이론적, 실무적 쟁점이 있다. 이하에서는 대
표권의 의의·귀속·행사방식, 대표권의 범위, 대표권의 남용, 대리 규정의 준
용 순으로 서술하고 대표권의 제한 문제는 §60에서 서술한다.

# II. 대 표 권

## 1. 대표권의 의의

대표권은 법인의 사무에 관하여 법인에게 법률효과를 발생시키는 재판상 또는 재판외의 모든 행위를 할 권한을 말한다.[1] 이는 개별 사항에 관한 수권을 요하지 않는 포괄적인 권한이다. 즉 대표권자는 법인의 권리능력 범위 내에서 모든 행위(법률행위, 준법률행위, 사실행위를 포함한다)를 할 수 있고, 그로 인한 법률효과는 원칙적으로 법인에 귀속된다. 적법한 대표권자가 행한 법률행위의 법률효과로서 법인에 귀속된 의무를 위반하여 발생한 채무불이행으로 인한 손해배상책임도 대표기관 개인이 아닌 법인에게 귀속되는 것이 원칙이다.[2]

대표와 대리의 관계에 관하여는 대표권을 대리권의 일종으로 보는 설과 대리권과 구분하여 이해하는 설의 대립이 있다. 대리권을 행사하는 대리인은 본인과 별개의 인격체로서 본인을 대신하여 그 행위를 하는 것이지만, 대표권을 행사하는 대표기관은 법인의 구성부분으로서 법인 그 자체의 행위를 하는 것이라는 점에서 둘 사이에 개념적으로는 차이가 있다. 그러나 본조 II에서 대표에 관하여 대리에 관한 규정을 준용하므로 결과적으로 구별의 실익은 크지 않다.[3] 어느 견해에 의하든 대리인의 대리행위가 본인에게 법률효과를 발생시키듯이 대표권자의 대표행위는 법인에게 법률효과를 발생시킨다.

## 2. 대표권의 귀속

법인의 이사는 원칙적으로 각자 대표권을 가진다(본조 I 본문). 각자대표를 원칙으로 하므로, 이사가 여러 명인 경우에는 다른 정함이 없는 한 이사 각자에게 대표권이 귀속되어 각자 유효하게 대표행위를 할 수 있다.

그러나 정관으로 달리 정할 수 있는데(본조 I 단서), 실제로는 대부분의 법인에서 정관의 규정으로 특정한 이사를 이사장 또는 회장으로 선임하여 법인의 사무를 총괄하여 집행하게 하고 그에게 대표권을 부여한다. 이러한 정관규정이 있는 경우 대표권이 주어진 이사 외의 이사들은 대표권을 갖지 않는다(§60 주해의 II. 2. (1)

---

1) 상법상 주식회사의 경우 대표이사는 회사의 영업에 관하여 재판상 또는 재판외의 모든 행위를 할 권한이 있다(상 §389 III, §209 I).
2) 대판 19.5.30, 2017다53265.
3) 구주해(1), 672(최기원); 주석 총칙(1), 716(제4판/주기동); 주석 총칙(1), 807(제5판/문영화).

$\binom{(7)}{참조}$).4) 정관에서 둘 이상의 이사를 공동대표자로 선임하고 공동으로만 대표행위를 할 수 있도록 정하는 것도 가능하다($\S$60 주해의 II. 2. (1) (나) 참조 ).

이사장 기타 대표권을 가지는 이사가 임기만료, 사임, 해임 등의 사유로 그 직위를 상실하면 대표권도 당연히 상실한다.5) 다만 임기만료 또는 사임 이후에도 후임이사 선임 시까지 직무수행권이 인정되는 경우가 있다($\S$57 주해의 IV. 4. 참조 ).

## 3. 대표권의 행사방식

법인의 대표에 관하여 대리에 관한 규정을 준용하므로($\S$본조II), 이른바 현명주의가 적용된다. 즉 대표자가 그 권한내에서 법인을 위한 것임을 표시한 의사표시는 직접 법인에게 대하여 효력이 생기고($\S$114 I), 대표자가 법인을 위한 것임을 표시하지 아니한 때에는 그 행위는 법인에 대하여 효력이 없으나, 다만 상대방이 대표행위임을 알았거나 알 수 있었을 때에는 법인에 대하여 효력이 있다($\S$115). 민법상 비영리법인은 상인이 아니므로 현명주의의 예외에 관한 상 $\S$ 48는 원칙적으로 적용되지 않는다.

대표관계를 표시하기 위해 대표행위에서는 법인의 명칭, 기관의 명칭, 대표자의 성명을 표시하는 것이 원칙이다. 즉 대리관계를 현명할 때에 "甲의 대리인 乙"과 같이 표시하듯이, 대표관계는 "사단법인 甲 이사 乙""재단법인 甲 이사 乙"과 같이 표시한다.

일반적인 법률행위에 있어서는 위와 같이 법인명, 기관표시($^{대표}_{자격}$), 대표자명이 엄격히 명시되어 있지 않아도 의사표시 해석상 법인을 위한 대표행위로 인정될 수 있을 것이다. 그러나 요식성이 강조되는 어음수표 행위에서는 법인명, 기관표시, 대표자명, 기명날인($^{또는}_{서명}$) 중 하나라도 누락되면 유효한 대표행위로 인정하지 않는 것이 판례의 태도이다.6) 다만 이 세 가지 중 기관표시는 비록 누락되어 있더라도 그것이 인장의 인영에 나타나 있는 경우에는 대표의사가 명확히 드러나 있으므로 대표행위로서 유효하다고 예외적으로 인정하고 있다.7)

4) 주석 총칙(1), 716(제4판/주기동).
5) 대판 72.11.14, 72다1330(대한예수교 장로회에 소속된 교회는 그 관리 운영에 관한 종헌인 대한예수교 장로회의 헌법에 따라야 하고 그 헌법에 따라 장로를 면직 판결하였다면 그는 대표자격이 없어진다고 함).
6) 대판 64.10.31, 63다1168(대표자 기명날인 누락); 대판 79.3.27, 78다2477(법인명과 기관표시 누락); 대판 99.3.9, 97다7745(대표자 기명누락) 등.
7) 대판 94.10.11, 94다24626("甲 회사의 대표이사인 乙이 그 재직기간 중 수표에 배서함에 있어서 회사의 대표이사의 자격으로 "甲 주식회사, 乙"이라고만 기재하고, 그 기명 옆

## Ⅲ. 대표권의 범위

대표권은 법인의 사무에 관한 재판상, 재판외의 모든 행위에 미친다. 즉 그 본질상 매우 포괄적이고, 법인의 권리능력 또는 행위능력과 범위를 같이 한다.[8) ] 다만 아래 두 가지 쟁점을 검토할 필요가 있다.

### 1. 정관 목적과의 관계

법인은 정관으로 정한 목적의 범위 내에서 권리와 의무의 주체가 된다($\S_{34}$). 이처럼 민법상 법인의 권리능력 자체가 정관으로 정한 목적 범위 내에 국한되므로, 대표권의 범위도 그에 국한된다. 다만 여기서 '정관으로 정한 목적 범위'를 정관에 기재된 목적 그 자체로 좁게 볼 것인지 그와 관련된 행위까지 포함시킬 것인지 문제된다.

§34와 같은 명시적 규정이 없는 상법에서는 회사의 권리능력이 정관에 정해진 목적에 의하여 제한되는가에 관해 많은 논의가 있다. 통설은 제한부정설을 취한다. 판례는 한때 제한긍정설을 취하여, 주식회사의 대표이사가 회사 명의로 타인의 채무를 보증한 사안에서 그러한 채무보증은 회사의 정관상 목적 범위 밖이므로 권리능력이 없는 행위로서 무효라고 판시한 바 있다.[9) ] 그러나 현재의 판례는 제한긍정설을 유지하면서도 ① 정관상의 목적을 수행함에 있어 직접·간접으로 필요한 행위는 모두 목적 범위 내에 포함되고, ② 목적수행에 필요한지 여부는 행위자의 주관적 의사가 아니라 행위의 객관적 성질에 따라 판단할 것이라고 하여 사실상 그 범위를 매우 넓게 보고 있다.[10) ] 그리하여 대표이사가 회사 명의로 타인의 채무를 보증한 경우에도 그것이 대표권의 남용이 되는 것은 별론으로 하고 권리능력이 부정되는 것은 아니라고 하였다.

민법상 법인에 있어서도 '정관의 목적 범위'를 위 ①②와 같이 신축적으로

에는 "甲 주식회사 대표이사"라고 조각된 인장을 날인하였다면 그 수표의 회사 명의의 배서는 乙이 甲 회사를 대표한다는 뜻이 표시되어 있다고 판단함이 정당하다").

8) 양창수·김형석, 42; 주석 총칙(1), 808(제5판/문영화).

9) 대판 75.12.23, 75다1479.

10) 대판 05.5.27, 2005다480("회사의 권리능력은 회사의 설립 근거가 된 법률과 회사의 정관상의 목적에 의하여 제한되나 그 목적범위 내의 행위라 함은 정관에 명시된 목적 자체에 국한되는 것이 아니라 그 목적을 수행하는 데 있어 직접, 간접으로 필요한 행위는 모두 포함되고 목적수행에 필요한지의 여부는 행위자의 주관적, 구체적 의사가 아닌 행위 자체의 객관적 성질에 따라 판단하여야 할 것"). 같은 취지로 대판 88.1.19, 86다카1384; 대판 91.11.22, 91다8821.

해석해야 할 것이다. 다만 §60에 대한 주해에서 후술하듯이 정관의 규정에 따라 대표권이 제한될 수 있음은 물론이고, 공익법인·학교법인 등의 경우에는 업무와 재산의 운용에 관하여 다양한 법령상의 제한을 받는다.

## 2. §58 Ⅱ과의 관계

법인의 이사가 2인 이상인 경우 정관에 별다른 정함이 없으면 이사의 과반수에 의하여 사무집행을 하여야 한다($\substack{민 \\ §58 \, Ⅱ}$). 그런데 이사의 과반수에 의하여 사무집행을 하여야 하는 사항에 관하여 대표권을 가진 이사가 그러한 절차를 거치지 않고 법인을 대표하는 행위를 한 경우에 그 효력은 어떠한가?

이에 관하여는 ① 그 대표행위의 내용에 따라 구분하여, 대표행위의 효력이 내부관계에만 미치는 사항은 무효이고, 거래행위와 같이 제3자와 관계가 되는 사항은 거래의 안전을 위하여 선의의 제3자에 대한 관계에서는 유효하다는 견해[11]와 ② §58 Ⅱ의 규정취지는 내부적 의사결정 과정에서의 일반적인 다수결 원리를 채택한 것에 불과하므로, 그러한 내부적 의사수렴과정을 거치지 않았다고 해도 이사의 대표행위에 영향을 미치지 않으며, 다만 그러한 내부적 의사수렴과정이 정관에 기재되어 있다면 대표권의 제한 문제가 된다는 견해가 있다.[12]

생각건대 본조 Ⅰ에서 대표권은 정관에서 규정한 취지에 위반할 수 없다고 하고, §41에서도 "이사의 대표권에 대한 제한은 이를 정관에 기재하지 않으면 그 효력이 없다"고 하므로, 정관으로는 대표권을 제한할 수 있다. 그렇다면 특정한 행위에 관하여는 이사회 결의를 거쳐야 한다거나 이사 과반수의 승인을 얻어야 한다는 점이 정관에 기재된 경우에는 후술하는 대표권 제한의 문제로 다루어야 할 것이고, 정관에 그러한 정함이 없다면 대표행위의 효력에는 원칙적으로 영향이 없다고 보아야 할 것이다. §58 Ⅱ 그 자체만으로는 대표권을 제한하는 취지라기보다는 내부적 의사결정의 원칙을 선언한 것이기 때문이다.[13]

---

11) 구주해(1), 675(최기원),
12) 주석 총칙(1), 718(제4판/주기동); 주석 총칙(1), 809(제5판/문영화).
13) 동지: 주석 총칙(1), 718(제4판/주기동); 주석 총칙(1), 809(제5판/문영화).

## Ⅳ. 대표권의 제한

본조 제1항 단서는 이사의 대표행위는 정관에 규정한 취지에 위반할 수 없고, 사단법인에서는 총회의 결의에 의하여야 한다고 규정한다. 이 역시 대표권에 일정한 제약을 부과하는 취지로 볼 수 있을 것이고, 다른 한편으로는 정관이나 사원총회의 결의 없이 함부로 이사의 대표권을 제한할 수 없다는 의미이기도 하다.14) 다만 대표권의 제한은 정관에 기재하지 않으면 효력이 없다고 한 §41, 대표권의 제한은 등기하지 않으면 제3자에게 대항할 수 없다고 한 §60와 본조 Ⅰ 단서 간의 관계가 문제된다. 이러한 쟁점들을 비롯하여 대표권의 제한 일반에 대하여는 §60에 대한 주해 참조.

## Ⅴ. 대표권의 남용15)

### 1. 문제의 소재

대표권 있는 이사가 객관적으로는 그 대표권 범위 내에 속하지만 주관적으로는 자기 또는 제3자의 이익을 위한 대표행위를 한 경우를 대표권의 남용이라고 한다. 이 경우 그 행위의 효력이 법인에 미치는지가 문제된다. 예컨대 법인의 대표자가 법인 명의로 차입을 하였으나($^{객관적으로는}_{대표권\ 범위\ 내}$), 실제로는 그 차입금을 자신의 도박자금으로 횡령할 목적인 경우($^{주관적으로는\ 자}_{기\ 이익을\ 위함}$), 그 차입이 유효하여 법인이 변제책임을 질 것인가의 문제인 것이다.

이러한 상황에서 거래의 효력 및 법인의 책임을 인정한다는 것은 대표권에 객관적이고 공고한 효력을 부과함으로써 거래의 안전과 거래상대방의 신뢰를 보호한다는 의미이다. 반면 거래의 효력 및 법인의 책임을 부정한다는 것은 거래의 안전을 다소 희생해서라도 거래상대방 대신 법인의 이익을 보호한다는 의미이다. 따라서 후술하듯 각 학설들은 거래상대방의 보호가치가 적거나 비

---

14) 대판 99.7.27, 98도4200은 비법인사단에 있어서 대표자의 업무절차나 이에 대한 제한은 정관이나 총회의 결의 등 비법인사단의 의사결정방식에 따라야 하고, 일일이 개개 사원의 위임을 받아서 하여야 하거나 개개 사원이 이에 대한 제한을 가할 수 있는 것은 아니라고 판시한다.

15) 상법상 주식회사 대표이사의 대표권 남용에 관한 자세한 논의는 주석 상법 회사(3), 253(제5판/권재열) 참조.

난가능성이 있는 경우에 거래의 효력 및 법인의 책임을 부정하고 있다는 점에서 공통적이고, 다만 그 구체적인 기준과 설명방식에 차이가 있을 뿐이다.

## 2. 학　설

### (1) 심리유보설(비진의의사표시설)

이 견해에 따르면 대표권 남용행위는 원칙적으로 유효하지만, 상대방이 대표권의 남용을 알았거나 알 수 있었을 때에는 §107 Ⅰ 단서의 규정을 유추적용하여 무효라고 한다. 입증책임은 거래의 무효를 주장하는 자에게 있다. 즉 거래의 무효를 주장하는 자는 상대방이 남용사실을 알았거나 알 수 있었음을 입증하여야 한다.

### (2) 권리남용설(신의칙설)

이 견해에 따르면 대표권 남용행위는 원칙적으로 유효하지만, 상대방이 대표권의 남용을 알고 있으면서도(또는 중과실로 알지 못하면서도)[16] 법인에 대하여 그 대표행위에 따른 효력을 주장하는 것은 신의칙에 위반하거나 권리남용에 해당하여 허용될 수 없다고 한다. 입증책임은 거래의 무효를 주장하는 자에게 있다. 즉 거래의 무효를 주장하는 자는 상대방이 남용사실을 알았거나 중과실로 알지 못하였음을 입증하여야 한다.

### (3) 검　토

두 학설은 거래가 무효로 되는 요건에 다소 차이가 있다. 즉 심리유보설에 따르면 상대방이 남용사실을 알 수 있었음을 증명하기만 해도 무효이지만, 권리남용설에 따르면 그것으로는 부족하고 상대방이 남용사실을 실제로 알았거나 적어도 알지 못한 데에 중과실이 있었음을 증명하여야 한다. 다만 상대방이 악의인 때에는 두 학설에 따른 결론이 동일하다.

## 3. 판　례

판례는 주로 주식회사 대표이사의 대표권 남용행위에 관하여 많이 형성되었고, 민법상 법인의 대표자의 대표권 남용행위에 관한 판례는 많지 않은 것으로 보인다. 따라서 이하에서는 주식회사 대표이사의 대표권 남용에 관한 판례를 위주로 서술한다.

---

16) 견해에 따라 상대방이 악의일 것을 요구하기도 하고, 중과실로 알지 못하는 경우를 포함시키기도 한다.

(1) 과거의 판례: 권리남용설

판례는 한때 권리남용설에 가까운 판시를 하기도 하였다. 즉 "주식회사의 대표이사가 그 대표권의 범위 내에서 한 행위는 설사 대표이사가 회사의 영리목적과 관계없이 자기 또는 제3자의 이익을 도모할 목적으로 그 권한을 남용한 것이라 할지라도 일응 회사의 행위로서 유효하고 다만 그 행위의 상대방이 그와 같은 정을 알았던 경우에는 그로 인하여 취득한 권리를 회사에 대하여 주장하는 것이 신의칙에 반하므로 회사는 상대방의 악의를 입증하여 그 행위의 효과를 부인할 수 있을 뿐이다"라고 판시하였던 것이다.[17]

(2) 주류적 판례: 심리유보설

그러나 그 후에는 주로 심리유보설에 따라 판단하였다. 즉 "주식회사의 대표이사가 회사의 이익을 위해서가 아니고 자기 또는 제3자의 이익을 도모할 목적으로 그 권한을 행사한 경우에 상대방이 대표이사의 진의를 알았거나 알수 있었을 때에는 그 행위는 회사에 대하여 무효가 된다"고 연이어 판시하였다.[18] 민법상 법인에 관하여도 "대표이사의 대표권한 범위를 벗어난 행위라 하더라도 그것이 회사의 권리능력의 범위 내에 속한 행위이기만 하면 대표권의 제한을 알지 못하는 제3자가 그 행위를 회사의 대표행위라고 믿은 신뢰는 보호되어야 하고, 대표이사가 대표권의 범위 내에서 한 행위는 설사 대표이사가 회사의 영리목적과 관계없이 자기 또는 제3자의 이익을 도모할 목적으로 그 권한을 남용한 것이라 할지라도 일단 회사의 행위로서 유효하고, 다만 그 행위의 상대방이 대표이사의 진의를 알았거나 알 수 있었을 때에는 회사에 대하여 무효가 되는 것이며, 이는 민법상 법인의 대표자가 대표권한을 남용한 경우에도 마찬가지"라고 하였다.[19]

(3) 최근의 판례: 권리남용설

그러던 중 권리남용설 내지 신의칙설에 따른 것으로 보이는 판시를 하였다. 즉 "주식회사의 대표이사가 대표권의 범위 내에서 한 행위는 설사 대표이사가 회사의 영리 목적과 관계없이 자기 또는 제3자의 이익을 도모할 목적으로 권한을 남용한 것이라도 일응 회사의 행위로서 유효하다. 그러나 행위의 상대방이 그와 같은 정을 알았던 경우에는 그로 인하여 취득한 권리를 회사에

---

17) 대판 87.10.13, 86다카1522.
18) 대판 88.8.9, 86다카1858; 대판 90.3.13, 89다카24360; 대판 93.6.25, 93다13391; 대판 97.8.29, 97다18059; 대판 05.7.28, 2005다3649.
19) 대판 04.3.26, 2003다34045.

대하여 주장하는 것이 신의칙에 반하므로 회사는 상대방의 악의를 입증하여 행위의 효과를 부인할 수 있다"고 한 것이다.[20]

이 판결의 사안에서 대표이사인 A는 회사를 대표하여 B를 상대로 단기매매차익금반환 소송을 제기하여 제1심에서 승소하고도, 그 항소심판결 선고 직전에 B와 사이에 회사에 아무런 이득 없이 일방적으로 그 반환채무를 면제하는 취지의 약정을 하였다. 그 후 B는 회사를 상대로 위 약정에 따른 채무면제를 주장하였다. 이러한 사안에서 대법원은 A의 위와 같은 채무면제약정 행위는 상 §382-3이 규정하고 있는 이사의 충실의무에 위배되는 행위이고, B는 이러한 대표권 남용행위에 가담한 지위에 있으므로, 신의칙상 이 사건 약정이 유효하다는 주장을 할 수 없다고 한 것이다.

이 판결에 의해 대법원은 심리유보설을 버리고 권리남용설로 복귀한 것인가? 그보다는 대표이사의 배임적 행위와 상대방의 적극적 협력이 분명히 드러난 사실관계의 특성상, 굳이 §107를 유추적용하기보다 신의칙의 문제로 접근하는 것이 오히려 자연스러웠기 때문에 그렇게 판시한 것으로 볼 수 있을 것이다. 즉 권리남용 내지 신의칙 위반의 성격이 분명한 사안이었으므로 그와 같이 판시한 것이고, 향후 사안에 따라서는 심리유보설의 적용 가능성을 배제하는 것은 아니라고 본다.

## 4. 소 결

이상의 논의는 민법상 법인의 대표자가 대표권을 남용하는 경우에도 상당부분 그대로 적용될 수 있을 것이다. 즉 상대방이 대표자의 남용목적을 알았거나 알 수 있었을 때에는, 법인은 그 점을 입증하여 거래의 효력을 부정하고 책임을 면할 수 있다. 비영리법인은 영리목적의 주식회사보다 활동 범위가 제한되어 있는 편이므로, 거래상대방이 대표권 남용을 알았거나 알 수 있었다고 인정할 수 있는 경우가 적지 않을 것이다.

## Ⅵ. 대리에 관한 규정의 준용

본조 Ⅱ은 법인의 대표에 관하여 대리에 관한 규정을 준용하도록 한다. 그

---

20) 대판 16.8.24, 2016다222453.

러나 법인의 기관이 하는 대표행위와 본인의 대리인이 하는 대리행위를 동일시할 수는 없기 때문에, 각 조문별로 음미하여 그 준용의 정도와 범위를 신중히 판단하여야 한다. 대리에 관한 주요한 규정 별로 살펴보면 다음과 같다.

## 1. 대리행위의 방식에 관한 규정

이사가 그 권한 내에서 법인을 위한 것임을 표시한 의사표시는 직접 법인에 대하여 효력이 생긴다($\S\,59\,\mathrm{II};\,\S\,114\,\mathrm{I}$). 이사에 대한 제3자의 의사표시도 그것이 법인을 위한 것임을 표시하였다면 직접 법인에 대하여 효력이 생긴다($\S\,59\,\mathrm{II};\,\S\,114\,\mathrm{II}$).

현명주의도 적용된다. 즉 이사가 법인을 위한 것임을 표시하여야 그 법률효과가 법인에 귀속된다. 이사가 법인을 위한 것임을 표시하지 아니한 때에는 그 의사표시는 이사 개인을 위한 것으로 보되, 상대방이 이사로서 한 것임을 알았거나 알 수 있었을 때에는 직접 법인에 대하여 효력이 생긴다($\S\,59\,\mathrm{II};\,\S\,115$). 법인의 의사표시의 하자가 되는 사실의 유무는 이사를 표준으로 하여 결정한다($\S\,59\,\mathrm{II};\,\S\,116\,\mathrm{I}$).

이사가 수인인 때에는 각자 회사를 대표하는 것이 원칙이지만($\S\,59\,\mathrm{II};\,\S\,119$), 공동으로 대표하도록 정관으로 정할 수 있음은 전술하였다.

## 2. 대리인의 지위 및 권한에 관한 규정

대리인은 행위능력자임을 요하지 아니하는데($\S\,117$), 법인의 이사도 반드시 행위능력자이어야 하는 것은 아니다. 이에 대하여는 §57에 대한 주해 Ⅱ. 2. (3) 참조.

이사는 재판상·재판외의 포괄적인 대표권을 가지므로 대리권의 범위에 관한 §118는 준용되지 않는다. 이사의 대리인 선임에 관하여는 별도의 규정이 있고($\S\,62$), 이사의 대리인 선임과 대리인의 복대리인 선임을 동일한 선상에서 비교하기는 적절치 아니하므로, 대리인의 복임권에 관한 규정들($\S\S\,120\sim123$)의 준용에도 신중해야 한다($\S\,62$에 대한 주해 참조). 법인과 이사의 이익이 상반하는 사항에 관하여 이사는 대표권이 없고 특별대리인을 선임하도록 하고 있으므로($\S\,64$), 자기계약과 쌍방대리에 관한 규정($\S\,124$)도 그 자체가 준용되는 것은 아니다($\S\,64$에 대한 주해 참조).

## 3. 무권대리 관련 규정

대표권이 없는 이사가 한 행위, 대표권이 제한된 이사가 그 범위 밖에서

한 행위는 법인에 대하여 효력이 없다($\S\S^{59\ \text{II}}_{130}\cdot$). 다만 법인은 사후적으로 그 법률행위를 추인할 수 있고, 추인으로써 그 행위는 행위 시에 소급하여 유효하게 되지만, 제3자의 권리를 해하지 못한다($\S\S^{59\ \text{II}}_{133}\cdot$). 대표권 없는 자가 회사를 대표하여 계약을 한 경우에 상대방은 상당한 기간을 정하여 법인에게 그 추인 여부의 확답을 최고할 수 있고, 법인이 그 기간 내에 확답을 발송하지 않으면 추인을 거절한 것으로 본다($\S\S^{59\ \text{II}}_{131}\cdot$). 대표권 없는 이사가 한 계약에 대해서는 법인의 추인이 있을 때까지 상대방은 이를 철회할 수 있되, 계약 당시 상대방이 대표권 없음을 안 때에는 철회할 수 없다($\S\S^{59\ \text{II}}_{134}\cdot$).

## 4. 표현대리 관련 규정

대리권 수여의 표시에 의한 표현대리($\S_{125}$), 권한을 넘은 표현대리($\S_{126}$), 대리권 소멸후의 표현대리($\S_{129}$)에 관한 규정이 대표행위에 준용되는가? 일단 표현대리 규정의 준용 여부가 문제되려면 이사의 대표권을 벗어난 행위가 있어야 하므로, 이는 이사의 대표권이 제한되는 경우를 전제로 한다.

법인의 대표행위에 대하여도 예외적인 사정이 없는 한 표현대리에 관한 민법 규정이 준용된다고 설명하는 경우가 많다.[21] 반면 일부 견해는 대표권제한에 위반한 행위의 효력은 이사의 대표권제한의 법리($\S$ 41, 정관에 기재를 요하는 $\S$ 60)에 의하여 규율되므로, 표현대리에 관한 민법 규정은 준용되지 않는다고 한다.[22] 현행 민법($\S_{60}$)이 이사의 대표권제한을 상대방에게 대항할 수 있는지에 관하여 표현대리에서의 중요한 기준인 상대방의 선의·무과실 여부가 아니라 등기 여부를 기준으로 삼고 있으므로, 이 한도에서는 이사의 대표권제한에 관하여 표현대리 법리를 준용하기 곤란하다고 할 것이다.

한편 판례는 대표권이 법률상 제한되는 경우에는 표현대리 관련 규정의 준용을 부정하였다. 예컨대 학교법인의 이사장이 법률상 요구되는 이사회의 심의·의결 없이 학교법인의 기본재산을 처분한 행위에 관하여 법률상 그 권한이 제한되므로 §126의 표현대리에 관한 규정이 준용되지 아니한다고 하였다.[23] 또 다른 판례는 주식회사 대표이사의 퇴임등기가 된 경우에 §129가 적용 내지 유추적용 된다면(즉 퇴임등기가 되었더라도 대표권 소멸에 대해 상대방이 선의·무과실인 경우에 법인의 책임이 인정된다면) 이는 상 §37

---

21) 곽윤직·김재형, 186; 송덕수, 610; 이영준, 956; 이은영, 280 등.
22) 주석 총칙(1), 809(제5판/문영화); 김증한·김학동, 220-221; 김준호, 133; 양창수·김형석, 44 등.
23) 대판 83.12.27, 83다548.

에서 상업등기에 공시력을 인정한 의의가 상실될 것이라는 이유로 §129의 적
용 또는 유추적용을 부정하였다.[24) 다만 이상의 판례들은 '민법상 법인에서 정
관으로 대표권을 제한한 경우'에 표현대리에 관한 규정이 준용되는지를 직접
적으로 다룬 것들은 아니다.

[천　경　훈]


**第 60 條**(理事의 代表權에 對한 制限의 對抗要件)
　　理事의 代表權에 對한 制限은 登記하지 아니하면 第三者에게
對抗하지 못한다.

# I. 본조의 의의

　　이사의 대표권에 대한 제한은 §49 II (ix)에서 등기사항으로 정하고 있는
데, 본조는 그러한 등기를 하지 아니하면 이사의 대표권에 대한 제한을 제3자
에 대항하지 못하도록 정하고 있다.

　　이사가 대표권에 대한 제한을 위반하여 한 대표행위의 효력에 관하여는
몇 가지 입법방식을 생각해 볼 수 있다. 첫째, 대표권제한에 대한 제3자의 인
식 여부를 기준으로 하여, 제3자가 대표권제한에 대하여 선의라면 회사는 그

---

24) 대판 09.12.24, 2009다60244.

에게 대표권제한으로 대항할 수 없지만 악의·(중)과실이 인정된다면 대항할
수 있도록 하는 방식이다. 둘째, 제3자의 인식 여부보다 더 명확한 기준으로
등기를 채택하여, 대표권의 제한을 등기한 경우 그 제한으로 제3자에게 대항
할 수 있도록 하는 방식이다.

상법은 회사에 관하여 "대표권에 대한 제한은 선의의 제3자에게 대항하지
못한다"고 규정하여 위 첫째 방식을 취한다($_{§209}^{상}$ $_{II}$). 독일 민법도 대표권 제한을
등기할 수 있도록 하면서도, 법인의 법률행위 상대방이 대표권 제한에 관하여
악의인 경우에는 사단등기부에 대표권제한이 등기되지 않아도 법인은 이로써
대항할 수 있고, 상대방이 선의·무과실인 경우에는 대표권제한이 등기되어도
법인은 이로써 대항할 수 없도록 하여, 결국은 첫째 방식에 따른다.[1] 의용민법
§ 54도 "이사의 대표권에 대한 제한은 선의의 제3자에게 대항하지 못한다"고
하여 첫째 방식을 취하고 있었다. 그러나 민법 제정 시에 본조는 둘째 방식을
택하여,[2] 적어도 법문 상으로는 제3자의 선의 여부를 묻지 아니하고 이사의 대
표권에 대한 제한은 등기하지 않으면 제3자에게 대항할 수 없다고 규정하였다.

이하에서는 대표권의 제한 일반에 관해 서술한 후, 본조의 적용범위를 분
석한다.

## II. 대표권의 제한

### 1. 의    의

이사의 대표권은 법인의 사무에 관한 재판상·재판외 사항에 포괄적으로
미친다. 그러나 이사의 대표행위도 사무집행의 일환으로 이루어지는 것이므로,
법인으로서는 대표자의 전횡을 견제하고 구성원들의 총의에 따른 업무집행을
확보하기 위하여 대표권의 범위나 행사절차에 관하여 일정한 제한을 둘 필요
가 있다.

§ 41는 대표권의 제한은 정관으로만 가능하다고 하고, 본조는 대표권 제한
은 등기하여야 제3자에게 대항할 수 있다고 정하고 있다. 즉 대표권이 절대적

---

1) 독민 § 70, § 68.
2) 민법 제정과정에서 의용민법 § 54가 본조로 바뀌는 과정에 관한 설명으로 양창수, "법인
   이사의 대표권 제한에 관한 약간의 문제", 민법연구 1, 1991, 113-116.

인 권한이 아니라 제한할 수 있음은 물론이나, 그 제한에는 정관기재 및 등기라는 엄격한 요건을 갖추도록 하고 있는 것이다. 다만 대표행위가 정관 및 사원총회 결의에 의하여야 한다는 §59 I 단서와 위에 언급한 §41 및 §60의 관계가 문제될 수 있다.

## 2. 대표권 제한의 방법

### (1) 정관에 의한 제한

"모든 이사는 각자 법인을 대표한다"는 각자 대표의 원칙과 다른 내용이 정관에 정해져 있다면, 이는 모두 정관에 의한 대표권의 제한이라고 할 수 있을 것이다.[3] 그 대표적인 예로는 다음과 같은 것들이 있으나, 현재 등기실무상 등기가 가능한 방식은 ㈎와 ㈏ 뿐이다.

㈎ 특정이사에게만 대표권을 부여하는 규정　　실제로 다수 법인에서 그러하듯이 특정한 이사에게만 대표권을 부여하는 경우이다. 보통 정관에서는 "회장/이사장은 법인을 대표한다"고 기재하여 이사 중에서 이사장, 회장 등 일정한 직위에 있는 자만이 대표권을 가진다는 점을 정하고, 특정인을 그 직위에 선임하는 방식을 취한다. 이 경우 다른 이사들은 대표권을 갖지 않고 그들이 대표행위를 하여도 원칙적으로 법인에 법률효과를 발생시키지 아니한다.[4] 다만 이사장 또는 회장의 유고시에 다른 이사들이 일정한 순서로 그 직무를 대행한다는 취지의 규정을 정관에 두는 경우에는 다른 이사들도 그에 따라 대표권을 행사할 수 있게 된다.

이사의 대표권에 대한 제한을 등기하면 이로써 제3자에게도 대항할 수 있는데($\frac{\S}{60}$), 등기실무상 "대표권제한규정: 이사 홍길동 외에는 대표권이 없음"이라고 기재하고 그 이사의 성명, 주소를 같이 기재하는 방식으로 등기한다.[5] 정

---

3) 주석 총칙(1), 727(제5판/송호영)은 §41에서 말하는 '이사의 대표권에 대한 제한'이란 이사의 대표권의 범위에 대한 제한이 아니라 대표권의 행사방법에 대한 제한을 의미한다고 한다. 즉 이사가 일정한 절차나 방법에 의해서 대표권을 행사했을 때에만 그 행위가 법인의 것으로 귀속되도록 한다는 의미라는 것이다. 이와 같이 해석하면 아래 ㈐는 대표권의 제한이라고 할 수 없을 것이다. 다만 대표권의 제한을 그처럼 한정적으로 해석할 근거가 무엇인지는 분명하지 않은 듯하다.

4) 주석 총칙(1), 716(제4판/주기동). 반면 대표권이 전혀 없는 이사는 §57 이하의 의미에서는 이사가 아니므로, 민법상의 이사라고 하기 위해서는 적어도 일정 범위에서는 대표권을 가지고 있어야 하고, 따라서 대표권을 전적으로 박탈하면서도 이사라고 칭하는 경우에 그는 민법상의 이사는 아니고 정관상의 이사에 불과하다는 견해도 있다. 김진우, "재단법인의 조직과 의사결정", 법조 674, 2012, 112-113.

5) 법원행정처, 법원실무제요 민법법인등기실무, 2018, 233.

관에서 대표권 있는 이사를 이사장으로 규정하거나 사원총회의 결의로 이사장
으로 선임하였다고 하여 "이사장 홍길동"과 같이 등기할 수는 없다.[6]

　(나) 공동대표에 관한 규정　　2명 이상의 일정한 이사들이 공동대표권
을 가진다고 정하는 경우에는 이들이 공동으로만 법인을 대표할 수 있다. 공동
대표자 중 일부가 한 행위 및 공동대표자 이외의 이사가 한 행위는 정관에 다
른 규정이 없는 한 적법한 대표행위가 아니므로, 그 행위는 원칙적으로 법인에
법률효과를 발생시키지 아니한다. 공동대표 역시 대표권제한의 일종이므로 정
관에 정함이 있어야 하고($\S_{41}$), 공동대표권을 가진다는 사실을 등기하였다면 이
로써 제3자에게 대항할 수 있다($\S_{60}$).

　다만 이 경우에도 의사표시를 수령하는 이른바 수동대표권은 공동대표권
을 가진 이사 각자에게 있다고 보아야 할 것이다($\substack{상 \S 208 \\ \text{II} 참조}$). 즉 법인에 대한 의
사표시는 공동대표자 중 1인에게만 하면 된다.[7]

　등기실무상으로도 공동대표권은 대표권 제한의 일종으로 등기한다. 예를
들어 김갑동 이사와 이을동 이사가 각자 대표권 있는 이사인 경우 "대표권 제
한규정: 이사 김갑동, 이사 이을동 외에는 대표권이 없음"이라 기재하고, 이들
이 공동대표권 있는 이사인 경우 "대표권 제한규정: 이사 김갑동과 이을동은
공동으로 대표권을 행사하며 그 외의 자는 대표권 없음"과 같이 기재한다.[8]

　(다) 일정한 사항에 관하여 사원총회·이사회 결의 등을 거치도록 하는 규
정　　일반적으로 법인의 정관에서는 일정한 법률행위에 대하여 사원총회,
이사회 등의 승인을 요한다는 취지의 규정을 둔다. 이러한 정관 규정에도 불구
하고 사원총회나 이사회의 승인 없이 이루어진 대표행위의 효력은 어떠한지가
자주 문제되는데, 판례는 이를 대표권제한의 문제로 다루고 있고 실제로 대표권
제한에 관한 판례의 상당수가 이 쟁점에 관한 것이다.[9] 이에 관하여는 본조 주
해의 Ⅲ. 참조. 다만 현행 등기실무상 이를 등기할 방법은 없는 것으로 보인다.

　(라) 업무분야별로 대표권을 따로 부여하는 규정　　법인의 업무분야
내지 사업 별로 대표권을 따로 부여하는 것도 이론적으로는 생각해 볼 수 있
다. 예컨대 장학업무와 학술진흥업무를 수행하는 재단에서, 장학업무에 관한

---

6) 법원행정처(주 5), 201.
7) 김진우(주 4), 113.
8) 법원행정처(주 5), 293.
9) 다만 이러한 절차 규정이 법인에 대한 대내적 관계에서 업무처리상의 의무를 정하는 취
　지인 때에는 여기서 말하는 '대표권의 제한'이 아니라는 견해도 있다. 양창수·김형석, 43.

대표권을 가지는 이사와 학술진흥업무에 관한 대표권을 가진 이사가 구분됨을 정관에서 밝히고, 별도로 대표권자를 선임하는 것이다. 이 경우에도 그러한 업무분장을 등기하여야 제3자에게 대항할 수 있을 것인데($\S_{60}$), 현행 등기실무상 이를 등기할 방법은 없는 것으로 보인다.

　　　(마) 일정한 방식을 요구하는 규정　　　일정한 유형의 행위에 대하여는 대표권을 행사할 때에 일정한 방식을 갖추도록 하는 것도 대표권제한의 한 방법이 될 것이다. 법인의 재산을 처분하거나 채무부담을 할 때에 공정증서의 작성에 의하도록 하는 것이 이에 해당한다.[10] 이 역시 현행 등기실무상 등기할 방법은 없다.

### (2) 사원총회의 결의에 의한 제한 문제

　　　(가) 문제의 소재　　　§59 I 단서에서는 "사단법인은 총회의 의결에 의하여야 한다"고 한다. 그런데 §41에서는 "이사의 대표권에 대한 제한은 이를 정관에 기재하지 않으면 그 효력이 없다"고 규정하여 둘 사이의 관계가 문제된다. 물론 총회의 결의사항이 구체적으로 정관에도 반영되어 있거나, 또는 일정한 거래나 행위에 관하여는 총회의 결의를 거쳐야 한다는 점이 정관에도 규정되어 있다면, 두 조문 사이에 충돌이 발생하지 않는다. 그러나 이사의 대표권을 제한하는 사원총회의 결의만 있고 이것이 정관에 기재되지 않았다거나, 정관에 사원총회의 결의를 거쳐야 한다는 정함이 없는 상태에서 총회가 일정한 거래를 금지·제한하는 결의를 하였다면, 이는 대표권에 어떠한 영향을 미치는가?

　　　이러한 문제는 민법 제정 과정에서 의용민법의 규정과 신설 규정 간의 정합성을 충분히 고려하지 않은 데서 발생한 것으로 보인다. 의용민법은 §59와 거의 동일하게 이사는 정관과 총회결의에 따르도록 하면서($^{의용민법}_{\S53}$), "이사의 대표권에 대한 제한은 선의의 제3자에게 대항하지 못한다"고 규정하고($^{의용민법}_{\S54}$), 대표권제한에 관한 등기 제도는 알지 못하였다. 그러나 민법 제정 시에 이사의 대표권의 제한은 정관에 기재하여야 효력이 있는 것으로 하고($\S_{41}$), 법인의 등기사항 중에 "이사의 대표권을 제한한 때에는 그 제한"을 추가하였으며($^{\S 49}_{II\ (ix)}$), "이사의 대표권에 대한 제한은 등기하지 아니하면 제3자에게 대항하지 못한다"고 규정하였다($\S_{60}$).[11]

　　　즉 의용민법은 "정관 또는 사원총회 결의에 의한 대표권 제한이 가능하지

---

　10) 주석 총칙(1), 727(제5판/송호영).
　11) 입법경위에 대한 상세한 설명은 양창수(주 2), 113-119.

만, 대표권에 대한 제한은 선의의 제3자에게 대항하지 못한다"는 태도였으나, 현행민법은 "대표권의 제한은 정관으로만 할 수 있고($\frac{§}{41}$), 대표권에 대한 제한은 등기하여야 제3자에게 대항할 수 있다($\frac{§}{60}$)"는 입장을 택한 것으로 요약할 수 있다. 그러나 §41의 신설에도 불구하고 §59 Ⅰ 단서의 문언이 그대로 남아 있기 때문에, 둘 사이에 해석상 문제가 발생한 것이다.

　　(내) 학　　설　　　이 문제는 ① §41에도 불구하고 §59 Ⅰ 단서에 따라 사원총회 결의에 의한 대표권 제한을 인정할 것인가 아니면 ② 대표권 제한은 정관으로 하도록 하는 §41를 관철하여 사원총회 결의만으로는 대표권을 제한할 수 없다고 할 것인가의 문제라고 할 수 있다. 이에 관한 학설은 매우 다양하고 경우에 따라 내용이 불분명하기도 하지만, §41와 §59의 관계를 파악하는 방식에 따라 대략 두 부류로 나눠 볼 수 있다.

　　제1설은 정관의 기재가 없더라도 사원총회의 결의로 대표권을 제한할 수 있다는 견해이다($\frac{즉§41}{<§59}$),[12] 불분명한 경우도 있지만 이들 견해 역시 등기를 하여야 제3자에게 대항할 수 있다는 점은 대체로 인정하는 것으로 보인다 ($\frac{즉§59}{<§60}$).[13] 이들 견해에서는 §59와 §41 간에 충돌의 여지가 있다는 점에 대해 별다른 언급이 없는 경우가 많다.

　　제2설은 정관의 기재 없이 사원총회의 결의만으로는 대표권을 제한할 수 없고, 사원총회의 결의가 있는 경우에도 정관에 기재하여야 대표권을 제한할 수 있다($\frac{즉§59}{<§41}$)는 견해이다.[14] 다만 그 구체적인 설명 방식에는 약간의 차이가 있다. 우선 이사의 대표권 제한을 대내적 제한과 대외적 제한으로 구분하여, 사원총회의 결의만 있는 단계에서는 아직 대내적 제한이 있을 뿐이라는 견해가 있다.[15] 사원총회의 결의에 의하여야 한다는 §59 Ⅰ 단서는 "이사가 법인을 대표함에 있어서 법인에 대하여 부담하는 의무에 관한 규정이고, 이사의 대외적

---

12) 조금씩 서술방식에 차이는 있으나, 곽윤직·김재형, 195; 김상용, 261; 김주수·김상용, 231; 백태승, 243; 이영준, 958 등이 이런 입장으로 보인다.

13) 예컨대 김상용, 261 참조(사원총회의 결의로 이사의 대표권을 제한할 수 있으나, 이를 등기하지 않는 한 총회의 결의에 위반하여도 이사의 행위는 그대로 유효하고, 이사의 법인에 대한 대내적 책임문제가 발생한다고 함).

14) 이호정, "사원총회의 결의에 의한 이사의 대표권의 제한", 고시계 86/8, 107; 양창수(주 2), 130-131; 주석 총칙(1), 728(제4판/주기동); 고상룡, 223; 김대정, 407; 김증한·김학동, 224; 명순구, 230; 송덕수, 612-613; 정기웅, 185 등.

15) 이호정(주 14), 107. 이 견해에 따르면 각 이사는 법인에 대하여 사원총회의 결의를 좇아 대표행위를 할 의무를 부담하고 그 위반으로 법인에 손해가 발생하면 손해배상책임을 지지만, 아직 대외적 제한은 존재하지 않으므로 대표행위는 전적으로 유효하다고 한다.

인 법인대표권의 제한에 관한 규정이 아니"라는 견해도 있다.[16] 사원총회의 결의는 내부적인 업무집행방법을 규율하는 것으로서 대표자에게 의무를 부과할 뿐 대리권 자체를 제한하지는 않는다고 설명하거나,[17] §59의 제약은 이사가 사단법인의 최고기관인 사원총회의 의결에 따를 의무를 진다는 것을 주의적으로 표현한 것에 불과하다고 해석하거나,[18] 사원총회의 결의도 대표권제한의 내용을 가질 수 있으나 정관에 기재되어야 효력을 가진다고 설명하기도 한다.[19][20]

(다) 판    례        §41와 §59 Ⅰ 단서가 충돌하는 경우, 즉 대표권 제한에 관한 사원총회의 결의는 있으나 정관에 근거조항은 없는 경우에 대표권이 제한되는지를 다룬 대법원 판례는 아직 나와 있지 않은 것으로 보인다. 다만 판례는 일정한 사항에 관하여 사원총회 또는 이사회의 결의를 요구하는 정관 규정도 대표권에 대한 제한이라고 보면서, §60에 기하여 등기가 되어 있어야 그러한 제한을 제3자에게 대항할 수 있다고 한다.[21] 이는 정관에서 사원총회 결의를 요구하는 경우였으므로 제1설과 제2설 중 어느 한 쪽을 택한 것이라고 단정하기 어렵다.

(라) 검    토        제1설과 제2설 모두 대표권제한으로 제3자에게 대항하려면 원칙적으로 등기를 해야 한다는 점은 인정하는 것으로 보인다.[22] 그런데 실무상 대표권제한의 등기는 대표권 있는 이사의 지정 또는 공동대표 이외에는 가능하지 않고, 이러한 등기를 하려면 정관에 기재가 있을 것을 요한다. 이처럼 실무상 대표권제한의 등기를 하려면 어차피 정관에 기재해야 하기 때문에, 위 제1설과 제2설의 실무적 차이는 크지 않다.

---

16) 양창수(주 2), 130-131. 이 글에서는 민법제정 과정에서의 논의를 심층적으로 검토하여 입법자의 의도를 탐구한 뒤, 입법자가 이사의 대표권 제한에 관한 §41, §60를 마련하면서 염두에 둔 것은 대표권을 가지는 이사를 한정하거나 공동대표를 요구하는 방식이었고, 총회의 결의를 거쳐야 하는 것과 같은 제한은 입법자들이 '대표권 제한'으로 염두에 둔 것이 아니었다고 한다.

17) 김증한·김학동, 224.

18) 주석 총칙(1), 728(제4판/주기동).

19) 송덕수, 612-613. 주석 총칙(1), 812(제5판/문영화)에서는 이 견해를 제1설로 분류한다.

20) 한편 이은영, 278은 총회가 구체적인 사항을 결의하고 이사에게는 단지 그 집행만을 위임한 경우에 이사는 그 결의에 구속되므로, 이사가 그에 따르지 않고 자의적으로 행위한 경우에는 권한을 넘은 표현대표가 되어 표현대리에 관한 규정이 준용된다고 하는데, 이는 총회결의에 의한 대표권 제한의 효력이 대내적으로는 물론 대외적으로 발생한다는 전제에 선 것으로 보인다. 이것을 제3설로 따로 분류할 수도 있을 것이다.

21) 대판 75.4.22, 74다410; 대판 92.2.14, 91다24564.

22) 다만 악의의 제3자에 대한 대항 가부에 대하여는 본조 주해 Ⅲ.에서 후술하듯이 대립이 있다.

다만 §60의 적용범위에 관한 제한설, 즉 "대표권제한을 등기하지 않은 경우에도 상대방이 대표권제한에 관하여 악의인 때에는 대표권제한으로 대항할 수 있다"는 견해에 따르면[23] 제1설과 제2설에 따른 결과가 달라질 수 있다. 제1설에 따르면 사원총회 결의만으로 일단 대표권제한의 효력이 발생하므로 정관 기재와 무관하게 악의의 상대방에게는 그 제한으로 대항할 수 있는 반면, 제2설에 따르면 정관 기재 없는 사원총회 결의만으로는 대표권제한의 효력이 발생하지 않으므로 악의의 상대방에게도 그 제한으로 대항할 수 없다고 해석될 것이다.

입법의 경위에 비추어보면, 대표권에 대한 제한을 허용하되 이를 정관에 기재하고 등기하게 함으로써 법인과 거래상대방인 제3자를 균형 있게 보호하려는 데에 입법취지가 있는 것으로 보인다. 그렇다면 제2설에 따라 사원총회의 결의만으로는 대표권을 제한하는 효력이 없고 이를 정관에 기재하여야 비로소 대표권을 제한하는 효력이 있다고 보는 것이 입법취지에 부합함은 물론 다른 조항들과도 조화를 이루는 해석일 것이다. 제2설 역시 사원총회의 의결을 따를 이사의 의무를 인정하므로 본조 Ⅰ 단서의 문언("총회의 의결에 의하여야 한다")에 어긋나지 않는다.

## Ⅲ. 대표권 제한의 효력

대표권에 대한 제한은 등기하지 않으면 제3자에게 대항하지 못한다. 실무적으로는 대표권 있는 이사를 지정하거나 공동으로 대표권을 행사하게 하는 방식만 등기할 수 있다.

### 1. 제3자의 의미

본조의 제3자는 이사가 법인을 대표하여 한 법률행위의 상대방을 의미한다.[24] "이사의 제한 없는 대표권을 바탕으로 새로운 이해관계를 맺은 자"라고 설명하기도 한다.[25] 예컨대 이사가 법인을 대표하여 법인의 재산을 처분하거

---

23) 본조 주해 Ⅲ. 참조. 판례는 무제한설을 취한다.
24) 주석 총칙(1), 729(제4판/주기동); 주석 총칙(1), 818(제5판/문영화).
25) 양창수·김형석, 44.

나, 재산을 취득하거나, 법인의 채무를 부담하는 계약을 체결한 경우 등에 있어 그 상대방이 이에 해당한다. 법인의 피용자 또는 사원도 법인과 사이에 독립된 법률행위를 하는 경우에는 본조의 제3자에 포함된다.[26)]

## 2. 제3자의 선의·악의 문제

본조는 대표권제한에 관한 제3자의 인식 여부는 언급하고 있지 않다. 여기서 두 가지 문제가 제기된다. 첫째, 대표권제한을 등기한 경우에 선의의 제3자에게 대표권제한을 가지고 대항할 수 있는가? 둘째, 대표권제한을 등기하지 않은 경우에 악의의 제3자에게 대표권제한을 가지고 대항할 수 있는가?

### (1) 대표권제한을 등기한 경우와 선의의 제3자

대표권에 대한 제한을 등기한 경우에는 선의의 제3자, 즉 대표권제한을 알지 못하는 제3자에 대하여도 법인은 대표권의 제한을 주장할 수 있다는 데에 다툼이 없다.[27)] 이때 정관에 대표권에 대한 제한이 정해져 있다는 것과 그에 관하여 등기가 되어 있다는 것은 모두 대표권제한을 주장하는 법인 측이 주장·증명하여야 한다.[28)] 입법론으로는 상 § 37 Ⅱ과 같이 등기 후라도 선의의 제3자가 정당한 사유로 이를 몰랐던 경우에는 그에게 대항할 수 없다고 규정함으로써, 정당한 사유가 있는 선의의 제3자를 보호해야 한다는 견해가 있다.[29)]

### (2) 대표권제한을 등기하지 않은 경우와 악의의 제3자

(가) 학    설      이에 대하여는 제3자의 선의·악의를 불문하고 대표권제한으로 대항할 수 없다(즉 본조의 '제3자'에는 선의·악의자 모두 포함된다)는 이른바 무제한설과, 악의의 제3자에게는 등기가 되어 있지 않더라도 대표권제한으로 대항할 수 있다(즉 본조의 '제3자'는 악의의 제3자를 제외한다)는 이른바 제한설이 대립된다.

무제한설[30)]은 ① 의용민법에서 "대표권에 대한 제한은 선의의 제3자에게

---

26) 주석 총칙(1), 729(제4판/주기동); 주석 총칙(1), 818(제5판/문영화).

27) 주석 총칙(1), 820(제5판/문영화); 주석 총칙(1), 730(제4판/주기동); 김대정, 412; 송덕수, 611; 양창수·김형석, 44 등. 이처럼 대표권제한을 등기한 때에는 선의의 제3자에 대하여도 대표권제한을 주장할 수 있으므로, 선의의 제3자는 § 126 등을 원용하여 법률행위의 효력이 법인에 귀속됨을 주장할 수 없다(양창수·김형석, 44).

28) 대판 87.11.24, 86다카2484; 대판 92.2.14, 91다24564.

29) 김증한·김학동, 223; 장근영, "상법의 관점에서 바라본 민법개정안의 법인제도", 비교 17-3, 2010, 82.

30) 양창수(주 2), 121; 양창수, "민법 제60조에서 정하는 제3자의 범위", 민법연구 3, 1995, 344; 이교림, "법인이사의 대표권 제한─대법원 1992.2.14. 선고, 91다24564 판결─"사행 33-9, 1992, 94-95; 이호정(주 14), 108; 주석 총칙(1), 730-731(제4판/주기동); 고상룡, 222; 김준호, 135; 송덕수, 611; 양창수·김형석, 44 등.

대항하지 못한다"고 규정하였다가 민법 제정 시에 본조와 같이 등기를 요구한 것은 대표권제한이 있는 경우 이를 반드시 등기하게 하려는 입법적 결단을 표명한 것이라는 점, ② 본조의 문리해석상으로도 선의·악의를 달리 취급할 근거가 없고 등기만이 기준이 되고 있다는 점, ③ 선의·악의를 묻지 않고 등기 여부에 따라 법률관계를 획일적으로 간명하게 정할 수 있어 거래의 안정성에 기여한다는 점, ④ §54에서 법인의 다른 등기사항에 관해 등기를 제3자에 대한 대항요건으로 한 것과 균형을 맞출 필요가 있다는 점 등을 근거로 한다. 다만 무제한설에 따르는 견해도 악의의 제3자에게 대표권제한으로 대항할 수 없다고 해석하면 경우에 따라서는 현저하게 정의 관념에 반하는 경우도 있을 것이므로 이러한 경우에는 신의칙에 의하여 악의의 제3자의 주장은 배척될 수 있을 것이라고 한다.[31]

  반면 제한설[32]은 ① 근본적으로 악의의 제3자는 보호할 필요가 없고, 악의의 제3자까지 보호하는 것은 본조의 규범목적을 넘는다는 점, ② 거래안전이 민법보다 더 강조되는 상법에서도 회사의 대표자의 대표권 제한은 선의의 제3자에 대해서만 대항하지 못하는 것으로 규정되어 있는 것($^{상\ \S\S\ 209,\ 269,}_{389\ Ⅲ,\ 562\ Ⅳ}$)과 균형을 맞출 필요가 있다는 점, ③ 대표권 범위 내의 행위라도 그 목적이 법인을 위한 것이 아니고 이에 대해 상대방이 악의이면 법인으로의 효과 귀속을 차단하면서($^{대표권남}_{용\ 법리}$), 대표권 범위 외의 행위에 있어 악의의 상대방까지 보호하는 것은 균형을 잃은 해석이라는 점 등을 근거로 한다.

  ⑷ 판    례    대법원은 특정한 대표행위에 관해 정관에서 사원총회나 이사회 결의를 거치도록 정하였더라도 이를 등기하지 않으면 그러한 절차의 흠결로 제3자에게 대항할 수 없다고 하였다. ① 사단법인의 정관에서 중요재산의 처분 시에 사원총회의 결의를 요구하고 있음에도 법인 대표자가 결의 없이 이를 처분한 사안에서, "민법상의 사단법인에 있어서는 비록 그 재산이 중요하고 유일한 것이라 하여도 그 처분에 있어 반드시 사원총회의 결의를 필요로 하는 것은 아니고 법인의 정관에 그와 같은 취지의 기재가 있다 하여도 그것은 내부관계에서 효력을 가지는데 불과"하다고 하면서, "결국 재산의 처분에 총회의 결의가 있어야 유효하다는 것을 대외적으로 주장하려면 법인대표자

31) 양창수(주 2), 126; 양창수(주 30), 356-357; 이호정(주 14), 108; 주석 총칙(1), 730-731(제4판/주기동); 고상룡, 222 등.
32) 구주해(1), 685-686(최기원); 김대정, 414-415; 김상용, 261; 김주수·김상용, 231; 김증한·김학동, 222-223; 명순구, 229; 백태승, 243; 이은영, 279; 정기웅, 184 등.

의 대표권을 제한하여 총회의 결의를 필요로 하는 취지의 대표권 제한을 등기
함으로써만 가능"하다고 하였다.<sup>33)</sup> ② 사단법인의 대표자가 채무를 인수함에
있어 사원총회와 이사회의 결의를 거치도록 되어 있다고 하더라도 "이와 같은
총회나 이사회의 결의는 법인대표권에 대한 제한으로서 이러한 제한은 등기하
지 않으면 제3자에게 대항할 수 없다"고도 하였다.<sup>34)</sup>

그 후 대법원은 위와 같은 법리가 상대방의 선의·악의 여부에 따라 달라
지지 아니함을 선언하여 무제한설의 입장을 명확히 하였다. ① 재단법인의 대
표자가 법인을 대표하여 보증계약을 체결하면서 정관이 요구하는 "이사회 결
의, 노회와 설립자의 승인, 주무관청의 인가"를 받지 않은 사안에서, 그러한 정
관 규정은 "법인대표권의 제한에 관한 규정으로서 이러한 제한은 등기하지 아
니하면 제3자에게 대항할 수 없다"고 하며, 이러한 제한이 등기되어 있지 않
다면 법인은 "원고가 그와 같은 정관의 규정에 대하여 선의냐 악의냐에 관계
없이 제3자인 원고에 대하여 이러한 절차의 흠결을 들어 이 사건 보증계약의
효력을 부인할 수 없다"고 하였다.<sup>35)</sup> ② 도시정비법 §27에 의하여 §60가 준
용되는 재건축조합에 관한 사안에서 "조합장이 조합원의 부담이 될 계약을 체
결하기 위하여는 총회의 결의를 거치도록 조합규약에 규정되어 있다 하더라도
이는 법인대표권을 제한한 것으로서 그러한 제한은 등기하지 아니하면 제3자
에게 그의 선의·악의에 관계없이 대항할 수 없다"고 하였다.<sup>36)</sup>

⑷ 비교: 비법인사단과 영리법인의 경우      본조와 같은 규정이 없는
비법인사단과 영리법인에 대하여 판례는 민법상 비영리법인에 대한 무제한설
과는 전혀 다른 입장을 취한다.

비법인사단에 관하여 판례는 대표권제한에 대한 거래상대방의 악의·과실
여부를 기준으로 판단한다. 즉 "비법인사단의 경우에는 대표자의 대표권 제한
에 관하여 등기할 방법이 없어 민법 제60조의 규정을 준용할 수 없고, 비법인
사단의 대표자가 정관에서 사원총회의 결의를 거쳐야 하도록 규정한 대외적
거래행위에 관하여 이를 거치지 아니한 경우라도, 이와 같은 사원총회 결의사
항은 비법인사단의 내부적 의사결정에 불과하다 할 것이므로, 그 거래 상대방

---

33) 대판 75.4.22, 74다410. 다만 법원의 등기실무상 그러한 등기가 가능하지 아니함은 이
   판결이 나온 1975년이나 2022년 현재나 여전하다.
34) 대판 87.11.24, 86다카2484.
35) 대판 92.2.14, 91다24564.
36) 대판 14.9.4, 2011다51540.

이 그와 같은 대표권 제한 사실을 알았거나 알 수 있었을 경우가 아니라면 그 거래행위는 유효하다고 봄이 상당하고, 이 경우 거래의 상대방이 대표권 제한 사실을 알았거나 알 수 있었음은 이를 주장하는 비법인사단측이 주장·입증하여야 한다"고 한다.[37]

영리법인의 대표격인 주식회사에서 법령 또는 정관상 요구되는 주주총회·이사회 결의가 흠결된 경우의 효과에 관하여 판례는 대표권제한의 근거에 따라 다르게 취급한다. 우선 ① 법령상 요구되는 주주총회 결의 없이 행한 거래는 상대방의 선의 여부에 관계없이 무효라고 본다.[38] ② 법령상 요구되는 이사회 결의 없이 중요한 자산을 처분하거나 채무를 부담하는 등의 행위를 대표이사가 한 경우, 거래상대방이 이사회 결의가 없거나 무효라는 사실을 알았거나 모른 데에 중과실이 있는 경우에 한하여 그 거래가 무효가 된다.[39] 거래상대방의 악의 또는 중과실에 대한 증명책임은 거래의 무효를 주장하는 자에게 있으므로, 회사는 이사회 결의 흠결에 대한 거래상대방의 악의 또는 중과실을 증명하여야 거래의 무효를 주장할 수 있다. ③ 이사회 결의가 법령이 아니라 정관 또는 이사회 규정으로 요구되는 경우도 판례는 동일하게 취급하여, 회사는 거래상대방이 "이사회결의가 없었음을 알았거나 중과실로 알지 못했음"을 증명함으로써 거래의 무효를 주장할 수 있다고 한다.[40] 즉 전체적으로 보아 대표권 제한을 벗어난 대표행위에 대해 주식회사의 경우에는 민법상 법인의 경우보다 거래의 무효를 훨씬 쉽게 주장할 수 있다.

---

37) 대판 03.7.22, 2002다64780("피고 조합의 정관에서 '사업시행자 및 시공회사의 선정 및 약정에 관한 사항, 기타 규약 또는 조합설립인가 조건에서 총회결의를 요하는 사항' 등을 총회결의 사항으로 규정하고 있고, 피고 조합의 설립인가조건에서는 피고 조합이 공동 사업시행자, 시공자 또는 설계자를 선정 또는 변경하거나 약정을 체결 또는 변경하는 경우에는 조합규약에 따라 총회 결의에 따라야 하도록 규정되어 있었으므로, 이 사건 계약과 같은 설계용역계약의 체결도 정관의 규정에 의하여 사원총회의 결의를 요하는 사항"이라고 함). 같은 취지로 대판 08.10.23, 2006다2476(입주자대표회의의 대표자가 채권양도의 승낙을 한 사안에서 "채권양도 승낙의 상대방인 원고가 이 사건 채권양도 승낙에 관하여 입주자대표회의의 의결이 있어야 한다는 것에서 더 나아가 그 의결이 유효하기 위하여는 동별 대표자 정원 중 과반수의 찬성을 요한다는 것까지 알았거나 알 수 있었다고 볼 증거가 없는 이 사건에 있어 이 사건 채권양도의 승낙이 유효하다"고 한 원심을 지지함).
38) 대판 12.4.12, 2011다106143. 상법학계의 통설이기도 하다.
39) 대판(전) 21.2.18, 2015다45451. 이 전원합의체 판결 이전에는 거래상대방이 이사회 결의의 흠결을 알았거나 알 수 있었다면 거래가 무효라는 것이 확고한 대법원 판례였는데, 2021년 이를 변경하여 거래상대방의 경과실만으로는 거래의 무효를 인정하지 않게 되었다. 이는 대표권 제한에 관한 상 §209 Ⅱ(대표권의 제한은 선의의 제3자에게 대항하지 못한다)을 일관되게 적용한 것이다.
40) 대판(전) 21.2.18, 2015다45451.

㈔ 검      토       본조의 입법경위를 살펴보면 입법자가 대표권제한의
문제를 당시 새로운 제도인 등기에 의해 획일적으로 간명하게 처리하고자 했
던 것은 사실로 보인다.[41] 본조의 문언이 선·악의를 언급하고 있지 않으므로
문리해석상 무제한설이 더 자연스러운 것도 사실이다. 그럼에도 불구하고 민
법제정 이후 60년에 가까운 실무 관행과 법리 형성에 비추어 보면 무제한설은
다음과 같은 한계를 드러내고 있는 것으로 보인다.

첫째, 비탄력적으로 운용되는 현재의 등기제도로는 대표권제한의 다양한
모습을 담아내기 곤란하므로, 등기를 제3자 보호의 유일한 기준으로 삼는 것
은 적절하지 않은 면이 있다. 민법제정 이후 지금까지의 실무 관행을 살펴보
면 입법자가 생각한 것보다 대표권제한의 양태는 더 다양하게 나타나는데, 등
기제도는 매우 비탄력적·보수적으로 운영되고 있다. 입법자들은 "법인 이사와
거래하려는 제3자는 그 등기를 열람함으로써 대표권제한 유무를 확인할 수 있
어서, 불측의 불이익을 막을 수 있다"[42]고 생각한 것으로 보이나, 실제로 다양
한 대표권제한을 등기할 방법이 제공되고 있지 못하므로[43] 이런 전제가 충족
되지 못하고 있는 것이다.

둘째, 민법상 법인 이외의 경우와 비교하여 악의의 거래상대방을 불균형적
으로 과도하게 보호한다는 점이다. 전술했듯이 비법인사단은 물론 거래의 안
전이 더 강하게 요구되는 영리법인에서도 대표권제한에 관하여 거래상대방이
알았거나 중과실로 알지 못했다면 거래의 효력을 부정하는 판례 법리가 확고
히 뿌리내리고 있다. 그런데 거래안전보다 단체보호를 중시해야 할 민법상 비
영리법인에서만 유독 (실제로 가능/하지도 않은) 등기를 하지 않았다는 이유로 악의의 거래상
대방에 대해서까지 거래의 효력을 인정하는 것은 지나치게 균형을 잃은 것으
로 보인다. 정관에서 법인의 보호를 위해 일정한 사항에 관하여 사원총회나 이
사회 결의를 거치도록 요구하고 있음에도 이러한 절차를 거치지 않고 이사가

41) 양창수(주 2), 113-116.
42) 양창수(주 30), 356.
43) 대표권제한의 예로는 전술했듯이 ① 일부 이사를 대표권 있는 이사로 지정하는 경우, ②
    특정 이사들이 공동으로만 대표권을 행사하게 하는 경우, ③ 일정한 사항에 관하여 사원
    총회나 이사회 결의 등 일정한 절차를 거치도록 하는 경우, ④ 복수의 이사 간에 업무분
    야나 사항을 나누어 그에 대해서만 대표하게 하는 경우, ⑤ 일정한 방식을 요구하는 경우
    등이 있으나, 현행 등기실무상 등기가 가능한 것은 ①② 뿐이다. 특히 ③의 방식은 실제로
    대부분의 법인이 그 정관에서 채택하고 있고 대표권제한에 관한 판례도 대부분 이 방식에
    관한 것이지만, 이를 등기할 방법은 현행 등기실무상 존재하지 않고, 앞으로도 과연 어느
    정도로 상세히 그러한 정함을 등기할 수 있을지 의문이다.

전단적으로 대표행위를 한 사안에서, 그러한 절차의 흠결을 알고 있는 (<sub>때로는 심</sub><br>지어 이<br>를 공<br>모한) 거래상대방에 대해서도 거래의 무효를 주장할 수 없게 되므로, 결국 법인의 이익을 희생시켜 악의의 거래상대방을 보호하게 된다. 본조의 입법취지 내지 규범목적이 그러한 악의의 거래상대방까지 보호하려는 것인지는 의문이다.

　　무제한설은 그러한 문제점은 신의칙의 적용으로 해소할 수 있다고 한다. 그러나 신의칙의 적용 여부는 사실관계의 다양한 주관적·객관적 요소에 따라 달라질 수 있어서 그 결론이 매우 불확실하므로 '법률관계의 획일적이고 간명한 처리'라는 무제한설의 논거와 모순된다. 오히려 악의의 제3자를 본조에 의해 보호받는 제3자에서 제외하는 제한설이 신의칙의 요청에도 부합하면서 더 간명한 처리를 가능하게 할 것이다.

　　이상과 같은 무제한설의 문제점에도 불구하고 본조의 문언에 무제한설이 더 부합한다는 점은 부정하기 어렵다. 따라서 궁극적으로는 "이사의 대표권에 대한 제한은 등기하지 아니하면 선의의 제삼자에게 대항하지 못한다"고 본조를 개정함으로써 제한설의 입장을 명문화하는 것이 바람직할 것이다.[44) 이것이 보호가치 있는 상대방의 신뢰를 보호함으로써 거래의 안전과 법인의 이익을 균형 있게 보호하는 길이 될 것이다. 그 경우 보호받지 못하는 '악의의 제3자'에는 '중과실로 알지 못한 자'도 포함된다고 해석함이 타당할 것이다.[45) 또한 사원총회 또는 이사회결의를 거치지 않은 사안에서 '악의', 즉 "대표권제한을 알았다"고 함은 "당해 행위에 관하여 정관으로 사원총회 또는 이사회결의를 거치도록 되어 있음에도 불구하고 이를 흠결하였음"을 알았던 경우를 의미한다고 보아야 할 것이다.


## Ⅳ. 법령에 따른 대표권제한

### 1. 법령에 따른 대표권제한

　　개별 법령에는 법인 또는 그 대표자가 할 수 있는 행위를 제한하거나 일정한 절차를 요구함으로써 대표권을 제한하는 규정이 있다. 예를 들어 학교법인

---

　　44) 법무부 2004년 민법개정안 제60조; 김대정, 417-420(같은 내용의 제안); 윤진수, "법인에 관한 민법개정안의 고찰", 서울대 법학 46-1, 2005, 88-92(2004년 민법개정안 §60에 찬성하는 취지).
　　45) 윤진수(주 44), 92-93.

의 예산·결산·차입금 및 재산의 취득·처분과 관리에 관한 사항은 이사회의 심의·의결을 받아야 하고($\substack{사학 \\ §16 \ I}$), 공익법인에도 유사한 제한이 있다($\substack{공익법인 \\ §7 \ I}$). 또한 학교법인의 기본재산 처분이나 의무부담, 권리포기는 관할청의 허가를 받아야 한다($\substack{사학 \\ §28 \ I}$).[46)]

## 2. 법령에 따른 대표권제한 위반행위의 효력

법령에 따른 위 절차를 거치지 않은 대표행위의 효력은 어떠한가? 법령에 의한 대표권제한은 외부에서 인식이 쉽지 않은 정관에 의한 제한과는 그 성질이 다르고 법령의 부지(不知)는 보호할 필요가 없으므로, 대표권제한에 관한 법령의 규정을 위반한 행위는 등기 여부나 상대방의 선의·악의를 묻지 아니하고 효력이 없다.[47)] 즉 본조가 적용되지 않는다.

판례도 법령에서 요구되는 절차를 거치지 않은 대표권자의 행위는 무효로 본다. 예컨대 ① 도시재개발법에서 대지 및 건축시설은 조합원총회의 결의를 거친 관리처분계획에 의하여 처분·관리하여야 한다고 규정함에도 불구하고, 조합원총회의 결의를 거친 관리처분계획에 의하지 아니하고 대지나 건축시설을 처분·관리한 행위,[48)] ② 도시재개발법에서 예산으로 정한 사항 이외에 조합원의 부담이 될 계약은 총회의 결의를 거치도록 규정함에도 불구하고, 재개발조합이 이를 거치지 아니하고 조합원의 부담이 될 계약을 체결한 행위,[49)] ③ 상호신용금고가 상호신용금고법에서 요구되는 이사회 결의 등을 거치지 않고 한 채무부담행위,[50)] ④ 학교법인이 사립학교법에서 요구되는 이사회결의와 감독청 허가를 받지 않고 한 금전차입행위,[51)] ⑤ 학교법인이 사립학교법에서 요구되는 이사회의 심의·의결 없이 한 학교법인 재산의 취득·처분행위,[52)] ⑥ 토지구획정리조합이 법상 요구되는 조합원총회 결의 없이 한 타인의 채무에 대한 연대보증행위,[53)] ⑦ 사회복지법인의 대표자가 사회복지법인에 준용되는 '공

---

46) 다만 관할청의 허가를 받도록 하는 규정은 법인의 능력을 제한하거나 대표권을 제한하는 것이 아니라, 일정한 대표행위에 법률이 요구하는 특별한 유효요건이라고 설명하기도 한다. 송덕수, 614.
47) 주석 총칙(1), 732(제4판/주기동); 주석 총칙(1), 823(제5판/문영화).
48) 대판 96.11.15, 95다27158.
49) 대판 01.3.23, 2000다61008.
50) 대판(전) 85.11.26, 85다카122.
51) 대판 98.12.8, 98다44642.
52) 대판 00.9.5, 2000다2344.
53) 대판 02.3.26, 2001다83197.

익법인의 설립·운영에 관한 법률'에서 요구되는 이사회 결의 없이 한 재산처분행위,[54] ⑧ 주택재건축조합의 대표자가 도시 및 주거환경정비법에 위반하여 적법한 조합원총회 결의 없이 계약을 체결한 행위,[55] ⑨ 신용협동조합이 신용협동조합법에 따라 요구되는 이사회 결의 없이 조합원에게 대출한 행위[56] 등을 모두 무효라고 하였다. 그러한 경우 "상대방이 그러한 법적 제한이 있다는 사실을 몰랐다거나 총회결의가 유효하기 위한 정족수 또는 유효한 총회결의가 있었는지에 관하여 잘못 알았더라도 계약이 무효임에는 변함이 없다"고 하였다.[57]

### 3. 표현대리 규정의 준용 여부

강행법규에서 요구되는 위반으로 효력이 없는 행위라면 §126 또는 §129의 표현대리에 관한 규정이 준용되지도 않는다는 것이 판례의 태도이다. 예컨대 "학교법인을 대표하는 이사장이라 하더라도 이사회의 심의·결정을 거쳐야 하는 재산의 처분 등에 관하여는 법률상 그 권한이 제한되어 이사회의 심의·결정 없이는 이를 대리하여 결정할 권한이 없"으므로 "이사장이 한 학교법인의 기본재산 처분행위에 관하여는 민법 제126조의 표현대리에 관한 규정이 준용되지 아니한다"고 한다.[58]

### 4. 추인 가능 여부

법인 스스로 이사회 결의 등 적법한 절차를 거쳐 이를 추인할 수 있는가? ① 신용협동조합법에 의해 요구되는 이사회 결의 없이 신용협동조합의 이사장이 조합원에 대한 대출계약을 체결한 경우에 관하여 판례는 "신용협동조합의 대출에 관한 대표자의 대표권이 이사회의 결의를 거치도록 제한되는 경우 그 요건을 갖추지 못한 채 무권대표행위에 의하여 조합원에 대한 대출이 이루어졌다고 하더라도 나중에 그 요건이 갖추어진 뒤 신용협동조합이 대출계약을 추인하면 그 계약은 유효하게 되는 것"이라고 판시하였다.[59] ② 반면 학교법인

54) 대판 02.6.28, 2000다20090.
55) 대판 16.5.12, 2013다49381.
56) 대판 04.3.25, 2003다63227.
57) 대판 16.5.12, 2013다49381(계약체결의 요건을 규정하고 있는 강행법규에 위반한 계약은 무효이므로 그 경우에 계약상대방이 선의·무과실이더라도 §107의 비진의표시의 법리 또는 표현대리 법리가 적용될 여지는 없다고 함).
58) 대판 83.12.27, 83다548.
59) 대판 04.3.25, 2003다63227("파산한 신용협동조합의 기관은 파산재단의 관리·처분권

이 사립학교법에 의한 이사회의 심의·의결 없이 학교법인 재산의 취득·처분 행위를 하거나 사립학교법에 의한 관할청의 허가 없이 의무부담행위를 한 경우에 "학교법인이 그 후에 위 의무부담행위를 추인하더라도 효력이 생기지 아니"한다고 하였다.[60]

전자의 경우 이사회 결의만이 요구되고 이것은 이사회(또는 파산절차에서 그에 갈음하여 파산재단의 관리처분권을 갖는 파산관재인)의 사후추인으로 갈음할 수 있다. 반면, 후자의 경우 관할청의 허가를 받지 않은 흠결은 당해 법인 스스로 추인할 수 있는 성질의 것이 아니다. 이렇게 보면 언뜻 대립적으로 보이는 위 판례들을 모순 없이 이해할 수 있을 것이다.

[천 경 훈]

## 제 60 조의2 (직무대행자의 권한)

① 제52조의2의 직무대행자는 가처분명령에 다른 정함이 있는 경우 외에는 법인의 통상사무에 속하지 아니한 행위를 하지 못한다. 다만, 법원의 허가를 얻은 경우에는 그러하지 아니하다.

② 직무대행자가 제1항의 규정에 위반한 행위를 한 경우에도 법인은 선의의 제3자에 대하여 책임을 진다.

---

자체를 상실하게 되므로, 위와 같은 무권대표행위의 추인권도 역시 특별한 사정이 없는 한 파산관재인만이 행사할 수 있다"고 함). 같은 취지로 대판 04.1.15, 2003다56625.
60) 대판 00.9.5, 2000다2344; 대판 16.6.9, 2014다64752.

## I. 본조의 의의

이사 선임행위에 흠이 있는 경우에 이해관계자의 신청으로 법원은 가처분으로 직무대행자를 선임할 수 있다. 원래 민법에는 상 § 407, § 408와 같은 이사의 직무집행정지 및 직무대행자의 선임에 관한 조문이 없었으나, 민사소송법의 임시의 지위를 정하는 가처분의 하나로서 그러한 가처분이 실무상 이용되고 있었고, 판례와 학설도 이를 지지하고 있었다. 이에 2001.12.29. 민법 개정으로 직무집행정지 및 직무대행자선임 가처분의 등기에 관한 § 52-2와 직무대행자의 권한에 관한 본조를 신설하였다.

## II. 직무대행자의 권한

직무대행자는 ① 가처분명령에 다른 정함이 있는 경우 외에는 ② 법인의 통상사무에 속하지 아니한 행위를 하지 못하되 ③ 법원의 허가를 받으면 그러하지 아니하다. 즉 가처분명령, 통상사무, 법원허가라는 3가지 기준에 의해 직무대행자의 권한 범위가 정해진다.

### 1. 가처분명령

직무대행자의 권한 근거는 가처분명령이므로 그 권한의 범위도 가처분명령으로 정해진다. 가처분명령에서 권한의 범위를 따로 정하지 않았다면 대행자의 권한은 피대행자의 권한과 동일하되, 그 지위의 잠정적·임시적 성격으로 인하여 피대행자의 통상 사무에 속하는 업무만을 할 수 있게 된다. 실무적으로 직무대행자선임 가처분에는 '이사의 직무'를 대행한다는 취지만 기재하고 구체적인 권한을 특별히 기재하지는 아니한다.

### 2. 법인의 통상사무

가처분결정에 의하여 법인의 이사의 직무를 대행하는 자를 선임한 경우에 그 직무대행자는 단지 피대행자의 직무를 대행할 수 있는 임시의 지위에 놓여 있음에 불과하므로, 가처분명령에 다른 정함이 있는 경우 외에는 법인을 종전과 같이 그대로 유지하면서 관리하는 한도 내의 통상업무에 속하는 사무만을 행할 수 있다.[1] 어떤 사무가 통상사무인지는 당해 법인의 규모, 업무의 종류, 기타 제반사정을 고려하여 직무대행자에게 법원의 허가 없이 수행할 권한을 주는 것이 타당한가의 관점에서 객관적·실질적으로 판단해야 할 것이다.[2]

판례에 나타난 예를 보면, 재건축조합의 조합장 직무대행자가 재건축조합을 대표하여 이주를 거부하는 사업구역 소유자로부터 해당 아파트를 감정가에 매수하기로 한 합의는 통상사무에 속한다고 하였다.[3] 사단법인의 이사장 직무대행자가 대의원총회를 소집하고 그 결의에 따라 자신을 비롯한 임원들의 보수를 인상한 뒤 그 보수액을 지급한 것은 통상사무에 속한다고 하였다.[4] 주식회사에 관한 것이지만, 변호사에게 소송대리를 위임하고 그 보수계약을 체결하거나 그와 관련하여 반소제기를 위임하는 행위는 상무에 속한다고 하였다.[5] 이사회의 사원총회 소집 결의에 따라 사원총회를 소집하는 행위는 이사회 결의의 수행에 불과하므로 통상사무에 속한다고 할 것이다.[6]

반면 이사장을 해임하고 후임 이사장을 선임하는 등[7] 학교법인 또는 재단법인의 이사회 구성을 변경하는 행위,[8] 직무대행자를 선임한 가처분명령의 본안소송인 이사회결의 무효확인소송의 제1심 판결에 대하여 항소를 포기하는 행위,[9] 법인이 수행 중인 소송에서 항소를 취하하는 행위[10] 등은 통상사무에 속하지 않는다고 한다. 주식회사에 관한 것이지만, 회사의 상대방 당사자의 형사사건 변호인의 보수지급에 관한 약정은 회사의 상무에 속한다고 볼 수 없다고 하였다.[11]

통상사무 이외의 사항에 관한 이사회 결의에 참여하는 행위 역시 통상사무에 속하지 않는다고 할 것이다.[12] 또한 통상사무 이외의 사항에 관한 사원총

---

1) 대판 06.10.27, 2004다63408.
2) 주식회사에서 이사직무대행자의 권한은 '회사의 상무'로 제한되는데, 상무에 속하는지 여부를 판단할 때에도 유사한 기준에 따른다. 대판 07.6.28, 2006다62362 참조.
3) 대판 02.2.22, 99다62890.
4) 대판 09.2.12, 2008다74895.
5) 대판 89.9.12, 87다카2691.
6) 주석 총칙(1), 734(제4판/주기동).
7) 대판 00.2.11, 99두2949.
8) 대판 95.4.14, 94다12371; 대판 97.2.11, 96누4657; 대판 00.2.11, 99다30039; 대판 18.12.28, 2016다260400, 260417 등.
9) 대판 06.1.26, 2003다36225.
10) 대판 06.10.27, 2004다63408.
11) 대판 89.9.12, 87다카2691.
12) 주석 총칙(1), 735(제4판/주기동).

회 결의를 위해 사원총회를 소집하는 행위 역시 통상사무에 속하지 않는다고 할 것이다.[13]

### 3. 법원의 허가

이사 직무대행자는 법원의 허가를 받으면 통상사무에 속하지 않은 사무를 집행할 수 있다. 법원이 당해 상무외 행위를 허가할 것인지 여부는 일반적으로 당해 상무외 행위의 필요성과 회사의 경영과 업무 및 재산에 미치는 영향 등을 종합적으로 고려하여 결정하여야 한다.[14] 법원의 허가는 개개의 행위에 대해 하여야 하고 포괄적으로는 할 수 없다.[15]

위 허가사건의 관할법원에 관해 비송사건절차법은 규정하지 않았는데, 직무집행정지 및 직무대행자선임의 가처분명령을 한 법원이 견련사건인 위 허가사건의 관할법원이 된다고 할 것이다.[16] 이러한 상무외 행위의 허가신청은 직무대행자가 하여야 하고($\S85^{비송}_{ \text{I}}$), 신청을 인용한 재판에 대하여는 즉시항고를 할 수 있으며($^{이 경우 항고기간은 직무대행자가 재}_{판의 고지를 받은 날부터 기산한다}$)($\S85^{비송}_{ \text{II}}$), 이러한 즉시항고는 집행정지의 효력이 있다($\S85^{비송}_{ \text{III}}$).[17] 위 허가는 등기사항은 아니다.

## III. 직무대행자의 권한 위반과 법인의 책임

직무대행자가 법원의 허가를 받지 않고, 가처분명령의 근거도 없이, 법인의 통상사무에 속하지 않는 행위를 한 경우 그 행위의 효력은 어떠한가? 직무대행자의 선임사실은 등기되지만, 통상사무에 해당하는지 여부는 명백하지 않고 상무외 행위허가는 등기사항이 아니므로, 거래상대방으로서는 직무대행자의 행위가 적법한 대표행위인지 여부를 잘 알기 어렵다. 따라서 본조 II은 이

---

13) 주식회사에서도 정기주주총회 안건으로 회사의 경영 및 지배에 영향을 미칠 수 있는 중요한 사항이 포함되어 있다면 그 안건의 범위에서는 정기총회의 소집이 상무에 해당하지 않는다고 하였다(대판 07.6.28, 2006다62362).

14) 대결 08.4.14, 2008마277(주식회사의 대표이사 직무대행자에 관한 판시임).

15) 주석 상법 회사(3), 424(제5판/홍복기).

16) 대결 08.4.14, 2008마277(주식회사의 대표이사 직무대행자에 관한 판시임); 주석 총칙(1), 829(제5판/문영화).

17) 다만 비송 §85는 주식회사의 직무대행자에 관한 상 §408 I 단서에 따른 허가신청에 관한 것으로서 §60-2에 명시적으로 적용되지는 않으나, 이 규정을 유추적용할 수밖에 없을 것이다. 주석 총칙(1), 829(제5판/문영화).

러한 경우 법인은 선의의 제3자에 대하여 책임을 진다고 규정한다.

여기서 "책임을 진다"는 것은 적법한 대표행위의 경우와 같이 그 행위로 인한 법률효과가 법인에 귀속된다는 의미이다. 별도의 손해배상책임을 진다는 의미는 아니다.

이 때 보호받는 "선의의 제3자"에게 무과실을 요구할 것인가, 중과실 없음을 요구할 것인가, 과실 여부를 묻지 아니할 것인가[18]의 문제가 있다. 조문에서 '선의의 제3자'라고 명시하고 있으므로 무과실($\frac{경과실도}{없을것}$)을 요구할 수는 없을 것이나, 중과실은 거의 고의 내지 악의에 가까운 과실로서 사실상 악의의 증명은 중과실의 증명과 크게 다르지 아니함을 고려하면, 중과실이 없는 선의의 제3자만 본조의 보호를 받는다고 해석해도 큰 무리는 없을 것이다.


## Ⅳ. 직무대행자의 지위

### 1. 이사와 유사한 권한·의무·책임

가처분명령에 의하여 선임된 이사직무대행자는 법인의 임시적 기관으로서 이사와 유사한 권한을 가지고 이사와 유사한 의무·책임을 부담한다. 따라서 이사직무대행자는 법인의 사무에 관하여 법인을 대표하고($\S_{59}$), 선량한 관리자의 주의로 그 직무를 수행해야 하고($\S_{61}$), 법인과 이익이 상반하는 사항에 관하여는 법인을 대표할 수 없으며($\S_{64}$), 그 임무를 해태한 때에는 그로 인한 법인의 손해를 배상할 책임이 있다($\S_{65}$).

예컨대 민법상 법인이나 비법인사단의 대표자를 선출한 결의의 무효 또는 부존재확인을 구하는 소송에서 법인을 대표할 권한을 가진 자는 해당 결의에 의해 선출된 대표자이지만, 만약 그 대표자에 대해 직무집행정지 및 직무대행자선임 가처분이 된 경우에는, 그 가처분에 특별한 정함이 없는 한 대표자 직무대행자가 그 본안소송에서 그 단체를 대표하게 된다.[19] 또한 "사단법인의 이사장 직무대행자는 위 법인에 대하여 이사와 유사한 권리의무와 책임을 부담하므로, 위 법인과의 사이에 이익이 상반하는 사항에 관하여는 민법 제64조가 준용되고, 위 법인의 이사장 직무대행자가 개인의 입장에서 원고가 되어 법인

---

18) 주석 총칙(1), 736(제4판/주기동); 주석 총칙(1), 829(제5판/문영화).
19) 대판 95.12.12, 95다31348.

을 상대로 소송을 하는 경우에는 민법 제64조가 규정하는 이익상반 사항에 해당"하므로, 이 소송에 관해서는 직무대행자는 법인을 대표할 권한이 없고 따라서 그가 한 항소취하도 효력이 없다.[20]

## 2. 권한소멸

직무대행자의 권한은 ① 가처분명령이 취소되거나 기타 실효된 때, ② 가처분명령에서 정한 원래 이사의 직무집행정지기간을 도과한 때, ③ 가처분명령의 본안소송에서 가처분채권자가 승소하여 그 판결이 확정된 때[21] 등에 소멸한다.

반면 해당 법인의 총회에서 직무집행이 정지된 이사에 대한 재신임의 결의가 있었다거나 그를 갈음하는 새로운 이사가 선임되었다고 하더라도 그것만으로 곧바로 가처분재판이 실효되는 것은 아니고 사정변경 등에 의한 보전취소의 재판이 있어야 비로소 가처분명령은 그 효력을 상실한다. 따라서 그 때까지는 직무대행자의 권한은 유효하게 존속한다.[22] 다만 직무집행정지 및 직무대행자 선임의 가처분결정이 있은 후 소집된 총회에서 새로운 이사를 선임하는 결의가 있었다면, 특별한 사정이 없는 한 위 가처분결정은 더 이상 유지할 필요가 없는 사정변경이 생겼다고 할 것이므로, 위 가처분에 의하여 직무집행이 정지되었던 종전 대표자는 사정변경을 이유로 가처분이의의 소를 제기하여 가처분의 취소를 구할 수 있을 것이다.[23]

[천 경 훈]

---

20) 대판 03.5.27, 2002다69211.
21) 대판 89.9.12, 87다카2691(주식회사에 관한 판례로서, 가처분에 의해 직무집행이 정지된 당해이사 등을 선임한 주주총회 결의의 취소나 그 무효 또는 부존재확인을 구하는 본안소송에서 가처분채권자가 승소하여 그 판결이 확정된 때에는 가처분은 그 직무집행정지기간의 정함이 없는 경우에도 본안승소판결의 확정과 동시에 그 목적을 달성한 것이 되어 당연히 효력을 상실하게 됨). 동지: 대판 89.5.23, 88다카9883.
22) 대판 97.9.9, 97다12167; 대판 00.2.22, 99다62890 판결; 대판 04.7.22, 2004다13694.
23) 대판 97.9.9, 97다12167(주식회사의 청산인직무대행자 선임 후 주주들이 회사의 계속을 결의하고 이사와 감사를 선임한 사례).

**第61條**(理事의 注意義務)

　　理事는 善良한 管理者의 注意로 그 職務를 行하여야 한다.

## Ⅰ. 총　　설

　　법인과 이사와의 관계는 위임에 유사한 계약이라고 하는 것이 통설이다.[1] 판례도 "민법상 법인과 그 기관인 이사와의 관계는 위임자와 수임자의 법률관계와 같은 것"이라고 하거나,[2] 법인과 이사의 법률관계는 신뢰를 기초로 한 위임 유사의 관계로 볼 수 있다고 한다.[3] 이에 따르면 이사는 수임자로서 선량한 관리자의 주의로 그 직무를 수행할 의무를 진다($\S 681$). 본조는 법인의 이사가 선량한 관리자의 주의로 그 직무를 행하여야 함을 명시하였는데, 본조가 없더라도 당연히 인정될 이사의 의무를 주의적으로 규정한 것이라 하겠다.

　　우리나라에서 비영리법인에 관한 규율은 설립·운용·소멸의 모든 단계에서 주무관청의 감독을 통해 이루어지고, 부정행위의 정도가 심한 경우에는 형사절차에 따라 규율된다.[4] 본조에서 이사의 주의의무를 정하고 있기는 하지만 그 법리의 형성은 빈약하고, 실제로 비영리법인의 이사의 의무 위반을 이유

───────────
1) §57에 대한 주해의 각주 23 참조.
2) 대판 82.3.9, 81다614; 대판 96.12.10, 96다37206; 대판 96.1.26, 95다40915 등.
3) 대판 13.11.28, 2011다41741 등.
4) 김정연, "비영리법인 이사의 주의의무에 관한 연구", 비교 26-2, 2019, 363. 공익법인에 대한 국가감독의 상세한 분석으로는 김진우, "공익법인의 규제와 감독", 민학 70, 2015, 특히 65-77.

로 손해배상책임을 묻는 소송은 활발하지 않다.[5] 즉 비영리법인에 대한 민사
적 방법에 의한 규율은 현실적으로 미미하고, 따라서 본조에 대한 판례도 아직
충분히 축적되지 않은 상태이다. 그러나 앞으로는 주무관청의 감독 외에 비영
리법인의 이사의 주의의무 위반에 대한 책임을 묻는 방식의 민사적 규율도 활
발해져야 할 것이다.


## II. 선관주의의무

### 1. 선관주의의무의 내용

이사에게 요구되는 선량한 관리자의 주의의무(선관주의의무)란 이사라는 직업과 지
위에 일반적으로 요구되는 정도의 주의의무를 말한다. 이는 자기재산과 동일
한 주의($\S_{695}$)와 같이 해당 개인의 능력에 따라 요구되는 주관적이고 구체적인
주의의무가 아니라, 그 지위에 있는 합리적인 사람에게 요구되는 객관적이고
추상적인 주의의무이다.

선관주의의무의 내용과 범위는 법인과 이사 사이에 체결된 임용계약 또는
법인의 정관에서 이를 정하고 있다면 그에 따라 정해질 것이고, 그러한 정함이
없다면 본조와 §681에 따라 정해질 것이다. 또한 선관주의의무의 구체적인 내
용은 법인의 종류와 목적에 따라 달라질 수밖에 없다.[6] 따라서 임용계약 또는
정관으로 이사가 부담하는 선관주의의무의 구체적 내용과 범위를 수정할 수
있지만, 그 의무를 전적으로 배제할 수는 없다.[7]

선관주의의무 위반 여부와 손해발생 여부는 구분되어야 한다. 어떤 행위
의 결과가 법인에 손해를 끼쳤다고 하여 선관주의의무 위반이라고 단정할 수
는 없다. 이사의 의사결정과 업무집행은 불확실성 하에서 이루어지므로 경우
에 따라 합리적인 위험을 수반할 수밖에 없다. 그럼에도 무조건 결과에 대한
책임을 묻는다면 오히려 유능한 이사의 합리적인 판단을 저해하고 능동적인

---

5) 김정연(주 4), 364. 비슷한 문제의식으로 김태선, "비영리법인 이사의 선관주의의무 연
   구", 민학 69, 2014, 373; 이선희, "비영리법인에 있어서 이사의 선관주의의무—사립학교
   법인 이사의 취임승인취소 등에 나타난 사례를 중심으로", 성균관법학 30-1, 2018, 94.
6) 예컨대 학교법인 이사가 부담하는 선관주의의무의 내용을 구체화하려는 시도로, 이선희
   (주 5), 108-119.
7) 김진우, "재단법인 이사의 내부책임", 민학 51, 2010, 14.

대처를 꺼리게 할 것이다. 따라서 이사의 선관주의의무 위반 여부를 판단함에
있어서는 행위의 결과에만 주목할 것이 아니라 의사결정의 과정, 즉 그가 필요
한 정보를 합리적인 범위에서 수집하고 법인의 손익에 미치는 영향을 검토하
여 이사 개인이 아니라 법인의 이익을 위한다는 인식 하에 신의성실의 원칙에
따라 행위했는지를 검토해야 할 것이다.[8]

## 2. 선관주의의무의 일환으로 인정되는 그 밖의 의무

### (1) 충실의무[9]

상 § 382-3은 "이사는 법령과 정관의 규정에 따라 회사를 위하여 그 직무
를 충실하게 수행하여야 한다"고 하여 주식회사 이사의 충실의무를 규정한다.
그 의미에 관하여는 선관주의의무와 동일한 것이라는 견해와 구분되는 것이라
는 견해 등이 대립하고 있으나, 입법연혁적으로는 회사와 이사 간의 이익충돌
을 회피하고 이익충돌 상황에서는 회사의 이익을 우선할 의무, 즉 영미의 충성
의무(duty of loyalty)를 도입하고자 한 것이었다.

민법에는 이에 상응하는 조문은 없으나,[10] 이러한 의무는 선량한 관리자라
면 당연히 이행해야 할 의무이므로 비영리법인의 이사도 본조에 의하여 이에
상응하는 의무를 부담한다고 할 것이다. 즉 "법령과 정관의 규정에 따라 회사
를 위하여 직무를 충실하게 수행할 의무"는 물론, "법인과 이사 개인의 이익충
돌 상황을 회피하고, 불가피하게 그런 상황에 처했을 때에는 법인의 이익을 우
선할 의무"도 본조에 의한 선관주의의무의 한 내용으로서 부담한다고 할 것이
다. 판례 중에도 사단법인 이사의 충실의무를 언급한 것이 있으나,[11] 이를 어

---

8) 회사법의 영역에서 우리 판례가 인정하고 있는 이른바 경영판단의 원칙은 민법상 비영
   리법인 이사의 선관주의의무 위반 여부를 판단함에 있어서도 적용될 수 있다. 후술하는
   대판 17.12.22, 2015다247912는 필요한 정보의 수집과 신중한 검토 등 의사결정의 과정
   에 주목함으로써 주식회사에서의 경영판단원칙과 거의 흡사한 설시를 하고 있다. 다만 위
   험을 감수한 의사결정이 불가피한 영리법인인 회사에 비해서는 비영리법인에서 경영판단
   원칙의 적용에 조금 더 신중할 필요는 있을 것이다. 비영리법인에서의 경영판단원칙에 관
   한 비교법적 고찰로, 김정연(주 4), 391-400.
9) 이에 관하여는 이중기, 공익신탁과 공익재단의 특징과 규제, 2014, 222-244; 김정연,
   "비영리법인 이사의 이익충돌과 충실의무", 상사법연구 38-1, 2019, 특히 32-42.
10) 법인과 이사의 이익이 상반하는 사항에 관하여 해당 이사의 대표권을 박탈하고 특별대
    리인을 선임하도록 하는 § 64가 이사의 충실의무를 구현하고 있다고 볼 수도 있을 것이나,
    그것만으로는 법인과 이사 사이에 발생하는 다양한 유형의 이익충돌 국면에 대처할 수 없
    다. 김정연(주 9), 19-20.
11) 대판 09.2.12, 2008다74895(사단법인 대표자가 근로자를 해고하면서 해고할 만한 정당
    한 사유가 있다고 판단할 상당한 근거가 있고 소정의 적법한 절차를 거쳐 해고하였다면 단

떤 의미로 사용한 것인지는 불분명하다.

(2) 비밀유지의무

상 § 382-4는 "이사는 재임중 뿐만 아니라 퇴임후에도 직무상 알게된 회사의 영업상 비밀을 누설하여서는 아니된다"고 규정한다. 민법에는 이에 상응하는 조문이 없으나, 비영리법인의 이사도 본조의 주의의무의 일환으로 적어도 재임 중에는 이에 상응하는 의무를 진다고 할 것이다.

(3) 감시의무

주식회사에 관한 통설과 판례는 이사의 감시의무, 즉 다른 이사와 종업원의 업무집행이 법령 또는 정관에 위반됨이 없이 적절하게 이루어지고 있는지를 감시하고, 부적절한 행위가 이루어지지 않도록 필요한 조치를 취할 의무를 인정해 왔다.[12] 내부적인 사무분장이 되어 있다는 사정만으로 다른 이사들의 업무집행에 관한 감시의무를 면할 수 없고, 개개의 이사들은 합리적인 내부통제시스템을 구축하고 그것이 제대로 작동하도록 배려할 의무가 있으며, 지속적이거나 조직적인 감시 소홀의 결과로 발생한 다른 이사나 직원의 위법한 업무집행으로 인한 손해를 배상할 책임이 있다.[13]

민법상 법인에서도 본조의 주의의무의 일환으로 이사의 감시의무가 인정된다. 판례에서도 이를 인정한 사례가 늘어나고 있다. 예컨대 재단법인 정관에서 일상적 사무를 처리하기 위해 사무총장, 사무국장 등의 명칭으로 상근 임원을 따로 두고 있는 경우, 비상근 또는 업무집행을 직접 담당하지 아니하는 이사도 단지 이사회에 상정된 의안에 대하여 찬부의 의사표시를 하는 데에 그치지 않고 상근 임원의 전반적인 업무집행을 감시할 의무가 있으므로, 상근 임원의 업무집행이 위법하다고 의심할 만한 사유가 있음에도 불구하고 감시의무를 위반하여 방치한 때에는 이로 말미암아 재단법인이 입은 손해에 대하여 배상책임을 면할 수 없다고 판시하였다.[14] 학교법인의 이사에 대하여도 유사한 취지로 판시하였다.[15]

---

체에 대한 선량한 관리자로서의 주의의무 또는 충실의무를 위반하였다고 볼 수 없다고 함).

12) 학설로는 김건식·노혁준·천경훈, 회사법, 제6판, 2022, 426; 이철송, 회사법강의, 제29판, 2021, 751; 정찬형, 상법강의(상), 제22판, 2019, 1059 등. 판례로는 대판 85.6.25, 84다카1954; 대판 04.12.10, 2002다60467, 60474 등.

13) 대판 08.9.11, 2006다68636 외 다수.

14) 대판 16.8.18, 2016다200088.

15) 대판 06.11.10, 2005다66947.

(4) 법령과 정관 준수의무

선량한 관리자라면 그 직무수행과 관련하여 법령과 정관을 준수하여야 하므로, 이러한 의무 역시 본조의 주의의무의 한 내용을 구성한다. 다만 법령해석에 관한 감독관청의 유권해석을 신뢰한 결과 또는 감독관청의 잘못된 법령해석에 따른 명령을 준수한 결과로 법령을 위배하게 된 때에는 선관주의의무 위반을 인정하기 어려울 것이다. 판례도 "관할관청의 지휘감독을 받는 법인의 임원들은 감독관청의 법률해석을 신뢰하여 그 명령에 따를 수밖에 없을 것이고, 설사 감독관청의 법률해석이 틀린 것이라 하더라도 그 명령을 거부하거나 적법한 행위로 바꾸어 시행한다는 것은 보통의 주의력을 가진 법인의 임원에게는 기대하기 어려운 일이라고 할 것이므로 위 임원들이 법률해석을 잘못한 감독관청의 명령을 따른 데에 선량한 관리자의 주의의무를 위반한 잘못이 있다고 보기 어렵다"고 한 것이 있다.[16)]

## Ⅲ. 선관주의의무의 위반

### 1. 전형적인 사안 유형

이사가 법인의 업무를 수행함에 있어 법인의 이익을 보호하기 위해 합리적인 노력을 하지 않았다면 선관주의의무에 위반한 것이다. 이는 작위 또는 부작위에 의해 이루어질 수 있다. 작위에 의한 전형적인 예로서 ① 법인의 재산을 상당한 이유 없이 시가보다 저렴하게 매도하거나, ② 법인이 상당한 이유 없이 시가보다 고액으로 자산을 매수하거나, ③ 법인이 자금을 대여하면서 담보확보 등 합리적인 채권확보 조치를 취하지 않거나, ④ 법인이 상당한 이유 없이 낮은 금리로 대여하거나, ⑤ 법인이 상당한 이유 없이 높은 금리로 대출을 받거나, ⑥ 법인에게 별다른 도움이 되지 않는데도 타인의 채무를 보증하거나, ⑦ 법인의 재산으로 합리적인 리스크 관리조치 없이 손실위험이 높은 파생금융상품에 투자하거나, ⑧ 법인의 재산으로 수익가능성이 없는 회사에 출자하는 등의 행위는 선관주의의무에 위반될 소지가 크다. 부작위에 의한 예로는 ① 이사가 이사회에 전혀 출석하지 않거나, ② 이사회에 출석하더라도 사안에 관하여 사전에 배포된 자료를 제대로 검토하지 않거나, ③ 감시의무를 이행하

16) 대판 85.3.26, 84다카1923(유한회사에 관한 사안).

지 않는 행위 등을 들 수 있다.

해당 법인에 적용되는 각종 법령과 행위준칙 등에 위반하는 행위도 본조 위반으로 볼 수 있다. 예컨대 사립학교법상 요구되는 이사회 결의나 주무관청 의 허가 없이 자산처분·채무부담 등을 하는 행위, 주무관청의 허가조건에 위 반하는 행위 등이 그 예이다.

## 2. 판례에 나타난 몇 가지 예

### (1) 법인기금 운용과정에서의 투자손실[17]

한국교직원공제회[18]가 기금운용 과정에서 거액의 손실을 입자 이사장의 법 인에 대한 손해배상책임이 문제되었다. 대법원은 "공제회의 이사장은 회원부담 금 등으로 조성된 기금을 운용하여 부동산, 주식 등에 투자하는 업무를 통할하 면서 투자의 대상과 규모, 방법, 그 회수 구조 등에 비추어 필요한 정보를 합 리적인 범위에서 수집하여 투자에 적합한지 검토·심사하는 절차를 거쳐 투자 가 공제회의 이익이나 사업 목적에 부합하는지를 판단하여 투자를 결정할 선 관주의의무가 있"고, "투자전문가인 실무진의 조사 등을 거쳐 투자대상의 수익 성, 위험성을 신중하게 검토하여야 하고, 개인적인 이익을 고려하거나 막연히 주가가 상승하리라는 기대로 투자를 결정해서는 안 된다"고 판시했다.

이 사안에서 주식투자 결과 손해를 입은 데 대하여 피고인 이사장은 비 록 결과는 좋지 않았으나 의사결정 과정에서 선관주의의무에 위반하지 않았다 고 주장했다. 그러나 원심과 대법원은 ① 이사장인 피고가 실무자를 직접 불 러 후순위 출자구조가 적힌 문서를 주며 검토를 지시한 지 1주일 만에 1,500 억원 투자 결정이 내려진 점, ② 위 투자는 경영권 확보에 필요한 관련소송 결 과의 불확실성과 후순위의 투자구조상 수익 대비 위험성이 매우 높아 다른 투 자자들도 투자결정을 망설이는 상황이었던 점, ③ 피고는 부정적인 의견이 포 함된 보고를 받았으나 이를 더 검토해 보지도 않은 채 추가 협의나 대책 마련 등 다른 절차나 조치 없이 실무진에게 강압적으로 출자약정서 발급을 지시한 점 등을 지적하며, "피고는 이사장으로서 실무진으로 하여금 투자판단에 필요 한 정보를 충분히 수집·조사·분석하도록 하는 등으로 수익성과 손실의 위험

---

17) 대판 17.12.22, 2015다247912.

18) 한국교직원공제회법에서 정하는 것을 제외하고는 민법 중 사단법인에 관한 규정이 준용 된다.

성을 면밀히 검토하여 신중하게 의사결정을 하여야 하는데, 의사결정과정에서 최소한의 선관주의의무를 게을리하여 원고에게 투자 손실액에 해당하는 손해를 입혔다"고 인정하였다.[19] 이 부분 판시는 결과보다 절차에 주목하는 점에서 회사법상 경영판단원칙에 관한 판례 법리와 흡사하다.

### (2) 공동구매 후 대금회수 실패[20]

중소기업협동조합법에 의하여 설립된 협동조합의 원자재 공동구매 업무를 담당하는 임원이 특정 조합원에게 원자재를 대량으로 선공급하였고, 그 후 협동조합이 해당 조합원으로부터 원자재 대금 일부를 회수하지 못하는 손해를 입자 그 임원의 손해배상책임이 문제되었다.

대법원은 "협동조합이 조합원을 위하여 원자재를 구매·공급해 주는 행위는 협동조합의 채무부담하에 원자재 구매능력이 미약한 조합원을 위하여 행하는 신용공여적인 성질을 갖고 있다고 볼 수 있으므로, 이러한 업무를 담당하는 임원으로서는 […] 원자재 구매를 요청한 조합원의 신용도를 조사하고 그 조합원으로부터 담보를 제공받거나 그 밖의 방법으로 합리적인 채권회수조치를 취하여야 할 선량한 관리자의 주의의무가 있고, 이러한 주의의무를 게을리한 채 조합원에게 원자재를 구매·공급해 주어 그로 말미암아 협동조합이 손해를 입게 된 경우에는 협동조합에게 그 손해를 배상할 책임이 있다"고 판시하였다.

특히 이 사건에서는 특정 회원사 한 곳에만 거액의 선공급이 이루어졌던 점, 통상의 업무처리절차를 무시하고 물품배정액을 넘는 원자재를 발주하여 특정 회원사에게 공급한 점 등이 피고에게 불리한 요인으로 지적되었다.

### (3) 근로자 부당해고[21]

사단법인의 대표자(이사장 직/무대행자)인 피고가 그 법인의 근로자를 해고하였는데 사후에 법원이 해고가 무효라고 판단하자, 법인은 부당해고기간 동안의 임금추가 지급액 등에 대한 손해배상을 피고에게 청구하였다.

대법원은 해고가 정당하지 못하여 무효라고 판단되었다는 사유만으로 곧바로 해고 당시에 대표자가 임무를 게을리한 것으로 볼 수는 없다고 하였다.

---

19) 한편 이 사건에서는 실버타운 건설과 관련하여 공제회에 손해를 입힌 행위도 문제되었으나, 대법원은 영업상 손실 발생은 인정하면서도 전임 이사장이 추진한 사업의 진척 정도, 회계법인의 사업타당성 검토 내용, 회원의 복지사업이라는 사업 목적, 공사대금의 증액 경위와 내용 등에 비추어 손해배상책임을 인정하지 않았다.

20) 대판 08.5.15, 2006다46094.

21) 대판 09.2.12, 2008다74895.

오히려 "근로자를 해고할 당시의 객관적 사정이나 근로자에 대한 해고사유의 내용 또는 경중, 근로자에 대하여 해고를 하게 된 경위 등에 비추어 해고할만한 정당한 사유가 있다고 판단할 상당한 근거가 있고, 이와 아울러 소정의 적법한 절차 등을 거쳐서 해고를 한 경우라면 단체에 대한 선량한 관리자로서의 주의의무 또는 충실의무를 위반하였다고 볼 수 없다"고 하였다. 이 때 선관주의의무 또는 충실의무 위반 여부는 "통상의 합리적인 대표자를 기준"으로 하여 "해고하기로 하는 결정을 함에 있어서 간과하여서는 안 될 잘못이 있는지 여부"에 따라 판단하여야 한다고 판시하였다.

## IV. 선관주의의무 위반의 효과

### 1. 손해배상책임

이사가 선관주의의무를 해태하여 법인에 손해를 입히면 그에 대한 배상책임을 진다. 배상청구권자는 법인이다. 이에 대하여는 §65에 대한 주해 참조.

### 2. 임원취임승인취소 및 해임처분

공익법인법에서는 임원 간의 분쟁, 회계부정, 재산의 부당한 손실, 현저한 부당행위 등으로 해당 공익법인의 설립목적을 달성하지 못할 우려를 발생시킨 경우에 감독당국이 시정요구에 이어 이사의 취임승인을 취소할 수 있도록 한다($\frac{공익법인}{§14 \text{ II (ii)}}$), 사립학교법에서는 임원간의 분쟁, 회계부정 및 현저한 부당 등으로 인하여 당해 학교운영에 중대한 장애를 야기한 때($\frac{사학 §20-2}{\text{I (ii)}}$), 사회복지사업법에서는 회계부정이나 인권침해 등 현저한 불법행위 또는 그 밖의 부당행위 등이 발견되었을 때($\frac{사회복지사업법}{§22 \text{ I (ii)}}$)를 임원의 해임 또는 임명취소사유로 규정하고 있다.

이들 사유는 본조의 선관주의의무 위반 중에서도 정도가 심한 것들을 열거하고 있으므로, 본조의 선관주의의무 위반이 반드시 이러한 처분사유가 되는 것은 아니다. 다만 위 각 법률에 열거된 사유들은 비영리법인 이사들의 선관주의의무의 중대한 위반의 예시라고 할 수 있을 것이다.

## 3. 기타의 제도

법인 이사의 선관주의의무 이행을 강제하고 그 위반에 대한 책임추궁을
위한 민법상의 제도는 매우 부실하다. 이에 입법론으로 다양한 제도의 도입이
제안되고 있다. 상법의 예를 참조하여 이사의 위법행위를 이유로 하여 이사의
해임을 청구하는 소, 이사의 위법행위의 유지(留止)를 청구하는 소, 법인 스스
로 손해배상책임을 묻지 않을 경우 일정한 자가 법인을 대신하여 손해배상을
청구할 수 있는 대표소송 등에 관하여 민법상 명문의 규정을 두자는 제안,[22]
이사해임청구소송을 신설하고 원고적격을 행정관청, 검사, 이해관계인 등에게
폭넓게 부여하자는 제안[23] 등이 그 예이다. 공익법인 이사에 대해 '준수탁자'로
서의 지위를 인정하고 신탁법의 일반적 충실의무와 신탁법상 책임을 부과해야
한다는 견해도 있다.[24]

[천 경 훈]

## 第 62 條(理事의 代理人 選任)

理事는 定款 또는 總會의 決議로 禁止하지 아니한 事項에 限
하여 他人으로 하여금 特定한 行爲를 代理하게 할 수 있다.

22) 김태선(주 5), 395-399.
23) 이선희, "비영리법인 이사의 의무위반에 대한 통제─해임과 직무집행정지를 중심으
   로─", 민학 87, 2019, 47-58.
24) 이중기(주 9), 241-244.

## Ⅰ. 본조의 의의

이사는 법인의 사무를 집행할 권한이 있으나 법인의 규모가 커지면 모든 사무를 스스로 처리하기 곤란하다. 본조는 이사가 대리인을 선임하여 그로 하여금 특정한 행위를 대리하게 할 수 있도록 하되, 정관 또는 총회의 결의로 금지하지 아니한 사항에 한한다는 제한을 두고 있다. 이 대리인은 법인의 기관은 아니지만, 이사의 대리인이 아니라 법인의 대리인으로서, 특정한 행위에 관하여 법인을 대리한다.[1]

## Ⅱ. 대리인의 선임

### 1. 선임권자

대리인의 선임권자는 대표권이 있는 이사이다. 법인을 대표할 권한이 있는 이사가 그의 대표권에 속한 사항을 타인으로 하여금 대리하게 하는 것이 본조의 규율대상이기 때문이다. 그러므로 정관의 규정으로 이사 중에서 특정한 이사만 대표권을 갖는 경우에는 그만이 대리인을 선임할 수 있고, 대표권이 없는 이사는 본조의 대리인을 선임할 수 없다.[2] 이사가 공동으로 대표하도록 정관에서 정하고 있는 경우에는 본조의 대리인 선임행위도 공동으로 하여야 할 것이다.

### 2. 선임권한의 제한

이러한 대리인 선임권한은 정관 또는 총회의 결의로 금지하거나 제한할 수 있다($\frac{본}{조}$). 일정한 사항은 대리인을 통하지 않고 이사가 직접 수행하도록 정관이나 총회의 결의로 미리 정할 수 있는 것이다. 그러한 정관 또는 총회의 결의는 이사의 대표권에 대한 제한의 일종이므로, 정관에 기재하여야 효력이 있고($\frac{\S}{41}$) 등기하여야 제3자에게 대항할 수 있다($\frac{\S}{60}$)는 견해가 있다.[3] 다만 현행

---

1) 이사는 임의대리인의 복임권(§ 120)에 의하여 자기의 이름으로 법인의 대리인을 선임할 수 있으므로 본조는 굳이 필요 없고 삭제되어야 한다는 견해도 있다. 강태성, 민법총칙의 개정론, 2008, 234.

2) 구주해(1), 688(최기원); 주석 총칙(1), 738(제4판/주기동); 주석 총칙(1), 838(제5판/문영화).

3) 주석 총칙(1), 738(제4판/주기동); 주석 총칙(1), 838(제5판/문영화).

등기실무상 이를 등기할 방법은 없는 것으로 보이므로, 적어도 악의·중과실인 사람에게는 선임권이 제한되어 있다는 사실로써 대항할 수 있다고 해석해야 할 것이다.[4]

민법상 법정대리인은 자신의 책임으로 언제든지 복대리인을 선임할 수 있으나($\S_{122}$), 임의대리인은 본인의 승낙이 있거나 부득이한 사유가 있는 때에 한하여 복대리인을 선임할 수 있다($\S_{120}$). 본조는 이사는 정관 또는 총회의 결의로 금지하지 아니한 사항에 한하여 대리인을 선임할 수 있다고 규정한다. 즉 이사의 대리인 선임권은 정관 또는 총회의 결의로 금지될 여지가 있다는 점에서 법정대리인의 복임권보다는 제한되지만, 본인($\S_{인}^{법}$)의 승낙이나 부득이한 사유가 요구되지 않는다는 점에서 임의대리인의 복임권보다는 요건이 완화되어 있다.

## Ⅲ. 대리인의 지위와 권한

### 1. 대리인의 지위

본조에 의한 대리인은 이사가 선임하지만, 그는 이사의 대리인이 아니라 법인의 대리인이다. 즉 그의 대리행위는 법인의 이름으로 하여야 하고, 그 법률효과는 본인인 법인에게 귀속한다.[5] 다만 법인의 기관은 아니므로, 그의 직무상 불법행위에 대하여는 §35가 적용되는 것이 아니라 §756에 따른 법인의 사용자책임이 문제된다.[6] 대리인의 자격에는 제한이 없으므로 이사 아닌 자는 물론 대표권 없는 이사도 대리인이 될 수 있다.[7]

### 2. 대리인의 권한

본조에 의한 대리인은 특정한 행위를 대리할 수 있을 뿐이므로, 그에게 이사의 사무집행을 포괄적으로 위임하는 것은 허용되지 않는다.[8] 포괄적 위임

---

4) 이른바 제한설. 단 판례는 무제한설을 취한다. §60에 대한 주해 Ⅲ. 2. (2) 참조.
5) 주석 총칙(1), 738(제4판/주기동); 주석 총칙(1), 839(제5판/문영화); 고상룡, 224; 김상용 262.
6) 주석 총칙(1), 739(제4판/주기동); 주석 총칙(1), 838(제5판/문영화); 고상룡, 224; 김준호, 136; 명순구, 232; 송덕수, 613.
7) 구주해(1), 688(최기원); 주석 총칙(1), 738(제4판/주기동); 주석 총칙(1), 838(제5판/문영화); 송덕수, 614.
8) 구주해(1), 688(최기원); 주석 총칙(1), 738(제4판/주기동); 주석 총칙(1), 838(제5판/

을 허용한다면 법률상 일정한 규율을 받는 이사에게 법인사무의 집행을 맡긴 제도의 취지에 반하기 때문이다. 다만 특정한 행위를 하는 데에 필요한 부수적 사항에는 대리권이 미친다.[9]

　　판례는 "비법인사단에 대하여는 사단법인에 관한 민법 규정 가운데 법인격을 전제로 하는 것을 제외하고는 이를 유추적용"해야 한다는 전제 하에 비법인사단에도 본조를 유추적용하여, "비법인사단의 대표자는 정관 또는 총회의 결의로 금지하지 아니한 사항에 한하여 타인으로 하여금 특정한 행위를 대리하게 할 수 있을 뿐 비법인사단의 제반 업무처리를 포괄적으로 위임할 수는 없으므로 비법인사단 대표자가 행한 타인에 대한 업무의 포괄적 위임과 그에 따른 포괄적 수임인의 대행행위는 민법 제62조를 위반한 것이어서 비법인사단에 대하여 그 효력이 미치지 않는다"고 한다.[10]


## Ⅳ. 이사의 책임

　　본조의 대리인을 선임한 이사는 대리인의 행위에 대하여 어떤 책임을 지는가? 법정대리인은 광범위하고 포괄적인 복임권이 있으므로, 부득이한 사유로 복대리인을 선임한 경우가 아니라면 복대리인의 행위에 대하여 전적인 책임을 진다($\frac{\S}{122}$). 그러나 임의대리인은 제한적으로만 복임권을 가지므로 그의 선임·감독에 관하여만 책임을 진다($\frac{\S 121}{1 \text{본}}$). 본조의 경우에는 후자, 즉 임의대리인의 복대리인 선임에 관한 책임이 유추적용되어, 이사는 법인에 대하여 그가 선임한 대리인의 선임·감독에 관하여만 책임을 진다는 것이 통설이다.[11]

[천　경　훈]

　　문영화); 곽윤직·김재형, 195; 송덕수, 614; 양창수·김형석, 43.

　9) 구주해(1), 688(최기원); 주석 총칙(1), 739(제4판/주기동); 주석 총칙(1), 839(제5판/문영화).

10) 대판 11.4.28, 2008다15438(주택조합의 대표자 아닌 자가 대표자로부터 포괄적으로 권한을 위임받아 조합을 대표하여 체결한 조합원가입계약은 조합에 대하여 효력이 없다고 함). 유사한 취지로 대판 89.5.9, 87다카2407(학교법인에 관한 사안); 대판 96.9.6, 94다18522(주택조합에 관한 사안).

11) 구주해(1), 688(최기원); 주석 총칙(1), 740(제4판/주기동); 주석 총칙(1), 839(제5판/문영화); 고상룡, 224; 곽윤직·김재형, 195; 김준호, 126; 김상용, 262; 백태승, 244; 송덕수, 614; 양창수·김형석, 43; 이영준, 967.

**第 63 條**(臨時理事의 選任)

理事가 없거나 缺員이 있는 境遇에 이로 因하여 損害가 생길
念慮 있는 때에는 法院은 利害關係人이나 檢事의 請求에 依
하여 臨時理事를 選任하여야 한다.

## Ⅰ. 본조의 의의

법인이 성립한 후 일시적으로 이사가 없게 되거나 결원이 생겨도 법인의
존립에는 영향이 없다. 그러나 그로 인해 긴급한 사무를 처리하지 못하거나 의
사표시를 수령하지 못하여 법인이나 제3자에게 손해가 생길 염려가 있는 경우
에는 후임이사가 선임되기까지 이사의 직무를 수행할 자를 임시로 정할 필요
가 있을 것이다. 본조는 이런 경우에 법원이 임시이사를 선임하여 그로 하여금
이사의 업무를 처리하도록 함으로써 손해를 방지하도록 하였다.

본조가 비법인사단에도 유추적용되는지 문제된다. 과거 대법원은 이를 부
정하였으나,[1] 2009년 전원합의체 판결에서는 "민법 제63조는 법인의 조직과
활동에 관한 것으로서 법인격을 전제로 하는 조항이 아니고, 법인 아닌 사단이
나 재단의 경우에도 이사가 없거나 결원이 생길 수 있으며, 통상의 절차에 따

---

1) 대판 61.11.16, 4294민재항431("권리능력 없는 사단이나 재단은 그 실체에 있어서 내부
   적으로는 법인과 유사한 조직체를 가지고 있다고 하더라도 외부적으로는 민사소송법에서
   의 소송능력과 등기법상의 등기능력을 인정하는 경우와 같이 특별한 규정이 있는 경우를
   제외하고는 일반적으로 인격을 인정하지 아니하므로 법인에 관한 본조의 규정은 준용할
   수 없다"고 함).

른 새로운 이사의 선임이 극히 곤란하고 종전 이사의 긴급처리권도 인정되지
아니하는 경우에는 사단이나 재단 또는 타인에게 손해가 생길 염려가 있을 수
있으므로, 민법 제63조는 법인 아닌 사단이나 재단에도 유추적용할 수 있다"
고 하였다.[2]


## II. 임시이사의 선임 요건

① 이사가 없거나 결원이 있는 경우이어야 하고, ② 이로 인하여 손해가
생길 염려가 있으며, ③ 이해관계인이나 검사의 청구가 있어야 한다.

### 1. "이사가 없거나 결원이 있는 경우"일 것

본조에서 "이사가 없거나 결원이 있는 경우"라 함은 이사가 전혀 없게 되
거나 법령·정관에서 정한 인원수에 못 미치게 되는 경우를 말한다.[3]

여기서 이사의 흠결은 이사가 사망한 경우는 물론 질병, 장기간의 부재,
구속, 수형 등의 사유로 상당히 장기간 그 사무를 집행할 수 없는 경우를 포함
한다. 이사가 사무집행 일체를 거절하고 있는 경우[4] 및 이사가 해임된 경우도
이에 포함될 것이다.[5] 이사가 특별이해관계로 인하여 의결권을 행사할 수 없
는 경우도 포함한다고 설명하는 견해도 있다.

한편 정관에서 특정이사에게만 대표권을 부여하였으나 그가 직무를 수행
할 수 없는 사정이 발생한 경우에는, 다른 이사들 중 일정한 자(예: 부회장, 전무이사 등)가 대
표권 있는 이사의 직무를 대행하도록 하는 취지의 규정을 정관에 두기도 한다.
그런 규정이 없는 때에 본조가 적용되는지가 문제된다. 제1설은 그러한 경우

---

2) 대결(전) 09.11.19, 2008마699.
3) 대결 75.3.31, 74마562. 이 결정은 그러한 전제 아래 "후임이사를 선임하지 않은 채 임
　기만료로 퇴임한 이사가 있을 때에는 이사의 결원이 있다"면서, "임기만료된 구 이사로 하
　여금 법인의 종전 업무를 수행케 함이 부적당하다고 인정되는 특별한 사정이 없는 한 결
　원이라고 할 수 없다"는 주장을 배척하였는데, 이 점은 후술하듯이 종전 이사의 직무수행
　권과 관련하여 논란의 소지가 있다.
4) 구주해(1), 689(최기원)(다만 일정한 업무집행행위만을 거절하는 경우는 그렇지 않다고
　함).
5) 사임 또는 임기만료의 경우에 종전 이사의 긴급처리권 내지 직무수행권이 인정될 때에
　는(§57에 대한 주해 IV. 4. 참조), 결원이 발생하지 않는다고 할 수도 있고 II. 2.에서 서
　술하듯이 손해가 생길 염려가 없다고 할 수도 있을 것이다.

에 본조는 적용되지 않고 원래 대표권이 제한된 다른 이사들의 대표권 제한이 해소되어 각자 가진 대표권이 부활한다고 본다.6) 제2설은 그러한 경우에도 본조가 적용되어 법원이 임시이사를 선임할 수 있다고 한다. 제1설에 따를 경우 원래 이사 중 1인에게만 대표권을 인정하던 법인에서 그 이사의 유고(有故)를 맞아 여러 명이 각자 대표권을 행사하는 상황이 초래되는데, 이것이 사원과 이사를 비롯한 그 법인의 이해관계자들의 기대에 부합하고 그들의 이익보호에 도움이 되는지 의문이다.

　　판례는 임시이사에 관한 사안은 아니지만 비법인사단인 재건축조합의 조합장의 직무수행권과 관련하여 "[정관에서] 조합장이 궐위된 때의 조합의 대표권행사에 관한 아무런 보충적 규정을 두고 있지 않은 경우에는, 다른 이사들에게는 처음부터 총회의 소집권은 물론 조합을 대표할 권한이 전혀 주어져 있지 아니하기 때문에 조합장이 궐위된 경우에도 이사들이 피고 조합을 대표할 수 있는 권한이나 총회소집권을 가지게 된다고 할 수 없을 것"이라고 판시하였는데,7) 이는 대표권 있는 이사가 직무를 수행할 수 없는 경우에도 다른 이사들의 대표권이 부활되지는 않음을 전제로 하였다고 볼 수 있다.8) 그 후 대법원은 "법인의 정관에 따라 이사들 중 대표권이 전속된 이사장이나 그 직무대행자인 부이사장"이 없게 된 경우 일반 이사가 대표권을 갖는다고 볼 수 없으므로, 법원은 "법인의 대표권이 전속된 임시 이사장이나 그 직무대행자인 임시 부이사장을 선임할 수 있다"고 하여 명시적으로 제2설을 취했다.9)

## 2. 손해가 생길 염려

　　본조에서 "손해가 생길 염려가 있는 때"란 일반적인 이사선임 절차에 따라 후임이사가 선임되기를 기다린다면 법인이나 제3자에게 손해가 생길 우려가 있는 것을 말한다.10) 예컨대 그 법인의 정관이 예정한 이사선임 절차에 따른 후임이사 선임이 곤란한 상황에서, 법인을 상대로 하는 소송이 진행 중이어서 적절한 응소가 필요하다거나 법인이 가진 채권의 보전·추심 등 재산관리를 위한 조치가 필요한 경우라면, 손해가 생길 염려를 인정할 수 있을 것이다.

---

6) 구주해(1), 690-691(최기원); 주석 총칙(1), 741-743(제4판/주기동).
7) 대판 96.10.25, 95다56866.
8) 주석 총칙(1), 842(제5판/문영화).
9) 대결 18.11.20, 2018마5471; 대결 18.11.20, 2018마5472.
10) 대결(전) 09.11.19, 2008마699; 대결 18.11.20, 2018마5472.

비법인사단인 종교단체에 관한 임시이사 선임사건에서 대법원이 이 요건 을 심도 있게 다룬 적이 있다. 대법원은 "'손해가 생길 염려가 있는 때'를 판단 할 때에는 이사의 결원에 이르게 된 경위와 종교단체가 자율적인 방법으로 그 결원을 해결할 수 있는지 여부를 살피고, […] 임시이사를 선임하지 아니하는 것이 현저히 정의관념에 반하고 오히려 자유로운 종교활동을 위한 종교단체의 관리·운영에 심각한 장해를 초래하는지 여부" 등을 종합적으로 참작해야 한다 고 판시하였다.[11] 이러한 판단 기준 하에 "사건본인 종단의 도헌에 따른 종무 원장 선임의 현실적인 어려움, 사건본인 종단의 재정 구성과 자금 및 보유 부 동산의 관리 실태, 종단재산의 유지·보존과 사건본인 종단을 상대로 하는 다 수의 소송제기에 따른 적절한 대응이 요구되는 상황" 등을 고려하여 원심이 임시이사 선임이 필요하다고 판단한 것을 수긍하였다.[12]

다만 이사의 전원 또는 일부의 임기가 만료하거나 사임하였음에도 불구하 고 후임 이사의 선임이 없는 경우에 판례는 "구이사로 하여금 법인의 업무를 수행케 함이 부적당하다고 인정될 만한 특별한 사정이 없는 한 구이사는 신임 이사가 선임될 때까지 그의 종전의 직무를 수행할 수 있다"고 하였다(§ 57에 대 한 주해 Ⅳ. 4. 참조). 이처럼 종전이사의 직무수행권이 인정되는 경우에는 특별한 사정이 없는 한 법인에게 손해가 생길 염려를 인정하기 어려울 것이다.[13]

### 3. 검사 또는 이해관계인의 청구

검사 또는 이해관계인의 청구(절차적으로는 후술하는 비송사건 절차법에 따른 임시이사 선임 신청)가 있어야 한다. 여 기서 임시이사 선임 신청을 할 수 있는 이해관계인이란 임시이사가 선임되는 것에 관하여 법률상의 이해관계가 있는 자, 즉 사건본인 법인의 다른 이사, 사 원, 채권자 등을 포함하며, 사건본인 법인의 정당한 최후의 이사였다가 위조문 서에 의하여 사임등기가 된 자도 이에 해당한다.[14]

---

11) 대결(전) 09.11.19, 2008마699.
12) 대결(전) 09.11.19, 2008마699. 다만 후술하듯이 결론적으로는 임시이사 선임결정을 파 기하였다.
13) 이재혁, "법인 아닌 사단에서 대표자가 없게 된 경우의 업무수행―임시이사와 관련하 여―", 민판연 33-1, 2011, 60. 이러한 경우에 '이사가 없거나 결원이 있는 경우'에 해당 하지 않는다고 볼 수도 있을 것이다.
14) 대결 76.12.10, 76마394.

## Ⅲ. 임시이사의 선임

### 1. 선임절차

임시이사의 선임절차는 비송사건절차법에서 규정한다. 임시이사의 선임은 법인의 주된 사무소 소재지의 지방법원 합의부가 관할한다($_{\S33}^{비송}$ⅰ). 임시이사선임 신청권자는 이해관계인 또는 검사인데($_{본조}^{비송}$), 여기서 이해관계인은 임시이사가 선임되는 것에 관하여 법률상 이해관계를 갖는 다른 이사, 사원, 채권자 등이다.[15] 재판기록과 결정문에 임시이사 선임의 대상이 되는 법인을 '사건본인'으로 기재한다.

임시이사 선임은 결정으로 하고($_{\S17}^{비송}$), 그 결정은 고지함으로써 효력이 발생한다($_{\S18}^{비송}$). 그러한 결정만으로 선임의 효력이 발생하는 것은 아니고 피선임자의 취임승낙이 필요하므로, 실무상 법원은 임시이사로 선임하려는 사람에 대해 결정전에 취임승낙 의사를 확인하는 것이 바람직하다.[16]

임시이사를 선임할 때에 통상적인 실무례는 주식회사의 이사, 감사, 직무대행자의 보수에 관한 비송 §84 Ⅱ과 §77를 유추적용하여 임시이사 선임결정을 하면서 동시에 보수를 정하기도 하고, 선임결정과 별도로 임시이사의 보수를 정하는 결정을 하기도 한다.[17] 한편 민법상 임시이사의 등기에 관하여는 규정이 없고 실무상으로도 등기하지 않는다.[18]

### 2. 불복절차

임시이사 선임신청에 대한 재판으로 인하여 권리를 침해당한 자는 그 재판에 대해 항고할 수 있다($_{\S20}^{비송}$). 정당한 이사에 대하여 부당하게 해임·사임 등의 종임등기가 되어 법원이 임시이사 선임결정을 하였다면, 그 정당한 이사는 여기서 '권리를 침해당한 자'로서 그 결정에 대하여 항고할 수 있다. 판례도 "甲이 재단의 이사로 선임되어 그 선임등기가 완료 되었는데 아무런 권원이 없는 사람들에 의하여 그 해임등기가 경료되고 법원이 임시이사 선임결정을 한 경우에는 등기부상에 이사해임등기가 경료되었다 하더라도 권한없는 자

---

15) 대결(전) 09.11.19, 2008마699.
16) 법원행정처, 법원실무제요 비송, 2014, 80.
17) 법원행정처(주 16), 83(다만 후자의 경우에도 사건번호를 별도로 부여하지는 않는다).
18) 법원행정처(주 16), 81.

의 불법에 의하여 해임등기가 경료되었다는 소명이 있다면 甲은 위 임시이사
선임결정에 의하여 권리를 침해당한 자로서 그 결정에 대하여 항고할 수 있
다"고 한 것이 있다.[19] 이처럼 비송사건절차법의 규정에 의하여 불복을 하여야
함에도 불구하고 임시이사 선임결정 자체가 부당하다는 이유로 보통의 민사소
송으로 임시이사 선임결정의 취소를 구하는 청구는 부적법하다.[20]

다만 비송사건절차법에 따른 항고는 집행정지의 효력이 없다($\frac{비송}{\S 21}$). 따라서
임시이사 선임결정에 불복하여 항고를 하면서 그 결정의 집행을 정지할 필요
가 있는 때에는, 별도로 항고법원 또는 원심법원으로 하여금 임시이사 선임결
정의 집행을 정지하거나 그밖에 필요한 처분을 하도록 신청할 수 있다.[21]

## Ⅳ. 임시이사의 지위

### 1. 임시이사의 선임자격

임시이사의 선임자격에 관해 법률상 명시적인 제한은 없지만, 법인의 성격
에 비추어 선임자격이 제한될 수 있다. 대법원은 비법인사단인 종교단체의 임
시이사 선임자격과 관련하여, "종단의 신도가 아니어서 신앙적 동일성이 인정
되지 않는 외부의 제3자로 하여금 신앙공동체인 종단의 대표자 업무를 담당하
도록 하는 것은 특별한 사정이 없는 한 종교단체의 자율성과 본질에 어긋나므
로 원칙적으로 허용되지 않는다"고 하면서도, "종단 내부의 총체적 분규와 전
체적 대립 양상으로 인하여 당해 종단의 신도 중에서는 중립적인 지위에서 종
단의 대표자 업무를 적정하게 수행할 수 있는 적임자를 도저히 찾을 수 없는
예외적 사정이 존재하는 경우에는 신도 아닌 사람도 임시이사로 선임할 수 있
다"고 하였다.[22]

### 2. 임시이사의 권한

법원이 임시이사 선임결정에서 따로 제한을 하지 않았다면, 임시이사는 원

---

19) 대결 64.8.17, 64마452.
20) 대판 63.12.12, 63다449.
21) 대판 63.12.12, 63다321.
22) 대결(전) 09.11.19, 2008마699.

칙적으로 일반 이사와 동일한 권한과 의무를 갖는다.[23] 따라서 재단법인의 임시이사가 문교부장관의 인가를 조건으로 하여 정관에 따른 이사회결의로 이사와 이사장을 선임하였다면 이를 무효라 할 수 없고,[24] 법인의 임시이사가 이사로서의 직권에 의하여 적법한 절차에 따라 변경한 정관은 유효하다.[25] 또한 법원이 선임한 재건축조합의 임시이사도 '도시 및 주거환경정비법'에서 규정한 '조합의 임원'에 해당하여 동법상의 형사처벌 대상이 된다.[26] 법원이 선임한 비법인사단의 임시관리인이 대표권 없는 종전 관리인이 행한 소송행위를 추인했다면 그 소송행위는 소급하여 유효하게 되고,[27] 반대로 법원이 선임한 임시관리인이 있음에도 다른 사람이 행한 소송행위는 효력이 없다.[28]

다만 법원은 선임결정시에 임시이사의 구체적인 권한의 범위나 직무내용을 제한할 수 있다. 대법원은 비법인사단인 종교단체에 관한 위 전원합의체 결정에서 비신도의 임시이사 선임 자격을 예외적으로 인정하면서도, "그 직무범위나 권한을 비종교적 영역 내에서 선임의 필요성에 상응한 최소한의 범위로 제한함으로써, 종단의 정체성을 보존하고 그 자율적 운영에 대한 제약도 최소화될 수 있도록 하여야 한다"고 판시하였다. 그리하여 결론적으로는 "원심은 사건본인 종단의 신도 중에 적임자가 있는지 여부를 충분히 심리하지 아니하였을 뿐더러 사건본인 종단의 신도가 아닌 변호사를 선임하면서도 그 직무범위나 권한에 대한 제한 조치도 취하지 아니하였다"는 이유로 원심결정을 파기하였다.[29]

## 3. 임시이사의 종임

임시이사의 임기는 신임이사가 선임될 때까지이고, 정식이사가 선임됨과

---

23) 곽윤직·김재형, 198; 이영준, 962.
24) 대판 63.3.21, 62다800. 다만 본조가 아니라 사립학교법에 의해 관할청이 선임한 임시이사는 정식이사를 선임할 권한은 없다. 후술 Ⅴ. 참조.
25) 대판 63.12.12, 63다449.
26) 대판 16.10.27, 2016도138. 그 근거로 "법원에 의하여 선임된 임시이사는 원칙적으로 정식이사와 동일한 권한을 가지고, 도시정비법이 조합 총회에서 선임된 이사와 임시이사의 권한을 특별히 달리 정한 규정을 두고 있지도 않다"는 점을 들었다. 여기서 문제된 처벌대상 행위는 조합원총회 의결사항에 관하여 의결을 거치지 않고 사업을 임의로 추진하는 행위였다.
27) 대판 19.9.10, 2019다208953.
28) 대판 18.5.15, 2017다56967.
29) 대결(전) 09.11.19, 2008마699.

동시에 임시이사는 당연히 퇴임한다.[30] 임시이사도 사임할 수 있지만, 사임의 의사를 법인을 대표할 수 있는 자에게 고지해야 하고, 정관의 규정으로 이사의 사임절차를 달리 정했다면 그에 따라야 한다.[31]

　임시이사의 '해임'에 관하여는 민법이나 비송사건절차법에 규정이 없다. 그러나 법원은 비송사건에 관하여 "재판을 한 후에 그 재판이 위법 또는 부당하다고 인정할 때에는 이를 취소 또는 변경할 수 있"으므로($\frac{비송}{\S 19}$ 1), 법원이 임시이사 선임결정 후에 이를 취소하거나 또는 변경($\frac{즉\ 기존\ 선임결정을\ 취소하}{고\ 새로\ 임시이사를\ 선임}$)하는 결정을 할 수 있다.[32] 이로써 기존의 임시이사는 그 지위를 잃게 된다.

　또한 임시이사를 선임하는 계기가 된 행정처분($\frac{즉\ 전임이사의\ 지위}{를\ 박탈하는\ 행정처분}$)이 취소되면 그 소급효에 의하여 처음부터 그 처분이 없었던 것과 같은 효과가 발생하므로, 임시이사의 지위가 소멸할 수 있다. 대법원은 "행정청이 의료법인의 이사에 대한 이사취임승인취소처분($\frac{제1처}{분}$)을 직권으로 취소($\frac{제2처}{분}$)한 경우에는 그로 인하여 이사가 소급하여 이사로서의 지위를 회복하게 되고, 그 결과 위 제1처분과 제2처분 사이에 법원에 의하여 선임결정된 임시이사들의 지위는 법원의 해임결정이 없더라도 당연히 소멸된다"고 판시하였다.[33]

# V. 특별법상 행정기관 등이 선임한 임시이사와의 비교

## 1. 문제의 소재

　사학 §25 Ⅰ에서는 "관할청[34]'은 다음 각 호의 어느 하나[35]에 해당되는 경우에는 이해관계인의 청구 또는 직권으로 [사학분쟁]조정위원회의 심의를 거쳐

---

30) 고상룡, 226; 곽윤직·김재형, 198; 김준호, 137; 명순구, 233; 백태승, 245; 송덕수, 619; 이은영. 272 등 통설.
31) 주석 총칙(1), 846(제5판/문영화).
32) 대결 68.6.28, 68마597(법원은 임시이사를 해임할 수 없다고 한 원심결정을 파기함); 대결 92.7.3, 91마730(법원은 임시이사 선임결정을 한 후에 사정변경이 생겨 그 선임결정이 부당하다고 인정될 때에는 이를 취소 또는 변경할 수 있다고 함).
33) 대판 97.1.21, 96누3401.
34) 대학교육기관에 대하여는 교육부장관, 그 이외의 사립학교에 대하여는 시·도교육감을 말한다. 관할청이 시·도교육감인 경우에 해당 사립학교를 설치·경영하는 학교법인의 임시이사 선임에 관한 교육감의 권한은 기관위임사무가 아니라 자치사무이므로, 조례로 그 권한을 소속 교육장에게 위임할 수 있다(대판 20.9.3, 2019두58650).
35) 학교법인이 이사의 결원보충을 하지 아니하여 학교법인의 정상적 운영이 어렵다고 판단될 때, 학교법인의 임원취임 승인을 취소한 때, 임시이사를 해임한 때 등이다.

임시이사를 선임하여야 한다"고 규정한다(<sup>2005년 개정 전에는 교육인적자원</sup><sub>부장관이 선임하도록 되어 있었다</sub>). 또한 사회
복지사업법 § 22-3 Ⅰ은 "법인이 […] 결원된 이사를 보충하지 아니하여 법인
의 정상적인 운영이 어렵다고 판단되는 경우, 시·도지사는 지체 없이 이해관
계인의 청구 또는 직권으로 임시이사를 선임하여야 한다"고 규정한다.

　　이처럼 사립학교법에 따라 교육부장관 또는 시·도교육감이 선임하는 학교
법인의 임시이사 및 사회복지사업법에 따라 시·도지사가 선임하는 사회복지
법인의 임시이사는 본조에 의하여 법원이 선임하는 임시이사와 동일한 권리의
무를 가지는지 문제된다. 특히 이러한 특별법상 임시이사들이 이사회를 구성
하여 정식이사를 선임할 수 있는지 문제된다.

## 2. 사립학교법상의 임시이사

　　종래 대법원은 사립학교법상의 임시이사도 그 선임결정에 의하여 권한을
제한하지 않은 이상 정식이사와 동일한 결의권이 있으므로, 임시이사로 구성
된 이사회에서 정식이사를 선임하더라도 무효로 볼 수 없다고 판시하였다.[36]

　　그러나 대법원은 2007년 전원합의체 판결을 통해 종래의 견해를 변경하여
사립학교법상의 임시이사의 권한을 축소하여 해석했다. 즉 이 판결의 다수의
견은 "(<sup>사학 § 25</sup><sub>Ⅰ에 의하여</sub>) 교육인적자원부장관이 선임한 임시이사는 이사의 결원으로
인하여 학교법인의 목적을 달성할 수 없거나 손해가 생길 염려가 있는 경우에
임시적으로 그 운영을 담당하는 위기관리자로서, 민법상의 임시이사와는 달리
일반적인 학교법인의 운영에 관한 행위에 한하여 정식이사와 동일한 권한을
가지는 것으로 제한적으로 해석하여야 할 것이고, 따라서 정식이사를 선임할
권한은 없다"고 하였다. "임시이사는 그 지위의 한시적·임시적인 특성으로 인
하여 그 권한에 내재적인 한계를 가지고 있다고 할 것인바, 적어도 설립목적의
본질적인 변경이나 임시이사 선임사유 해소시의 정식이사 선임과 같이 학교법
인의 일반적인 운영을 넘어서는 사항은 임시이사의 권한 밖의 일"이라는 것이
다.[37] 따라서 이들 임시이사들이 "이사회결의로 정식이사를 선임한 경우 그 결

---

36) 대판 70.10.30, 70누116.
37) 대판(전) 07.5.17, 2006다19054. 그 근거로는 ① 사학 § 25가 § 63의 특칙으로서 임시이
　　사의 선임사유, 임무, 재임기간, 정식이사로의 선임제한 등에 관한 별도의 규정을 두고 있
　　는 점, ② 자신의 후임 임시이사를 선임할 권한도 없는 임시이사에게 정식이사를 선임할
　　권한이 있다고 보는 것은 무리인 점, ③ 임시이사 선임사유가 존속하는지의 판단권은 교
　　육부장관에게 있는데 임시이사가 스스로 임시이사 선임사유가 소멸하였다고 판단하여 정
　　식이사를 선임할 수 있다는 해석은 불가능한 점 등을 들었다. 그러나 § 63에 따라 선임된

의는 효력이 없고, 종전이사들은 임시이사들이 정식이사를 선임하는 내용의 이사회 결의에 대하여 법률상의 이해관계를 가진다고 할 수 있으므로 그 무효 확인을 구할 소의 이익이 있다"고 하였다.

이에 대해 반대의견[38]은 민법에 따른 임시이사의 권한과 사립학교법에 따른 임시이사의 권한을 구별할 근거가 없다고 지적한다. "민법 제63조에 의하여 법원이 선임한 임시이사는 일반 이사와 동일한 결의권이 있다는 것이므로, 비록 그 선임 주체가 다르다 하더라도 사립학교법 소정의 임시이사들 역시 정식이사와 동일한 권한이 있는 것으로 해석하여야 하고, 따라서 임시이사들로 구성된 이사회에서 정식이사를 선임한 이사회결의를 무효라고 볼 수 없다"는 것이다. 또한 반대의견은 종전이사들은 구 사립학교법상의 임시이사들이 정식이사를 선임하는 것을 내용으로 하는 이사회결의에 대하여 직접적인 이해관계를 가진다고 볼 수 없으니 그 무효 확인을 구할 소의 이익도 부정하였다.

결국 대법원 다수의견은 본조에 의해 법원이 선임한 임시이사와 사립학교법에 의해 관할청이 선임한 임시이사를 구분하여, 전자는 정식이사와 동일한 권한을 가지므로 결원이 된 정식이사를 선임할 수 있지만, 후자는 임시적인 위기관리자로서 학교법인의 운영에 관한 행위에 한하여 정식이사와 동일한 권한을 가질 뿐 정식이사를 선임할 권한은 없다는 것이다.

위 판결 이후인 2007.7.27. 개정된 사립학교법에 따르면, 관할청은 사립학교법에 의해 관할청이 선임한 임시이사의 선임사유가 해소되었다고 인정한 때에는 사학분쟁조정위원회의 심의를 거쳐 지체 없이 임시이사를 해임하고 정식이사를 선임하여야 한다($§25\text{-}3_{\text{I}}^{\text{사학}}$).

## 3. 사회복지사업법상의 임시이사

대법원은 사회복지사업법에 따라 선임된 임시이사는 사립학교법에 따라 선임된 임시이사와 달리 정식이사를 선임할 권한이 있다고 하였다. 이 판결에서는 "민법 제63조에 의하여 법원이 선임한 임시이사는 원칙적으로 정식이사와 동일한 권한을 가진다. 다만 학교법인의 경우와 같이, 다른 재단법인에 비

---

임시이사도 후임 임시이사를 선임할 권한이 없고, 임시이사 선임사유가 존속하는지의 판단권은 임시이사 자신이 아닌 법원에게 있으므로, 위 논거 중 특히 ②③이 §63에 따른 임시이사와 사립학교법에 따른 임시이사를 달리 취급하는 논거로서 설득력이 있는지는 의문이다.
38) 대법관 김영란, 박시환, 김지형, 이홍훈, 전수안의 반대의견.

하여 자주성이 보장되어야 할 특수성이 있고 사립학교법 등 관련 법률에서도
이를 특별히 보장하고 있어 임시이사의 권한이 통상적인 업무에 관한 사항에
한정된다고 보아야 하는 경우가 있을 뿐이다"라고 일반론을 설시한 후, "[사립
학교법의 임시이사와 달리] 사회복지법인의 임시이사는 정식이사와 동일한 권한
을 갖는 것이므로 피고 법인의 임시이사들에게는 정식이사의 선임에 관한 의
결권한도 있다"고 판단한 원심이 정당하다고 하였다.[39]

[천 경 훈]

## 第 64 條(特別代理人의 選任)

法人과 理事의 利益이 相反하는 事項에 關하여는 理事는 代
表權이 없다. 이 境遇에는 前條의 規定에 依하여 特別代理人
을 選任하여야 한다.

## I. 본조의 의의

법인의 이사가 법인을 대표하여 이사 자신과 거래하는 경우에는 이사 자
신의 이익과 법인의 이익이 충돌하는 이른바 이익충돌(conflict of interest) 상

---

39) 대판 13.6.13, 2012다40332. 사회복지사업법에 따른 임시이사가 사립학교법에 따른 임
　시이사와 다른 이유로는 "사립학교법 제25조는 민법 제63조에 대한 특칙으로서 임시이사
　의 선임 사유, 임무, 재임기간 및 정식이사로의 선임 제한 등에 관하여 구체적인 별도의
　규정을 두고 있는 반면, 사회복지사업법은 임시이사의 선임사유 및 절차에 관하여만 규정
　하고 있을 뿐 직무범위, 재임기간, 선임 제한 등에 관하여는 아무런 규정을 두고 있지 아
　니하고 사회복지사업법에 규정된 것을 제외하고는 민법의 규정을 준용하도록 하고 있는
　점" 등을 들었다.

황이 벌어진다. 이를 아예 금지하는 입법도 생각할 수 있겠지만, 경우에 따라
서는 법인과 이사 간의 거래가 필요할 수도 있고 법인에게 이익이 될 수도 있
으므로 일정한 조건 하에 허용하기도 한다. 예를 들어 상 § 398에서는 주식회
사와 이사 간의 거래에 대하여 이사회의 사전 승인을 받도록 한다. § 124에서
는 본인의 허락이 없으면 자기계약(즉 대리인이 본인을 대리하여 대리인 자신과 계약을 하는 것)을 금지하는데, 상법
상 주식회사의 경우에는 § 124의 '본인의 허락'에 갈음하여 그 이사회의 승인
을 요구하는 것이다.

　　본조는 법인과 이사의 이익이 상반하는 사항에 관하여 이사는 대표권이
없으며, 그 경우에는 이해관계인이나 검사의 청구에 의하여 법원이 특별대리
인을 선임하여야 한다고 규정한다. 이는 이사회의 승인이 있으면 자기거래를
허용하는 상 § 398보다 더 엄격한 태도라고 할 수 있다.

　　본조는 § 124의 자기계약 금지와 취지가 같다고 설명된다. 다만 § 124에
따르면 본인의 허락이 있으면 자기계약도 유효함에 반하여, 본조에 따르면 법
인 스스로 허락을 통해 자기계약을 유효하게 할 수는 없고 특별대리인을 선임
해야 한다. 본조는 이사뿐 아니라 이사직무대행자에도 유추적용된다.[1]


## II. 이익상반 사항에 관한 대표행위의 효력

　　법인과 이사의 이익이 상반하는 사항에 관하여는 이사는 대표권이 없다
(본조 제1문). 먼저 '이익이 상반하는 사항'의 의미를 분석하고, 그 경우 대표권이 인
정되지 않음으로 인한 '대표행위의 효력'을 살펴본다.

### 1. 이익상반 사항

#### (1) 의 　 의

　　본조의 이익상반 사항이란 객관적으로 보아 법인과 이사의 이익이 상반될
우려가 있는 행위를 의미한다. 법인과 이사가 직접 거래의 상대방이 되는 경우
뿐 아니라, 이사의 개인적 이익과 법인의 이익이 충돌하고 이사에게 선량한 관
리자로서의 의무 이행을 기대할 수 없는 사항은 모두 포함한다.[2] 재판상의 행

---

1) 대판 03.5.27, 2002다69211.
2) 대판 13.11.28, 2010다91831.

위와 재판외의 행위가 모두 포함된다.

　(2) 구체적인 예

　법인과 이사가 서로 법률행위 또는 소송행위의 상대방이 되는 경우가 가장 대표적이다. 법인과 이사 간의 매매, 임대차, 이자부 소비대차, 도급, 유상위임, 유상임치 등의 계약, 법인과 이사 간의 소송 또는 보전처분 사건의 수행 등이 이에 해당한다. 사단법인의 직무대행자가 개인적으로 원고가 되어 법인을 피고로 하여 소송을 하는 경우도 이익상반 사항에 해당한다.[3] 이사가 복수의 법인의 대표를 겸하고 있으면서 양쪽 법인을 대표하여 계약을 체결하는 경우도 특별한 사정이 없는 이사의 개인적 이익과 법인의 이익이 충돌할 염려가 있는 경우에 해당한다.[4]

　형식적으로는 이사가 법인의 계약상대방이 아니지만 경제적 이익은 이사에게 귀속하는 이른바 간접거래도 이익상반 사항에 해당한다. 이 경우에도 이사의 개인적 이익과 법인의 이익이 충돌하여 이사에게 선량한 관리자로서의 주의의무의 이행을 기대할 수 없기 때문이다. 그 대표적인 예가 법인이 이사의 채무를 보증하는 경우인데, 보증계약의 상대방은 이사의 채권자이지만 경제적 수익자는 이사이고 보증으로 인한 부담은 법인에 귀속되므로 이사와 법인의 이익이 상반된다.[5] 이사가 변태지출한 경비를 법인의 차입금으로 처리하는 행위,[6] 법인이 채권자와의 합의로 이사의 채무를 인수하는 행위[7] 등도 그러하다.

　행위의 성질상 법인에 불이익이 없거나 오히려 이익이 되는 행위, 기타 이익상반의 우려가 없는 행위는 이에 해당하지 않는다. 예컨대 이사와 법인 간의 채무이행, 이사가 법인에 대한 자신의 채권을 포기하거나 이사에 대한 법인의 채무를 면제하는 행위, 법인의 기존채무의 이행조건을 법인에게 더 유리하게 변경하는 행위, 법인의 채권을 자동채권으로 하여 이사의 채권과 상계하는 행위, 이사의 법인에 대한 부담 없는 증여 등이 그러하다.[8] 법인의 부담 없이 이사가 법인의 무상수치인이 되거나 법인에게 무상으로 용역 등을 제공하는 거

---

　3) 대판 03.5.27, 2002다69211.
　4) 대판 13.11.28, 2010다91831.
　5) 대판 05.5.27, 2005다480(주식회사에 관한 사례); 대판 18.4.12, 2017다271070(영농조합법인에 관한 사례).
　6) 대판 80.7.22, 80다341(주식회사에 관한 사례).
　7) 대판 73.10.31, 73다954(주식회사에 관한 사례).
　8) 구주해(1), 694(최기원); 주석 총칙(1), 747(제4판/주기동); 주석 총칙(1), 852-853(제5판/문영화).

래, 이사의 법인에 대한 무담보·무이자 대여,[9] 법인의 통상적인 업무범위 내
에서 보통거래약관 기타 통상적인 거래조건에 따라 이루어지는 거래[10]도 이익
상반 사항에 해당하지 않는다고 할 것이다.

다만 어떤 거래가 성질상 이해상반의 우려가 있는지 늘 분명한 것은 아니
다. 형식적·추상적 판단으로는 이해상반의 우려가 있지만, 구체적·실질적으로
는 법인에 불이익이 없거나 오히려 이익이 되는 거래도 있을 수 있기 때문이
다. 예컨대 ① 법인이 이사에게 부동산을 매각하였는데 그 가격이 제3자와 거
래하였을 가격과 같거나 오히려 더 높았던 경우, ② 법인이 이사로부터 자금을
차입했는데 금리 기타 조건이 그 법인이 다른 곳에서 차입하는 경우와 같거나
오히려 법인에 더 유리했던 경우 등을 이익상반 사항으로 인정할 것인가의 문
제이다. 이익상반 사항은 실질적으로 법인에 손해가 발생하는 경우뿐 아니라
이익상반의 '우려'가 있는 경우를 포함하므로, 이러한 경우도 형식적·추상적으
로 보아 이익상반 사항에 해당한다고 보아야 할 것이다.[11]

## 2. 이익상반 사항에 대한 대표행위의 효력

이사는 법인과 이사의 이익상반 사항에 관하여 대표권이 없으므로, 이러한
사항에 관하여 이사가 법인을 대표하여 한 법률행위는 대표권 없는 자의 행위
이고, 이에는 무권대리에 관한 규정이 준용된다.[12] 따라서 원칙적으로 그 행위
의 효력은 법인에 미치지 않는다($\frac{\S}{130}$). 예컨대 재단법인의 대표권 있는 이사가
그 법인을 대표하여 자기의 개인 채무를 법인으로 하여금 인수케 하였다면, 이
는 본조의 이익상반 사항이므로 대표권이 없어 그 행위는 법인에 대하여 효력

---

9) 주식회사와 이사 간의 거래에 관한 대판 10.1.14, 2009다55808 참조. 이 판결의 사안은
이사가 원고회사에 금전을 대여한 이자부 소비대차 건이다. 원고가 이사회 승인이 없었다
는 이유로 이 소비대차가 무효라고 주장하고 원심이 이를 받아들인 데 대해, 대법원은 이
사회 승인이 없었더라도 이 거래 중 이자 약정 부분만이 무효이므로 무이자부 금전소비대
차로서는 유효할 수 있다고 판시했다.
10) 다만 약관에 의해 체결되는 계약이 이익상반의 우려가 없다고 보는 이유는 그 계약조건
이 다수의 거래상대방에게 일률적으로 적용되는 정형적인 것이기 때문이다. 따라서 법인
으로부터의 거액 대출과 같이 계약 자체가 특혜를 의미할 수 있는 경우에는 이익상반 사
항에 해당할 수 있다. 계약서 자체는 서식으로 마련된 약관에 따르더라도 매매대금, 이자
율 등 핵심적인 계약조건을 일반적으로 적용되는 거래조건과 달리 정하는 경우에도 이익
상반 사항에 해당할 수 있다.
11) 상법상 자기거래에서 이에 관한 논의로 천경훈, "개정상법상 자기거래 제한 규정의 해석
론에 관한 연구", 저스 131, 77-79.
12) 고상룡, 224; 백태승, 243; 송덕수, 613.

이 없다.[13]

다만 예외적으로 법인의 추인이 있으면 처음부터 소급하여 유효한 것으로 된다($\S_{133}$). 판례도 "무효의 원인이 소멸된 후 본인인 법인의 진정한 의사로 무효임을 알고 추인한 때에는 새로운 법률행위로 그 효력이 생길 수 있다"고 하면서, "추인은 묵시적인 방법으로도 할 수 있으므로, 본인이 그 행위로 처하게 된 법적 지위를 충분히 이해하고 그럼에도 진의에 기하여 그 행위의 결과가 자기에게 귀속된다는 것을 승인한 것으로 볼 만한 사정이 있는 경우에는 묵시적으로 추인한 것으로 볼 수 있다"고 한다.[14] 이 때 추인을 할 수 있는 주체는 원칙적으로 해당 거래에 대하여 이익상반이 없는 새로운 대표자라고 할 것이다.

법인의 추인이 없는 경우 그 행위의 효력은 법인에 미치지 않고, 상대방의 선택에 따라 이사는 이행책임 또는 손해배상책임을 지게 된다($\S_1^{135}$). 본조는 법인을 보호하기 위한 규정이므로, 이익상반 사항임을 들어 거래의 무효를 주장할 수 있는 것은 법인뿐이고, 거래의 상대방인 이사나 제3자는 이를 주장할 수 없다.[15]

## Ⅲ. 특별대리인의 선임

### 1. 선임이 필요한 경우

법인과 이사의 이익이 상반하는 사항에 관하여 그 이사 외에는 대표권을 가지는 이사가 없을 때, 법인을 대표할 특별대리인을 선임하여야 한다. 즉 법인과 이익이 상반하는 입장에 선 이사 외에도 따로 대표권을 가지는 이사가 있는 경우에는 그 이사가 그 사항에 대하여 법인을 대표하면 되기 때문에 특별대리인을 선임할 필요가 없다.[16] 반면 이사들 사이의 친밀관계를 고려하면, 이 경우에도 다른 이사가 법인을 대표하는 것은 허용되지 않고 특별대리인을 선임해야 한다는 견해도 있다.[17] 공동대표 중 일부에 대해 이익상반이 있는 경

---

13) 서울고판 65.4.7, 64나1106.
14) 대판 13.11.28, 2010다91831. 다만 이 판결은 이익상반행위에 관한 것은 아니다.
15) 주석 총칙(1), 749(제4판/주기동); 주석 총칙(1), 854(제5판/문영화). 상법상 자기거래에 관하여 같은 결론으로 대판 12.12.27, 2011다67651.
16) 법원행정처, 법원실무제요 비송, 2014, 84; 곽윤직·김재형, 195; 김상용, 265; 김증한·김학동, 231; 명순구, 231; 백태승, 243; 송덕수, 613; 이영준, 964 등.
17) 고상룡, 223; 김대정, 420.

우에는 특별대리인을 선임하여 그와 나머지 공동대표자가 공동으로 법인을 대
표하게 해야 할 것이다.[18)]

다만 정관에서 이사와 법인의 이익상반 사항에 관하여는 이사회 승인을
요한다거나 감사가 법인을 대표한다는 등의 별도의 규정이 있는 경우에는 그
러한 규정에 따르면 되고 특별대리인의 선임은 필요 없다.[19)]

## 2. 선임절차

특별대리인은 "전조의 규정에 의하여", 즉 §63의 임시이사 선임절차에 따
라 선임한다. 즉 이해관계인 또는 검사의 청구에 의하여 법원이 결정으로 선임
하고 이에 대하여는 비송사건절차법이 적용된다. 재판기록과 결정문에 특별대
리인 선임의 대상이 되는 법인을 '사건본인'으로 기재한다. 선임절차의 상세는
§63에 대한 주해 Ⅲ. 참조.

## 3. 지위와 권한

특별대리인은 법원이 선임하지만 임시이사와 마찬가지로 법인의 기관이
다.[20)] 다만 임시이사는 법인의 사무에 관하여 포괄적인 권한을 가지는 데 비하
여, 특별대리인의 권한은 법원의 결정에서 선임사유로 특정한 이해상반 사항
에 한정된다. 따라서 특별대리인 선임결정의 주문에는 그가 대리할 사항을 명시
하여야 한다. 예컨대 "사건본인과 ○○○(주소: ○○시 ○○구 ○○로 1) 사이의 별지기재 부동산
에 관한 임대차 계약을 체결함에 있어 사건본인의 특별대리인으로 ○○○(○○○○년 ○○
월 ○○일생, 주소: ○○시 ○○구 ○○로 2)을 선임한다"와 같다.

특별대리인의 보수에 관하여는 법률상 규정이 없으나, 비송 §77의 규정을
유추하여 법원이 상당하다고 인정할 경우에는 보수를 지급하게 할 수 있다.[21)]
특별대리인이 선임결정에 명시된 이해상반 사항에 관한 대표행위를 마치면 특
별대리인의 지위는 소멸한다.

[천 경 훈]

---

18) 주석 총칙(1), 854(제5판/문영화).
19) 구주해(1), 696(최기원); 주석 총칙(1), 749(제4판/주기동); 주석 총칙(1), 855(제5판/
문영화).
20) 법원행정처(주 16), 85; 곽윤직·김재형, 198; 김증한·김학동, 231; 송덕수, 620.
21) 법원행정처(주 16), 85.

**第 65 條**(理事의 任務懈怠)

　　理事가 그 任務를 懈怠한 때에는 그 理事는 法人에 對하여
連帶하여 損害賠償의 責任이 있다.

## Ⅰ. 본조의 의의

　　이사는 선량한 관리자의 주의로 그 직무를 행하여야 한다($\S_{61}$). 그러한 임무를 게을리한 때에는 그로 인해 법인이 입은 손해를 배상해야 한다. 임무를 게을리한 이사가 여럿인 때에는 이들이 연대하여 손해배상책임이 있다. 법문에서 '그 이사'라고 하므로 여러 명의 이사 중 일부만이 임무를 해태한 때에는 그들만이 연대하여 배상책임을 진다.[1] 주식회사에서 이사의 회사에 대한 책임에 관한 상 § 399에 상응하는 조문이다.

## Ⅱ. 법인에 대한 책임

### 1. 손해배상책임의 요건

　　본조에 의한 손해배상책임이 성립하려면 이사가 그 임무를 게을리 하였을 것, 법인에 손해가 발생하였을 것, 둘 사이의 인과관계가 있을 것이 요구된다. 이에 대하여는 청구자인 법인이 증명책임을 진다.

### (1) 임무해태

　　여기서 말하는 임무는 § 61에서 정한 선량한 관리자로서의 주의의무를 말한다. § 61의 주석에서 설명한 바와 같이 이는 충실의무, 비밀유지의무, 감시의

---

1) 김증한·김학동, 218.

무, 법령준수의무 등을 포괄하는 넓은 의미라고 보아야 할 것이다.

그 임무의 해태에 관하여 고의·과실과 같은 주관적 귀책사유가 필요한지 문제된다. 임무해태라는 개념 자체가 주의의무를 다하지 아니한 것을 의미하고, 과실 역시 주의의무를 다하지 않았다는 것을 의미하므로, 현재 본조 문언의 해석상으로도 무과실책임을 묻고 있는 것은 아니라고 본다.[2] 다만 원고가 고의·과실까지 증명해야 하는 것은 아니고, 원고가 이사의 업무수행이 임무해태에 해당한다는 점을 주장·증명하면 피고인 이사가 무과실을 주장·증명함으로써 책임을 회피할 수 있을 것이다.[3]

임무해태의 구체적인 예와 손해배상책임이 인정된 사례에 관하여는 § 61에 대한 주해 Ⅲ. 참조.

## (2) 법인의 손해

법인의 손해는 재산적 손해일 것을 요한다. 이는 법인의 재산이 감소하는 적극적 손해(법인 재산의 횡령, 과다지출 등)와 법인의 재산증가가 저지된 소극적 손해(법인에 재산증가를 가져오는 계약이나 사업기회를 이사가 가로챈 경우 등)를 포함한다.

## (3) 인과관계

임무해태와 손해 간의 인과관계도 요구된다. 이사회 결의에서 찬성한 데 대한 이사의 책임을 묻는 사안에서 이사의 행위와 손해와의 인과관계는 개별 이사가 선관주의의무를 다했는지 여부에 의하여 판단한다.[4] 즉 이사가 "자신이 반대했더라도 어차피 이사회 결의가 통과되었을 것"임을 이유로 인과관계를 부정하더라도, 그가 선관주의의무를 다하지 못했다면 인과관계는 인정된다. 이사의 임무해태 행위를 승인하는 사원총회의 결의가 있었다고 하여도(예컨대 분식회계된 결산서의 사원총회 승인결의) 그것으로 인과관계가 단절되지는 않는다.[5]

## 2. 손해배상책임의 감경

대법원은 다양한 고려요소를 참작하여 법인에 대한 이사의 책임을 감경하는 경우가 많다. 예컨대 재단법인에 관하여 대법원은 "[이사의] 손해배상의 범위를 정함에 있어서는, 당해 사업의 내용과 성격, 당해 이사의 임무 위반의 경

---

2) 상 § 399에서는 2011년 개정으로 "고의 또는 과실로"라는 문구를 추가하여 이를 명확히 하였다.

3) 주식회사에서 이에 관한 논의로 김건식·노혁준·천경훈, 회사법, 제6판, 2022, 484.

4) 대판 07.5.31, 2005다56995(주식회사의 예).

5) 대판 07.11.30, 2006다19603(주식회사의 예).

위 및 임무위반행위의 태양, 법인의 손해 발생 및 확대에 관여된 객관적인 사
정이나 그 정도, 평소 이사의 법인에 대한 공헌도, 임무위반행위로 인한 당해
이사의 이득 유무, 법인의 조직체계의 흠결 유무나 위험관리체제의 구축 여부
등 제반 사정을 참작하여 손해분담의 공평이라는 손해배상제도의 이념에 비추
어 그 손해배상액을 제한할 수 있고, 나아가 책임감경사유에 관한 사실인정이
나 그 비율을 정하는 것은 그것이 형평의 원칙에 비추어 현저히 불합리하다고
인정되지 않는 한 사실심의 전권사항에 속한다"고 판시하였다.[6] 이는 주식회
사의 이사에 대하여 반복되어 오던 판시[7]를 비영리법인에도 적용한 것이라 할
수 있다.

### 3. 손해배상책임의 추궁절차

손해배상청구권을 가지는 것은 법인이므로 법인이 재판상 또는 재판외
에서 이를 행사할 수 있고, 법인의 채권자가 이를 대위행사할 수도 있다. 상
§ 403는 발행주식 총수의 1% 이상을 소유한 주주에게 대표소송을 제기할 권
리를 인정하나, 사단법인의 사원에게 그와 같은 권리는 인정되지 않는다.


## Ⅲ. 제 3 자에 대한 책임

주식회사에 관한 상 § 401는 "이사가 고의 또는 중대한 과실로 그 임무를
게을리한 때에는 그 이사는 제 3 자에 대하여 연대하여 손해를 배상할 책임이
있다"고 한다. 즉 이사가 회사에 대한 임무를 게을리한 결과 제 3 자가 직접 손
해를 입은 경우에 그 제 3 자에게 직접 청구권을 부여한 것이다. 민법에는 이러
한 규정이 없으므로 법인의 이사가 선관주의의무를 위반하여 한 행위가 제 3 자
에게 손해를 가하였더라도 이것이 불법행위를 구성하지 않는 한 이사의 제 3 자
에 대한 책임을 인정할 수 없다는 것이 일반적인 견해이다.[8]

[천 경 훈]

---

6) 대판 16.8.18, 2016다200088.
7) 대판 04.12.10, 2002다60467, 60474 이래 다수.
8) 구주해(1), 697-698(최기원); 주석 총칙(1), 751(제 4 판/주기동); 주석 총칙(1),
　859(제 5 판/문영화).

## 第 66 條 (監事)

法人은 定款 또는 總會의 決議로 監事를 둘 수 있다.

## Ⅰ. 감사의 의의

감사는 법인의 재산상황과 업무집행을 감독하는 기관이다. 본조는 정관 또
는 총회의 결의로 감사를 "둘 수 있다"고 하여 이를 임의기관으로 하고 있다.
민법상 법인은 주무관청의 검사·감독을 받고 있고($\S_{37}$), 법인의 규모나 목적에
비추어 별도로 감독기관을 둘 필요가 없는 경우도 있기 때문이다.[1] 반면 공익법
인, 학교법인, 사회복지법인 등에서 감사는 필요기관이다($\substack{공익법인 \S 5\ Ⅰ,\ 사학 \S 14 \\ Ⅰ,\ 사회복지사업법 \S 18\ Ⅰ}$).

## Ⅱ. 감사의 임면

### 1. 감사의 선임

감사의 자격과 선임방법 등은 이사의 경우와 동일하다.[2] 즉 법령이나 정관
상의 결격사유가 없는 자연인만이 감사가 될 수 있고, 정관이 정한 절차에 따
라 선임하며, 감사와 법인 사이에는 위임과 유사한 법률관계가 존재한다. 이에
관하여는 §57에 대한 주해 Ⅱ.와 Ⅲ. 참조.

다만 선임과 관련하여 몇 가지 특징이 있다. 첫째, 감사는 이사의 직무집
행을 감독하는 기관이므로 감사는 이사를 겸임할 수 없다.[3] 이사의 직무집행
은 법인의 상근직원을 통해 이루어질 수 있으므로, 감사는 해당 법인의 상근직
원을 겸할 수도 없다고 보아야 할 것이다. 둘째, 이사의 경우와는 달리 감사의

---

1) 주석 총칙(1), 752(제4판/주기동); 주석 총칙(1), 860(제5판/문영화).
2) 고상룡, 227; 곽윤직·김재형, 198; 김주수·김상용, 235; 김증한·김학동, 236; 백태승, 246.
3) 고상룡, 227; 김대정, 452.

성명·주소는 등기사항이 아니다. 감사는 이사와 달리 법인을 대표하는 기관이
아니어서 제3자의 이해에 영향을 미치지 않기 때문이다.[4]

## 2. 감사의 종임

감사의 임기만료, 사임, 해임 등도 이사의 경우와 동일하다. 이에 관하여는
§ 57에 대한 주해 Ⅳ. 참조.

법인 이사의 경우와 마찬가지로 일정한 경우에는 퇴임감사의 직무수행권
이 인정된다. 즉 민법상 법인의 감사 전원 또는 그 일부의 임기가 만료되었음
에도 불구하고 그 후임감사의 선임이 없거나 또는 그 후임감사의 선임이 있었
다고 하더라도 그 선임결의가 무효이고, 임기가 만료되지 아니한 다른 감사만
으로는 정상적인 법인의 활동을 할 수 없는 경우, 임기가 만료된 구 감사로 하
여금 법인의 업무를 수행케 함이 부적당하다고 인정할 만한 특별한 사정이 없
는 한, 구 감사는 후임감사가 선임될 때까지 종전의 직무를 수행할 수 있다.[5]

## 3. 특별법상의 감사

공익법인, 학교법인, 사회복지법인 등에서 감사의 자격, 임기, 결격사유 등
에 관하여는 공익법인의 설립·운영에 관한 법률, 사립학교법, 사회복지사업법
에 특별한 규정이 있다.


## Ⅲ. 감사의 의무와 책임

민법에는 감사의 의무와 책임에 관하여 별다른 정함이 없다. 이사의 주의
의무에 관한 § 61, 이사의 법인에 대한 손해배상책임에 관한 § 65를 감사에 명
시적으로 준용하는 조문도 없다.[6] 그러나 감사도 이사와 동일하게 법인과 위
임 유사의 관계에 있으므로 직무수행에 있어 선량한 관리자의 주의의무를 다

---

4) 고상룡, 227; 곽윤직·김재형, 198; 송덕수, 621.
5) 대판 98.12.23, 97다26142.
6) 주식회사의 감사의 경우에는 명문으로 그 의무와 책임을 정하고 있다. 회사와 감사의 관
　계는 민법의 위임에 관한 규정을 준용하므로 선관주의의무가 있고(상 § 415 → 상 § 382
　Ⅱ → § 681), 감사가 그 임무를 해태한 때에는 회사에 대하여 연대하여 손해를 배상할 책
　임이 있으며(상 § 414 Ⅰ), 감사가 악의 또는 중대한 과실로 인하여 그 임무를 해태한 때
　에는 제3자에 대하여 연대하여 손해를 배상할 책임이 있다(상 § 414 Ⅱ).

하여야 하고,[7] 이러한 의무에 위반한 행위로 인하여 법인에 손해가 발생한 경우에는 채무불이행에 기한 손해배상책임을 진다.[8]

임무를 게을리한 감사가 여럿인 경우에는 명문의 규정은 없으나 법인의 보호를 위해 이사의 경우에 준하여 연대책임을 진다는 견해[9]와 §65가 적용되지 않으므로 연대책임을 지지 않는다는 견해[10]가 있다.

[천 경 훈]


## 第 67 條(監事의 職務)

監事의 職務는 다음과 같다.

1. 法人의 財産狀況을 監査하는 일
2. 理事의 業務執行의 狀況을 監査하는 일
3. 財産狀況 또는 業務執行에 關하여 不正, 不備한 것이 있음을 發見한 때에는 이를 總會 또는 主務官廳에 報告하는 일
4. 前號의 報告를 하기 爲하여 必要있는 때에는 總會를 召集하는 일

---

7) 주석 총칙(1), 861(제5판/문영화); 고상룡, 227; 곽윤직 · 김재형, 198; 김상용, 265; 명순구, 233; 백태승, 247; 송덕수, 622; 양창수 · 김형석, 47.

8) 주석 총칙(1), 861(제5판/문영화); 고상룡, 227; 곽윤직 · 김재형, 198; 김상용, 265; 백태승, 247; 송덕수, 622.

9) 구주해(1), 706(최기원); 주석 총칙(1), 756(제4판/주기동); 주석 총칙(1), 861-862(제5판/문영화).

10) 고상룡, 227; 곽윤직 · 김재형, 198; 김상용, 266; 김주수 · 김상용, 236; 백태승, 247; 송덕수, 622; 양창수 · 김형석, 47.

## I. 본조의 의의

　　본조는 감사의 직무 중 대표적인 것을 예시하고 있다. 이는 한정적 열거가 아니라 예시적 열거이므로, 감사는 이사의 감독기관으로서 그의 직무를 수행함에 있어 필요한 경우에는 본조에 열거되지 않은 행위도 할 수 있다.[1] 감사가 여러 명 있는 때에는 단독으로 직무를 수행하고, 공동으로 수행할 필요는 없다.[2]

　　정관 또는 사원총회 결의로 본조와 다른 내용을 정할 수 있는가? 본조에 열거한 사항은 가장 중요하고 기본적인 감사의 직무이므로, 이를 제한하는 것은 허용되지 않는다고 할 것이다.[3] 반면 본조에 열거하지 않은 다른 직무권한을 감사에게 부여하는 것은 가능하다고 할 것이지만,[4] 그 경우에도 '법인의 재산상황과 이사의 업무집행 상황을 감사하는 일'이라는 감사의 기본직무와의 관련성은 인정되어야 할 것이다.


## II. 감사의 직무 일반론

　　법인의 감사의 직무는 법인 내무에서 이사의 사무집행을 감독하는 것이다, 이는 회계감사와 업무감사를 포함한다.

### 1. 회계감사

　　회계감사는 법인이 작성한 재무제표를 비롯한 회계정보가 회계처리기준에 부합하는 것인지를 검증하고 그에 대한 의견을 제시하는 것을 말한다.[5] 이를 위해 법인의 결산과정에서 재무제표가 정확히 작성되었는지 검증하고, 외부감사인이 선임된 경우에는 외부감사인이 회계감사업무를 충실하게 수행하고 그 결과를 정확하게 보고하도록 담보하는 기능을 수행한다. 실제로 영리법인인

---

1) 고상룡, 227; 곽윤직·김재형, 199; 김증한·김학동, 237; 명순구, 233; 백태승, 247; 송덕수, 622.
2) 고상룡, 227; 곽윤직·김재형, 198; 백태승, 247.
3) 주석 총칙(1), 753(제4판/주기동); 주석 총칙(1), 863(제5판/문영화).
4) 구주해(1), 701(최기원).
5) 김건식·노혁준·천경훈, 회사법, 제6판, 2022, 525(주식회사에 관한 논의임).

주식회사의 경우 규모가 커질수록 감사는 직접 감사업무를 수행하기보다는 주로 외부감사인의 선임, 감독, 관리에 중점을 둘 수밖에 없는데, 이는 비영리법인의 경우에도 마찬가지라고 하겠다.

## 2. 업무감사

업무감사는 법인의 업무를 집행하는 이사와 그를 보조하는 임직원들의 직무집행을 대상으로 한다. 감사의 직무가 적법성감사에 한정되는가 타당성감사에도 미치는가의 문제가 있다. 원칙적으로는 적법성감사가 위주가 되어야 할 것이나, 이사의 판단이 절차적으로나 내용적으로 현저하게 타당성을 결한 경우에는 선관주의의무 위반에 해당하여 그 행위의 적법성과 손해배상책임 발생 여부가 문제된다. 이처럼 적법성과 타당성의 경계는 모호한 것이므로, 타당성감사가 감사의 직무에서 배제된다고 단정할 수는 없고[6] 오히려 적법성과 타당성 모두 감사의 대상 내지 관점이 된다고 할 것이다.

## 3. 본조 각호와의 관계

본조 제1호는 회계감사, 제2호는 업무감사에 상응하고, 제3호와 제4호는 회계감사 및 업무감사의 효과적인 수행을 위한 절차적 권한을 기술한 것이다.

# III. 본조 각호의 직무

## 1. 법인의 재산상황 감사(제1호)

이는 전술한 회계감사에 상응하는 감사의 직무로서, 그의 권한이자 의무이다. 감사는 법인의 재산상황을 감사하기 위해 법인의 회계장부와 서류를 열람할 수 있고, 법인이 보유 중인 현금, 유가증권, 채권, 부동산 등의 자산과 채무의 내역에 관하여 검사·확인할 수 있다. 감사는 필요한 경우에 회계전문가 등을 보조자로서 사용할 수 있고, 이를 위한 합리적인 비용은 법인이 부담할 의무가 있다고 할 것이다. 법인의 결산과 예산에 대하여도 감사는 그것이 회계처리기준에 부합하는지와 내용상 적절한지를 검토할 수 있다.

---

6) 김건식·노혁준·천경훈(주 5), 524(주식회사에 관한 논의임).

## 2. 이사의 업무집행 상황 감사(제2호)

이는 전술한 업무감사에 상응하는 감사의 직무로서, 그의 권한이자 의무이다. 감사는 이사의 대내적 사무집행과 대외적 대표행위의 적법성과 타당성을 감사한다. 여기서의 타당성이라 함은 감사대상 행위가 법인의 목적에 적합하고 법인의 이익 보호에 도움이 되는지를 기준으로 판단해야 할 것이다. 이사뿐 아니라 이사를 보좌하는 임직원들의 사무집행 역시 감사의 대상이 된다. 이를 위해 감사는 법인의 재산상황 및 업무집행의 상황에 관한 자료제출과 보고를 요구할 수 있다고 할 것이다.

## 3. 총회 및 주무관청 보고(제3호)

감사는 재산상 또는 업무집행에 관하여 부정, 불비한 것이 있음을 발견한 때에는 이를 총회 또는 주무관청에 보고하여야 한다. 실제 이사에 대한 선임·해임권을 가진 사원총회나 법인에 대한 관리·감독권을 가진 주무관청에서 감사의 결과를 알고 조치를 취해야 감사의 실효성을 확보할 수 있기 때문이다. 이러한 보고는 감사의 권한이자 의무이다. 감사가 부정, 불비한 사실을 발견하고도 총회 또는 주무관청에 사실 아닌 신고를 하거나 사실을 은폐한 때에는 과태료에 처한다($\S 97 \atop (iv)$). 보고사유가 있음에도 보고를 하지 않은 경우도 '사실을 은폐한 때'에 해당한다고 할 것이다.

## 4. 보고를 위한 총회 소집(제4호)

감사는 재산상 또는 업무집행에 관하여 부정, 불비한 것이 있음을 발견한 때에 이를 사원총회에 보고하기 위해 필요한 때에는 총회를 소집할 수 있다. 본호에서는 "총회를 소집하는 일"을 감사의 직무로 하고 있는데, 그 의미는 감사에게 총회소집 권한을 부여함과 아울러 총회소집이 필요한 때에는 총회소집 의무까지 부과하는 것으로 이해해야 할 것이다.

# Ⅳ. 특별법상 감사의 직무

## 1. 공익법인의 설립·운영에 관한 법률

공익법인의 감사의 직무는 다음과 같다($공익법인 \atop \S 10 \, I$): ① 공익법인의 업무와 재산상황을 감사하는 일 및 이사에 대하여 감사에 필요한 자료의 제출 또는 의견을 요구하고 이사회에서 발언하는 일, ② 이사회의 회의록에 기명날인하는 일, ③ 공익법인의 업무와 재산상황에 대하여 이사에게 의견을 진술하는 일, ④ 공익법인의 업무와 재산상황을 감사한 결과 불법 또는 부당한 점이 있음을 발견한 때에 이를 이사회에 보고하는 일, ⑤ 그러한 보고를 하기 위하여 필요하면 이사회의 소집을 요구하는 일.

또한 감사는 공익법인의 업무와 재산상황을 감사한 결과 불법 또는 부당한 점이 있음을 발견한 때에는 지체 없이 주무 관청에 보고하여야 하고 ($\frac{공익법인}{§10\,Ⅱ}$), 이사가 공익법인의 목적범위 외의 행위를 하거나 그 밖에 이 법 또는 이 법에 따른 명령이나 정관을 위반하는 행위를 하여 공익법인에 현저한 손해를 발생하게 할 우려가 있을 때에는 그 이사에 대하여 직무집행을 유지(留止)할 것을 법원에 청구할 수 있다($\frac{공익법인}{§10\,Ⅲ}$).[7] 이러한 유지청구권은 명문의 규정이 없는 민법상 법인이나 학교법인에 유추적용하기는 어려울 것이다.

## 2. 사립학교법

학교법인의 감사의 직무는 다음과 같다($\frac{사학}{§19\,Ⅳ}$): ① 학교법인의 재산상황과 회계를 감사하는 일, ② 이사회의 운영과 그 업무에 관한 사항을 감사하는 일, ③ 학교법인의 재산상황과 회계 또는 이사회의 운영과 그 업무에 관한 사항을 감사한 결과 부정 또는 불비한 점이 있음을 발견한 때 이를 이사회와 관할청에 보고하는 일, ④ 그러한 보고를 하기 위하여 필요한 때에는 이사회의 소집을 요구하는 일, ⑤ 학교법인의 재산상황 또는 이사회의 운영과 그 업무에 관한 사항에 대하여 이사장 또는 이사에게 의견을 진술하는 일.

위와 같은 직무수행권에 기하여 학교법인의 감사는 이사회 결의의 무효확인을 구할 법률상 이익이 있다.[8]

## 3. 사회복지사업법

사회복지법인의 감사의 직무에 관하여는 사회복지사업법에 특별한 규정이

---

7) 상 § 402의 위법행위 유지청구권은 재판상 또는 재판외에서 행사할 수 있는 권리임에 비하여, 공익법인 감사의 유지청구권은 재판상으로만 청구할 수 있는 권리이다. 다만 실제로는 상법상 위법행위 유지청구권도 그것을 피보전권리로 하는 가처분의 형태로 재판상 행사될 때에만 실효성이 있다.

8) 대판 15.11.27, 2014다44451.

없고, 본조 및 공익법인 § 10이 준용된다($\binom{사회복지사}{업법 § 32}$).

[천 경 훈]


## 第 68 條(總會의 權限)

社團法人의 事務는 定款으로 理事 또는 其他 任員에게 委任한 事項外에는 總會의 決議에 依하여야 한다.

# Ⅰ. 본조의 의의

사원총회는 사단법인의 구성원인 사원들로 구성된 의사결정기관이다. 이는 필요기관이므로 정관규정으로도 폐지할 수 없다.[1]

본조는 사단법인의 사무는 이사나 그 밖의 임원에게 위임한 사항 외에는 총회의 결의에 의하여야 한다고 선언함으로써 사원총회가 사단법인의 최고 의사결정기관임을 선언하였다.[2] 이는 상 § 361에서 "주주총회는 상법 또는 정관에서 정하는 사항에 한하여 결의할 수 있다"고 규정하는 것과 대비된다. 즉 주식회사의 주주총회는 상법이나 정관에서 특별히 정한 사항에 한하여 결의할 수 있으나, 사단법인의 사원총회는 정관으로 이사 등에게 위임한 사항 외에는 전부 결의할 수 있는 것이다.

---

1) 주석 총칙(1), 866(제5판/문영화); 곽윤직·김재형, 199; 송덕수, 622; 양창수·김형석, 47; 이은영, 269.
2) 주석 총칙(1), 866(제5판/문영화).

## II. 사원총회의 권한

### 1. 민법상 명시된 권한

민법에 열거된 사원총회의 권한으로는 정관변경($\S_1^{42}$)과 법인의 해산($\S_{78}^{\S}$)이 있다. 이는 민법에서 사원총회의 전속적 권한으로 인정한 것이므로 정관으로 이를 박탈하거나 다른 기관의 권한사항으로 하는 것은 허용되지 않는다.[3] 따라서 정관에서 총회의 결의에 의하지 않고 정관을 변경할 수 있다고 정했더라도 그 정관규정은 효력이 없다.[4]

### 2. 정관으로 정한 권한

실제로 대부분의 사단법인 정관에서는 "총회에 부의할 사항"과 같은 조항을 두고 일정한 항목을 열거하고 있다. 민법에 정해진 정관변경과 해산 외에 실무상 총회의 의결을 거치도록 하는 대표적인 예로는, 이사·감사의 선임·해임, 예산 및 결산의 승인, 중요한 재산의 매도·임대·증여·취득, 보증·담보제공·기채, 사업계획의 승인, 이사회가 총회에 부의하기로 결의한 사항 등이 있다. 그 외의 사항도 정관으로 총회의 결의를 거치도록 정할 수 있다. 다만 이러한 사항들은 법률로 사원총회 권한임이 명시된 사항은 아니므로, 정관으로 이를 다른 기관의 권한사항으로 정하는 것도 가능하다.

### 3. 그 밖의 권한

법률이나 정관에 근거가 없더라도 사원총회는 이사 또는 다른 임원에게 정관으로 위임한 사항 이외에는 사단법인의 일체의 사무를 결의의 형식으로 결정할 권한이 있다.[5] 나아가 본조는 이사 또는 다른 임원에게 위임한 사항 외에는 "총회의 결의에 의하여야 한다"고 하여 총회의 결의에 의한 사무집행이 원칙인 것처럼 기술한다. 다만 실무적으로 사단법인의 정관에서는 "회장(이사장)은 본 법인을 대표하고 본 법인의 업무를 통할한다"는 취지의 조항을 두어 일상적인 사무에 관해 이사장·회장 등 대표권 있는 이사에게 포괄적으로 권한을 위임하고, "총회에 부의할 사항"은 따로 정관에서 열거하여 총회의 결

---

3) 주석 총칙(1), 867(제5판/문영화); 고상룡, 230; 곽윤직·김재형, 200; 김대정, 456; 명순구, 234; 백태승, 249; 송덕수, 625; 양창수·김형석, 47; 이영준, 967; 이은영, 270.
4) 송덕수, 625.
5) 주석 총칙(1), 866(제5판/문영화).

의를 거치도록 하는 것이 일반적이다. 이렇게 하더라도 본조의 문언에 반하여 위법하다고 할 것은 아니다. 이사회를 둔 사단법인의 경우에는 정관상 "총회에 부의할 사항" 중에 "이사회가 총회에 부의하기로 결의한 사항"이라는 항목을 두어 신축성을 도모하는 경우가 많다.

### 4. 총회 권한의 한계

총회는 강행법규에 위반하는 사항, 공서양속에 위반하는 사항, 법인의 본질에 반하는 사항은 결의할 권한이 없고, 그러한 결의는 효력이 없다.[6] 소수사원권($\overset{§70}{II}$), 사원의 결의권($\overset{§}{73}$)은 총회의 결의로도 박탈할 수 없다.[7]

또한 정관에서 사원총회 이외의 기관의 권한으로 정하고 있는 사항에 관하여는 그 정관을 변경하지 않는 한 사원총회는 결의할 권한이 없다고 본다.[8] 본조에서 사원총회는 정관을 변경할 권한을 가지지만, 정관을 변경하지 않는 한 이를 준수할 의무도 부담하기 때문이다. 같은 맥락에서 정관의 규범적인 의미와 다른 해석을 사원총회 결의라는 방법으로 표명했다고 하더라도 그 해석은 그 사단법인의 사원들이나 법원을 구속하는 효력이 없다.[9]

[천　경　훈]

### 第 69 條(通常總會)

社團法人의 理事는 每年 1回 以上 通常總會를 召集하여야 한다.

## I. 본조의 의의

사단법인의 사원총회는 매년 1회 이상 개최되는 통상총회와 그 외의 시기

---

6) 주석 총칙(1), 866(제5판/문영화); 고상룡, 230; 곽윤직·김재형, 200; 송덕수, 625; 이영준, 968 등 통설.
7) 주석 총칙(1), 867(제5판/문영화); 고상룡, 230; 곽윤직·김재형, 200; 명순구, 234; 백태승, 249; 송덕수, 625; 이영준, 967 등 통설.
8) 주석 총칙(1), 757(제4판/주기동); 주석 총칙(1), 867(제5판/문영화).
9) 대판 00.11.24, 99다12437.

에 필요에 따라 수시로 개최되는 임시총회로 구분된다. 통상총회와 임시총회
는 소집의 시기에 차이가 있을 뿐 그 권한은 동일하다. 본조는 그 중에서 통상
총회의 소집에 관하여 규정한다. 실제 법인의 정관에서는 통상총회라는 법문
의 용어보다는 정기총회라는 용어를 주로 사용한다.

## II. 통상총회의 소집

 이사는 적어도 1년에 1회 이상 통상총회를 소집해야 한다($\substack{본\\조}$). 즉 민법에서
는 소집의 빈도만을 정할 뿐 그 시기에 관하여는 아무런 정함이 없다. 반면 주
식회사의 주주총회에 대하여 상법은 "정기총회는 매년 1회 일정한 시기에 이
를 소집하여야 한다"고 하여 '일정한 시기'에 소집할 것을 요구한다($\substack{상\\§365\ 1}$).
 민법상 사단법인의 사원총회도 상법상 주식회사의 주주총회와 같이 매년
'일정한 시기'에 소집해야 한다는 견해가 통설이다.[1] 그러나 법문상 그런 제한
이 없으므로 통상총회가 반드시 일정한 시기에 소집될 필요가 없다는 견해도
있다.[2] 통상총회에서 처리해야 할 가장 기본적인 업무는 지난 회계연도의 재
산상황과 업무집행에 관하여 보고를 받고 전년도 결산과 당해 연도 예산을 승
인하는 것이므로, 통상총회를 매년 일정한 시기에 소집함으로써 통상총회 간
의 간격을 일정하게 유지할 필요가 있다. 따라서 비록 법문상의 근거는 부족하
지만 통설과 같이 해석함이 타당할 것이다.
 본조에서 통상총회의 소집 주체를 '이사'로 정하고 있다. 이사가 여럿인 경
우에 관해서는 §71에 대한 주해 II. 1. 참조. 소집통지에 관한 그 밖의 사항은
§71에 대한 주해 참조.

## III. 통상총회의 권한

 보통 통상총회에서는 이사로부터 재산상황 및 업무집행에 관한 사항을 보
고받고, 감사로부터 감사 결과를 보고받으며, 전년도 결산과 당해 연도 예산을

---

1) 고상룡, 228; 곽윤직·김재형, 199; 김대정, 454; 김증한·김학동, 232; 백태승, 247; 양
   창수·김형석, 47; 이영준, 965.
2) 송덕수, 623.

승인하고, 임기가 만료된 이사 및 감사의 후임자를 선임한다. 그러나 통상총회와 임시총회의 권한은 다르지 않기 때문에, 그 이외의 사항도 사원들에게 적법하게 통지된다면($\S72$ 참조) 통상총회에서 얼마든지 결의할 수 있다.

[천 경 훈]

## 第 70 條(臨時總會)

① 社團法人의 理事는 必要하다고 認定한 때에는 臨時總會를 召集할 수 있다.

② 總社員의 5分의 1 以上으로부터 會議의 目的事項을 提示하여 請求한 때에는 理事는 臨時總會를 召集하여야 한다. 이 定數는 定款으로 增減할 수 있다.

③ 前項의 請求있는 後 2週間內에 理事가 總會召集의 節次를 밟지 아니한 때에는 請求한 社員은 法院의 許可를 얻어 이를 召集할 수 있다.

## Ⅰ. 본조의 의의

사단법인의 사원총회는 매년 1회 이상 개최되는 통상총회와 그 외의 시기에 필요에 따라 수시로 개최되는 임시총회로 구분된다. 통상총회와 임시총회는 소집의 시기에 차이가 있을 뿐 그 권한은 동일하다. 본조는 그 중에서 임시총회의 소집에 관하여 규정하는데, 이를 이사가 소집하는 경우, 사원들의 요구로 소집하는 경우, 법원의 허가를 얻어 소집하는 경우로 나누어 규정한다. 그 외에 감사가 필요하다고 인정한 때에도 임시총회를 소집할 수 있다($\substack{\S 67 \\ (iv)}$).

## II. 이사에 의한 소집

이사는 필요하다고 인정한 때에는 임시총회를 소집할 수 있다($\substack{본조 \\ I}$). 이는 한편으로는 권한이지만, 임시총회의 소집이 필요한 경우에 이를 소집하는 것은 선량한 관리자의 주의의무에 따라 요구되는 의무이기도 하다.[1] 이사가 이 의무에 위반하여 임시총회의 소집을 게을리하면 그로 인한 법인의 손해를 배상해야 하고, 해임의 정당한 사유가 된다.[2] 이사가 여럿인 경우에는 누가 소집권한을 갖는지에 관하여는 §71에 대한 주해 II. 참조.

본조 I에서 말하는 "필요하다고 인정한 때"란 법인의 목적에 비추어 법인의 이익을 위하여 필요한 경우를 말한다.[3] 이는 재산적 이익과 비재산적 이익을 불문하지만,[4] 특정 사원 개인의 이익을 위하여 필요한 경우는 제외한다.[5]

## III. 소수사원권에 의한 소집

### 1. 소집요건

임시총회의 소집이 필요한데도 이사가 이를 소집하지 않는 경우에 총사원 5분의 1 이상의 요구로 소집을 청구할 수 있다($\substack{본조 II \\ 제1문}$). 총회 소집권을 이사에게만 배타적으로 부여할 경우 발생할 수 있는 사원의 불이익을 방지하면서도, 총회 소집권을 각 사원에게 부여할 경우 발생할 수 있는 남용의 위험을 방지하기 위하여 이를 소수사원권으로 정한 것이다.

소집권의 행사요건인 총사원 5분의 1이라는 수는 정관으로 증감할 수 있

---

1) 구주해(1), 712(최기원)은 '임시총회를 소집할 수 있다'가 아니라 '임시총회를 소집하여야 한다'로 개정할 것을 제안한다.
2) 구주해(1), 712(최기원); 주석 총칙(1), 759(제4판/주기동); 주석 총칙(1), 871(제5판/문영화).
3) 주석 총칙(1), 871(제5판/문영화).
4) 주석 총칙(1), 760(제4판/주기동); 주석 총칙(1), 871(제5판/문영화).
5) 구주해(1), 712(최기원); 주석 총칙(1), 871(제5판/문영화).

다( $\frac{본조 II}{제2문}$ ). 즉 소수사원권의 행사요건을 더 강화할 수도 있고 더 완화할 수도 있다. 다만 소수사원권을 아예 박탈할 수는 없다는 것이 통설이다.[6] 그렇다면 어느 정도로 행사요건을 강화하면 소수사원권을 박탈하는 것으로 볼 것인가? 정관으로 임시총회 소집에 총사원의 과반수의 청구를 요구한다면, 소수파 사원의 소집청구를 허용하지 않는 것과 같으므로 소수사원권을 박탈하는 것으로서 허용되지 않는다는 견해가 있다.[7] 이에 따르면 그러한 정관규정은 무효이므로 본조의 '5분의 1 이상' 요건이 적용될 것이다. 입법론으로는 정관으로 요건을 완화하는 것, 즉 5분의 1보다 정수를 줄이는 것만 가능하게 해야 한다는 견해도 유력하고[8] 이것이 옳은 방향이라고 본다.

"총사원의 5분의 1"을 계산할 때에 의결권을 갖지 못하는 사원을 분모·분자에 포함시킬지 문제된다. 임시총회 소집청구권과 그 총회에서의 의결권은 반드시 연관되어야 하는 것은 아니라는 이유로 의결권이 없는 사원도 포함시키는 견해가 있다.[9] 참고로 상법상 주식회사에서도 소수주주권으로 발행주식총수의 100분의 3 이상의 주식을 가진 주주에게 임시주주총회 소집청구권을 인정하는데, 이때에는 의결권 없는 주식도 포함된다는 것이 통설이다.[10]

## 2. 소집절차

민법은 총사원 5분의 1 이상이 "목적사항을 제시"하여 청구할 것을 요구하는 것 외에는 소수주주권에 기한 소집절차에 관하여 별다른 정함이 없다. 정관으로 소수주주권에 기한 소집절차에 관해 더 상세한 규정을 두는 것, 예컨대 소집이유를 명시하도록 하거나 소집청구를 서면으로 하도록 하는 것은 가능하다고 할 것이다.[11]

만약 임시총회 소집청구가 그러한 정관 규정을 준수하지 못한 경우, 예컨대 정관에서 소수주주권에 기한 임시총회 소집 시에는 소집이유를 명시한 서

---

6) 고상룡, 229; 곽윤직·김재형, 199; 김대정, 454; 김주수·김상용, 237; 김증한·김학동, 232; 백태승, 248; 이영준, 965.

7) 구주해(1), 714(최기원).

8) 강태성, "사원총회에 관한 민법총칙의 개정방향", 법조 620, 2008, 22.

9) 구주해(1), 714(최기원); 주석 총칙(1), 761(제4판/주기동).

10) 의결권 없는 주식을 제외하고자 할 때에는 상법은 "의결권 없는 주식을 제외한 발행주식총수의 ○○ 이상"이라는 표현을 사용한다. 주주제안권에 관한 상 §363-2 Ⅰ, 집중투표에 관한 상 §382-2 Ⅰ 참조.

11) 구주해(1), 715(최기원); 주석 총칙(1), 761(제4판/주기동); 주석 총칙(1), 873(제5판/문영화).

면에 의하도록 했는데 서면에 의하지 않거나 소집이유를 명시하지 않은 경우에, 그러한 소집청구를 거부할 수 있는가? 정관에 그러한 규정을 두고 그 준수를 요구하는 것은 소수사원권으로서의 총회소집권을 박탈할 정도로 제한하는 것이 아니므로, 그러한 제한은 유효하고 따라서 이 경우 소집청구를 적법하게 거절할 수 있다고 할 것이다.[12]

이 소집청구는 소집권자(즉 대표권 있는 이사)에게 하여야 한다. 즉 본조 Ⅱ에 따른 임시총회 소집 시에도 총회를 소집하는 소집권자는 이사이다. 그가 소집청구에도 불구하고 소집하지 않으면 본조 Ⅲ의 문제가 된다.


# Ⅳ. 법원의 허가에 의한 소집

## 1. 취지 및 적용범위

소수사원의 임시총회 소집청구가 있은 후 2주 내에 이사가 임시총회의 소집절차를 밟지 아니한 때에는 청구한 사원은 법원의 허가를 얻어 임시총회를 소집할 수 있다(본조 Ⅲ). 이는 본조 Ⅱ에 따라 소수사원들이 임시총회 소집권을 행사하였음에도 이사가 이에 필요한 조치를 취하지 아니한 때에 법원이 후견적 지위에서 개입할 수 있도록 한 것이다.[13] 여기서 "절차를 밟지 아니한"이란 소집통지를 발송하지 아니한 것을 의미한다.

이사들이 이사회 소집을 요구하였으나 정관상 소집권자가 이사회를 소집하지 아니한 경우에 본조 Ⅲ을 유추적용하여 법원에 허가를 신청할 수 있는지가 다투어진 적이 있었다. 대법원은 사원총회와 이사회는 "구성과 운영의 원리가 다르고, 법원이 후견적 지위에서 관여하여야 할 필요성을 달리하"므로 "민법상 법인의 집행기관인 이사회 소집에 유추적용할 수 없다"고 하였다.[14]

---

12) 주석 총칙(1), 761(제4판/주기동).
13) 대결 17.12.1, 2017그661("민법 제70조 제3항은 사단법인의 최고의결기관인 사원총회의 구성원들이 사원권에 기초하여 일정한 요건을 갖추어 최고의결기관의 의사를 결정하기 위한 회의의 개최를 요구하였는데도 집행기관인 이사가 절차를 밟지 아니하는 경우에 법원이 후견적 지위에서 소수사원의 임시총회 소집권을 인정한 법률의 취지를 실효성 있게 보장하기 위한 규정"이라고 함).
14) 대결 17.12.1, 2017그661.

## 2. 임시총회소집 허가절차

### (1) 관할 및 당사자

총회소집 허가신청사건의 관할법원은 법인의 주된 사무소 소재지의 지방법원 합의부이다($\S_{34}^{비송}$ I). 임시총회 소집을 청구했던 사원들이 신청인이 되고, 법인은 사건본인이 된다.

### (2) 당사자에 관한 요건

첫째, 신청인들은 사원이어야 한다. 사건본인인 법인이 신청인들의 사원 지위 자체를 다투어서 사원 지위 여부에 관한 법률적인 판단이 필요한 때에는 사원지위 확인의 소 등을 통해 사원의 지위를 확정한 다음 임시총회소집 허가신청을 하는 것이 보통이다.[15] 감사는 법인의 재산 및 업무감사 결과를 보고하기 위해 총회를 소집할 스스로의 권한($\S_{(iv)}^{67}$)에 기하여 총회를 소집하면 되므로, 법원에 임시총회소집 허가신청을 할 이익이 없어 감사의 신청은 각하해야 한다.[16]

둘째, 신청인은 총사원의 5분의 1 이상($\substack{정관으로 \ 달리 \ 정 \\ 한 \ 경우에는 \ 그 \ 수}$)이라는 정수(定數)를 충족해야 한다. 이는 신청 시부터 재판 시까지 계속하여 충족되어야 하고, 그 정수에 부족이 생긴 때에는 신청이 부적법하게 되므로 각하되어야 한다.[17] 신청 후 일부 사원이 사원지위를 잃거나 신청을 철회하는 등으로 정수에 부족이 생긴 경우, 정수를 채우기 위해 신청인을 추가하는 것은 허용되지 아니하므로 위 정수의 부족을 보정할 방법도 없다.[18] 임시총회소집 허가신청을 위해 다수의 사원들이 선정당사자를 선정하였다고 하더라도, 선정당사자가 한 신청은 그가 단독으로 한 것에 불과하여 정수 미달로서 부적법하다.[19]

셋째, 신청인인 사원은 미리 본조 Ⅱ에 따라 총회소집을 청구했던 자이어야 하므로 소집청구절차를 거치지 않은 신청은 기각된다.[20] 이사의 유고로 사원들이 임시총회 소집청구를 할 수 없는 때에는 이사 직무대행자($\S_{60-2}$)에게 소집청구를 할 수 있고, 직무대행자가 선임되지 않거나 유고 중이어서 이사의 직무를 행할 자가 없으면 법원으로부터 임시이사 선임결정($\S_{63}$)을 받아 임시이사

---

15) 법원행정처, 법원실무제요 비송, 2014, 87.
16) 법원행정처(주 15), 87.
17) 법원행정처(주 15), 87.
18) 법원행정처(주 15), 87.
19) 대결 90.12.7, 90마674, 90마카11.
20) 법원행정처(주 15), 87.

가 임시총회를 소집하거나[21] 사원들이 임시이사에게 소집청구를 한 후 2주간 내에 소집을 하지 않은 때에 법원에 소집허가신청을 할 수 있다.

### (3) 신청절차와 요건

임시총회소집 허가신청은 서면으로 해야 하고($^{비송\ \S\S 34}_{\ II,\ 80\ II}$), 회의의 목적사항을 제시해야 한다($^{\S 70}_{II}$). 신청인은 이사가 그 소집을 게을리 한 사실을 소명해야 한다. 소명자료로는 임시총회 소집을 청구하는 내용증명, 총회소집통지서를 받은 일이 없다는 사원의 진술서 등을 첨부함이 보통이다.[22]

### (4) 재판과 불복

법원은 이유를 붙인 결정으로 재판한다($^{비송\ \S\S 34}_{II,\ 81\ I}$). 법원은 후견적 입장에서 임시총회 소집이 필요성, 소집을 허가했을 때와 허가하지 않았을 때 법인에 미치는 영향 등 실질적 요건까지 심리하여 허가 여부를 결정한다.[23] 허가신청을 인용하는 재판을 할 때에는 주문에서 임시총회의 목적사항을 명백히 하여야 한다(예: "신청인들이 이사 ○○○의 퇴임에 따른 후임이사 선임을 목적으로 하는 사건본인 ○○○ 법인의 사원총회를 소집하는 것을 허가한다").[24]

법원이 신청을 각하·기각한 재판에 대하여는 항고로 불복할 수 있으나. 신청을 인용한 재판에 대하여는 불복신청을 할 수 없다($^{비송\ \S\S 34}_{II,\ 81\ II}$).

### (5) 허가결정의 취소

허가결정을 한 후라도 그 결정에 따른 총회소집과 의결이 이루어지기 전에 법인이 어떠한 경위로 총회소집의 목적사항을 의결한 사정이 밝혀지면 그 결정은 부당하게 되므로 법원은 결정을 취소할 수 있다($^{비송}_{\S 19\ I}$).[25]

## 3. 소집허가에 따른 임시총회

법원의 소집허가 결정을 받은 사원들은 법인의 일시적 기관으로서 임시총회를 소집한다. 즉 법원의 소집허가 결정만으로 바로 소집의 효과가 발생하는 것이 아니라, 허가결정을 받은 소수사원들이 §71에 따라 1주 전에 회의의 목적사항을 기재한 통지를 모든 사원들에게 발송함으로써 임시총회 소집절차를 취해야 한다.

법원의 소집허가에 의하여 개최되는 임시총회에서는 법원의 소집허가결

---

21) 법원행정처(주 15), 87.
22) 법원행정처(주 15), 88.
23) 법원행정처(주 15), 88.
24) 법원행정처(주 15), 88-89.
25) 법원행정처(주 15), 88.

정 및 소집통지서에 기재된 회의목적사항과 이와 관련된 사항에 관하여 결의할 수 있다.[26] 소수사원이 법원의 허가를 받아 임시총회를 소집하는 경우 법인의 기관으로서 소집하는 것으로 보아야 하므로, 법인의 대표자가 그 임시총회의 기일과 같은 기일에 다른 임시총회를 소집할 권한은 없게 된다.[27]

　　이러한 임시총회의 의장은 누가 되는가? 실제 총회운영에서 의장의 역할은 의제설정 및 결의의 향방을 좌우할 정도로 막중하므로, 누가 의장이 되느냐는 매우 중요한 문제이다. 주식회사에서 법원이 소수주주의 임시총회소집을 허가할 때에는 이해관계인의 청구나 직권으로 총회의 의장을 선임할 수 있다($\S_{366}^{상}$ Ⅱ). 이처럼 주식회사에서 법원의 소집허가 시에는 총회운영의 주도권을 소수주주 측에 빼앗길 가능성이 있기 때문에, 요건을 갖춘 소수주주가 총회소집 요구를 하는 경우 회사의 이사회로서는 사건을 법원으로 끌고 가기보다 소집요구를 받아들여 스스로 총회를 소집하는 경우가 많다.[28] 반면 민법 및 비송사건절차법에는 소수사원이 법원의 허가를 얻어 총회를 소집하는 경우에도 법원이 의장을 선임할 명문상의 근거가 없으므로, 정관에 따라 원래 의장이 될 자가 의장직을 수행할 것이다. 입법론적으로는 상법과 같은 태도를 고려할 만하다.

[천 경 훈]

---

26) 대판 93.10.12, 92다50799(종중에 관하여 본조가 유추적용된 사례로서, 법원이 허가한 임시총회의 소집목적은 종중재산 매도대금 부정지출 관련자의 책임추궁 및 변상조치에 관한 건이었는데, 임시총회에서 논의 중에 그와 관련된 집행부 임원 전원을 불신임하여 해임하고 후임자를 선임하는 결의를 한 것에 대하여 목적사항과 관련된 결의로 인정함).

27) 대판 93.10.12, 92다50799(종중에 관하여 본조가 유추적용된 사례).

28) 김건식·노혁준·천경훈, 회사법, 제6판, 2022, 295.

## 第71條(總會의 召集)

總會의 召集은 1週間前에 그 會議의 目的事項을 記載한 通知
를 發하고 其他 定款에 定한 方法에 依하여야 한다.

# Ⅰ. 본조의 의의

사원총회는 정당한 소집권자가 적법한 소집절차에 따라 소집하여야 유효
한 결의를 할 수 있다. 본조는 그러한 소집절차와 관련하여 1주 전에 회의의
목적사항을 기재한 통지를 발송할 것을 요구하되, 그 외에는 정관에 정한 방법
에 의하도록 하여 정관자치를 폭넓게 인정하고 있다. 사원총회에 관한 다른 조
문들과 같이 이 조문도 법인격을 전제로 한 것이 아니므로 비법인사단에 폭넓
게 준용 내지 유추적용된다.[1]

# Ⅱ. 총회의 소집절차

## 1. 소집권자

사원총회는 원칙적으로 이사가 소집하고(통상총회에 관해 §69, 임시총회에 관해 §70 Ⅰ), 예외적으로 감
사($\frac{§67}{(iv)}$) 또는 법원의 허가를 받은 소수사원($\frac{§70}{Ⅲ}$)이 소집한다.

이사가 여럿인 경우에는 누가 소집권한을 갖는가? ① 정관에서 특정한 이
사에게 총회의 소집권을 부여하고 있다거나, 이사회 결의로 총회소집에 관한

---

[1] 예컨대 대판 06.7.13, 2004다7408("재건축조합은 비법인사단으로서 법인격을 전제로 하
는 조항을 제외하고는 민법의 법인에 관한 규정의 준용을 받는다 할 것인바, 민법 제71조,
제72조에 비추어 볼 때 정관에 다른 규정이 없는 한 총회에서는 소집 1주간 전에 통지된
그 회의의 목적사항에 관하여만 결의할 수 있다").

사항을 정하도록 하고 있다면 그에 따른다. ② 정관에 이에 관한 규정이 없는 경우에는 이사의 과반수로 결정한다는 견해[2]와 이사 개개인이 소집권자가 된다는 견해[3]가 대립한다. 민법은 이사가 수인인 경우에는 정관에 다른 규정이 없으면 법인의 사무집행은 이사의 과반수로써 결정하도록 하고 있는데($\S^{58}_{II}$), 총회의 소집도 법인의 사무집행의 일부이므로 이사들 간의 의견이 다른 경우에는 과반수 결정에 따라야 할 것이다. 만약 각 이사에게 소집권을 인정하면, 비슷한 시기에 조금씩 다른 의제로 복수의 총회가 소집될 수 있어 오히려 법인과 사원의 이익에 반할 우려가 있다.

## 2. 소집시기와 장소

사원총회 중 통상총회는 일정한 시기에 소집되지만, 임시총회는 필요에 따라 수시로 개최되므로 소집시기가 일정하지 않다. 실무상 사단법인의 정관에서는 통상총회 대신 정기총회라는 표현을 사용하며, "정기총회는 회계연도 종료 후 2개월 내에 개최한다"거나 "정기총회는 연 1회 12월 중에 개최한다"거나 "정기총회는 회계연도 개시 1월 전까지 개최한다"는 방식으로 시기를 정한다.

소집장소에 관하여는 정관에 규정이 있으면 이에 따라야 하고, 정관에 규정이 없으면 어느 곳으로 정하든 무방하지만 사원들이 출석하고 신중한 토의와 결의를 할 수 있는 곳으로 정해야 한다. 소집장소가 사원들이 접근하기 어렵거나 모이기 어려운 곳인 때에는 총회의 하자사유가 될 수도 있을 것이다.[4]

## 3. 소집통지

### (1) 통지방법

본조는 통지방법과 관련하여 "회의의 목적사항을 기재한 통지를 발"할 것을 요구한다. 본조가 서면통지를 원칙으로 한 것이라고 해석하기도 하지만,[5] '기재'라는 것이 반드시 서면에 의한 것만을 가리키는 것인지, 그리하여 이메일 등 전자적 방법에 의한 통지를 배제하는 것인지는 의문이다. 정관에서 개별통지 외에 신문광고, 기관지게재 등의 방법을 규정할 수 있다는 견해도 있고,[6]

---

2) 구주해(1), 712, 718(최기원).
3) 주석 총칙(1), 759, 763(제4판/주기동).
4) 김건식·노혁준·천경훈, 회사법, 제6판, 2022, 296(주식회사에 관한 논의).
5) 김준호, 140.
6) 김증한·김학동, 234; 백태승, 249; 송덕수, 624.

정관에 규정이 없는 경우에는 이사가 모든 사원에게 알릴 수 있는 적절한 방법을 선택할 수 있다는 견해도 있다.[7] 결의권이 없는 사원의 경우에도 총회의 결의에 이해관계를 가질 수 있으므로 소집통지를 해야 한다.[8]

실무적으로 사단법인의 정관에서는 "총회의 소집은 회장이 회의 안건, 일시, 장소를 명기하여 회의개최 7일 전까지 문서로 각 회원에게 통지하여야 한다"는 취지로 규정하거나, 여기에 덧붙여 "이 통지는 본 법인에 등록된 회원의 전자우편주소로 발송할 수 있다"고 기재하는 경우가 많다.

(2) 통지기간

이러한 소집통지는 적어도 회일의 1주 전에 발송하여야 한다. 이는 사원들에게 사원총회에 참석하고 의견을 정하기 위한 시간을 부여함으로써 결의권의 행사를 실질적으로 보장하기 위한 것이다. 기간의 계산에서는 초일이 불산입되므로, 예컨대 1.10.이 회일이라면 1.2. 24:00까지는 발송되어야 한다. 이 기간은 정관으로 연장할 수 있으나 단축할 수는 없다는 것이 통설이다.[9] 이러한 소집통지 기간을 준수하지 못한 경우 그 결의는 특별한 사정이 없는 한 효력이 없다.[10]

(3) 목적사항 기재

소집통지시에는 회의의 목적사항을 기재해야 한다. 이는 사원이 "결의를 할 사항이 사전에 무엇인가를 알아 회의 참석 여부나 결의사항에 대한 찬반의사를 미리 준비하게 하는 데 있으므로, 회의의 목적 사항은 구성원이 안건이 무엇인가를 알기에 족한 정도로 구체적으로 기재"하여야 한다.[11]

소집통지를 하면서 회의의 목적사항을 열거한 다음 '기타 사항'이라고 기재한 경우 그 지시대상이 어디까지인지 문제된다. 판례는 "회의 소집 통지에는 회의의 목적 사항을 기재하도록 한 민법 제71조 등 법 규정의 입법 취지에 비

---

7) 곽윤직·김재형, 200; 김증한·김학동, 234; 백태승, 249; 송덕수, 624.
8) 구주해(1), 721(최기원); 주석 총칙(1), 765(제4판/주기동); 주석 총칙(1), 881(제5판/문영화).
9) 주석 총칙(1), 879(제5판/문영화); 고상룡, 229; 곽윤직·김재형, 200; 김대정, 454-455; 백태승 249; 송덕수, 623; 이영준, 966.
10) 대판 95.11.7, 94다7669(종중에 관하여 본조가 유추적용된 사례로서, 1991.9.3. 연락 가능한 종원들에게 임시총회 소집통지를 하여 1991.9.8. 총회를 개최하여 종중대표자를 선출한 사안에서, 이 소집절차는 본조에 위반되어 특별한 사정이 없는 한 그 결의는 효력이 없다고 함).
11) 대판 13.2.14, 2010다102403(입주자대표회의에 관한 사안); 대판 93.10.12, 92다50799 (종중총회에 관한 사안).

추어 볼 때, '기타 사항'이란 회의의 기본적인 목적 사항과 관계가 되는 사항과 일상적인 운영을 위하여 필요한 사항에 국한된다"[12]고 한다. 그리하여 "주차장 공사업체 선정, 온수탱크 보수, 직원급여 조정 등에 관한 안건과 기타 안건"이 부의된 입주자대표회의에서 '개별난방 세대들에 대한 난방비 면제 여부'에 대해 결의한 경우와[13] "경과 보고, 조합장 선임, 기타 사항"을 안건으로 하여 소집된 재건축조합총회에서 이사선임, 감사선임, 재건축사업 시공을 위한 참여조합원 선정 결의를 한 경우에[14] 그 결의는 목적사항이 아닌 사항에 대한 결의로서 무효라고 하였다.

　　이사·감사 선임시에 후보자들의 인적사항을 기재할 필요가 있는가? 상법상 주식회사에서도 상장회사의 경우에는 이사·감사 후보자의 성명, 약력, 추천인 등을 통지 및 공고하도록 하지만($^{상}_{4}$ §542-$_{II}$), 이 규정은 비상장회사에는 적용되지 않으므로 주주총회 소집통지 시에 의제로 이사선임의 건, 감사선임의 건과 같이만 기재해도 위법하지 않다. 민법상 법인의 경우에도 비상장회사와 같이 보아야 할 것이다.[15]

## 4. 소집의 철회와 취소

　　법인이나 비법인사단의 총회에 있어서, 소집된 총회가 개최되기 전에 당초 그 총회의 소집이 필요하거나 가능하였던 기초 사정에 변경이 생겼을 경우에는, 특별한 사정이 없는 한 그 소집권자는 소집된 총회의 개최를 연기하거나 소집을 철회·취소할 수 있다.[16] 대법원은 비법인사단의 총회에 있어서 총회의 소집권자가 총회의 소집을 철회·취소하는 경우에는 "반드시 총회의 소집과 동일한 방식으로 그 철회·취소를 총회 구성원들에게 통지하여야 할 필요는 없고, 총회 구성원들에게 소집의 철회·취소결정이 있었음이 알려질 수 있는 적절한 조치가 취하여지는 것으로써 충분히 그 소집 철회·취소의 효력이 발생한다"고 판시하였다.[17]

　　이는 주식회사에서의 판례의 태도와 다르다. 판례는 주주총회 소집의 철회

---

　　12) 대판 13.2.14, 2010다102403(입주자대표회의에 관한 사안); 대판 96.10.25, 95다56866 (재건축조합총회에 관한 사안).
　　13) 대판 13.2.14, 2010다102403.
　　14) 대판 96.10.25, 95다56866.
　　15) 주석 총칙(1), 759, 765(제4판/주기동); 주석 총칙(1), 880(제5판/문영화).
　　16) 대판 07.4.12, 2006다77593(사찰 주지후보자 선출을 위한 산중총회에 관한 사안).
　　17) 대판 07.4.12, 2006다77593(사찰 주지후보자 선출을 위한 산중총회에 관한 사안).

나 변경은 소집통지와 동일한 절차와 방법에 따라야 한다고 하여 상당히 엄격한 태도를 취한다. 그리하여 휴대전화 메시지를 발송하고 일간신문에 공고하고 총회장소에 공고문을 부착하는 등의 방법으로 통지한 것으로는 소집통지의 철회가 유효하게 이루어지지 않았다고 하고,[18] 반면 공고문과 휴대전화 메시지에 추가하여 퀵서비스로 소집철회통지서를 보낸 사안에서는 서면통지가 있었으므로 소집이 적법하게 철회되었다고 판시하였다.[19] 비법인사단에 관한 위 2007년 판결이 앞으로 사단법인에도 동일하게 적용될지는 검토를 요한다.

## Ⅲ. 소집절차에 위반한 사원총회 결의의 효력

총회의 소집절차가 법률 또는 정관의 규정에 위반한 경우에 대해 민법상 별다른 규정이 없으나, 특별한 사정이 없는 한 그러한 총회에서 이루어진 결의는 효력이 없다는 것이 통설·판례이다. 이에 관하여는 §75에 대한 주해 참조.

다만 사원 전원이 총회의 개최에 동의하여 총회를 개최한 경우에는 소집절차에 하자가 있다거나 소집절차를 거치지 않았더라도 그 총회의 결의는 유효하다고 할 것이다.[20] 참고로 상법상 유한회사에서는 "총사원의 동의가 있을 때에는 소집절차 없이 총회를 열 수 있다"고 규정하고($ _{§573}^{상} $), 주식회사에서도 판례는 "주식회사의 임시주주총회가 법령 및 정관상 요구되는 이사회의 결의 및 소집절차 없이 이루어졌다 하더라도, 주주명부상의 주주 전원이 참석하여 총회를 개최하는 데 동의하고 아무런 이의 없이 만장일치로 결의가 이루어졌다면 그 결의는 특별한 사정이 없는 한 유효하다"고 한다.[21] 민법상 법인에서도 같은 결론에 이를 수 있을 것이다.

[천  경  훈]

---

18) 대판 09.3.26, 2007도8195.
19) 대판 11.6.24, 2009다35033.
20) 구주해(1), 721(최기원); 주석 총칙(1), 881(제5판/문영화).
21) 대판 02.12.24, 2000다69927; 대판 02.7.23, 2002다15733; 대판 96.10.11, 96다24309; 대판 93.2.26, 92다48727 등.

**第 72 條**(總會의 決議事項)

總會는 前條의 規定에 依하여 通知한 事項에 關하여서만 決
議할 수 있다. 그러나 定款에 다른 規定이 있는 때에는 그
規定에 依한다.

## Ⅰ. 본조의 의의

총회의 소집통지 시에는 사원이 회의 참석 여부나 결의사항에 대한 찬반
의사를 결정할 수 있도록 회의의 목적사항을 기재해야 한다($\frac{\S}{71}$). 그 당연한 귀
결로서 총회에서는 그와 같이 통지된 사항에 대해서만 결의할 수 있는 것을
원칙으로 하되, 정관에서 달리 정하는 경우에는 미리 통지하지 않은 사항에 관
하여도 결의할 수 있도록 하였다.

## Ⅱ. 회의의 목적 사항

총회소집 시에 통지해야 하는 회의의 목적사항의 의미, 그 기재의 정도,
목적사항에 '기타사항'이라고 기재된 경우 그 의미 등에 관하여는 §71에 대한
주해 Ⅱ. 3. (3) 참조.

소집통지 시에 기재한 회의의 목적사항을 총회가 소집된 후에 변경할 수
있는가? 총사원이 총회에 출석하여 이에 동의한 경우에는 그와 같은 목적사항
의 변경도 유효하고, 변경된 목적사항에 대한 결의도 유효하다. 출석한 사원
전원의 동의가 있고 불출석한 사원도 그에 대해 서면으로 미리 동의를 표시했
다면, 법인의 정관에서 이를 금지하지 않는 한 그러한 변경이 가능하다고 할
것이다. 그러나 불출석한 사원이 있는 상태에서 출석한 사원의 동의만으로는

회의의 목적사항을 변경할 수 없다.[1]

## Ⅲ. 정관에 다른 규정이 있는 때

본조 단서는 "정관에 다른 규정이 있는 때"에는 미리 통지하지 않은 사항에 관하여도 결의할 수 있도록 허용하였다. §68에서 "정관으로 이사 또는 기타 임원에게 위임한 사항"에 대해서는 총회의 결의를 요구하지 않는 점 및 민법상 총회의 결의를 거치도록 명시된 사항이 정관변경과 해산에 불과하고 나머지는 정관의 정함에 맡겨져 있는 점 등에 비추어 보면, 민법은 총회의 권한사항을 정함에 있어 상당히 폭넓은 정관자치를 허용하고 있다고 할 수 있다. 그렇다면 정관으로 일정한 사항에 대해 총회의 결의를 거치도록 하되 사전통지 의무를 면제하거나 완화하는 것도 금지할 이유는 없을 할 것이다.

예컨대 통상총회에서 결의할 사항을 미리 정관에서 정하고 있고 실제로 그 범위 내에서 총회결의가 이루어졌다면, 비록 소집통지에 목적사항이 누락되었거나 부실하게 기재되었더라도 본조 단서의 "정관에 다른 규정이 있는 때"에 해당하여 결의의 효력을 인정할 수 있을 것이다.[2] "법인의 운영을 위하여 통상적으로 필요한 사항은 소집통지 시에 회의의 목적사항으로 기재하지 않더라도 결의할 수 있다"는 취지의 정관규정도 본조 단서에 따라 허용된다는 견해도 있다.[3]

그러나 정관에서 포괄적으로 "일체의 사항에 관하여 미리 통지하지 않고 결의할 수 있다"고 정하거나, 민법상 사원총회 결의를 요하는 사항인 정관변경과 해산에 대해서도 사전통지 없이 결의할 수 있도록 정하는 것은, §71와 본조를 비롯한 민법의 전체적인 취지에 비추어 허용되지 않는다고 할 것이다.

---

1) 구주해(1), 723(최기원); 주석 총칙(1), 886(제5판/문영화).
2) 구주해(1), 723(최기원); 주석 총칙(1), 768(제4판/주기동); 주석 총칙(1), 886(제5판/문영화).
3) 구주해(1), 723(최기원); 주석 총칙(1), 768(제4판/주기동); 주석 총칙(1), 886(제5판/문영화).

## IV. 본조에 위반한 결의의 효력

정관에 다른 정함이 없이 소집통지에 목적사항으로 기재하지 않은 사항에 관하여 총회에서 결의를 하였다면 그 결의는 효력이 없다.[4] 다만 구성원 전원이 회의에 참석하여 결의한 경우에는 유효하다고 할 것이다. 판례도 소집통지에 목적사항으로 기재하지 않은 사항에 관하여 결의한 때에는 "구성원 전원이 회의에 참석하여 그 사항에 관하여 의결한 경우가 아닌 한" 그 결의는 무효라고 한다.[5]

[천 경 훈]

**第73條**(社員의 決議權)
① 各 社員의 決議權은 平等으로 한다.
② 社員은 書面이나 代理人으로 決議權을 行使할 수 있다.
③ 前2項의 規定은 定款에 다른 規定이 있는 때에는 適用하지 아니한다.

## I. 본조의 의의

사원은 사단법인의 구성원으로서 사단법인의 존립의 기초가 된다($\S_{77}$). 사

---

4) 구주해(1), 723(최기원); 주석 총칙(1), 887(제5판/문영화).
5) 대판 13.2.14, 2010다102403(입주자대표회의에 관한 사안).

원과 법인 사이에 존재하는 법률관계로부터 여러 가지 권리와 의무가 발생하는데, 사원이 가지는 법률상의 권리 내지 지위를 포괄적으로 사원권이라고 한다. 사원권은 사단의 관리 · 운영에 참여하는 권리인 공익권(共益權)(결의권, 소수사원권 등)과 사단으로부터 경제적 이익을 얻는 자익권(自益權)(시설이용권, 잔여재산청구권 등)으로 구분되는데, 공익권의 가장 중요하고 대표적인 예가 사단법인의 의사결정에 참여하는 결의권[1]이다. 본조는 그 결의권의 평등원칙을 선언하고 그 행사방법을 규정하면서, 정관으로 달리 정할 수 있음을 명시하고 있다.

## II. 결 의 권

### 1. 결의권의 의의

결의권이란 사원이 사원총회에서 결의에 참가하여 사단의 의사형성에 참여할 수 있는 권리를 말한다.[2] 이는 정관이나 총회결의로 제한할 수는 있으나 완전히 박탈할 수는 없다.[3] 이처럼 민법상 법인의 경우 결의권이 없는 사원은 존재하지 않는다는 점이 주식회사의 경우 의결권 없는 주주(상§344-3①)도 존재할 수 있는 것과 다르다.[4]

결의권은 이른바 사원의 고유권(固有權)의 가장 중요한 내용을 이룬다. 고유권(Sonderrecht)이란 사원의 사단에 대한 권리 중 사원의 동의 없이는 총회의 결의로도 박탈할 수 없는 권리를 말한다.[5] 이런 취지를 명시한 독민 §35와 같은 조항은 우리 민법에 없지만, 통설은 다수결 원칙의 한계 내지 헌법상 소수자보호의 원칙으로부터 도출되는 사원의 고유권을 인정하고 본조의 결의권과 임시총회 소집권(§70②)이 고유권에 속한다고 한다.[6]

---

1) 상법에서는 의결권이라는 용어를 사용하는데 본조는 결의권이라고 한다.
2) 주석 총칙(1), 888(제5판/문영화).
3) 주석 총칙(1), 773(제4판/주기동); 주석 총칙(1), 889(제5판/문영화); 고상룡, 230; 곽윤직 · 김재형, 200; 백태승, 251; 이영준, 967; 이은영, 270 등 통설.
4) 구주해(1), 729(최기원).
5) 곽윤직 · 김재형, 200; 백태승, 250; 이은영, 270.
6) 주석 총칙(1), 892(제5판/문영화); 곽윤직 · 김재형, 200; 김대정, 456; 김증한 · 김학동, 233; 명순구, 234; 송덕수, 625; 이영준, 967; 이은영, 270 등 통설.

## 2. 결의권 평등의 원칙

사원은 평등한 결의권을 가진다($\frac{본조}{I}$). 즉 각 사원은 1개의 의결권을 가진다. 이는 주식회사의 1주 1의결권의 원칙($_{§\,369}^{\ 상}\ _I$)과 확연히 대조되는데, 이는 사단법인에서는 사원의 개성이 그의 자본적 기여보다 더 중시되기 때문이다.

다만 의결권평등의 원칙은 정관으로 변경할 수 있다($\frac{본조}{Ⅲ}$). 예컨대 사원자격 취득시 기부금의 액수를 고려하거나 기타 사단의 목적에 비추어 특정한 사원에게 다수의 의결권을 인정하거나, 일정한 사원의 의결권을 제한하는 정관규정도 유효하다.[7]

## Ⅲ. 결의권의 행사

### 1. 직접 출석에 의한 행사

결의권은 사원이 스스로 총회에 출석하여 찬부를 표시함으로써 행사하는 것이 원칙이다. 결의권의 행사는 투표, 거수, 기립, 박수 등의 방법으로 이루어진다. 결의권의 행사는 사원의 의사표시의 일종이므로 이에 대하여는 의사표시에 대한 일반원칙과 규정이 적용된다.[8]

### 2. 서면에 의한 행사

#### (1) 의    의

본조 Ⅱ에서는 결의권을 서면으로 행사할 수 있다고 하고, 사원총회의 의사정족수 및 의결정족수 판정에 있어 서면으로 결의권을 행사한 경우 당해 사원은 출석한 것으로 한다($_{Ⅱ}^{§\,75}$).

#### (2) 서면결의 가부

결의권의 서면행사가 ① 총회의 소집을 전제로 그 총회에서 서면으로 결의권 행사를 허용하는 것에 그치는지, ② 더 나아가 총회를 소집하지 않는 서면결의 방식을 포함하는 것인지는 견해가 대립된다. 제1설은 회의의 목적사

---

7) 구주해(1), 729(최기원); 주석 총칙(1), 773(제4판/주기동); 주석 총칙(1), 889(제5판/문영화).

8) 구주해(1), 730(최기원); 주석 총칙(1), 773-774(제4판/주기동); 주석 총칙(1), 890(제5판/문영화).

항에 관하여 토론을 한 후 결의를 하는 것이 원칙이므로 총회소집 없이 서면만으로 결의를 하는 것은 본조 해석만으로는 허용되지 않는다고 한다.[9] 반면 제2설은 총회의 소집 없는 서면결의도 가능하다고 한다.[10]

서면결의를 현행법에서 인정하는 예로는, 상법상 유한회사에서 총사원의 동의로 서면결의를 할 수 있고($_{§ 577}^{상}$), 자본금총액이 10억원 미만인 주식회사에서 주주 전원의 동의가 있을 경우 서면에 의한 결의로써 주주총회의 결의를 갈음할 수 있으며, 결의의 목적사항에 대하여 주주 전원이 서면으로 동의를 한 때에는 서면에 의한 결의가 있는 것으로 본다($_{§ 363\ IV}^{상}$). 즉 소규모 영리법인에서 효율적 의사결정을 위해 총회의 소집 없는 서면결의를 허용할 때에도 주주 전원의 동의를 요구하고 있다. 이는 제2설이 근거로 드는 독민 § 32 II[11]의 경우에도 마찬가지이다. 따라서 사원 전원의 동의를 요건으로 하고 있지 않는 본조 II에서 말하는 서면에 의한 결의권 행사가 총회소집 없는 서면결의까지 허용하는 취지라고 해석하기는 어려울 것이다. 다만 ① 회사의 정관에서 총회의 소집 없는 서면결의를 허용할 경우 그에 따른 서면결의는 유효하고, ② 정관에 규정이 없더라도 총사원의 동의가 있을 때에는 총회의 소집 없이 서면결의를 하더라도 유효하다고 할 것이다.

(3) 정관의 다른 규정

서면으로 결의권을 행사할 수 있다는 II은 정관에 다른 규정이 있는 때에는 적용되지 않는다($_{III}^{본조}$). 즉 정관으로 서면에 의한 결의권 행사를 금지하거나 제한하는 것도 가능하다.

## 3. 대리인에 의한 행사

(1) 의    의

본조 II에 의하면 사원은 그의 결의권을 대리인을 통해 행사할 수 있고, 사원총회의 의사정족수 및 의결정족수 판정에 있어 대리인을 통해 결의권을 행사한 사원은 출석한 것으로 한다($_{II}^{§ 75}$). 결의권의 위임은 대개 위임장으로 이루어지는데, 대리인에게 찬반의 의사결정까지 위임하는 경우가 많지만, 본인이 찬반의사 결정을 한 후 대리인에게 그 전달만을 위임하는 경우도 있다. 후자의

---

9) 구주해(1), 730(최기원); 주석 총칙(1), 891(제5판/문영화).
10) 주석 총칙(1), 774(제4판/주기동).
11) "전 사원이 결의에 동의함을 서면으로 표시한 때에는 사원총회가 개최되지 아니하여도 그 결의는 유효하다."

경우에는 위임장에 찬반이 표시되어 있으므로, 이때의 대리인은 엄밀히는 대리인이라기보다 사자(使者)에 가깝다.

### (2) 포괄위임의 가부

결의권의 위임은 총회별로 하는 것이 보통이다. 특정 총회의 모든 의제에 대해서 포괄적으로 위임할 수도 있고 의제별로 결의권의 행사방법을 지시할 수도 있다.

대리권을 총회별로 수여하는 것을 넘어 여러 번의 총회에 대하여 포괄적으로 수여할 수 있는지에 대해서는 긍정설[12]과 부정설[13]이 대립된다. 부정설은 "사원의 개성이 중시되는 민법상 사단법인에서 포괄적인 대리권의 수여는 허용할 수 없다"는 것을 논거로 한다. 그러나 ① 포괄적인 위임을 한 것도 위임인인 사원 스스로의 개성에 따른 판단이라는 점, ② 포괄적인 위임을 하더라도 위임인인 사원은 언제든지 위임을 해지하고 결의권을 직접 행사할 수 있다는 점($\S_{689}$) 등에 비추어보면, 위임인의 자유의사에 의한 포괄위임의 적법성을 부인하고 그 결의의 효력을 부인할 근거가 충분한지 의문이다. 따라서 포괄적 위임도 가능하다고 봄이 타당할 것이다.[14]

### (3) 수임인을 백지로 한 위임의 가부

대리인란을 공란으로 한 백지위임장이 적법한지에 대해서는 부정하는 견해[15]도 있으나, 판례는 비영리법인인 새마을금고 총회에서 백지위임장의 유효성을 일반론으로는 긍정하였다.[16] 즉 미리 대리인을 지정하지 않고 위임장 소지인으로 하여금 대리권을 행사하게 할 의도로 위임장에 대리인의 성명을 기재하지 않은 경우 그 위임장을 소지한 자를 대리인으로 지정한 것이므로, 그 위임장을 소지한 자가 총회에 출석했다면 그 회원 역시 총회에 출석한 것으로 보아야 한다고 했다.

다만 이 사건에서는 그러한 대리인이 출석했다는 점이 증명되지 않았는데, "회원이 새마을금고로 하여금 대리인을 지정하게 하여 그 대리인으로 하여금 결의권을 행사하도록 하기 위하여 새마을금고에게 대리인의 성명이 기재되지

---

12) 구주해(1), 730(최기원).
13) 주석 총칙(1), 774(제4판/주기동); 주석 총칙(1), 891(제5판/문영화).
14) 주식회사에서도 부정설이 있으나 긍정설이 압도적 다수설이고, 판례도 기간을 정한 포괄위임이 가능하다는 입장이다(대판 14.1.23, 2013다56839). 실제로 주식회사에서는 기간을 정한 포괄위임이 흔히 이루어지고 있다.
15) 구주해(1), 731(최기원); 주석 총칙(1), 774(제4판/주기동).
16) 대판 98.10.13, 97다44102.

아니한 위임장을 제출하였다고 하더라도 그러한 사실만으로 그 회원이 총회에
출석한 것으로 볼 수는 없다"고 하였다.

### (4) 정관의 다른 규정

대리인을 통해 결의권을 행사할 수 있다는 Ⅱ은 정관에 다른 규정이 있는
때에는 적용되지 않는다(<sub>Ⅲ</sub>본조). 즉 정관으로 대리인을 통한 결의권 행사를 금지
하거나, 대리인을 통한 결의권 행사가 가능한 의제의 범위 또는 대리인의 자격
을 제한하는 것도 가능하다. 예컨대 그 법인의 사원만이 대리인이 될 수 있다
는 정관조항도 유효하다고 할 것이다.

[천 경 훈]


## 第 74 條(社員이 決議權없는 境遇)
社團法人과 어느 社員과의 關係事項을 議決하는 境遇에는 그
社員은 決議權이 없다.

## Ⅰ. 본조의 의의

총회의 결의사항에 관하여 사단의 이익과 사원 개인의 이익이 충돌하는
경우, 사원이 개인적 이익을 위하여 결의권을 행사하면 사단의 이익에 반하는
의사결정이 이루어질 수 있다. 따라서 본조는 총회에서 어느 사원과 관계되는
사항을 의결하는 경우 그 사원에게 결의권이 없다고 함으로써 사단의 이익을
보호하고자 하였다.[1]

---

1) 통설은 본조의 취지를 "결의의 공정을 도모"한다고 설명하는데, 법인의 이해관계와 반대
되는 이해관계를 가진 사원이 법인의 의사결정 과정에 참여하여 법인에 해로운 의사결정

이는 상 § 368 Ⅲ에서 "주주총회의 결의에 관하여 특별한 이해관계가 있는 자는 의결권을 행사하지 못한다"고 규정하는 것과 같은 취지이다. § 64는 법인과 이사의 이익상반 사항에 대하여 이익상반 이사의 대표권을 부정하고 특별대리인 선임을 요구함으로써 법인과 이사 사이의 이익충돌 상황을 규율하고 있는데, 본조는 법인과 사원 사이의 관계사항에 관하여 사원총회 의결 시에 관계된 사원의 결의권을 부정함으로써 법인과 사원 사이의 이익충돌 상황을 규율하고 있다.

## Ⅱ. 사단법인과 사원과의 관계사항

본조에서 말하는 '사단법인과 어느 사원과의 관계사항'이라 함은 이들과 관계가 있는 모든 사항을 의미하는 것이 아니라, 사원이 법인의 구성원으로서의 입장이 아닌 개인적 입장에서 이해관계를 가짐으로 인하여[2] 사원의 이익과 법인의 이익이 충돌하는 사항, 즉 사원이 법인의 의결에 참여할 경우 법인에 불이익한 의결이 우려되는 사항을 의미한다고 보아야 할 것이다.

가장 대표적인 예로는 사단과 어느 사원 사이에 매매 · 임대차 · 소비대차 등의 계약체결을 결의하는 경우, 사원의 사단에 대한 채무를 면제할 것을 결의하는 경우, 사단의 사원에 대한 소취하, 부제소, 보전처분 해제 등을 결의하거나 이들 간의 화해를 결의하는 경우 등이 있다.[3] 그 행위가 사단에 실제로 이익이 되는지 여부는 불문하지만, 형식적 · 추상적으로 보아서 그 행위가 사단에 아무런 불이익을 주지 않는 때에는 이에 해당하지 않는다.[4] 예컨대 사원의 사단에 대한 부담없는 증여, 사원의 사단에 대한 무이자 · 무담보 소비대차 등이 그 예이다. 이에 관하여는 § 64에 대한 주해 Ⅱ. 1. 참조.

사원이 개인적인 지위에서가 아니라 사단의 구성원으로서의 지위에서 갖는 이해관계는 본조에서 말하는 관계사항에 해당하지 않는다. 예컨대 사원총회에서 이사를 선임 또는 해임하는 경우에 사원인 당해 이사후보자 또는 해임

---

을 하게 될 가능성을 방지하는 데에 그 취지가 있다고 이해하는 것이 더 명확하다고 본다.
2) 김준호, 141.
3) 주석 총칙(1), 894(제5판/문영화).
4) 주석 총칙(1), 894(제5판/문영화).

대상 이사도 결의권을 가진다.[5]

## III. 이해관계 있는 사원의 결의권

### 1. 결의권의 제한

총회의 결의사항에 관하여 이해관계를 가지는 사원은 그 사항에 대하여 결의권을 행사하지 못한다. 대리인을 통해서도 결의권을 행사할 수 없음은 물론이다. 그러나 총회에 출석하여 안건에 대해 의견을 진술할 수는 있다.[6] 이해관계 있는 사원이 다른 사원의 대리인으로서 의결권을 행사할 수 있는지에 대해서도 부정하는 견해가 있으나,[7] 판례는 종중총회의 결의에 관하여 "의결권이 제한되는 종원이라 하여 다른 종원들의 의결권을 위임받아 행사하는 것까지 제한된다고 볼 근거는 없다"고 하였다.[8]

### 2. 의사정족수 및 의결정족수 산정

이해관계 있는 사원이 사원총회에 출석한 경우 그의 의결권은 의사정족수에는 산입되지만, 의결정족수에는 산입되지 않는다.

판례는 종중총회에 대한 사건에서 "민법 제74조에 의하면 사단법인과 어느 사원과의 관계사항을 의결하는 경우에는 그 사원은 의결권이 없으므로, 그 유추해석상 피고 종중의 총회에서 피고 종중과 어느 종원과의 관계사항을 의결하는 경우에는 그 종원은 의결권이 없다"고 하면서, "여기서 의결권이 없다는 의미는 해당 종원이 종중총회에서 의결권을 행사할 수는 없다는 의미로 결의 성립에 필요한 의결정족수 산정의 기초가 되는 종원의 수에 산입되지 않는다는 것이지 의사정족수 산정의 기초가 되는 종원의 수에는 포함된다"고 하였다. 따라서 "의결권이 없는 해당 종원이 그 결의를 한 회의에 참가하였다는 사정만으로 그 결의가 위법하여 무효라고 할 것은 아니"라고 한다.[9]

---

5) 구주해(1), 732(최기원); 주석 총칙(1), 777-778(제4판/주기동); 주석 총칙(1), 894(제5판/문영화); 김증한·김학동, 235 등 통설.
6) 주석 총칙(1), 894(제5판/문영화); 대판 12.8.30, 2012다38216(종중총회에 대한 사안).
7) 주석 총칙(1), 778(제4판/주기동).
8) 대판 12.8.30, 2012다38216.
9) 대판 12.8.30, 2012다38216.

　　이러한 법리는 이사회에서 정족수를 판단할 때에도 적용된다. 판례는 "민
법 제74조는 사단법인과 어느 사원과의 관계사항을 의결하는 경우 그 사원
은 의결권이 없다고 규정하고 있으므로, 민법 제74조의 유추해석상 민법상 법
인의 이사회에서 법인과 어느 이사와의 관계사항을 의결하는 경우에는 그 이
사는 의결권이 없다"고 하면서 "이 때 의결권이 없다는 의미는 상법 제368조
제4항, 제371조 제2항의 유추해석상 이해관계 있는 이사는 이사회에서 의결
권을 행사할 수는 없으나 의사정족수 산정의 기초가 되는 이사의 수에는 포함
되고, 다만 결의 성립에 필요한 출석이사에는 산입되지 아니한다고 풀이함이
상당하다"고 하였다.[10]

### 3. 본조에 위반한 결의권 행사의 효력

　　본조에 위반하여 이해관계 있는 사원이 결의권을 행사한 경우 그 결의권
행사는 무효이고, 특별한 사정이 없는 한 사원총회의 결의도 무효라고 할 것이
다. 다만 그 사원이 결의권을 행사하지 않았더라도 의결정족수가 성립되고 그
결의의 성립에 영향을 미치지 않았을 때에는 총회결의는 유효하다고 해석하는
견해도 유력하다.[11]

　　판례도 (이해관계 있는 사원에 관한 것은 아니지만) 사원자격 없는 이들이 사원총회에서 결의권을 행
사한 경우에, 결론에 영향이 없었다면 결의의 효력 자체는 인정하는 태도를 종
종 취한다. 예컨대 재건축조합 대의원회의의 임원선임 결의에 조합원이 아니
어서 대의원 자격이 없는 자들이 참가하여 표결한 사안에서, 그들이 그 회의에
서 아무런 발언 없이 찬성의 의사표시만을 하였을 뿐이고 또한 그들을 제외하
더라도 결의 성립에 필요한 정족수를 충족하고 있으므로 그 대의원 결의는 무
효가 아니라고 본 사례가 있다.[12]

[천 경 훈]

---

10) 대판 09.4.9, 2008다1521. §58 주해 Ⅲ. 5. (4) 참조.
11) 구주해(1), 733(최기원); 주석 총칙(1), 895(제5판/문영화).
12) 대판 97.5.30, 96다23375. 비슷한 취지로 대판 95.11.21, 94다15288(몽리민으로 구성된
　　보중총회에 관한 사안); 대판 95.11.7, 94다5649(문중총회에 관한 사안).

**第75條**(總會의 決議方法)

① 總會의 決議는 本法 또는 定款에 다른 規定이 없으면 社員
過半數의 出席과 出席社員의 決議權의 過半數로써 한다.

② 第73條 第2項의 境遇에는 當該社員은 出席한 것으로 한다.

## Ⅰ. 본조의 의의

본조는 사원총회의 결의에 필요한 정수를 사원 과반수의 출석과 출석사원
의 결의권의 과반수로 정하고 이를 정관에서 달리 정할 수 있음을 밝히고 있
다. 또한 서면 또는 대리인에 의해 결의권을 행사하는 경우 출석한 것으로 간
주한다.

## Ⅱ. 총회의 결의

### 1. 의사정족수

총회의 결의가 성립하려면 우선 총회 자체가 성립하여야 한다. 이를 위해
서는 정당한 소집권자가 적법한 소집절차에 따라 총회를 소집해야 하고, 총회
를 성립시키기에 충분한 수의 사원이 출석해야 한다. 이를 의사정족수라 한다.

정관에 규정이 없는 경우 민법상 법인의 의사정족수에 관하여 견해가 대
립된다. 즉 ① 2인 이상의 사원이 출석하면 성립한다는 견해[1](<sup>제1</sup><sub>설</sub>)와 ② 본조

---

1) 주석 총칙(1), 780(제4판/주기동); 주석 총칙(1), 896(제5판/문영화); 고상룡, 231; 곽

제1항이 의결정족수와 의사정족수를 동시에 규정한 것이라는 전제에서 사원의 과반수가 출석하여야 성립한다는 견해[2]($^{제2}_{설}$)로 나뉜다. ③ 정관변경의 경우는 총사원 3분의 2 이상 출석($^{§42}_{1}$), 해산결의의 경우에는 총사원 4분의 3 이상 출석($^{§}_{78}$), 그 밖의 경우에는 사원 과반수의 출석이 있어야 총회가 성립한다는 견해[3]($^{제3}_{설}$)도, 결의를 하는 데에 필요한 숫자의 사원이 출석해야 총회가 성립한다는 취지이므로 제2설과 기본적으로 동일한 견해이다.

제1설은 결의를 할 수 없어도 총회는 성립될 수 있으니 의사정족수를 본조의 요건과 연계시킬 필요가 없다는 입장이다. 즉 총회는 반드시 결의를 하기 위해 개최되는 것이 아니라 이사 또는 감사의 보고를 듣기 위해 개최될 수도 있으므로, 2인 이상의 사원이 출석하면 일단 총회로서 성립한다는 것이다. 제2설은 총회에서 결의를 할 수 있으려면 본조에 의해 최소한 사원 과반수의 출석이 필요하므로, 그것이 총회가 성립하기 위한 의사정족수에 해당한다는 것이다. 검토하자면, 제1설과 같은 이유라면 총회에서 아무런 결의를 할 수 없는 상황이라도 일단 총회로서 성립은 한다는 것인데, 결의를 할 수 없는 총회의 '성립'이 가지는 법적인 의미가 불분명하고, 어차피 결의를 할 수 없다면 왜 1인의 사원이 출석하면 총회로서 성립할 수 없는지 의문이다. 총회의 본질은 결의를 하기 위한 것이므로, 총회가 의미 있게 성립되었다고 하려면 최소한 결의를 할 수 있는 수의 사원이 출석하여야 할 것이라는 점에서 제2설이 더 간명하다고 본다. 판례도 의사정족수라는 용어를 제2설과 같은 의미로 사용하는 것으로 보인다.[4] 다만 이는 실질적인 견해 대립이라기보다는 총회의 '성립' 내지 '의사정족수'라는 개념을 어떻게 정의하느냐의 차이에 가깝다고 본다.

## 2. 의결정족수

사원총회는 민법 또는 정관에 다른 규정이 없으면 사원 과반수의 출석과 출석사원의 결의권의 과반수로 결의한다. 정관으로 이보다 더 높게 가중하거나($^{예: 총사원의 결의권의 과반수의 찬성, 총사원 과반수}_{의 출석과 출석사원의 결의권의 2/3 이상의 찬성 등}$) 더 낮게 감경할 수 있으나($^{예: 출석사원의}_{결의권의 과반수}$ $^{가 찬성하고 찬성 결의권이 총사}_{원 결의권의 1/4 이상일 것 등}$), 적어도 출석사원 결의권의 과반수라는 부분은 더 낮출

---

윤직·김재형, 201; 김상용, 268; 김주수·김상용, 238; 백태승, 250; 송덕수, 625; 이영준, 968 등.
2) 구주해(1), 734(최기원); 김증한·김학동, 234; 김대정, 457; 명순구, 235-236 등.
3) 강태성, 313; 김준호, 141.
4) 대판 09.4.9, 2008다1521; 대판 12.8.30, 2012다38216(§74에 대한 주해 Ⅲ. 2. 참조).

수 없다고 볼 것이다. 그렇지 않으면 가부동수와 같이 결론을 내릴 수 없거나 모순되는 복수의 의안이 가결되는 상황이 있을 수 있기 때문이다.

정족수를 산정함에 있어 서면 또는 대리인에 의하여 결의권을 행사하는 사원은 출석한 것으로 한다(본조). 결의권이 없는 사원은 의사정족수에는 산입하고 의결정족수에는 산입하지 않는다. §74에 대한 주해 Ⅲ. 2. 참조.

총회에 참석하였으나 결의에는 참여하지 아니한 사원(즉 기권하거나 무효표를 던진 사원)을 어떻게 처리할 것인지에 대해서는 견해대립이 있다. ① 제1설은 결의권이 없는 사원과 동일하게 취급하여 의사정족수 산정 시에는 출석한 것으로 포함하되 의결정족수 산정 시에는 제외한다. ② 제2설은 아예 불출석한 것으로 취급하여 의사정족수 및 의결정족수 산정 시에 모두 제외한다.[5] ③ 제3설은 결의권이 제한되지 않는데도 출석하여 찬성의 의사표시를 하지 않았다면 반대한 것과 다르지 않고, 본조의 문언으로도 '출석사원'에 해당하는 것은 분명하므로, 의사정족수는 물론 의결정족수 산정 시에 출석사원 수에 포함시킨다(그러나 찬성은 아니므로 결국 반대표와 같이 취급한다).[6] 제3설이 일반적인 실무례에 부합하는 것으로 보인다.

가부동수인 경우에는 과반수가 아니므로 의안은 부결된다. 사원총회에서 가부동수인 경우 의장이 결정한다는 정관 규정(캐스팅 보트규정)은 의결정족수에 관한 특별한 정함으로서 유효하다는 견해가 있다.[7] 다만 선관주의의무를 지는 이사들로 이루어진 이사회에서 그와 같은 규정이 유효할지는 회의적이다.[8]

## 3. 표결 및 집계방법

민법상 사단법인 총회의 표결 및 집계방법에 관하여는 법령에 특별한 규정이 없으므로, 정관에 다른 정함이 없으면 개별 의안마다 표결에 참석한 사원의 성명을 특정할 필요는 없고, 표결에 참석한 사원의 수를 확인한 다음 찬성·반대·기권의 의사표시를 거수, 기립, 투표 기타 적절한 방법으로 하여 집계하면 된다.[9]

---

5) 김진우, "재단법인의 조직과 의사결정", 법조 674, 2012, 136.
6) 주석 총칙(1), 781(제4판/주기동); 주석 총칙(1), 898(제5판/문영화).
7) 주석 총칙(1), 899(제5판/문영화).
8) 주식회사의 이사회에서는 그와 같은 의장의 캐스팅 보트 규정은 무효라는 것이 통설이다. 김건식·노혁준·천경훈, 회사법, 제6판, 2022, 385.
9) 대판 11.10.27, 2010다88682.

## Ⅲ. 총회결의의 하자

### 1. 문제의 소재

사원총회의 소집절차, 결의방법, 결의내용이 법령 또는 정관에 위반하는 경우에 그 결의에는 하자가 있다고 한다. 상법은 주주총회 결의의 하자 및 그 쟁송수단에 관하여 상세한 제도를 마련하고 있으나, 민법상 법인은 그에 대해 아무런 규정을 두고 있지 않아 해석에 맡겨져 있다. 이에 하자의 유형, 하자의 효과, 쟁송의 방법 등이 문제된다.

### 2. 하자의 유형

#### (1) 소집절차의 하자

소집권자 아닌 자가 소집한 경우, 1주간의 소집통지 기간을 준수하지 못한 경우, 목적사항을 기재하지 않고 소집통지를 한 경우, 일부 사원에게 소집통지를 누락한 경우 등이 그 예이다.

#### (2) 결의방법의 하자

의장 아닌 자가 의장직을 수행한 경우, 사원 아닌 자가 결의권을 행사한 경우, 사원의 입장을 부당하게 저지한 경우, 사원의 발언권과 투표권을 부당하게 억압한 경우, 결의권 없는 사원의 결의권 행사를 인용하거나 결의권 있는 사원의 결의권 행사를 배척한 경우, 결의권의 정당한 대리행사 또는 서면행사를 배척한 경우, 정관에 따라 허용되지 않는 대리행사 또는 서면행사를 용인한 경우, 찬반집계가 명확하지 아니함에도 제대로 계수를 하지 아니하고 성급히 가결 또는 부결을 선포한 경우 등을 들 수 있다.

#### (3) 결의내용의 하자

공서양속에 반하거나 법령에 위반하는 내용의 결의, 총회의 권한에 속하지 않는 사항에 관한 결의, 정관에서 정한 인원수를 초과하는 이사·감사의 선임 결의 등을 들 수 있다.

### 3. 하자의 효과

#### (1) 원칙적 무효

이처럼 사원총회의 결의에 하자가 있는 경우에 그 결의는 원칙적으로 효력이 없고, 누구든지 언제라도 그 무효를 주장할 수 있다.[10] 즉 반드시 소로써 무효확인의 소를 제기할 필요 없이 다른 소송에서 그 결의의 무효를 주장·입증하면 된다.

결의내용의 하자를 이유로 결의가 무효인 예로, "일부 종원을 임의로 그 구성원에서 배제하고 공동선조의 후손이 아닌 자에게 임의로 종원의 자격을 부여하거나 종중을 대표하는 자로 선임하는 [종중총회 결의는] 종중의 본질에 반하는 것으로서 그 효력이 없다."[11] 사단법인의 사원들이 "정관의 규범적 의미 내용과 다른 해석을 사원총회의 결의라는 방법으로 표명했더라도 그 결의에 의한 해석은 사단법인의 구성원인 사원들이나 법원을 구속하는 효력이 없다."[12]

소집절차의 하자로 인해 결의가 무효인 예로, 소집권한 없는 자에 의한 종중총회 소집은 원칙적으로 무효라는 전제하에 "소집권한 없는 자에 의한 총회에 소집권자가 참석하여 총회소집이나 대표자선임에 관하여 이의를 하지 아니하였다고 하여 이것만 가지고 총회가 소집권자의 동의에 의하여 소집된 것이라거나 그 총회의 소집절차상의 하자가 치유되어 적법하게 된다고는 할 수 없다"고 한 사례가 있다.[13] 사원총회에서 소집통지에 목적사항으로 기재하지 않은 사항에 관하여 결의한 때에도 사원전원의 출석과 찬성 등의 특별한 사정이 없는 한 원칙적으로 그 결의는 무효라고 한다.[14]

(2) 하자가 경미한 경우

학설과 판례는 소집절차 또는 결의방법상 하자가 있더라도 그 하자가 비교적 경미하고 결의의 결과에 영향을 미치지 않았다고 인정되는 경우에는 그 결의의 효력을 인정하는 경우가 많다.

㈎ 소집절차의 하자        비법인사단에 관하여 "총회의 소집권자인 공동대표 중의 1인이 나머지 공동대표자와 공동하지 않은 채 단독으로 총회를 소집하였다 하더라도 특단의 사정이 없는 한 그 총회의 결의가 부존재라거나 무효라고 할 정도의 중대한 하자라고 볼 수는 없다"고 하였다.[15]

비법인사단에 관한 다른 건에서는 "회원에 대한 소집통지가 단순히 법정

---

10) 주석 총칙(1), 783(제4판/주기동); 주석 총칙(1), 899-900(제5판/문영화).
11) 대판 94.11.22, 93다40089(종중총회에 관한 사안).
12) 대판 00.11.24, 99다12437(사단법인에 관한 사안).
13) 대판 94.1.11, 92다40402(종중총회에 관한 사안).
14) 대판 13.2.14, 2010다102403(입주자대표회의에 관한 사안).
15) 대판 99.6.25, 99다10363(재건축조합에 관한 사안).

기간을 1일이나 2일 지연하였을 뿐이고 회원들이 사전에 총회의 목적사항을
숙지하고 있는 등 특별한 사정이 있었다면, 회원의 토의권 및 결의권의 적정한
행사는 방해되지 아니한 것이므로 이러한 경우에는 그 총회 결의는 유효하다"
고 하였다.[16]

사단법인의 신임회장을 조속히 선임하기 위해 "정관 소정의 기한 내에 전
화로 안건을 명시하여 총회소집통보를 하였으며 또한 총회구성원들 모두가 총
회결의 등에 관하여 아무런 이의를 제기하지 아니하였다면 총회 소집통지를
서면에 의하지 아니하고 전화로 하였다는 경미한 하자만으로는 총회의 결의를
무효라고 할 수 없다"고 하였다.[17]

　　　(내) 결의방법        재건축조합 대의원회의의 임원선임 결의에 조합원이
아니어서 대의원 자격이 없는 자들이 참가하여 표결한 사안에서, 그들이 그 회
의에서 아무런 발언 없이 찬성의 의사표시만을 하였을 뿐이고 또한 그들을 제
외하더라도 결의 성립에 필요한 정족수를 충족하고 있으므로 그 대의원 결의
는 무효가 아니라고 본 사례가 있다.[18]

(3) 하자가 치유된 경우

소집절차에 하자가 있더라도 사원 전원이 출석하여 결의에 찬성하였으면
하자가 치유된다고 본다. 판례도 사원총회에서 소집통지에 목적사항으로 기재
하지 않은 사항에 관하여 결의한 때에는 "구성원 전원이 회의에 참석하여 그
사항에 관하여 의결한 경우가 아닌 한"그 결의는 무효라고 하여[19] 전원이 출
석한 총회결의에 의한 치유의 가능성을 인정하고 있다.

## 4. 쟁송의 방법

상법은 주주총회 결의를 다투는 방법으로 결의취소의 소($\frac{상}{§376}$), 결의무효확
인의 소($\frac{상}{§380}$), 결의부존재확인의 소($\frac{상}{§380}$), 부당결의 취소·변경의 소($\frac{상}{§381}$) 등
을 마련하고 있다. 특히 이 중에서 결의취소의 소와 부당결의 취소·변경의 소
는 판결에 의하여 법률관계를 변경하는 형성의 소이다. 그러나 민법상 법인에

---

16) 대판 95.11.7, 94다24794(시장번영회에 관한 사안).
17) 대판 87.5.12, 86다카2705(사단법인에 관한 사안).
18) 대판 97.5.30, 96다23375(재건축조합에 관한 사안). 비슷한 취지로 대판 95.11.21, 94다
　　15288(몽리민으로 구성된 보증총회에 관한 사안); 대판 95.11.7, 94다5649(문중총회에 관
　　한 사안).
19) 대판 13.2.14, 2010다102403(입주자대표회의에 관한 사안).

관하여는 별도의 제도로서의 소송 유형은 마련되어 있지 않다.

따라서 확인의 이익이 있는 자는 출소기간의 제한 없이 총회결의무효 확인의 소 또는 총회결의부존재 확인의 소를 일반적인 확인소송으로서 제기할수 있다. 당해 법률관계가 문제될 때에 다른 소송에서 그 총회결의의 무효 또는 부존재를 주장·증명할 수도 있다.

총회결의무효 확인의 소 또는 총회결의부존재 확인의 소의 피고는 당해 법인이어야 한다. 판례도 "학교법인 이사회의 이사선임결의는 학교법인의 의사결정으로서 그로 인한 법률관계의 주체는 학교법인이므로 학교법인을 상대로하여 이사선임결의의 존부나 효력 유무의 확인판결을 받음으로써만 그 결의로인한 원고의 권리 또는 법률상 지위에 대한 위험이나 불안을 유효적절하게 제거할 수 있는 것이고, 학교법인이 아닌 이사 개인을 상대로 한 확인판결은 학교법인에 그 효력이 미치지 아니하여 즉시확정의 이익이 없으므로 그러한 확인판결을 구하는 소송은 부적법하다"고 하였다.[20]

[천　경　훈]

## 第 76 條(總會의 議事錄)

① 總會의 議事에 關하여는 議事錄을 作成하여야 한다.

② 議事錄에는 議事의 經過, 要領 및 結果를 記載하고 議長 및 出席한 理事가 記名捺印하여야 한다.

③ 理事는 議事錄을 主된 事務所에 備置하여야 한다.

## I. 본조의 의의

본조는 사원총회 의사결정 과정의 투명성과 신뢰성을 높이기 위하여 총회의 결의과정과 결의내용을 의사록으로 작성하도록 하였다. 그러나 의사록의작성이 총회결의의 유효요건은 아니다. 의사록을 작성하지 않은 이사는 과태료에 처한다($\S 97 \atop (v)$).

---

20) 대판 10.10.28, 2010다30676, 30683.

## II. 의사록의 기재사항 및 비치의무

의사록에는 의사의 경과, 요령($\frac{주요한}{내용}$), 결과를 기재하고, 의장 및 출석한 이사가 기명날인하여야 한다. 의사록은 주된 사무소에 비치하여야 한다.

법률에 규정은 없지만 이사와 감사는 직무수행을 위해 의사록을 열람할 수 있다고 할 것이다. 그러나 사원은 정관에 다른 규정이 없는 한 이사회 의사록에 대한 열람청구권을 가진다고 해석할 실정법상의 근거는 없다. 의사록의 비치, 열람, 등사에 관하여는 정관으로 더 상세한 규정을 둘 수 있다.

## III. 의사록의 증명력

법인의 총회 또는 이사회 등의 의사록에는 의사의 경과, 요령 및 결과 등을 기재하고 이와 같은 의사의 경과요령 및 결과 등은 의사록을 작성하지 못하였다든가 또는 이를 분실하였다는 등의 특단의 사정이 없는 한 이 의사록에 의하여서만 증명된다.[1]

민법상 사단법인 총회 등의 결의와 관련하여 당사자 사이에 의사정족수나 의결정족수 충족 여부가 다투어져 결의의 성립 여부나 절차상 흠의 유무가 문제되는 경우로서 사단법인 측에서 의사의 경과, 요령 및 결과 등을 기재한 의사록을 제출하거나 이러한 의사의 경과 등을 담은 녹음·녹화자료 또는 녹취서 등을 제출한 때에는, 그러한 의사록 등이 사실과 다른 내용으로 작성되었다거나 부당하게 편집, 왜곡되어 증명력을 인정할 수 없다고 볼 만한 특별한 사정이 없는 한 의사정족수 등 절차적 요건의 충족 여부는 의사록 등의 기재에 의하여 판단하여야 하며, 의사록 등의 증명력을 부인할 만한 특별한 사정에 관하여는 결의의 효력을 다투는 측에서 구체적으로 주장·증명하여야 한다.[2]

[천 경 훈]

---

1) 대판 10.4.29, 2008두5568; 대판 84.5.15, 83다카1565.
2) 대판 11.10.27, 2010다88682.

# 第4節 解 散

**第77條**(解散事由)

① 法人은 存立期間의 滿了, 法人의 目的의 達成 또는 達成의 不能 其他 定款에 定한 解散事由의 發生, 破産 또는 設立許可의 取消로 解散한다.

② 社團法人은 社員이 없게 되거나 總會의 決議로도 解散한다.

# Ⅰ. 총 설

## 1. 해산과 청산

법인이 본래의 활동을 중단하고 소멸하려면, 자발적인 결의이든 일정한 사태의 발생이든 법인격을 소멸시키는 원인이 되는 사유가 우선 있어야 하고, 그에 이어 기존의 법률관계를 정리하는 일정한 절차를 거쳐야 한다. '해산'은 법인이 법인격을 소멸시키는 원인이 되는 법률사실을 말하고, '청산'은 해산한 법인이 법인격 소멸에 앞서 잔존사무를 종결하고 재산을 정리하는 절차를 말한다.

'해산'과 '청산'은 엄연히 다른 개념으로서, 먼저 해산이 되고 나서 청산절차가 뒤따르는 것이다.[1] 즉 법인에게 해산사유가 발생하면 법인은 본래의 목

---

1) 예외적으로 상법상 합병 또는 분할합병으로 인한 해산의 경우에는 별도의 청산절차 없

적을 위한 적극적 활동을 중단하고, 청산법인으로 존속하며 청산사무를 수행
한다. 이러한 청산절차를 마치고 법인이 아무런 권리의무를 가지지 않게 된 때
에 비로소 법인격과 권리능력이 소멸한다.[2] 판례도 "사단법인에 있어서는 사
원이 없게 된다고 하더라도 이는 해산사유가 될 뿐 막바로 권리능력이 소멸하
는 것이 아니므로 법인 아닌 사단에 있어서도 구성원이 없게 되었다 하여 막
바로 그 사단이 소멸하여 소송상의 당사자능력을 상실하였다고 할 수는 없고
청산사무가 완료되어야 비로소 그 당사자능력이 소멸하는 것"이라고 하였다.[3]
다만 본조를 필두로 한 민법 제1편 제3장 제4절에서는 '해산'이라는 표제 하
에 해산과 청산을 모두 다루고 있다.[4]

## 2. 민법상 법인 해산·청산 규정의 의의

법인의 해산·청산에 관한 민법 규정은 비영리법인의 해산·청산에 관
한 기본법이다. 비영리법인의 설립근거 법률에서는 해산 및 청산절차에 관하
여 특별규정을 두는 경우도 있고, 민법의 규정을 준용하는 경우도 있는데, 그
런 명시적인 특별규정이나 준용규정이 없더라도 법인의 해산사유가 발생하여
청산절차에 들어간 때에는 법인의 해산·청산에 관한 민법 규정이 유추적용된
다.[5] 판례는 종종 비법인사단에 관하여도 법인의 해산·청산에 관한 민법 규정
을 유추적용한다.

민법의 다른 곳에서도 법인의 청산에 관한 민법 규정을 준용하는 경우가
있다. 예컨대 조합이 해산된 경우에 청산인의 직무와 권한에 관한 §87를 준용
하고($\S_1^{724}$), 한정승인에 이은 상속재산의 청산절차($\S_{\mathrm{II}}^{1032}$)와 상속인이 없는 재
산의 청산절차($\S_{\mathrm{II}}^{1056}$)에서 청산법인의 채권신고에 관한 규정($\S_{\mathrm{III}}^{88\ \mathrm{II}}$, $\S89$)을 준용
한다.

민법상의 청산절차에 관한 규정은 모두 제3자의 이해관계에 중대한 영향
을 미치기 때문에 원칙적으로 강행규정이라고 해석된다. 즉 해당 규정에서 정
관으로 달리 정할 수 있음을 명시하지 않은 한, 이에 반하는 법률행위는 원칙

---

이 합병등기 또는 분할합병등기에 의하여 해산과 동시에 소멸한다(상 §530 Ⅱ → §234,
상 §530-11 Ⅰ → §234).

2) 주석 총칙(1), 907(제5판/문영화).
3) 대판 92.10.9, 92다23087(비법인사단인 백화점 번영회에 관한 사안).
4) 법무부의 2014년 개정안에서는 민법 제1편 제3장 제4절의 표제를 '해산과 청산'으로
하였다.
5) 주석 총칙(1), 907(제5판/문영화).

적으로 무효로 보아야 할 것이다.[6]

### 3. 본조의 개관

본조는 사단법인과 재단법인에 공통된 해산사유로 ① 존립기간의 만료, ② 법인의 목적의 달성 또는 달성의 불능, ③ 기타 정관에 정한 해산사유의 발생, ④ 파산, ⑤ 설립허가의 취소를 열거하고, 사단법인에 고유한 해산사유로 ⑥ 사원이 없게 되는 경우와 ⑦ 총회의 해산결의를 들고 있다. 이 중 존립기간 만료와 기타 정관에서 정한 해산사유의 발생은 공통되는 점이 많으므로 함께 서술하고, 파산에 관하여는 §79의 주해, 설립허가의 취소에 관하여는 §38의 주해에 미룬다.


## II. 사단법인 · 재단법인에 공통된 해산사유(§77 I)

### 1. 존립기간의 만료, 기타 정관에 정한 해산사유의 발생

#### (1) 개    관

법인의 존립기간을 정한 경우에 그 기간이 만료하면 법인은 해산한다. 또한 법인의 정관에서 일정한 사유를 해산사유로 정한 경우에는 그 사유가 발생함으로써 법인은 해산한다. 법인의 존립기간과 해산사유를 정한 때에는 사단법인에서는 정관에 기재하여야 하고($\S^{40}_{(vii)}$),[7] 재단법인에서는 임의적 기재사항이다($\S^{}_{43}$). 법인의 존립기간과 해산사유의 정함이 있다면 이는 사단법인과 재단법인 모두 등기사항이다($\S^{49}_{II}$).

법인의 존립기간이나 해산사유는 원시정관에 규정할 수도 있지만 그 후 정관변경을 통해 규정할 수도 있다. 존립기간 만료 전이나 정관에서 정한 해산사유 발생 전이라면 정관변경을 통해 그러한 기간이나 사유를 변경하는 것도 가능하다. 그러나 이미 존립기간이 만료했거나 정관에서 정한 해산사유가 발생했다면 법인은 당연히 해산하므로, 후술하는 법인의 계속 가능성($^{\S78에\ 대한}_{주해\ IV.\ 참조}$)

---

6) 대판 80.4.8, 79다2036; 대판 95.2.10, 94다13473(둘 다 잔여재산 귀속에 관한 §80에 관한 판시임).

7) 대부분의 문헌에서 이를 필요적 기재사항이라고 하는데, 그러한 정함이 있다면 정관에 기재해야 한다는 것이지 그러한 정함을 반드시 해야 한다는 뜻은 아니다. 이를 상대적 기재사항이라고 설명하는 견해도 있다. 구주해(1), 736(최기원).

을 별론으로 하고, 그 후에 정관변경을 통해 해산사유를 변경할 수는 없다.[8]

### (2) 존립기간

존립기간은 확정적이어야 하므로 해산하는 연월일을 특정하는 것이 원칙이고, 적어도 특정할 수 있는 방법으로 정해야 할 것이다. "존립기간을 정할 때에는 정관으로 그 기간을 확정적으로 기재하여야 하지만 해산연도의 월일까지 기재하지는 않아도 된다"는 견해가 있으나,[9] 연월일이 특정되어 있지 않다면 과연 존립기간이 확정적이라고 할 수 있는지 의문이다.

### (3) 그 밖의 해산사유

그 밖의 해산사유는 정관에서 정하되 객관적으로 확정 가능한 것이어야 한다. 사원의 수가 일정 수 이하가 된 경우,[10] 이사의 선임이 불가능하게 된 경우,[11] 재단법인에서 기본재산의 실질적 가치가 일정액 이하로 떨어진 경우[12] 등이 그 예이다. 정관에서 정한 일정한 사유가 발생하면 해산사유의 존부를 확인하기 위해 총회나 이사회의 결의로써 법인을 해산한다고 정관에서 규정하는 경우에는, 정관에서 정한 해산사유의 발생 이외에도 당해 기관의 결의가 필요하다고 할 것이다.[13]

한편 재단법인의 설립자 등 제3자의 의사에 따라 법인이 해산한다는 정함은 법인의 독립성을 해하는 것으로 인정되지 않는다고 할 것이다.[14] 사단법인의 정관에서 회장·이사장의 의사 또는 이사회 결의로 해산한다고 규정하는 것은 해산에 관한 사원총회의 근본적인 권한을 침해하기 때문에 역시 효력이 없다고 할 것이다.[15]

### (4) 존립기간 만료 또는 해산사유 발생 후 법인의 계속 가능 여부

이에 대하여는 §78에 대한 주해 참조.

---

8) 구주해(1), 736(최기원); 주석 총칙(1), 789(제4판/주기동); 주석 총칙(1), 908(제5판/문영화).

9) 구주해(1), 736(최기원); 주석 총칙(1), 908(제5판/문영화).

10) 구주해(1), 736(최기원); 주석 총칙(1), 908(제5판/문영화).

11) 구주해(1), 736(최기원); 주석 총칙(1), 908(제5판/문영화).

12) 주석 총칙(1), 908(제5판/문영화); 김진우, "비영리(공익)법인의 소멸에 관한 몇 가지 법률문제", 외법논집 39-3, 2015, 54.

13) 김진우(주 12), 54-55.

14) 구주해(1), 736-737(최기원).

15) 주석 총칙(1), 789(제4판/주기동); 주석 총칙(1), 908(제5판/문영화).

## 2. 법인의 목적달성 또는 달성불능

법인은 일정한 목적을 위해 설립되므로($\frac{\S}{34}$), 그 목적을 달성하거나 또는 그 달성이 불가능하게 된 때에는 법인은 더 이상 존립할 이유를 잃게 된다. 이런 점에서 목적달성 또는 달성불능을 해산사유로 한 취지는 이해되나, 문제는 목적의 달성 여부 및 목적달성의 불능 여부는 판단하기 쉽지 않고, 더구나 그 시점을 확정하기는 매우 어렵다는 점이다. 일단 목적달성 여부와 달성불능 여부는 "사회통념"에 따라 객관적으로 판단하여야 하고,[16] 이사장이나 회장의 주관적인 판단만으로는 해산되었다고 할 수 없다.[17]

목적달성은 법인이 예정한 목적이 이루어져서 법인이 더 이상 할 일이 없어지는 것을 말한다.[18] 실제로는 정관에서 법인의 목적을 매우 협소하게 정해야만 목적달성이라는 개념이 가능할 것이다. 예컨대 기념관의 건립을 목적으로 한 법인의 경우에, 협의의 건립만이 목적이라면 완공으로써 목적달성이 되어 해산사유가 발생한다고 할 수 있겠지만, 사후적 유지·관리까지 목적에 포함되어 있는 것으로 해석된다면 완공만으로는 목적이 달성되었다고 할 수 없다.[19] 목적달성이 불가능한 경우라 하더라도 정관의 목적조항을 변경하여 해산하지 않고 법인을 존속시킬 수도 있을 것이다.[20]

목적달성 불능은 법률상 또는 사실상으로 목적을 달성할 수 없음이 확정적인 것을 말한다.[21] 따라서 일시적으로 목적을 달성할 수 없는 상황이 있더라도 장래 목적달성이 가능하다면 이에 해당하지 않는다. 재단법인의 기본재산에서 발생하는 수익이 현저히 감소했다고 하여도 그것만으로는 종국적으로 목적달성이 불가능한 것으로 확정되었다고 보기는 어렵다.[22]

목적달성 및 달성불능의 판단이 어려움을 고려하면, 입법론으로는 ① 사단법인의 경우에는 목적달성 또는 달성불능에 상당하는 사정이 있으면 총회의 결의로 자율적으로 해산할 수 있으므로 별도의 해산사유로 정할 필요는 없을

---

16) 구주해(1), 736(최기원); 주석 총칙(1), 909(제5판/문영화); 고상룡, 243; 곽윤직·김재형, 208; 김상용, 275; 김주수·김상용, 246; 김증한·김학동, 241; 백태승, 258 등.
17) 구주해(1), 737(최기원).
18) 주석 총칙(1), 909(제5판/문영화).
19) 주석 총칙(1), 909(제5판/문영화).
20) 고상룡, 243; 김상용, 275.
21) 주석 총칙(1), 909(제5판/문영화).
22) 주석 총칙(1), 910(제5판/문영화); 김진우(주 12), 52.

것이고[23] ② 재단법인의 경우에도 기본재산의 멸실 등과 같이 해산사유를 더 명확히 다듬는 것이 바람직할 것이다.[24] 실무적으로도 만약 목적달성 또는 달성불능의 여지가 있는 법인이라면 정관에서 더 상세한 판단기준을 미리 정하는 것이 좋을 것이다.[25]

## 3. 파　산

파산은 선고한 때로부터 효력이 발생하고($\frac{도산}{\S 311}$), 파산선고는 본조에 따른 법인의 해산사유이다. 이에 관하여는 § 79에 대한 주해 참조.

## 4. 설립허가의 취소

법인이 ① 목적 외의 사업을 하거나 ② 설립허가조건을 위반하거나 ③ 기타 공익을 해하는 행위를 한 때에 주무관청은 그 설립허가를 취소할 수 있고 ($\frac{\S}{38}$), 이는 본조에 따른 법인의 해산사유이다. 이에 관하여는 § 38에 대한 주해 참조.

## Ⅲ. 사단법인에 특유한 해산사유(§ 77 Ⅱ)

### 1. 사원이 없게 된 경우

사단법인의 구성원인 사원이 사망, 퇴사, 법인의 소멸 기타의 사유로 1인도 없게 된 경우를 말한다. 사원이 하나도 없게 되면 사단법인은 존립의 기초를 잃고 의사결정기관인 사원총회도 성립할 수 없어 법인으로서 활동할 수 없게 되기 때문에 해산사유로 한 것이다. 사원이 없게 되어 해산된 경우라도 즉시 법인의 권리능력이 상실되는 것은 아니고, 통상적인 법인의 소멸절차와 마찬가지로 청산절차를 거쳐 청산이 종료된 때에 법인이 소멸한다.[26]

사원이 2인 이상이어야 하는 것은 사단법인의 설립요건일 뿐 존속요건은

---

23) 비슷한 취지로 구주해(1), 737(최기원).
24) 일본의 '일반사단법인 및 일반재단법인에 관한 법률'이 취한 태도도 참고가 될 것이다. 동법은 목적달성 또는 달성불능을 일반사단법인의 해산사유로는 규정하지 않고(§ 148), 일반재단법인에서는 '기본재산의 멸실 기타 사유에 의한 일반재단법인의 목적인 사업의 성공의 불능'을 해산사유로 규정한다[§ 202 Ⅰ (ⅲ)].
25) 곽윤직·김재형, 208.
26) 법원행정처, 법원실무제요 민법법인등기실무, 2018, 369.

아니다. 사원이 1인인 1인사단의 경우에도 잔여 사원만으로 사단의 설립목적을 달성할 수 있고[27] 사원이 증가할 가능성도 있으므로,[28] 사원이 1인으로 되더라도 적법한 사단법인으로 존속한다.[29]

　사원이 법인인 경우에는 그 법인의 소멸 여부를 기준으로 사원이 없게 되는지를 판단해야 할 것이다. 예컨대 甲 사단법인의 1인 사원인 乙 법인이 해산결의를 하거나 기타 해산사유가 발생하였다고 하여도 乙 법인이 청산법인으로 존속하는 한 甲 사단법인은 아직 해산하지 않는다고 볼 것이다. 乙 법인은 여전히 청산목적 범위 내에서 청산법인으로서 권리능력이 있고, 乙 법인은 해산 이후에도 사원의 뜻에 따라 '계속'할 여지도 있기 때문이다.[30]

　다만 상법상 회사는 일정한 경우 청산절차 없이 해산과 동시에 바로 소멸한다. 즉 흡수합병의 소멸회사 또는 신설합병의 당사회사는 청산절차 없이 합병 등기시에 소멸하고($\frac{\text{상} \S 530 \, \text{II}}{\text{→} \, \text{상} \S 234}$), 소멸분할 또는 소멸분할합병의 분할회사, 흡수분할합병에서 상대방회사가 소멸회사인 경우 그 상대방회사 등도 청산절차 없이 분할합병 등기시에 소멸한다($\frac{\text{상} \S 530\text{-}11}{\text{I} \, \text{→} \, \text{상} \S 234}$). 이 경우 乙 법인이 이와 같이 해산·소멸하면 甲 사단법인도 사원이 하나도 없게 되어 해산되는 것으로 볼 것인가? 이에 관한 학설이나 판례는 찾기 어렵다. 그러나 이 경우 乙 법인의 일체의 권리의무($\substack{\text{甲 사단법인에} \\ \text{대한 사원권 포함}}$)는 흡수합병의 존속회사, 신설합병의 신설회사, 소멸분할의 분할신설회사, 소멸분할합병의 분할합병 상대회사, 흡수분할합병의 존속회사 등에 포괄적 또는 부분포괄적으로 승계된다. 따라서 비록 乙 법인은 소멸하지만 甲 사단법인에는 사원이 없어지는 것이 아니라 乙 법인의 권리의무를 포괄적으로 승계한 사원이 존재하게 되는 것이다. 따라서 이 경우 甲 사단법인의 정관에서 달리 정하지 않는 한 甲 사단법인은 해산하지 않는다고 보아야 할 것이다.[31]

　판례 중에는 비법인사단에 본조를 유추적용한 것이 있다. 백화점 점포임

---

27) 구주해(1), 737(최기원); 주석 총칙(1), 909(제5판/문영화).
28) 주석 총칙(1), 791(제4판/주기동); 주석 총칙(1), 912(제5판/문영화).
29) 반면 상법에서 합명회사는 사원이 1인으로 된 때 해산되고[상 §227 (iii)], 합자회사는 무한책임사원 또는 유한책임사원의 전원이 퇴사한 때에 해산되며(상 §285 I), 유한책임회사는 민법상 사단법인과 같이 사원이 없게 된 경우에 해산된다[상 §287-38 (ii)].
30) §78에 대한 주해 IV. 참조.
31) 사단법인의 사원의 지위는 양도할 수 없으나(§56) 이는 합병, 분할, 분할합병 등에 의한 사원권의 포괄적 승계까지 불허하는 취지로 해석할 것은 아니라고 본다. 어떤 경우이든 이 조항은 임의규정이므로 정관으로 달리 정할 수 있다.

차인들의 모임인 백화점번영회의 구성원들이 정관상의 자격을 모두 상실한 경우,[32] 비법인사단인 교회의 교인이 존재하지 않게 된 경우[33]에는 비법인사단이 해산하여 청산절차에 들어간다고 한다.

## 2. 사원총회의 결의

사원총회에서 해산결의를 한 경우 해산사유가 된다. 후술하는 §78에 대한 주석 참조.

## 3. 기　타

참고로 영리사단법인의 가장 대표적인 예인 상법상 주식회사의 해산사유는 다음과 같다($§\frac{상}{517}$): ① 존립기간의 만료 기타 정관으로 정한 사유의 발생, ② 회사의 합병, ③ 파산, ④ 공익을 위한 법원의 해산명령($§\frac{상}{176}$ I) 또는 주주이익 보호를 위한 해산판결($§\frac{상}{520}$ I), ⑤ 회사의 분할 또는 분할합병, ⑥ 주주총회의 특별결의($§\frac{상}{518}$), ⑦ 휴면회사의 정리($§\frac{상}{520-2}$). 이 중 ①③⑥은 민법상 사단법인에도 상응하는 해산사유가 정해져 있고, ②⑤는 민법상 사단법인에도 합병·분할합병 제도를 도입하지 않는 한[34] 성질상 민법상 사단법인에는 적용되지 않는다. ④⑦의 경우에는 현행법상으로는 근거 규정이 없지만 민법상 사단법인의 경우에도 도입을 고려할 수 있을 것이다.

이 중 ⑦에 관하여 보면, 실제로 영업을 폐지하였음에도 해산되지 않고 등기부상 법인격을 유지하는 휴면회사가 사기 등의 수단으로 악용되는 것을 막기 위하여 1984년 도입된 제도로서, 법원행정처장은 '최후의 등기 후 5년을 경과한 회사'에 대해 영업을 폐지하지 않았다는 신고를 하도록 관보에 공고하고, 공고일로부터 2월 내에 신고가 없는 때에는 신고기간이 만료한 때에 해산한 것으로 본다($\frac{상}{2}§\frac{520-}{I}$). 민법상 사단법인 역시 사원이나 기관이 장기간 무관심하거나 설립목적을 사실상 포기하여 활동을 중단한 '휴면법인'에 해당하는 경우가 있는데, 이 경우 현행 민법 하에서 사원이 없게 된 때에 준하여 취급할 수 있을 것이라는 견해[35]도 있다. 그러나 법인의 '휴면' 여부가 일의적이지 않

---

32) 대판 92.10.9, 92다23087.
33) 대판 03.11.14, 2001다32687.
34) 공익법인의 합병 및 분할 가능성에 관하여는 송호영, "공익법인의 합병과 분할에 관한 일고", 민학 70, 2015, 93 이하.
35) 김진우(주 12), 55.

으므로 이를 해석상 당연한 해산사유로 하기는 어렵고 입법적으로 상§520-2
와 같은 제도를 도입함이 타당할 것이다.[36]

[천　경　훈]

## 第78條(社團法人의 解散決議)

社團法人은 總社員 4分의 3 以上의 同意가 없으면 解散을
決議하지 못한다. 그러나 定款에 다른 規定이 있는 때에는
그 規定에 依한다.

## Ⅰ. 총　　설

사단법인은 사원총회의 결의에 의하여 해산할 수 있다($^{§77}_{Ⅱ}$). 본조는 그 경
우 총사원 4분의 3 이상의 동의를 요하되, 정관으로 달리 정할 수 있도록 한다.

사단법인은 사원들의 의사로 설립되었으므로 사원들의 의사로 해산할 수
있음은 당연하다. 다만 총사원의 일치된 의사가 있을 때에만 해산을 허용하면
소수의 사원에게 거부권을 부여하는 것이 되어 오히려 전체 사원과 법인의 이
익을 해할 수 있다. 이에 민법에서는 총사원 4분의 3 이상의 동의를 요구하되,
법인의 자치규범인 정관에서 달리 정할 수 있도록 한 것이다.

참고로 상법상 합명회사, 합자회사, 유한책임회사는 총사원의 동의로
($^{상 §§ 227 (ii),}_{269, 287-38 (i)}$), 주식회사는 출석주주의 의결권의 3분의 2 이상의 수와 발행주
식 총수 3분의 1 이상의 수에 의한 특별결의로($^{상 §§ 517}_{(ii), 518, 434}$), 유한회사는 총사원

---

36) 등기선례도 휴면회사의 해산에 관한 상 § 520-2와 상등 § 73는 민법에 의하여 설립된
　　법인에는 적용되지 않는다고 한다(선례 6-689). 법원행정처(주 26), 363.

의 반수 이상이고 총사원의 의결권의 4분의 3 이상을 가지는 자의 동의에 의한 특별결의로($\substack{상 \, \S\S\,609\;I\\(ii),\;II,\,585}$), 각각 회사를 해산할 수 있도록 규정한다.

## II. 해산결의

### 1. 결의기관

정관으로 사원총회가 아닌 다른 기관에서 해산결의를 할 수 있다고 규정할 수 있는가? 통설은 사단법인의 기본성격에 비추어 해산결의는 사원총회만이 할 수 있고, 정관으로 다른 기관이 해산결의를 할 수 있다고 규정하더라도 효력이 없다고 한다.[1] 이에 대해서는 정관으로 다른 기관에 해산결의권을 부여할 수 있다는 소수설도 있다. 이 견해는 사단법인의 정관변경에 관한 §42 I 단서는 "그러나 정수(定數)에 관하여 정관에 다른 규정이 있는 때에는 그 규정에 의한다"고 하여 정관으로 달리 정할 수 있는 것을 정족수에 한정하고 있지만, 해산결의에 관한 본조 단서는 "그러나 정관에 다른 규정이 있는 때에는 그 규정에 의한다"고 하여 정관으로 달리 정할 수 있는 범위에 제한을 두고 있지 않다는 점을 핵심 논거로 한다.[2] 살피건대, §77와 §78의 취지는 사단법인의 해산이라는 가장 근본적인 의사결정을 사원총회에 맡긴 것이고, 자율성이 가장 강조되어야 할 영리법인인 주식회사에서도 상법에서 주주총회 결의로 정하도록 한 사항은 정관으로 이사회나 대표이사에게 귀속시킬 수 없다고 보는 것이 통설인 점[3]에 비추어 보면, 적어도 해석론으로는 통설이 타당하다고 할 것이다.

한편 공익법인의 해산에 관한 사항은 이사회의 심의·결정 사항으로 규정되어 있다($\substack{공익법인\\\S7\;I\;(iii)}$). 이에 대하여는 사단의 해산은 결사의 자유의 본질적 부분에 해당하고 사단의 임의해산은 총회의 전권사항이라는 이유로 위 조항을 비판하는 견해가 있다.[4]

---

1) 구주해(1), 740(최기원); 고상룡, 230; 곽윤직·김재형, 209; 김대정, 479; 김증한·김학동, 242; 백태승, 249; 송덕수, 625; 양창수·김형석, 47; 이영준, 967; 이은영, 270 등.
2) 강태성, "사원총회에 관한 민법총칙의 개정방향", 법조 620, 2008, 31-32.
3) 김건식·노혁준·천경훈, 회사법, 제6판, 2022, 292.
4) 김진우, "비영리(공익)법인의 소멸에 관한 몇 가지 법률문제", 외법논집 39-3, 2015, 57.

## 2. 의결정족수

사단법인의 해산결의는 정관에 다른 규정이 없는 한 총사원 4분의 3 이상의 동의를 얻어야 한다. 출석사원이 아니라 총사원이고, 지분의 수가 아니라 사원의 수가 기준이 된다.

이러한 의결정족수를 정관으로 가중하는 것은 허용된다. 아예 사원 전원의 동의를 결의요건으로 하는 것은 가능한가? 이는 본조의 입법취지에 반하고, 일부 사원에게 거부권을 부여하여 법인의 정체 상태를 초래할 수 있다는 이유로 허용되지 않는다는 견해도 있으나,[5] 총사원의 동의가 없는 한 해산결의를 하지 않겠다는 사원들의 자치적인 의사결정도 존중되어야 한다는 점에서 허용된다는 견해[6]가 타당하다고 본다.

의결정족수를 감경하는 것도 동시에 모순되는 복수의 결론이 가결될 수 있을 정도($_{1/2 \, 이상의 \, 동의}^{예컨대 \, 총사원}$)에 이르지 않는 한 가능하다고 본다. 판례도 주택재건축 정비조합과 관련하여 "정관으로 해산결의의 요건을 정함에 있어 총조합원 4분의 3 이상의 동의보다 완화하여 규정하는 것도 가능하고, 그것이 통상의 결의요건에도 미달하는 등 현저히 타당성이 없는 경우가 아닌 한 유효하다"고 하였다.[7]

학설 중에는 정관에서 해산결의 요건을 본조보다 가중하더라도 정관변경 결의를 통해 해산결의 요건을 다시 경감할 수 있으므로, 정관에서 해산결의 요건을 정관변경 결의요건보다 가중하는 규정은 실익이 없다는 견해도 있다.[8] 그러나 해산을 추진하는 쪽에서는 먼저 정관변경 결의를 거쳐 해산결의 요건을 낮춘 다음 다시 해산결의를 해야 하는 번거로움이 있고, 그 과정에서 동조자들에 균열이 생길 수도 있으며, 해산에 찬성하는 사원이 정관변경에 찬성한다는 보장도 없으므로, 해산을 어렵게 하기 위해 해산결의 요건을 정관변경 결의요건보다 가중하는 규정에 실익이 전혀 없다고는 하기 어렵다.[9]

---

5) 주석 총칙(1), 791(제4판/주기동).
6) 구주해(1), 740(최기원).
7) 대결 07.7.24, 2006마635.
8) 주석 총칙(1), 793(제4판/주기동); 강태성(주 2), 34.
9) 구주해(1), 740(최기원).

### 3. 조건부 또는 기한부 해산결의

해산결의를 조건부 또는 기한부로 할 수 있는가? 통설인 부정설[10]은 해산
사유는 제3자의 이해와 밀접히 관계되는 경우가 많기 때문에 반드시 정관으로
정하여 이를 등기를 통해 공시하도록 규정하고 있는데($_{1,\ 49\ II}^{\S\S77}$), 만일 사원총회
가 임의로 조건부 또는 기한부로 해산결의를 할 수 있게 하면 제3자의 이익을
해할 염려가 있다고 한다. 반면 긍정설은 해산결의는 정관과 무관한 해산사유
로서 조건부나 기한부 결의도 부정할 이유가 없다고 하거나,[11] 해산에 따른 청
산절차 및 도산절차에 관하여는 엄격한 강행규정이 적용되고 주무관청의 감독
을 받으므로 해산의 효력발생 시점을 조건부 또는 기한부로 정하더라도 제3자
의 이익을 해하는 경우를 상정하기 어렵다는 점을 근거로 든다.[12]

살피건대, 해산의 효력발생 시점 또는 조건이 명확하지 않다면 부정설이
갖는 우려가 일리가 있지만, 해산결의 시에 그 시점 또는 조건을 명확히 정하
기만 한다면 제3자의 이익이 특별히 침해된다고 보기 어려울 것이다. 해산결
의 시점과 해산의 효력발생 시점이 반드시 일치할 필요는 없고 오히려 둘 사
이에 괴리가 있는 경우도 있기 때문이다. 예컨대 사단법인이 소유한 부동산 전
부를 매도한 후 해산을 하고자 하는데, 그 매매계약에 관한 인허가 문제로 이
행이 늦어지고 있다면, 매도인인 사단법인으로서는 우선 해산결의를 하면서
위 계약에 따른 부동산 이전등기 완료를 조건으로 해산의 효력이 발생한다고
정하고자 할 수 있다. 이러한 결의를 반드시 금지하고 무효라고 해야 할지 의
문이다.[13]

## III. 해산결의의 효력

해산결의에 의하여 해산의 효력이 발생하면 청산절차가 개시되고, 그 사단
법인은 청산을 목적으로 하는 청산법인이 된다. 즉 사단법인의 권리능력이 완

---

10) 주석 총칙(1), 793(제4판/주기동); 고상룡, 244; 김대정, 479; 김준호, 147; 김주수·김
    상용, 247; 김증한·김학동, 242; 백태승, 277; 송덕수, 636; 이영준, 976 등.
11) 구주해(1), 740(최기원).
12) 김진우(주 4), 56-57.
13) 상법상 주식회사에서 주주총회 결의에 조건을 붙일 수 있는지에 관해서도 전통적으로는
    부정적인 견해가 많았으나 이를 긍정하는 견해로, 김건식·노혁준·천경훈(주 3), 328.

전혀 상실되지는 않고 청산의 목적범위 내로 축소되는 것이다. 이에 대하여는 §81 및 그에 대한 주해 참조.


## Ⅳ. 법인계속 결의의 가부

상법은 '회사가 해산결의를 한 경우' 및 '회사의 존립기간 만료 또는 정관으로 정한 해산사유가 발생한 경우'에 사원들의 총의에 의한 회사의 계속을 인정한다. 즉 합명회사($\frac{상 \S\S 229}{\text{I}, 227}$), 합자회사($\frac{상 \S 269 \rightarrow}{\S\S 229 \text{ I}, 227}$), 유한책임회사($\frac{상 \S 287\text{-}40}{\rightarrow \S\S 229}$ $\frac{1}{227}$)의 경우는 사원의 전부 또는 일부의 동의로,[14] 주식회사의 경우는 출석주주의 의결권의 3분의 2 이상의 수와 발행주식 총수 3분의 1 이상의 수에 의한 특별결의로($\frac{상 \S\S 519,}{434}$), 유한회사의 경우에는 총사원의 반수 이상이고 총사원의 의결권의 4분의 3 이상을 가지는 자의 동의에 의한 특별결의로($\frac{상 \S\S 610}{\text{I}, 585}$), 각각 회사를 계속할 수 있도록 규정한다. 이러한 규정이 없는 민법상 비영리법인에서도 일정한 절차에 의한 '법인의 계속'을 인정할 것인지 문제된다.

먼저 존립기간이 만료하거나 정관으로 정한 해산사유가 발생한 경우에 관해서는 사단법인에 한하여 계속결의를 긍정하는 견해와 민법상 법인의 계속을 부정하는 견해가 대립된다. 전자의 견해는 ① 재단법인은 설립자의 설립 당시 의사를 집행하기 위한 타율적인 조직이므로 설립자가 정관으로 정한 존립기간의 만료 또는 해산사유의 발생으로 당연히 해산하지만, ② 사원의 총의에 의해 자주적으로 활동하는 사단법인은 청산절차 종결 전에 사원총회가 법인의 계속을 결의할 수 있다고 한다.[15] 사단법인의 경우는 상법의 규정을 유추적용하여 사원총회의 결의로 사단을 계속할 수 있다는 견해[16]도 이와 같은 입장인 것으로 보인다. 반면 후자의 견해는 법인의 계속에 관한 명시적인 규정이 없는 이상 비영리법인은 상법상 회사와 달리 해산 후에 다시 법인을 계속할 수 없다고 한다.[17]

다음으로 사원총회의 해산결의가 있었던 경우에 관해서도 법인의 계속결의에 관해 긍정설과 부정설이 대립된다. 긍정설은 해산결의는 사원총회의 임

---

14) 동의하지 않은 사원은 퇴사한 것으로 본다(상 §229 Ⅰ).

15) 김진우(주 4), 54.

16) 구주해(1), 736(최기원); 주석 총칙(1), 794(제4판/주기동).

17) 권오복, "민법법인 해산·청산종결등기(1)", 법무사 490, 2008. 6.

의적인 결의이므로 언제든지 사원총회의 결의로 이를 철회할 수 있다고 한다
(그러한 철회결의가 바로 계속결의이다).[18] 반면 부정설은 상법과 같은 규정이 민법에 없는 이상 해산결의 후 법인을 존속시키기로 하는 결의를 하더라도 효력이 없다고 한다.[19]

　　위 두 경우 모두 부정설은 민법상 법인의 계속에 관한 명시적인 규정이 없다는 점을 주된 근거로 한다. 그러나 명시적 규정이 없다는 이유로 사원들의 총의로 법인을 존속시키는 것이 금지된다고 해석하는 데에는 의문이 있다. 특히 해산결의에 의한 해산은 사원들의 총의에 의한 해산이므로, 이를 사원들의 총의로 번복하는 것은 명문의 규정이 없더라도 허용되어야 할 것이다. 만약 법인이 채무초과 또는 지급불능 상황이라면 도산절차에 관한 각종 법령이 적용되어 채권자의 이익은 그것으로 보호될 것이므로, 법인의 계속결의를 허용하더라도 채권자 등 다른 이해관계자들의 이익이 크게 침해되는 것도 아니다. 따라서 위 두 경우 모두 사단법인에서는 사원총회의 결의에 의한 법인의 계속이 가능하다고 할 것이고, 그 때의 정족수는 정관에 다른 정함이 없다면 해산결의의 정족수와 동일하다고 해석해야 할 것이다. 다만 현행 등기실무 상으로는 법인의 계속결의가 있더라도 해산 등기를 말소하거나 법인의 계속을 등기할 방법이 없는 것은 사실이다.

[천　경　훈]


## 第 79 條 (破産申請)

　　法人이 債務를 完濟하지 못하게 된 때에는 理事는 遲滯없이 破産申請을 하여야 한다.

---

18) 구주해(1), 741(최기원); 주석 총칙(1), 793(제4판/주기동).
19) 권오복(주 17), 12.

# I. 본조의 의의

　　법인의 파산에 관하여는 '채무자 회생 및 파산에 관한 법률$\binom{\text{이하 채무}}{\text{자회생법}}$'에 정해진 절차에 따른다. 예컨대 영리법인인 상법상 각종 회사에 관하여는 상법에서 파산에 관해 별도의 규정을 두고 있지 않고, 채무자회생법이 적용될 뿐이다. 반면 민법상 법인에 관하여는 본조를 비롯해 파산절차에 관한 몇 조문이 마련되어 있다. 그러나 채무자회생법에 훨씬 더 상세한 내용이 정해져 있으므로 본조를 비롯한 민법상 파산관련 조문의 의미는 그리 크지는 않은 것으로 보인다.

　　민법은 본조에서 "법인이 채무를 완제하지 못하게 된 때"에 이사로 하여금 지체 없이 파산신청을 하도록 규정하고, § 93에서는 "청산 중 법인의 재산이 그 채무를 완제하기에 부족한 것이 분명한 때"에 청산인으로 하여금 지체 없이 파산신청을 하도록 규정한다. 즉 파산원인으로 본조에서는 지급불능을, § 93에서는 채무초과를 각각 제시하고 있는 것이다.

# II. 파산원인

　　일반적으로 파산원인에는 지급불능과 채무초과가 있다. 채무자회생법에서는 ① 보통파산원인으로 채무자가 지급을 할 수 없을 때($\S_{305}^{\text{도산}}$ I)와 ② 법인파산원인으로 $\binom{\text{합명회사와 합자회사}}{\text{를 제외한 법인에 대해}}$ 부채총액이 자산총액을 초과하는 때($\S_{306}^{\text{도산}}$)를 들고 있다. 즉 민법상 법인의 경우 지급불능과 채무초과 모두 채무자회생법에 따른 파산원인이 된다.

　　본조에서 말하는 "법인이 채무를 완제하지 못하게 된 때"는 채무자회생법의 지급불능과 같은 의미로서,[1] "채무자가 변제능력이 부족하여 즉시 변제하여야 할 채무를 일반적·계속적으로 변제할 수 없는 객관적 상태"를 말한다.[2] 채무초과 상태라고 해도 자산의 처분 또는 차입 등에 의한 변제가 가능할 수 있기 때문에 그것만으로 지급불능이 되는 것은 아니다. 다만 채무자가 지급을 정지한 때에는 지급불능으로 추정된다($\S_{305}^{\text{도산}}$ II).

---

　　1) 주석 총칙(1), 921(제5판/문영화).
　　2) 대결 99.8.16, 99마2084; 대결 12.3.20, 2010마224 외 다수.

본조에서는 "채무초과"를 파산원인으로 열거하고 있지 않으나, 채무자회생법에 따라 부채의 총액이 자산의 총액을 초과하면 지급불능 상태에 이르렀을 것을 요하지 아니하고 그것만으로 파산원인이 된다. 법인이 채무초과 상태에 있는지 여부는 "법인이 실제 부담하는 채무의 총액과 실제 가치로 평가한 자산의 총액을 기준으로 판단하는 것이지 대차대조표 등 재무제표에 기재된 부채 및 자산의 총액을 기준으로 판단할 것은 아니다."[3]

## Ⅲ. 파산신청

본조는 채무자인 법인의 이사를 파산신청자로 규정하고 있으나, 채무자회생법에 따라 채무자 뿐 아니라 채권자도 파산신청을 할 수 있다($_{\S\,294\,I}^{도산}$). 다만 채권자가 파산신청을 하는 때에는 그 채권의 존재 및 파산의 원인인 사실을 소명하여야 한다($_{\S\,294\,II}^{도산}$). 민법상 법인의 파산신청권자는 이사이고($_{\S\,295\,I}^{도산}$), 청산 중인 법인은 청산인이 파산신청권자이며($_{\S\,295\,II}^{도산}$), 채무자인 법인의 이사가 여러 명인데 그 중 일부가 파산신청을 하는 때에는 파산의 원인인 사실을 소명하여야 한다($_{\S\,296}^{도산}$). 법인에 대하여는 그 해산 후에도 잔여재산의 인도 또는 분배가 종료하지 아니한 동안은 파산신청을 할 수 있다($_{\S\,298}^{도산}$).

파산신청 권한에 더하여 파산신청의 의무가 있는가? 채무자회생법에서는 법인의 파산에 관해 파산신청 의무를 명시적으로 부과하고 있지는 않으나,[4] 본조는 지급불능의 경우에 이사에게 "지체 없이" 파산신청을 하도록 의무를 부과하고 있다. 이 점에 본조의 독자적인 의의가 있다고 할 수 있을 것이다. 파산신청 의무를 게을리하면 과태료의 제재가 있다($_{(vi)}^{\S\,97}$).

지급불능 시에 파산신청이 아닌 회생절차개시신청을 해도 본조에 의한 의무를 이행한 것이 되는가? 청산형 도산(파산)과 재건형 도산(회생) 중 어느 것이 채권자들의 이익을 포함하여 사회경제적으로 더 타당한지는 채무자의 재산 상황과 주변 여건에 따라 달라질 수 있는 것이고 회생절차 중에 파산절차로 이행할 수도 있으므로, 회생절차개시신청을 하였다면 본조의 의무를 이행한

---

3) 대결 07.11.15, 2007마887.

4) 다만 이론적으로 일정한 경우에는 이사들의 도산신청 의무를 인정해야 한다는 논의가 있다. 문병순, 부실기업의 도산신청 지연방지와 채권자 보호, 서울대학교 박사학위논문, 2017, 106-139.

것으로 봄이 타당할 것이다.[5] 채무자회생법은 "채무자의 청산인은 다른 법률에 의하여 채무자에 대한 파산을 신청하여야 하는 때에도 회생절차개시의 신청을 할 수 있다"고 하는데($\S 35^{도산}_{회생} \text{I}$), 이는 §93에 따라 청산인이 파산신청 의무를 지는 경우 뿐 아니라 본조에 따라 이사가 파산신청 의무를 지는 때에도 적용된다고 해석할 수 있을 것이다. 입법론으로는 본조 자체에서 지급불능 및 채무초과 모두의 경우에 회생절차개시신청 또는 파산신청을 하도록 명시함이 좋을 것이다.[6]


## Ⅳ. 파산선고

### 1. 파산선고의 의의

법원은 도산($^{파산}_{회생}$) 신청을 심리하여, 신청이 부적법하다고 인정되면 신청각하 결정을, 신청은 적법하나 도산원인이 존재하지 않는다고 인정되면 기각결정을, 도산원인이 있고 개시장애사유가 없다고 인정되면 개시결정을 한다.[7] 파산의 경우 이 개시결정을 특히 파산선고라고 한다. 파산결정서에는 파산선고의 연·월·일·시를 기재하여야 하고($\S 310^{도산}$), 파산은 선고를 한 때부터 그 효력이 생긴다($\S 311^{도산}$). 법인에 대하여 파산선고를 한 경우 그 법인의 설립이나 목적인 사업에 관하여 행정청의 허가가 있는 때에는 법원은 파산의 선고가 있음을 주무관청에 통지하여야 한다($\S 314^{도산} \text{I}$).

### 2. 파산선고의 효과

이러한 파산선고는 법인의 해산사유에 해당한다($\S 77 \atop \text{I}$). 해산한 법인은 파산의 목적 범위 안에서는 존속하는 것으로 본다($\S 328^{도산}$). 즉 법인은 파산선고로써 파산법인이 되는데, 파산법인의 재산에 대한 관리처분권은 파산관재인에게 속하지만, 재산의 소유자 내지 파산채권의 채무자로서 파산법인은 파산절차 종료 시까지 파산절차에 필요한 범위 내에서 존속시켜 두는 것이다.[8]

---

5) 곽윤직·김재형, 209.
6) 2014년 법무부 민법 개정안은 "이사는 법인이 채무를 모두 변제하지 못하게 된 때에는 지체 없이 회생절차개시신청 또는 파산신청을 하여야 한다"고 한다.
7) 노영보, 도산법강의, 2018, 95.
8) 주석 총칙(1), 922(제5판/문영화).

그러면 파산의 목적 범위 내에서 파산법인의 업무는 누가 집행하는가? 파산관재인은 파산재단의 대표이지 파산법인(채무자)의 기관이 아니므로, 파산법인의 고유사무는 집행할 수 없다. 결국 파산관재인의 권한에 속하지 않는 파산법인의 고유사무, 예컨대 회생절차개시신청($_{\S\,35}^{도산}$ⅡⅡ), 파산선고에 대한 즉시항고($_{\S\,316}^{도산}$Ⅰ), 동시폐지에 대한 즉시항고($_{\S\,317}^{도산}$Ⅲ), 파산관재인의 계산보고에 대한 이의진술($_{\S\,365}^{도산}$), 채권조사기일에서의 의견진술($_{\S\,451}^{도산}$), 파산관재인의 행위에 관한 중지명령 신청($_{\S\,494}^{도산}$) 등에 있어 채무자인 파산법인을 대표할 기관이 있어야 한다.[9] 그런데 §82와 상 §531에서 법인 해산의 경우 이사가 청산인이 된다고 규정하면서도 파산의 경우를 명시적으로 제외하고 있어서, 법인이 파산으로 해산한 경우에는 청산인이 선임되지 않는다.[10] 따라서 파산선고 전의 법인과 마찬가지로 이사가 계속하여 파산법인의 기관 역할을 수행할 수밖에 없다.[11] 이에 관하여는 §82에 대한 주해 Ⅴ. 3.도 참조.

즉 파산선고에도 불구하고 파산의 목적 범위 내에서 파산관재인의 직무에 속하지 않는 파산회사의 사무를 처리하기 위하여 여전히 이사가 필요하다. 따라서 법인에 대한 파산절차 진행 중에도 이사를 선임할 수 있다.[12] 판례도 "재단채권이나 파산채권에 해당하는 조세채권의 납세의무자는 파산관재인"이지만, "파산재단에 속하지 않는 재산에 대한 관리처분권은 채무자가 그대로 보유하고 있"으므로, "파산선고 후에 발생한 조세채권 중 재단채권에 해당하지 않는 조세채권, 즉 '파산채권도 아니고 재단채권도 아닌 조세채권'에 대한 납세의무자는 파산관재인이 아니라 파산채무자"라고 하였는데,[13] 이러한 조세채무의 이행도 파산관재인이 아닌 이사의 임무라고 할 것이다.

9) 그 외에도 파산법인이 당사자가 된 조직관계소송의 수행, 파산법인의 기존 이사나 청산인의 퇴임등기, 취임등기, 파산법인의 본점이전등기 등도 파산관재인이 아니라 파산법인이 하여야 한다. 파산관재인의 권한에 속하지 않는 파산법인 고유의 사무에 관한 상세는 이동원, "법인의 파산과 청산의 경계에서 생기는 문제들", 회생과 파산 Ⅰ, 2012, 182-183.
10) 파산선고로 해산된 법인의 기관으로 청산인을 생각해 볼 수도 있겠으나(예컨대 주석 총칙(1), 839(제3판/박준서)는 법인이 파산을 이유로 해산한 경우에 있어서도 청산인은 존재하고 파산관재인의 직무 이외의 사항에 관하여 청산법인을 대표하고 이를 집행한다고 함), 파산선고에 따른 법인의 청산은 파산관재인이 수행하고 파산의 종결로 청산도 종결되므로, 파산관재인이 선임된 상태에서 청산인을 새로 선임하거나 종전의 이사를 당연히 청산인으로 인정하여 파산관재인과 양립시키는 것은 청산업무의 주체가 중복되는 것이어서 타당하지 않고 현재까지의 실무처리 예에도 반한다고 한다. 이동원(주 9), 184.
11) 이동원(주 9), 183; 주석 총칙(1), 923(제5판/문영화).
12) 이동원(주 9), 184; 주석 총칙(1), 923(제5판/문영화).
13) 대판 17.11.29, 2015다216444.

한편 법인이 이미 파산 이외의 사유로 해산하고 청산 중에 파산선고를 받은 경우에는, 기왕에 취임한 청산인이 청산법인(결파산법인)의 집행기관 및 대표기관으로서의 지위를 그대로 유지한다. 즉 파산재단에 속하는 사무에 관하여는 파산관재인이, 파산재단과 관계없는 법인 고유의 사무에 관하여는 청산인이 각각 집행 및 대표하게 된다.[14] 이에 관하여는 §93 및 그에 대한 주해 참조.

[천 경 훈]

**第80條**(殘餘財産의 歸屬)
① 解散한 法人의 財産은 定款으로 指定한 者에게 歸屬한다.
② 定款으로 歸屬權利者를 指定하지 아니하거나 이를 指定하는 方法을 定하지 아니한 때에는 理事 또는 淸算人은 主務官廳의 許可를 얻어 그 法人의 目的에 類似한 目的을 爲하여 그 財産을 處分할 수 있다. 그러나 社團法人에 있어서는 總會의 決議가 있어야 한다.
③ 前2項의 規定에 依하여 處分되지 아니한 財産은 國庫에 歸屬한다.

# I. 본조의 의의

본조는 청산절차에서 채무를 변제하고 남는 재산의 귀속권리자를 정하고

[14] 이동원(주 9), 183-184; 주석 총칙(1), 924(제5판/문영화).

있다. 우선 사적 자치의 원칙에 따라 정관의 규정에 따르고, 정관에 정함이 없는 때에는 주무관청의 허가 및 사원총회의 결의를 얻어 이사 또는 청산인이 법인의 목적에 유사한 목적으로 처분하도록 하였으며, 이러한 방법으로도 처분되지 아니한 재산은 국고에 귀속하도록 하였다.

•

## II. 정관의 지정

### 1. 귀속권리자

해산한 법인의 재산은 정관으로 지정한 자에게 귀속한다($\frac{본조}{I}$). 원시정관에서 지정할 수도 있고 설립 이후 정관변경을 통해 지정하는 것도 가능하다.[1] 정관에서 직접 귀속자를 지정할 수도 있지만, "법인 해산시 잔여재산의 귀속권리자를 직접 지정하지 아니하고 사원총회나 이사회의 결의에 따라 이를 정하도록 하는 등 간접적으로 그 귀속권리자의 지정방법을 정해 놓은 정관 규정도 유효하다"는 것이 판례의 태도이다.[2]

여기서 귀속권리자는 자연인은 물론, 법인, 비법인사단·비법인재단, 그밖의 인적 단체라도 상관없다.[3] 태아도 § 1003 Ⅲ을 유추적용하여 귀속권리자가 될 수 있다.[4]

한편 사립학교의 경우에는 "학교법인은 정관에 해산에 따른 잔여재산의 귀속자에 관한 규정을 두고자 할 때에는 그 귀속자는 학교법인이나 그 밖에 교육사업을 경영하는 자 중에서 선정되도록 하여야 한다"는 제한이 있다($\frac{사학}{\S 35}$ I). 또한 "학교법인의 임원 또는 해당 학교법인이 설립한 사립학교를 경영하는 자 등이 사립학교법 또는 교육관계법령을 위반하여 해당 학교법인이 관할청으로부터 회수 등 재정적 보전을 필요로 하는 시정요구를 받았으나 이를 이행하지 아니하고 해산되는 경우"에는 그에 관련된 일정한 자들($\frac{사학 \S 35 Ⅲ}{(i), (ii)에 열거됨}$)은 정관에서 잔여재산 귀속권리자로 지정되었더라도 "그 지정이 없는 것으로

---

1) 구주해(1), 746(최기원).
2) 대판 95.2.10, 94다13473(법인 해산시의 잔여재산은 이사회에서 이사 전원의 의결에 의하여 원고 법인과 유사한 목적의 단체 또는 국가에 기부하도록 규정한 정관규정은 유효하다고 함).
3) 주석 총칙(1), 929(제5판/문영화).
4) 주석 총칙(1), 929(제5판/문영화); 김진우, "비영리(공익)법인의 소멸에 관한 몇 가지 법률문제", 외법논집 39-3, 2015, 60.

본다"$\left(\begin{smallmatrix} 사학 \\ \S 35 \ \text{III} \end{smallmatrix}\right)$.

## 2. 귀속권리자의 변경

잔여재산 귀속자에 관한 정관의 규정은 정관변경 절차에 따라 변경할 수 있다. 이 때 종전 정관에 의하여 지정되었던 귀속권리자의 동의를 받아야 하는지에 대하여는 ① 청산법인은 청산과정에서 귀속권리자를 변경하거나 계속하여 통상적인 법인으로 존속할 것을 결의할 수 있으므로 기존 정관상 귀속권리자의 동의는 필요 없다는 견해,[5] ② 법인이 해산되어 청산절차가 개시된 경우에는 귀속권리자의 구체적인 청구권이 이미 발생하였으므로 정관변경을 통해 귀속권리자를 변경하려고 하는 때에는 그의 동의가 필요하다는 견해[6]가 대립된다. 전자의 견해에서도 '귀속권자를 변경하려면 그의 동의를 얻어야 한다'는 정관규정은 유효하다고 한다.

## 3. 귀속권리자의 권리

귀속권리자가 가지는 권리의 성질은 무엇인가? 법인은 해산 후에도 청산목적 범위 내에서 청산법인으로서 권리능력을 가지므로, 법인의 재산은 해산과 동시에 청산법인에 속하게 된다. 따라서 잔여재산에 대한 권리귀속자는 청산법인에 대하여 청산절차 종료 후에 잔여재산을 인도해 줄 것을 청구할 수 있는 채권적 청구권을 갖게 된다고 설명하기도 한다.[7]

그러나 이와 달리 귀속권리자는 청산절차 종료 전까지는 아직 구체적인 권리를 갖지 못한다는 견해도 있다.[8] 그 근거로는 ① 귀속권리자로 지정된 자는 청산절차 종료 시까지 언제라도 정관변경으로 교체가 가능하다는 점,[9] ② 잔여재산은 청산절차가 종료되어야 비로소 확정되는데 청산과정에서 아직 확정되지도 않은 재산에 대하여 피지정자가 구체적 권리를 가진다는 것은 논리적으로 맞지 않는다는 점 등을 든다. 이 견해에 따르면 귀속권리자는 일종의 기대권을 가지고 있다가 청산절차 종료로써 잔여재산이 확정된 때에 비로소

---

5) 김진우(주 4), 61.
6) 구주해(1), 747(최기원); 주석 총칙(1), 800(제4판/주기동); 김준호, 150.
7) 구주해(1), 749(최기원); 주석 총칙(1), 801(제4판/주기동).
8) 김진우, "민사법인의 잔여재산귀속에 관한 고찰", 비교 9-3, 2002, 98-99.
9) 우리 민법 제정시 참고가 된 독일 민법은 청산종료 시까지는 언제라도 적법한 정관변경으로 귀속권리자의 자격을 박탈할 수 있음을 전제로 성립하였다고 한다. 김진우(주 8), 98.

구체적 권리를 갖게 된다.

## 4. 정관에 위반한 잔여재산 처분의 효과

본조는 제3자의 이해관계에 중대한 영향을 미치기 때문에 강행규정이고, 이에 반하는 잔여재산의 처분행위는 특단의 사정이 없는 한 무효이다. 이에 관한 두 건의 대법원 판결을 검토할 필요가 있다.[10]

79다2036 사건의 경우 법인의 정관에서는 "본 법인의 해산시에 잔여재산은 이사회의 결의에 의하여 주무장관의 승인을 거쳐 본 법인과 유사한 목적을 가진 단체에 기부함"이라고 규정하고 있었으나, 청산 중에 재산을 다른 자들에게 매도하였다면 이는 민법의 청산절차에 관한 규정 및 정관에 위반하는 청산목적 범위 외의 행위이므로 그 매매는 무효라고 판시하였다.[11]

94다13473 사건의 경우 법인의 정관에서는 "잔여재산은 이사회에서 이사 전원의 의결에 의하여 원고 법인과 유사한 목적의 단체 또는 국가에 기부"하도록 하였으나,[12] 청산 중에 그러한 절차를 따르지 않고 부동산을 다른 자들에게 매도하였다면 그 처분행위는 정관 규정과 이사회의 결의 내용에 반하는 것임은 물론 청산의 목적 범위를 벗어난 것으로서 무효이므로, 비록 매수인이 선의라고 하더라도 법인은 소유권이전등기의 말소를 청구할 수 있다고 하였다.[13]

## 5. 정관에 따른 잔여재산 처분의 효과

정관에 따라 잔여재산을 처분하는 계약을 체결하면 청산법인은 그에 따라 재산권을 이전할 계약상 의무를 부담하고 대가를 수취할 계약상 권리를 취득한다. 이 처분에 관하여 이사회 또는 청산인회의 의결을 받아야 하는지가 문제된 판례가 있다. 대법원은 정관에 법인 재산의 처분에 관하여 이사회 또는 청산인회의 심의의결을 거치도록 규정되어 있는 경우에도, 해산한 법인이 잔여재산의 귀속자에 관한 민법 및 정관의 규정에 따라 구체적으로 확정된 잔여

---

10) 대판 80.4.8, 79다2036; 대판 95.2.10, 94다13473.
11) 대판 80.4.8, 79다2036.
12) 동 판결은 이러한 정관규정은 성질상 등기하여야만 제3자에게 대항할 수 있는 청산인의 대표권에 관한 제한이라고 볼 수 없다고 하였다. 원고인 법인이 잔여재산 귀속에 관한 정관 규정에 위반한 매매계약이 무효임을 주장하며 소유권이전등기 말소를 구하자, 피고가 그러한 정관 규정은 청산인의 대표권에 관한 제한이므로 등기하여야 제3자에게 대항할 수 있다고 주장한 데 대한 판시이다.
13) 대판 95.2.10, 94다13473.

재산이전의무의 이행으로서 그 귀속권리자에게 잔여재산을 이전하는 것은, 위 이사회 또는 청산인회의 심의의결을 요하는 재산의 처분에 해당한다고 볼 수 없다고 하였다.[14] 또한 해산한 법인이 잔여재산 귀속에 관한 정관 규정에 따라 잔여재산인 토지를 그 귀속권리자에게 이전하는 것은 구체적으로 확정된 잔여 재산이전의무의 이행에 불과하므로, 잔여재산 토지에 관한 소유권이전등기를 경료해 준 청산법인의 대표청산인이 그 귀속권리자의 대표자를 겸하고 있었다고 하더라도 이는 쌍방대리금지 원칙에 반하지 않는다고 하였다.[15]

### 6. 잔여재산의 이전시기

민법 상으로는 청산인이 잔여재산을 이전(동산의 경우에는 인도, 부동산의 경우에는 이전등기)해야 하는 시기에 대해 별다른 제한을 두고 있지 않다. 청산인은 청산인이 알고 있는 채권자나 채권신고기간 내에 신고한 채권자에게 변제를 완료하면 즉시 잔여재산을 귀속권리자에게 이전해야 할 것이다.[16] 나아가 입법론으로 채권자 보호를 위해 해산등기 후 또는 채권신고기간 경과 후 일정기간 내에는 잔여재산을 귀속권리자에게 인도할 수 없도록 함이 바람직하다는 견해[17]도 있다. 한편 해산한 학교법인의 잔여재산은 합병 및 파산의 경우를 제외하고는 교육부장관에 대한 청산종결의 신고가 있은 때에 정관으로 지정한 자에게 귀속된다($\frac{\text{사학}}{\S 35 \, \text{II}}$).

## III. 유사목적을 위한 처분

정관으로 귀속권리자를 지정하지 아니하거나 지정하는 방법을 정하지 아니한 때에는 이사 또는 청산인은 주무관청의 허가 및 사단법인의 경우에는 사원총회의 결의를 얻어 그 법인의 목적에 유사한 목적을 위하여 잔여재산을 처

---

14) 대판 00.12.8, 98두5279. 이 사건 법인의 정관에서는 해산시 잔여재산은 동래정씨 종약소에 귀속한다고 귀속권리자를 명시하고 있었으므로 귀속권리자 확정을 위해 추가적인 절차를 거칠 필요도 없었다. 이 판례에 대한 해설로, 조인호, "민법상 청산법인의 잔여재산귀속과 대표권 제한", 해설 35, 818 이하.

15) 대판 00.12.8, 98두5279. 따라서 잔여재산에 관한 소유권이전등기시에 문제없이 소유권이 이전하였으므로, 그 재산의 취득시기를 소유권이전등기일로 보아 그 날짜를 기준으로 양도소득세 산정을 위한 양도차익을 계산한 것은 적법하다고 보았다.

16) 주석 총칙(1), 833(제4판/주기동); 주석 총칙(1), 930(제5판/문영화).

17) 주석 총칙(1), 833(제4판/주기동). 독민 §51 참조(사단의 해산 또는 권리능력 박탈의 공고로부터 1년이 경과하지 아니하면 재산은 귀속권리자에게 이전될 수 없다는 취지).

분할 수 있다($\frac{본조}{II}$). 이 때 사원총회 결의는 정관에서 달리 정하지 않는 한 일반적 결의와 같이 사원 과반수 출석과 출석사원 의결권의 과반수 찬성을 요한다.[18]

　영리법인은 잔여재산이 있으면 당연히 그 사원에게 분배하여야 하지만, 비영리법인의 설립자 또는 사원은 처음부터 일정한 목적을 위하여 재산을 출연하였거나 사원이 된 것이므로, 법인은 해산하였어도 그 목적에 유사한 목적을 위하여 잔여재산을 처분하는 것이 그들의 의사에 부합할 것이라는 점이 이 조항의 입법취지이다.[19] 다만 이에 대해서는 유사목적처분방식에 주무관청의 허가를 받도록 한 것은 순수한 비영리 분야에서 사적자치를 불필요하게 제약하고, 사적 영역에 대한 국가의 과도한 개입을 초래한다는 비판이 있다.[20]

## Ⅳ. 국고귀속

　이상과 같은 방법에 의하여도 귀속권리자가 지정되지 아니한 때에는 잔여재산은 국고에 귀속한다($\frac{본조}{III}$). 잔여재산을 출연자에게 반환하거나 영리법인에서와 같이 사원들에게 분배하는 것은 공익목적 기타 비영리목적에 반하고 법인의 설립자의 의사에도 부합하지 않는다고 보아, 공익사업의 대표자라 할 수 있는 국고에 귀속시킨 것이다.[21] 독민 §46는 "국고는 가능한 한 사단의 목적에 맞는 방법으로 재산을 사용하여야 한다"는 취지의 규정을 두고 있으나 우리 민법에는 이런 규정이 없으므로, 국고에 귀속되는 잔여재산은 국고의 일반수입이 되어 그 사용에 제한이 없다.[22] 다만 이에 대하여는 오로지 당해 구성원의 교제나 상호부조를 목적으로 하는 비영리사단에서까지 잔여재산을 국고에 귀속시키는 것은 정당한 이유가 없다는 타당한 비판이 있다.[23]

　한편 공익법인과 학교법인의 경우 국고 또는 지방자치단체에 귀속된 잔여

---

18) 구주해(1), 748(최기원); 주석 총칙(1), 800(제4판/주기동); 주석 총칙(1), 931(제5판/문영화).
19) 구주해(1), 747(최기원); 주석 총칙(1), 800(제4판/주기동); 주석 총칙(1), 931(제5판/문영화).
20) 김진우(주 8), 102-103(입법론으로 본조 Ⅱ의 주무관청 허가 요건의 폐지를 주장함).
21) 구주해(1), 748(최기원).
22) 구주해(1), 749(최기원); 주석 총칙(1), 931(제5판/문영화).
23) 김진우(주 8), 104(입법론으로 본조 Ⅲ에서 구성원의 교제나 상호부조를 위한 비영리법인의 해산시에는 잔여재산에 관하여 해산 당시의 구성원에 대한 분배를 허용하고, 국고에 귀속되는 경우에는 국고의 유사목적 처분의무를 명시할 것을 주장함).

재산은 유사목적을 위해 사용되어야 한다는 제한이 있다. 즉 공익법인에서는 "해산한 공익법인의 남은 재산은 정관으로 정하는 바에 따라 국가나 지방자치단체에 귀속"되고($\frac{공익법인}{§13\,I}$), 이에 따라 "국가나 지방자치단체에 귀속된 재산은 공익사업에 사용하거나 이를 유사한 목적을 가진 공익법인에 증여하거나 무상대부($\frac{無償}{貸付}$)한다."($\frac{공익법인}{§13\,II}$)[24] 사립학교에서는 "국가 또는 지방자치단체는 […] 국고 또는 지방자치단체에 귀속된 재산을 사립학교교육의 지원을 위하여 다른 학교법인에 대하여 양여·무상대부 또는 보조금으로 지급하거나 기타 교육사업에 사용"하고($\frac{사학}{§35\,V}$), "국고에 귀속된 재산은 교육부장관이, 지방자치단체에 귀속된 재산은 당해 시·도교육감이 관리하되, 제5항의 규정에 의한 처분을 하고자 할 때에는 미리 교육부장관은 기획재정부장관의, 시·도교육감은 교육부장관의 동의를 얻어야 한다."($\frac{사학}{§35\,VI}$)

[천 경 훈]


**第 81 條**(淸算法人)
　　解散한 法人은 淸算의 目的範圍 內에서만 權利가 있고 義務를 負擔한다.

# I. 본조의 의의

본조는 법인의 해산 이후에도 청산절차가 끝날 때까지 해산한 법인을 존속시키되, 그 법인의 권리능력이 청산의 목적범위 내로 제한됨을 규정한다. 본

---

24) 공익법인에서 유사목적 처분 원칙에 관하여는 이중기, 공익신탁과 공익재단의 특징과 규제, 2014, 331-334 참조.

조를 비롯한 청산절차에 관한 규정은 모두 제3자의 이해관계에 중대한 영향을
미치기 때문에 강행규정이다.


## II. 청산의 의의

청산이란 해산한 법인이 남아 있는 사무를 처리하고 재산관계를 정리(채권추
심, 자 산처분, 채무변제, 잔여재산분배 등)하는 절차를 말한다. 법인이 해산하는 즉시 권리능력을 잃고 소
멸한다면 법인과 법률관계를 맺은 제3자의 이익을 크게 저해하므로, 법인격
소멸에 앞서 본래의 활동을 정지하고 재산관계를 정리하는 절차를 밟도록 한
것이다. 민법상 법인의 청산절차에는 두 가지가 있는데, 첫째는 파산을 해산사
유로 하는 경우로서 '채무자 회생 및 파산에 관한 법률'에 따른 파산절차가 진
행되고, 둘째는 그 이외의 해산사유로 인한 경우로서 청산인이 청산절차를 진
행한다. 본조는 후자에 관한 것이다.


## III. 청산법인

### 1. 의    의

법인이 해산한 후에 청산종결 시까지 존속하는 법인을 청산법인이라고 한
다. 청산법인은 해산 전 법인과 동일성을 가지므로, 새로 설립행위를 필요로
하지 않는다.

### 2. 권리능력의 축소

청산법인의 권리능력은 청산목적 범위 내로 축소된다. 이러한 법리는 청산
중의 비법인사단에도 원칙적으로 적용된다.[1]

여기서 '청산목적 범위 내'의 의미는 법인의 본질과 청산의 성질에 비추어
넓게 해석되어야 하고,[2] 청산목적과 직접 관련이 있는 것에 한정할 것은 아니

---

1) 비법인사단인 교회에 관한 판시로 대판 07.11.16, 2006다41297(청산 중의 비법인사단
   은 해산 전의 비법인사단과 동일한 사단이고 다만 그 목적이 청산 범위 내로 축소된 데
   지나지 않는다).
2) 백태승, 260; 송덕수, 637.

다.[3] 이런 의미에서 청산의 목적달성에 반하지 않는 사항은 청산의 목적범위 내에 속하는 것으로 보아야 한다고 설명하기도 한다.[4] 그러나 청산이라는 목적 자체를 변경하거나, 해산 전의 본래의 활동을 청산과 관계없이 적극적으로 수행하는 것은 청산목적의 범위를 벗어난다고 할 것이다.[5]

예컨대 청산에 필요한 자금을 차입한다든가, 청산에 필요한 범위에서 경매에 참가하는 것은 청산의 목적범위에 속하여 허용된다.[6] 진행 중인 공사를 완공하기 위해 자재를 구입하고 용역비를 지급하는 것, 임직원들의 보수를 지급하는 것, 사무실 임차료 및 관리비를 지급하는 것 등도 모두 청산의 목적범위에 속한다고 할 것이다. 납세의무는 물론 이를 제2차 납세의무자가 이행한 경우 그에 대한 부당이득반환의무를 지는 것도 청산법인의 권리능력 범위 내에 속한다.[7] 또한 구청장이 해산된 주택조합에 개발부담금 부과 처분을 한 사안에서, 주택조합이 해산되었다 하여도 권리의무 관계가 남아 있다면 그 범위 안에서 아직 소멸하지 않고 존속하는 것이므로 이 부과 처분은 무효가 아니라고 판시한 예도 있다.[8]

일본의 오래된 판례 중에는 청산 중에 있는 법인이 저당권실행을 신청하여 경매절차에 참가하고 스스로 저당부동산을 경락한 것은 채권추심을 위한 행위로서 청산의 목적 범위 내에 든다고 한 것, 법인에 공로가 있는 자에게 위로금을 지급하는 행위도 법인의 청산사무 수행에 필요한 행위라고 본 것, 설립허가가 취소된 학교법인이 업무 종료과정에서 학교를 경영하는 것도 청산목적 범위 내라고 본 것 등이 있다고 한다.[9] 우리 민법의 해석으로도 타당하다고 할 것이다.

---

3) 곽윤직·김재형, 210.
4) 김대정, 480.
5) 구주해(1), 751-752(최기원); 곽윤직·김재형, 210; 김대정, 480; 백태승 260; 송덕수 637.
6) 고상룡, 245.
7) 대판 03.2.11, 99다66427, 73371(의료법인인 사업양도인에 대한 청산종결등기가 경료되었다고 하더라도 청산사무가 종결되지 않는 한 그 범위 내에서는 청산법인으로서 존속하므로, 청산 전에 발생한 인정상여소득에 대한 사업양도인의 납세의무는 여전히 존속하고, 사업양수인이 제2차 납세의무자의 지위에서 이를 납부하여 사업양도인이 원래 부담해야 할 조세채무가 확정적으로 소멸한 이상, 사업양도인은 그 금액 상당의 부당이득반환의무를 진다고 함).
8) 대판 98.10.27, 98다18414.
9) 구주해(1), 752(최기원); 주석 총칙(1), 804(제4판/주기동).

## 3. 권리능력의 소멸

청산목적 범위 내에서 존재하는 청산법인의 권리능력은 청산사무가 종결된 때에 소멸한다. 따라서 비록 청산종결등기가 경료된 경우에도 청산사무가 종료되었다고 할 수 없는 경우에는 청산법인으로서 권리능력은 여전히 있다.[10]

## 4. 권리능력의 회복 가부(可否)

청산법인이 회사의 계속($\frac{상 \S\S 229,}{285, 519, 610}$)에 준하여 사원총회의 결의에 따라 다시 원래의 권리능력을 회복하여 정상적인 법인 활동을 계속할 수 있는지에 관하여는 §78에 대한 주해 Ⅳ. 참조.

[천 경 훈]

## 第 82 條(淸算人)
法人이 解散한 때에는 破産의 境遇를 除하고는 理事가 淸算人이 된다. 그러나 定款 또는 總會의 決議로 달리 定한 바가 있으면 그에 依한다.

# Ⅰ. 본조의 의의

법인이 해산되어도 청산의 목적범위 내에서 청산법인으로서 존속하므로, 청산사무를 집행할 기관이 필요하다. 본조는 청산법인의 기관인 청산인의 선

10) 대판 80.4.8, 79다2036; 대판 90.12.7, 90다카25895; 대판 97.4.22, 97다3408; 대판 03.2.11, 99다66427, 73371 등.

임 방법을 규정한다.


## Ⅱ. 청산법인의 기관

청산법인에서는 정관 또는 총회의 결의로 달리 정하지 않는 한 종전 법인의 이사가 청산인이 된다(본조). 민법에 별다른 규정이 없지만, 법인의 다른 기관, 즉 해산 전의 감사와 사원총회는 그대로 청산법인의 기관이 된다. 감사는 청산법인의 재산상황을 감사하고 청산인의 직무를 감독하는 등 고유의 업무를 계속 수행하고, 사원총회도 청산법인의 최고의사결정기관으로서의 지위를 여전히 가지며 그 역할을 계속 수행한다.[1] 다만 사원총회의 권한 또한 청산의 목적범위 내로 축소되므로 그 범위에서 소극적 기능을 수행하게 된다. 물론 사원이 없게 되어 해산한 사단법인의 경우에는 사원총회는 있을 수 없다.[2]

다만 법인에 대한 파산선고가 있는 경우에 대해서는 후술 Ⅴ. 4. 참조.


## Ⅲ. 청산인의 법률상 지위

청산인은 청산의 목적에 반하지 않는 한 해산 전의 이사와 동일한 지위에서 청산법인의 사무를 집행하고 재판상 및 재판외의 모든 행위에 관하여 청산법인을 대표한다.[3] 이사의 사무집행방법($\S58_{II}$), 대표권($\S59$), 대표권에 대한 제한의 대항력($\S60$), 주의의무($\S61$), 대리인 선임($\S62$), 특별대리인 선임($\S64$), 임무해태($\S65$), 임시총회의 소집($\S70$) 등에 관한 규정은 모두 청산인에게 준용된다($\S96$). 따라서 청산인이 여러 명 있을 때에는 각자 대표가 원칙이나, 정관으로 또는 법원이 청산인을 선임하면서 공동으로 법인을 대표하도록 정할 수 있다. 청산인의 대표권 제한은 등기하여야 제3자에게 대항할 수 있다.

---

1) 주석 총칙(1), 938(제5판/문영화); 고상룡, 246; 곽윤직·김재형, 211; 김대정, 485; 김증한·김학동, 243; 백태승, 262.
2) 구주해(1), 753(최기원); 주석 총칙(1), 805(제4판/주기동); 주석 총칙(1), 938(제5판/문영화).
3) 구주해(1), 753(최기원); 주석 총칙(1), 806(제4판/주기동); 주석 총칙(1), 939(제5판/문영화).

청산인의 직무 및 권한에 관하여는 § 87와 그에 대한 주해 참조.


## Ⅳ. 청산인의 자격

청산인의 자격에 관하여도 이사의 자격에 관한 논의가 그대로 적용된다. § 57에 대한 주해 중 이사의 자격에 관한 서술(Ⅱ. 2.) 참조. 법원이 청산인을 선임하는 경우에는 비송사건절차법에 별도의 결격사유가 정해져 있는데, 이에 대하여는 § 83에 대한 주해 참조.


## Ⅴ. 청산인의 선임

### 1. 정관 또는 사원총회 결의로 정한 경우

정관으로 이사 이외의 자가 청산인이 된다는 뜻을 정한 경우에는 해산과 동시에 그 사람만이 청산인이 된다. 정관에 다른 정함이 없더라도, 해산 전 또는 해산 시에 사원총회의 결의로 이사 이외의 자를 청산인으로 선임한 경우에는 그 사람만이 청산인이 된다. 판례는 비법인사단인 교회가 해산 당시 총회에서 "향후 업무를 수행할 자"를 선정하였다면, § 82를 유추하여 그 선임된 자가 청산인으로서 청산 중의 비법인사단을 대표하여 청산업무를 수행한다고 판시한 바 있다.[4]

### 2. 정관 또는 사원총회 결의로 정하지 않은 경우

정관 또는 사원총회 결의로 달리 정함이 없는 경우에는 본조에 의해 이사가 청산인이 된다. 본래 법인에서 다수의 이사 중 특정 이사만이 대표권을 갖고 있었다면 해산 후에도 그 특정 이사만이 청산인으로서 대표권을 가진다.[5]

---

4) 대판 03.11.14, 2001다32687(즉 묵시적인 방법에 의한 청산인의 선임을 인정했다고 할 수 있다).
5) 구주해(1), 754(최기원); 주석 총칙(1), 807(제4판/주기동); 주석 총칙(1), 941(제5판/문영화).

### 3. 법인의 파산과 청산인 선임

본조는 "파산의 경우를 제하고"라는 단서를 달고 있다. 즉 파산으로 해산하는 경우에는 본조가 적용되지 않으므로 이사가 청산인으로 되지 않는 것이다.

법인에 대해 파산선고가 있으면 법인은 파산재단에 속하는 법인재산에 대해 관리처분권을 상실하고, '채무자회생 및 파산에 관한 법률'에 따라 선임된 파산관재인이 관리처분권을 행사한다. 그러나 파산이 선고된 경우에도 파산목적 범위 안에서 회사는 존속하는 것으로 간주되므로($\frac{도산}{\S 328}$), 파산재단에 관한 것이 아닌 사무를 집행할 기관이 필요하다. 파산관재인은 파산법인 그 자체의 기관이 아니므로 이 기능을 수행할 수 없다.

그러면 본래 법인의 이사가 여전히 이 기능을 수행할 수 있는가? 파산선고로 종전의 이사 또는 감사의 지위에 어떤 영향을 미치는지에 관하여는 종래 견해가 대립된다. 자격상실설은 이사 또는 감사는 법인과 위임 유사의 관계에 있으므로 위임인인 법인이 파산하면 §690에 의하여 자격을 상실한다는 입장이고, 자격유지설은 파산재단과 관련한 위임관계는 종료하지만 파산법인 고유의 사무에 관한 위임관계는 존속한다는 입장이다.[6] 실무적으로는 주식회사의 경우 종전 이사를 파산법인의 대표자로 취급하여 운영되고 있다고 한다.[7] 참고로 일본최고재판소는 "유한회사의 파산선고 당시에 이사의 지위에 있던 자는 파산선고에 의하여 이사의 지위를 당연히는 상실하지 않고 사원총회 소집 등 회사조직에 관한 행위 등에 관하여는 이사로서의 권한을 행사할 수 있다"고 하여 자격유지설을 취하였다.[8]

## VI. 청산인의 종임

청산인의 종임에 관하여는 법원에 의한 해임에 관한 §84를 두었을 뿐 상

---

6) 이동원, "법인의 파산과 청산의 경계에서 생기는 문제들", 회생과 파산 I, 2012, 185-188; 주석 총칙(1), 937-938(제5판/문영화).

7) 이동원(주 6), 187-188; 임치용, 파산법연구2, 2006, 18. 다만 이는 해당 이사가 일단 퇴임하되, 상 §386 I에 따라 퇴임이사는 새로 선임된 이사가 취임할 때까지 이사의 권리의무가 있음에 근거한 실무라고 하므로 자격유지설에 입각한 것으로 보기 어렵고 오히려 이론적으로는 자격상실설의 입장에 서 있다고도 할 수 있다. 또한 상 §386 I이 적용되지 않는 민법상 비영리법인의 경우에 어떻게 처리할 것인지는 검토를 요한다.

8) 日最判 2004(平 16).6.10, 12(受)56.

세한 규정이 없으나, 이사의 종임에 준하여 보아야 할 것이다.[9] 따라서 청산인의 선임기관은 그 해임도 할 수 있고, 청산인은 언제라도 그 직을 사임할 수 있다.

[천 경 훈]


**第83條**(法院에 依한 淸算人의 選任)

　　前條의 規定에 依하여 淸算人이 될 者가 없거나 淸算人의 缺員으로 因하여 損害가 생길 念慮가 있는 때에는 法院은 職權 또는 利害關係人이나 檢事의 請求에 依하여 淸算人을 選任할 수 있다.

## Ⅰ. 본조의 의의

　　§82는 법인의 해산 시에 누가 청산인이 되는지를 규정하고 있으나, 해산 당시 이사의 사망·사임·해임·임기만료·자격상실 등의 사유로 이사가 존재하지 않고 정관이나 사원총회 결의로 청산인이 될 이사 이외의 자를 정하지도 않은 경우에는 청산인이 될 자가 없다. 나아가 청산인이 선임되었더라도 그의 사망·사임·해임·임기만료·자격상실 등의 사유로 청산인에 결원이 생길 수 있고, 그 경우 청산사무를 처리할 자가 없어서 청산법인은 물론 채권자, 잔여재산 귀속권리자 등에게 손해가 발생할 수 있다.

　　본조는 이처럼 ① 청산인이 될 자가 없는 경우와 ② 청산인의 결원으로 인하여 손해가 생길 염려가 있는 경우에 법원이 청산인을 선임할 수 있도록 규정하였다.

---

9) 구주해(1), 754(최기원); 주석 총칙(1), 806(제4판/주기동); 주석 총칙(1), 939(제5판/문영화).

## II. 선임요건

선임요건은 청산인이 될 자가 없는 경우와 청산인의 결원으로 인하여 손해가 생길 염려가 있는 경우이다. 여기서 '결원'이라 함은 청산인이 한 명도 없는 경우만을 말하는 것이 아니라, 청산인의 정원에 부족함이 있는 경우를 말한다. 다만 청산인에 결원이 있더라도 사원총회에서 추가로 청산인을 선임할 수도 있고 잔존 청산인들의 다수결로 사무를 집행할 수 있기 때문에, 손해가 생길 염려가 있을 것을 추가적 요건으로 한 것이다.[1] 여기서 손해는 청산법인 자체의 손해는 물론 채권자, 잔여재산 귀속권자, 기타 이해관계인 등의 손해를 포함한다.[2]

## III. 선임절차

법원은 직권으로 또는 이해관계인이나 검사의 청구에 의하여 청산인을 선임할 수 있다. 그 절차는 비송사건절차법에 정해진 바에 따른다. 법인의 본점소재지의 지방법원이 관할법원이 되고($비송 \atop 117$ §§ 36. I), 미성년자, 피성년후견인 또는 피한정후견인, 자격이 정지되거나 상실된 자, 법원에서 해임된 청산인, 파산선고를 받은 자는 청산인으로 선임될 수 없다($비송 \atop 121$ §§ 36.).

청산인 선임신청을 각하한 재판에 대하여는 신청인이 항고를 제기할 수 있다($비송 \atop §20$ II). 그러나 청산인 선임 결정에 대하여는 불복할 수 없다($비송 \atop 119$ §§ 36.). 판례는 법원의 청산인 선임재판에 대하여는 불복의 신청을 할 수 없으므로, 그러한 불복이 허용됨을 전제로 청산인 해임청구권을 피보전권리로 한 청산인 직무집행정지 및 직무대행자선임의 가처분신청은 부적법하다고 한다.[3]

---

1) 구주해(1), 757-758(최기원); 주석 총칙(1), 811(제4판/주기동); 주석 총칙(1), 944(제5판/문영화).
2) 주석 총칙(1), 811(제4판/주기동); 주석 총칙(1), 944(제5판/문영화).
3) 대결 82.9.14, 81마33.

## Ⅳ. 법원이 선임한 청산인의 지위

법원이 선임한 청산인의 지위에 관해서는 ① 임시이사($\S^{민}_{63}$)와 유사하게 사원총회가 정식으로 청산인을 선임할 때까지 일시적으로 권한을 행사하는 것으로 보는 견해와 ② 법원이 일단 청산인을 선임하면 사원총회는 다시 청산인을 선임할 수 없다는 견해가 대립된다.[4]

법원이 청산인을 선임한 경우 청산법인으로 하여금 보수를 지급하게 할 수 있다. 그 금액은 잔존한 청산인 및 감사의 진술을 청취하여 법원이 결정하고($\S^{비송}_{37, 77}$), 그 결정에 대해서는 즉시항고 할 수 있다($\S^{비송}_{37, 78}$). 청산인의 보수에 관한 재판은 청산인 선임재판과 따로 하는 경우에도 독립한 사건번호를 부여하지 않고 선임사건에서 그 보수에 관한 결정을 하면 된다.[5]

법원이 선임한 청산인은 법원만이 해임권을 가진다.[6] 이는 정관에서 사원총회가 청산인의 선임 및/또는 해임권을 가진다고 규정한 경우에도 그러하다.[7]

[천 경 훈]


## 第 84 條(法院에 依한 淸算人의 解任)
重要한 事由가 있는 때에는 法院은 職權 또는 利害關係人이나 檢事의 請求에 依하여 淸算人을 解任할 수 있다.


## Ⅰ. 본조의 의의

법원은 법인의 해산 및 청산에 대한 검사·감독 권한을 가지고 있으므로 ($\S_{95}$), 이에 기하여 청산인을 해임할 수 있다. 본조는 이 점을 더 명확히 선언한

---

4) 주석 총칙(1), 945(제5판/문영화).
5) 법원행정처, 법원실무제요 비송, 2014, 94.
6) 법원행정처(주 5), 92.
7) 주식회사의 경우 "청산인은 법원이 선임한 경우 외에는 언제든지 주주총회의 결의로 이를 해임할 수 있다"고 규정하여(상 §539 Ⅰ), 법원이 선임한 청산인은 주주총회의 결의로 해임할 수 없다는 취지를 밝히고 있다.

것이다.

## II. 해임요건

본조의 해임대상은 §82에 의하여 선임된 청산인과 §83에 의하여 법원이 선임한 청산인 모두를 포함한다.

이들을 해임하려면 '중요한 사유'가 필요한데, 이는 청산인의 선관주의의무 위반, 위법행위, 현저히 불공정한 행위, 직무수행 곤란 등으로 인하여 청산법인, 채권자, 잔여재산 귀속권리자 등에게 손해를 발생시켰거나 발생시킬 염려가 있는 경우를 의미한다. 예컨대 청산법인의 재산을 횡령하거나, 채권추심 및 배당요구 등을 게을리 하거나, 특정 채권자에게만 편파적으로 변제를 하거나, 채권자에게 변제하지 않은 채 잔여재산 귀속권리자에게 재산을 인도하거나, 질병으로 직무를 수행할 수 없게 되거나, 외유를 이유로 직무를 제대로 수행하지 않는 상황 등이 이에 해당할 것이다.

법원이 청산인을 해임한 경우 그 후임자는 청산인 선임의 일반적인 절차에 따라서 이루어질 것이나, §83의 요건에 해당하는 경우에는 법원이 청산인의 해임과 동시에 후임자를 선임할 수 있다.[1]

## III. 해임절차

법원에 의한 청산인의 해임절차 역시 선임절차와 마찬가지로 비송사건절차법에 정해진 바에 따른다. 법인의 본점소재지의 지방법원이 관할법원이 되고($^{비송\ \S\S\ 36,}_{117\ I}$), 해임은 법원의 결정으로 한다.

청산인 해임신청을 각하하는 재판에 대하여는 신청인이 항고를 제기할 수 있다($^{비송}_{\S\ 20\ II}$). 그러나 청산인 해임결정에 대하여는 불복할 수 없다($^{비송\ \S\S\ 36,}_{119}$). 다만 재판에 영향을 미친 헌법 위반이 있다거나 재판의 전제가 된 명령·규칙·처분의 헌법 또는 법률 위반 여부에 대한 판단이 부당함을 이유로 대법원에

---

1) 구주해(1), 759(최기원); 주석 총칙(1), 813(제4판/주기동); 주석 총칙(1), 948(제5판/문영화).

특별항고를 제기할 수 있을 뿐이다($\underset{\text{449}}{\text{§}}\,\underset{1}{\text{민소}}$).

　　청산인 해임결정에 불복할 수 없도록 한 비송사건절차법에 대해 해임된 청구인의 재판을 받을 권리를 침해한다는 이유로 헌법소원이 제기된 적이 있었다. 헌법재판소는 불복신청을 허용하는 경우에는 "청산절차에서 법인의 신속하고 완전한 법적 소멸과 채권자 등 이해관계인의 이익의 공평한 보호를 통하여 달성하려는 법적 안정성의 실현에 지장이 초래될 수 있으므로" 불복신청을 허용하지 않을 필요성이 인정되고, 특별항고를 제기할 수 있어 불복의 기회가 근본적으로 박탈된 것도 아니라는 이유로, 위 비송사건절차법은 헌법상 재판을 받을 권리를 침해하지 않는다고 판시하였다.[2]

[천　경　훈]

### 第 85 條(解散登記)

① 淸算人은 破産의 境遇를 除하고는 그 就任後 3週間內에 解散의 事由 및 年月日, 淸算人의 姓名 및 住所와 淸算人의 代表權을 制限한 때에는 그 制限을 主된 事務所 및 分事務所所在地에서 登記하여야 한다.

② 第52條의 規定은 前項의 登記에 準用한다.

## Ⅰ. 본조의 의의

　　법인의 해산 및 청산은 제3자에게 미치는 영향이 크므로 공시의 필요성이 크다. 이에 본조는 해산 및 청산에 관한 일정한 사항을 등기하도록 하여 공시

---

2) 헌재 13.9.26, 2012헌마1005.

의 근거를 마련하였다. 상법은 해산등기($\S^{\text{상}}_{228}$)와 청산인의 등기($\S^{\text{상}}_{253}$)를 각각 별도로 규정한 것에 반해, 본조는 해산등기라는 제목 하에 해산등기와 청산인 취임등기를 함께 규정하고 있다. 절차적으로는 영리·비영리를 불문하고 법인의 해산등기 신청과 그 해산으로 인한 청산인의 취임등기 신청은 동시에 하여야 한다($^{\text{비총}\,\S\,66\,\text{II}}_{\text{상등}\,\S\,60\,\text{II}}$). 이에 아래에서는 해산등기라는 표제 하에 해산등기와 청산인 취임등기를 함께 서술한다.

## II. 해산등기 절차

### 1. 신 청 인

대표권 있는 청산인은 파산의 경우를 제외하고는 취임 후 3주 내에 해산등기와 청산인선임등기를 신청하여야 한다($^{\S\S\,85\,\text{I},\,96,\,59\,\text{I},}_{\text{상등}\,\S\S\,23\,\text{I},\,65\,\text{참조}}$). 정관 또는 총회 결의로 청산인에 대해 달리 정한 바가 없는 경우 이사가 청산인이 되는데, 정관에 이사의 대표권제한규정이 있으면 해산 당시 대표권 있는 이사였던 청산인이 등기신청인이 되고, 대표권제한규정이 없으면 각 이사였던 각 청산인이 등기신청인이 된다.[1]

### 2. 등기사항 및 등기기간

등기사항은 해산의 사유·연월일, 청산인의 성명·주소, 청산인의 대표권을 제한한 때에는 그 제한이고, 등기할 곳은 주된 사무소 및 분사무소 소재지이다. 위 등기사항에 변경이 생긴 경우에도 3주간 내에 변경등기를 해야 한다($^{\text{본조 II}}_{\rightarrow\,\S\,52}$). 청산인이 해산등기를 게을리 하면 과태료를 부과 받는다($^{\S\,97}_{(\text{i})}$).

### 3. 첨부할 정보

해산등기 신청서에는 '해산사유를 증명하는 서면'과 '청산인의 자격을 증명하는 서면'을 첨부정보로 제공하여야 한다($^{\text{비총}}_{\S\,65}$).

(1) 해산사유를 증명하는 서면은 해산사유마다 다르다. 즉 ① 존립기간의 만료로 해산하는 경우에는 정관, ② 기타 정관에서 정한 해산사유의 발생으로 해산하는 경우에는 정관과 그 사유가 발생하였음을 증명하는 정보, ③ 목적달

---

1) 법원행정처, 법원실무제요 민법법인등기실무, 2018, 371.

성 또는 달성불능의 경우에는 이를 확인하는 사원총회의사록이나 이사회 의사록, ④ 설립허가 취소로 해산하는 경우에는 주무관청의 설립허가취소처분을 증명하는 서면, ⑤ 사원총회 결의로 해산하는 경우에는 그 사원총회의사록, ⑥ 사단법인이 사원부존재로 해산하는 경우에는 마지막 사원의 사망 등 사원자격의 상실을 증명하는 서면을 첨부정보로 제공해야 한다.[2]

　　(2) 청산인의 자격을 증명하는 서면은 이사가 청산인으로 된 경우에는 필요 없다.[3] 그 외에 ① 정관으로 청산인을 정한 때에는 정관과 취임승낙서, ② 정관으로 청산인만을 직접 정하고 대표권 있는 청산인은 정관에 의해 청산인회에 그 선임을 위임한 경우에는, 정관, 청산인회의사록과 취임승낙서, ③ 사원총회에서 청산인을 선임한 경우에는 총회의사록과 취임승낙서, ④ 사원총회에서는 수인의 청산인을 선임하고 대표권 있는 청산인은 정관에 의해 청산인회에 그 선임을 위임한 경우에는 정관, 총회의사록, 청산인회의사록과 취임승낙서, ⑤ 법원이 청산인을 선임한 경우에는 법원의 청산인 선임결정서 등본 등 재판이 있었음을 증명하는 서면을 첨부정보로 제공해야 한다.[4]

## Ⅲ. 해산등기의 효력

　　해산등기의 효력에 관하여는 명문의 규정이 없으나, §54의 입법취지를 고려하면 해산등기를 하지 않으면 제3자에게 해산의 사실을 대항할 수 없다고 보아야 할 것이다. 판례도 "법인이 해산한 경우에 청산인은 파산의 경우를 제외하고 해산등기를 하여야 하고 해산등기를 하기 전에는 제3자에게 해산사실을 대항할 수 없음이 명백"하다고 하면서, 피고인 구 협회가 해산결의를 하고 잔여재산을 신 협회에 승계시켰다고 해도 해산등기를 하지 않은 이상 제3자인 원고에 대하여 구 협회의 소멸을 주장할 수 없다고 하였다.[5]

---

2) 법원행정처(주 1), 310-311.
3) 다만 법인이 정관 또는 총회 등의 결의로 청산인을 따로 정하지 않고 있음을 소명하는 정보로서 정관을 제공해야 한다.
4) 법원행정처(주 1), 320-321.
5) 대판 84.9.25, 84다카493.

## IV. 파산으로 해산한 경우의 촉탁등기

본조는 '파산의 경우를 제하고는'이라고 하여 본조의 등기의무는 파산의 경우에 적용되지 않음을 밝히고 있다. 파산으로 해산한 경우에는 파산선고를 한 법원의 촉탁에 의한 파산 등기가 이루어지기 때문에, 해산의 등기와 청산인에 관한 등기를 할 필요가 없다. 법인인 채무자에 대하여 파산선고의 결정이 있는 경우에는 법원사무관 등은 직권으로 지체 없이 결정서의 등본 또는 초본 등 관련 서류를 촉탁서에 첨부하여 채무자의 각 사무소의 소재지의 등기소에 파산의 등기를 촉탁하여야 한다($\frac{도산}{I}$ $\frac{\S 23}{(i)}$).

[천 경 훈]

## 第 86 條(解散申告)

① 清算人은 破産의 境遇를 除하고는 그 就任後 3週間內에 前條 第1項의 事項을 主務官廳에 申告하여야 한다.

② 清算中에 就任한 清算人은 그 姓名 및 住所를 申告하면 된다.

## I. 해산신고 의무

청산인은 취임 후 3주일 내에 주무관청에 "해산의 사유·연월일, 청산인의 성명·주소, 청산인의 대표권을 제한한 때에는 그 제한"을 신고하여야 한다. 설립허가의 취소로 해산하는 경우에는 해산사실이 주무관청에 명백하지만, 그 경우에도 본조의 신고의무는 면제되지 않는다.

청산인이 변경된 경우의 새로 취임한 청산인, 즉 본조 II에서 말하는 '청산중에 취임한 청산인'도 자신의 성명과 주소를 신고해야 한다. 이미 해산시에 최초 청산인이 다른 사항들은 신고했을 것이기 때문에 이 경우에는 신고사항을 성명과 주소로 한정한 것이다. 본조 II에는 신고기간이 정해져 있지 않지만 본조 I과의 균형상 3주 내에 신고하여야 할 것이다.

## Ⅱ. 벌    칙

청산인이 주무관청에 사실이 아닌 신고를 하거나 사실을 은폐한 때에는 과태료를 부과받는다($\substack{\S\,97 \\ (iv)}$).

[천 경 훈]

### 第87條 (清算人의 職務)

① 清算人의 職務는 다음과 같다.

　　1. 現存事務의 終結

　　2. 債權의 推尋 및 債務의 辨濟

　　3. 殘餘財産의 引渡

② 清算人은 前項의 職務를 行하기 爲하여 必要한 모든 行爲를 할 수 있다.

## Ⅰ. 본조의 의의

청산인은 청산법인의 사무집행기관이자 대표기관으로서, 청산목적 범위 내에 속한 청산법인의 모든 사무를 처리할 권한이 있다. 해산등기($\S_{85}$), 주무관청에 대한 해산신고($\S_{86}$)에 더하여 본조 Ⅰ은 그 직무 중 대표적인 것을 열거하고 본조 Ⅱ는 그 직무를 행할 권한을 정하고 있다. 본조에 열거된 직무는 예시에 불과하고 청산에 필요한 사항이라면 모두 청산인의 직무권한에 포함된다.

## II. 직무내용

### 1. 현존사무의 종결[본조 Ⅰ(i)]

'현존사무'란 해산 전에 이미 착수하였으나 해산 시까지 완결되지 아니한 사무를 말한다.[1] 해산 전에 체결했지만 해산 시까지 미이행된 계약의 이행 또는 급부수령, 해산 전에 계속 중인 소송의 수행, 해산 전에 법인의 재산에 관하여 집행된 가처분에 대하여 해산 후에 취소를 신청하는 것[2] 등이 이에 해당한다. 이미 이루어진 법률행위를 이행하거나 그 이행을 수령하는 것은 물론, 현존사무의 종결을 위해 필요한 때에는 새로운 법률행위를 할 수 있음은 물론이다.[3]

### 2. 채권의 추심[본조 Ⅰ(ii)]

청산법인이 가진 채권의 이행을 받는 것($^{협의의}_{추심}$)은 물론, 채권적 재산을 청산목적에 적합한 물권적 재산으로 변형시키는 일체의 행위를 포함한다.[4] 대물변제의 수령, 채권양도에 따른 대가 취득, 화해계약의 체결 등도 포함된다. 변제기가 되지 않은 채권이나 조건부 채권은 양도 등 적당한 방법으로 환가할 수밖에 없다.[5]

### 3. 채무의 변제[본조 Ⅰ(ii)]

이에 관하여는 §88 내지 §92 주해 참조.

### 4. 잔여재산의 인도[본조 Ⅰ(iii)]

잔여재산이란 채무의 변제를 완료한 후에 남은 적극재산을 말한다. 이를 그 귀속권리자($^{§80에 \, 대한}_{주해 \, 참조}$)에게 인도하는 것도 청산인의 중요한 직무이다. 잔여재산 인도시기에 관해 민법은 정하고 있지 않지만, 알고 있는 채권자 및 채권신고기간 내에 신고한 채권자에 대한 변제를 완료하면 즉시 잔여재산을 귀속

---

1) 주석 총칙(1), 955(제5판/문영화).
2) 고상룡, 247; 김대정, 483.
3) 독민 §49 Ⅰ은 청산인은 진행 중인 업무를 종결하기 위하여 새로운 행위를 할 수 있음을 명시적으로 정하고 있다.
4) 구주해(1), 763(최기원); 주석 총칙(1), 956(제5판/문영화).
5) 송덕수, 639.

권리자에게 인도하여야 할 것이다.[6]

　　비록 조문에서 '인도'라는 표현을 사용하고 있으나 이는 단순한 점유의 이전이라기보다는 권리의 양도로 보아야 할 것이다. 잔여재산 귀속권리자는 그 시점에 관하여는 이견이 있지만 청산법인에 대해 채권적 청구권을 가지는 것이므로, 청산법인은 해당 권리를 양도함으로써 채무를 이행해야 하는 것이다. 즉 동산은 인도, 부동산은 소유권이전등기, 지명채권은 채권양도와 양도통지, 지시채권은 배서와 증서교부, 무기명채권은 증서교부 등의 방법으로 권리양도에 필요한 조치를 취해야 할 것이다.

　　청산법인이 변제해야 할 채무의 존부 내지 액수에 관해 다툼이 있을 때에는 어떻게 할 것인가? 현행법상 특별한 규정은 없지만,[7] 그러한 다툼을 무시하고 청산인이 생각하는 잔여재산을 함부로 귀속권리자에게 인도하는 것은 부당하다. 결국 다툼이 있는 채무를 변제할 정도의 적극재산을 공제하고 잔여재산을 귀속권리자에게 인도할 수밖에 없을 것이다.[8] 실제로 청산법인의 채무의 존부 내지 액수에 관해 다툼이 있는 경우 청산사무의 완전한 종결은 그 다툼이 종국적으로 해소된 때에야 가능할 것이다.

### 5. 기타의 필요한 행위(본조 Ⅱ)

　　청산인은 본조 Ⅰ의 직무를 수행하기 위해 필요한 모든 행위를 할 수 있다. 법률행위, 소송행위, 사실행위가 모두 포함된다. 객관적으로 본조 Ⅰ에 정한 청산사무와 일정한 관련성이 인정되고, 주관적으로 청산인이 청산사무의 수행을 위해 필요하고 유익하다고 판단하여 한 것임을 요한다. 그러한 객관적, 주관적 요건이 갖추어졌다면, 실제로 청산목적을 위해 필요하고 유익한 행위가 아니었더라도 그것만으로 청산인의 직무행위가 아니라고 할 수는 없다.[9]

---

6) §80에 대한 주해 Ⅱ. 6. 참조.
7) 예를 들어 독민 §52 Ⅱ은 채무에 관하여 다툼이 있는 경우에는 채권자에게 담보가 제공된 때에 한하여 귀속권리자에게 재산을 인도할 수 있다고 규정한다.
8) 구주해(1), 765(최기원); 주석 총칙(1), 819(제4판/주기동); 주석 총칙(1), 958(제5판/문영화).
9) 구주해(1), 765(최기원); 주석 총칙(1), 819(제4판/주기동); 주석 총칙(1), 958(제5판/문영화).

## III. 청산인의 행위와 청산법인에의 효과귀속

청산인은 청산사무의 집행을 위하여 대외적으로 청산법인을 대표한다. 만약 그의 행위가 청산 목적범위에 포함되지 않는다면 이는 청산법인의 권리능력 밖의 행위이자 청산인의 대표권이 없는 행위이므로, 그 효력은 원칙적으로 청산법인에 미치지 않는다고 할 것이다. 여기서 청산의 목적범위 내에 포함되는지를 지나치게 엄격하게 판단하면 거래의 안전을 해하고, 지나치게 느슨하게 판단하면 청산법인 및 채권자 등 이해관계인의 이익을 해할 수 있다.

결국 이 문제는 청산의 목적범위는 비교적 넓게 인정하여 거래의 안전을 보호하면서도, 상대방이 그 거래가 청산목적을 위한 것이 아니었음을 알았거나 알 수 있었을 때에는 그 거래의 효력이 법인에게 미치지 않는다고 해석함이 타당할 것이다.[10] 그러한 경우에는 거래상대방을 보호할 필요가 현저히 줄어들고 오히려 그러한 악의·과실의 상대방으로부터 청산법인의 이익을 보호할 필요가 더 크기 때문이다. 이것은 대표권을 남용한 대표행위에서 통설인 비진의의사표시 유추적용설을 취한 것과도 흡사한 방식이고(상대방이 남용사실을 알았거나 알 수 있었으면 무효), 상법상 주식회사에서 필요한 이사회결의를 거치지 아니하고 대표이사가 대표행위를 한 경우에 통설·판례인 상대적 무효설을 취한 것과도 흡사한 방식이다(상대방이 이사회 결의를 거치지 않았음을 알았거나 중과실로 몰랐으면 무효).

[천 경 훈]

---

10) 구주해(1), 765(최기원); 주석 총칙(1), 821(제4판/주기동); 주석 총칙(1), 958(제5판/문영화).

**第 88 條**(債權申告의 公告)

① 淸算人은 就任한 날로부터 2月內에 3回 以上의 公告로 債權者에 對하여 一定한 期間內에 그 債權을 申告할 것을 催告하여야 한다. 그 期間은 2月 以上이어야 한다.

② 前項의 公告에는 債權者가 期間內에 申告하지 아니하면 淸算으로부터 除外될 것을 表示하여야 한다.

③ 第1項의 公告는 法院의 登記事項의 公告와 同一한 方法으로 하여야 한다.

## Ⅰ. 본조의 의의

본조부터 §92까지는 청산인의 직무권한 중 채무의 변제와 관련한 사항을 다룬다. 그 중에서도 본조는 신속하고 공평하게 채무를 변제함으로써 청산법인의 채권자들을 보호하기 위하여 채권신고 제도를 마련하고 있다.

## Ⅱ. 채권신고의 공고

### 1. 공고의 내용

공고의 내용은 '일정한 기간 내에 채권을 신고할 것'과 '기간 내에 신고하지 않으면 청산으로부터 제외된다는 것'의 두 가지이다.

여기서 일정한 기간, 즉 채권신고기간은 2개월 이상이어야 한다. 최초로 정하여 공고한 채권신고기간을 연장하거나 축소할 수는 없다. 또한 3회 이상의 공고에서 제시하는 채권신고기간은 모두 동일해야 한다. 예컨대 제1회의 공고에서 채권신고기간을 2020.5.1.부터 7.31.까지로 공고하였다면 제2회 이후의 공고에서도 같은 기간을 공고하고 그 기간 중에 채권을 신고할 것을 최고해야 한다.

## 2. 공고의 시기, 횟수, 방법

청산인은 취임일로부터 2개월 내에 3회 이상의 공고로 하여야 한다. 그 공고는 등기사항의 공고와 동일한 방법으로 한다($^{본조}_{Ⅲ}$). 즉 신문에 한 차례 이상 공고해야 한다($^{비송}_{\S 65-2}$).

여기서 2개월 내에 최초의 공고만 해도 되는지, 아니면 3회 이상의 공고를 모두 2개월 내에 마쳐야 하는지 해석상 의문이 있을 수 있으나, 다수설은 후자의 뜻으로 새긴다.[1] 청산인이 알고 있는 채권자 이외의 다른 채권자가 있을 가능성은 항상 있으므로, 이러한 공고는 설령 청산인이 법인의 채권자를 모두 알고 있다고 해도 생략할 수 없다.[2]

## 3. 규정에 위반한 공고의 효력

채권신고기간이 2개월 미만인 경우, 공고 횟수가 2회 이하인 경우, 등기사항 공고와 동일한 방법으로 공고하지 않은 경우 등에는 그 공고 자체가 효력이 없다는 것이 일반적인 견해이다.[3]

## 4. 벌      칙

청산인이 2개월 내에 채권신고 공고하는 것을 게을리 하거나 부정한 공고를 한 때에는 과태료의 제재를 받는다($^{\S 97}_{(vii)}$).

[천 경 훈]

---

1) 구주해(1), 766-767(최기원); 주석 총칙(1), 822(제4판/주기동); 주석 총칙(1), 960(제5판/문영화).
2) 주석 총칙(1), 960(제5판/문영화).
3) 구주해(1), 768(최기원); 주석 총칙(1), 823(제4판/주기동); 주석 총칙(1), 961(제5판/문영화).

**第 89 條**(債權申告의 催告)

清算人은 알고 있는 債權者에게 對하여는 各各 그 債權申告
를 催告하여야 한다. 알고 있는 債權者는 清算으로부터 除外
하지 못한다.

## Ⅰ. 본조의 의의

§88는 청산인이 알지 못하는 일반 채권자에게 채권신고의 기회를 부여하
기 위한 조문이라면, §89는 알고 있는 채권자에게 개별적으로 최고할 의무를
청산인에게 부과하는 조문이다. 청산인이 알고 있는 채권자는 채권신고를 하
지 않았더라도 청산에서 제외할 수 없다.

## Ⅱ. 최고의 대상

본조에서 채권신고를 최고해야 할 '알고 있는 채권자'란 청산법인이 관리
하는 장부 기타 자료로부터 확인되는 채권자는 물론, 채권의 존부 및 금액에
관하여 다툼이 있거나 소송이 계속 중인 채권자[1]도 포함한다. 향후 그 채권
의 존재가 부정될 가능성이 있더라도, 현재 단계에서는 채권이 존재하는 것으
로 취급하여 청산절차에 참여할 기회를 주는 것이 타당하기 때문이다. 또한 청
산법인의 인식은 그 대표자인 청산인의 인식을 기준으로 할 수 밖에 없으므
로,[2] 청산인 개인이 알고 있는 법인의 채권자도 법인이 알고 있는 채권자에 포
함된다.

─────────────────

1) 주석 총칙(1), 963(제5판/문영화); 송덕수, 639.
2) 법인의 인식귀속에 관하여는 송호영, 법인론, 제2판, 2015, 246 이하 및 주석 총칙(1),
   632-645(제5판/송호영) 참조.

주식회사 분할에서의 채권자 이의절차[3]에 관한 사건에서도 대법원은 "개별 최고가 필요한 '회사가 알고 있는 채권자'란 채권자가 누구이고 채권이 어떠한 내용의 청구권인지가 대체로 회사에게 알려져 있는 채권자를 말하는 것이고, 회사에 알려져 있는지 여부는 개개의 경우에 제반 사정을 종합적으로 고려하여 판단하여야 할 것인데, 회사의 장부 기타 근거에 의하여 성명과 주소가 회사에 알려져 있는 자는 물론이고 회사 대표이사 개인이 알고 있는 채권자도 포함된다"고 폭넓게 판시한 바 있다.[4]

'알고 있는'의 기준시점이 언제인지 문제되는데, 채권신고기간 개시 시점에서 알고 있는 채권자에게 채권신고를 최고하여야 함은 물론, 그 이후라도 채권신고기간 내에 채권자를 알게 된 때에는 본조에 따라 채권신고를 최고하여야 할 것이다.

본조에 따라 개별적 최고를 해야 하는 채권자는 계약에 기한 확정된 채권을 가진 자에 한정되지 않는다. 불법행위에 기한 채권, 아직 정지조건이 성취되지 아니한 조건부채권, 아직 이행기가 도래하지 아니한 채권 등의 권리자도 개별적 최고 대상에 포함된다고 할 것이다.


## Ⅲ. 최고의 방법

최고의 방식과 횟수에는 제한이 없다. 따라서 구두, 서면, 전자통신 등이 모두 가능하고 1회만 해도 된다. 최고의 시기는 채권신고기간 개시 이전이어야 할 것이고, 될 수 있는 대로 빨리 하는 것이 바람직할 것이다.[5] 다만 채권신고기간 개시 이후에 채권자를 알게 된 때에는 그때라도 신속히 채권신고를 최고해야 할 것이다.

---

3) 회사분할에서 연대책임을 배제하려면 분할회사는 채권자에게 분할에 대한 이의제출을 공고하고, 알고 있는 채권자에게는 이를 따로 최고하여야 한다(상 § 530-9 Ⅳ, § 527-5). '알고 있는 채권자'에 대한 개별최고라는 점에서 본조의 해석론에도 참고가 될 것이다.
4) 대판 11.9.29, 2011다38516.
5) 구주해(1), 769(최기원); 주석 총칙(1), 825(제4판/주기동); 주석 총칙(1), 964(제5판/문영화).

## Ⅳ. 최고의 효력

청산인이 알고 있는 채권자는 채권신고를 하지 않더라도 청산에서 제외되지 않는다. 채권자가 그 최고에 응하여 채권신고를 하면 소멸시효 중단사유인 재판 외의 청구에 해당한다.[6) 청산인이 본조에 따라 한 최고가 소멸시효 중단사유인 채무승인에 해당하는 것은 아니다.[7)

## Ⅴ. 최고의무 미이행의 효과

청산인이 알고 있는 채권자는 청산에서 제외하지 못하므로(본조), 최고를 하지 않았더라도 그 채권자의 법적 권리는 보호된다. 예컨대 청산인이 알고 있는 채권자에 대하여 변제를 완료하지 않고 귀속권리자에게 재산을 양도하여 청산법인에 남은 재산으로는 그 채권자의 채무를 변제하기 부족하게 되었다면, 청산법인은 그 귀속권리자에 대하여 부당이득반환청구권을 가지고 채권자는 이를 대위행사할 수 있다($\S 92$에 대한 주 해 Ⅲ. 1. 참조). 그러나 현실적으로는 최고를 받지 못하여 채권신고를 하지 못함으로써 청산과정에서 채권의 만족을 얻지 못할 위험이 있다. 이 경우 '청산인이 본조의 최고의무를 이행하여 채권자가 제 때에 채권신고를 하였더라면 지급받을 수 있었을 금액'과 '청산인이 본조의 최고의무를 불이행함에 따라 채권자가 채권신고를 하지 못하고 실제로 지급받은 금액'의 차액이 채권자의 손해가 될 것이고, 청산인은 이를 배상할 의무가 있다고 할 것이다.

한편 청산인이 본조에 의한 최고의무를 이행하지 않을 경우 과태료 부과대상은 아니다.

[천 경 훈]

---

6) 주석 총칙(1), 826(제4판/주기동); 주석 총칙(1), 964(제5판/문영화).
7) 구주해(1), 770(최기원); 주석 총칙(1), 826(제4판/주기동); 주석 총칙(1), 964(제5판/문영화).

**第90條**(債權申告期間內의 辨濟禁止)

　　清算人은 第88條 第1項의 債權申告期間內에는 債權者에 對
하여 辨濟하지 못한다. 그러나 法人은 債權者에 對한 遲延損
害賠償의 義務를 免하지 못한다.

# Ⅰ. 본조의 의의

　　본조는 법인의 채권자들을 공평하게 취급하기 위하여 §88에서 정한 채권
신고기간 내에는 채무의 변제를 금지한다. 만약 채권신고기간 중에 변제를 허
용하면, 신고된 채권 중에서 일부는 변제되고 일부는 자력의 부족으로 변제되
지 못하는 사태가 발생할 수 있기 때문이다. 이러한 변제금지는 해산 및 청산
이라는 법인의 사정, 즉 채무자의 사정으로 인한 것이므로, 그로 인해 이행지
체가 발생하면 지연손해 배상의무는 면하지 못하는 것으로 정하였다.

# Ⅱ. 변제의 금지

## 1. 변제금지의무

　　청산인은 채권신고기간 내에는 법인의 채무를 변제하지 못한다. 변제금지
대상 채권은 채권신고기간 만료 전에 변제기가 도래한 것도 포함한다. 이처럼
변제가 금지되지만, 그로 인해 청산법인의 이행의무를 지연하게 되면 채권자
에 대한 지연손해의 배상책임은 면하지 못한다.

　　한편 주식회사의 청산에 관한 상 §536 Ⅱ에서는 소액의 채권, 담보 있는
채권, 기타 변제로 인하여 다른 채권자를 해할 염려가 없는 채권에 대하여는
청산인이 법원의 허가를 얻어 변제할 수 있도록 한다. 이를 민법상 법인에도
유추적용할 수 있는지에 관해 견해의 대립이 있다. 유추적용을 긍정하는 견해

는 입법의 취지(소액채권자는 사회정책적 고려, 담<br/>보부채권자는 우선변제권의 존중)상 변제금지의 예외를 인정할 정당한 근거가 있고, 법원의 허가를 요구하므로 적절한 통제도 이루어진다는 점을 근거로 한다.[1] 반면 유추적용을 부정하는 견해는 명문의 규정이 없는 한 주식회사에 관한 규정을 비영리법인에 함부로 확대 내지 유추해서는 안 된다는 점을 근거로 한다.[2]

## 2. 변제금지의무 위반

만약 청산인이 변제금지의무에 위반하여 채무를 변제한 경우에도 그 변제가 무효라고 할 수는 없다.[3] 만약 청산법인이 채무초과 또는 지급불능에 빠졌다면 도산신청을 한 다음 부인권의 행사 등 도산절차에서의 규정에 따르는 것이 타당하지, 변제 자체가 무효라고 보아 채권자로부터 청산법인에게 그 반환을 구하는 것은 적절한 해결책이 아닐 것이다. 변제금지의무에 위반한 채무변제에 대해서는 과태료의 제재가 있다($\S^{97}_{(v)}$).

## III. 채권자의 지위

본조는 채권신고기간 안에 청산인의 채무 변제를 금지하고 있다. 그렇다면 본조에 의하여 채권신고기간 안에 채권자의 권리행사도 제한되는 것인지 문제된다. 이에 대하여는 본조는 채권자의 공평한 취급을 위하여 청산인의 채무변제를 금할 뿐이므로, 채권자의 권리행사는 제한되지 않는다는 것이 일반적인 견해로 보인다.[4] 이에 따르면 채권신고기간 중이라도 채권자는 상계, 담보권 실행, 강제집행, 보전처분, 소제기 등을 모두 할 수 있다고 볼 것이다. 판례도 "채무자[회사]에 대한 청산절차가 진행 중이라거나 파산신청이 되어 있다는 사정만으로는 [채무자 재산에 대한] 집행에 장애사유가 된다고 할 수 없다"고 판시하였다.[5]

---

1) 주석 총칙(1), 827(제4판/주기동).
2) 구주해, 771(최기원).
3) 구주해(1), 771(최기원); 주석 총칙(1), 827(제4판/주기동); 주석 총칙(1), 966(제5판/문영화).
4) 구주해(1), 772(최기원); 주석 총칙(1), 828(제4판/주기동); 주석 총칙(1), 967(제5판/문영화).
5) 대결 99.8.13, 99마2198, 2199. 이 사안에서 채무자인 주식회사는 해산에 따른 청산절

다만 이에 대하여는 청산절차 중에는 강제집행을 불허해야 한다는 반대 견해가 있는바, 본조 및 상 §536 I $\binom{주식회사에 \ 관한}{본조 \ 유사의 \ 조항}$이 채권신고기간 내에 변제를 금지하는 취지가 편파변제를 막기 위한 것이라는 점, 청산절차 중 강제집행을 인정하면 집행권원을 얻은 채권자와 일반채권자가 차등하여 변제받게 되어 편파변제가 허용되고 신고기간의 취지가 무색해지는 점 등을 근거로 든다.[6]

[천 경 훈]


**第 91 條**(債權辨濟의 特例)

① 淸算 中의 法人은 辨濟期에 이르지 아니한 債權에 對하여도 辨濟할 수 있다.

② 前項의 境遇에는 條件있는 債權, 存續期間의 不確定한 債權 其他 價額의 不確定한 債權에 關하여는 法院이 選任한 鑑定人의 評價에 依하여 辨濟하여야 한다.


## I. 본조의 의의

본조는 청산사무를 신속하게 종료시키기 위해 변제기 전의 채권의 변제를 허용하고, 과다/과소변제의 위험을 막기 위해 일정한 평가방법을 제시하고 있다.


## II. 변제기 전 변제

기한의 이익은 채무자를 위하여 있는 것으로 추정되고, 채무자는 기한의

---

차를 진행하던 중 파산신청을 하여 파산절차가 진행 중이었는데, 채권자가 채무자 소유의 채권에 대하여 전부명령을 신청하였다. 이에 채무자는 "특정 채권자에 대하여만 변제하는 결과에 이르는 이 사건 전부명령은 모든 채권자에게 공평한 만족을 도모하여야 하는 청산 내지 파산절차의 제도적 취지에 어긋나는 것으로서 허용되어서는 아니"된다는 취지로 전부명령의 효력을 다투었으나 대법원은 받아들이지 않았다.

6) 임치용, 파산법연구2, 2006, 25-26.

이익을 포기할 수 있지만, 상대방의 이익을 해하지 못한다($\frac{\S}{153}$). 특히 변제와 관련하여서는, 당사자의 특별한 의사표시가 없으면 변제기 전이라도 채무자는 변제할 수 있지만 상대방의 손해를 배상하여야 한다($\frac{\S}{468}$).

본조에서 말하는 '변제기에 이르지 아니한 채권'의 경우 기한의 이익은 채무자인 청산법인에 있지만, 조기변제로 인해 채권자는 변제기까지의 약정이자 상당액을 수취하지 못하는 손해를 입을 수 있다. 본조는 변제기 전의 변제를 허용하지만, 그로 인한 채권자의 손해는 채무자인 청산법인이 배상해야 한다는 것이 통설로 보인다.[1] 그렇다면 본조 Ⅰ은 변제기전의 변제에 관한 §468 와 같은 내용을 주의적으로 되풀이한 것에 불과하다. 다만 §468는 당사자의 특별한 의사표시로 배제할 수 있는 임의규정임에 반하여, 본조는 그와 다른 합의로 배제할 수 없는 강행규정이라는 점에서 의미가 있다.

무이자채권의 경우 변제기전에 원본액 전부를 변제한다면 채권자는 오히려 이익을 얻을 수 있다. 이와 관련하여 회사의 청산에 관한 상 §259[2]는 청산인이 변제기에 이르지 아니한 회사채무를 변제할 때에 중간이자를 공제하도록 한다. 즉 상 §259 Ⅰ은 "청산인은 변제기에 이르지 아니한 회사채무에 대하여도 이를 변제할 수 있다"고 하여 본조 Ⅰ과 같은 취지를 정하면서, 상 §259 Ⅱ은 "전항의 경우에 이자없는 채권에 관하여는 변제기에 이르기까지의 법정이자를 가산하여 그 채권액에 달할 금액[3]을 변제하여야 한다"고 하고, 상 §259 Ⅲ은 이를 "이자있는 채권으로서 그 이율이 법정이율에 달하지 못하는 것"에 준용한다. 이처럼 상 §259 Ⅱ과 Ⅲ은 '이자가 없거나 이율이 법정이율에 미달하는 채권'을 변제기전에 변제할 때에, 변제시점으로부터 변제기까지의 법정이율($\substack{\text{또는 법정이율과 그보다}\\\text{낮은 약정이율과의 차이}}$)에 의한 이자를 채권의 원본액에서 공제하여 나머지만 변제하게 함으로써 채권자의 가외의 이득을 방지하는 것이다. 본조의 경우에 이를 유추적용하여 중간이자를 공제해야 한다는 견해도 있으나,[4] 명문의 규정이 없이 그러한 해석이 가능할지는 의문이다.[5]

---

1) 구주해(1), 773(최기원); 주석 총칙(1), 830(제4판/주기동); 주석 총칙(1), 969(제5판/ 문영화).
2) 합명회사에 관한 조문이나, 주식회사를 비롯한 다른 회사의 청산에도 준용된다.
3) 즉 원본금액에서 중간이자 상당액을 공제한 금액을 말한다.
4) 주석 총칙(1), 831(제4판/주기동).
5) '채무자 회생 및 파산에 관한 법률'에서는 회생채권액 산정에 있어 "기한이 회생절차개시 후에 도래하는 이자없는 채권은 회생절차가 개시될 때부터 기한에 이르기까지의 법정이율에 의한 이자와 원금의 합계가 기한 도래 당시의 채권액이 되도록 계산한 다음 그 채

## Ⅲ. 불확정 채권의 평가

조건부 채권, 존속기간이 불확정한 채권, 기타 가액이 불확정한 채권에 관하여는 법원이 선임한 감정인의 평가에 의하여야 한다. 가액을 확정하기 어려워서 청산법인이 과다변제하거나 과소변제할 위험이 있기 때문이다. 상법상 회사의 청산 시에도 동일한 규정이 있다($\substack{\text{상} \\ \S\,259\,\text{Ⅳ}}$). 감정인의 선임절차, 선임비용에 관하여는 비송사건절차법의 규정에 따른다($\substack{\text{비송 }\S\S\,38, \\ 124,\,125}$).

[천 경 훈]


## 第 92 條(淸算으로부터 除外된 債權)

淸算으로부터 除外된 債權者는 法人의 債務를 完濟한 後 歸屬權利者에게 引渡하지 아니한 財産에 對하여서만 辨濟를 請求할 수 있다.

## Ⅰ. 본조의 의의

§88에 따른 채권신고공고에도 불구하고 채권신고기간 내에 신고를 하지 아니한 채권자는 청산으로부터 제외된다. 본조는 그들도 청산법인이 채무를

---

권액에서 그 이자를 공제한 금액으로 한다"고 하여 상 §259와 같이 중간이자를 공제한다(도산 §134). 이행기가 파산선고 후에 도래하는 무이자채권의 경우에도 그와 같이 산정한 이자 상당액 부분에 관한 채권은 후순위파산채권으로 함으로써[도산 §446 Ⅰ (ⅴ)] 공제를 하지는 않더라도 열후하게 취급한다. 이런 조문이 없는 한 중간이자를 함부로 공제할 수는 없을 것이다.

모두 변제한 후 귀속권리자에게 인도하지 아니한 재산으로부터는 변제를 받을
수 있도록 규정하는데, 이는 청산에서 제외된 채권자에게 최소한의 구제수단
을 마련하고 있는 것으로도 볼 수 있지만, 그들이 재산을 이미 인도받은 귀속
권리자보다 열위에 있음을 명확히 하는 의미도 있다.

## Ⅱ. 청산에서 제외된 채권자의 변제청구

### 1. 청산에서 제외된 채권자

채권신고기간 내에 채권신고를 하지 아니한 채권자 중에서 청산인이 알고
있는 채권자를 제외한 채권자를 말한다. 청산인이 알고 있는 채권자는 채권신
고를 하지 않았더라도 청산에서 제외되지 않는다.

### 2. 청산에서 제외된 채권자의 청구요건

첫째, '법인의 채무를 완제한 후'에만 가능하다. 즉 청산인이 알고 있는 채
권자와 신고기간 안에 신고를 한 채권자에 대하여 채무를 완제한 후에만 변제
청구가 가능하다.

둘째, '귀속권리자에게 인도하지 아니한 잔여재산', 즉 귀속권리자들에게
재산을 인도하고 남은 잔여재산이 있을 때에 그에 대해서만 변제청구가 가능
하다. 여기서 잔여재산에 대하여만 변제청구를 할 수 있다는 의미는 책임재산
이 잔여재산에 한정된다는 것이고 채권 자체가 소멸 또는 감액된다는 의미는
아니다.[1] 청산에서 제외된 채권도 채권 자체가 소멸한 것은 아니고 이에 대하
여 상계를 금지하는 규정은 없으므로, 채권자가 그 채권을 자동채권으로 하여
상계하는 것은 가능하다.[2]

---

1) 구주해(1), 774(최기원); 주석 총칙(1), 832(제4판/주기동); 주석 총칙(1), 972(제5판/
    문영화).
2) 주석 총칙(1), 832(제4판/주기동); 주석 총칙(1), 972(제5판/문영화).

## Ⅲ. 귀속권리자에게 잔여재산을 양도한 후 채권자의 구제

청산인이 채권자에 대한 변제를 완료하기 전에 귀속권리자에게 모든 재산을 양도하였거나, 또는 귀속권리자에게 양도하고 남은 재산으로는 채권자를 만족시킬 수 없는 경우에 채권자들은 어떤 구제방법을 가지는지 문제된다. 이것은 청산에서 제외되지 않은 채권자(즉 청산인이 알고 있는 채권자와 채권신고기간 안에 신고한 채권자)와 청산에서 제외된 채권자로 구분해서 보아야 한다.

### 1. 청산에서 제외되지 않은 채권자

원래 귀속권리자는 모든 채권자에 대한 변제가 완료된 후에 잔존재산에 대해서만 청구권을 갖는 것이므로, 청산에서 제외되지 아니한 채권자들에 대한 변제가 완료되지 않았음에도 잔존재산을 양도받았다면 미변제 부분에 대하여는 법률상 원인 없는 이득을 한 것이다. 따라서 귀속권리자는 그 부분의 이득을 청산법인에게 반환할 의무가 있고, 채권자들은 청산법인을 대위하여($\S405$) 그 반환을 청구할 수 있다.[3]

### 2. 청산에서 제외된 채권자

청산에서 제외된 채권자는 본조에 의하여 '귀속권리자에게 양도되지 아니한 잔여재산'에 대하여만 변제를 청구할 수 있을 뿐이므로, 청산에서 제외된 채권자에 대한 변제 전에 귀속권리자에게 재산이 양도되었다고 하더라도 이는 법률상 원인 없는 부당이득이라고 할 수 없다. 결국 청산에서 제외된 채권자는 귀속권리자에게 양도하지 않은 재산이 청산법인에 남아 있는 경우에 한하여 그 재산을 책임재산으로 하여 구제 받을 수 있을 뿐이다.[4]

[천 경 훈]

---

3) 구주해(1), 775(최기원); 주석 총칙(1), 834(제4판/주기동); 주석 총칙(1), 973(제5판/문영화).
4) 구주해(1), 776(최기원); 주석 총칙(1), 835(제4판/주기동); 주석 총칙(1), 973(제5판/문영화).

**第93條**(淸算中의 破産)

　① 淸算中 法人의 財産이 그 債務를 完濟하기에 不足한 것이 分明하게 된 때에는 淸算人은 遲滯없이 破産宣告를 申請하고 이를 公告하여야 한다.

　② 淸算人은 破産管財人에게 그 事務를 引繼함으로써 그 任務가 終了한다.

　③ 第88條 第3項의 規定은 第1項의 公告에 準用한다.

## Ⅰ. 본조의 의의

본조는 청산 중에 청산인이 채무초과 사실을 발견한 때에는 즉시 파산신청을 하고 파산선고시 파산관재인에게 그 사무를 인계하도록 하여 엄격한 파산절차에 의한 채권자들의 공평한 변제를 지향하고 있다.

## Ⅱ. 청산과 파산 간의 관계

파산선고, 즉 파산신청의 인용결정은 해산의 한 원인이다. 해산한 법인은 청산절차를 거쳐야 하는데, 파산절차는 청산절차의 한 특수한 형태라고 할 수 있다.[1] 파산절차는 채권자들의 공평한 만족을 위한 절차라는 점에서 실질상으로는 청산절차와 목적 및 성질을 같이 하지만, 지급불능 또는 채무초과라는 사정이 있기 때문에 일반 청산절차보다 더 엄격하고 철저한 것이다.[2]

따라서 법인이 일반적인 청산절차를 진행하다가 파산사유가 존재함이 드

1) 이동원, "법인의 파산과 청산의 경계에서 생기는 문제들", 회생과 파산 Ⅰ, 2012, 174.
2) 이동원(주 1), 174.

러나면 더 엄격한 파산절차로 이행할 필요가 있다. 본조는 청산 중 법인의 재산으로는 채무를 완제하기에 부족함이 분명하게 된 때에 파산절차로 이행하고, 이를 공고하여 이해관계인에게 알리게 한 것이다.


## Ⅲ. 청산 중의 파산

### 1. 파산원인

(1) 본조에 규정된 파산신청 원인은 "법인의 재산이 그 채무를 완제하기에 부족한 것이 분명한 때", 즉 채무초과이다. 이 때 청산인은 즉시 파산신청 의무가 있고 이를 게을리하면 과태료에 처한다($\S^{97}_{(vi)}$). 청산인이 고의 또는 과실로 파산신청을 지체하여 채권자에게 손해를 입힌 때에는 이를 배상할 책임이 있다.[3]

(2) 다만 '채권신고기간 안에 채권신고를 하지 않았을 뿐 아니라 청산인이 알고 있지도 않은 채권자'는 청산에서 제외되고, 청산에서 제외된 채권자는 귀속권리자에게 양도되지 않은 잔여재산을 책임재산으로 하여서만 변제를 청구할 수 있다($\S^{92에}_{주해}$ $^{대한}_{참조}$). 이들의 채무 자체가 감축되는 것은 아니므로 청산에서 제외된 채권의 총액을 합산하면 잔여재산을 초과할 수 있다. 그러나 이때에는 계수 상으로는 채무초과이지만, §92에서 이들을 위한 책임재산을 한정해 놓았으므로, 채무초과를 이유로 파산신청을 할 필요는 없고 적절하게 변제를 하면 된다는 것이 통설이다.[4]

### 2. 파산선고 및 파산관재인 선임

청산인이 파산신청을 하면 법원은 각하, 기각, 또는 절차개시의 결정을 한다. 파산절차를 개시하는 결정을 파산선고라고 한다. 법원이 파산선고와 동시에 파산관재인을 선임하면 파산절차가 개시된다.

### 3. 청산인의 사무인계와 임무종료

파산절차가 개시되더라도 본래의 청산인은 바로 그 지위와 권한을 상실하

---

3) 구주해(1), 777-778(최기원); 주석 총칙(1), 836(제4판/주기동); 주석 총칙(1), 976(제5판/문영화).
4) 구주해(1), 774(최기원); 주석 총칙(1), 833(제4판/주기동); 주석 총칙(1), 972, 976(제5판/문영화); 이동원(주 1), 195.

는 것은 아니고, 파산관재인에게 파산재단에 관한 사무를 인계할 때까지는 그
지위와 권한을 그대로 가진다.[5] 파산관재인에게 파산재단에 관한 사무를 인계
함으로써 종료되는 임무도 파산재단에 관한 사무에 국한된다.

　　즉 본조가 적용되는 '청산법인의 청산중에 파산절차가 개시되는 경우'에
는, ① 파산재단에 속하는 사무에 관하여는 파산관재인이, ② 파산재단에 관한
사무를 제외한 사무에 관하여는 청산인이 각각 집행하고 법인을 대표하게 된
다.[6] 파산재단에 관한 사무를 제외한 사무, 즉 파산관재인이 집행할 수 없는
파산법인 고유의 사무의 예로는 §79에 대한 주해 Ⅳ. 2. 참조.

### 4. 파산재단의 범위

　　파산관재인이 관리하는 파산재단을 이루는 재산은 파산선고 시에 청산법
인이 가진 모든 적극재산이다($\frac{도산}{§382}$ I). 청산법인이 해산 후 파산선고 전에 채권
자에게 이미 변제하였거나 귀속권리자에게 양도한 재산은, 부인($\frac{도산}{§391}$)의 대상
이 됨은 별론으로 하더라도, 파산선고 시에 청산법인에 속하지 않았으므로 파
산재단에서 제외된다.[7]


## Ⅳ. 채무초과임에도 파산으로 이행되지 않은 경우

　　청산법인이 채무초과 상태임에도 청산인이 파산신청을 하지 아니한 채 일
반 청산절차를 진행하였다면, 청산대상채권 중에 변제하지 못한 것이 있으므
로 청산사무를 종결했다고 할 수 없다. 따라서 청산종결의 등기를 했다 하더라
도 정리할 청산사무가 남아 있는 이상 청산법인의 법인격은 존속한다고 보아
야 할 것이다.[8]


[천　경　훈]

---

5) 주석 총칙(1), 977(제5판/문영화).
6) 구주해(1), 778(최기원); 주석 총칙(1), 837(제4판/주기동); 주석 총칙(1), 977(제5판/
　문영화); 이동원(주 1), 183-184; 고상룡, 248; 곽윤직·김재형, 213; 김대정, 485; 김주
　수·김상용, 252; 김증한·김학동, 246; 백태승, 264.
7) 주석 총칙(1), 978(제5판/문영화); 이동원(주 1), 197.
8) 주석 총칙(1), 978(제5판/문영화); 이동원(주 1), 198.

**第 94 條**(清算終結의 登記와 申告)

清算이 終結한 때에는 淸算人은 3週間內에 이를 登記하고 主
務官廳에 申告하여야 한다.

## Ⅰ. 본조의 의의

법인은 청산의 종결에 의하여 소멸하므로 이를 공시할 필요가 있고, 법인
의 설립시 허가를 해 준 주무관청에도 신고할 필요가 있다. 본조는 그러한 취
지를 정한다.

## Ⅱ. 청산종결의 의미

청산종결이란 현존사무의 종결, 채권의 추심, 변제, 잔여재산 양도 등 청산
인의 직무를 완료한 것을 의미한다. 청산종결로써 청산법인은 이제 아무런 권
리나 의무도 없게 되는 것이다.

## Ⅲ. 청산종결의 등기

청산인은 청산이 종결한 때로부터 3주간 안에 이를 등기해야 한다. 이를
게을리하면 과태료 처분을 받는다($\S^{97}_{(i)}$).

이러한 등기는 청산종결의 사실을 공시한 것에 불과하고, 법인격을 소멸시
키는 창설적 효력은 없다. 따라서 청산종결등기가 마쳐진 때에도 법인이 이행
하지 않은 채무가 있는 등 청산사무가 남아 있는 때에는 청산법인은 소멸하지
않고, 소송상 당사자능력을 비롯한 청산목적 범위 내에서의 권리능력이 있다.[1]

---

1) 대판 80.4.8, 79다2036(청산종결등기를 하였으나 해산 전에 원고에게 증여한 재산에 대

## Ⅳ. 청산종결의 신고

청산인은 청산이 종결한 때로부터 3주 안에 주무관청에 법인의 소멸을 신고하여야 한다. 민법상 법인은 주무관청의 허가를 받아 설립되었으므로($\frac{\S}{32}$), 그 소멸도 신고하도록 한 것이다. 청산인이 고의로 신고하지 않거나 청산이 종결되지 않았음에도 청산종결 신고를 한 때에는 과태료의 제재를 받는다($\frac{\S 97}{iv}$).

[천 경 훈]


**第 95 條**(解散, 淸算의 檢査, 監督)
　　法人의 解散 및 淸算은 法院이 檢査, 監督한다.


## Ⅰ. 본조의 의의

민법상 법인의 해산 및 청산은 채권자 등 여러 이해관계자들의 이해는 물론 공익과도 밀접한 관련이 있으므로 감독이 필요하다. 본조는 이를 당사자들 또는 주무관청에 맡기지 아니하고 법원의 검사와 감독을 받도록 하였다. 즉 존속 중인 법인은 그 목적과 밀접한 관련을 가진 주무관청의 검사, 감독을 받도록 하였지만($\frac{\S}{37}$), 해산 및 청산은 법인의 목적보다는 채무변제와 재산관계의 정리에 관한 것이므로 법원에 그 역할을 맡긴 것이다.


## Ⅱ. 검사와 감독

검사와 감독의 목적은 해산 및 청산절차의 적법성과 공정성을 실현하는데에 있다. 보다 구체적으로는 해산사유가 없음에도 청산절차를 개시하거나, 해산 후 파산사유가 있음에도 파산절차로 이행하지 않거나, 청산사무를 수행함에 있어 법령 또는 선관주의의무를 위반하거나, 채권자와 잔여재산 귀속권

해 소유권이전등기의무를 아직 이행하지 않고 있으므로 청산사무가 종료되었다고 할 수 없어 청산법인으로 존속); 대판 97.4.22, 97다3408; 대판 03.2.11, 99다66427, 73371.

리자 등을 공평하게 취급하지 않거나, 법인재산을 부당하게 소비하는 등의 행위를 방지하여야 한다.

이러한 해산 및 청산에 대한 감독은 법인의 주된 사무소 소재지의 지방법원이 관할한다($_{\S 33 \, \text{II}}^{\text{비송}}$). 법원은 스스로 그 감독에 필요한 검사를 하되, 검사인을 선임하여 법인의 감독에 필요한 검사를 하게 할 수 있다($_{\S 35}^{\text{비송}}$). 검사의 방법은 법령상 명시되어 있지 않으나 회계장부를 비롯한 각종 서류의 검토, 재산상황의 조사, 관련된 사람들과의 면담 등이 그 방법이 될 것이다.

청산인이 법원의 검사, 감독을 방해한 때에는 과태료의 제재를 받는다($_{\text{(iii)}}^{\S 97}$). 검사의 결과 위법 또는 부정한 사실을 발견한 때에는 법원은 감독권의 행사로서 청산인에게 그 시정을 명할 수 있고, 중요한 사유가 있는 때에는 청산인을 해임할 수 있다($_{84}^{\S}$).[1]

[천　경　훈]

## 第 96 條 (準用規定)

第58條 第2項, 第59條 乃至 第62條, 第64條, 第65條 및 第70條의 規定은 淸算人에 이를 準用한다.

# Ⅰ. 본조의 의의

청산인은 청산의 목적에 반하지 않는 한 해산 전의 이사와 동일한 지위에서 청산법인의 사무를 집행하고 재판상 및 재판외의 행위에 관하여 청산법인을 대표한다.[1] 따라서 이사에 관한 민법의 다양한 규정이 준용된다.

---

1) 구주해(1), 781(최기원); 주석 총칙(1), 841(제4판/주기동); 주석 총칙(1), 984(제5판/문영화).

1) 구주해(1), 753(최기원); 주석 총칙(1), 806(제4판/주기동); 주석 총칙(1), 939(제5판/

## II. 준용 규정

### 1. 사무집행

이사의 사무집행방법($§\substack{58\\II}$)이 준용되어 청산인이 수인인 경우에 정관에 다른 규정이 없으면 청산인의 사무집행은 청산인의 과반수로써 결정한다. 대리인 선임에 관한 규정($\substack{§\\62}$)도 준용되어 청산인은 정관 또는 총회결의로 금지하지 않은 사항에 관하여는 타인으로 하여금 특정한 행위를 대리하게 할 수 있다. 나아가 임시총회 소집권($\substack{§\\70}$)이 준용되어 사단법인의 청산인은 필요하다고 인정한 때에는 임시총회를 소집할 수 있다.

### 2. 대 표 권

이사의 대표권에 관한 규정($\substack{§\\59}$)이 준용되어 청산인이 수인인 경우에 각자 청산법인을 대표하는 것을 원칙으로 하고, 청산인은 정관에 규정한 취지를 준수하여야 하며, 사단법인의 청산인은 사원총회의 결의에 따라야한다. 또한 대표권에 대한 제한의 대항력($\substack{§\\60}$)이 준용되어 청산인의 대표권은 제한할 수 있으나 등기하지 않으면 제3자에게 대항하지 못한다.[2]

특별대리인에 관한 규정($\substack{§\\64}$)도 준용되어 청산법인과 청산인의 이익이 상반하는 사항에 관하여는 청산인은 대표권이 없고, 이 경우에는 이해관계인이나 검사의 청구에 의하여 법원이 선임하는 특별대리인이 그 사항에 관하여 청산법인을 대표한다.

### 3. 의무와 책임

이사의 선관주의의무에 관한 규정($\substack{§\\61}$)이 준용되어 청산인은 선량한 관리자의 주의로 그 직무를 행하여야 한다. 또한 임무해태에 관한 규정($\substack{§\\65}$)이 준용되어 청산인이 그 임무를 게을리한 때에는 그 청산인은 청산법인에 대하여 연대하여 손해배상 책임이 있다.

[천 경 훈]

---

문영화).
2) 대표권에 대한 제한은 이를 정관에 기재하지 않으면 효력이 없다는 §41는 명시적으로는 준용되지 않는다.

# 第 5 節　罰　　則

**第 97 條**(罰則)

法人의 理事, 監事 또는 淸算人은 다음 各號의 境遇에는 500만원 이하의 過怠料에 處한다.

1. 本章에 規定한 登記를 懈怠한 때
2. 第55條의 規定에 違反하거나 財産目錄 또는 社員名簿에 不正記載를 한 때
3. 第37條, 第95條에 規定한 檢査, 監督을 妨害한 때
4. 主務官廳 또는 總會에 對하여 事實아닌 申告를 하거나 事實을 隱蔽한 때
5. 第76條와 第90條의 規定에 違反한 때
6. 第79條, 第93條의 規定에 違反하여 破産宣告의 申請을 懈怠한 때
7. 第88條, 第93條에 定한 公告를 懈怠하거나 不正한 公告를 한 때

# I. 본조의 의의

본조는 민법상 법인이 민법 제1편 제3장에 규정한 각종 의무를 게을리하거나 위반한 데 대하여 그 법인의 이사, 감사, 청산인에게 500만원 이하의 과태료를 부과한다. 과태료는 각종 법령상의 의무위반 또는 의무불이행에 대해 가해지는 비형사벌적 금전 제재를 말한다. 과태료는 과거의 의무위반에 대해 가해진다는 점에서 '제재'로서의 성격이 명확하지만, 행위의무자에게 장래의 의무이행을 간접적으로 압박하는 기능도 수행한다. 민법은 비영리법인의 설립부터 소멸까지 주무관청과 법원이 역할을 나누어 감독권을 행사하도록 규정하고 있는데, 이러한 업무감독의 실효성 확보를 위한 제재수단으로서 과태료에 관한 본조를 마련한 것이다.[1]

# II. 과태료 사건의 적용법률

과태료 사건은 종래 비송사건절차법에 규정된 절차에 따라 처리되어 왔으나($\S\S^{비송}_{247\sim251}$), 과태료 제도에 관한 일반법으로 2007.12.21. 질서위반행위규제법이 제정되었다. 그러나 이 법은 "민법, 상법 등 사인 간의 법률관계를 규율하는 법[…] 상의 의무를 위반하여 과태료를 부과하는 행위"에는 적용되지 않으므로($\S 2^{질서}_{(ii)}$), 본조의 과태료사건에 관하여는 질서위반행위규제법이 적용되지 않고 여전히 비송사건절차법이 일반법으로 적용된다.[2]

비송사건절차법에 따른 과태료의 특징으로는 다음과 같은 점을 주목할 만하다.[3] ① 과태료는 형벌이 아니므로 형법총칙이 적용되지 않고, 그 부과절차에도 형사소송법이 적용되지 않으며, 죄형법정주의의 규율대상도 아니다.[4] ② 원칙적으로 위반자의 고의·과실을 요하지 아니하고, 법률의 부지 또는 착오가 있더라도 처벌을 면할 수 없다.[5] ③ 형법의 경합범 규정이 적용되지 않으므로,

---

1) 주석 총칙(2), 4(제5판/김상훈).
2) 주석 총칙(2), 9(제5판/김상훈).
3) 주석 총칙(2), 7-8(제5판/김상훈).
4) 헌재 98.5.28, 96헌바83.
5) 대판 94.8.26, 94누6949; 대판 03.9.2, 2002두5177; 대판 12.5.10, 2012두1297. 다만 "그 의무 해태를 탓할 수 없는 정당한 사유가 있는 때에는 이를 부과할 수 없다"고 하여 예외적으로 정당한 사유에 기한 면책을 인정한 예도 있다(대판 00.5.26, 98두5972).

수개의 위반사실이 있는 경우 각각의 위반사실에 대해 각각의 과태료가 부과된다. ④ 과태료를 납부한 후 같은 행위에 대해 형사처벌을 한다고 해도 일사부재리의 원칙에 반하는 것은 아니다.[6] ⑤ 행정청이 부과한 과태료 처분에 대해서는 비송사건절차법에 따른 절차에서 그 당부를 판단하므로, 행정소송의 대상이 되는 행정처분으로 볼 수 없다.[7]

다만 오늘날 과태료 처분에 대하여도 법치주의적 요청이 점차 강조되고 있다. 그러한 영향으로 질서위반행위규제법에서는 질서위반행위 법정주의를 채택하고($\frac{질서}{\S 6}$), 고의·과실을 요구하여 책임주의 원칙을 채택하였으며($\frac{질서}{\S 7}$), 위법성의 착오를 인정하고($\frac{질서}{\S 8}$), 책임연령 및 심신장애에 관한 규정($\frac{질서}{\S\S 9, 10}$), 과태료 부과시의 사전통지절차($\frac{질서}{\S 16}$), 분납 및 연기제도($\frac{질서}{\S 24-3}$), 자진납부 감경제도($\frac{질서}{\S 18}$) 등을 신설하였다. 따라서 질서위반행위규제법이 적용되지 않는 과태료 처분에 관해서도 구체적인 사안에 따라서는 법치주의적 관점에서의 해석 필요성이 점차 대두될 수 있을 것이다.

본조에 열거된 대상행위 중 실무적으로 가장 자주 문제되고 중요한 것은 §97 (i)의 등기해태이므로, 아래에서는 등기해태와 그 밖의 경우를 나누어 서술한다.


## Ⅲ. 등기의무 해태

§97 (i)에서 "등기를 해태한 때"란 ① 민법 제1편 제3장에 정해진 등기사항에 관하여 ② 등기의무자가 ③ 등기기간 내에 ④ 등기신청을 하지 아니한 것을 의미한다.

### 1. 등기사항

§97 (i)의 대상인 등기사항은 다음과 같다.
- 법인의 설립등기($\frac{\S}{49}$)

---

6) 대판 96.4.12, 96도158. 헌법재판소는 일사부재리 내지 이중처벌금지 원칙에 반한다고 까지는 하지 않으나 "동일한 행위를 대상으로 하여 형벌을 부과하면서 아울러 행정질서벌로서의 과태료까지 부과한다면 그것은 이중처벌금지의 기본정신에 배치되어 국가 입법권의 남용으로 인정될 여지가 있음을 부정할 수 없다"고 한다. 헌재 94.6.30, 92헌바38.
7) 대판 00.9.22, 2000두5722 외 다수.

-분사무소 설치의 등기($\S_{50}$)

-사무소 이전의 등기($\S_{51}$)

-설립등기사항의 변경등기($\S_{52}$)

-직무집행정지가처분, 직무대행자선임가처분, 그 가처분의 변경·취소 등기($\S_{52\text{-}2}$)

-해산의 등기 및 청산인의 등기($\S_{85}$)

-청산종결의 등기($\S_{94}$)

## 2. 등기의무자

민법상 법인에 관한 등기는 원칙적으로 법인을 대표하는 자가 신청하고 (민법법인 및 특수법인 등 기규칙 §6, 상등 §23 ⅰ), 그러한 등기의무자인 법인의 이사 또는 청산인이 등기를 해태한 때에는 본조에 따라 과태료에 처한다. 즉 등기신청의무는 법인이 아니라 법인을 대표하는 자에게 있고, 과태료도 법인이 아니라 법인을 대표하는 자에게 부과한다.

이사 중에서 대표권 있는 이사가 따로 정해져 있거나 청산인 중에서 대표권 있는 청산인이 따로 정해져 있는 경우에는 그들이 등기의무자이므로, 등기해태시 본호에 의한 과태료도 그들에게 부과되어야 한다.[8] 감사는 본조에 과태료 부과대상으로 열거되어 있으나, 등기신청 의무가 없으므로 § 97 (ⅰ)에 따른 등기해태에 관하여는 과태료 부과대상자가 아니다.[9]

등기해태의 책임이 있는 자가 그 지위를 상실하더라도 그를 과태료 부과대상자로 하여 과태사항 통지를 한다(예규 1574호 §3). 따라서 퇴임한 대표이사가 퇴임 전에 등기의무를 해태하고 있었다면, 퇴임 전까지의 등기해태에 대해서는 그에게 과태료를 부과해야 한다.[10] 등기사유가 발생한 후에 취임한 대표자는 취임한 때부터 비로소 등기신청을 할 수 있으므로, 취임일 다음 날부터 등기해태기간을 계산하여야 한다.[11]

---

8) 구주해(1), 784(최기원)에서는 대표권이 없는 평이사, 평청산인에게는 등기의무의 해태를 이유로 과태료의 처분을 내릴 수 없다고 본다.

9) 법원행정처, 법원실무제요 민법법인등기실무, 2018, 146.

10) 법원행정처(주 9), 149.

11) 법원행정처(주 9), 149.

## 3. 등기기간

### (1) 의    의

등기기간이란 법률에 등기하도록 정하여져 있는 기간을 말한다.[12] 민법 제1편 제3장의 등기사항은 모두 각 민법규정이 정한 일정한 기산점으로부터 3주간내가 등기기간이다. 등기기간은 등기를 신청해야 하는 기한을 의미하고, 그 기간 내에 등기가 완료되어야 하는 것은 아니다. 따라서 등기기간 내에 적법한 등기신청을 하였다면 실제 그 등기가 등기기간 만료 후에 이루어졌더라도 과태료 부과대상이 아니다.[13]

### (2) 등기기간의 계산

기간의 계산은 법령, 재판상의 처분 또는 법률행위에 다른 정한 바가 없으면 민법 제1편 제6장($\S\S^{156\sim}_{161}$)의 규정에 의한다. 따라서 법령, 재판상의 처분 또는 법률행위에 다른 정한 바가 없으면 기간을 일, 주, 월, 연으로 정한 때에는 기간의 초일은 산입하지 않고(그 기간이 오전 영시로부터 시 작하는 때에는 초일을 산입한다), 기간말일의 종료로 기간이 만료한다($\S\S^{157,}_{159}$). 기간의 말일이 토요일 또는 공휴일이면 기간은 그 익일로 만료한다($\S_{161}$). 기간의 첫날이 토요일 또는 공휴일인 경우에는 위 규정이 적용되지 않으므로 바로 그 첫날부터 기산하며, 기간의 중간에 토요일 또는 공휴일이 있는 경우에도 이를 빼지 않는다.[14]

### (3) 등기기간의 기산점

등기기간의 기산점은 등기신청을 할 수 있는 때이다. 설립등기는 설립허가가 있는 때($\S^{49}_1$), 변경등기는 등기원인이 효력을 발생하고 정관 기타 법령에서 등기신청을 방해하는 사유가 없는 때($\S_{52}$)부터 각각 기산한다. 등기할 사항으로서 관청의 허가를 요하는 것은 그 허가서가 도착한 날로부터 등기기간을 기산한다($\S_{53}$).

이사의 임기만료로 인한 퇴임등기의 등기기간은 법령과 정관에서 정한 임기가 만료된 다음 날부터 기산하고, 이사의 사임으로 인한 퇴임등기의 등기기간은 사임의 의사표시가 법인에 도달한 날의 다음 날부터 기산한다.[15] 다만 민법법인의 이사, 대표권 있는 이사가 임기만료 또는 사임에 의하여 퇴임함으로 말미암아 법률 또는 정관에 정한 인원수를 채우지 못하게 되는 경우에는 그 사람의 퇴임등기기간은 후임 이사, 대표권 있는 이사의 취임일부터 기산한다

---

12) 법원행정처(주 9), 144.
13) 법원행정처(주 9), 144.
14) 대결 04.4.28, 2004마181.
15) 법원행정처(주 9), 145.

($\substack{\text{예규 } 1574 \\ \text{호 } §2 \, \mathbb{I}}$).[16) 사망의 경우 사망한 날부터 3주간 내에 등기하여야 한다.

### 4. 등기해태

등기기간 내에 적법한 등기신청을 하지 아니한 때에 등기해태에 해당한다. 등기기간 내에 적법한 등기신청을 하면 등기기간 후에 등기가 완료되더라도 등기해태에 해당하지 않는다. 다만 적법하지 않은 신청은 기간 준수의 효과가 없다. 등기해태에 고의·과실은 요구되지 않으므로, 등기관은 등기해태에 관하여 신청인의 고의·과실이 있는지 또는 그 위반에 정당한 사유가 있는지를 구분하지 아니하고 등기기간을 도과하였다면 과태사항을 통지하여야 한다.[17)

등기해태 행위가 여러 개인 경우 형법총칙상 경합범에 관한 규정이 적용되지 않으므로 개개의 행위마다 별도로 과태료에 처해지게 된다. 예컨대 이사가 임기만료 후 다시 선임된 경우에는 임기만료로 인한 퇴임등기와 선임등기를 신청하여야 하므로, 만약 아무런 등기를 하지 않았다면 2건의 등기해태가 있는 것이고, 그와 같은 이사가 2인이라면 4건의 등기해태가 있는 것이다.[18) 분사무소설치의 등기($§\substack{50 \\ 1}$), 해산등기·청산인등기($§\substack{85 \\ 1}$)는 주된 사무소소재지 및 분사무소소재지를 관할하는 각 등기소에 하여야 하고, 사무소이전의 등기($§\substack{51}$)은 구소재지 및 신소재지를 관할하는 각 등기소에 하여야 하므로, 등기의무는 각 등기소별로 존재하고 등기해야 할 등기소의 개수만큼 등기해태의 건수가 늘어난다.[19)

## IV. 그 밖의 과태료 부과대상

### 1. 과태료 부과대상자

과태료 부과대상자 및 납부의무자는 법인이 아니라 아래 각 위반행위를 한 이사, 청산인, 감사이다. 해산 전에는 대표권이 있는 이사, 청산 중인 경우에는 대표권이 있는 청산인이 행위주체 및 부과대상자가 되는 것이 보통일 것이나, 감사도 §97 (iii)의 방해행위, §97 (iv)의 허위신고·사실은폐의 주체로

---

16) 법원행정처(주 9), 146.
17) 법원행정처(주 9), 146.
18) 구주해(1), 784(최기원).
19) 구주해(1), 784(최기원).

서 과태료 부과대상자가 될 수 있다.

## 2. 제2호

법인은 성립한 때 및 매년 3월 내에 재산목록을 작성하여 사무소에 비치하여야 하고, 사업연도를 정한 법인은 성립한 때 및 그 연도말에 이를 작성하여야 한다($\S\frac{55}{I}$). 또한 사단법인은 사원명부를 비치하고 사원의 변경이 있는 때에는 이를 기재하여야 한다($\S\frac{55}{II}$). 이러한 §55의 규정에 위반하거나 재산목록 또는 사원명부에 부정기재($\frac{즉 사실이}{아닌 기재}$)를 한 때에 과태료 부과대상이 된다.

## 3. 제3호

법인의 사무는 주무관청이 검사, 감독하고($\frac{\S}{37}$), 법인의 해산 및 청산은 법원이 검사, 감독한다($\frac{\S}{95}$). 이러한 검사, 감독을 방해한 때 과태료 부과대상이 된다.

## 4. 제4호

주무관청 또는 총회에 대하여 사실 아닌 신고를 하거나 사실을 은폐한 때 과태료 부과대상이 된다. 예컨대 주무관청에 설립허가신청을 하거나($\frac{\S}{32}$), 주무관청에 정관변경 허가신청을 하거나($\S\S\frac{42}{II,46}$), 감사가 재산상황 또는 업무집행에 관하여 부정, 불비한 것이 있음을 발견하여 총회 또는 주무관청에 보고하거나 ($\frac{\S 67}{(iii)}$), 청산인이 주무관청에 해산신고를 하거나($\frac{\S}{86}$), 주무관청이 법인에 대한 검사·감독을 하면서 보고요구 또는 자료제출요구를 한 데 대하여 보고 또는 자료제출을 하는($\S\frac{37}{참조}$) 등의 경우에 사실 아닌 신고를 하거나 사실을 은폐하는 행위가 이에 해당한다. 신고·보고 사유가 있음에도 신고·보고를 하지 아니한 경우도 '사실 은폐'에 해당한다고 볼 것이다.

## 5. 제5호

총회의 의사에 관하여는 의사록을 작성하여야 하고, 의사록에는 의사의 경과, 요령 및 결과를 기재하고 의장 및 출석한 이사가 기명날인하여야 하며, 이사는 의사록을 주된 사무소에 비치하여야 한다($\frac{\S}{76}$). 이에 위반하여 의사록을 작성하지 않거나, §76에 정한 기재사항 및 형식적 요건을 준수하지 않거나, 주된 사무소에 비치하지 않은 경우에는 본호에 따른 과태료 부과대상이 된다. 또한 청산인은 채권신고 기간 내에는 채권자에 대하여 변제하지 못한다($\frac{\S}{90}$).

이에 위반하여 변제한 경우에도 본호에 따른 과태료 부과대상이 된다.

### 6. 제6호

법인이 채무를 완제하지 못하게 된 때에는 이사는 지체없이 파산신청을 하여야 한다($\frac{\S}{79}$). 청산중 법인의 재산이 그 채무를 완제하기에 부족한 것이 분명하게 된 때에는 청산인은 지체없이 파산선고를 신청하여야 한다($\S\frac{93}{1}$). 이에 위반하여 파산선고의 신청을 해태한 때 본호에 따른 과태료 부과대상이 된다.

### 7. 제7호

청산인은 취임한 날로부터 2월내에 3회 이상의 공고로 채권자에 대하여 일정한 기간($\frac{2월}{이상}$) 내에 그 채권을 신고할 것을 최고하여야 한다($\S\frac{88}{1}$). 또한 청산중 법인의 재산이 그 채무를 완제하기에 부족한 것이 분명하게 된 때에는 청산인은 지체없이 파산선고를 신청하고 이를 공고하여야 한다($\S\frac{93}{1}$). 이러한 공고를 해태하거나 부정한($\frac{즉}{다른}$ $\frac{사실}{내용}$) 공고를 한 때 본호에 따른 과태료 부과대상이 된다.


## V. 과태료의 부과절차

### 1. 과태료 재판절차의 개시

과태료사건은 법원이 부과하여 개시되는 경우와 행정청의 부과처분에 대하여 이의가 제기됨으로써 개시되는 경우로 나뉜다.[20] 본조 위반으로 인한 과태료 사건은 전자에 해당하므로 법원이 직권으로 과태료 재판절차를 개시할 수 있다. 과태료 사건의 관할법원은 다른 법령에 특별한 규정이 없는 한 과태료를 부과받을 사람의 주소지의 지방법원이 관할한다($\frac{비송}{\S 247}$). 다만 법원으로서는 위반 사실을 알 수 없으므로 특히 등기해태($\S\frac{97}{(i)}$)의 경우 등기관의 통지로써 절차가 개시되는 것이 통례이다. 등기관은 그 직무상 과태료 부과대상이 있음을 안 때에는 지체 없이 그 사건을 관할 지방법원 또는 지원에 통지해야 한다($\frac{민법법인}{및 특수법}$ $\frac{인 등기규칙 \S 6}{1, 상등규 \S 176}$). 이 통지는 법원의 직권발동을 촉구하는 것에 지나지 않으므로, 통지가 취하 또는 철회되더라도 법원의 과태료 재판절차에는 영향이 없다.[21]

---

20) 법원행정처, 법원실무제요 비송, 2014, 240.
21) 대결 98.12.23, 98마2866; 대결 95.7.21, 94마1415 외 다수.

　　실제로는 § 97 (i)의 등기해태 외에는 등기관을 비롯하여 법원 내부에서 위반사실을 알기 어려우므로 사실상 과태료 재판절차가 개시되기 어렵다. 이와 관련하여 상법의 태도를 참고할만하다. 상법 회사편에 있는 과태료 규정($\S^{상}_{635}$)의 경우 ① 등기해태에 관하여는 본조와 같이 법원을 부과기관으로 하여 법원이 직권으로 ($^{실제로는 등기관}_{의 통지를 받아}$) 과태료 재판절차를 개시하고, ② 그 외의 부과 대상 행위에 관하여는 법무부장관을 부과 · 징수 기관으로 하여($^{상 \S 637-}_{2 \quad I}$), 법무부장관이 먼저 과태료 처분을 하고 그에 대한 이의제기가 있으면 관할법원에 통보하여 과태료 재판절차를 개시한다($^{상 \S 637-}_{2 \ II, III}$). 입법론적으로는 본조의 경우에도 제1호의 등기해태와 나머지 행위유형의 과태료 부과기관을 명시적으로 달리 정하는 것을 고려해볼 수 있다.

## 2. 과태료 재판절차

　　과태료 사건의 재판절차로는 '약식절차'와 '정식절차'가 있다. 법원은 상당하다고 인정할 때에는 당사자의 진술을 듣지 아니하고 '약식절차'에 의하여 과태료의 재판을 할 수 있고($^{비송}_{\S 250 \ I}$), 심문기일을 열어 당사자의 진술을 듣고 검사의 의견을 구하는 '정식절차'에 의하여 과태료의 재판을 할 수도 있다($^{비송}_{\S 248 \ II}$). 실무상으로는 본조의 과태료 재판의 경우 약식절차로 재판을 개시한 후, 당사자의 이의신청이 있는 경우에 비로소 정식절차를 거쳐 재판하는 것이 일반적이다.[22]

　　과태료 재판은 이유를 붙인 결정으로 하여야 한다($^{비송}_{\S 248 \ I}$). 법원이 과태료 액수를 정함에 있어서는 관계 법령의 제한범위 안에서 위반의 동기와 정도, 결과 등을 고려하여 재량으로 정할 수 있다.[23] 과태료 재판은 고지함으로써 효력이 발생하고, 고지의 방법은 법원이 적당하다고 인정하는 방법으로 한다($^{비송}_{\S 18}$).

## 3. 과태료 재판에 대한 불복

　　약식절차에 의한 과태료 재판에 대하여 당사자와 검사는 재판의 고지를 받은 날로부터 1주일 이내에 이의신청을 할 수 있다($^{비송}_{\S 250 \ II}$).[24] 이 경우 약식절차에 의한 과태료 재판은 이의신청에 의하여 그 효력을 상실하고, 법원은 당

---

22) 법원행정처(주 9), 152.
23) 대결 08.1.11, 2007마810 외 다수.
24) 약식결정에 대해서는 즉시항고를 제기할 수 없다. 약식결정에 대해 즉시항고장이 제출된 경우 이를 이의신청으로 취급하여 정식절차에 따라 다시 재판해야 한다. 법원행정처(주 9), 151; 대결 01.5.2, 2001마1733.

사자의 진술을 듣고 정식절차에 따라 다시 재판해야 한다($^{비송}_{III, IV}$). 이의신청
기간을 도과한 때에는 과태료 재판은 확정되어 더 이상 다툴 수 없다. 다만 당
사자가 책임질 수 없는 사유로 인하여 이의신청기간을 준수할 수 없는 경우
이의신청을 추완할 수 있다.[25]

정식절차에 의한 과태료 재판에 대하여는 당사자와 검사는 1주 내에 즉시
항고로써 불복할 수 있다. 이러한 즉시항고에는 집행정지의 효력이 있다($^{비송}_{§248 III}$).
당사자가 책임질 수 없는 사유로 즉시항고기간을 준수할 수 없었던 경우에는,
그 사유가 없어진 후 2주 내에 즉시항고를 추후 보완할 수 있다($^{비송 §10,}_{민소 §173}$).[26]

## 4. 과태료 재판의 집행

과태료 재판이 확정되면 법원사무관은 대응하는 검찰청 검사에게 확정통보
를 하여야 한다.[27] 과태료 재판은 검사의 명령으로 집행하고, 그 명령은 집행력
있는 집행권원과 동일한 효력이 있다($^{비송}_{§249 I}$).[28] 과태료 재판의 집행절차는 민사
집행법의 규정에 의하나, 집행을 하기 전에 재판의 송달은 하지 아니한다($^{비송}_{§249 II}$).

과태료에는 형의 시효에 관한 형법 규정($^{형 §§77~}_{80}$)이 적용되지 않고, 국가의
금전채권에 관한 소멸시효의 규정($^{국재정}_{§96 I}$)도 과태료 처벌권에는 적용 또는 준용
되지 않는다.[29] 따라서 과태료 부과대상 행위를 한 지 5년이 경과했더라도 과
태료를 부과할 수 있다. 그러나 일단 성립한 국가의 과태료 채권은 5년간 행사
하지 아니하면 시효로 소멸한다($^{국재정}_{§96 I}$). 그 소멸시효의 기산점은 원칙적으로
재판이 고지된 때, 즉시항고가 있는 경우에는 그 집행정지의 효력이 소멸하는
때인 '원재판이 확정된 때' 또는 '항고심 재판이 고지된 때'가 될 것이다.[30]

[천   경   훈]

---

25) 대결 81.9.30, 81마280.
26) 법원행정처(주 9), 152.
27) 법원행정처(주 9), 153.
28) 집행력의 존재가 명백하므로 집행문의 부여를 필요로 하지 않는다. 법원행정처, 법원실
    무제요 민사집행[ I ], 2014, 203.
29) 대결 00.8.24, 2000마1350.
30) 소멸시효의 기산점은 §166에 따라 '권리를 행사할 수 있을 때'이므로 과태료 채권의 기
    산점은 '과태료 재판을 집행할 수 있을 때'가 될 것인데, 과태료 재판은 고지된 때부터 집
    행할 수 있고, 다만 즉시항고가 있는 경우에는 집행력이 정지되어 그 집행정지의 효력이
    소멸하는 때에 집행할 수 있기 때문이다. 주석 총칙(2), 22(제5판/김상훈).

# 법인 후론

## 차 례

# I. 특수법인

## 1. 서　　언

### (1) 특수법인의 개념

법인은 법률의 규정에 의함이 아니면 성립하지 못하므로($\S_{31}$), 법인을 설립하고자 할 때에는 반드시 그 근거가 되는 법률이 있어야 한다. 이에 민법은 학술·종교·자선·기예·사교 기타 영리 아닌 사업을 목적으로 하는 법인은 주무관청의 허가를 얻어 법인으로 할 수 있도록 하고 있고($\S_{32}$), 아울러 영리를 목적으로 하는 사단은 상사회사 설립의 조건에 좇아 이를 법인으로 할 수 있도록 하면서 이 경우 상사회사에 관한 규정을 준용하도록 하고 있다($\S_{39}$). 한편 상법은 상행위나 그 밖의 영리를 목적으로 하여 설립한 법인을 회사라 하고($\S_{169}^{\text{상}}$), 회사를 합명회사, 합자회사, 유한책임회사, 주식회사와 유한회사의 다섯 종류로 구분하고 있다($\S_{170}^{\text{상}}$).

이와 같이 민법과 상법에 근거하여 성립하는 법인을 흔히 일반법인이라 하는데, 이에 대응하여 민법과 상법이 아닌 다른 법률에 의하여 성립하는 법인 가운데 국가와 지방자치단체를 제외한 나머지 모두를 특수법인이라고 한다.[1] 한편 이러한 특수법인 중에서 국가가 그 독점적·국책적·공정적 사업의 수행을 담당시키기 위하여 특수한 법률에 의하여 창설하는 법인을 협의의 특수법인이라 한다. 행정업무의 범위와 행정수요가 계속 변화함에 따라 기존 행정조직 밖에서 국가와 지방자치단체의 행정업무수행을 독자적·능률적으로 보조하는 특수법인의 창설이 늘어나고 있는데, 후자와 같은 협의의 특수법인은 행정법학의 중요한 관심사의 하나가 되고 있다.[2]

그런데 현행법령상 특수법인이라는 용어는 위와 같은 광의와 협의의 개념이 혼용되고 있다. 예컨대, 비송 §67는 "민법 및 상법 외의 법령에 따라 설립된 법인"을 특수법인이라고 규정하고 있어 광의의 특수법인 개념을 사용하고 있다.[3] 반면 개정보령 §2와 신용정보의 이용 및 보호에 관한 법률 시행령 §§11-2,

---

1) 주석 총칙(2), 45(제4판/강일원); 윤장근, "특수법인에 관한 연구", 법제 308, 1990. 19. 반면 구주해(1), 793(정귀호)은 국가와 지방자치단체를 포함하여 광의의 특수법인으로 보는 듯하다.
2) 윤장근(주 1), 18.
3) 비송사건절차법에서 위임된 사항을 정한 민법법인 및 특수법인 등기규칙 §1도 동일하게 정의하고 있다.

19는 "특별법에 따라 설립된 특수법인"이라는 용어를 사용하고 있는데, 여기에서 특수법인은 협의의 특수법인을 말한다.

　판례상으로는 광의의 특수법인의 개념이 주로 사용되고 있다. 예컨대 대법원은 사립학교법에 의해 설립된 학교법인,[4] 사회복지사업법에 의해 설립된 사회복지법인,[5] 구 도시재개발법에 의해 설립된 재개발조합,[6] 농업협동조합법에 의해 설립된 농업협동조합,[7] 대한교원공제회법에 의해 설립된 대한교원공제회,[8] 구 건설공제조합법에 의해 설립된 건설공제조합,[9] 구 전문건설공제조합법에 의해 설립된 전문건설공제조합,[10] 신용보증기금법에 의해 설립된 신용보증기금,[11] 한국도로공사법에 의해 설립된 한국도로공사,[12] 구 농촌근대화촉진법에 의해 설립된 농지개량조합,[13] 석탄산업법에 의해 설립된 석탄산업합리화사업단[14] 등이 특수법인이라고 설시하고 있고, 이러한 특수법인에 대하여는 민법의 규정에 우선하여 그 설립근거가 된 특별법이 적용되어야 한다고 판시하고 있다.[15]

## (2) 특수법인의 분류

이러한 특수법인은 분류 기준에 따라 여러 종류로 나누어 볼 수 있다.

　㈎ 전통적인 구분방식에 따라 특수법인도 공법인과 사법인으로 구분해 볼 수 있다. 일반적으로 특정한 국가적·공공적 목적을 수행하기 위해 설립된 법인을 공법인이라 하고, 사법의 규정에 따라 사적 목적을 위해 설립된 법인을 사법인이라 한다. 공법인은 국가의 의사에 기초하여 특별법에 따라 설립되고, 국가 또는 지방자치단체로부터 재정적 지원을 받으며, 그 조직에 관한 기본적 사항이 법령에 정해지고, 국가나 지방자치단체가 그 임직원의 임면에 관여하며, 해산의 자유도 제한되는 등 그 조직·운영·관리의 면에서 사법인과는 다른 특성이 있는 것이 사실이다. 그러나 오늘날 공법과 사법의 구별이 애매하게

---

4) 대판 86.12.4, 86마879(공 87, 352).
5) 대판 90.12.11, 90다9414(공 91, 463).
6) 대판(전) 96.2.15, 94다31235(집 44-1, 157); 대판 96.8.23, 96누3951(공 96하, 2894).
7) 대판 71.6.8, 71다631(집 19-2, 99); 대판 74.12.24, 73다1653(공 75, 8273).
8) 대판 78.10.10, 78누111(공 79, 11487); 대판 93.6.29, 92누14168(공 93, 2180).
9) 대판 73.5.30, 72다2283(집 21-2, 29); 대판 79.12.11, 79다1487(공 80, 12487).
10) 대판 97.8.22, 97다13023(공 97, 2800).
11) 대판 82.12.28, 82다카779(공 83, 361).
12) 대판 78.10.10, 78다1246(공 79, 11523); 대판 88.10.25, 86다카115(공 88, 1466).
13) 대판 82.3.9, 80다2545(공 82, 423).
14) 대판 95.7.25, 95다14404(공 95, 2949).
15) 대결 86.12.4, 86마879(공 87, 352).

되고 공법인과 사법인의 중간적 성격을 갖는 노동조합·협동조합 등과 같은
중간적 법인이 출현함에 따라 공법인과 사법인의 구별은 사실상 곤란한 경우
가 많다. 또 공법인이라 하더라도 그 법인이 하는 행위 전부가 공법적 관계에
해당하는 것은 아니고 그 행위의 내용과 방법, 특별규정의 유무에 따라 공법관
계인지 사법관계인지가 결정되는 것이므로,[16) 공법인과 사법인을 구별할 실익
도 거의 없다. 예를 들어 농지개량조합은 공법인으로서 농지개량조합과 그 직
원과의 관계는 사법상 근로계약관계가 아니고 특별권력관계인 공법상의 권리
관계이지만,[17) 농지개량조합이 농지개량사업에 제공하지 않는 공유수면 매립
지를 분배하는 행위는 사법상의 법률행위에 속한다.[18) 이에 반해 한국조폐공
사는 공법인이지만 그 공사 직원의 근무관계는 사법관계에 속하고 그 직원의
파면행위도 행정행위가 아니고 사법상의 행위이다.[19)

　　(내 특수법인은 또 사단법인, 재단법인, 사단도 재단도 아닌 법인으로 나
누어 볼 수도 있다. 학교법인 등은 재단법인이고, 각종 협동조합은 사단법인이
다. 한국은행($\binom{한국은}{행법 \S 2}$), 금융감독원($\binom{금융위원회의 설치}{등에 관한 법률 \S 24}$), 예금보험공사($\binom{예금자보}{호법 \S 4}$), 한국방
송광고공사($\binom{한국방송광}{고공사법 \S 2}$), 한국환경자원공사($\binom{한국환경자}{원공사법 \S 2}$) 등은 사단도 재단도 아닌
특수법인으로서 각 설치근거법률에 무자본특수법인이라고 규정되어 있다.[20)
어떤 특수법인을 사단법인으로 할 것인가 재단법인으로 할 것인가는 반드시
어떤 원칙이 있는 것은 아니고 국가의 입법정책의 문제이다.[21)

　　(대 전국에 하나밖에 없는 법인이 있는데 이를 단독법인이라고 부른다.
법률에 의하여 단독법인이 되는 경우도 있고 사실상 둘 이상의 법인체 설립을
허가하지 않아 단독법인으로 되는 경우도 있다. 단독법인은 대개 공법인이지
만 대한약사회나 대한한약사회($\binom{약사법}{\S\S 11, \ 12}$) 같은 것은 사법인이면서 단독법인이다.

---

16) 대판 82.3.9, 80다2545(공 82, 423).
17) 대판 77.7.26, 76다3022(공 77, 10240); 대판 95.6.9, 94누10870(공 95, 2401). 따라서
　　농지개량조합의 직원에 대한 징계처분의 취소를 구하는 소송은 행정소송사항에 속한다.
18) 대판 82.3.9, 80다2545(공 82, 423). 이 판결에 대한 평석으로 하태기, "농지개량조합의
　　그 사업실행으로 조성한 농지개량사업에 공하지 않는 매립농지분배행위의 성질", 해설 1,
　　1987, 91-101 참조.
19) 대판 78.4.25, 78다414(공 78, 10826). 구 공무원및사립학교교직원의료보험법에 의해
　　설립된 공무원및사립학교교직원의료보험관리공단과 그 직원의 근무관계도 공법관계가 아
　　니라 사법관계라고 한다. 대판 93.11.23, 93누15212(공 94, 209) 참조.
20) 이들은 정부가 자본을 출자하여 설립한 것이 아니라 법정 자본금 대신 특별한 업무를
　　기능적으로 수행하도록 권한을 부여한 것이 특징인데, 이처럼 법인격의 기초가 특정 기능
　　에만 있는 법인을 기능법인이라 한다. 김명식, 특수법인론, 2005, 47 참조.
21) 구주해(1), 793(정귀호).

단독법인은 회원자격을 가진 사람에게 가입을 강제하는 경우가 많다.

㈑ 특수법인을 그 추구하는 목적에 따라 공익법인, 준공익법인, 중간적 법인으로도 나눌 수 있다. 공익을 목적으로 하는 법인을 공익법인, 공익과 함께 구성원의 공동이익을 목적으로 하는 법인을 준공익법인이라 하고, 구성원의 공동이익만을 목적으로 하는 법인을 중간적 법인이라 한다. 영리 추구를 목적으로 하는 영리법인($\S_{39}$)은 상사회사의 형태로 설립될 수 있어 특별법에 따로 그 설립근거를 둘 필요가 없으므로, 특수법인으로서 순수한 영리법인은 찾아보기 어렵다.[22]

공익을 목적으로 하는 공익법인은 굳이 특별법에 의하지 않더라도 민법에 의해 법인이 될 수 있다. 그러나 경제 성장과 사회 발전에 따라 공익법인의 수가 증가하고 그 규모도 커지면서 민법상의 공익법인의 설립허가제, 감독관청에 의한 검사, 감독권, 설립허가의 취소 등의 규제만으로는 공익법인의 공익성을 유지시키기가 어려워지는 실정을 반영하여, 공익성이 강한 법인에 대하여 그 본래의 목적인 공익성을 유지하고 건전한 활동을 할 수 있도록 "공익법인의 설립·운영에 관한 법률"이라는 특별법이 1975.12.31. 제정되었다. 공익법인 §2는 재단법인이나 사단법인으로서 사회 일반의 이익에 이바지하기 위하여 학자금·장학금 또는 연구비의 보조나 지급, 학술, 자선에 관한 사업을 목적으로 하는 법인을 공익법인으로 규정하고, 정관의 기재사항, 주무관청의 설립허가 기준, 임원의 자격과 임원수 및 취임요건, 이사회의 운영, 감사의 직무와 권한, 법인재산의 관리, 주무관청의 감독과 감사와 벌칙 등에 관한 특별규정을 두어 강력한 규제조치를 마련하는 한편 조세감면 등 혜택도 부여하고 있다.

그러나 특정한 공익사업의 수행을 목적으로 하는 사단 또는 재단은 민법과 공익법인의 설립·운영에 관한 법률에 의해 규제하는 것만으로는 부족하여 특별법에 의한 특수법인으로서만 설립할 수 있도록 하고 있다.

한편 변호사회($\S\S_{78}^{64}$)나 상공회의소($\S_{2}^{\text{상공회의}}$) 등의 사단은 공익추구를 목적으로 하지만 동시에 각 회원의 지위향상을 도모하고 있는 단체들로서, 이러한 단체들의 사회적 활동이 공익에 미치는 영향을 고려하여 특별법으로 법인격을 부여하는 대신 그 활동이 공익에 적합하게 될 수 있도록 감독을 강화하고 특전을 부여하고 있는데, 이들은 준공익법인에 해당한다고 할 수 있다. 또 동종의 업무에 종사하는 사람이나 동일한 사회적 지위를 가진 사람 또는 동일한

---

22) 주석 총칙(2), 48(제4판/강일원).

사회·경제적 목적으로 결합된 사람들의 사단으로 그 추구하는 목적이 공익도
아니고 영리도 아닌 구성원 상호간의 상부상조에 의한 공통의 이익증진에 있
는 법인을 중간적 법인이라고 할 수 있는데, 그 대표적인 것이 각종 협동조합
과 노동조합이다. 그러나 준공익법인 중에서도 공익을 표방하면서도 구성원의
공동이익 증진에 실질적인 목적을 두는 법인이 많이 있는 반면, 중간적 법인을
민법상의 조합으로 놔두지 않고 특히 법인격을 부여하는 것도 결국은 그와 같
은 단체들이 공익에 미치는 영향을 고려한 것이므로, 준공익법인과 중간적 법
인을 구별하는 표준은 실제에 있어 명확한 것은 아니다.23)

　　(3) 특수법인의 특징

　　　　⑺ 특수법인은 이론적인 근거에 의해서가 아니라 당시의 사회·경제적
필요에 의해 설립되는 것이므로, 특수법인 전체를 통할하는 원리나 어떤 법인
이 어떤 형식으로 창출되어야 한다는 원칙은 있을 수 없다. 하지만 일반법인
이 법률의 규정에 따라 주무장관의 인가를 받아 설립되는 데 반하여, 특수법인
은 법률에 설립근거를 두고 별도의 인가 등 행정절차 없이 설치 근거법률에 따
라 법인격을 부여받는다는 것은 두드러진 특징이다. 특수법인은 국가적 필요에
따라 법률로 설치되기 때문에 법인의 활동을 보장하기 위하여 소요 재원은 물
론 인력이나 시설 등에 대한 국가나 지방자치단체의 지원 근거도 법률로 보장
된다.24) 이와 같이 국가 등으로부터 지원을 받는 대신 법인의 조직 구성이나 사
업계획 또는 예산·결산 내역 등에 관하여 일반법인보다 엄격한 감독을 받는다.

　　　　⑷ 특수법인은 특정한 공익적 목적 실현을 위하여 법률에 따라 설립되
지만, 국가 소송 행정기관과는 달리 독립된 인격을 가진 법인이므로 그 스스로
의사결정을 하고 경영상 책임을 지는 등 자율성을 갖는다. 설치 근거법률에 따
라 그 자율성의 정도에 차이가 있지만, 일반적으로 조직과 인사 및 예산에 있
어 상당한 범위의 자율권이 부여되고 있다.

　　　　⑸ 특수법인은 그 수가 많고 다양한데다가, 각 특수법인의 특성, 조직,
기관 등은 각 그 설치 근거법률에 상세히 규정되어 있다. 따라서 여기에서는
그러한 특수법인 중에서 자주 문제가 되는 학교법인, 사회복지법인, 향교재단,
의료법인 등 몇 개의 특수법인에 대해 살펴보기로 한다.

---

23) 주석 총칙(2), 50(제4판/강일원).
24) 김명식(주 20), 96.

## 2. 학교법인

### (1) 의의와 성격

학교법인은 사립학교만을 설치·경영할 목적으로 사립학교법에 따라 설립된 법인을 말한다($_{\S 2 (ii)}^{\text{사학}}$). 과거에는 재단법인이 사립학교를 설치·운영하였으나, 1963.6.26. 사립학교법의 제정과 함께 사립학교의 특수성에 비추어 그 자주성을 확보하고 공공성을 높임으로써 사립학교의 건전한 발달을 도모하기 위하여($_{\S 1}^{\text{사학}}$) 학교법인이라는 특수법인을 설치하게 되었다. 사립학교법이 제정되기 전에 사립학교를 운영하던 재단법인은 위 법 시행 후 6개월 안에 학교법인으로 조직을 개편하도록 하였다($_{\text{칙}\S 2}^{\text{사학 부}}$). 또한 사립학교 경영자로서 민법에 의한 재단법인은 조직을 변경하여 학교법인이 될 수 있다($_{\S 50}^{\text{사학}}$). 이처럼 학교법인의 기본적 성격은 재단이므로,[25] 학교법인은 그가 설치·경영하는 사립학교에 필요한 시설·설비와 그 학교의 경영에 필요한 재산을 갖추어야 하고($_{\S 5 I}^{\text{사학}}$), 민법의 재단법인에 관한 규정이 대부분 준용된다($_{\S 13}^{\text{사학}}$).

### (2) 설　　립

학교법인을 설립하고자 하는 사람이 일정한 재산을 출연하고 정관을 작성하여 교육부장관의 허가를 받아($_{\S 10}^{\text{사학}}$) 주된 사무소의 소재지에서 설립의 등기를 마치면 학교법인이 성립한다($_{\S 12}^{\text{사학}}$). 학교법인의 성립시기를 이처럼 설립등기를 마친 때로 규정하고 있는 것은 학교법인이라는 인격체의 발생 시기를 객관적으로 명확히 하여 법률관계의 혼란을 막기 위해서이다.[26]

학교법인의 설립에는 재단법인 설립에 관한 민법 규정이 준용되므로, 학교법인 설립을 위한 출연행위에는 증여와 유증에 관한 규정이 준용되며($_{47}^{\S}$), 생전처분으로 학교법인을 설립하는 때에는 출연재산은 학교법인이 설립된 때로부터 학교법인의 재산이 되고, 유언으로 학교법인을 설립하는 때에는 출연재산은 유언의 효력이 발생한 때로부터 학교법인에 귀속한 것으로 본다($_{48}^{\S}$). 한편 학교법인의 등기사항은 법률에 정해져 있고, 이를 등기한 후가 아니면 제3자에게 대항할 수 없다($_{\S 8}^{\text{사학}}$).

### (3) 기　　관

학교법인은 본질적으로 재단법인이기 때문에 사원총회는 없고 7명 이상의 이사로 구성된 이사회가 사학 §16 I에 규정된 중요사항을 심의·의결한

---

25) 정동호, "사립학교 정관의 비교연구", 한양대 법학논총 11, 1994, 166.
26) 이종국, 사립학교법축조해설, 1982, 113.

다. 이사회 의결사항은 필요적 의결사항이므로 이를 거치지 않은 법률행위는 무효로서 학교법인에 대하여 효력이 없다.²⁷⁾ 학교법인을 대표하는 이사장이라 할지라도 이사회의 심의·결정을 거쳐야 하는 중요사항에 관하여는 법률상 그 권한이 제한되어 이사회의 심의·결정 없이는 이를 대리하여 결정할 권한이 없다. 따라서 이사장이 이사회의 의결을 거치지 않고 한 학교법인의 기본재산 처분행위 등에 관하여는 §126의 표현대리에 관한 규정이 준용되지 않으며,²⁸⁾ 학교법인이 뒤에 그 의무부담행위를 추인하더라도 효력이 생기지 않는다.²⁹⁾

학교법인에는 이사 이외에 2명 이상의 감사를 두어야 하고($\binom{사학}{§14}$), 이러한 임원의 임면에는 일정한 결격사유($\binom{사학}{§22}$)와 외국인수의 제한·친족구성비의 제한($\binom{사학}{§21}$), 사립학교 교원의 겸직금지($\binom{사학}{§23}$) 등의 제한이 있어 학교법인의 자주성을 확보하고 개인의 사기업화를 막고 있다.

이사 중 1명은 정관이 정하는 바에 따라 이사장이 되며($\binom{사학}{§14 II}$), 이사장만이 학교법인을 대표한다($\binom{사학}{§19 I}$). 다른 이사는 이사회 결의나 이사장의 위임이 없는 한 대표권이나 특정사무를 처리할 권한이 없다($\binom{사학}{§19 III}$). 이사장만이 학교법인을 대표하므로 나머지 이사의 대표권 제한은 등기할 필요가 없다.³⁰⁾ 한편 일반이사가 권한 없이 대표권을 행사하여 제3자에게 손해를 입힌 경우에 학교법인은 본인으로서의 책임은 물론 사용자책임도 지지 않는다.³¹⁾

(4) 수익사업

학교법인은 그가 설치한 사립학교의 교육에 지장이 없는 범위 안에서 그 수익을 사립학교의 경영에 충당하기 위하여 수익을 목적으로 하는 사업을 할 수 있다($\binom{사학}{§6}$). 종래 학교를 운영하는 재단법인이 수익사업을 할 수 있는가에 관하여 논의가 있었으나, 사립학교법은 이를 명문으로 해결하였다. 학교법인이 수익사업을 할 때에는 그 사업의 종류와 자본금 및 사업 시기·기간 등 중요사

---

27) 다만 학교법인의 피용자가 그 업무집행에 관하여 이사회의 의결 없이 법률행위를 하여 다른 사람에게 손해를 가한 경우 학교법인이 그 사용자로서 손해배상책임을 부담할 수 있다. 대판 80.4.8, 79다1431(공 80, 12774); 대판 98.12.8, 98다44642(공 99, 107); 대판 16.6.9, 2014다64752(공 16하, 910).
28) 대판 83.12.27, 83다548(공 84, 257)
29) 대판 94.12.22, 94다12005(공 95, 622); 대판 00.9.5, 2000다2344(공 00, 2090); 대판 16.6.9, 2014다64752(공 16하, 910).
30) 대판 67.12.29, 67다1456(집 15-3, 446)은 이사회의 대표권 제한에 관한 사항을 필요적 등기사항으로 규정하고 있던 구 사학 §8 I (ix)가 무의미한 규정이라고 판시하였고, 위 규정은 1981.2.28. 법률개정을 통해 삭제되었다.
31) 대판 68.11.5, 67다1178(요집 특 I-2, 978).

항을 공고하여야 하며, 수익사업에 관한 회계를 사립학교의 경영에 관한 회계와 구분하여 별도회계로 경리하여야 한다. 수익사업이라고 하는 것은 교육과는 별도로 수익 자체를 목적으로 하는 사업을 의미한다. 그러므로 예컨대 학교법인이 설치한 의과대학의 부속병원에서 얻는 수익은 그 경영목적이 학교법인의 고유목적인 학교 자체의 유지라고 보아야 하므로 수익사업이라고 볼 수 없다.[32] 이러한 사업을 통하여 얻은 수익은 전적으로 본래의 사업목적 수행, 즉 교육과 관련된 시설의 확충·연구비 조성·장학금 지급 등을 위하여 충당되어야 한다.

### (5) 감    독

(가) 범    위    학교법인은 그가 경영하는 사립학교의 독립성과 교육용 재산의 확보를 위해 관할청으로부터 엄격한 감독을 받는다. 관할청은 법인의 업무와 회계를 보고받고 그 예산에 대하여 필요한 변경조치를 권고하는 $\left(\substack{사학 \\ \S 43}\right)$ 일반적 감독 외에, 이사의 취임을 승인하고 일정한 경우 그 승인을 취소할 수 있으며$\left(\substack{사학 \S\S 20, \\ 20-2}\right)$,[33] 임시이사를 선임하고$\left(\substack{사학 \\ \S 25}\right)$,[34] 예산의 시정을 지도하는 한편$\left(\substack{사학 \\ \S 31}\right)$, 수익사업의 정지를 명할 수 있다$\left(\substack{사학 \\ \S 46}\right)$. 또 교육부장관은 일정한 경우 정관을 보충하고$\left(\substack{사학 \\ \S 11}\right)$, 정관의 변경에 대한 시정·변경은 물론$\left(\substack{사학 \\ \S 45}\right)$, 법인 자체의 해산까지 명할 수 있다$\left(\substack{사학 \\ \S 47}\right)$.

학교법인은 이처럼 강력한 감독을 받는 대신 국가나 지방자치단체로부터 보조금을 받는 등 지원을 받을 수 있다$\left(\substack{사학 \\ \S 43}\right)$.

(나) 기본재산의 확보    사립학교법은 학교법인이 그 기본재산에 대하여 매도·증여·교환·용도변경하거나 담보로 제공하려고 할 때 또는 의무를 부담하거나 권리를 포기하려고 할 경우에는 관할청의 허가를 받아야 하고, 교지·교사$\left(\substack{강당을 \\ 포함한다}\right)$·체육장$\left(\substack{실내체육장 \\ 을 포함한다}\right)$·실습 또는 연구시설 등 학교교육에 직접 사용되는 재산은 이를 매도하거나 담보로 제공할 수 없도록 하고 있다$\left(\substack{사학 \S 28, \\ 사학령 \S 12}\right)$.

이는 학교법인의 기본재산을 확보하여 사립학교의 존립 및 목적수행에 필수적인 교육시설을 보전함으로써 사립학교의 건전한 발전을 도모하는 데 목적

---

32) 대판 70.12.22, 70누105(집 18-3, 행 107). 동지: 대판 71.11.23, 71다1513(정보, 이 판결에 대한 평석으로, 안명기, "의과대학부속병원의 수입에 대한 법인세부과처분의 효력", 월보 18, 1972, 100-102 참조).

33) 판례는 이를 재량행위라고 본다. 대판 71.4.28, 71누4(요집 특 Ⅰ-2, 997).

34) 학교법인의 임시이사 선임에 관하여는 민법 규정에 우선하여 사립학교법이 적용되므로, 사학 § 25에 따라 관할청에 그 선임을 청구하여야 하며 법원에 임시이사의 선임을 신청할 수 없다. 대결 86.12.4, 86마879(공 87, 352) 참조.

이 있는 강행규정이므로, 이에 위배되면 학교법인의 이사장이 형사 처벌될 수 있을 뿐만 아니라($\frac{사학}{\S73}$), 이 규정에 위반한 행위는 당연무효이다. 따라서 학교법인의 기본재산을 처분하기 위해서는 이사회의 결의와 관할관청의 허가를 반드시 받아야 하며 그 중 어느 하나라고 결여되면 그 처분행위가 학교법인의 의사에 기한 것이든 강제경매절차에 기한 것이든 무효가 된다.[35]

다만 학교법인이 매도하거나 담보로 제공할 수 없는 교지, 교사 등을 제외한 기본재산에 대하여는, 관할청의 허가를 받을 수 없는 사정이 확실하다고 인정되는 등의 특별한 사정이 없는 한 그 기본재산에 대한 압류는 허용된다.[36] 또 기본재산이 채권인 경우 이에 대한 압류는 가능하지만 관할청의 허가가 없는 이상 현금화를 명하는 추심명령을 발할 수는 없다.[37] 기본재산인 채권에 대하여 압류명령이 내려진 경우에도 피압류채권이 사립학교의 기본재산임이 밝혀지고 나아가 관할청의 허가를 받을 수 없는 사정이 확실하다고 인정되거나 관할청의 불허가가 있는 경우 그 채권은 사실상 압류 적격을 상실하게 되므로, 채무자는 그 결정에 대한 즉시항고를 하여 압류명령의 취소를 구하거나, 민집 §246 Ⅱ에 따라 압류명령의 전부 또는 일부의 취소를 신청할 수 있다.[38]

사학 §28에 따른 교육용 부동산의 매도나 담보제공의 무효는 그러한 사실을 알고 매도나 담보제공을 한 학교법인 경영자 스스로가 무효라고 주장하는 것도 허용되고 이것이 신의성실 원칙에 반하거나 권리남용에 해당한다고 할 수는 없다.[39] 그러나 학교가 해산되어 학교 자체가 형해화되어 사실상 교육용 부동산으로 사용되고 있지 않은 경우에는 위와 같이 매도나 담보제공을 무효라고 주장하는 것은 신의성실 원칙에 반하여 허용되지 않는다. 나아가 학교법인이 해산될 것을 예상하여 현재 교육용 부동산으로 사용되고 있는 토지에 대

---

35) 대판 94.1.25, 93다42993(공 94, 805); 대판 94.9.27, 93누22784(공 94, 2880).

36) 대판 03.5.16, 2002두3669(공 03, 1340); 대결 04.9.8, 2004마408(정보).

37) 윤경, "학교법인 기본재산에 대한 압류 및 추심명령", 쥬리스트 387, 2002, 58. 비록 추심명령으로 인하여 곧바로 채권 자체가 추심채권자에게 이전하는 것은 아니지만 추심이 완료되면 추심채권자로부터 이를 반환받는 것이 불가능한 경우가 많아 사실상 채권의 양도와 다를 바 없는 결과를 초래하여 사립학교의 재정 충실을 기하려는 사립학교법의 취지가 몰각될 위험이 있는 점, 그리고 위 법조항에 따르면 관할청의 허가가 없는 한 채권자가 사립학교의 기본재산인 채권으로 최종적인 만족을 얻는 것은 금지될 수밖에 없는데, 추심명령을 금지하지 아니한다면 채권자로서는 추심금 소송을 제기하여 승소하고서도 관할청의 허가를 받지 못하여 그 동안의 소송절차를 무위로 돌려야만 하는 결과가 될 수 있어 사회 전체적으로 보아도 소송경제에 반하는 점 등을 근거로 한다.

38) 대결 02.9.30, 2002마2209(집 50-2, 181).

39) 대판 97.3.14, 96다55693(공 97상, 1103); 대판 00.6.9, 99다70860(공 00하, 1624).

하여 체결한 매매계약도 학교법인의 해산이 불가능하지 않다면 무효가 아니라고 보아야 한다.[40] 판례도, 매매당사자들이 유치원부지에 대하여 유치원을 다른 곳으로 이전하거나 폐원함으로써 매매목적 토지 위에 유치원이 존재하지 아니할 것을 조건으로 매매계약을 체결한 경우 그 유치원의 이전이나 폐원이 불가능하지 않다면 그 매매계약은 유효하고,[41] 유치원의 폐원을 명시적 조건으로 양도한 것이 아니더라도 그 유치원부지 양도의 효력에 분쟁이 생겨 제소된 시점에 이미 유치원의 경영자의 신청에 따라 그 유치원이 폐원되어 그 유치원교육의 존립발전이 더 이상 저해당할 우려가 없다면 특단의 사정이 없는 한 양도계약의 당사자인 그 유치원 경영자가 사학 § 28를 내세워 그의 소유이던 유치원부지 양도의 효력을 부정하는 것은 신의칙의 정신에 비추어 허용될 수 없으며,[42] 이는 담보제공약정의 경우에 있어서도 마찬가지라고 한다.[43]

학교법인의 기본재산은 ① 모든 부동산, ② 정관 및 이사회의 결의에 의하여 기본재산에 편입된 재산, ③ 학교법인에 속하는 회계의 매년도 세계잉여금 중 적립금을 말하고, 그 이외의 재산은 보통재산이라 한다($\substack{\text{사학령} \\ \S 5}$). 학교법인 소유의 부동산은 정관상 기본재산으로 기재되어 있지 않고 그 부동산을 기본재산으로 편입시키기로 하는 이사회의 결의가 없었거나 그 부동산의 취득에 관한 주무관청의 인가가 없었다고 하더라도 당연히 학교법인의 기본재산이 된다.[44]

또 학교법인에 신탁된 재산이라 하더라도 그 재산이 학교법인의 기본재산에 편입되었으면 신탁자로서는 신탁을 해지함에 있어 관할청의 허가를 받아야 한다.[45] 이 때 명의신탁자가 명의신탁을 해지한 경우에는 명의수탁자인 학교법인으로서는 관할청에 대하여 명의신탁 부동산 반환에 관하여 관할청의 허가를 신청할 의무를 부담하고, 명의수탁자가 이러한 의무를 이행하지 않는 경우에는 명의신탁자로서는 § 389 Ⅱ에 의하여 허가신청의 의사표시에 갈음하

---

40) 배병일, "사립대학 소유 부동산에 관한 법적 문제점", 교육법학연구 15-1, 2008, 191.
41) 대판 97.5.28, 97다10857(공 97하, 1985).
42) 대판 02.9.27, 2002다29152(공 02, 2564).
43) 대판 07.9.7, 2005다50690(정보).
44) 대판 94.12.22, 94다12005(공 95, 622).
45) 대판 83.11.8, 83다549(공 84, 24). 이와 같이 실질적인 소유자에게 그 명의를 돌려주는 것에 지나지 아니하여 학교법인의 실질적인 기본재산에는 아무런 영향이 없는 명의신탁 해지의 경우에는, 그 대상이 형식상으로는 명의수탁자인 학교법인의 기본재산이라고 할지라도, 교육에 직접 사용하는 교사 및 학교용지 등의 매도 또는 담보제공을 금지하는 사학 § 28 Ⅱ 및 사학령 § 12 Ⅰ의 적용이 없다. 대판 99.3.12, 98다12669(공 99, 652) 참조.

는 재판을 청구할 수 있다.[46] 명의신탁자가 그러한 의사표시에 갈음하는 확정 판결을 받아 그 판결정본이나 등본을 관할청에 제출한 경우에는 민집 § 263에 의하여 그 학교법인이 직접 처분허가신청을 한 것으로 의제되므로, 관할청으로서는 학교법인 내부의 적법한 의사형성 여부를 심사하기 위한 자료인 사학령 § 11 I (iii) 소정의 이사회회의록 사본이 제출되지 아니하였다는 이유로 그 허가를 거부할 수 없다.[47] 한편 학교법인이 명의신탁한 부동산을 매도하면서 학교법인이 이를 취득하여 매수인에게 직접 소유권을 이전하기로 하는 매매계약을 체결한 경우에도 감독청의 허가를 받아야 한다.[48]

부동산 실권리자명의 등기에 관한 법률이 시행된 후 판례는, 학교법인이 명의신탁약정에 기하여 명의수탁자로서 기본재산에 관한 등기를 마침으로써 관할청이 기본재산 처분에 관하여 허가권을 갖게 된다고 하더라도, 위 관할청의 허가권은 위와 같은 목적 달성을 위하여 관할청에게 주어진 행정상 권한에 불과한 것이어서 위 관할청을 명의수탁자인 학교법인이 물권자임을 기초로 학교법인과 사이에 직접 새로운 이해관계를 맺은 자라고 볼 수 없으므로, 부실명 § 4 III에서 규정하는 제3자에 해당한다고 할 수 없고, 나아가 부동산 실권리자명의 등기에 관한 법률 소정의 유예기간 내에 실명등기 등을 하지 아니함으로써 종전의 명의신탁약정 및 그에 따른 등기에 의한 부동산의 물권변동이 무효가 되는 경우 명의신탁자는 명의수탁자를 상대로 원인무효를 이유로 직접 또는 대위하여 등기 말소를 구할 수 있고, 명의신탁자 명의로 소유권을 표상하는 등기가 되어 있었거나 명의신탁자가 법률에 의하여 소유권을 취득한 진정한 소유자라는 사정이 있다면 등기명의를 회복하기 위한 방법으로 진정명의회복을 원인으로 한 소유권이전등기절차이행을 구할 수도 있는바, 명의신탁자가 학교법인의 기본재산으로 등기되어 있는 부동산에 관하여 그와 같은 이유로 등기 말소 또는 진정명의회복을 원인으로 한 소유권이전등기절차이행을 구하는 경우에 이를 사학 § 28 I에서 규정하고 있는 학교법인의 기본재산 처분행위가 있는 경우라고 볼 수 없으므로 관할청 허가가 필요하다고 할 수 없다고 보고 있다.[49]

기본재산에 대한 처분허가가 있으면 그 처분가격 등은 학교법인이 그 재

---

46) 대판 95.5.9, 93다62478(공 95, 2076).
47) 대판 97.12.26, 97누14538(공 98, 427).
48) 대판 99.10.22, 97다52400(공 99하, 2399).
49) 대판 13.8.22, 2013다31403(공 13하, 1696).

량으로 결정할 수 있고,[50] 기본재산을 담보로 제공하여 빚을 낼 수 있는 허가
가 있을 때에는 그 허가된 기간 및 금액 한도 안에서 다른 사람의 기존채무를
위해 담보로 제공하고 연대보증하거나 채무인수를 하는 것도 허용되며,[51] 한
번 담보제공이 허가되어 담보권이 설정되면 그 실행에 있어 따로 허가를 받을
필요는 없다.[52]

　　한편 비록 정관에 일정한 규모 이하의 기본재산 처분행위는 관할청의 허
가 없이 처분할 수 있다는 규정이 있고, 이러한 정관이 사학 §10 Ⅰ에 따라
관할청의 허가를 받은 것이라 할지라도, 이로써 강행규정인 사학 §28의 적용
이 배제된다고 볼 수 없다. 또한 기본재산의 처분과 관련된 내용이 포함된 학
교법인의 당해 회계연도 예산이 사학 §31에 따라 관할청에 제출되었고 관할
청이 그 예산에 관하여 시정을 요구한 바 없다 하더라도 관할청의 학교법인
예산에 대한 시정요구권은 사학 §28 소정의 학교법인 재산관리 허가권과는
그 목적을 달리하는 별개의 권한이므로 그 재산의 처분행위에 대하여 관할청의
허가가 필요 없다거나 이미 허가 받은 것으로 보아야 한다고 해석할 수 없다.[53]

　　학교법인의 기본재산 처분에 대하여 관할청의 허가를 받기 위하여는 이사
회의 의결이 선행되어야 하는데, 만약 이사회의 의결 없이 위조된 회의록 등
에 의해 관할청의 허가가 있었다면 이러한 허가처분은 중대하고 명백한 하자
가 있어 당연무효이고, 후에 학교법인 이사회가 위 재산 처분행위를 추인하는
의결을 하더라도 무효인 허가처분의 하자가 치유될 수 없다.[54] 하지만 반드시
기본재산의 매매 등 계약 성립 전에 감독청의 허가를 받아야만 하는 것은 아
니고, 매매 등 계약 성립 후에라도 감독청의 허가를 받으면 그 매매 등 계약이
유효하게 되고, 매수인은 감독청의 허가를 조건으로 그 부동산에 관한 소유권

---

50) 대판 69.10.14, 69도1420(집 17-3, 57). 다만 학교법인의 이사장이 학교법인 소유의 토
　　지를 매도함에 있어서 그 매수인이 그 매매목적물인 부동산을 매수 즉시 그 매매가격보다
　　월등하게 높은 가격으로 전매할 것임을 알면서도 이를 확실하게 예측되는 전매가격보다
　　현저한 저가로 매도하였다면, 이는 그 임무에 위배되는 배임행위로서 본인인 학교법인에
　　게 손해를 가하였다고 보지 아니할 수 없고 위의 저가매도에 관하여 재산처분에 관한 결
　　정권을 가진 학교법인의 이사회의 결의가 있었다거나 그것이 감독청의 허가조건에 위배되
　　지 아니한다는 사유만으로는 그 배임행위를 정당화 할 수 없다고 한다. 대판 90.6.8, 89도
　　1417(공 90, 1494) 참조.
51) 대판 75.5.27, 75다45(공 75, 8513).
52) 대결 66.2.8, 65마1166(요집 민 Ⅲ-2, 1219).
53) 대판 77.12.27, 77다511, 584(공 78, 10560); 대판 87.4.28, 86다카2534(공 87, 887).
54) 대판(전) 84.2.28, 81누275(공 84, 607). 이 판결에 대한 평석으로 이강국, "행정행위의
　　하자의 치유", 해설 3, 1988, 159-166 참조.

이전등기절차의 이행을 청구할 수 있다.[55]

사학 §28의 규정취지에 비추어 볼 때 관할청의 허가를 받아야 하는 의무의 부담이나 권리의 포기는 기본재산과 관련된 권리·의무에 한하는 것이라고 볼 수 없다.[56] 다만 사학 §28에서 말하는 의무부담에 해당하는가 여부는 그 법규정의 목적과 대조하여 구체적으로 결정되어야 하고, 학교법인의 행위에 의하여 발생하는 모든 의무가 일률적으로 관할청의 허가를 받아야 하는 의무부담행위에 해당한다고 단정할 수는 없다.[57] 그런데 일반적으로 학교법인이 다른 사람으로부터 금전을 차용하는 행위는 학교 운영상 통상적인 거래행위가 아니고, 그로 인하여 학교법인은 일방적인 의무부담의 대가로 소비에 용이한 금전을 취득하는 결과가 되어 이를 감독하지 않으면 학교재산의 원활한 유지·보호를 기할 수 없음이 분명하므로, 그 차용액수의 과다·변제기간의 장단·예산 편성의 범위 내인지 여부에 관계없이 사학 §28에 의해 관할청의 허가를 받아야 할 의무부담행위에 해당한다.[58]

수익사업에 관해서는 따로 엄격한 통제를 받고 있으므로 수익사업에 당연히 수반되는 통상경비에 관련된 수표보증 등은 이미 승인 받은 수익사업 예산안에 포함되어 따로 허가를 받을 필요가 없다.[59] 또 학교법인이 사건처리를 위임한 변호사에 대한 보수 같은 것도 당연히 지급하여야 할 것이므로 위 법규정의 입법취지에 비추어 이러한 것까지 감독청의 허가를 얻어야 하는 것은 아니다.[60]

학교법인의 기본재산에 속하지 않는 재산이라 할지라도 학교법인의 재산 가운데 당해 학교법인이 설치·경영하는 사립학교의 교육에 직접 사용되는 교지 등 교육용 재산은 어떠한 경우에도 매도되거나 담보에 제공될 수 없다($_{§28\ II}^{사학}$). 사학 §28 II의 취지는 그 교육용 재산이 매매계약의 목적물이 될 수 없다는 데 그치는 것이 아니고 매매로 인한 소유권이전 가능성을 전부 배제하

55) 대판 98.7.24, 96다27988(집 46-2, 23). 이 판결에 대한 평석으로 윤인태, "사립학교법 제28조 소정의 허가를 조건으로 하는 소유권이전등기청구의 허용 여부", 판례연구 11, 부산판례연구회, 2000, 171-202 참조.
56) 대판 77.12.27, 77다511, 584(공 78, 10560).
57) 대판 78.5.23, 78다166(공 78, 10964); 대판 87.4.28, 86다카2534(공 87, 887); 대판 98.12.8, 98다44642(공 99상, 107); 대판 00.9.5, 2000다2344(공 00하, 2090) 등.
58) 대판 87.4.28, 86다카2534(공 87, 887); 대판 98.12.8, 98다44642(공 99상, 107); 대판 16.6.9, 2014다64752(공 16하, 910).
59) 대판 77.10.11, 77다1357(공 77, 10359).
60) 대판 78.5.23, 78다166(공 78, 10964).

는 것으로서 강제경매절차에 의한 매도금지는 물론 국세징수법상 체납처분절차에 의한 압류와 매도도 금지하는 것이다.[61] 사립학교 경영자가 사립학교의 교지 등으로 사용하기 위하여 출연·편입시킨 토지나 건물이 등기부상 학교경영자 개인 명의로 있는 경우에도 위 규정이 적용되어 그 토지나 건물에 관하여 마쳐진 근저당권설정등기는 무효이고,[62] 그 토지나 건물은 가압류의 목적대상도 될 수 없다.[63] 이러한 교육용 재산에 대하여는 설사 관할청의 처분허가가 있어도 그 허가는 효력이 없으나,[64] 교육용 재산으로 지정되기 전에 이루어진 압류나 담보권 설정은 유효하다.[65] 나아가 판례는 국가 또는 지방자치단체 등이 공공사업의 시행을 위하여 관계 법령에 따라 사인의 재산권을 강제로 취득하고 그에 대하여 손실보상을 하는 공용수용으로 인한 소유권 변동은 학교법인의 처분행위에 의한 것이 아님이 명백하므로, 공용수용으로 인한 소유권 변동은 사학 § 28 Ⅱ, 사학령 § 12 Ⅰ에서 금지하는 처분행위에 포함되지 않는다고 본다.[66]

또 학교법인의 기본재산에 대하여 시효기간 완성으로 학교법인이 기본재산의 소유권을 원시적으로 잃게 되는 경우에 있어서는 감독청의 규제에서 벗어나므로 감독청의 허가가 필요하지 않다.[67]

### (6) 해산과 합병

학교법인의 해산이나 합병에는 교육부장관의 인가가 필요하다($\substack{\text{사학} \\ \S 34}$). 이때 인가는 다른 사람의 법률적 행위의 효력을 보충하여 이를 완성시키는 보충적 행정행위에 지나지 않으므로, 기본적 행위인 학교법인 이사회의 해산결의가 성립하지 않거나 무효인 때에는 문교부장관의 인가를 받았더라도 그 해산결의가 유효하게 되는 것은 아니며 인가도 무효로 된다.[68]

학교법인이 해산하는 경우 잔여재산의 처분에 관해 정관의 규정이 없으면

---

61) 대결 72.4.14, 72마330(집 20-1, 206); 대결 72.4.27, 72마328(집 20-1, 251); 대판 96.11.15, 96누4947(공 97상, 121).
62) 대판 97.3.14, 96다55693(공 97상, 1103).
63) 대판 04.9.13, 2004다22643(정보). 이 판결에 대한 평석으로 이창형, "사립학교 교육에 직접 제공되는 유치원의 원지·원사가 가압류의 목적대상이 될 수 있는지 여부", 해설 52, 2005, 93-105 참조. 동지: 대결 11.4.4, 2010마1967(정보).
64) 대판 75.4.8, 75다357(요집 특 Ⅰ-2, 986).
65) 대판 69.2.25, 68다2196(집 17-1, 234).
66) 대판 11.2.24, 2010두21464(공 11상, 657).
67) 대판 78.7.11, 78다208(집 26-2, 185). 동지: 대판 91.8.27, 91다20364(공 91, 2436).
68) 대판 89.5.9, 87다카2407(집 37-2, 3).

국가나 지방자치단체에 귀속되고, 국가나 지방자치단체는 이를 다른 학교법인에게 양여·무상대부 또는 보조금으로 지급하거나 그 밖의 교육사업에 사용한다($^{사학}_{§35}$). 잔여재산의 처분에 대하여 이처럼 특칙을 두고 있는 이유는 학교법인의 재산이 이미 교육사업의 목적을 위하여 출연된 재산이며, 학부형이나 졸업생 등의 기부와 국가·지방자치단체의 보조 등에 의해 형성된 재산도 포함되어 있으므로, 이를 사인의 소유에 귀속시키지 않고 영구히 교육사업을 위해서 사용함이 바람직하기 때문이다.[69]

한편 학교법인이 합병하면 잔존하는 법인이 소멸하는 법인의 권리·의무를 승계한다($^{사학}_{§40}$). 따라서 학교법인이 합병에 의해 해산하는 경우에는 청산절차를 필요로 하지 않는다.

## 3. 사회복지법인

### (1) 설    립

사회복지법인이란 사회복지사업법 §2에 규정된 사회복지사업, 즉 국민기초생활 보장법, 아동복지법, 노인복지법 등 각종 법률에 따른 보호·선도 또는 복지에 관한 사업과 사회복지상담, 직업지원, 무료 숙박, 지역사회복지, 의료복지, 재가복지, 사회복지관 운영, 정신질환자 및 한센병력자의 사회복귀에 관한 사업 등 각종 복지사업과 이와 관련된 자원봉사활동 및 복지시설의 운영 또는 지원을 목적으로 하는 사업을 할 목적으로 설립된 법인을 말한다($^{사회복지사}_{업법 § 2 (i)}$). 사회복지법인을 설립하려는 사람은 시·도지사의 허가[70]를 받아야 한다($^{사회}_{지사업}$ $^{법}_{§ 16 I}$).

사회복지법인은 사회복지사업의 운영에 필요한 재산을 소유하여야 한다는 점($^{사회복지사}_{업법 § 23 I}$)에서 그 본질이 원칙적으로 재단이라고 할 것이지만, 반드시 재단법인만이 사회복지법인이 될 수 있는 것은 아니다. 이미 사회복지사업법 제정 당시 부칙 § 2는 "이 법 시행 당시 민법 제32조의 규정에 의하여 설립허가된 사회사업을 목적으로 하는 재단법인과 사단법인 한국사회복지연합회는 이 법에 의하여 설립된 법인으로 본다."라고 규정하고 있었고, 현행 사회복지사업법 § 32도 법인에 관하여 동법에 규정된 것을 제외하고는 민법과 공익법인의 설

---

69) 이종국(주 26), 200.
70) 당초 보건복지부장관의 인가를 받도록 되어 있었으나, 2011.8.4. 법률개정을 통해 사회복지법인의 설치·운영에 관한 보건복지부장관의 사무가 시·도지사에게 이양되었다.

립·운영에 관한 법률을 준용하도록 하고 있다. 사회복지사업법에 의한 사회복지법인에 대한 규제는 대체로 학교법인에 대한 것과 유사하지만 비교적 소규모인 점에서 그 규제가 완화되어 있다.

### (2) 기  관

사회복지법인의 기관으로는 대표이사를 포함한 7명 이상의 이사와 2명 이상의 감사가 있어야 하는데, 이사의 구성에 있어 학교법인의 경우와 같이 친족과 외국인의 참여비율이 제한되어 있다(사회복지사업법 §18). 임시이사의 선임(사회복지사업법 §22-3), 수익사업(사회복지사업법 §28)에 관한 규정 등도 학교법인과 유사하다. 사회복지법인의 이사는 단순한 집행기관이 아니고 각자가 공익을 위해 독립적인 기관에 준하는 지위와 권한을 가지고 있고, 상호 견제와 균형을 통해 그 권한을 공익을 위해 적정하게 행사하여야 하는 고도의 공공성을 가지는 직책이다.[71]

### (3) 감  독

사회복지법인은 사회복지의 증진에 이바지함을 목적으로 하고 있으므로 그 기본재산을 유지·보전할 수 있도록 기본재산에 관하여 ① 매도·증여·교환·임대[72]·담보제공 또는 용도변경을 하려는 경우와 ② 일정 금액 이상을 1년 이상 장기차입하려는 경우에는 시·도지사의 허가를 받도록 하고 있다(사회복지사업법 §23). 이 규정은 사립학교법의 규정과 같이 강행규정이며 이에 위배된 행위는 무효라고 해석된다. 기본재산 처분과 관련된 시·도지사의 허가는 엄격하게 해석되어야 하므로, 사회복지법인의 기본재산에 관한 담보제공에 관하여 시·도지사로부터 허가를 받았다 하더라도, 그 허가가 강제경매절차에서 경락으로 인한 소유권이전을 위한 허가가 될 수 없다.[73] 또 사회복지법인이 시·도지사

---

71) 대판 08.7.10, 2007다78159(공 08하, 1149). 따라서 사회복지법인 이사회에 의한 새로운 이사 임명과 이사회에 의한 기존 이사의 해임은 사회복지법인의 핵심 기관인 이사회 구성원의 직접적인 변동을 초래하여 사회복지법인의 공익적 활동에 결정적인 영향을 미치게 되고, 해임된 이사가 해임의 실체적 사유를 원인으로 그 해임의 취소를 주장할 수 있는 근거 법령이 마련되어 있지도 아니하므로, 그 해임의 절차, 특히 이사회에 의한 기존 이사의 해임절차에는 사회복지사업법과 공익법인의 설립·운영에 관한 법률의 목적에 부합할 수 있도록 위 법률들과 당해 사회복지법인의 정관에서 정하는 절차가 엄격하게 적용되어, 공익을 대변하는 이사의 심의권을 적정하게 행사할 수 있도록 준비할 기회가 사전에 제공되어야 한다고 판시하였다.

72) 대판 15.10.15, 2015도9569(공 15하, 1723)는, 시·도지사의 허가사항으로 정하고 있는 '임대행위'는 민법에서 정한 바에 따라 차임을 지급받기로 하고 사회복지법인의 기본재산을 사용, 수익하게 하는 것을 의미하고, 차임의 지급 약정 없이 무상으로 기본재산을 사용, 수익하게 하는 경우는 이에 포함되지 않는다고 보았다.

73) 대판 77.9.13, 77다1476(공 77, 10295); 대결 03.9.26, 2002마4353(공 03하, 2293).

의 허가를 받아 토지 및 건물에 대하여 공동근저당권을 설정하였다가 건물을
철거하고 새 건물을 신축하여, §365의 '저당지상 건물에 대한 일괄경매청구
권'에 기하여 위 신축건물에 대한 경매가 진행된 경우에도 그 신축건물의 매각
에 관하여 별도로 시·도지사의 허가가 없다면 최고가매수신고인에 대한 매각
은 허가될 수 없다.74)

　　한편 사회복지법인은 사회복지사업법의 규제를 받는 외에 공익법인의 설
립·운영에 관한 법률의 규제를 받으므로, 그에 따라 이사회를 반드시 설치하
여야 하고(공익법인§5), 공익법인의 재산의 취득·처분과 관리에 관한 사항 등 일정
한 사항을 필요적으로 심의·결정하여야 한다(공익법인§7). 이와 같은 규정들은 공익
법인의 특수성을 고려하여 그 재산의 원활한 관리 및 유지 보호와 재정의 적
정을 기함으로써 공익법인의 건전한 발달을 도모하고 공익법인으로 하여금 그
본래의 목적사업에 충실하게 하려는 데 그 목적이 있으므로, 사회복지법인의
대표자가 이사회의 의결 없이 사회복지법인의 재산을 처분한 경우에 그 처분
행위는 효력이 없다고 보아야 한다.75)

　　이처럼 사회복지법인의 기본재산처분에 대하여는 엄격한 법적 규제가 따
르지만, 이러한 규제가 부동산 물권변동에 관한 민법상의 다른 규정의 적용보
다 우선하는 것은 아니다. 즉, 사회복지법인이 부동산을 취득하면서 주무장관
의 허가를 받고 정관에 기본재산으로 기재하였다 할지라도 법인 명의의 소유
권이전등기를 하기 전에는 법인 소유의 기본재산으로 볼 수 없고, 따라서 이
부동산을 제3자 명의로 신탁하는 것이 법인의 정관에 규정한 주무장관의 허
가나 정관변경 절차 없이 된 것이라는 이유로 무효라고 할 수 없다.76) 또 사회
복지법인의 기본재산이라 할지라도 그 소유 명의가 개인 앞으로 신탁되어 있
는 경우에 수탁자가 신탁계약에 위반하여 그 수탁재산을 다른 사람에게 양도
한 때에는 다른 특별한 사정이 없는 한 그 양도행위는 유효한 것이고 그 기본
재산의 처분에 관한 허가가 없다는 이유로 무효라고 할 수 없다.77)

74) 대결 07.6.18, 2005마1193(공 07, 1129). 이 판결에 대한 평석으로 문광섭, "사회복지법
　　인의 기본재산에 대한 경매와 보건복지부장관의 허가 및 민법 제365조의 저당지상 건물에
　　대한 일괄경매 등의 관계", 해설 67, 2008, 673-723 참조.
75) 대판 02.6.28, 2000다20090(공 02, 1764). 이 판결에 대한 평석으로 문용선, "사회복지
　　법인의 대표자가 이사회의 의결 없이 한 재산처분행위의 효력", 해설 40, 2002, 377-385
　　참조.
76) 대판 83.3.22, 82다카1039(공 83, 733).
77) 대판 79.4.24, 76다2795(공 79, 11935).

### (4) 해산과 합병

사회복지법인이 해산하는 때에는 그 잔여재산은 정관이 정하는 바에 따라 국가 또는 지방자치단체에 귀속된다. 국가 또는 지방자치단체에 귀속된 재산은 사회복지사업에 사용하거나 유사한 목적을 가진 법인에 무상으로 대부하거나 무상으로 사용·수익하게 할 수 있다($^{사회복지사}_{업법 \S 27}$).

사회복지법인은 시·도지사의 허가를 받아 다른 사회복지법인과 합병할 수 있고, 다만 주된 사무소가 서로 다른 시·도에 소재한 법인 간의 합병에는 보건복지부장관의 허가를 받아야 한다($^{사회복지사}_{업법 \S 30}$).

## 4. 향교재단법인

(1) 우리나라는 일반적으로 종교를 목적으로 하는 법인을 특수법인으로 하는 특별법은 제정하지 않고 있고, 민법상의 일반법인으로 설립될 수 있도록 하고 있는데, 각 종교 중 특히 전래된 재산을 많이 소유하고 있는 불교와 유교에 대해서만 주로 그 재산관리의 규제를 목적으로 하는 특별법이 제정되어 있다. 그리고 불교재산에 대해서는 그 관리단체의 법인화에 관하여는 민법에 맡기고 전통사찰의 보존 및 지원에 관한 법률에 따라 사찰재산의 관리·처분만을 감독하고 있는 반면($^{사찰에 관한 규제법률의 연혁과 내}_{용에 관하여는 "공동소유 후론" 참조}$), 유교재산에 대하여는 향교재산법에 따라 향교재단법인의 설립을 강제하고 있다. 다만 향교재단법인은 특수법인이기는 하지만 특별법에 의한 규제는 재산관리면에 치중되어 있고, 나머지 조직이나 운영 등의 문제는 일반 민법의 재단법인에 대한 규정에 맡겨져 있다. 2018년 기준으로 향교재단은 전국에 16개가 설립되어 있고, 그 아래에 234개의 향교가 속해 있다.[78]

(2) 1962.1.10. 향교재산법이 제정되기 전에는 1947.5. 공포된 향교재산관리에 관한 건($^{군정법령}_{제194호}$)에 따라 각 도에 재단법인 향교재단이 설립되었고 향교재산은 당해 향교재단에 귀속되었다. 이 군정법령에 의하면 향교재산의 처분이 제한되었는데, 향교재산으로부터 생기는 수입을 처분하는 데 관한 규정이 있었을 뿐이고 향교재산에 속하는 부동산의 처분을 허용하는 취지의 규정은 없었으므로, 위 과도정부법령이 시행되던 1948.5.17.부터 1962.1.10.까지 사이에는 향교재산에 속하는 부동산의 처분은 금지되어 있었다고 해석된다. 따라서 이 기간 동안 향교재단이 부동산을 처분하였다면 비록 그 처분 전에 감독

---

78) 문화체육관광부, 2018년 한국의 종교 현황, 2018. 12.

관청의 허가를 받았고 등기까지 완료하였다 할지라도 위 처분행위는 무효이다.[79]

(3) 향교를 유지하고 운영하기 위하여 조성된 동산과 부동산, 그 밖의 재산을 향교재산이라고 하는데($_{산법§2}^{향교재}$), 향교재산의 관리와 운영을 위하여 향교재산법 §3에 따라 특별시·광역시·도 및 특별자치도마다 재단법인을 설립하여야 한다. 향교재단은 향교재산법에 따라 각 문묘의 유지, 교육이나 그 밖의 교화사업의 실시, 유교의 진흥, 문화발전에 대한 기여를 목적으로 한다($_{산법§5}^{향교재}$). 향교재산은 향교재단에 귀속되고, 향교재단이 그 재산에 대한 사용·수익·처분의 실질적인 소유권능을 가진다.[80]

(4) 향교재산 중 토지와 건물 등 부동산과 향사기구를 기본재산이라 하고, 현금이나 그 밖의 동산은 유동재산이라 하는데($_{산법§3}^{향교재}$), 향교재산은 향교재산법에 따르지 아니하고는 매매, 양여, 교환, 담보제공, 그 밖의 처분을 할 수 없다($_{산법§4}^{향교재}$). 향교재단의 재산에서 생기는 수입은 성균관[81]과 문묘의 유지, 교육이나 그 밖의 문화사업의 수행 이외의 목적으로는 사용할 수 없다($_{산법§6}^{향교재}$).

(5) 향교재단의 이사 수는 7명 이상 15명 이하로 제한되고, 이사는 향교의 대표인 전교나 향교의 구성원으로 전교의 지휘를 받아 향교의 사무를 담당하는 장의, 또는 전교나 장의에 해당하였었던 사람으로서 유림을 대표할 수 있는 사람 중에서 선출하여야 한다($_{산법§7}^{향교재}$). 향교재단이 향교재산을 처분할 때에는 시·도지사의 허가를 받아야 한다($_{산법§8}^{향교재}$). 향교재단 소유로 등기된 대성전·

---

79) 대판 66.7.12, 66다572(집 14-2, 148); 대판 81.9.8, 81다532(공 81, 14336).

80) 대판 97.10.10, 97누4203(공 97, 3513)은 이러한 법리에 따라 향교재산에 대하여 종합토지세를 납부할 의무자는 향교가 아니라 향교재단이라고 판시하였다.

81) 성균관은 고려시대에 설립된 유교 경전의 교육 및 유교의식의 행사 기관이 수백 년 동안 이어져 내려와 오늘날에 이른 것으로서 대표기관으로 관장, 의결기관으로 성균관 총회가 있고 그 외 총무처, 예절연구위원회, 유교교육위원회, 예절학교 등의 기구와 부관장, 전의, 전학, 사의, 위 각 기구의 장 등 임원, 자문기구로서 원로회의 등을 두고 있다. 성균관 산하에는 각 지방별로 향교가 설립되어 있고, 개별 향교는 대표자인 전교와 전교의 지시를 받아 향교의 사무를 관장하는 장의, 유림총회 등의 기관을 갖춘 독립적인 단체이지만 성균관장이 전교와 장의의 임명권을 보유하고 있다. 이러한 성균관의 유지·관리를 위하여 재단법인 성균관이 1963.12.1. 설립되어 있다. 판례는 이와 같은 성균관과 재단법인 성균관의 설립 연혁과 경위, 성균관의 대표기관 등의 조직, 존립 목적과 활동 등 여러 사정에 비추어 볼 때 성균관은 재단법인 성균관의 설립 이전부터 이미 독자적인 존립 목적과 대표기관을 갖고 활동을 하는 등 법인 아닌 사단으로서의 실체를 가지고 존립하여 왔으므로 별도의 당사자능력이 인정되고 재단법인 성균관의 일부 기관에 불과하다고 볼 수는 없다고 판시하였다. 대판 04.11.12, 2002다46423(공 04, 2010); 대판 04.11.12, 2002다65899(정보) 참조.

명륜당·동서무·동서재·봉화루·고사 등 향교건물과 문묘단장 안의 대지는 저당권이나 그 밖의 물권의 실행을 위한 경우나 파산의 경우 외에는 그 등기 후에 생긴 사법상의 금전채권으로써 압류할 수 없다(향교재산법 §10, 향교재산법시행령 §3).

## 5. 의료법인

(1) 의료법 §33는 원칙적으로 영리를 목적으로 설립된 회사에게는 의료기관의 개설을 허용하지 않고 있고, 의료기관을 개설할 수 있는 의료법인은 비영리 재단법인의 형태로만 존재할 수 있다. 이와 같이 의료법인을 비영리단체로 제한하고 있는 것은, 국민의 생명·신체에 관한 권리와 보건권 등과 직결되는 의료행위는 국민을 위하여 실시되어야 하므로, 의료가 의료인 또는 의료기관의 사적인 영리에 좌우되는 것을 배제시키고자 하는 국민의 보편적 윤리의식에서 출발한다고 본다.[82]

의료기관 개설 자격을 제한하는 입법취지는 건전한 의료질서를 확립하고 영리 목적으로 의료기관을 개설할 경우 발생할지도 모르는 국민 건강상 위험을 미리 방지하는 데 있고, 또 이를 위반하여 의료기관을 개설하는 경우 형사처벌을 받을 뿐만 아니라 그에 따를 수 있는 국민보건상의 위험성에 비추어 사회통념상으로 도저히 용인될 수 없는 정도로 반사회성이 인정되는 점 등을 종합하면, 이러한 제한 규정은 강행법규에 해당하는 것으로서 이에 위반하여 이루어진 약정은 무효라고 보아야 한다.[83]

반면 의료업은 실제상 대가를 받아 수익을 얻고자 하는 목적으로 행하여지므로, 의료를 수단으로 공익사업을 행하는 경우가 아니면 의료사업을 행한다는 목적만으로는 민법상의 법인이 될 수 없다. 그러나 의료사업은 방대한 자금과 조직이 투입되는 사업이기 때문에 의료사업에 투입된 자금을 단순히 의료인 개인의 재산으로 취급하여 개인과 운명을 같이 하게 되면 영속성이 없을 뿐만 아니라 비의료인이 의료기관을 상속하면 그 투하자금이 무의미해지고 상

---

82) 백경희, "현행법상 의료법인의 비영리성과 문제점", 의료법학 8-2, 2007, 298. 또한 현실적으로도 의료법인이 영리성을 추구할 수 있도록 할 경우 의료보험이 미치지 아니한 영역에서 의료수가가 규제할 수 없을 정도로 상승할 우려가 있고, 우수 의료인의 영리법인에의 편중 현상과 의료수준의 격차가 발생할 수 있으며, 이로 인하여 저소득층의 의료보장과 상대적 박탈감이 발생하여 공익을 저해하게 될 것이라는 점도 현재까지 의료법상 의료법인의 비영리성을 규제하여 온 이유였다고 설명한다.

83) 대판 03.4.22, 2003다2390, 2406(공 03상, 1192); 대판 03.9.23, 2003두1493(정보); 대판 14.9.26, 14다30586(정보); 대판 16.12.27, 2013다48241(정보).

속세 등에 대한 부담 때문에 의료사업에 대한 투자가 원활하게 이루어질 수 없다. 또 의료인 다수가 집합체를 이루어 투자하거나 비의료인이 투자하는 경우에 이를 조합의 형식이나 단순한 금전대차로써 해결할 수밖에 없다면 극히 비능률적이다. 이러한 이유로 1973.2.16. 개정된 의료법은 의료사업을 위하여 투자된 재산에 법인격을 부여하여 의료인 개인과 구별할 수 있는 방안을 마련하였다. 위 법 시행 당시 병원을 개설한 학교법인·사회복지법인·대한적십자사 및 민법상의 재단법인은 의료법시행령(1973.9.20. 대통령령 제6863호) 부칙 Ⅱ에 따라 의료법인 설립절차를 거친 것으로 보며, 이들 법인에 대하여는 의료법인과 동일한 법적 지위가 부여된다.[84]

(2) 의료법인은 공중 또는 특정다수인을 위한 의료·조산 등 의료업을 목적으로 설립된 법인이다. 의료법인은 본질적으로 재단법인의 성격을 지니고 있으므로, 당해 법인이 개설하는 의료기관에 필요한 시설 또는 이에 소요되는 자금을 보유하고 있어야 하고(의료법 §48), 의료법에 있는 몇 개의 특칙 외에는 재단법인에 관한 민법의 규정이 그대로 준용된다(의료법 §50). 의료법인을 설립하고자 하는 자는 정관을 작성하여 주된 사무소의 소재지를 관할하는 시·도지사의 허가를 받아야 한다(의료법 §48).

의료법인이 재산을 처분하거나 정관을 변경하려면 시·도지사의 허가를 받아야 한다(의료법 §48 Ⅲ). 기본재산의 처분에만 한하지 않고 모든 재산 처분에 허가를 받아야 함을 주의하여야 한다. 이처럼 의료법인의 재산 처분을 제한하는 것은, 의료법인이 그 재산을 부당하게 감소시키는 것을 방지함으로써 항상 그 경영에 필요한 재산을 갖추고 있도록 하여 의료법인의 건전한 발전을 도모하여 의료의 적정을 기하고 국민건강을 보호 증진하게 하려는 데 그 목적이 있는 것이므로, 위 조항은 효력규정으로서 헌법상 평등의 원칙에 위배되는 것이라 할 수도 없다.[85] 하지만 사업영위 실적이 없다는 이유로 직권으로 폐업조치되고 법인설립허가가 취소되었으며 파산선고까지 받은 의료법인이 그 사용 부동산에 관한 강제경매절차에서 기본재산 처분에 관하여 주무관청으로부터 허가를

---

84) 대판 91.5.10, 90누4327(공 91, 1660).
85) 대판 93.7.16, 93다2094(공 93, 2288). 이 판결에서 대법원은 의료법인 소유의 부동산에 대하여 강제경매절차가 진행되어 그 경락대금이 감독관청의 허가에 의해 적법하게 설정된 근저당권자에게 전액 배당되어 근저당권이 소멸된 경우, 담보제공에 관해 감독관청의 허가를 받았을 경우 저당권의 실행으로 경락될 때 다시 그 허가를 받을 필요가 없는 것(대결 66.2.8, 65마1166(요집 민 Ⅲ-2, 1219) 참조)과 같은 이치로, 위와 같은 강제경매로 인한 경락의 경우에도 감독관청의 허가가 필요 없다고 판시하였다.

받아주어야 할 입장에 있음에도 불구하고 그 부동산을 낙찰받아 운영해 오고 있는 의료법인에 대하여 위 부동산에 관한 소유권이전등기가 주무관청의 허가 없이 이루어진 것이라는 이유로 그 말소를 구하는 것은 신의칙에 위배된다.[86) 한편 판례는, 의료법인이 허가받은 한도액을 초과하여 한 담보제공약정은 무효라고 하지 않을 수 없으나, 담보제공약정 중 일부가 위 조항에 따른 허가를 받은 범위를 초과하는 것이어서 무효라는 이유로 허가받은 나머지 담보제공약정 부분까지도 무효가 된다고 본다면 이는 의료법인으로 하여금 이미 허가받은 범위의 담보제공에 따른 피담보채무까지 상환할 수밖에 없도록 하여 결국 재산처분에 대한 허가제도를 통하여 거래당사자의 일방인 의료법인을 보호하고 건전한 발달을 도모하려는 위 조항의 취지에 명백히 반하는 결과를 초래하므로, 담보제공약정 중 일부가 무효라고 하더라도 이미 허가받은 나머지 부분의 담보제공약정까지 무효가 된다고 할 수는 없다고 판시하였다.[87)

　의료법인은 보건복지부장관 또는 시·도지사의 감독을 받고, 보건복지부장관 또는 시·도지사는 일정한 경우 그 설립 허가를 취소할 수 있다($\frac{의료법}{§51}$).

# II. 집합건물 관리단

## 1. 법적 성격

　1960년대 후반 이후의 경제발전과 인구의 도시집중으로 인하여 서울등 대도시에 아파트등 공동주택이 급격히 증가하는 추세에 대응할 필요가 있고, 이에 수반하여 고층건물의 소유와 이용 관계가 새로운 형태로 발전하고 있음에 반하여 이를 규율할 민법 및 부동산등기법 등 법령이 불비하여 구분소유권의 대상과 한계, 구분소유자 상호간의 법률관계, 구분소유권과 그 공동이용부분 및 그 대지에 대한 소유·이용관계가 불분명한 문제점 등을 개선하기 위하여 1984.4.10. 집합건물의소유및관리에관한법률($\frac{이하 '집합건물}{법'이라 한다}$)이 제정되었다.

　이 법은 1동의 건물 중 구조상 구분된 여러 개의 부분이 독립한 건물로서 사용될 수 있을 때 그 각 부분을 각각 소유권의 목적으로 할 수 있음을 규정하면서($\frac{집합건}{물법§1}$), 이러한 건물부분을 소유하는 구분소유자들의 건물 및 그 대지

---

86) 대판 05.9.30, 2003다63937(공 05하, 1687).
87) 대판 08.9.11, 2008다32501(정보).

와 부속시설의 관리에 관한 사항에 대하여 상세한 규정을 두고 있다.

그런데 이 법에 의하면 구분소유자들은 전원이 당연히 관리단이라는 사단을 구성하게 된다. 즉 건물에 대하여 구분소유 관계가 성립되면 구분소유자 전원을 구성원으로 하여 건물과 그 대지 및 부속시설의 관리에 관한 사업의 시행을 목적으로 하는 관리단이 설립된다($\frac{\text{집합건물법}}{\S 23 \text{ I}}$). 이와 같이 관리단은 어떠한 조직행위를 거쳐야 비로소 성립되는 단체가 아니라 구분소유관계가 성립하는 건물이 있는 경우 당연히 그 구분소유자 전원을 구성원으로 하여 성립되는 단체[88]라는 점이 특징이다. 집합건물법이 관리단의 당연설립을 인정한 것은 건물 등의 공동관리를 둘러싼 법률관계의 단순화, 효율화, 적정화를 도모하기 위한 것이라고 볼 수 있다. 한편 일부공용부분이 있는 경우 그 일부의 구분소유자는 규약으로 정하는 바에 따라 그 공용부분의 관리에 관한 사업의 시행을 목적으로 하는 관리단을 별도로 구성할 수 있다($\frac{\text{집합건물법}}{\S 23 \text{ II}}$). 일부공용부분의 관리단은 집합건물의 관리단과 별개의 단체로서 그 설립 여부는 해당 구분소유자들의 임의에 맡겨져 있고, 설립하더라도 관리단에 소속되는 관계에 있는 것은 아니다.

관리단은 구분소유자[89] 전원[90]을 구성원으로 하여 당연 성립하되 법인격이 부여되는 것은 아니므로 법인격 없는 사단이다.[91] 관리단에 대하여는 집합

---

88) 대판 02.12.27, 2002다45284(공 03, 506); 대판 05.11.10, 2003다45496(공 05, 1930); 대판 06.12.8, 2006다33340(정보). 나아가 구체적으로 집합건물의 분양이 개시되고 입주가 이루어져서 공동관리의 필요가 생긴 때로 보고, 그 당시의 미분양 전유부분의 구분소유자를 포함한 구분소유자 전원을 구성원으로 하는 관리단이 설립된다고 한다.

89) 대판 96.8.23, 94다27199(공 96, 2797)는 구분소유자로 구성되어 있는 단체로서 집합건물법 §23 Ⅰ의 취지에 부합하는 것이면 그 존립형식이나 명칭에 불구하고 관리단으로서의 역할을 수행할 수 있고, 구분소유자와 구분소유자가 아닌 자로 구성된 단체라 하더라도 구분소유자만으로 구성된 관리단의 성격을 겸유할 수도 있다고 한다. 이에 대한 평석으로 이광범, "상가관리규약상 업종제한조항의 효력", 민판연 19, 1997, 80-111 참조.

90) 대판 02.10.11, 2002다43851(공 02, 2720); 대판 05.9.9, 2003다17859(정보)는 집합건물인 상가의 구분소유자 일부만이 주주가 되어 설립한 주식회사가 그 상가를 관리하였다고 하더라도 상법상 회사에 불과하고 전체 구분소유자들을 구성원으로 하여야만 하는 집합건물법 소정의 집합건물 관리단 또는 관리인으로 볼 수 없다고 보았다.

91) 다수설이다. 구주해(1), 800(정귀호); 주석 물권(2), 240(제4판/김상근); 양경욱, "집합건물의 관리에 관한 법률상 제문제", 사법연구자료 14, 1987, 51; 이덕승, "아파트 입주자단체의 법적 성격", 재산법연구 15-1, 한국재산법학회, 1998, 55; 박종두, "관리단의 법적 지위에 관한 재검토", 집합건물법학 4, 2009, 68 등. 관리단이 조합에 해당한다는 견해로는, 손지열 · 김황식, "집합건물의 소유 및 관리에 관한 법률 · 부동산등기법해설", 법령편찬보급회, 1985, 52; 김용한, "집합건물법상의 관리단", 사행 282, 1984, 4. 한편 진상욱, "입주자대표회의의 법적 지위—공동주택관리법을 중심으로", 토지법학 31-2, 한국토지법학회, 2015, 33은, 구분소유자가 10인 이상인지 여부에 따라 개별적으로 판단하여야 한다고

건물법이 민법에 우선하여 적용된다.

한편 집합건물법과는 별도로 공동주택의 관리를 위하여 공동주택관리법[92] 이 제정·시행되고 있는데, 공동주택관리법은 의무관리대상 공동주택을 건설한 사업주체의 요구에 따라 입주자와 사용자는 자신들을 대표하여 관리에 관한 주요사항을 결정하기 위한 자치 의결기구로서 입주자대표회의를 구성하도록 정하고 있다(공동주택관리법 §§2 1 (viii), 11 1, Ⅱ). 공동주택관리법은 체계적·효율적·전문적인 공동주택의 관리를 목적으로 한 공법적 성격을 띤 법률이므로 집합건물법과는 규율하는 각도가 서로 다르고, 입주자대표회의가 관리단과 같이 법률에 의하여 당연히 성립하는 것은 아니라는 점에서 차이가 있다. 그러나 학설은 양자의 구체적인 법적 지위와 상호 관계에 대하여 입주자대표회의가 관리단의 집행기관[93] 또는 의결기관[94]이라거나, 공동주택의 경우 입주자대표회의가 관리단에 해당한다[95]고 보는 등 견해가 엇갈리고 있다.

관리단의 기구는 관리단집회라는 의결기관과 관리인이라는 대표 및 집행기관으로 구성된다. 관리단은 건물의 관리 및 사용에 관한 공동이익을 위하여 필요한 구분소유자의 권리와 의무를 선량한 관리자의 주의로 행사하거나 이행하여야 한다(집합건물법 §23-2).

## 2. 규약과 관리단집회

(1) 관리단집회는 관리단의 최고 의결기구이다. 관리단집회는 건물과 대지 또는 부속시설의 관리 또는 사용에 관한 구분소유자들 사이의 사항 중 집합건물법에서 규정하지 아니한 사항을 규약으로써 정할 수 있다(집합건물법 §28 1). 이 경우에 구분소유자 외의 자의 권리를 침해하지 못한다(집합건물법 §28 Ⅲ). 규약의 설정·변경 및 폐지는 관리단집회에서 구분소유자 및 의결권의 각 3/4 이상의 찬성을 얻어 행한다. 이 경우 규약의 설정·변경 및 폐지가 일부의 구분소유자의 권리

---

한다.

92) 기존의 주택법 중 공동주택 관리와 관련된 내용만을 분리하여 2015.8.11. 제정된 법률로서 2016.8.12.부터 시행되었다. 그 하위법령으로 공동주택관리법 시행령이 같은 날 제정되었고 공동주택관리법 시행규칙이 2016.8.12. 제정되었으며, 각 시행일자는 위 법률과 같다.

93) 박태신, "관리단과 입주자대표회의의 관계에 있어서 그 법률적인 문제점과 그 개선방향에 관한 연구", 홍익법학 9-2, 2008, 85.

94) 김봉채, "관리단과 입주자대표회의의 관계", 집합건물법학 7, 한국집합건물법학회, 2011, 51.

95) 윤재윤, 건설분쟁관계법, 제6판, 2015, 361; 주석 물권(2), 243(제4판/김상근).

에 특별한 영향을 미칠 때에는 그 구분소유자의 승낙을 받아야 한다($\frac{집합건물법}{\S 29\ \text{I}}$). 규약은 관리인 또는 구분소유자나 그 대리인으로서 건물을 사용하고 있는 자 중 1인이 보관하여야 한다. 규약을 보관할 구분소유자나 그 대리인은 규약에 다른 규정이 없으면 관리단집회의 결의로써 정한다. 이해관계인은 규약을 보관하는 자에게 규약의 열람을 청구하거나 자기 비용으로 등본의 발급을 청구할 수 있다($\frac{집합건물}{법\ \S 30}$).

(2) 관리단은 구분소유자가 10인 이상일 때에는 관리인을 선임하여야 한다($\frac{집합건물법}{\S 24\ \text{I}}$). 관리단의 사무는 법 또는 규약으로 관리인에게 위임한 사항 외에는 관리단집회의 결의에 따라 수행한다($\frac{집합건물}{법\ \S 31}$).

(3) 관리단집회는 정기집회와 임시집회가 있는데, 관리인이 소집한다($\frac{집합건물법}{\S\S 32,\ 33\ \text{I}}$). 관리인은 구분소유자의 1/5 이상이 소집을 청구하는 경우에도 관리단집회를 소집하여야 한다($\frac{집합건물법}{\S 33\ \text{II}}$). 관리인이 없는 경우에는 구분소유자의 1/5 이상이 직접 관리단집회를 소집할 수 있다($\frac{집합건물법}{\S 33\ \text{IV}}$).

관리단집회를 소집하려면 관리단집회일 1주일 전에 회의의 목적사항을 구체적으로 밝혀 각 구분소유자에게 통지하여야 한다. 구분소유자가 관리인에게 따로 통지장소를 제출하였으면 그 장소로 발송하고, 제출하지 아니하였으면 구분소유자가 소유하는 전유부분이 있는 장소로 발송하는데, 건물 내의 적당한 장소에 게시함으로써 소집통지를 갈음할 수 있음을 규약으로 정할 수도 있다($\frac{집합건물}{법\ \S 34}$). 구분소유자 전원이 동의하면 소집절차를 생략할 수 있다($\frac{집합건물}{법\ \S 35}$). 각 구분소유자의 의결권은 집합건물법 § 12에 규정된 지분비율, 즉 원칙적으로 전유부분의 면적 비율에 따른다($\frac{집합건물법}{\S 37\ \text{I}}$). 관리단집회의 의사는 구분소유자의 과반수 및 의결권의 과반수로써 의결한다. 의결권은 서면이나 전자적 방법으로 또는 대리인을 통하여 행사할 수 있다($\frac{집합건물법}{\S 38\ \text{I},\ \text{II}}$). 구분소유자의 승낙을 받아 전유부분을 점유하는 자는 집회의 목적사항에 관하여 이해관계가 있는 경우에는 집회에 출석하여 의견을 진술할 수 있다($\frac{집합건물}{법\ \S 40}$). 또 구분소유자의 4/5 이상 및 의결권의 4/5 이상이 서면이나 전자적 방법 또는 서면과 전자적 방법으로 합의하면 관리단집회에서 결의한 것으로 본다($\frac{집합건물법}{\S 41\ \text{I}}$).[96]

(4) 관리규약 및 관리단집회의 결의는 구분소유자의 특별승계인에 대하여

---

96) 대판 06.12.8, 2006다33340(정보)은, 집합건물의 분양계약서에 건축주를 집합건물의 관리인으로 한다는 내용이 포함된 사안에서 수분양자들로 구성된 관리단집회의 관리인선임결의에 갈음하는 서면결의가 있다고 판시하였다.

도 효력이 있고, 또 구분소유자 아닌 단순한 점유자도 구분소유자가 건물이나 대지 또는 부속시설의 사용과 관련하여 규약 또는 관리단집회의 결의에 따라 부담하는 의무와 동일한 의무를 진다(집합건물법 §42).

### 3. 관 리 인

　관리단은 구분소유자가 10인 이상일 때 관리단을 대표하고 관리단의 사무를 집행할 관리인을 선임하여야 한다. 관리인은 구분소유자일 필요가 없으며, 그 임기는 2년의 범위에서 규약으로 정한다. 관리인은 관리단집회의 결의로 선임되거나 해임되는데, 다만 규약으로 관리위원회의 결의로 선임되거나 해임되도록 정한 경우에는 그에 따른다(집합건물법 §24).

　관리인은 공용부분의 보존행위, 공용부분의 관리 및 변경에 관한 관리단집회 결의를 집행하는 행위, 관리단의 사무 집행을 위한 비용과 분담금을 각 구분소유자에게 청구·수령하는 행위 및 그 금원을 관리하는 행위를 할 권한과 의무가 있다. 또 관리단의 사업 시행과 관련하여 관리단을 대표하여 하는 재판상 또는 재판 외의 행위를 할 수 있다. 관리인의 대표권은 제한할 수 있으나, 이로써 선의의 제3자에게 대항할 수 없다(집합건물법 §25). 관리인은 일정한 경우 주식회사 등의 외부감사에 관한 법률 §2 (vii)에 따른 감사인의 회계감사를 받아야 하고, 그 회계감사의 결과를 구분소유자 및 그의 승낙을 받아 전유부분을 점유하는 자에게 보고해야 한다(집합건물법 §26-2).

　한편 관리인의 사무집행을 감독하기 위하여 관리단에는 규약으로 정하는 바에 따라 관리위원회를 둘 수 있다. 관리위원회를 둔 경우 관리인은 집합건물법 §25 Ⅰ에서 정한 행위를 하려면 관리위원회의 결의를 거쳐야 한다(집합건물법 §26-3). 관리위원회의 위원은 구분소유자 중에서 관리단집회의 결의에 의하여 선출한다(집합건물법 §26-4).

### 4. 관리단의 채무에 대한 책임

　관리단과 거래하는 제3자를 보호하기 위하여 집합건물법은 특칙을 두고 있다. 즉, 관리단이 그의 재산으로 채무를 전부 변제할 수 없는 경우에는 구분소유자는 집합건물법 §12의 지분비율에 따라 관리단의 채무를 변제할 책임을 진다. 다만, 규약으로써 그 부담비율을 달리 정할 수 있다. 구분소유자의 특별승계인은 승계 전에 발생한 관리단의 채무에 관하여도 책임을 진다(집합건물법 §27).

**5. 단지관리단**

한 단지에 여러 동의 건물이 있고 그 단지 내의 토지 또는 부속시설(이들에 관한 권리를 폼)이 그 건물 소유자(전유부분이 있는 건물에서는 구분소유자를 말한다)의 공동소유에 속하는 경우에는 이들 소유자는 그 단지 내의 토지 또는 부속시설을 관리하기 위한 단체를 구성하여 법에서 정하는 바에 따라 집회를 개최하고 규약을 정하며 관리인을 둘 수 있다(집합건물법 §51 Ⅰ). 이와 같이 구성된 관리단을 단지관리단이라 하는데, 이는 법률에 의하여 당연히 성립하는 사단은 아니다. 단지관리단은 단지관리단의 구성원이 속하는 각 관리단의 사업의 전부 또는 일부를 그 사업 목적으로 할 수 있다. 이 경우 각 관리단의 구성원의 3/4 이상 및 의결권의 3/4 이상에 의한 관리단집회의 결의가 있어야 한다(집합건물법 §51 Ⅲ).

한 단지에 여러 동의 건물이 있고 단지 내의 토지 또는 부속시설(이들에 관한 권리를 포함)이 그 건물 소유자(전유부분이 있는 건물에서는 구분소유자를 말한다) 중 일부의 공동소유에 속하는 경우에는 이들 소유자는 그 단지 내의 토지 또는 부속시설을 관리하기 위한 단체를 구성하여 법에서 정하는 바에 따라 집회를 개최하고 규약을 정하며 관리인을 둘 수도 있다(집합건물법 §51 Ⅱ). 단지관리단의 경우에도 관리단의 의무, 관리인의 선임·권한·의무, 관리위원회의 설치·운영, 관리단의 채무에 대한 구분소유자의 책임, 규약 및 관리단집회에 관한 규정(집합건물법 §§3, 23-2, 24~26, 26-2, 26-3, 26-4, 27~42, 42-2)이 그대로 준용된다(집합건물법 §52).

## Ⅲ. 재건축조합

### 1. 재건축사업의 개념

종래 우리나라 재건축사업은 집합건물의 소유 및 관리에 관한 법률(이하 '집합건물법'이라 한다)과 주택건설촉진법(이하 '주촉법'이라 한다)에 의하여 규율되어 왔다. 집합건물법에 의하면 재건축이라 함은 "건물 건축 후 상당한 기간이 지나 건물이 훼손되거나 일부 멸실되거나 그 밖의 사정으로 건물 가격에 비하여 지나치게 많은 수리비·복구비나 관리비용이 드는 경우 또는 부근 토지의 이용 상황의 변화나 그 밖의 사정으로 건물을 재건축하면 재건축에 드는 비용에 비하여 현저하게 효용이 증가하게 되는 경우에 그 건물을 철거하고 그 대지 위에 구분소유권의 목적이 될 새 건물을 건축하는 것”을 말한다($\substack{집합건물법 \\ §47 \ I \ 참조}$). 주촉법에 의하면 재건축
사업은 “노후·불량한 주택을 철거하고 그 철거한 대지위에 주택을 건설하기
위하여 기존주택의 소유자가 설립한 재건축조합[97])이 시행하는 주택건설사업”
이라고 정의할 수 있다($\substack{주촉법§3 \\ (ix) \ 참조}$).

　　그러다가 2002.12.30. 도시 및 주거환경정비법($\substack{이하 '도시정비 \\ 법'이라 한다}$)이 제정되면서
($\substack{2003.7.1. \\ 시행}$), 주촉법상 재건축사업은 기존의 도시재개발법에 의한 재개발사업 및
도시저소득주민의 주거환경개선을 위한 임시조치법에 의한 주거환경개선사업
등과 함께 정비사업으로 통합되어 도시정비법의 규율을 받게 되었다. 현행 도
시정비법[98])에 의하면 재건축사업이라 함은 “정비기반시설은 양호하나 노후·
불량건축물[99])에 해당하는 공동주택이 밀집한 지역에서 주거환경을 개선하기
위한 사업”을 말한다($\substack{도정§2 \\ (iii) \ 다목}$).

## 2. 재건축사업에 관한 법적 규율의 특징

### (1) 집합건물법상 재건축

　　집합건물법은 민법에 규정된 구분소유의 법률관계를 구체화한 특별법이므
로 재건축에 관하여도 구분소유자들 사이의 집합건물의 집단적 처분과 취득에
관한 사법적 관계를 다루고 있다는 점이 특징이다.[100]) 즉 집합건물법상 재건축
은 구분소유자들로 구성된 관리단 또는 관리단집회의 주도하에 재건축결의를
통해 진행되고 행정청이 인가한 재건축조합의 결성이 요구되지 않으며, 집합

---

97) 당초 주촉법상 주택건설사업을 시행할 수 있는 주택조합으로는 지역주택조합, 직장주택
　　조합, 재건축조합이 포함되어 있었다. 주촉법은 2003.5.9. 주택법으로 전문개정된 이래 수
　　차례 개정되었고, 현재 주택법은 주택조합으로 지역주택조합, 직장주택조합, 리모델링주택
　　조합만을 규정하고 있다[주택법 §2 (xi)].

98) 도시정비법은 2017.2.8. 법률 제14567호로 전부개정되면서 140개 조문으로 늘어났다.
　　이때 정비사업의 유형으로 주거환경개선사업과 주거환경관리사업을 통합하여 주거환경개
　　선사업으로 하고, 주택재개발사업과 도시환경정비사업을 통합하여 재개발사업으로 하는
　　등(도정 §2)의 개정이 이루어졌다. 이하에서 언급하는 현행 도시정비법이라 함은 위와 같
　　은 전문개정 후 다시 2017.10.24. 법률 제14943호로 개정된 것을 말한다.

99) “노후·불량건축물”이란, ① 건축물이 훼손되거나 일부가 멸실되어 붕괴, 그 밖의 안전
　　사고의 우려가 있는 건축물, ② 내진성능이 확보되지 아니한 건축물 중 중대한 기능적 결
　　함 또는 부실 설계·시공으로 구조적 결함 등이 있는 건축물로서 대통령령으로 정하는 건
　　축물, ③ 주변 토지의 이용 상황 등에 비추어 주거환경이 불량한 곳에 위치하고, 건축물
　　을 철거하고 새로운 건축물을 건설하는 경우 건설에 드는 비용과 비교하여 효용의 현저한
　　증가가 예상되는 건축물로서 서울특별시·광역시 및 특별자치시를 제외한 인구 50만 이상
　　대도시의 조례로 정하는 건축물, ④ 도시미관을 저해하거나 노후화된 건축물로서 대통령
　　령으로 정하는 바에 따라 시·도조례로 정하는 건축물을 말한다[도정 §2 (iii)].

100) 권영준, “재건축에 관한 의사결정”, 민학 45-1, 2009, 342.

건물이 주택인지 여부나 그 규모를 구분하지도 않는다.

### (2) 주촉법상 재건축사업

한편 주촉법상 재건축사업은 원칙적으로 집합건물 중 공동주택을 대상으로 한 것이었으므로, 주촉법에 의한 재건축사업에는 집합건물법상 재건축 관련 규정도 함께 적용되었다. 주촉법상 재건축은 다수의 이해관계인이 관련되고 도시주거환경에 미치는 영향도 크기 때문에 행정청의 각종 인허가와 관련된 공법적 관계를 규율하는 데에 목적이 있었으나, 이는 본질적으로 민간에 의해 시행되고 사업의 수익성이 최우선적으로 고려되는 민간수익사업이었기 때문에, 그 공법적 통제는 주로 '조합설립인가'와 '사업계획승인'에 국한되었다. 즉 재건축사업의 시행 여부는 당해 구역 내 토지등소유자의 의사, 즉 재건축결의에 의해 결정되었고, 재건축조합의 운영과 조합원 사이의 권리분배 및 신축된 건물 또는 대지의 소유권 이전 방식 등은 일반 민법 등에 의하여 자율적으로 이루어질 것이 예정되어 있었으며, 설립인가를 받은 재건축조합의 성격도 비법인사단[101]에 불과하였다. 그리고 재건축조합이 주촉법상 재건축사업에 관한 사업계획승인을 얻음으로써 원칙적으로 행정청의 관여는 종료되었다.[102]

### (3) 도시정비법상 재건축사업[103]

도시정비법상 재건축사업이 기존의 주촉법상 재건축사업과 구별되는 가장 큰 특징은 보다 강력한 공법적 통제 하에 사업이 진행된다는 점이다. 도시정비법상 재건축사업도 원칙적으로 토지등소유자로 구성된 조합이 사업시행자가 된다는 점에서 여전히 사업의 수익성이 중요한 요소로 작용하기는 하나, 그와 더불어 안전진단 결과 붕괴 위험 등에 따른 주거환경개선 필요성과 도시 및 주거환경의 정비라는 도시계획적 필요성 및 주택의 원활한 공급이라는 정책적 고려도 중요한 판단요소로 작용한다는 점에서 공공사업적 성격이 두드러진다.[104] 이를 반영하여 주촉법 시행 당시 민법상 비법인사단의 성격을 가지던 재건축조합은 도시정비법상으로는 원칙적으로 법인으로서 공법상 행정주체의 성격을 가지게 되었다.[105]

---

101) 대판 96.3.26, 95다35579, 35586(공 96, 1372); 대판 96.10.25, 95다56866(집 44-2, 276); 대판 97.5.30, 96다23887(집 45-2, 249) 등.
102) 대판 09.6.25, 2006다64559(공 09하, 1197).
103) 김종보, "새로운 재건축제도의 법적 쟁점", 한국공법이론의 새로운 전개, 2005 참조
104) 노경필, "도시정비법상 재건축·재개발사업과 행정소송", 사법 10, 2009, 219.
105) 대판 07.4.27, 2007도694(공 07, 834) 참조. 도시정비법상 주택재건축조합은 조합원에 대한 법률관계에서는 특수한 존립목적을 부여받은 특수한 행정주체로서 국가의 감독하에

한편 도시정비법상 재건축사업은 주거용 건물의 신축을 목적으로 하되 그 재건축대상은 집합건물에 한정하지 않고, 집합건물법은 그 대상이 집합건물이면 충분할 뿐 주거용 건물에 한정되지 않는다는 차이가 있으나, 여전히 주거용 집합건물에 대한 재건축의 경우 도시정비법과 집합건물법이 중첩적으로 적용될 수 있다. 그러나 실제로는 도시정비사업의 일환으로 재건축사업이 진행되는 경우가 대부분이고, 이를 규율하기 위해 도시정비법이 집합건물법보다 훨씬 구체적인 조항을 두고 있어 도시정비법이 적용되는 범위가 더 넓으므로, 도시정비법은 집합건물법에 대하여 특별법적 지위에 있다고 볼 수 있다.[106]

## (4) 재개발사업과의 구별

도시정비법 시행 이전에 재건축은 집합건물법과 주촉법에 따라, 재개발은 도시재개발법[107]에 따라 규율됨으로써 서로 뚜렷하게 구별되었다. 전술한 바와 같이 재건축사업은 집합건물에 관한 민간사업의 성격이 강하였고 주촉법상 재건축조합도 사적인 개발사업자의 일종이었던 반면, 재개발사업은 공권력에 의한 도시계획사업의 하나였고 도시재개발법에 의하여 인정되는 재개발조합은 조합원에게 행정처분을 행하는 행정주체의 일종이었으므로 재개발사업은 재건축사업에 비하여 공법적 규제의 정도가 훨씬 강력하였다.

그러나 도시정비법상 재건축사업과 재개발사업은 정비기반시설[108]의 낙후 정도에 따라 구분될 뿐이고, 노후·불량건축물이 밀집한 지역에서 주거환경을 개선하기 위해 시행하는 정비사업이라는 목적은 같다. 공동주택 외에 단독주택도 사업 대상이 된다는 점에서도 차이가 없다. 다만 재건축사업은 정비기반시설이 비교적 양호한 지역을 대상으로 하는 것으로 정비기반시설에 대한 개선의 필요성이 상대적으로 크지 않다는 점에서, 정비기반시설이 열악한 지역

---

그 존립 목적인 특정한 공공사무를 행하고 있다고 볼 수 있는 범위 내에서는 공법상의 권리의무관계에 서 있는 사단법인이라고 판시하였다.

106) 특히 2017.2.8. 전부개정되기 전 도시정비법은 추진위원회가 조합을 설립하고자 하는 때에는 '집합건물법 제47조 제1항 및 제2항의 규정에도 불구하고' 일정 수 이상의 토지등소유자의 동의를 얻어 시장·군수의 인가를 받아야 한다고 규정함으로써(구 도정 §16 Ⅱ) 집합건물법상 재건축결의에 관한 규정의 적용을 배제하고, 매도청구권과 관련하여서도 집합건물법상 '재건축결의'를 '조합 설립의 동의'로 본다고 명시하는 등(구 도정 §39), 도시정비법이 집합건물법에 우선하여 적용된다는 취지의 규정들을 두기도 하였다. 노경필(주 104), 223 참조.

107) 도시재개발법은 1976.12.31. 제정되었고, 1995.12.29. 전문개정되었다가 도시정비법이 제정되면서 2003.7.1. 폐지되었다.

108) 도로·상하수도·공원·공용주차장·공동구, 그 밖에 주민의 생활에 필요한 열·가스 등의 공급시설을 말한다[도정 §2 (ⅳ)].

을 대상으로 하는 재개발사업보다는 공공사업적 성격이 상대적으로 약하다고 볼 수 있다. 이러한 특징이 각 사업의 강제적 시행면이나 조합원의 자격 등에서 약간의 차이로 나타나고 있다.[109]

## 3. 재건축사업 절차와 분쟁 유형

### (1) 절차 개요

도시정비법상 재건축사업은 ① 도시·주거환경정비기본계획($\S\S^{도정}_{4\sim7}$) ⇒ ② 정비계획의 수립 및 정비구역의 지정($\S\S^{도정}_{8\sim18}$) ⇒ ③ 조합설립추진위원회 구성 ($\S\S^{도정}_{31\sim34}$) ⇒ ④ 안전진단($\S\S^{도정}_{12\sim13}$) ⇒ ⑤ 조합의 설립인가($\S^{도정}_{35}$) ⇒ ⑥ 시공사선정($\S^{도정}_{29}$) ⇒ ⑦ 사업시행인가($\S^{도정}_{50}$) ⇒ ⑧ 분양신청($\S^{도정}_{72}$) ⇒ ⑨ 관리처분계획인가($\S^{도정}_{74}$) ⇒ ⑩ 이주, 철거 및 착공, 분양($\S\S^{도정}_{79\sim81}$) ⇒ ⑪ 준공인가($\S^{도정}_{83}$) ⇒ ⑫ 이전고시($\S^{도정}_{86}$) ⇒ ⑬ 청산($\S\S^{도정}_{89\sim90}$)의 순서로 진행된다.

### (2) 관련 분쟁 유형

실무상 사업진행의 각 단계별로 여러 가지 분쟁이 발생하는데, 정비계획수립처분이나 정비구역지정처분의 효력에 관한 쟁송, 조합설립추진위원회 및 조합의 설립인가·추진위원회와 조합의 임원 선임이나 정관변경 등 조합의 각종 결의에 관한 쟁송, 사업시행계획이나 관리처분계획에 관한 결의 및 인가에 관한 쟁송, 이전고시 및 청산금부과처분에 관한 쟁송, 재건축사업의 매도청구에 기한 소유권이전등기 및 인도청구에 관한 쟁송 등이 그 예이다.

이하에서는 도시정비법상 재건축사업을 위한 정비사업조합(이하 '재건축조합'이라고만 한다)의 설립 및 활동을 중심으로 하여 주요 관련 쟁점을 살펴보기로 한다.

## 4. 재건축조합의 설립

### (1) 조합설립추진위원회의 구성

(가) 의의 및 법적 지위    도시정비법 시행 이전에도 재건축을 추진하기 위하여 일부 소유자들은 먼저 재건축추진위원회를 결성하였다. 이러한 추진위원회는 재건축 초기의 단계로부터 재건축결의를 거쳐 재건축조합의 설립인가를 받을 때까지 존속하면서, 재건축에 대한 기초자료를 수집하고 재건축사업 절차와 권리관계 및 행정적인 문제 등을 검토함과 동시에 재건축결의를

---

109) 예컨대 재건축은 재개발과 달리 통상 공익사업을 위한 토지등의 취득 및 보상에 관한 법률에 따른 수용이 인정되지 않고, 조합설립에 동의한 자만 조합원이 된다.

이끌어 내기 위한 집회를 소집하고 주택소유자들을 설득하는 일을 하였다. 이러한 과정에서 재건축추진위원회는 조합설립인가 전 단계의 비법인사단으로 발전하고, 설립인가 후에는 비법인사단으로서 재건축조합이 성립하였다.

그러나 이러한 추진위원회는 법률상 근거가 없었으므로 하나의 재건축사업에 여러 개의 추진위원회가 난립함으로써 사업 진행에 막대한 차질을 초래하였다. 이에 도시정비법은 주민 과반수의 동의를 얻어 추진위원회를 구성하고 행정청의 승인을 얻도록 함으로써 하나의 정비구역에 하나의 추진위원회만 구성되도록 하여 그에 특별한 법적 지위를 부여하였다.[110] 또 추진위원회의 업무뿐 아니라 조직 및 운영까지 규정하여($\S\S \frac{33}{34}$,) 각종 비리와 분쟁을 사전에 차단함으로써 정비사업을 원활하게 진행하도록 하였다. 다만 도시정비법상 추진위원회도 추진위원장 등 대표기관을 구성하고 운영규정을 마련하여 신고하는 등 사단성을 갖추고 있지만 법인설립등기는 필요로 하지 않으므로 비법인사단에 해당한다.[111]

(나) 구성승인　　　　시장·군수등, 토지주택공사등 또는 지정개발자가 아닌 자가 정비사업을 시행하려는 경우에는 토지등소유자로 구성된 조합을 설립하여야 하고, 위 조합을 설립하려는 경우에는 정비구역 지정·고시($\frac{도정}{\S 16}$) 후 추진위원회 위원장을 포함한 5명 이상의 추진위원회 위원 및 운영규정($\frac{도정}{\S 34}$ I)에 대하여 토지등소유자 과반수의 동의를 받아 조합설립을 위한 추진위원회를 구성하여 국토교통부령으로 정하는 방법과 절차에 따라 시장·군수등의 승인을 받아야 한다($\frac{도정}{\S 31}$ I).

구성승인의 법적 성격에 관하여 판례는, 추진위원회 구성승인처분이 설권적 처분이고 관할 행정청이 피고적격을 가지는 것을 전제로 구성승인처분의 위법성 여부를 판단하거나,[112] 추진위원회 구성승인처분은 조합의 설립을 위한 주체인 추진위원회의 구성행위를 보충하여 그 효력을 부여하는 처분으로서 조합설립이라는 종국적 목적을 달성하기 위한 중간단계의 처분에 해당한다는 입장을 취하고 있다.[113] 조합설립추진위원회의 구성에 동의하지 아니한 정비구역 내의 토지등소유자도 조합설립추진위원회 구성승인처분에 대하여 도시정비법에 의하여 보호되는 직접적이고 구체적인 이익을 향유하므로 그 구성승인처분

---

110) 대판 09.10.29, 2009두12297(공 09하, 2029).
111) 대판 09.1.30, 2008두14869(정보) 참조.
112) 대판 11.7.28, 2011두2842(공 11하, 1803, 주택재개발정비사업 사안) 참조.
113) 대판 13.1.31, 2011두11112, 11129(공 13상, 409, 주택재개발정비사업 사안) 참조.

의 취소소송을 제기할 원고적격이 있다.[114]

추진위원회가 구성승인 신청을 한 데 대하여 행정청이 승인 거부를 한 경우 추진위원회는 그 거부처분에 대하여 행정소송을 제기할 수 있다. 다만 토지등소유자 개인은 추진위원회 구성승인 신청권이 있는 것이 아니므로 거부처분에 대한 항고소송의 원고적격은 인정되지 않는다.

(대) 업무 및 승계     추진위원회는 정비사업전문관리업자의 선정 및 변경, 설계자의 선정 및 변경, 개략적인 정비사업 시행계획서의 작성, 조합의 설립인가를 받기 위한 준비업무 등[115] 조합설립의 추진을 위하여 필요한 업무를 수행한다($_{§\,32}^{도정}$ I). 이후 조합이 설립되면 추진위원회가 행한 업무를 조합총회에 보고하고 사용경비를 기재한 회계장부 및 관련 서류를 조합 설립의 인가일부터 30일 이내에 조합에 인계하며, 추진위원회가 행한 업무와 관련된 권리와 의무는 조합이 포괄승계한다($_{III.\,IV}^{도정 §34}$).[116] 이로써 추진위원회는 목적을 달성하여 원칙적으로 소멸한다.

한편 추진위원회 구성승인처분은 법률요건이나 효과가 조합설립인가 처분과는 다른 독립적 처분이므로, 추진위원회 구성승인처분의 하자가 조합설립인가처분에 승계되어 조합설립인가처분이 당연무효로 된다고 할 수 없다.[117] 나아가 추진위원회 구성승인처분을 다투는 소송 계속 중에 조합설립인가처분이 이루어진 경우에는, 추진위원회 구성승인처분에 위법이 존재하여 조합설립인가 신청행위가 무효라는 점 등을 들어 직접 조합설립인가처분을 다툼으로써 정비사업의 진행을 저지하여야 하고, 이와는 별도로 추진위원회 구성승인처분에 대하여 취소 또는 무효확인을 구할 법률상의 이익은 없다.[118]

(라) 해산신청 및 실효     추진위원회 구성에 동의한 토지등소유자의 2분의 1 이상 3분의 2 이하의 범위에서 시·도조례로 정하는 비율 이상의 동의 또는 토지등소유자 과반수의 동의로 추진위원회의 해산을 신청하는 경우나 정

---

114) 대판 07.1.25, 2006두12289(공 07, 371).
115) 그 밖에 조합설립의 추진을 위하여 필요한 업무로서 도정령 §26는, 추진위원회 운영규정의 작성, 토지등소유자의 동의서 접수, 조합의 설립을 위한 창립총회의 개최, 조합 정관의 초안 작성, 그 밖에 추진위원회 운영규정으로 정하는 업무를 규정하고 있다.
116) 비록 추진위원회가 행한 업무가 사후에 관계 법령의 해석상 추진위원회의 업무범위에 속하지 아니하여 효력이 없다고 하더라도 조합설립인가처분을 받아 법인으로 설립된 조합에 모두 포괄승계된다. 대판 12.4.12, 2009다22419(공 12상, 739) 참조.
117) 대판 12.9.27, 2010두28649(정보) 참조.
118) 대판 13.1.31, 2011두11112, 11129(공 13상, 409) 참조.

비예정구역 또는 정비구역의 지정이 해제되는 경우 시장·군수는 추진위원회 승인을 취소하여야 한다(${}^{도정}_{I, III}$). 판례는 해산신고와 관련하여 추진위원회뿐 아니라 추진위원회의 해산에 동의한 토지등소유자 과반수의 대표자도 추진위원회 해산신고를 할 수 있다고 한다.[119] 한편 일정한 정비예정구역을 전제로 추진위원회 구성승인처분이 이루어진 후 정비구역이 정비예정구역과 달리 지정되었다는 사정만으로 승인처분이 당연히 실효된다고 볼 수 없고, 정비예정구역과 정비구역의 각 위치, 면적, 토지등소유자 및 동의자 수의 비교, 정비사업계획이 변경되는 내용과 정도, 정비구역 지정 경위 등을 종합적으로 고려하여 당초 승인처분의 대상인 추진위원회가 새로운 정비구역에서 정비사업을 계속 추진하는 것이 도저히 어렵다고 보여 그 추진위원회의 목적 달성이 사실상 불가능하다고 인정되는 경우에 한하여 구성승인처분의 실효를 인정할 수 있다.[120]

### (2) 재건축조합의 설립

⑺ 의의 및 법적 지위　　　도시정비법상 재건축조합이란 정비기반시설은 양호하나 노후·불량건축물에 해당하는 공동주택이 밀집한 지역에서 주거환경을 개선하기 위한 재건축사업을 시행하기 위하여 정비구역안 주택단지 또는 정비구역이 아닌 지역의 구분소유자 및 토지소유자 등의 일정 수 이상의 동의를 받아 시장·군수등의 인가를 거쳐 등기함으로써 설립되는 법인이다 (${}^{도정 \S\S 2\,(ii)\,다}_{목, 35\,III, IV, 38}$). 재건축조합에 관하여는 도시정비법에 규정된 사항을 제외하고는 민법 중 사단법인에 관한 규정을 준용한다(${}^{도정}_{\S 49}$).

도시정비법 시행 이전에는 조합과 시공자의 공동사업시행방식을 취하였으나, 도시정비법은 원칙적으로 조합이 정비사업을 시행하도록 하되 조합이 조합원 과반수의 동의를 얻어 시장·군수등, 토지주택공사등, 건설업자 또는 등록사업자와 공동으로 시행할 수 있도록 하였으므로(${}^{도정}_{\S 25\,II}$), 재건축조합은 당해 정비구역 내에서 정비사업을 독점적·배타적으로 시행할 수 있는 사업시행자로서의 지위를 갖는다. 아울러 재건축조합은 종래 도시재개발법상 재개발조합과 마찬가지로 행정청 인가 후 등기함으로써 법인으로 설립되고, 정비사업이라는 공공사업의 시행을 설립목적으로 하며, 그 지위에서 사업시행계획과 관리처분계획의 수립, 청산금부과 등 법령이 정하는 바에 따라 일정한 행정작용

---

119) 대판 09.1.30, 2008두14869(정보).
120) 대판 13.9.12, 2011두31284(공 13하, 1807) 참조.

을 수행하게 된다는 점에서 공법인으로서 행정주체의 지위도 갖게 되었다고 보아야 한다.[121]

(나) 설립 절차

(a) 도시정비법상 조합설립행위의 주체는 구성승인을 얻은 추진위원회가 된다. 추진위원회는 주택단지의 공동주택의 각 동(복리시설의 경우에는 주택단지의 복리시설 전체를 하나의 동으로 본다)별 구분소유자의 과반수 동의(공동주택의 각 동별 구분소유자가 5 이하인 경우는 제외한다)와 주택단지의 전체 구분소유자의 4분의 3 이상 및 토지면적의 4분의 3 이상의 토지소유자의 동의를 받아, 필요한 서류를 첨부하여 시장·군수등의 인가를 받아야 한다($_{§35\,Ⅲ}^{도정}$).[122] 조합이 인가받은 사항을 변경하고자 하는 때에는 총회에서 조합원의 3분의 2 이상의 찬성으로 의결하고, 위와 동일한 서류를 첨부하여 시장·군수등의 인가를 받아야 한다.[123] 다만 대통령령으로 정하는 경미한 사항을 변경하려는 때에는 총회의 의결 없이 시장·군수등에게 신고하고 변경할 수 있다($_{§35\,Ⅴ}^{도정}$). 추진위원회의 구성에 동의한 토지등소유자는 조합의 설립에 동의한 것으로 보되, 조합설립인가를 신청하기 전에 시장·군수등 및 추진위원회에 조합설립에 대한 반대의 의사표시를 한 추진위원회 동의자의 경우에는 그렇지 않다($_{§31\,Ⅱ}^{도정}$).

(b) 동의(동의한 사항의 철회 또는 반대의 의사표시를 포함한다)는 서면동의서[124]에 토지등소유자가 성명을 적고 지장을 날인하는 방법으로 하며, 주민등록증, 여권 등 신원을 확인할 수 있는 신분증명서의 사본을 첨부하여야 한다($_{§36\,Ⅰ}^{도정}$).[125] 다만 토지등소유자

---

121) 대판 09.9.24, 2008다60568(공 09하, 1735); 대판 14.2.27, 2011두11570(공 14상, 719).
122) 주택단지가 아닌 지역이 정비구역에 포함된 때에는 주택단지가 아닌 지역의 토지 또는 건축물 소유자의 4분의 3 이상 및 토지면적의 3분의 2 이상의 토지소유자의 동의를 받아야 한다(도정 § 35 Ⅳ).
123) 집합건물법이나 주촉법에서는 재건축결의 내용 변경에 필요한 결의요건을 규정하지 않았으나, 판례는 재건축결의의 내용을 변경함에 있어서는 그것이 구성원인 조합원의 이해관계에 미치는 영향에 비추어 재건축결의시의 의결정족수를 규정한 집합건물 § 47 Ⅱ을 유추적용하여 조합원 5분의 4 이상의 결의가 필요하다고 보았다. 대판(전) 05.4.21, 2003다4969(공 05, 746); 대판 05.6.23, 2004다3864(공 05, 1217).
124) 동의서에는 ① 건설되는 건축물의 설계의 개요, ② 공사비 등 정비사업비용에 드는 비용, ③ 정비사업비의 분담기준, ④ 사업 완료 후 소유권의 귀속에 관한 사항, ⑤ 조합 정관에 관한 사항이 포함되어야 한다(도정령 § 30 Ⅱ).
125) 2012.2.1. 개정되기 전까지 구 도정 § 17 Ⅰ은 토지등소유자의 동의는 인감도장을 사용한 서면동의의 방법에 의하고 인감증명서를 첨부하여야 한다고 규정하였으나(2009.2.6. 개정되기 전에는 구 도정령 § 28에서 같은 내용을 규정하였다), 토지등소유자가 동의서에 적힌 구체적 내용을 읽어 보고 판단할 수 있도록 하기 위하여 서면동의서에 지장날인 및 자필서명을 하고 신분증 사본을 첨부하도록 개정한 것이다. 한편 위 구 도정 § 17 Ⅰ에는 인감도장이나 인감증명서를 갖출 수 없는 국가 또는 지방자치단체의 동의방법에 관하여는

가 해외에 장기체류하거나 법인인 경우 등 불가피한 사유가 있다고 시장·군수등이 인정하는 경우에는 토지등소유자의 인감도장을 찍은 서면동의서에 해당 인감증명서를 첨부하는 방법으로 할 수 있다($\S_{36\,II}^{도정}$). 이때 시장·군수등이 검인한 서면동의서를 사용하여야 하는데, 검인을 받지 아니한 서면동의서는 그 효력이 발생하지 않는다($\S_{36\,III}^{도정}$). 구체적인 토지등소유자의 동의자 수 산정 방법 및 절차 등에 필요한 사항은 도정령 §33에서 규정하고 있다.

(c) 추진위원회는 조합설립인가를 신청하기 전에 조합설립을 위한 창립총회를 개최하여야 한다($\S_{32\,III}^{도정}$). 창립총회는 추진위원장의 직권 또는 토지등소유자 5분의 1 이상의 요구로 추진위원장이 소집한다($\S_{27\,III}^{도정령}$). 창립총회에서는 '조합 정관의 확정, 조합임원의 선임, 대의원의 선임, 그 밖에 필요한 사항으로서 사전에 통지한 사항'을 처리한다($\S_{27\,IV}^{도정령}$). 창립총회의 의사결정은 주택재건축사업의 경우 조합설립에 동의한 토지등소유자의 과반수 출석과 출석한 토지등소유자 과반수 찬성으로 결의하고, 다만 조합임원 및 대의원의 선임은 창립총회에서 확정된 정관에서 정하는 바에 따라 선출한다($\S_{27\,V}^{도정령}$). 한편 통상 총회에서 조합원은 서면으로 의결권을 행사할 수 있으나($\S_{45\,V}^{도정}$),[126] 창립총회의 경우에는 조합원의 100분의 20 이상이 직접 출석하여야 한다($_{VI\,단서}^{도정\,\S45}$).

(d) 이후 추진위원회는 시장·군수등에게 소정의 서류를 제출하여 설립인가를 신청하여야 한다($_{정규\,\S8\,참조}^{\S35\,II,\,III,\,도}$). 그 서류의 구체적 내역은, ① 조합정관, ② 조합원 명부 및 해당 조합원의 자격을 증명하는 서류, ③ 공사비 등 정비사

---

정하지 않고 있어 문제가 되었는데, 판례는 토지 또는 건축물 소유자인 국가 또는 지방자치단체의 정비사업조합 설립을 비롯한 정비사업의 추진에 관한 동의의 의사는 반드시 서면 등에 의하여 명시적으로 표시될 필요는 없다는 전제에서, "해당 정비사업조합에 대한 설립을 인가하는 관할관청이 대표하는 지방자치단체가 정비구역 내에 토지를 소유하는 경우에 지방자치단체는 조합설립인가처분을 통하여 해당 정비사업조합의 설립에 동의한 것으로 볼 수 있고, 또한 국가 또는 정비구역 지정권자가 대표자로 있는 지방자치단체가 정비구역 내에 국·공유지를 소유하는 경우에 정비기본계획의 수립 및 정비구역의 지정으로부터 관할관청의 구체적인 조합설립인가처분에 이르기까지의 과정에서 협의 절차 등을 통하여 정비사업 자체나 해당 정비사업조합에 의한 사업추진에 대하여 명시적으로 반대의 의사를 표시하거나 반대하였다고 볼 수 있는 행위를 하지 않았다면, 국가 또는 지방자치단체는 관할관청의 인가에 의하여 이루어지는 해당 정비사업조합의 설립에 동의한 것으로 볼 수 있다."라고 판시하였다. 대판(전) 14.4.14, 2012두1419(공 14상, 1111). 이 판결에 대한 평석으로 김동국, "국가 또는 지방자치단체가 정비구역 안에 토지 또는 건축물을 소유한 경우, 정비사업조합설립과 정비사업추진에 관한 동의의 의사는 서면 등에 의하여 명시적으로 표시하여야 하는지 여부", 해설 99, 2014, 457-492.

126) 주촉법에서는 서면결의에 관한 규정이 없었으나, 대판(전) 05.4.21, 2003다4969(공 05, 746)는 주촉법상 재건축조합에서도 집합건물 §41 I을 유추적용하여 서면합의를 할 수 있다고 판시하였다.

업에 드는 비용을 기재한 토지등소유자의 조합설립동의서 및 동의사항을 증명
하는 서류, ④ 창립총회 회의록 및 창립총회참석자 연명부, ⑤ 토지·건축물
또는 지상권을 여럿이서 공유하는 경우에는 그 대표자의 선임 동의서, ⑥ 창립
총회에서 임원·대의원을 선임한 때에는 선임된 자의 자격을 증명하는 서류,
⑦ 건축계획, 건축예정지의 지번·지목 및 등기명의자, 도시·군관리계획상의
용도지역, 대지 및 주변현황을 기재한 사업계획서, ⑧ 그 밖에 시·도조례로
정하는 서류 등이다. 시장·군수등은 위 제출서류들에 기초하여 조합정관, 조
합원 명부, 토지등소유자의 동의, 임원 등의 선임 및 임원의 자격 유무, 사업계
획까지 비교적 폭넓게 심사하여 조합설립인가를 하게 된다.

㈐ 도시정비법상 조합설립 동의와 집합건물법상 재건축결의의 관
계　　전술한 바와 같이 도시정비법 시행 이전에는 주촉법에 따른 재건축사
업에 집합건물법상 재건축 관련 규정도 함께 적용되었는데, 당시 판례는 주촉
법에 따른 재건축결의는 외형상 1개의 결의로 보이더라도 집합건물법상의 '재
건축결의'와 주촉법상의 '재건축조합 설립행위'로 구분된다고 보면서, 당해 결
의가 집합건물법상의 재건축결의 요건을 갖추지 못하여 무효라 하더라도 재건
축조합 설립을 위한 창립총회 결의까지 당연히 무효로 되는 것은 아니라고 판
단하였다.[127] 이는 재건축결의와 조합설립행위에 관하여 적용될 법령이 달랐을
뿐 아니라 주촉법상 재건축조합은 비법인사단으로서 설립이 강제되지도 않았
고 복수로 존재할 수 있어서, 재건축사업의 시행에 동의($_{결의}^{재건축}$)한다는 것과 사
업시행자로서 조합을 설립할 것인지 또 어느 조합에 가입할 것인지는 별개의
문제라고 볼 수 있었기 때문이다.

그러나 도시정비법 제정 당시 도정 §16 Ⅱ에서 추진위원회가 조합을 설립
하고자 하는 때에는 '집합건물법 제47조 제1항 및 제2항에도 불구하고' 일정
수 이상의 토지등소유자의 동의를 얻어 시장·군수의 인가를 받아야 한다고
규정한 점, 도정 §39에서 매도청구권과 관련하여서 집합건물법상 '재건축결
의'를 '조합 설립의 동의'로 본다고 규정한 점, 도시정비법은 토지등소유자의
재건축결의가 아니라 정비계획 및 구역지정고시에 의해 사업시행 여부를 결정
하는 점, 도정령 §26($_{§30}^{현행}$)는 조합설립동의 사항에 집합건물법상 재건축결의사
항을 모두 포함하고 있는 점, 하나의 정비구역 내에서 하나의 추진위원회만 존
재하고 그 추진위원회가 토지등소유자의 동의를 얻어 재건축조합을 설립하게

---

127) 대판 06.2.23, 2005다19552, 19568(공 06, 482).

되므로 재건축조합이 복수로 존재할 여지는 없게 되는 점 등을 종합하여 보면, 주촉법상 재건축결의처럼 조합설립행위와 재건축결의를 분리해서 고찰할 수 있는 근거는 없어졌다고 해석함이 타당하다.[128]

판례도, 도시정비법은 조합설립행위와 재건축결의를 통합하였으므로 도시정비법상 재건축사업의 경우 조합설립동의 외에 별도로 집합건물법상의 재건축결의는 필요하지 않다는 입장을 취하고 있다.[129]

(라) 조합설립인가의 법적 성격    판례는, 주촉법상 재건축조합에 대한 설립인가는 불량·노후한 주택의 소유자들이 재건축을 위하여 한 재건축조합설립행위를 보충하여 그 법률상 효력을 완성시키는 보충행위로서 강학상 인가에 해당한다고 보았다. 따라서 그 기본되는 조합설립행위에 하자가 있을 때에는 그에 대한 인가가 있다 하더라도 기본행위인 조합설립이 유효한 것으로 될 수 없고, 그 기본행위는 적법유효하나 보충행위인 인가처분에만 하자가 있는 경우에는 그 인가처분의 취소나 무효확인을 구할 수 있을 것이지만, 기본행위인 조합설립에 하자가 있는 경우에는 민사쟁송으로써 따로 그 기본행위의 취소 또는 무효확인 등을 구하는 것은 별론으로 하고 기본행위의 불성립 또는 무효를 내세워 바로 그에 대한 감독청의 인가처분의 취소 또는 무효확인을 소구할 법률상 이익이 있다고 할 수 없다고 판시하였다.[130]

그러나 도시정비법 시행 이후에는 그 평가를 달리하여, "행정청이 도시정비법 등 관련 법령에 근거하여 행하는 조합설립인가처분은 단순히 사인들의 조합설립행위에 대한 보충행위로서의 성질을 갖는 것에 그치는 것이 아니라 법령상 요건을 갖출 경우 도시 및 주거환경정비법상 주택재건축사업을 시행할 수 있는 권한을 갖는 행정주체(공법인)로서의 지위를 부여하는 일종의 설권적 처분의 성격을 갖는다."라고 선언하였다.[131] 이에 따르면 조합설립결의는 조합설립인가처분이라는 행정처분을 하는 데 필요한 요건 중 하나에 불과한 것이

---

128) 노경필(주 104), 220.

129) 대판 08.2.1, 2006다16741(정보) 참조.

130) 대판 00.9.5, 99두1854(공 00, 2108). 이 판결에 대한 평석으로 박해식, "인가행위의 보충성과 무효확인소송의 소익", 행정판례평선, 2011, 813-819.

131) 대판 09.9.24, 2008다60568(공 09하, 1735, 나아가 조합설립인가를 보충행위로 보고 민사소송으로써 조합을 상대로 조합설립결의무효확인소송을 제기한 경우, 이는 공법상 당사자소송이므로 행정법원으로 이송한 후 조합설립인가처분의 취소 또는 무효확인소송으로 소를 변경할 수 있도록 해야 한다고 보았다). 동지: 대판 09.10.15, 2009다10638, 10645(정보); 대판 10.2.25, 2007다73598(정보); 대판 10.4.8, 2009다10881(공 10상, 859).

어서, 조합설립결의에 하자가 있다면 그 하자를 이유로 직접 항고소송의 방법
으로 조합설립인가처분의 취소 또는 무효확인을 구하여야 하고, 이와는 별도
로 조합설립결의 부분만을 따로 떼어내어 그 효력 유무를 다투는 확인의 소를
제기하는 것은 원고의 권리 또는 법률상의 지위에 현존하는 불안·위험을 제
거하는 데 가장 유효·적절한 수단이라 할 수 없어 특별한 사정이 없는 한 확
인의 이익은 인정되지 않는다.[132]

    ㈑ 조합설립인가처분의 하자에 관한 분쟁의 처리

        ⒜ 도시정비법상 재건축조합에 관한 조합설립인가처분에 하자가 있는
경우 이는 원칙적으로 취소사유에 불과하고 그 하자가 중대하고 명백한 경우
에 한하여 무효사유가 되므로, 조합설립인가처분에 관한 항고소송에서 그 처
분이 당연무효로 되는 경우는 상당히 제한될 수밖에 없다. 실무에서는 조합설
립인가처분의 유효 요건에 해당하는 조합설립 동의의 하자를 다투는 경우가
많다.[133] 예컨대 판례는 주택재건축정비사업조합 설립에 대한 토지등소유자의
동의가 건설교통부 고시 표준동의서에 의해 이루어진 경우, 표준동의서의 기
재 내용이 조합원이 부담하게 될 사업비용의 분담기준이나 사업완료 후 소유
권 귀속에 관한 사항 등에 관하여 구체적으로 정하지 않은 것이어서 위법하다
고 볼 수 없다고 보았다.[134] 또 추진위원회가 동의서의 기재사항(건설되는 건축물의 설계개요, 건축물의 철거 및 신축에 소요되는 비용의 개략적인 금액)을 공란인 채로 하여 조합설립인가신청을 하고, 조합설립인
가처분을 받은 경우, 그 동의서는 무효이고 인가처분도 당연무효이다.[135] 다만
동의서의 기재사항을 빠뜨린 상태에서 동의서를 받은 다음 추진위원회가 인가
신청 전에 일괄 보충한 경우 그 인가처분을 무효라고 할 수는 없다.[136] 도정령

---

132) 판례와 같이 설권적 행위로 보는 견해로는 김종보, "강학상 인가와 정비조합 설립인가",
    행정법연구 10, 행정법이론실무학회, 2003, 343; 김중권, 행정법 기본연구 Ⅰ, 2008, 311-
    313; 노경필(주 104), 227-232; 천종호, "도시 및 주거환경정비법상 재건축조합설립인가
    및 관리처분계획인가의 법적 성격과 그에 대한 쟁송형식", 판례연구 22, 부산판례연구회,
    2011, 604-605. 이우재, 조해 도시 및 주거환경정비법(상), 2009, 620도 판례의 태도를
    지지하는 것으로 보인다. 이와 달리 보충행위로 보는 견해로는 김동희, 행정법 Ⅰ, 제14판,
    2009, 290; 송현진·유동규, 재개발·재건축 이론과 실무, 2009, 263-264; 황태윤, "재개
    발·재건축조합 설립절차와 정비사업조합법인의 법적 성질에 대한 연구", 이화여대 법학논
    집 19-2, 2014, 207-213.
133) 조합설립 동의 하자의 유형과 그에 따른 인가처분의 효력에 관한 상세한 설명은 노경필,
    "도시정비법상 조합설립 동의의 유효성 및 매도청구권과의 관계", 사법 14, 2010, 200-
    218 참조.
134) 대판 10.4.8, 2009다10881(공 10상, 859).
135) 대판 10.1.28, 2009두4845(공 10상, 434) 등 참조.
136) 대판 10.10.28, 2009다29380(정보) 등.

§ 33 II에 의하면 토지등소유자는 동의에 따른 인허가등 신청 전에 동의를 철회하거나 반대의 의사표시를 할 수 있으므로, 인가신청 후에 한 조합설립 동의 철회는 효력이 없고, 조합설립인가처분이 판결에 의하여 취소되거나 무효로 확인되었다는 사정만으로 인가신청 후에 한 조합설립동의 철회가 유효하다고 할 수 없다.[137)]

　　(b) 한편 이른바 행정처분의 하자의 치유는 행정행위의 성질이나 법치주의의 관점에서 원칙적으로는 허용되지 않는다.[138)] 판례는 주촉법상 재건축조합 설립과 재건축결의 하자에 관하여, 최초의 관리단집회에서 재건축에 필요한 정족수를 충족하지 못하였으나 그 후 재건축 추진과정에서 구분소유자들이 재건축에 동의하는 취지의 서면을 별도로 제출함으로써 재건축결의 정족수를 갖추게 된 경우, 이러한 서면결의가 재건축결의로서 유효하다고 보았다.[139)] 그러나 도시정비법상 조합설립인가처분을 설권적 처분으로 보고 조합설립동의를 인가요건으로 보는 이상, 일반적인 행정처분의 하자 치유에 관한 법리가 적용되어야 하므로 하자 있는 조합설립인가처분의 경우 원칙적으로 하자의 치유가 허용되지 않는다고 보아야 할 것이다.[140)]

　　(c) 조합설립인가처분의 위법 여부 또는 효력 유무에 관한 다툼이 있어 조합이 처음부터 다시 조합설립인가에 관한 절차를 밟아 조합설립변경인가를 받았고, 그 조합설립변경인가처분이 그와 같은 조합설립인가에 필요한 실체적·절차적 요건을 모두 갖추어 새로운 조합설립인가처분으로서의 요건을 갖춘 경우에는 그에 따른 효과가 있다고 보아야 하므로,[141)] 당초의 처분을 다툴 소의 이익이 소멸하게 된다.

　그러나 당초 조합설립인가처분의 유효를 전제로 당해 주택재건축사업조합이 매도청구권 행사, 시공자 선정에 관한 총회 결의, 사업시행계획의 수립, 관리처분계획의 수립 등과 같은 후속 행위를 하였다면 당초 조합설립인가처분이

---

137) 대판 12.11.29, 2011두518(공 13상, 60) 참조.
138) 대판 02.7.9, 2001두10684.
139) 대판 06.2.23, 2005다19552, 19569(공 06, 482). 이 판결에 대한 평석으로 이범균, "가. 구 주택건설촉진법상의 재건축조합 설립을 위한 창립총회와 집합건물법상의 재건축결의의 관계, 나. 재건축조합 창립총회의 개의정족수로서 당해 사업구역 내 구분소유자 전체의 과반수가 필요한지 여부, 다. 아직 설립인가를 받지 아니한 재건축조합에서는 조합원이 그 조합을 임의로 탈퇴할 수 있는지 여부", 해설 60, 2006, 455-477.
140) 대판 10.8.26, 2010두2579(정보); 대판 12.12.13, 2011두21218(정보) 참조.
141) 대판 13.2.28, 2012다34146(정보).

무효로 확인되거나 취소될 경우 그것이 유효하게 존재하는 것을 전제로 이루어진 위와 같은 후속 행위 역시 소급하여 효력을 상실하게 되므로, 특별한 사정이 없으면 위와 같은 형태의 조합설립변경인가가 있다고 하여 당초 조합설립인가처분의 무효확인을 구할 소의 이익이 소멸된다고 볼 수는 없다.[142]

또 조합설립인가처분과 동일한 요건과 절차가 요구되지 않는 경미한 사항의 변경에 대하여는 행정청이 조합설립의 변경인가라는 형식으로 처분을 하였다고 하더라도 그 성질은 당초의 조합설립인가처분과는 별개로 위 조항에서 정한 경미한 사항의 변경에 대한 신고를 수리하는 의미에 불과한 것으로 보아야 하므로, 설권적 처분인 조합설립인가처분을 다툴 소의 이익이 소멸된다고 볼 수는 없다.[143]

(d) 도시정비법상 재건축조합 설립인가처분이 판결에 의하여 취소되거나 무효로 확인된 경우에는 조합설립인가처분은 처분 당시로 소급하여 효력을 상실하고, 이에 따라 당해 재건축조합 역시 조합설립인가처분 당시로 소급하여 도시정비법상 재건축사업을 시행할 수 있는 행정주체인 공법인으로서의 지위를 상실하나, 다만 그 효력 상실로 인한 잔존사무의 처리와 같은 업무는 여전히 수행되어야 하므로 재건축조합은 청산사무가 종료될 때까지 청산의 목적범위 내에서 권리·의무의 주체가 되고, 조합원 역시 청산의 목적범위 내에서 종전 지위를 유지하며, 정관 등도 그 범위 내에서 효력을 가진다.[144]

(e) 조합설립인가처분이 법원의 확정 판결로 취소되고 난 후, 추진위원회가 다시 조합설립동의서를 징구하여 조합설립인가신청을 할 수 있는가? 판례는 조합설립인가처분이 법원의 판결에 의하여 취소된 경우에는 추진위원회가 지위를 회복하여 다시 조합설립인가신청을 하는 등 조합설립추진 업무를 계속 수행할 수 있게 된다고 본다.[145]

---

142) 대판 12.10.25, 2010두25107(공 12하, 1931); 대판 12.12.13, 2011두21010(공 13상, 169).

143) 대판 12.10.25, 2010두25107(공 12하, 1931).

144) 대판 12.11.29, 2011두518(공 13상, 60).

145) 대판 16.12.15, 2013두17473(공 17상, 139, 주택재개발정비사업을 위한 추진위원회 관련 사안) 참조. 이 판결에 대한 평석으로, 김중권, "조합설립인가취소판결과 기왕의 추진위원회의 관계", 법조 721, 2017, 496-514. 반대: 김선희, "도시정비법상 추진위원회와 관련한 제반 법률문제", 사법 23, 2013, 175.

## 5. 재건축조합의 기관 및 구성

### (1) 조 합 원

㈎ 자　　격　　　재건축사업의 경우에는 정비구역 안에 소재한 건축물 및 그 부속토지의 소유자 또는 정비구역이 아닌 구역 안에 소재한 대통령령이 정하는 주택과 부대·복리시설 및 그 부속 토지의 소유자로서 재건축사업에 동의한 자에 한하여 조합원의 지위를 가지게 된다. 판례는, 재건축조합의 조합원 중 분양신청을 하지 않거나 철회하는 등 구 도정 § 47 및 조합 정관이 정한 요건에 해당하여 현금청산대상자가 된 조합원은 조합원의 지위를 상실한다고 판시하였다.146) 조합원은 종전 토지나 건축물의 소유권을 양도할 수 있고 그에 따라 조합원의 지위 내지 권리·의무도 당연히 이전·승계된다.147)

㈏ 권리와 의무　　　조합원은 ① 관리처분계획에서 정한 주택 등의 분양청구권, ② 총회의 출석권, 발언권 및 의결권, ③ 임원의 선임권 및 피선임권, ④ 대의원의 선출권 및 피선출권, ⑤ 손실보상 및 손해배상청구권 등의 권리를 가지고, ① 정비사업비, 청산금, 부과금 등의 비용납부의무, ② 사업시행계획에 의한 철거 및 이주의무, ③ 관계 법령 및 정관, 총회 의결사항 준수의무, ④ 조합원 소유의 토지와 건물 등의 현물출자의무 등을 부담한다.

### (2) 정　　관

조합의 정관에는 ① 조합의 명칭 및 사무소의 소재지, ② 조합원의 자격, ③ 조합원의 제명·탈퇴 및 교체, ④ 정비구역의 위치 및 면적, ⑤ 도정 § 41에 따른 조합임원의 수 및 업무의 범위, ⑥ 조합임원의 권리·의무·보수·선임방법·변경 및 해임, ⑦ 대의원의 수, 선임방법, 선임절차 및 대의원회의 의결방법, ⑧ 조합의 비용부담 및 조합의 회계, ⑨ 정비사업의 시행연도 및 시행방법, ⑩ 총회의 소집 절차·시기 및 의결방법, ⑪ 총회의 개최 및 조합원의 총회소집 요구, ⑫ 도정 § 73 Ⅲ에 따른 이자 지급, ⑬ 정비사업비의 부담 시기 및 절

---

146) 대판 12.3.29, 2010두7765(정보) 참조. 이는 판례가 주촉법상 재건축조합의 경우, 조합원은 부득이한 사유가 없는 한 조합의 사업목적이 달성되어 조합이 해산될 때까지 조합 목적 달성에 협력할 의무가 있고 조합원이 임의 탈퇴한다면 재건축사업의 시행이 불가능하거나 현저히 곤란하게 된다는 이유로, 부득이한 사유가 없는 한 조합원의 임의 탈퇴는 허용되지 않는다는 입장을 취하였던 것과 대조를 이룬다. 대판 97.5.30, 96다23887(공 97, 2004).

147) 다만 재건축주택에 대한 투기수요를 차단하기 위하여 투기과열지구 안에서는 재건축조합설립인가 후에 재건축사업 단지안의 주택 또는 토지를 양수하더라도 조합원 자격을 취득할 수 없다(도정 § 39 Ⅱ 참조).

차, ⑭ 정비사업이 종결된 때의 청산절차, ⑮ 청산금의 징수·지급의 방법 및 절차, ⑯ 시공자·설계자의 선정 및 계약서에 포함될 내용, ⑰ 정관의 변경절차, ⑱ 그 밖에 정비사업의 추진 및 조합의 운영을 위하여 필요한 사항으로서 대통령령으로 정하는 사항이 포함되어야 한다($_{\S\, 40\, I}^{도정}$).

조합이 정관을 변경하려는 경우에는 총회를 개최하여 조합원 과반수의 찬성으로, 그중 위 ②, ③, ④, ⑧, ⑬ 또는 ⑯의 사항은 조합원 3분의 2 이상의 찬성으로 변경하고, 시장·군수등의 인가를 받아야 한다($_{\S\, 40\, III}^{도정}$). 그러나 대통령령으로 정하는 경미한 사항을 변경하려는 때에는 도시정비법 또는 정관으로 정하는 방법에 따라 변경하고 시장·군수등에게 신고하면 족하다($_{\S\, 40\, IV}^{도정}$).

### (3) 임    원

⑺ 임원의 선임     조합은 임원으로 조합장, 이사, 감사를 두는데, 조합장은 조합을 대표하고 그 사무를 총괄하며 총회 또는 대의원회의 장이 된다 ($_{I,\, 42\, I}^{도정 \S\S 41}$). 조합임원의 임기는 3년 이하의 범위에서 정관으로 정하되, 연임할 수 있다($_{\S\, 41\, IV}^{도정}$). 조합임원의 선출방법 등은 정관으로 정한다. 다만, 조합임원이 사임, 해임, 유고 등으로 6개월 이상 선임되지 아니한 경우 시장·군수는 시·도조례로 정하는 바에 따라 변호사·회계사·기술사 등으로서 대통령령으로 정하는 요건을 갖춘 자를 전문조합관리인으로 선정하여 조합임원의 업무를 대행하도록 할 수 있다($_{\S\, 41\, V}^{도정}$). 임기가 만료되거나 사임한 임원이라도 그 임무를 수행함이 부적당하다고 인정할 만한 특별한 사정이 없는 한 후임자가 선임될 때까지 직무를 계속 수행할 수 있다.[148] 한편 조합임원 등은 형 §§ 129~132의 적용에 관하여 공무원으로 의제되고($_{\S\, 134}^{도정}$), 일정한 도시정비법 위반행위에 대하여는 벌칙이 적용된다($_{140}^{도정 \S\S 135~}$).

⑷ 임원의 해임     조합임원의 해임은 총회의 의결로 할 수 있으나,

---

148) 판례는 재건축조합의 조합장을 개임한 결의에 하자가 있다는 이유로 그 무효 확인을 구하는 소송에서, 그 결의에 의하여 조합장으로 선임된 자가 임기 만료나 사임 등으로 더 이상 그 조합장의 직에 있지 아니하게 되고 그 후 적법하게 새로운 조합장이 선임되었다면, 그 당초 조합장 개임 결의의 무효 확인을 구하는 소는 과거의 법률관계 내지 권리관계의 확인을 구함에 귀착되어 권리보호요건을 결여하는 것이고, 다만 후임 조합장의 선임 결의가 절차상 또는 내용상의 하자로 인하여 부존재 또는 무효임이 인정되거나 취소되는 등의 특별한 사정이 있는 경우에만 당초의 조합장 해임이나 선임 결의의 무효 확인을 구할 법률상의 이익이 있게 되는 것인데, 이 경우에 원고가 효력을 다투는 조합장 선임 결의에 의하여 선임된 조합장에 의하여 총회가 소집되어 후임 조합장 선임 결의가 이루어졌다는 사유는 무효 등의 사유인 절차상의 하자로 볼 수 없고 이 사유로 인하여 당초의 조합장 선임 결의의 무효 확인을 구할 법률상의 이익이 있게 되는 것은 아니라고 한다. 대판 05.5.27, 2004다24809(정보).

조합장이 총회를 개최하지 않는 경우 조합원 10분의 1 이상의 요구로 소집된 총회에서 조합원 과반수의 출석과 출석 조합원 과반수의 동의를 받아 할 수 있다. 이 경우 요구자 대표로 선출된 자가 해임 총회의 소집 및 진행을 할 때에는 조합장의 권한을 대행한다($\S^{도정}_{43 \, IV}$).

### (4) 조합원 총회

㈎ 소집권자　　조합에는 조합원으로 구성되는 총회를 둔다. 총회는 조합의 최고의사결정기관으로서, 총회의 결의가 재건축조합의 대내 및 대외관계에서 여러 법률관계의 기초가 된다. 다만 조합원의 수가 100명 이상인 조합의 경우에는 총회의 권한대행기관으로 대의원회를 두어야 한다($\S^{도정}_{46}$). 총회는 조합장의 직권 또는 조합원 5분의 1 이상 또는 대의원 3분의 2 이상의 요구로 조합장이 소집한다. 조합임원의 사임, 해임 또는 임기만료 후 6개월 이상 조합임원이 선임되지 아니한 경우에는 시장·군수등이 조합임원 선출을 위한 총회를 소집할 수 있다($\S^{도정}_{I-III} \S^{44}$).

㈏ 결의사항　　정관의 변경(경미한 사항의 변경은 법 또는 정관에서 총회의결사항으로 정한 경우로 한정한다), 자금의 차입과 그 방법·이자율 및 상환방법, 정비사업비의 사용, 예산으로 정한 사항 외에 조합원에게 부담이 되는 계약, 시공자·설계자 또는 감정평가업자의 선정 및 변경, 정비사업전문관리업자의 선정 및 변경, 조합임원의 선임 및 해임, 정비사업비의 조합원별 분담내역, 사업시행계획서의 작성 및 변경(정비사업의 중지 또는 폐지에 관한 사항 포함, 경미한 변경은 제외), 관리처분계획의 수립 및 변경(경미한 변경은 제외), 청산금의 징수·지급(수·분할 지급 포함)과 조합 해산 시의 회계보고, 비용의 금액 및 징수방법, 그 밖에 조합원에게 경제적 부담을 주는 사항 등 주요한 사항을 결정하기 위하여 대통령령 또는 정관으로 정하는 사항은 총회의 의결을 거쳐야 한다($\S^{도정}_{45} I$).

㈐ 소집절차 및 의결방법　　총회의 의결은 도시정비법 또는 정관에 다른 규정이 없으면 조합원 과반수의 출석과 출석 조합원의 과반수 찬성으로 한다. 다만 사업시행계획서 및 관리처분계획의 수립 및 변경의 경우 조합원 과반수의 동의를 받아야 하고, 정비사업비가 100분의 10 이상 증가하는 경우 조합원 3분의 2 이상 동의를 받아야 한다($\S^{도정}_{III, IV} \S^{45}$). 조합원은 서면으로 또는 대리인을 통하여 의결권을 행사할 수 있으나, 총회의 의결은 조합원의 100분의 10 이상이 직접 출석하여야 하고, 창립총회, 사업시행계획서의 작성 및 변경, 관리처분계획의 수립 및 변경을 의결하는 총회 등 대통령령으로 정하는 총회의 경우에는 조합원의 100분의 20 이상이 직접 출석하여야 한다($\S^{도정}_{V, VI} \S^{45}$).

판례는, 도시정비법에 의한 재건축조합 정관의 필요적 기재사항이자 엄격한 정관 변경 절차를 거쳐야 하는 '시공자와의 계약서에 포함될 내용'에 관한 안건을 총회에 상정하여 의결하는 경우, 그 계약서에 포함될 내용이 당초의 재건축결의 시 채택한 조합원의 비용분담 조건을 변경하는 것인 때에는, 비록 그 것이 정관 변경에 대한 절차가 아니라 할지라도 특별다수의 동의요건을 규정하여 조합원들의 이익을 보호하려는 도시정비법의 규정을 유추적용하여 조합원의 3분의 2 이상의 동의를 요한다고 봄이 상당하나,149) 물가의 변동 등 건축경기의 상황변화에 따른 통상 예상할 수 있는 범위를 초과하지 않는 범위 내에서 건축비용의 개산액을 변경하는 것은 당초의 재건축결의의 내용을 변경하는 것에 해당하지 않는다고 보았다.150)

## 6. 재건축조합의 매도청구

### (1) 의      의

매도청구권이란 사업시행자가 재건축사업을 시행함에 있어 조합설립에 동의하지 않은 자 및 조합설립에 동의할 자격이 없는 자에 대하여 일정한 절차를 거쳐 토지 및 건축물의 소유권을 매도할 것을 청구할 수 있는 권리를 말한다.

도시정비법 시행 이전의 재건축사업에서는 집합건물 §48에 의하여 인정된 권리였으나, 도시정비법은 제정 당시 위 조항을 준용하는 형식으로 명시적 규정을 둠으로써($\frac{구\ 도}{정\ §39}$) 매도청구권은 도시정비법상의 권리가 되었다.151) 그리고 개정된 현행 도시정비법은 위 조항을 준용하는 대신 정비사업의 특성을 반영하여 필요한 절차를 직접 규정하는 방식을 취하고 있다($\frac{도정}{§64}$).

### (2) 요건 및 절차

㈎ 재건축사업의 사업시행자는 사업시행계획인가의 고시가 있은 날부터

---

149) 대판 09.1.30, 2007다31884(공 09상, 233); 대판 09.11.26, 2008다41383(정보); 대판 12.8.23, 2010두13463(공 12하, 1607). 나아가 대판 16.5.12, 2013다49381(공 16상, 730)은, 주택재건축조합의 대표자가 도시정비법에서 정한 강행규정에 위반하여 적법한 총회의 결의 없이 계약을 체결한 경우 상대방이 법적 제한이 있다는 사실을 몰랐다거나 총회결의가 유효하기 위한 정족수 또는 유효한 총회결의가 있었는지에 관하여 잘못 알았더라도 계약이 무효이고, 이는 위와 같이 강행규정이 유추적용되어 과반수보다 가중된 정족수에 의한 결의가 필요한 경우에 결의 없이 체결한 계약의 경우에도 마찬가지라고 판시하였다.

150) 대판 10.4.15, 2009다54591(정보).

151) 구체적으로는 구 도정 §39에 명시적으로 규정된 권리행사의 주체 및 상대방 등에 관하여는 위 규정을 따라야 하고, 규정되지 아니한 행사방법 및 절차와 효과 등에 관하여는 집합건물 §48를 준용하여야 했다.

30일 이내에 조합설립에 동의하지 아니한 자나 도정 §§26 I, 27 I에 따라 시장·군수등, 토지주택공사등 또는 신탁업자의 사업시행자 지정에 동의하지 아니한 자에게 조합설립 또는 사업시행자의 지정에 관한 동의 여부를 회답할 것을 서면으로 촉구하여야 한다($\frac{도정}{§64\ I}$). 이러한 촉구를 받은 토지등소유자는 촉구를 받은 날부터 2개월 이내에 회답하여야 하는데, 만일 위 기간 내에 회답하지 아니한 경우 그 토지등소유자는 조합설립 또는 사업시행자의 지정에 동의하지 아니하겠다는 뜻을 회답한 것으로 본다($\frac{도정 §64}{II,\ III}$). 그리고 사업시행자는 위 만료된 때부터 2개월 이내에 조합설립 또는 사업시행자 지정에 동의하지 아니하겠다는 뜻을 회답한 토지등소유자와 건축물 또는 토지만 소유한 자에게 건축물 또는 토지의 소유권과 그 밖의 권리를 매도할 것을 청구할 수 있게 된다($\frac{도정}{§64\ IV}$).

(나) 집합건물법상 매도청구권을 행사할 수 있는 자는 재건축참가자 및 매수지정자이지만($\frac{집합건물}{§48\ IV}$), 도시정비법은 매도청구권의 행사주체를 사업시행자로만 규정하고 있으므로, 설립인가를 받은 재건축조합이 사업시행자로서 매도청구권을 행사할 수 있다.

조합설립인가처분의 위법 여부 또는 효력 유무에 대한 다툼이 있어 조합이 처음부터 다시 조합설립인가에 관한 절차를 밟아 조합설립변경인가를 받은 경우에는, 새로운 조합설립인가처분의 요건을 갖춘 조합설립변경인가에 기초하여 새로이 매도청구권을 행사할 수 있다.[152] 다만 해당 부동산을 사업시행구역 안의 토지로 포함시키는 조합설립변경인가처분이 있기도 전에 이루어진 매도청구는 효력이 없고, 그 후 해당 부동산을 사업시행구역 안의 토지로 포함시키는 조합설립변경인가처분이 있다고 하더라도 무효인 매도청구가 소급하여 유효하게 되지 아니한다.[153]

(다) 조합설립에 동의할 수 있음에도 동의하지 아니한 자에 대한 매도청구권의 행사를 위하여는 촉구절차가 필요하나, 주택단지 내에 건축물이나 토지만을 소유하는 등의 사유로 처음부터 조합설립 동의의 상대방이 되지 아니하는 자에 대한 매도청구권의 행사를 위한 촉구절차는 필요 없다. 다만 주택단지가 아닌 지역이 정비구역에 포함된 재건축조합이 조합설립인가를 받기 위해서는 도정 §35 IV에 따라 '주택단지가 아닌 지역' 안에 있는 토지 또는 건축물 소유자 등의 동의를 얻어야 하므로, 이러한 자에 대하여 매도청구를 함에 있어

---

152) 대판 13.2.28, 2012다74816(공 13상, 564).
153) 대판 11.5.13, 2009다42123(정보).

서는 특별한 사정이 없는 한 촉구절차를 거쳐야 한다.[154]

촉구에 대한 2개월의 회답기간은 재건축에 반대한 자를 위하여 설정된 이른바 '재고기간' 또는 '숙려기간'으로서 이를 연장할 수는 있으나 단축할 수는 없다. 최고서에 회답기간을 명시하지 않더라도 최고의 효력에는 영향이 없다. 일단 불참의 회답을 한 토지등소유자도 위 기간 내이면 그것을 철회해서 참가의 회답을 하는 것은 가능하다.[155] 최고에 대하여 회답기간 내에 재건축참가의 뜻을 회답하지 아니한 토지등소유자가 회답기간 경과 후에, 나아가 매도청구권 행사에 기한 소송 계속 중에 번의하여 일방적 의사표시로 재건축에 참가할 수 있는가? 구 주촉법이 적용되는 사안에서 판례는, 재건축조합의 사업지구 내에 주택을 소유하고 있는 자는 주택건설사업계획에 대한 승인이 있기 전까지는 얼마든지 재건축결의에 동의함으로써 조합원의 지위를 취득할 수 있다고 보았다.[156]

(라) 재건축조합의 매도청구의 방식에는 제한이 없으므로 구두나 서면 어느 것도 가능하나 실무상 서면으로 이루어지고 있다. 재건축불참자를 상대로 한 매도청구권 행사에 기한 소유권이전등기 등의 소에서 소장 부본의 송달로써 하는 방법도 유효하다.

판례는 재건축조합이 조합설립에 동의하지 않는 자에게 매도청구권을 행사하여 그에 따른 소유권이전등기절차의 이행을 구하는 소를 제기하면서 그 소장 부본에 재건축 참여 여부에 대한 회답 최고서를 첨부한 사안에서, 조합이 최고서를 첨부한 소장 부본의 송달로써 상대방에게 최고를 한 이상, 이는 상대방이 최고기간 내에 재건축사업에 불참가할 것을 정지조건으로 회답기간 만료 다음날 매도청구권을 행사한 것과 동일한 효과가 발생하였다고 볼 수 있으므로 결국 위 소장 부본 송달 이후 도래한 회답기간 경과일 다음날을 매매계약 성립일로 볼 수 있다고 하여, 정지조건부 매도청구권의 행사를 인정하고 있다.[157]

(마) 매도청구권의 행사기간은 회답기간의 만료일로부터 2개월이다 ($\S_{64}^{도정}$ IV). 매도청구권의 행사기간을 제한한 취지는, 매도청구권이 형성권으로서 재건축참가자 다수의 의사에 의하여 매매계약의 성립을 강제하는 것이므로, 만일 위와 같이 행사기간을 제한하지 않으면 매도청구의 상대방은 매도청구권자가 언제 매도청구를 할지 모르게 되어 그 법적 지위가 불안정하게 될 뿐만

---

154) 대판 10.5.27, 2009다95585(정보); 대판 12.1.12, 2009다82374(정보).
155) 윤경, "재건축결의의 요건과 하자의 치유", 해설 42, 2003, 522.
156) 대결 02.3.11, 2002그12(공 02, 1203).
157) 대판 10.7.15, 2009다63380(정보).

아니라 매도청구권자가 매수대상인 토지 등의 시가가 가장 낮아지는 시기를 임의로 정하여 매도청구를 할 수 있게 되어 매도청구 상대방의 권익을 부당하게 침해할 우려가 있는 점을 감안하여, 매도청구 상대방의 정당한 법적 이익을 보호하고 아울러 재건축을 둘러싼 법률관계를 조속히 확정하기 위한 것이다.[158] 또 재건축사업의 주택단지 내에 건축물이나 토지만을 소유하고 있는 자는 "토지등소유자"에 해당하지 않아 조합원의 자격이 없을 뿐 아니라 도정 § 35 Ⅲ 소정의 조합 설립 동의의 상대방이 되지도 않고 그들에 대한 촉구절차를 거칠 필요도 없지만, 이 경우에도 매도청구권은 조합의 설립일로부터 2개월 이내에 행사되어야 하고, 이를 도과할 경우 매도청구권이 소멸한다.[159]

다만 제척기간이 도과하였다고 하여 매도청구권이 종국적으로 소멸하는 것은 아니고, 조합은 다시 조합설립변경동의 및 조합 설립변경인가 등의 절차를 밟아 새로운 매도청구권을 행사할 수 있다.[160]

한편 판례는 구 도정 § 18 Ⅱ에서 조합은 조합 설립의 인가를 받은 날부터 30일 이내에 주된 사무소의 소재지에서 대통령령이 정하는 사항을 등기함으로써 성립한다고 규정하고 있으므로, 집합건물 § 48 Ⅳ에서 매도청구권의 행사기간을 규정한 취지 및 구 도정 § 39에서 이러한 집합건물법 규정을 준용하도록 한 입법 취지에 비추어, 재건축조합은 조합설립등기를 마친 때로부터 2개월 이내에 매도청구를 할 수 있다고 해석함이 타당하다고 보았다.[161]

### (3) 매도청구권 행사의 효과

매도청구권의 목적물은 재건축불참자의 토지 또는 건축물의 소유권과 그 밖의 권리이고, 매도청구권의 성질은 형성권이다. 따라서 매도청구권 행사의 의사표시가 상대방에게 도달하면 상대방의 승낙을 기다리지 않고 곧바로 목적물에 관하여 시가에 따른 매매계약이 성립한 것으로 간주된다.[162] 다만 소유권은 이전등기를 마친 때에 이전된다.

매도청구권은 시가에 따라 매도할 것을 청구하는 것이 그 권리의 본질인

---

158) 대판 08.2.29, 2006다56572(정보); 대판 13.3.14, 2012다111531(정보); 대판 16.12.29, 2015다202162(정보).
159) 대판 08.2.29, 2006다56572(정보).
160) 대판 09.1.15, 2008다40991(정보); 대판 12.12.26, 2012다90047(정보); 대판 13.3.14, 2012다111531(정보).
161) 대판 08.2.29, 2006다56572(정보).
162) 대판 13.3.14, 2012다111531(정보).

이상 시가 결정이 필수적이다. 판례는 재건축사업에 있어서 매도청구권의 행사 시의 시가란 매도청구권이 행사된 당시의 토지나 건물의 객관적 거래가격으로 서, 노후되어 철거될 상태를 전제로 하거나 재건축사업이 시행되지 않은 현재 의 현황을 전제로 한 거래가격이 아니라 그 토지나 건물에 관하여 재건축사업 이 시행된다는 것을 전제로 하여 토지나 건축물을 평가한 가격, 즉 재건축으로 인하여 발생할 것으로 예상되는 개발이익이 포함된 가격을 말한다고 한다.[163]

매도청구권의 행사에 의하여 매매계약이 성립되므로 조합의 매매대금 지 급의무와 재건축불참자의 토지 등에 관한 소유권이전등기의무 및 인도의무는 동시이행의 관계에 있다. 토지 등에 근저당권 등의 권리제한 등기가 마쳐져 있 는 경우 그 말소까지도 매매대금 지급의무와 동시이행관계에 있게 된다.

### (4) 매도청구권 관련 소송에 관한 법적 규율

도시정비법상 재건축조합이 공법인이라는 사정만으로 조합 설립에 동의하 지 않은 자의 토지 및 건축물에 대한 재건축조합의 매도청구권을 둘러싼 법률 관계가 공법상의 법률관계에 해당한다거나 그 매도청구권행사에 따른 소유권 이전등기절차 이행을 구하는 소송이 당연히 공법상 당사자소송에 해당한다고 볼 수는 없고, 위 법률의 규정들이 재건축조합과 조합 설립에 동의하지 않은 자와의 사이에 매도청구를 둘러싼 법률관계를 특별히 공법상의 법률관계로 설 정하고 있다고 볼 수도 없으므로, 재건축조합과 조합 설립에 동의하지 않은 자 사이의 매도청구를 둘러싼 법률관계는 사법상의 법률관계로서 그 매도청구권 행사에 따른 소유권이전등기의무의 존부를 다투는 소송은 민사소송에 의하여 야 한다.[164]

한편 전술한 바와 같이 재건축조합은 관할 행정청의 조합설립인가와 등기 에 의해 설립되고, 조합 설립에 대한 토지등소유자의 동의는 조합설립인가처 분이라는 행정처분을 하는 데 필요한 절차적 요건 중 하나에 불과한 것이므로, 그러한 조합설립결의에 하자가 있다 하더라도 그로 인해 조합설립인가처분이 취소되거나 당연무효로 되지 않는 한 정비사업조합은 여전히 사업시행자로서 의 지위를 갖는다.[165] 따라서 재건축조합이 조합설립에 동의하지 않는 자 등에 대해 매도청구권을 행사하여 그에 따른 소유권이전등기절차 이행 등을 구하는

---

163) 대판 09.3.26, 2008다21549, 21556, 21563(정보); 대판 14.12.11, 2014다41698(공 15 상, 117).

164) 대판 10.4.8, 2009다93923(정보).

165) 대판 09.9.24, 2008다60568(공 09하, 1735) 등.

소송을 제기한 경우, 그 소송절차에서 조합설립결의의 하자를 이유로 매도청
구권행사의 적법성을 다투기 위해서는 그로 인해 조합설립인가처분이 적법하
게 취소되었거나 당연무효임을 주장·입증하여야 한다.[166]

### (5) 분양신청을 하지 않거나 분양계약을 체결하지 않은 조합원에 대한 매도청구

(가) 종래 구 도정 §47는 조합설립에 동의하였으나 분양신청을 하지 않
거나 분양신청기간 종료 이전에 분양신청을 철회한 자 등에 대하여 관리처분
계획 인가를 받은 날의 다음날로부터 90일 이내에 토지·건축물 또는 그 밖의
권리에 대하여 현금으로 청산하여야 한다고 규정하였다. 판례는, 위 규정이 사
업시행자인 재건축조합의 현금청산 대상자에 대하여 부담하는 현금청산 의무
를 규정하는 것에 불과하므로, 재건축조합이 위 조항을 근거로 하여 곧바로 현
금청산 대상자를 상대로 정비구역 내 부동산에 관한 소유권이전등기를 청구할
수는 없다고 하면서도, 한편으로 사업시행자인 재건축조합에게는 원칙적으로
정비구역 내 부동산에 관한 수용권한도 인정되지 않는 것이고 구 도정 §39에
서 규정하는 사업시행자의 매도청구권도 원칙적으로 조합원이 아닌 자를 상대
로 하는 것으로서 조합설립에 동의한 조합원이었던 현금청산 대상자에 대하여
바로 적용할 수는 없는 것이지만, 현금청산 대상자는 분양신청을 하지 않는 등
의 사유로 인하여 분양대상자의 지위를 상실함에 따라 조합원 지위도 상실하
게 되어 조합탈퇴자에 준하는 신분을 가지는 것이므로, 매도청구에 관한 구 도
정 §39를 준용하여 재건축조합은 현금청산 대상자를 상대로 정비구역 내 부
동산에 관한 소유권이전등기를 청구할 수 있다고 판시하였다.[167]

나아가 판례는 현금청산 대상자에 대한 청산금 지급의무가 발생하는 시기
는 구 도정 §46의 규정에 따라 사업시행자가 정한 '분양신청기간의 종료일 다음
날'이라고 하여야 하고, 현금청산의 목적물인 토지·건축물 또는 그 밖의 권리의
가액을 평가하는 기준시점도 같은 날이므로, 현금청산 대상자에 대한 매도청구
권의 행사로 매매계약의 성립이 의제되는 날도 같은 날로 보아야 하며,[168] 그와

---

166) 대판 10.2.25, 2009다66686(정보); 대판 10.4.8, 2009다93923(정보); 대판 10.4.8, 2009다10881(공 10상, 859); 대판 10.7.15, 2009다63380(정보).
167) 대판 10.12.23, 2010다73215(공 11상, 226); 대판 12.5.10, 2010다47469, 47476, 47483(정보); 대판 13.9.26, 2011다16127(공 13하, 1877).
168) 따라서 분양신청을 하지 않은 기존의 조합원들은 분양신청기간이 종료한 후 개최되는 조합원 총회의 의사정족수 산정을 위한 총 조합원수에서 제외되어야 한다. 대판 12.3.29, 2010두7765(정보).

같이 보는 이상 위 매도청구권의 행사에 관하여는 그 최고절차 및 행사기간에 대하여 구 도정 §39에서 준용하는 집합건물 §48의 규율이 없다고 보아야 한다고 한다.[169)

　또 판례는 조합원이 재건축조합에서 제명되거나 탈퇴하는 등 후발적인 사정으로 그 지위를 상실하는 경우에도 처음부터 분양신청을 하지 아니하거나 철회하는 경우와 마찬가지로 현금청산 대상자가 된다고 보고 있다.[170)

　㈏ 재건축조합이 현금청산 대상자에 대하여 청산금의 지급의무를 부담하는 경우에, 공평의 원칙상 현금청산 대상자는 권리제한등기가 없는 상태로 토지 등의 소유권을 사업시행자에게 이전할 의무를 부담하고, 이러한 권리제한등기 없는 소유권 이전의무와 사업시행자의 청산금 지급의무는 동시이행관계에 있는 것이 원칙이며, 다만 사업시행자는 사업수행을 위하여 필요한 경우에는 토지등소유자에게 청산금 중에서 권리제한등기를 말소하는 데 필요한 금액을 공제한 나머지 금액을 먼저 지급할 수 있고 이에 대하여 토지등소유자는 동시이행항변권을 행사할 수 없다.[171) 만일 현금청산에서 토지등소유자가 토지 등에 관한 소유권이전등기 및 인도를 마쳤으나 근저당권설정등기를 말소하지 아니한 경우, 재건축조합은 말소되지 아니한 근저당권의 채권최고액 또는 채권최고액의 범위 내에서 확정된 피담보채무액에 해당하는 청산금에 대하여만 동시이행의 항변권에 기초하여 지급을 거절할 수 있다고 보는 것이 공평의 관념과 신의칙에 부합한다.[172)

　㈐ 한편 판례는, 재건축조합이 분양신청을 하지 아니하거나 철회한 토지등소유자를 상대로 그가 출자한 토지 등에 대하여 현금으로 청산하도록 규정한 취지는, 조합원이 조합 정관에 따라 현물출자의무를 이행한 후 조합원 지위를 상실함으로써 청산을 하여야 하는 경우에 그가 출자한 현물의 반환을 인정하지 아니하고 현금으로 지급하도록 정한 것으로 보아야 하고, 이는 조합원이 그 소유의 토지 등에 관하여 재건축조합 앞으로 신탁을 원인으로 한 소유권이전등기를 마친 후 조합원의 지위를 상실함으로써 신탁관계가 그 목적 달성 불능을 이유로 종료된 경우에도 달리 볼 것은 아니므로, 재건축조합은 위 토지

---

169) 대판 10.12.23, 2010다73215(공 11상, 226); 대판 12.5.10, 2010다47469, 47476, 47483(정보); 대판 13.9.26, 2011다16127(공 13하, 1877).
170) 대판 13.11.28, 2012다110477, 110484(공 14상, 51).
171) 대판 08.10.9, 2008다37780(공 08하, 1544). 대판 09.1.15, 2008다40991(정보)도 참조.
172) 대판(전) 15.11.19, 2012다114776(공 16상, 1).

등의 소유권을 취득하기 위하여 구 도정 §39를 준용하여 새로이 매도청구권을 행사할 필요가 없다고 본다.[173] 따라서 토지등소유자는 청산금을 받기 위하여 별도로 소유권을 이전할 의무를 부담하지 아니하고 신탁재산이었던 부동산은 당연히 재건축조합에 귀속되므로, 재건축조합이 먼저 토지등소유자에게 신탁등기의 말소등기와 신탁재산의 귀속을 원인으로 한 소유권이전등기를 한 뒤 다시 토지등소유자가 재건축조합 앞으로 청산을 원인으로 하는 소유권이전등기를 하는 절차를 밟을 필요는 없다.[174]

　㈐ 현행 도정 §73는 구 도정 §47를 개정하여, 사업시행자는 분양신청을 하지 아니한 자, 분양신청기간 종료 이전에 분양신청을 철회한 자, 도정 §72 Ⅵ 본문에 따라 분양신청을 할 수 없는 자 또는 도정 §74에 따라 인가된 관리처분계획에 따라 분양대상에서 제외된 자와 관리처분계획이 인가·고시된 다음 날부터 90일 이내에 토지, 건축물 또는 그 밖의 권리의 손실보상에 관한 협의를 하여야 하되, 다만 사업시행자는 분양신청기간 종료일의 다음 날부터 협의를 시작할 수 있다($\S^{도정}_{73}$Ⅰ)고 규정함으로써, 손실보상 협의 개시시점을 분양신청기간 종료일부터로 확대하였다. 또 사업시행자는 위 §73 Ⅰ에 따른 협의가 성립되지 아니하면 그 기간의 만료일 다음 날부터 60일 이내에 수용재결을 신청하거나 매도청구소송을 제기하여야 한다($\S^{도정}_{73}$Ⅱ)고 규정하여 사업시행자의 매도청구권을 직접 명문화하였다.

## 7. 재건축사업과 관련한 그 밖의 분쟁과 법적 규율

### (1) 조합설립인가 전의 총회결의무효확인소송

조합설립인가처분이 행정주체로서 지위를 부여하는 설권적 처분의 성격을 가진다고 보는 이상, 조합설립인가 이후에는 조합설립결의에 하자가 있다면 그 하자를 이유로 직접 항고소송의 방법으로 조합설립인가처분의 취소 또는 무효확인을 구하여야 함[175]은 전술한 바와 같다.

173) 대판 13.11.28, 2012다110477, 110484(공 14상, 51). 이 판결에 대한 평석으로 강문경, "재건축조합원이 신탁을 원인으로 한 소유권이전등기를 마친 후 제명되거나 탈퇴한 경우 재건축조합이 토지의 소유권을 취득하기 위하여 매도청구권을 행사하여야 하는지 여부", 해설 97하, 2014, 252-284.
174) 대판 08.10.9, 2008다37780(공 08하, 1544); 대판 10.9.9, 2010다19204(정보); 대판 13.7.25, 2011다19744, 19751(정보); 대판 13.7.25, 2011다19768, 19775(공 13하, 1569); 대판 13.11.28, 2012다110477, 110484(공 14상, 51).
175) 대판 09.9.24, 2008다60568(공 09하, 1735); 대판 09.10.15, 2009다10638, 10645(정

　　다만 조합설립인가처분 이전에는 조합설립결의의 하자를 다투려면 추진
위원회를 피고로 삼아 조합원총회결의 무효확인소송을 제기할 수밖에 없는데,
이때 추진위원회는 행정주체가 아니므로 민사소송이라고 보아야 할 것이다.
이러한 소송은 조합설립인가처분 시까지만 허용되는 것이므로 소송 계속 중
관할 행정청에 의한 설립인가처분이 있게 되면, 원고로서는 인가처분 취소소
송으로 소를 변경할 필요가 있게 된다.[176)

### (2) 사업시행계획, 관리처분계획 관련 총회결의무효확인소송

　　⑺ 인가된 사업시행계획, 관리처분계획에 관한 결의 효력을 다투는 경
우　　　재건축조합이 행정주체의 지위에서 도시정비법에 기초하여 수립한 사
업시행계획은 인가·고시를 통해 확정되면 이해관계인에 대한 구속적 행정계
획으로서 독립된 행정처분에 해당하고, 이는 관리처분계획의 경우에도 마찬가
지이다. 따라서 사업시행계획이나 관리처분계획 등에 대하여 관할 행정청의
인가·고시가 있게 되면 사업시행계획이나 관리처분계획은 행정처분으로 효력
이 발생하게 되므로, 총회결의의 하자를 이유로 하여 행정처분의 효력을 다투
는 항고소송의 방법으로 관리처분계획의 취소 또는 무효확인을 구하여야 하
고, 그와 별도로 행정처분에 이르는 절차적 요건 중 하나에 불과한 총회결의
부분만을 따로 떼어내어 효력유무를 다투는 확인의 소를 제기하는 것은 특별
한 사정이 없는 한 허용되지 않는다.[177)

　　⑼ 인가 이전의 사업시행계획, 관리처분계획 결의의 효력을 다투는 경
우　　　반면 사업시행계획이나 관리처분계획이 인가·고시를 통해 확정되기
전에 재건축조합을 상대로 사업시행계획과 관리처분계획 결의의 효력을 다투
는 소송은 당사자소송으로 제기하여야 한다.

　　판례는, 행정주체인 재건축조합을 상대로 관리처분계획안에 대한 조합 총
회결의의 효력 등을 다투는 소송은 행정처분에 이르는 절차적 요건의 존부나
효력 유무에 관한 소송으로서 그 소송결과에 따라 행정처분의 위법 여부에 직
접 영향을 미치는 공법상 법률관계에 관한 것이므로, 이는 행정소송법상의 당
사자소송에 해당하고, 위와 같은 소송을 관리처분계획에 대한 인가·고시가 있
기 전에는 허용할 필요가 있다고 보았다.[178) 또 사업시행계획도 마찬가지로 인

---

　　보); 대판 10.2.25, 2007다73598(정보); 대판 10.4.8, 2009다10881(공 10상, 859).
　176) 노경필(주 104), 232-233.
　177) 대판 09.10.15, 2009다10638(정보); 대결 09.11.2, 2009마596(공 09하, 2010).
　178) 대판(전) 09.9.17, 2007다2428(공 09하, 1648). 이 판결에 대한 평석으로 노경필, "관리

가·고시가 있기 전에 사업시행계획에 관한 조합총회 결의의 효력을 다투기 위해서는 행정소송법상 당사자소송을 제기하여야 한다고 본다.[179)]

### (3) 조합임원 선임·해임 또는 공사도급계약 관련 소송

판례는, 도시정비법상 재개발조합이 공법인이라는 사정만으로 재개발조합과 조합장 또는 조합임원 사이의 선임·해임 등을 둘러싼 법률관계가 공법상의 법률관계에 해당한다거나 그 조합장 또는 조합임원의 지위를 다투는 소송이 당연히 공법상 당사자소송에 해당한다고 볼 수는 없고, 구 도시정비법의 규정들이 재개발조합과 조합장 및 조합임원과의 관계를 특별히 공법상의 근무관계로 설정하고 있다고 볼 수도 없으므로, 재개발조합과 조합장 또는 조합임원 사이의 선임·해임 등을 둘러싼 법률관계는 사법상의 법률관계로서 그 조합장 또는 조합임원의 지위를 다투는 소송은 민사소송에 의하여야 한다고 판시하였다.[180)] 또 도시정비법상 도시환경정비사업조합에 관한 사안에서, 위와 같은 이유에서 도시정비법의 규정들이 도시환경정비사업조합과 시공자와의 관계를 특별히 공법상의 계약관계로 설정하고 있다고 볼 수 없는 이상, 도시환경정비사업조합과 시공자 사이의 공사도급계약 등을 둘러싼 법률관계는 사법상의 법률관계로서 그 공사도급계약의 효력을 다투는 소송은 민사소송에 의하여야 한다고 보았다.[181)]

### (4) 조합의 불법행위책임 등

조합장 등 대표기관이 직무상 불법행위를 하여 조합원들에게 직접 손해를 가한 경우에는 조합의 손해배상책임이 인정된다. 재건축조합이 조합원들을 위법하게 제명한 상태에서 제명 조합원들이 분양받아야 할 아파트를 일반분양한 것은 조합원들의 수분양권을 위법하게 박탈하는 것으로서 불법행위가 될 수 있고, 그러한 상태에서 시공회사가 재건축조합과 함께 일반분양을 강행하는

---

처분계획 총회결의 무효확인소송의 법적 취급", 행정판례연구 15-1, 381-410. 동지: 대판 09.10.15, 2009다10638(정보).

179) 대판 09.10.15, 2008다93001(공 09하, 1832). 나아가 이 판결은, 도시정비법이 시행된 후에는 조합설립결의, 사업시행계획이나 관리처분계획 등에 의하지 아니한 '재건축 재결의'가 있다고 하여 곧바로 조합원에게 권리변동의 효력을 미칠 수 없는 것이므로 위와 같은 재건축 재결의가 독자적인 의미를 가진다고 보기도 어렵다는 점을 명백히 하였다. 이와 달리, 도시환경정비사업을 직접 시행하려는 토지등소유자들은 시장·군수로부터 사업시행인가를 받기 전에는 행정주체로서의 지위를 가지지 못하므로 조합이 아닌 토지등소유자들이 작성한 사업시행계획은 인가처분의 요건 중 하나에 불과하고 항고소송의 대상이 되는 독립된 행정처분에 해당하지 아니한다. 대판 13.6.13, 2011두19994(공 13하, 1228).

180) 대결 09.9.24, 2009마168, 169(공 09하, 1762).

181) 대결 10.4.8, 2009마1026(정보).

경우에는 제명된 조합원들에 대하여 재건축조합과 시공회사의 공동불법행위가 성립할 수 있다.[182]

한편 판례는 조합임원의 형사책임과 관련하여, 토지등소유자로 구성되는 조합이 그 설립과정에서 조합설립인가처분을 받지 아니하였거나 설령 이를 받았다 하더라도 처음부터 조합설립인가처분으로서 효력이 없는 경우에는 정비사업을 시행할 수 있는 권한을 가지는 행정주체인 공법인으로서의 조합이 성립되었다 할 수 없고, 또한 이러한 조합의 조합장, 이사, 감사로 선임된 자 역시 도시정비법에서 정한 조합의 임원이라 할 수 없으므로, 정비사업을 시행하려는 어떤 조합이 조합설립인가처분을 받았다 하더라도 그 조합설립인가처분이 무효여서 처음부터 도시정비법에서 정한 조합이 성립되었다고 할 수 없는 경우에, 그 성립되지 아니한 조합의 조합장, 이사 또는 감사로 선임된 자는 구 도정 § 85 Ⅴ 위반죄 또는 § 86 Ⅳ 위반죄의 주체인 '조합의 임원' 또는 '조합임원'에 해당하지 아니하여 위 각 규정의 위반죄로 처벌할 수 없다고 판시하였다.[183]

### (5) 보전처분

(개) 항고소송의 대상이 되는 행정처분의 효력이나 집행 혹은 절차속행 등의 정지를 구하는 신청은 행정소송법상 집행정지신청의 방법으로만 가능할 뿐 민사소송법상 가처분의 방법으로는 할 수 없다.[184] 따라서 조합설립인가처분에 대한 효력정지 등도 행소 § 23 Ⅱ에 따른 집행정지신청에 의하여야 하고, 조합설립인가처분의 취소 또는 당연무효를 이유로 이후의 절차 진행을 막고자 하는 가처분( 예컨대, 시공자선정을 위한 총회결의개최금지가처분. 사업시행계획 수립을 위한 총회결의개최금지가처분 )도 행정처분의 효력을 직접 다투는 것이므로 마찬가지이다.[185]

다만 당사자소송의 경우에는 항고소송에서의 집행정지규정이 적용되지 않으므로($§ \frac{행소}{44 \ I}$) 민사집행법상의 가처분규정이 준용되고,[186] 당사자소송을 본안으로 하는 가처분인 주거이전비 지급 단행가처분 등도 허용된다.[187]

---

182) 대판 09.9.10, 2008다37414(공 09하, 1621).

183) 대판(전) 14.5.22, 2012도7190(공 14상, 1265). 이 판결에 대한 평석으로 민철기, "해당 조합에 대한 설립인가처분이 무효인 경우 도시 및 주거환경정비법상 '조합임원'이 구성요건상 주체로 되어 있는 금지 규정을 위반한 범죄가 성립되는지 여부", 해설 100, 2014, 454-470.

184) 대결 09.11.2, 2009마596(공 09하, 2010).

185) 노경필(주 104), 234.

186) 김용찬, "집행정지", 행정소송(Ⅰ), 한국사법행정학회, 375.

187) 노경필(주 104), 246.

(나) 그 밖에 조합설립인가처분 이전의 추진위원회 단계에서 이루어지는 가처분(예컨대 총회개최 금지가처분 등)을 비롯하여 민사소송을 본안으로 하는 가처분은 모두 민사가처분이므로 민사사건 관할법원에서 처리하면 된다. 판례 중에는 조합임원에 대한 직무집행정지가처분과 관련하여, 조합의 이사장 및 이사가 조합업무에 관하여 위법행위 및 정관위배행위 등을 하였다는 이유로 그 해임을 청구하는 소송은 형성의 소에 해당하는데 이를 제기할 수 있는 법적 근거가 없으므로 조합의 이사장 및 이사 직무집행정지 가처분은 허용될 수 없다고 판시한 것[188]과, 재건축조합의 조합장에 대하여 직무집행을 정지하고 직무대행자를 선임하는 가처분결정이 있은 후 그 직무대행자에 의하여 소집된 임시총회에서 직무집행이 정지된 종전 조합장이 다시 조합장으로 선임되었다 하더라도 위 가처분결정이 취소되지 아니한 이상 직무대행자만이 적법하게 조합을 대표할 수 있고 다시 조합장으로 선임된 종전 조합장은 그 선임결의의 적법 여부에 관계없이 대표권을 가지지 못한다고 판시한 것[189] 등이 있다.

## Ⅳ. 종중, 교회, 사찰, 촌락공동체

어떤 단체가 사단의 실질을 갖추고 있음에도 법인격을 취득하지 않고 있는 경우에는 법인 아닌 사단으로 남게 된다. 이러한 법인 아닌 사단의 구체적인 모습은 그야말로 다양할 수밖에 없을 것인데, 학설, 판례상 주로 논의되는 것이 종중, 교회, 사찰 그리고 동·리·부락과 같은 촌락공동체이다. 이들은 각기 그 기원과 역사적 배경을 달리하고 있지만 신앙 내지 제사를 주된 목적으로 하고 있다는 점에서는 유사하다. 반면 그 법적 성질은 구체적인 모습에 따라 법인 아닌 사단 또는 재단 등 각각 다르게 평가되는 측면이 있고 그에 따라서 재산의 귀속형태나 사용·수익, 관리·처분의 방식을 비롯하여 재산관련 분쟁에서 특수한 문제가 발생하기도 한다. 이에 관한 상세한 논의는 중복을 피하기 위하여 공동소유 후론에서 함께 살펴보기로 한다.

[진 현 민]

---

188) 대판 01.1.16, 2000다45020(공 01, 446).
189) 대판 00.2.22, 99다62890(공 00, 773).

# 第4章 物 件

## Ⅰ. 권리의 객체

민법 총칙편 제4장은 물건의 정의에 관한 §98, 부동산·동산에 관한 §99, 주물·종물에 관한 §100, 천연과실·법정과실에 관한 §101, 과실의 취득에 관한 §102 5개의 조로 이루어져 있다. 제2장 인(人), 제3장 법인(法人)은 모두 권리 주체에 관한 것이므로 그 편제상 위치로부터 제4장 물건에 관한 규정들은 권리주체의 상대적 개념인 권리의 객체에 관하여 규정한 것으로 이해되고 있다. 물건에 관한 규정들의 계수 전사(前史)에 비추어 본장이 처음부터 이러한 체계적 관점에 따라 편제되었는지는 확실하지 않다. 그럼에도 오늘날 대부분의 학설은 본장의 편제상의 위치로부터 본장 물건에 관한 규정을 권리의 객체에 관한 규율을 대표하는 것으로 파악하고 있다. 따라서 먼저 권리 주체에 대하여 권리 객체가 어떤 의미로 이해되고 있는지를 살펴볼 필요가 있다.

권리는 일정한 사회생활상의 이익을 실현하는 것을 목적으로 한다. 가령 소유권과 같은 물권에 있어서는 물건을 직접 배타적으로 지배하여 사용·수익·처분하는 이익을 향유할 수 있고, 채권에 있어서는 특정한 사람(채무자)에 대하여 일정한 행위, 즉 급부행위를 청구하여 그 이행으로부터 이익을 얻을 수 있다. 이때 이러한 이익을 성립 실현시키는 데에 일정한 대상을 필요로 하는 경우 이를 권리의 객체라고 한다.[1] 달리 말하면 권리를 일정한 생활상의 이익

---

[1] 구주해(2), 1(김병재); 주석 총칙(2), 255(제5판/김종기); 곽윤직·김재형, 219. 하지만 권리의 목적과 객체를 엄밀히 구별하기 어려운 경우도 있어서 양자를 별다른 구별 없이 사용하기도 한다. 양창수·권영준, 25. 가령 채권의 목적은 채무자의 급부인데 이는 동시에 채권의 객체이기도 하다. 그러나 보다 엄밀히 구별한다면 채권의 목적은 급부행위에

을 실현시키는 법률상의 힘이라고 할 때 그 이익의 실현을 위하여 힘이 미치는 대상을 권리의 객체라고 할 수 있다.

권리의 종류와 내용, 성질에 따라 그 목적이 되는 사회생활상의 이익이 다양한 만큼 이를 실현하는 데 필요한 객체도 다양하게 나타날 수 있다. 소유권과 같은 물권의 경우에는 물권의 배타적 지배가 미치는 물건이 그 객체가 되고, 채권의 경우에는 청구의 대상이 되는 채무자의 행위가 권리의 객체라고 할 수 있다. 나아가 권리 위에 권리가 설정된 경우에는 대상이 되는 권리(채권질권에 있어서 채권, 전세권저당권에 있어서 전세권 등)가 권리의 객체가 되고, 형성권에 있어서는 의사표시에 의하여 변동되는 법률관계가 권리의 객체가 되며, 지적재산권의 경우에는 저작, 발명 등 무형의 지적 생산물이 권리의 객체가 된다. 이와 같이 권리의 객체에는 유형의 것이 있는가 하면 무형의 것도 있다.

인격권의 경우에는 권리주체 그 자신이 권리의 객체라고 이해하는 견해[2]와 권리주체의 인격적 이익을 권리의 객체라고 설명하는 견해[3]가 있다. 그러나 전자의 경우에는 권리주체가 동시에 권리의 객체라고 하는 것이 어색하고 후자는 권리의 목적과 객체를 구별하지 못한다. 인격권의 목적이 인격적 이익의 실현이라면 인격권의 객체는 권리자의 인격적 이익을 매개하는 것, 즉, 인격권에 있어서 신상에 관한 자기결정권이 문제되는 경우에는 자기결정의 대상이 되는 사태(수술에 대한 동의, 주거에 대한 결정 등)를 권리의 객체라고 할 것이고, 명예훼손이 문제되는 경우에는 권리자의 사회적 평판, 초상권이 문제되는 경우에는 권리자의 초상화면, 프라이버시 보호가 문제되는 경우에는 권리자의 사생활에 관한 정보가 각각 인격권의 객체가 된다고 보는 것이 적절하다.

친족법상의 지위에서 인정되는 친족권의 경우에도 친족권이 문제되는 구체적인 생활관계에 따라 권리의 객체도 달라질 수 있다.[4] 가령 친권자가 친권

---

의하여 실현되는 급부이익이고 채권의 객체는 급부이익을 실현하기 위한 채무자의 급부행위 그 자체라고 보아 양자를 구별할 수 있다. 반면에 가령 채권이 물건의 인도를 목적으로 하는 경우 그 물건은 권리의 객체가 아니라 권리의 목적물에 지나지 않는다. 일본에서도 권리주체에게 인정되는 이익을 권리의 내용 또는 목적이라고 하고 그 이익을 충족시키는 수단인 일정한 대상을 권리의 객체라고 하는데 목적과 객체가 동의어로 쓰이는 경우도 적지 않아 학설에 따라 그 용어법이 일정하지 않다. 日注民(2) 新版, 574(田中).

2) 강태성, 393; 고상룡, 266; 곽윤직 · 김재형, 218; 김증한 · 김학동, 265; 백태승, 민법총칙, 집현재, 2016, 266; 이영준, 민법총칙, 박영사, 2004, 851.

3) 구주해(2), 2(김병재); 김민중, 229; 김주수 · 김상용, 258; 김준호, 176; 송덕수, 민법총칙, 2015, 689.

4) 다수의 학설에서는 친족권의 권리객체를 친족관계의 신분이라고 본다. 강태성, 392; 곽윤직 · 김재형, 218; 김민중, 229; 김주수 · 김상용, 258; 백태승(주 2), 269; 이영준(주 2), 851.

에 기하여 자녀의 법률행위에 관하여 법정대리권을 행사하는 경우에는 대리하
는 법률행위가 권리의 객체가 되고, 유아인 자녀의 수술에 동의하는 경우에는
수술에 대한 동의가 친권 행사의 대상이며, 부양청구권의 경우에는 부양자의
부양행위($^{부양료의 지급 또는 사}_{실로서의 동거부양행위}$)를 권리의 객체라고 보아야 할 것이다. 상속권의 경
우에는 상속재산을 권리의 객체라고 볼 수 있다.

사람은 오직 권리의 주체일 뿐 권리의 객체는 될 수 없다고 보는 것이 타
당하다.[5] 학설에 따라서는 인격권에 있어서 권리의 객체는 권리 주체 그 자신
이라거나 친족권에 있어서는 일정한 친족관계에 서 있는 사람($^{친권에 있어서는 친권}_{에 복종하는 자녀, 후견}_{권에 있어서}_{는 피후견인등}$)을 권리의 객체로 설명하기도 하지만,[6] 어느 경우에나 사람 그 자체
를 권리의 객체라고 보는 것은 적당하지 않다.[7] 권리의 객체는 권리를 실현하
는 데에 필요한 대상 또는 수단을 의미하는데, 사람을 다른 목적 실현을 위한
수단으로 보는 것은 본질적으로 인간의 존엄과 가치에 합치할 수 없기 때문이
다. 이는 친권에 있어서처럼 권리의 목적이 자의 보호나 교양이라거나 인격권
에 있어서와 같이 자기의 이익을 보호 실현하려고 하는 경우에도 달리 볼 필
요는 없다. 권리의 객체를 어떻게 보느냐에 따라 실제 권리관계에 큰 영향이

---

5) 가령, 과거 일본의 유력한 견해는 채권에 있어서는 특정한 사람이 그 객체가 된다고 해
석하면서 사람도 권리의 객체가 된다고 설명하였다. 가령, 채권 외에도 친족권에 있어서는
일정한 친족관계에 있는 사람, 인격권, 즉 생명, 신체, 자유, 명예와 같이 주체와 분리할
수 없는 이익을 목적으로 하는 권리의 객체는 권리주체 그 사람이라는 것이다. 다만 근세
법에 있어서는 사람은 언제나 의사의 주체로서의 지위를 잃지 않고 따라서 다른 권리 주
체의 의사에 절대적으로 복종하도록 할 수는 없다는 점에서 사람은 물건(物)과 다르다고
설명한다. 我妻榮, 新訂民法總則, 200-201.
      四宮・能見, 民法總則, 179는 채권의 대상(객체)은 사람의 행위라고 하고 있다.
6) 고상룡, 267은 친권의 객체를 자(子)라고 하고, 김증한·김학동, 265는 인격권에서는 권
리주체 자신, 친족권에서는 일정한 친족관계에 서는 사람(친권에서는 친권에 복하는 자녀,
후견권에서는 피후견인등) 등이 권리의 객체이지만, 근대법에서는 사람은 언제나 의사의
주체인 지위를 가지는 것이므로, 다른 권리주체의 의사에 절대적으로 복종하는 일은 없다.
이런 점에서 다른 권리의 객체와 차이가 있다고 설명한다. 송덕수(주 3), 689도 사람은 물
권의 객체는 될 수 없지만 인격권, 가족권과 같은 다른 권리의 객체로 될 수는 있다고 한
다. 강태성, 392는 사람은 다른 사람의 지배의 대상이 되지 않아 권리의 객체가 될 수 없
다고 하면서도 미성년자를 보호, 교양하는 것과 같은 지배까지도 금지할 필요는 없다는
점에서 친권의 객체는 미성년의 자라고 하고, 아무리 근대의 인권사상이라고 하더라도 미
성년인 자를 위한 지배 및 자기 자신에 대한 지배를 금지하지는 않는다고 한다.
7) 김준호, 176 이하는 "친권의 경우 타인을 권리의 객체로 하는 것은 사람이 사람을 지배
한다는 점에서, 인격권의 경우 권리주체 자신이 동시에 권리의 객체가 된다는 점에서 각
각 문제가 있다. 오히려 친권에서는 자녀에 대한 보호·교양의 법익(§ 913 참조)이, 인격권
에서는 그 구체적 모습인 생명·신체·자유·명예 등의 인격적 법익이 그 객체가 되는 것
으로 볼 것"이라고 한다. 같은 취지 김민중, 320.

있는 것은 아니지만 민법의 가치 체계적 관점에서 사람의 권리 객체성은 이를 부인하는 것이 타당하다. 요컨대 어떤 사람이 타인의 권리에 복종하여야 하는 경우에는 그는 그 권리실현을 위한 의무를 진다고 보면 족하며 이를 권리의 객체라고 할 것은 아니다.


## II. 본장의 체계(권리객체와 물건)

민법 총칙 중 인(人)과 법인(法人)에 이어서 물건에 관하여 규정하는 편제는 의용(依用)민법의 체재(體裁)를 답습한 것이다.[8] 앞서 본 것처럼 인과 법인이 각각 권리주체에 관한 사항을 규정하고 있으므로 이어서 물건에 대하여 규정하고 있는 것은 권리의 객체로서의 물건을 규정하고 있는 것으로 이해되고 있다. 그러나 주지하는 대로 제4장에서 규정하고 있는 물건은 주로 소유권을 비롯한 물권의 객체가 되는 것으로 그 밖의 다양한 권리의 객체에 관하여 망라적으로 규정하고 있지 않다. 따라서 이와 같은 편제가 권리의 객체라는 관점에서 체계 완결적 구성을 보여주고 있는 것은 아니다. 물건의 권리객체성은 특히 소유권을 비롯한 물권에만 관련되는 것이므로 물건에 관한 규정은 물권편에 규정하는 것이 보다 적절한 것이 아닌가 하는 의문이 제기되는 까닭이다.

이에 대하여 학설은 권리의 객체는 각종의 권리에 따라 다종·다양하므로 권리의 객체 전부에 대하여 이를 망라하는 규정을 두는 것은 곤란하고 물건은 물권의 객체일 뿐 아니라 채권, 형성권 기타의 권리에도 간접적으로 관계되기 때문에 권리의 객체 중에서도 가장 대표적인 것이라고 할 수 있으므로 물건에 관한 규정을 총칙편에 둔 것이라고 설명하고 있다.[9] 그러나 본장 물건에 관한

---

8) 현행 일본민법 제4장은 물(物)이라는 표제하에 §85에서 §89까지 규정하고 있는데, 이는 우리 민법 제정 당시 약간의 수정을 가한 것(§98(물건의 정의)에서 일민 §85에는 없었던 유체물 외에 '전기 기타 관리할 수 있는 자연력'을 첨가하고, §99(부동산과 동산)에서 일민 §86 Ⅲ 무기명채권을 동산으로 간주하는 조항을 삭제한 것이 다르다) 외에는 그 편제와 취지가 같다. 다만 일본(민법)에서는 물(物)이라는 표현을 사용하는 데 비하여 우리 민법은 물건이라는 표현을 사용한다. 양자에 의미상의 차이는 없는 것 같지만 우리의 언어생활상의 관용에 따라 일본민법의 물(物)을 물건으로 수정한 것이 아닌가 짐작된다. 이하에서는 일본민법(학) 등 외국법에 관한 설명에 있어서 부분적으로 물(物)이라는 표현을 혼용한다.

9) 구주해(2), 4(김병재); 강태성, 393; 고상룡, 267; 곽윤직·김재형, 219, 267; 김상용, 297; 송덕수(주 3), 689 등.

규정($\S_{98}$)의 계수사적 연원인 독일민법 제1초안 § 778의 입법경위에 따르면, 그것은 소유권의 객체 적격을 한정하는 것일 뿐 채권법에서는 그 존재 의의를 갖지 아니하는 것이다. 이와 같은 이유에서 § 98의 규정은 총칙편이 아니라 물권편에 두어야 할 규정이지만 민법 § 99 이하의 규정은 물권만에 관한 것이 아니기 때문에 이와 함께 편제하기 위하여 § 98를 총칙편에 규정한 것일 뿐이라고 보는 견해가 주장되고 있다.[10] 동산인지 부동산인지에 따라 이를 목적으로 하는 채권, 예컨대 임대차에서도 그 효력에 차이가 있고($_{622,\ 635}^{\S\S\ 621,}$), 또 주물이 처분됨에 따라 종물도 같이 처분되는 것이나($_{\mathrm{II}}^{\S\ 1002}$), 과실의 분배에 관한 원칙은 단지 물권에만 관련된 것이 아니라 민법 전편에 걸치는 것이므로 총칙편에서 물건의 개념을 정하고 그 종류를 명확히 해둘 필요가 있다는 점에서 총칙 편제의 의의를 설명하는 것이다.[11]

전자의 견해가 권리 본위의 민법 체계에 있어서 권리 주체에 대한 권리 객체로서의 물건의 대표성을 강조하는 것이라면, 후자는 물권의 객체로서의 물건에 대한 정의 규정이 편제 기술적인 이유에서 총칙에 규정되었을 뿐이라는 것이다. 전자의 이해에 따르면 물건의 정의에는 포섭되지 않는 다종다양한 권리 객체의 출현에 대하여 이를 물건 규정 흠결로 인식하여 물건 개념의 확장 해석의 필요성을 뒷받침하는 것으로 파악하는 데 반하여, 후자의 이해라면 처음부터 물건 규정이 모든 권리 객체를 망라하는 것은 아니므로 동 규정과는 무관한 다양한 권리 객체에 관한 규율의 존재 가능성을 상정할 수 있게 된다.


## Ⅲ. 본장의 연혁

우리 민법의 물건에 관한 규정의 체계와 주요한 내용은 대체로 의용민법의 규정을 답습한 것이다.[12] 의용민법, 즉 일본의 메이지민법은 일본 구민법

---

10) 구주해(2), 5(김병재), 입법정책적으로는 물건에 관한 규정은 총칙편이 아니라 물권편에 두는 것이 바람직하다는 견해로서, 곽윤직, 292; 김상용, 297; 김용한, 214; 이영준(주 2), 851. 이와 같은 견해는 이미 일본에서 주장되었던 것이다. 川島武宜, 民法總則, 有斐閣, 1965, 142. 이와 같은 이해는 독일민법 제1초안 물권편 § 778에서 기원하여 독일민법 총칙편 § 90로 성립한 물건의 개념에 관한 규정의 편제 이유와 같은 맥락이다.

11) 김준호, 177. 구주해(2), 4(김병재). 아래에서 살펴보는 것처럼 일본의 전통적 견해도 이와 유사한 설명을 하고 있다.

12) 물건 규정의 입법사에 있어서 일본구민법과 일본메이지 민법과의 관계 및 우리 민법 물

(<sub>브아소</sub>)을 수정하여 마련된 것인데, 일본의 구민법은 프랑스민법전(Code Civil)의 예에 좇아 물(物)의 정의와 종류에 관하여 상세한 규정을 두었다.[13] 이러한 일본 구민법의 체재에 대하여 당시 일본에서는 지나치게 번잡하고 실용성이 없다는 비판이 있었다. 따라서 새로운 수정안(<sub>메이지</sub><br>민법)의 입안에 있어서는 무엇보다도 이후 해석 적용상에 의문이나 논란의 여지가 있는 문제들에 관하여 필요한 내용만을 간소화하여 규정한다는 것을 입법방침으로 내세웠다.[14] 일본 구민법의 물의 구분과 종류에 관한 대부분의 규정들은 대체로 이와 같은 범주에 속하는 것이었다. 결국, 지나치게 번잡하고 실용성이 적어 필요 없다고 생각되는 대부분의 규정들을 삭제하고 일본메이지민법 §85에서 §89까지 5개 조문이 마련되었다. 그리고 이러한 입법방향의 전환에 큰 영향을 미친 것이 독일민법초안이다. 일본 구민법은 브아소나드라는 프랑스민법학자의 주도하에 입안되었다는 경위로부터 프랑스민법(학)을 계수한 법안으로 평가되는데, 이를 수정하여 새로운 민법(<sub>이지민법</sub><br>일본메)안을 마련하는 과정에서는 비슷한 시기에 입법이 진행되고 있었던 독일민법초안(<sub>및 부분적으로는 제2초안</sub><br>주로 독일민법 제1초안)의 영향을 크게 받아 일본메이지민법의 혼합계수법적 성격이 강해지게 된다. 그 가운데 구민법의 프랑스법적 영향에서 벗어나 독일법적 색채를 강하게 띠게 된 규정의 하나로 본장 물에 관한 규정들을 들 수 있다. 즉, 프랑스민법의 예에 좇아 일본 구민법 재산편의 총칙에 규정되어 있던 물에 관한 번잡한 규정이 일본메이지민법에 있어서는 크게 간소화되어 5개조만이 총칙편 권리의 주체에 관한 규정(<sub>제2장 법인</sub><br>제1장 인,)에 이어서 제3장에 위치하게 되었다.[15] 그 이유에 대하여 일본에서는 유체물

---

건 규정에의 영향에 대해서는 박인환, "일본메이지민법 입법이유(총칙편: 물건) 분석", 법학논문집 35-2, 2011, 47 이하 참조.

13) 일본의 구민법전은 물(物)에 관한 규정을 재산편 총칙 '재산 및 물(物)의 구별'이라는 항목하에 특히 §6부터 §29까지 규정하고 있었다. 일본 구민법 재산편 모두(冒頭)에 배치되었던 물에 관한 제규정의 내용에 대하여는 박인환(주 12), 51 이하 참조.

14) 일본에서의 법전논쟁 이후 일본 구민법을 수정하기 위하여 구성된 법전조사회는 본격적인 개정작업에 들어가기 전에 새로운 수정안 작성을 위한 기본방침으로 "法典調査의 方針"이라는 것을 정하였는데, 그에 따르면, "법전의 조문은 원칙과 변칙 및 의문이 생길 수 있는 사항에 관한 규칙을 규정하는 것에 그치고 세밀한 규정은 하지 않는다"(§11). "법전 가운데 문장용어는 입법상 특별히 해석을 요하는 것 외에는 정의나 종별, 사례 등에 관한 것은 이를 삭제한다"(§13)는 등의 방침을 내세웠다. 廣中俊雄編, 日本民法典資料集成 第1卷(民法典編纂의 方針), 信山社, 2005, 900.

15) 일본 구민법 물건의 구별에 관한 추상적 근거(물건의 성질, 당사자의 의사, 법률 규정)에 관한 재산편 §5는 불필요하고 법문의 체재에 맞지 않는다는 이유에서 삭제되었다. 그 밖에 유체물과 무체물의 구별(재산편 §6), 성질에 따른 부동산과 용도에 따른 부동산의 구별(재산편 §7), 성질에 따른 부동산의 열거(재산편 §8), 용도에 의한 부동산의 열거

인 물은 물권의 객체일 뿐 아니라 채권의 목적에도 간접적으로 관계가 있고 권리의 객체 가운데에 유체물은 가장 중요한 존재를 나타내므로 유체물인 물에 관한 규정을 총칙에 두어 민법의 권리 본위의 체계하에서 제 1 장(인), 제 2 장(법인)의 권리주체의 규정에 대하여 권리의 객체로서 물(物)의 규정이 놓이게 되었다고 설명되고 있다.[16]

---

(§9), 법률의 규정에 의한 부동산의 열거(재산편 § 10), 성질에 의한 동산(재산편 § 11), 용도에 의한 동산(재산편 § 12), 법률 규정에 의한 동산(재산편 § 13), 해산 또는 청산 중인 회사의 재산에 관한 권리 등의 성질(재산편 § 14), 주물, 종물(재산편 § 15), 특정물, 불특정물, 집합물 및 포괄재산의 종류와 그 예시(재산편 § 16), 소비물과 불소비물의 구별(재산편 § 17), 대체물과 부대체물의 구별(재산편 § 18), 가분물과 불가분물의 구별(재산편 § 19) 등도 대체로 법문에 규정할 필요가 없거나 부정확하다는 이유에서 삭제되었다. 그리고 소유할 수 있는 물건과 소유할 수 없는 물건의 구별(재산편 § 20), 공유(公有)와 사유(私有)의 구별(재산편 § 21), 공유 물건의 열거와 예시(재산편 §§ 22, 23), 무주물(재산편 § 24), 공공물(재산편 § 25) 등은 어느 것이나 불필요하거나 혹은 행정법에 속하는 것이라는 이유에서 삭제되었다. 나아가 양도할 수 있는 물건과 양도할 수 없는 물건의 구별(재산편 § 27), 시효에 걸릴 수 있는 물건과 시효에 걸리지 않는 물건의 구별(재산편 § 28), 압류할 수 있는 물건과 압류할 수 없는 물건의 구별(재산편 § 29)은 모두 권리의 성질에 관한 것으로 물건의 성질에 관한 것이 아니라는 이유에서 삭제되었다. 결국 이 중에서 물을 유체물과 무체물로 구별하여 정의한 재산편 § 6는 물(物)의 정의에 관한 § 85, 부동산과 동산을 구별하는 다양한 근거와 종류에 관한 재산편 § 7 내지 § 14는 § 86, 주물과 종물에 관한 재산편 § 15는 주물 종물에 관한 § 87로 수정 대체되었다. 그리고 일본 메이지민법의 원물과 과실에 관한 § 88와 § 89는 원래 용익권(프랑스법상 usufruit에 대응하는 물권)에 관한 재산편 § 50부터 § 63를 대체하는 것으로 물에 관한 다른 규정과 함께 메이지민법 총칙에 규정되게 되었다. 박인환(주 12), 56 이하, 일본 구민법의 관련 규정 내용과 일본메이지민법의 물에 관한 규정의 관련성에 대해서는 같은 논문 51 이하 참조.
16) 日注民(2) 新版, 575(田中).

## 第98條(物件의 定義)

本法에서 物件이라 함은 有體物 및 電氣 其他 管理할 수 있는 自然力을 말한다.

# Ⅰ. 본조의 의의와 연혁

본조는 물건의 정의에 관한 규정이다. 이와 같이 법적 개념의 정의를 두는 것은 우리 민법전의 입법체계에 있어서 이례적이다. 법전 체재면에서 우리 민법은 의용민법과 크게 다르지 않은데, 의용민법인 일본메이지민법은 주로 해석 적용에 있어서 의문이나 다툼이 생길 만한 사태에 관하여 규정을 하고, 일반적인 정의, 종별, 사례 등 법전 내용의 체계적 이해와 관련한 규정은 법전에

편제하지 않는 것을 기본방침으로 하였기 때문이다.[1]

　　본조는 "본법에서 물건이라 함은 유체물 및 전기 기타 관리할 수 있는 자연력을 말한다"라고 규정하고 있다.[2] 물건의 개념을 유체물로 한정할 것인지, 무체물을 포함할 것인지는 역사적으로 입법례가 나뉜다. 본조는 의용민법 §85의 입법례에 좇아 물건을 유체물로 한정하되, 스민 §713[3]와 유사하게 "전기 기타 관리할 수 있는 자연력"을 물건의 정의에 추가하였다.

　　규정의 계수사를 살펴보면 다음과 같다.[4]

## 1. 일본 구민법(브아소나드민법)에서의 물건규정

　　일본메이지민법 §85가 성립하기 전 일본 구민법 재산편 §6는 물(物)을 유체물과 무체물로 나누고 각각 감관(感官)으로 지각할 수 있는 것, 즉 눈, 코, 귀, 입, 사지에 의하여 감각될 수 있는 것은 유체물이라 하고, 오로지 지능(智能)으로써만 이해할 수 있는 것을 무체물로 규정하였다.[5] 이것은 프랑스민법이 물건과 관련하여 財(bien)를 부동산과 동산으로 나누는 것보다도 더 넓은 개념이다.[6] 일본 구민법 재산편 물권의 부(部)는 재(財, bien)의 분류와 함께 물건(chose)을 분류하였다. 브아소나드는 재(財)를 자산(資産, patrimoine)을 구성하는 권리라고 하면서, 재(財)를 물권과 채권으로 나누고, 물권은 직접 물건에 대하여 행사하는 권리로서 물건에 따라 물권도 달라진다고 하였다. 그리고 이 물건을 여러 가지로 분류하여 그 가운데에 하나로 유체물과 무체물을 구분하고, 무체물을 물권이나 채권이라고 하였다. 따라서 무체물, 즉 물권이나 채

---

1) 廣中俊雄編, 日本民法典資料集成 第1卷(民法典編纂の方針), 信山社, 2005, 900.
2) 독민 §90, 스민 §713, 일민 §85는 전자에 속하고, 프민 §516, 오민 §353는 후자에 속한다. 구주해(2), 27(김병재).
3) 스민 §713 그 성질상 가동적인 유체물 및 법률상의 지배를 할 수 있는 자연력으로서 토지에 속하지 않는 것은 동산소유권의 목적물이 된다. 민법안심의록 상권, 67.
4) 이하의 기술은 박인환, 일본메이지민법 입법이유(총칙편: 물건) 분석, 59 이하를 기초로 한 것이다.
5) 일본 구민법 재산편 제6조 ① 물건에는 유체인 것이 있고 무체인 것이 있다. ② 유체물이란 사람의 감관(感官)으로 지각할 수 있는 것을 말한다. 즉 토지, 건물, 공물, 기구와 같은 것이다. ③ 무체물이란 지능(智能)으로써만 판단할 수 있는 것을 말한다. 즉 다음과 같다. 1. 물권 및 인권, 2. 저술자, 기술자 및 발명자의 권리, 3. 해산한 회사 또는 청산 중인 공통에 속하는 재산 및 채무의 포괄.
6) 磯部四郎, 民法(明治 23年)釋義 財産編 第一部 物權(上)(復刻板), 日本立法資料全集 別卷 81, 信山社, 1997, 55 이하. 일본 구민법 재산편의 물에 관한 규정에 관한 브아소나드의 사고와 일본메이지민법에 이르기까지의 입법적 변천에 대하여는 田中清, 「物」について, 名古屋大学法政論集 通号 186(2001. 3), 53-74 참조.

권 위에도 물권이 성립하게 된다.[7] 이와 같이 물건의 정의를 널리 유체물과
무체물로 나누어 규정하는 것은 프랑스민법의 재(財)의 규정($\S\,516\atop\text{이하}$)을 넘어서
로마법상 가이우스(Gaius)의 물건 개념에 그 뿌리를 두고 있다.[8]

## 2. 프랑스민법에서의 물건규정

먼저 프랑스민법의 물건에 관한 규정을 살펴보면, 프랑스민법 제2권,
제1편 '재(財, bien)의 분류'에서는 제1장 부동산, 제2장 동산, 제3장 재(bien)
와 그 점유자 사이의 관계로 나누어 총 28개조에 걸쳐 물건에 관한 상세한 규
정을 두고 있었다.[9] 프랑스민법에서는 물건과 관련하여 재(bien)라는 용어와
물건(chose)이라는 용어를 구별하여 사용하고 있다. 물건은 널리 외계 자연
의 모든 존재를 총괄하는 명칭이고, 재(bien)는 재산의 구성요소인 권리의 객
체가 될 수 있는 것을 가리키는 명칭이다. 가령 대양(大洋), 대기(大氣), 태양
(太陽)은 인간생활에 불가결한 물건(chose)이기는 하지만 특정인의 이익을 위
하여 사유(私有)의 대상이 될 수 없으므로 재(bien)일 수는 없다. 재(bien)에
는 유체물(有體物, choses matérielles ou corporelles)과 무체재(無體財, biens
incorporels)인 권리(droits)가 있다. 즉, 재(bien)가 물건(chose)인 경우에는 유
체재이고 권리인 경우에는 무체재이다. 그러나 소유권(droit de propriété)은 권
리이지만 유일하게 무체재에 속하지 않고 유체물에 속한다. 소유권은 완전한 물
건으로서 권리와 권리객체가 구별되지 않을 정도로 결합되어 있기 때문이라고
한다. 이와 같이 권리 가운데 소유권만은 유체물로 파악하는 것은 로마법학자들
의 견해와 상통한다.[10] 따라서 권리의 대상이라는 면에서는 권리를 포함하는 재
(bien)가 물건(chose)보다 광의의 개념이지만, 반대로 물건에는 유체물이 아닌
무체물도 포함될 수 있고, 또한 양도성이 없는 것도 물건일 수 있다는 점에서
재보다는 물건이 포섭범위가 큰 개념이라고 할 수도 있다.[11] 다만, 재(bien)는
재산의 구성요소로서 권리대상성을 요소로 한다는 점에서 물건(chose)과는 개

---

7) 田中淸(주 6), 54 이하.
8) 三瀦信三, "無體物槪念의 排斥에 관한 疑問", 法學志林 13-8·9, 480 이하.
9) 최근 프랑스민법 개정에 있어서의 변화에 대하여는 김성수, "현행 프랑스민법의 물권법
의 편별체계(해제)", 민학 63-2, 2013, 3 이하. 박수곤, "프랑스민법상 물건의 개념", 민학
63-2, 2013, 15 이하 참조.
10) 현승종·조규창, 로마법, 1997, 479; 佛蘭西民法(Ⅱ) {物權法(實方正雄), 財産取得法(1)
木村健助}, 有斐閣, 1988(復刻版), 5 이하 참조.
11) 박수곤(주 9), 16.

념상 구별된다.¹²⁾ 그 밖에 일본 구민법의 물건에 관한 상세한 분류는 프랑스민법을 넘어서 로마법상의 종류 내지 구분으로부터 유래한 것이다.¹³⁾

### 3. 로마법에서의 물건

일반적으로 로마법상 物件(res)은 좁은 의미에서는 개별적이고 경계지워진, 법적으로 독립적인 유체물로서 인(人, personae)이자 동시에 물건(物件, res)인 노예를 포함하지만, 넓은 의미에서는 사법상 권리 또는 민사소송의 대상이 될 수 있는 모든 것을 의미하며{권리객체, 예를 들면 가자(家子)와 부권(夫權)의 지배하의 처(妻, uxor in manu)}, 경우에 따라서는 재산 전체를 의미하기도 하였다. 이 중 첫 번째 것은 특히 물권과 관련된 것으로서 개별 독립적인 유체물(노예 포함)만이 소유권의 대상이 될 수 있었다. 특히, 가이우스(Gaius)는 인(人, personae), 물건(物件, res), 소권(訴權, actiones)에 따른 자신의 민사법에 관한 3분체계에 근거하여 권리객체로서 물건(res)을 파악하고, 이를 촉각(觸覺)할 수 있는(quae tangi possunt) 유체물(res corporales)과 촉각할 수 없는 무체물(res incorporales)로 구분하였다. 유체물은 토지, 노예, 의복, 금은 기타 무수한 것으로 소유권반환(Vindikation) 또는 악취행위(握取行爲, Manzipation)의 대상이 될 수 있는 데 반하여, 무체물은 권리의 영역에만 존재할 수 있는 것으로 가령, 상속권(Hereditas), 용익권(ususfructus), 각종 채권들(obligationes)을 무체물이라고 하였다.¹⁴⁾ 요컨대 무체물은 일체로서 관찰된 물건의 총체 또는 경제적 가치가 있는 각종 권리를 일컫는 것이었다.¹⁵⁾ 그러나 이러한 구분은 철학적 사고와 논술형식에 뿌리를 둔 것일 뿐 고전 로마법학자들에게서 회피되어 실무상의 가

---

12) 가령, 명순구, 프랑스민법전, 2004, 306 이하는 財(bien)를 물건으로 번역하고 있다.

13) 현승종·조규창(주 10), 477 이하 참조.

14) Max Kaser, Das Römische Privatrecht Ⅰ, 2 Aufl., S. 376f. 키케로(Cicero)도 물건을 보고 만질 수 있는 것과 지적으로만 파악할 수 있는 관념적 존재로서의 물건(가령 용익권, 후견, 씨족)을 구별하였고, 세네카(Seneca)도 권리는 무체물로 손에 쥘 수 없다고 하였다. 따라서 로마법에서의 유체물과 무체물의 구별은 원수정(元首政) 초기를 전후로 확립된 것으로 추측되고 있다. 로마법학자들은 유체물을 corpora로 무체물을 iura로 표시하였으나 소유권만은 유체물로 구성했다. 소유권을 유체물로 파악한 근거는 로마법학자들이 물건과 이에 대한 권리를 추상화하지 않고 물건과 소유권을 불가분의 단일체로 구성한 데에 기인한다고 한다. 현승종·조규창(주 10), 479.

15) 이러한 유체물, 무체물의 구별은 그리스 사상의 영향 하에 만들어졌으나 고전시대 물권의 객체는 유체물로 한정되고 법무관법상 질권에 준하는 권리가 무체물인 권리에 대하여 성립할 수 있는 데에 지나지 않았고 점유나 인도는 유체물에 대해서만 가능하였으므로 가이우스 이외에 로마법학자가 이러한 구별을 어느 정도 인정하였는지는 의문이라고 한다. 船田享二, ローマ法, 岩波書店, 1969, 335 이하.

치를 갖지는 못하였다.[16) 그런데 유스티니아누스 황제가 가이우스의 설명을 학설휘찬(學說彙纂)(1·8·1) 및 법학제요(法學提要)(2·2)에 채용하여 무체물인 권리에 대하여 용익권에 준하는 권리의 성립을 인정하고 점유 및 인도를 인정하게 되었다.[17) 이와 같이 가이우스의 물건 개념은 당시 로마법에서의 비중과는 관계없이 유스티니아누스의 법전에 받아들여지면서 이후 유럽 민법전 체계에 영향을 미치게 되었다.[18)

### 4. 보통법시대 물건에 관한 논의

로마법에 있어서의 넓은 물건(res) 개념은 이후 독일에서 보통법시대를 거치면서[19) 18세기와 19세기 전환기에 성립한 자연법주의적 법전편찬 과정에서 표출되었다. 즉, 프로이센 일반란트법(Allgemeine Landrecht für die Preußischen Staaten; ALR), 오스트리아민법(Österreichisches Allgemeines Bürgerliches Gesetzbuch; AGBG) 및 프랑스민법은 모두 명확하게 채권과 제한물권을 무체물인 재(財)로 파악하였고 그 밖의 무체물도 물건에서 배제하지 않았다.[20) 그 중에서도 프로이센 일반란트법(ALR)은 처음으로 물건 규정을 둔 입법례로 평가되는데, 물건은 권리와 의무의 대상이 될 수 있는 것($\frac{\S}{1}$)으로 사람의 행위와 권리는 다른 권리의 객체가 되는 한에 있어서($\frac{\S}{2}$) 물건에 속한다고 정의하고,

---

16) Max Kaser(주 14), S. 376.

17) 船田享二(주 15), 336 이하.

18) Historisch-Kritischer Kommentar zum BGB, §§ 90-103(Thomas Rüfner), Rn. 3. 그러나 순수법학적 관점에서 물의 개념에 관한 견해는 문제성을 내포하고 있었다. 가이우스가 제시한 예에 의하면 유체물(Res corporales)은 물질적 세계의 존재인 데 반하여 무체물(Res inorporales)이라 설명된 용익권은 바로 앞서 말한 의미에서의 유체물을 대상으로 하는 권리이다. 가이우스는 한편으로는—권리가 전제하고 있는—인간 환경의 일부(유체적인 것)와 다른 한편으로는 그 위에 존재하는 권리라고 하는 서로 비견할 수 없는 것들을 물(Res)이라는 상위개념으로 통합하는 것처럼 보인다. 이와 같이 가이우스는 주관적 권리와 그 대상을 같은 계층에 두었다. 이는 마치 유체물에 관한 소유권을 제한물권으로서의 용익권과 대립시키는 것처럼 보인다. 그러나 다른 한편으로 가이우스가 시공간에 존재하는 것뿐만 아니라 동시에 그 위에 존재하는 소유권을 유체물로 파악하였다는 점을 생각해 보면 권리와 권리객체를 한 계층에 둔 것이 문제가 아니라 유체물과 무체물의 구별 자체가 모호해진다. 왜냐하면 용익권과 소유권은 권리로서 모두 무체적이면서 동시에 모두 유체적인 것을 대상으로 하기 때문이다(Rn. 4).

19) 독일보통법 시대에도 유체물과 무체물의 짝개념을 보다 정확히 파악하려는 시도가 계속되었지만 원래의 연원(淵源)에서의 이해를 벗어나지는 못했다. 유체물에 적용되는 원칙을 무체물에도 효력을 미치게 하기 위한 시도가 있었고 그 결과 권리에 대한 점유가 인정되었고 소유권양도를 유추한 채권양도가 용인되었다. H-K Kommentar zu BGB §§ 90-103(Thomas Rüfner), Rn. 5.

20) H-K Kommentar zu BGB §§ 90-103(Thomas Rüfner), Rn. 5.

협의의 물건으로서 성질상의 것과 사람의 합의에 의한 것을 인정하였다($\frac{\S}{3}$).[21] 나아가 오스트리아민법전은 인격과 구별되어 사람의 사용에 제공된 것을 물건 이라고 하고($\frac{\S}{285}$), 감각의 대상이 되는 것은 유체물, 그렇지 않은 것은 무체물 로서 가령 수렵권, 어렵권 기타 모든 권리가 무체물($\frac{\S}{292}$)이라고 정의하였다.[22] 이와 같이 물건에 유체물과 무체물을 포함하는 입장은 로마법상 물건 개념의 영향을 받은 것이지만, 그 외에도 물건에 관한 소유권과 마찬가지로 채권 기타 의 권리도 배타적 지배적 권리의 대상이 될 수 있다는 사고가 그 기초에 놓여 있다는 견해도 있다.[23] 그 결과 일본 구민법에서는 채권을 비롯한 각종 권리에 대한 소유권이라는 관념을 인정하게 되었다.[24] 이러한 경위에서 일본 구민법 재산편의 물에 관한 정의는 로마법적 전통에서 기원한 것이면서도 당시로서는 자연법주의에 기초한 유럽대륙의 주요한 민법전의 전통을 수용한 것이라고 평 가할 수 있다.[25]

---

21) 프로이센 보통법 제1부, 제2장 물건 및 그 권리 일반, §1 일반적으로 이 법에서 말 하는 물건이란 권리와 의무의 객체가 될 수 있는 모든 것이다(§. 1. Sache überhaupt heißt im Sinne des Gesetzes alles, was der Gegenstand eines Rechts oder einer Verbindlichkeit seyn kann). §2 사람의 행위와 그 권리도 다른 권리의 객체가 되는 경우 에는 일반적으로 일컬어지는 물건에 속한다(§. 2. Auch die Handlungen der Menschen, ingleichen ihre Rechte, in so fern dieselben den Gegenstand eines andern Rechts ausmachen, sind unter der allgemeinen Benennung von Sachen begriffen). §3 좁 은 의미에서 물건은 성질상 또는 사람의 합의에 의하여 독립성을 갖는 것으로 그로 인하 여 지속적 권리의 객체가 될 수 있는 것을 말한다(§. 3. Im engern Sinne wird Sache nur dasjenige genannt, was entweder von Natur, oder durch die Uebereinkunft der Menschen, eine Selbstständigkeit hat, vermöge deren es der Gegenstand eines dauernden Rechts seyn kann).

22) 오스트리아민법(AGBG) 물권편 §285 사람과 구별되는 것으로 사람의 사용에 제공된 모든 것을 법적 의미에서의 물건이라고 한다(Alles, was von der Person unterschieden ist, und zum Gebrauche der Menschen dient, wird im rechtlichen Sinne eine Sache genannt.) … §292 감각(感覺)되는 것은 유체물이고 그렇지 않은 것, 예를 들면 수렵 (狩獵) 또는 어렵(漁獵)에 관한 권리 및 기타 권리는 무체물이다(Körperliche Sachen sind diejenigen, welche in die Sinne fallen; sonst heißen sie unkörperliche; z. B. das Recht zu jagen, zu fischen und alle andere Rechte). 프로이센보통법과 오스트리아민법 의 물건 정의에 관하여 이를 게르만적 물건개념을 계승하면서 권리주체에 속하는 것이면 유체물이든 권리이든 모두 권리객체인 물건이 된다는 자연법적 관점에서 규정된 것이라고 한다. 최경진, "민법상 물건에 관한 연구", 성균관대 박사학위논문, 2004, 20 이하, 23 참조.

23) 四宮·能見, 民法總則, 181. 같은 면에서는 "그러한 사고에 따른 입법례로서 오스트리아 민법 §353가 유체물이나 무체물이나 그 사람에 귀속하는 것은 모두 그 사람의 소유물이 다"라고 규정하고, §1424에서는 채무액은 채권자, 수령권한을 가지는 자, 기타 재판소에 소유권이 있다고 인정되는 자에게 지급하여야 한다고 규정하고 있는 사실을 들고 있다.

24) 日注民(2) 新版, 586(田中).

25) 최경진(주 22), 34는 일본 구민법상 물건개념은 로마법을 기초로 하면서 오스트리아민 법 및 보통법시대의 구이론적 로마법 이해를 바탕으로 규정된 것으로 이해한다. 다만, 일

그러나 보통법 시대의 유럽대륙 민법전에 성문화된 무체물을 포함하는 넓은 물건의 정의에 관하여는 이미 유력한 비판이 제기되었다. 특히 칸트(Kant) 철학[26]의 영향을 받은 사비니(Savgny)는 그의 현대로마법체계(System des heutigen römischen Rechts)에서 법률관계의 본질을 개인의 의사의 독립적 지배 영역이라고 정의하면서, 그 의사가 미치는 주요 대상은 '본인'과 외계의 존재로서 '자유의사가 없는 자연' 그리고 의사를 가진 자와 동질의 자유가 있는 존재로서의 '타인'을 상정하였다. 이 가운데 '자유의사 없는 자연'에 관하여 이를 전체로서 지배할 수는 없고 일정한 공간적 한계 내에서만 지배할 수 있다는 점에서 '자유의사 없는 자연' 가운데 이와 같이 한계지워진 일부(begrenztes Stück der unfreien Natur)를 물건(Sache)이라고 정의하였다. 이에 반하여 또 다른 외계의 존재인 타인에 대한 지배는 그 역시 자유의사를 가진 존재이므로 그의 자유를 완전히 박탈하는 것은 허용될 수 없고 오직 그의 행위만을 지배할 수 있다고 하였다.[27] 이러한 사고로부터 자유가 없는 외계의 일부에 대한 전면적 지배(=물권관계)와 자유를 가진 타인에 대한 그의 행위의 지배(=채권채무관계)가 원리적으로 구별된다. 이러한 관점에서 채권관계와 준별되는 물권법의 고유 독자성은 외계의 일부로 한정된 물건 개념을 기초로 하여서만 성립할 수 있게 된다.[28] 이러한 사비니의 물건 개념의 영향으로 판덱텐 법학문헌에서 물건을 유체물로 좁게 파악하는 것이 널리 확대되어 갔다. 19세기 말 벡커(Bekker)는—유체적인 것들과 권리를 같은 계층에 놓을 수 없다는 인식에 의거하여 자유로워진—무체물 개념을 장래의 저작자 또는 특허권의 비물질적 객체로 사용할 것을 제안하였다. 그리고 이러한 견해는 빈트샤이트(Windscheid)

---

본 구민법 재산편 §6의 촉각가능성의 협소성 때문에 감성적 지각가능성을 유체물의 기준으로 제시하는 한편 유체물에 대응하여 촉각 불가능한 무체물은 비감성적 지능에 의하여 파악되는 것으로 규정되었다고 한다.

26) Kant는 그의 윤리형이상학(Die Metaphysik der Sitten) 서두에서 "자유의지의 모든 객체는 그 자체는 자유가 없는 것으로 그것은 … 물건(Sache; *res corporalis*)이라고 한다."고 하였다. H-K Kommentar zu BGB §§ 90-103(Thomas Rüfner), Rn. 6.

27) Savigny, System des heutigen Römischen Rechts Bd. Ⅰ, Berlin, 1840, 334 이하, 338 참조.

28) 이와 같이 좁은 의미의 물 개념의 확립은 채권관계로부터 고유 독자성을 가진 물권법을 확립하는 전제로서 근대 판덱텐체계의 민법전의 전개와 밀접한 관련이 있는 것으로 평가된다. 이러한 사고를 독일민법 제정과정에서 관철한 것이 Johow와 그의 독일민법 초안을 위한 물권법 부분 초안(TE-SachR)이다. 水津太郎, "物概念論の構造——パンデクテン体系との関係をめぐって——", 新世代法政策学研究 12, 299 이하.

에 의하여 계승되었다.[29] 한편, 이에 반하여 기에르케(Gierke)는 무체물을 포
함하는 넓은 의미의 물건 개념을 옹호하였다. 기에르케는 유체물을 외계의 재
(財)의 세계(äußere Güterwelt)에서 '공간적으로 경계지워진 일부(Stück)'(이 점에 있어서
는 사비니의 개념
정의와 다르지 않다)로서 '전체로서 그 법적 지배에 적합한 관계에 있는 것'(이 점은 기에
르케에 의하
여 부가
된 것이다)이라고 정의하는 한편, 무체물은 외계의 재의 세계에서 법적 지배에 적
합한 관계에서 관념적으로 경계지워진 일부(Ausschnitt)라고 정의하였다.[30]

## 5. 독일민법상 물건규정의 입법 경위

사비니 이래 유체물로 좁게 정의된 물건 개념은 판덱텐법학에서의 확
대를 배경으로 독일민법의 제정에도 영향을 미치게 되었다. 이 과정에서 중
요한 역할을 한 것이 요호(Johow)와 그의 물권법 부분초안(Teilentwurf zum
Sachenrecht=TE-SachR, 1880)이다.[31]

요호는 물권법 부분초안 이유서(Begründung, Teilentwurf zum Sachenrecht)
에서 권리를 포함하는 무체물을 물건 개념에 포섭하고 있던 당시 입법례(프로
이센 일반란트법, 프랑스민법, 오스트리아 일반민법전)에 대하여 전세기(前世紀)의
이성법론(理性法論, rationalistische Theorie)이 초래한 혼란의 결과라고 비판하
였다.[32] 즉, 이성법론은 채권채무관계의 대부분이 물권의 발생 또는 이전을 목
적으로 하고 있고, 물권은 물권에 대치(對峙)하는 사람들의 의사를 간접적으로
포착함으로써 인적 측면도 가지고 있다는 점에서 모든 법체계를 인적인 권리

---

29) H-K Kommentar zu BGB §§ 90-103(Thomas Rüfner), Rn. 6.

30) Otto v. Gierke, Deutsches Privatrecht Bd. I, Leibzig 1936(초판 1895), S. 270. 그럼
　　으로써 어떤 물건 그 자체와 관념적으로 분리될 수 있는 한,―예를 들면 용익권의 목적
　　또는 질권의 목적이 되거나 또는 채권에 의하여 의무지워진 (그 자체가 가치 있는 급부로
　　서의) 행위도―어떤 물건의 용익가능성과 환가가능성을 무체물의 개념에 포섭하였다(H-K
　　Kommentar zu BGB §§ 90-103(Thomas Rüfner), Rn. 7). 따라서 무체물은 무엇보다도
　　유체물에 관한 제한물권의 객체가 된다. 왜냐하면 소유권은 전체로서 유체물을 목적으로
　　하는 데 반하여 제한물권은 개별 관계에서만 유체물을 파악하기 때문이라고 한다(Gierke,
　　S. 271f).

31) 독일연방참의원으로부터 독일민법초안을 위한 물권법 초안 작성을 의뢰받은 프로이센의
　　대표 요호는 독일민법 제정을 위한 물권법 부분초안에서 채권관계법 등과 구별되는 물권
　　법의 고유 독자성을 확보하기 위하여 물권의 객체로서의 물건을 유체물로 한정하였는데,
　　그의 입법구상은 일본 메이지민법을 경유하여 우리 민법의 체계에도 큰 영향을 미치고 있
　　다고 생각된다. 이하 요호의 물권법 부분초안과 이후 독일민법 입법과정에서 물건 규정의
　　형성과 편제에 관한 상세한 경위에 대하여는 水津太郎, "有體物規定に関する基礎的考察
　　(1)·(2)", 法學研究(慶応義塾大) 82-12, 211 이하, 83-1, 67 이하 참조.

32) 水津太郎, 考察(1)(주 31), 223 이하.

의무관계라고 파악하였는데,[33] 그 결과 유체적 재산 대상으로서의 물건(Sache)
과 무체적인 재산 대상으로서의 권리(Recht) 사이의 구별을 간과하고, 권리를
무체물이라는 이름을 붙여 물건 개념에 끌어들임으로써 유체물인 물건 위의
권리에 대해서만 참(眞)인 법명제를 인권(人權=채권)에 대해서도 적용하기에
이르렀다고 비판하였다.[34]

　　요호는 사비니를 좇아 물 개념을 '자유를 갖지 않는 공간적으로 한계지워
진 자연의 일부'라고 정식화하였다. 즉, 요호는 물권법 부분초안 이유서에서
사비니의 현대로마법체계 제1권 제53장 이하가 제시하는 바와 같이 의사의
지배의 대상은 오직 두 가지, 즉 자유를 갖지 않는 자연(unfreie Natur)과 타
인(fremde person)만인데, 우리는 자유를 갖지 않는 자연을 전체로서는 지배
할 수 없고 단지 특정한 공간적 한계 내에서만 지배할 수 있고, '이와 같이 한
계지워진 자연의 일부'가 물건(Sache)이며, 이것과 관련지워진 것이 물건 위
의 권리(das Rechte an einer Sache)이고, 그 가장 순수하고 완전한 형태가 '소
유권(Eigentum)'이라고 하였다. 그리고 타인에 관한 지배는 그들의 자유를 파
괴하지 않도록 오직 그들의 개개의 행위에 대해서만 미치는데, 이와 같은 개인
의 개개의 행위에 관한 지배의 관계가 채권채무관계(eine Obligation)라고 하였
다.[35]

　　요호는 보다 좁은 본래의 물건 개념에서 출발하는 경우에만 단순하고 명
료한 물권법에 도달할 수 있고 통상적인 언어용법도 이러한 이해를 전제로 하
고 있다고 하면서, 물권법 부분초안에서 물건(Sache)이라는 용어는 오직 유체
적 물건(ein köperliches Ding)의 의미에서만 사용한다고 전제하였다. 물론, 물
건에 관한 규정이 권리에도 적용될 가능성이 배제되지는 않지만 특별한 법률
규정이 있는 경우에만 권리에도 적용될 수 있다고 하였다.[36] 나아가 유체적 물
건만이 의사를 갖지 않고 사람의 의사에 복종될 수 있는 것이고, 이 물건 위에
만 인간의 완전한 지배가 작용할 수 있으며, 이와 같은 물건에 대한 사람의 지
배가 로마법에 있어서 통상 소유권(dominium)으로서 이해되는 것이라고 하였
다. 이에 반하여 소유권개념의 이론형성이 이루어지지 못한 독일법에서는 있

33) 이 점에 대한 근거로 Bernhard Windscheid, Lehrbuch des Pandektenrechts, Bd Ⅰ, 5.
　　Aufl. §43, 특히 Fn 1.가 인용되었다.
34) 水津太郎, 考察(1)(주 31), 223.
35) 水津太郎, 考察(1)(주 31), 222 이하.
36) 水津太郎, 考察(1)(주 31), 231 이하.

을 수 있는 법적거래의 대상 모두에 대하여 소유권 개념이 전용된 결과 소유
권과 재산을 구분할 수 없게 되었다고 비판하였다.[37] 따라서 소유권이라는 용
어에 이질적인 개념이 뒤섞이지 않도록 권리상의 소유권, 관념상의 총체에 관
한 소유권, 정신적 소유권 개념의 배척을 주장하였다.[38]

　　이와 같이 요호는 다른 법률관계(특히 채권채무관계)로부터 분리 독립된 물
권법의 고유한 영역 구축을 위한 전제로서 유체물만을 물권의 객체로서 상정
하고, 물건에 관한 개념 정의를 명문화하는 대신 물권법 부분초안(TE-SachR)
의 제1장 일반규정(Allgemeine Bestimungen) 제1절 물건에 관한 일반규정
(Allgemeine Bestimungen über Sachen) §1에 '물건에 관한 규정은 권리에 대
해서는 특별한 법률 규정이 있는 경우에만 적용된다(Die über Sachen gegen
Bestimmungen finden auf Rechte nur nach Maßgabe besonderer gesetzlicher
Vorschrift Anwendung)'는 규정을 마련하였다.[39] 그 후 물권법 부분초안(TE-
SachR)에 대한 제1위원회의 심의과정에서 물권편 제1절 물건에 관한 일반
규정 전체를 총칙편으로 이동시켜야 한다는 주장이 있었으나 배척되었다.[40]
이후, 물건에 관한 정의규정을 두어야 한다는 제안이 지지를 받음에 따라[41]
Yohow는 편집위원회를 위한 편집원안(ReVorl)을 작성함에 있어서 TE-SachR
§1를 수정하여 물건 개념의 정의 규정을 마련하였고 이것이 독일민법 제1초
안 §778로 성립하였다.[42] 이와 같이 유체물로 엄격히 한정된 독일민법 제1초

---

37) 水津太郎, 考察(1)(주 31), 238 이하. 그리고 이러한 관념이 보통법의 이론과 실무에 대
　　하여 영향을 미친 결과로서 바이에른 막스밀리언 민법전, 프로이센 일반란트법, 오스트리
　　아민법전을 열거하였다. 이에 반하여 소유권개념을 일반적으로 유체물에 한정하여 사용하
　　고 있는 민법전으로 헤센대공국 민법전, 작센 왕국민법전을 열거하였다.

38) 水津太郎, 考察(1)(주 31), 239 이하.

39) 水津太郎, 考察(1)(주 31), 220.

40) 총칙편으로의 이동을 주장하는 이유는 본절의 제 규정이 민법전의 다른 부에 포함되는
　　물 또는 토지에 관한 제규정에도 적용되는 것임을 명확히 한다는 취지이다. 그러나 다수
　　의 의견은 제1절을 총칙으로 옮기는 것을 거부하였고 제규정을 이 위치에 둔다고 의결하
　　더라도 이들 규정들이 물권법의 영역 외에도 적용될 수 있다는 것을 방해하는 것은 아니
　　라는 점을 확인하였다. 水津太郎, 考察(1)(주 31), 242-245.

41) TE-SachR §1에 용어의 정의규정을 두되, 그 내용은 Unter Sache ist nur ein körper-
　　licher Gegenstand zu verstehen로 하여 Sache를 Gegenstand로 치환하였다. 그 이유는
　　Sache라는 용어는 종종 보통법상의 res corpoares와 res incopelares 구별에서 볼 수 있
　　는 것처럼 보다 일반적인 개념 Körper라고도 Recht라고도 이해될 수 있는 이중적 의미로
　　사용되었음을 고려하여 Sache라는 표현의 중의적(重意的) 해석을 방지하고자 하는 것이었
　　다고 한다. 水津太郎, 考察(1)(주 31), 246.

42) 편집원안 §769 이 법률에서 물건의 의미는 (권리가 아니라) 유체적 대상만을 말
　　한다{RedVorl §769 Unter Sachen im Sinne des Gesetzes sind nur körperliche

안의 물건에 관한 정의가 아무런 의문이나 비판 없이 받아들여진 것은 아니다. 유체물로 한정된 독일민법 제1초안의 물건의 정의에 관한 가장 유력한 반대 자로서 Gierke는 물건개념은 역사적 발전에 의해 정해져야 하며 자연과학적인 법칙에 의하지 않고 민족적인 고려와 거래상의 요구를 고려하여 정하여야 하는 것이라고 하면서, 제1초안과 같이 '원자론적' 물건 개념에 의하면 모래 한 알이나 트럼프 카드 한 장이 유체물에 해당한다고 비판하였고, Klöppel은 경영을 위하여 이용되는 재산의 총체로서의 기업의 경제적인 의의를 무시하는 것이라는 점에서 제1초안의 물건개념을 비판하였다. 그러나 이와 같은 비판은 받아들여지지 않았다.[43]

그 후 입법경과를 살펴보면, 독일연방 참의원의 결의에 의하여 제1초안을 심의할 목적으로 결성된 제2위원회에서는 다시 일반규정의 요부(要否)와 절의 위치가 논란이 되어 그 결론을 편집위원회에 위탁한바, 그 후 편집회의 의결에 기한 제2회독회를 위한 독일제국민법전 초안, 즉 제2초안에서는 제3편 물권법 제1장 일반규정 전체가 삭제되었다. 편집회의 최후 단계인 1895년 10월 22일 공간된 연방참의원 제출 초안 수정 제2초안(E Ⅱ rev.)에서는 제규정의 조항 번호가 §86에서 §99로 변경되었다. 1896년 1월 16일 연방참의원 본회의에서 승인된 제국의회 제출초안 즉 제3초안(E Ⅲ)은 이것을 유지하였다. 최종적으로 독일민법전 제1편 총칙 제1장 물건(Sachen)으로 편성되어 §90 물의 개념, 대체물 §91, 소비물 §§ 92, 93-96 구성부분, 종물과 부속물 §§ 97-98, 과실과 수익 §§ 99-102, 부담의 분배 §103가 규정되었다.[44]

## 6. 의용민법(일본메이지민법)에서의 물건규정 입법 경위

독일민법 제정에 이르기까지 전개되었던 독일 보통법학에서의 물건 개념

---

Gegenstände (nicht auch Rechte) zu verstehen}. 편집위원회에서는 이 원안에 문안을 수정하여 편집위원회초안(KE)을 마련하였다{편집위원회 초안 § 769 이 법률에서 물건은 유체적 대상만을 말한다. KE § 769 Sachen im Sinne des Gesetzes sind nur körperliche Gegenstände}. 이 문면이 그대로 독일민법 제1초안 § 778(물의 개념)로 편제되었다. 제1초안이유서는 제1장 일반규정을 물개념(§ 778), 대체물(§ 779), 소비물(§ 780), 부동산(§ 781), 물의 구성부분(§§ 782-786), 한 개의 토지(§§ 787-788), 종물(§§ 789-791), 물과 권리의 수익 및 부담(§§ 792-795), 물권처분의 법률행위에 의한 제한(§ 796) 9개조로 구성하였다. 水津太郎, 考察(1)(주 31), 250.

43) 최경진, "집합물의 법적 성질에 관한 연구", 중앙법학 6-1, 2004, 196.
44) 독일민법 제정 시행 이후 1990년에 이르러 동물의 법적 지위에 대한 특별한 보호 필요성에 대응하여 § 90-a가 신설되었고 이에 따라 동 장의 이름도 물 및 동물로 변경되었다.

에 관한 논란과 이후 독일민법 제정과정에서 물건의 정의와 규정의 체계적 위치의 변화 등은 같은 시기 일본메이지민법의 물건에 관한 규정의 입법에도 큰 영향을 미치게 되었다. 결국 일본메이지민법에 있어서도 일본 구민법에 있어서 브아소나드에 의해 채택되었던 로마법 이래의 무체물을 포함하는 광의의 물건 개념을 포기하고 유체물을 중심으로 하는 협의의 물건 개념을 총칙편에 규정하였다. 이에 대하여 일본메이지민법 입법이유에서는 "구민법은 물건의 종별에 관하여 매우 세밀한 규정을 두고 있으나($^{재산편}_{\S 5\ 이하}$) 그 조문이 지나치게 번잡하여 실용성이 매우 적다. 수정안에는 가능한 한 필요 없는 규정을 삭제하고 가장 적용이 많고 또 의문이 생길 수 있는 것만을 두고 거기에 적당하다고 생각하는 수정을 가하였다. … 재산편 §6는 물건(物)의 첫 번째 구별로서 유체물과 무체물의 구별을 열거하고 이것의 정의를 내렸다. 그렇지만 이것 역시 무익한 조문일 뿐 아니라 그 정의 가운데에는 왕왕 온당하지 않은 점이 없지 않다. 특히 무체물로서 물권, 인권 기타의 권리를 일컬어 항상 물권, 인권의 목적물인 것으로 한 것은 매우 합당하지 않고 그 결과 채권의 소유권이라는 것을 인정하기까지 하는 것($^{재산취득편}_{\S\S 24,\ 68}$)은 물권이 무엇인지를 알 수 없게 만든다. 그렇다면 소위 채권이라는 것이 항상 물권의 목적물에 지나지 않는 것이 되어 결국 재산편 §1 및 §2의 원칙과 모순되게 된다. 수정안은 아래에서 내세우고 있는 바와 같이, 법률상 물건(物)이란 단순히 유체물만을 가리키는 것으로 정함으로써 위의 조문은 이를 삭제하는 것이 지당하다고 인정하였다."[45] 이와 같은 논지는 요호의 물권법 부분초안 이유서 이래 독일민법 제정 당시 물건을 유체물로 한정하는 이유로 열거된 것과 대체로 같은 취지이다.

일본메이지민법 성립 이후에도 일본 메이지민법의 입법자들은 물건 규정의 입법취지에 대하여 위와 같은 설명을 유지하였다. 즉, "무체물의 명칭하에 일체의 권리를 물건(物)의 일종으로 하게 되면, 이는 권리와 그 목적물을 혼동케 하는 그릇된 견해 … 특히 일본 구민법에서 소위 물이라 함은 무체물, 즉 각종의 재산권을 포함하는 것으로 하였으므로 그 결과 일체의 물권 및 채권은 소유권의 목적이 될 수 있고 예를 들면 지상권 또는 채권을 갖는다는 것은 그 소유권을 갖는다는 것과 다름없게 되어 … 물권과 채권의 구별을 분효(紛淆)

---

45) 廣中俊雄編, 未定稿本 民法(前三編)修正案理由書, 有斐閣, 1987, 126 이하. 이와 같은 근거 제시로부터 일본메이지민법의 입법자들이 독일민법 입법과정에서의 논의를 추수(追隨)하고 있음을 알 수 있다.

착잡(錯雜)하게 만들어 결국 이를 구별할 표준이 없어지게 된다"고 하거나,[46] "무체물 가운데에는 물권, 채권 등 권리도 포함하는 것은 물론이므로 물건에 있는 권리, 즉 물권은 다른 물권 또는 채권 위에 존재할 수 있다고 하지 않을 수 없다. 이와 같은 것은 채권의 소유권, 지상권의 소유권 등과 같은 것까지 인정하지 않을 수 없는 것으로 여기서 권리의 종별이 착잡(錯雜), 혼효(混淆)되어 식별할 수 없게 될 것 … 신민법에서는 전혀 이 구별을 취하지 않고 법문 중 물건(物)이라고 하면 반드시 유체물(유체물의 정의는 촉관(觸官)으로 느낄 수 있는 것)만을 가리키고 권리는 이를 권리라고 하고 물건(物)이라고 하지 않는"다고 하였다.[47]

그리고 일본 메이지민법에서는 물건에 관한 정의를 포함하여 물건에 관한 규정 전체를 구민법 재산편에서 총칙으로 옮겨서 권리의 주체에 관한 규정(제1장 인,제2장 법인)에 이어서 제3장에 위치지웠다.[48] 그 의의에 대하여 민법수정안이유서 제1편 제3장 물건의 제정이유에 대하여 그 모두에 "전 2장에 있어서는 사권(私權)의 주격에 관한 것을 규정하였다. 본장에서는 그 권리의 목적이 되는 물건(物)에 관한 것을 규정한다"고 하면서, §86(일본메이지민법 §85) 규정의 의의에 대하여 "기성법전(일본구민법)은 물건에 무체물이 있다고 하고, 물권, 인권(채권)도 마찬가지로 언제나 권리의 목적물이 되기 때문에 매우 기이한 결과가 발생하게 된다는 점에 대해서는 이미 언급한 바가 있으므로 본안에 있어서는 법률상 소위 물건이란, 오직 유체물만을 말하는 것으로 함으로써 위의 오류를 피하는 동시에 유체물에 관한 규정을 신고 있는 각조에 '유체'라는 형용사를 씌우는 번잡을 없애려고 하였다. 이렇게 특히 하나의 조문을 두어서 이것을 명시할 필요가 없음에도 불구하고 물건과 같이 보통의 용어를 가지고도 구민법에 있어서는 매우 다른 의미를 가지고 이것을 사용하였기 때문에 여기서 이것을 명시하는 것으로 하였다. 어떤 특별한 경우에 있어서 무체물인 권리를 물건과 동일시할

---

46) 富井政章, 訂正增補 民法原論 第1卷 叢論, 有斐閣, 1985(1922. 合冊版復刻), 326.

47) 梅謙次郞, 民法要義 卷之一, 有斐閣書房, 1909, 180 이하.

48) 그리고 이어서 권리변동에 관한 법률행위 규정이 제4장으로 편제되었다. 이와 같은 편제는 전후 일본민법 개정에 의하여 제1장으로 통칙(§1, §2)이 신설됨에 따라 제2장은 제3장, 제3장은 제4장 등으로 수정되었다. 이와 같이 일본메이지민법에 있어서 물건의 정의가 총칙편에 규정되게 된 데에는 독일민법 제1초안에서 물권편 §778에 위치하였던 물건에 관한 정의 규정이 제2초안에 이르러 총칙편으로 이동 편제된 사실에 영향을 받은 것임을 짐작할 수 있다. 이와 관련하여 종래 일본메이지민법 입법 당시에는 주로 독일민법 제1초안이 참고된 것으로 전해졌으나 근래 일본민법학의 연구에 따르면 일본메이지민법 입법자들은 이미 독일민법 제2초안에 관한 자료를 참고하였던 것으로 밝혀졌다. 岡孝, "明治民法制定について―民法(前三編)修正案理由書』の意義―", 민학 54-1, 2011. 6, 212.

필요가 있는 때에는 그 관계조문의 규정에 의해 스스로 분명히 할 수 있으므로 여기서 통칙으로서 그것을 규정할 필요는 없다."[49]고 설명하였다. 그 취지는 대체로 권리의 목적으로서의 물건의 개념을 유체물로 한정하여 규정할 필요성을 제시하는 것에 그칠 뿐이다. 다만 그 후 일본민법의 입법자들은 물건규정의 총칙 편제의 의의에 대하여 다음과 같은 설명을 덧붙이고 있다. 즉, "전 2장에서는 권리의 주체를 논하였으나 본장에서는 그 객체를 논하고자 한다. 무릇 재산권의 직접 또는 간접의 목적(객체)은 물건(物)(chose, Sache)인 경우가 많은 것은 앞서 논한 바와 같으므로 사람 및 법인에 관한 규정에 이어서 물건의 규정을 두는 것은 당연한 순서이다"[50]라고 하면서 "권리의 객체는 사람이 그 위에 권리를 행사하려고 하는 것으로서 친족권에 있어서 권리의 객체는 다른 사람 또는 그 행위인 경우가 많고 재산권에 있어서는 물건 또는 타인의 행위인 경우가 보통이다. 그리고 행위 목적도 역시 간접적으로는 물건에 있는 경우가 많으므로 (총칙편) 제3장에서 물건을 논하는 까닭"이라고 하였다.[51] 또 다른 입법자는 "권리의 목적이란 필경 법률의 힘에 의하여 실현되는 이익을 말하는 것이고 그 이익을 충족시키는 데 필요한 생활자료(물과 같은 것)에 지나지 않는 것도 결코 이를 도외시 할 수 없으므로 법률의 규정이 필요할 뿐 아니라 도리어 이에 관한 것이 많기 때문에 민법에 물건에 관한 §85 이하의 규정이 있다. 우리들은 종래 하나를 목적이라 하고 다른 하나를 목적물이라고 칭하여 왔다"고[52] 설명하였다.[53]

이와 같은 총칙편에서의 물건규정의 편제에 대하여, 일본민법학에서는 권리주체에 이어서 권리 객체를 대립시키면서 동시에 판덱텐 체계에 따른 물권과 채권의 구별을 명확히 하기 위하여 물권의 객체를 유체적 외형적 지배가 가능한 유체물에 한정한 것이라고 이해한다.[54] 그리고 물권과 채권의 이론적 대립을 명확히 하면서 동시에 유체물로 하여금 권리 객체를 대표하도록 한 것이 권리객체로서의 물건의 정의이고 권리 객체로서의 무체물은 물건 가운데에

---

49) 廣中俊雄編(주 45), §86 참조.
50) 梅謙次郎(주 47), 180.
51) 梅謙次郎(주 47), 4 이하.
52) 富井政章(주 46), 320.
53) 大村, 239 참조.
54) 鳩山秀夫, 日本 民法總論, 岩波書店, 1930, 238; 於保不二雄, 民法總則講義, 有信堂, 1951, 125 이하.

포함되지 않는다는 점을 분명히 한 것이라고 평가하고 있다.[55]

그러나 입법 후 얼마 되지 않아 권리 객체로서의 물건 개념의 협애함이 문제가 되었다.[56] 즉, 일본의 통설은 물=유체물에 대하여 '외계의 일부를 점하는 유형적 존재'라는 물리적인 고찰을 기조로 하는 견해[57]가 지배적이었으므로, 유체물에 한정된 물건의 정의 규정은 권리 객체로서의 무체물을 전혀 고려하지 못한다는 것이다. 무엇보다도 전기, 열, 빛 등 에너지를 물건으로 포섭할 수 있는지,[58] 집합물을 독립한 물건으로 인정할 수 있는지와 같은 것이 문제되었다. 이에 대하여 일본의 유력한 학설은 형법에서와는 달리[59] 물건 규정을 유추적용할 가능성을 인정하면서도 물리적 개념인 유체물을 법적 관념인 법률상 배타적 지배가능성이라는 의의로 풀이하여 물건 개념의 확장을 주장하였다.[60] 즉, 권리주체로서의 사람이 생리학상의 관념이 아니듯 권리 객체로서의 물건도 물리학상의 관념이 아니므로 법률은 그 이상에 기하여 이 관념의 내용을 결정할 수 있어야 한다는 것이다. 이러한 견해는 무엇보다도 물건에 관한 규정이 새로운 규범 수요에 충분히 대응할 수 없다는 인식에 근거하는 것인데 이러한 인식은 무엇보다도 물건 규정을 권리객체에 관한 일반규정이라는 것을 전제로 하고 있다.

그러나 이와 같이 물건 규정을 권리 객체에 관한 일반규정으로 파악하려는 태도에 대하여 의문이 제기되었다. 즉, 유체물로 한정한 일본메이지민법 §85의 모범이 된 독일민법 제1초안 §778는 물권 특히 소유권의 객체인 물건

---

55) 日注民(2) 新版, 587. 그에 따르면 물권의 객체를 유체물로 한정하는 이유는 물권을 채권과 구별하는 것이 권리대상에 대한 배타적 직접 지배가능성이고 이 객체의 기본적인 것이 재산권 가운데 유체적 외형적 지배가 가능한 것 실질적으로는 물권의 효력 범위를 객관적으로 한계지우는 것, 즉 가치 파악을 확실히 하기 위하여 물리적 범위에 한계를 지울 것을 요청한다는 사고에 기초한 것이라고 한다.

56) 이미 본조의 기초자인 富井도 물권의 객체를 유체물로 한정하는 것은 너무 협애하지는 않을까 라는 의문을 드러내었다. 富井政章(주 46), 327.

57) 鳩山秀夫(주 54); 於保不二雄(주 54); 舟橋諄一, 民法總則, 弘文堂, 1954.

58) 민법상 물건 정의의 협소함은 먼저 전기를 절도행위의 객체로 볼 수 있는가라는 문제로 먼저 형법상 문제되었으나 이에 관하여 일본에서는 일본형법 §245를 개정하여 전기를 재물로 보는 규정을 신설함으로써 이를 입법적으로 해결하였다.

59) 일본 메이지시대 도전(盜電)의 절도죄 성립이 문제된 사안에서 일본 대심원(大審院)은 전류(電流)는 유체물이 아니지만 오관(伍官)의 적용에 의하여 그 존재를 인식할 수 있는 것으로 이를 용기에 수용하여 독립한 존재를 갖도록 할 수 있음은 물론 용기에 축적하여 이를 소지한 장소에서 다른 장소로 이전하는 등 인력으로 임의로 지배할 수 있고 가동성과 관리가능성을 병유하므로 충분히 절도죄의 성립에 필요한 절취의 요건을 충족할 수 있다고 보았다(大判 1903.5.21, 刑錄 9, 874, 日注民(2) 新版, 592(田中) 재인용).

60) 我妻榮, 新訂民法總則, 有斐閣, 1965, 202.

에 관한 규정으로 권리 객체 일반에 관한 규정이 아니므로 §85의 규정은 총
칙편이 아니라 물권편 가운데에 두어야 할 것이었으나, §86 이하의 규정은 물
권에만 관련된 규정이 아니므로 §85가 §86 이하의 물건에 관한 다른 규정
과 함께 규정되려면 결국 총칙편이 적당하였기 때문에 §85를 포함하는 물건
에 관한 규정 전체가 총칙편에 편제되게 되었을 뿐이므로 편제상의 위치에 과
도한 의미를 부여할 필요가 없다는 것이다.[61] 이러한 견해에 따르면 §85 이하
의 물건에 관한 규정은 처음부터 권리주체에 대한 상대적 개념으로서의 권리
객체에 관한 것으로 총칙편에 규정된 것이 아니라, 총칙편에서 물건 규정의 체
계적 위치가 그 후 물건 규정을 권리 객체 일반에 관한 규정으로 인식케 하는
경향을 가져 왔을 뿐이라는 것이다.[62]

이러한 이해의 차이와 관련하여 또 다른 견해는 물건에 관한 규정에 대하
여 "결코 권리 객체 일반에 관한 것이 아니고 마찬가지로 객체가 될 수 있는
일반적 성격을 명시한 것도 아니다. 따라서 이 규정의 적용을 받지 않는 객체
도 얼마든지 있을 수 있고 이들 객체에 대한 권리관계의 처리에 특별히 난점
이 있는 것도 아니다. 따라서 민법이 물건의 관념을 유체성으로 한정하였다고
해서 무조건 비난할 것은 아니며 여기서의 유체성을 물리적 관념에 의거하여
파악하는 데 지장이 없다"고 하면서, 민법이 물건의 관념을 총칙편에 둔 이유
는 이 관념이 물권, 채권에 거의 공통으로 권리의 한계(구분성)를 보여주는 기
준으로 기능하고 있다는 점에 있다고 주장하였다. 가령 물권은 물건을 객체로
하는 권리이므로 물권의 효력이 미치는 범위는 당해 물건으로 한계가 지워지
고, 채권에 있어서도 목적물이 있는 급부행위의 한계도 결국은 물건을 중요한
척도로 하여 정해진다는 것이다.[63]

이러한 견해는 거래계에 새롭게 등장하는 다종다양한 무체물을 권리의 객
체로 규율하기 위하여 반드시 물건 개념의 변형·확장이 불가피한 것은 아님
을 시사한다.

## 7. 우리 민법상 물건규정

우리 민법의 제정에 있어서는 §98(민법 원안§93)에서 유체물 외에 의용민법에는

---

61) 川島武宜, 民法總則, 有斐閣, 1965, 142.
62) 大村敦志, 民法總則 讀解編, 有斐閣, 2009, 239.
63) 山本進一, "物の観念について", 綜合法学 5-10, 1962, 52.

없는 '전기 기타 관리할 수 있는 자연력'이 부가되었다. 그 취지에 대해서 입법자료에서는 구체적인 설명 없이 "현행법 § 85와 '동일'하다고만 언급하고 있다.[64] 다만 입법과정에 참조된 외국의 관련규정으로 독일민법, 프랑스민법, 민주국민법 외에 스위스민법이 열거되어 있다. 이러한 외국법 가운데에 '전기 기타 관리할 수 있는 자연력'의 추가에 의미 있는 비교법적 자료는 스위스민법 § 713[65]이다. 그 후 국회에서의 민법안 심의자료에서는 "權利의 客體로서의 「物件」의 槪念을 現在의 有體性에서 有體性과 管理能力性의 二元的인 槪念으로 變更한 것은 時機에 맞는 適宜한 改正이라 할 수 있다"는 의견이 기록되어 있다.[66] 결론적으로 앞서의 일본민법학에서의 논의, 즉 물건 정의에 관한 규정 이후 사회경제적 변화에 따라 사회일반의 생활관계에 큰 영향을 미치게 된 전기와 같은 새로운 무형적 재화에 대한 대응의 필요성을 둘러싼 일본민법학의 논의가 영향을 주어 우리 민법 § 98에서는 물건 개념을 유체물에 한하지 않고 이를 관리 가능한 자연력으로 확대한 것으로 이해할 수 있다. 그 결과 우리 민법에서는 물건의 정의에 관하여 원칙적으로 유체물로 한정하지만 예외적으로 '전기 기타 관리할 수 있는 자연력'에 대해서는 이를 물건으로 규율할 수 있도록 함으로써 과학기술의 발전에 따라 생활관계의 편익에 기여하는 중요한 재화로서 전기, 빛, 열과 같은 에너지를 물건으로 포섭할 수 있게 되었다.[67]

---

64) 민법안심의록(상권), 67; 명순구, 실록 1, 296.

65) 동산소유권의 객체는 그 성질에 있어서 유체의 동산 또는 법적 지배를 받을 수 있는 자연력이면서 부동산에 속하지 않는 것이다(Gegenstand des Fahrniseigentums sind die ihrer Natur nach beweglichen Körperlichen Sachen sowie die Naturkräfte, die der rechtlichen Herrschaft unterworfen werden können und nicht zu den Grundstücken gehören).

66) 민의원법제사법위원회, 민법안심의소위원회, 민법안심의자료집, 1957, 69.

67) 근래 우리 민법상 물건의 정의에서 '전기 기타 관리할 수 있는 자연력'을 추가한 것의 의미에 대하여 이를 단순히 물건을 유체물과 관리가능한 자연력으로만 한정한 것으로 파악하는 것은 타당하지 않고 이를 보다 적극적으로 파악하여야 한다는 견해가 등장하였다(최경진, "물건요건론 소고", 비교사법 11-2, 통권 제25호, 51 이하 및 동, "집합물의 법적 성질에 관한 연구", 중앙법학 6-1, 2004, 191 이하). 그에 따르면 우리 민법 § 98에서 '전기 기타 관리할 수 있는 자연력'을 추가함으로써 우리 민법은 유체물에 한정된 물건 개념을 포기하였다고 본다. 이를 전제로 유체물과 무체물을 포괄한 물건개념을 통일적으로 파악하기 위한 물건 개념의 추상화가 요구된다고 보고, 물건의 개념이나 요건 등은 주로 법적 관념 내지 규범적 방법에 의하여 결정되고 그 보조적 수단으로 자연과학적 내지 경제적 방법에 의하여 확정되어야 한다고 한다. 물건이 존재하여야 할 '외계'는 단순한 자연계가 아니라 '법적으로 의미가 있는 경제계, 재화계'를 의미하며, 민법상 일반요건으로 자연력을 채택하는 것은 불충분하여 타당하지 않고 물건의 일반요건으로서는 물건개념의 추

## 8. 소　　결

　　이상 물건 규정의 계수사적 의의를 평가하면 다음과 같이 요약할 수 있다. 로마법 이래 유체물과 무체물로 구분되었던 자연법주의적 물건 개념이 독일민법에 있어서 채권관계에 대한 물권법의 독자 고유성의 전제로서 배타적 지배 대상으로서의 유체물로 한정되었고 결과적으로 무체물(특히,권리들)이 일단 물건 개념에서 배제되었다. 그러나 이를 수용한 일본에 있어서 이미 산업기술의 발달에 따라 전기 등 에너지의 중요성이 증대하고 이를 지배 관리할 수 있는 기술적 진보를 바탕으로 전기, 빛, 열 등 각종 에너지등을 물권(유사)의 권리 대상으로 포섭하기 위한 전제로서 그 물건성이 문제되었다. 그리고 이 과정에서 에너지 등을 권리 대상으로 포섭하기 위하여 물건 개념의 요건으로 가장 중요한 유체성을 배타적 관리 또는 지배 가능성으로 대체하는 학설이 유력하게 제기되었다. 우리 민법 제정 당시 물건 규정은 이러한 해석론적 변화를 입법적으로 수용한 결과라고 할 수 있다. 그러나 당시로서는 선진적이었던 입법도 미래의 기술적 진보에 대응하기에는 충분한 것이 아니었다. IT 등 정보과학기술의 발전에 따라 물적 재화 이외에도 여러 가지 형태로 형성 축적된 정보가 우리들의 생활관계 내지 경제관계에 중요한 비중을 차지하게 되었다. 가령, 컴퓨터 등에 적용되는 각종 소프트웨어, 다양한 목적과 형태로 수집 정리된 디지털정보, 온라인 게임프로그램 내 가상공간에 존재하는 게임 아이템 등 입법 당시에는 상상조차 할 수 없었던 새로운 형태의 무체물들이 우리들 생활관계 및 경제관계에 깊숙이 자리 잡게 되었다. 이러한 새로운 권리객체에 대응하기 위하여 물건 규정의 확대해석의 필요성을 주장하는 견해가 적지 않다. 그러나 이러한 새로운 법적 수요가 반드시 민법상 물건성의 확장을 통해서만 해결될 수 있는 것인지에 대해서는 의문이 있다. 계수사적 경위에 비추어 보면 우리 민법의 물건 규정이 권리의 객체가 될 수 있는 모든 것을 폐쇄적으로 정의하는 일반규정으로 기획된 것으로 보기는 어렵다. 따라서 민법상 물건이라는 정의 밖에서 새롭게 출현하는 다종다양한 무체물을 권리객체로 하는 새로운 법률 수요에 대하여 물건과 별도로 그것과 병행하는 새로운 입법적 대응이 배제되지 않는다.

---

　　상성을 바탕으로 한 '권리의 객체 내지 목적물로서의 성격을 가지는 대상으로서 법적으로 의미가 있는 경계계 재화계에 객관화된 존재'로 개념화하고 그 요건으로 비인격성, 경제적 가치성, 관리가능성의 요건을 도출한다.

나아가 '자유의사 없는 자연의 일부'로서 물건에 지나지 않았던 동물에 대해서는 유럽의 여러 나라들이 새로운 입법을 통하여 물건성을 부인하고 인격과 물건 사이에 제3의 규율 대상으로 동물을 상정하고 있다.[68] 자연관 내지 세계관의 변화에 따라 권리주체와 권리객체 또는 인과 물건이라는 이분법적 사고에 대하여 의문이 제기되면서 동물을 단순한 물건으로부터 분리하여 제3의 법적 성격을 부여하려는 새로운 입법동향이 나타나고 있는 것이다. 이와 같이 물건 규정을 둘러싸고, 기술적 진보에 따른 새로운 사회적 수요와 진보하는 세계관의 변화에 대하여 우리 민법이 어떤 입법적 결단으로 대응할 것인가 라는 과제가 제기되고 있다.

## II. 물건의 요건

본조 물건에 관한 정의는 권리객체로서의 물건에 관한 규정이므로 해석상 권리객체로서의 일반적 요건을 갖추지 않으면 안 된다. 따라서 물건은 유체물일 뿐 아니라 사람의 지배가 가능하여야 하고 독립성이 있어야 하며 비인격적인 것—외계의 일부—이어야 한다.[69]

본법 §98의 물건의 요건에 관하여 학설은 일반적으로 ① 유체물 및 관리할 수 있는 자연력, ② 관리가능성, ③ 독립성, ④ 외계의 일부일 것(비인격성)을 제시하고 있다.[70] 이러한 요건은 민법 제정 당시에 추가된 '전기 기타 관리가능한 자연력'을 제외하면 물건을 유체물로 한정한 독일민법 제1초안 이래 소유

---

68) 독민 §90-a 동물은 물건이 아니다. 동물은 별도의 법률에 의하여 보호된다. 물건에 적용되는 규정은 달리 정함이 없는 경우에 한하여 동물에 준용된다. (Tiere sind keine Sachen. Sie werden durch besondere Gesetze geschützt. Auf sie sind die für Sachen geltenden Vorschriften entsprechend anzuwenden, soweit nicht etwas anderes bestimmt ist.) 오스트리아민법 §285-a도 같은 위치의 규정을 두고 있다. 스위스에서도 유사한 입법 동향이 보고되고 있다(아래 양재모 논문 각주 5) 참조). 동물의 물건성에 관한 새로운 동향에 대해서는 우선 양재모, "人, 物의 이원적 권리체계의 변화—동물의 물건성과 인격성—", 한양법학 20-2, 2009, 289 이하 참조.

69) 日注民(2) 新版, 588.

70) 구주해(2), 28 이하(김병재); 강태성, 393 이하; 고상룡, 267 이하; 곽윤직, 220 이하; 김민중, 230 이하; 김용한, 215 이하; 김주수·김상용, 259 이하; 김준호, 177 이하; 김상용, 298; 백태승, 민법총칙, 집현재, 2016, 270; 오시영, 319; 정기웅, 219 이하. 다만 ①에서 '관리가능한' 자연력은 ②의 관리가능성과 중복되므로 ①에서는 유체물 또는 자연력만을 들고 있는 견해도 있다. 주석 총칙(2), 258(제5판/김종기); 김증한·김학동, 266 이하; 송덕수, 민법총칙, 박영사, 2015, 690 이하도 같은 취지로 보인다.

권의 객체로서의 물건 개념으로부터 유래한 것이다. 소유권의 권리 속성상 배타적 지배가 가능한 것을 유체물로 한정하였기 때문이다.

## 1. 유체물 또는 관리할 수 있는 자연력

### (1) 유 체 물

유체물이란, 일반적으로 공간의 일부를 차지하는 유형적 존재로서 사람의 오감으로 그 존재를 지각할 수 있는 형태를 가진 물질, 즉 고체, 액체, 기체로 정의되고 있다.[71] 유체성을 물리적 관점에서 정의한 것이다. 이에 반하여 무체물은 형태가 없는 것이다. 무체물 가운데에 법상 물건으로 다루어져 온 것 가운데에 권리와 자연력(전기, 열, 빛, 음향 등)이 있다. 권리는 순수한 관념적인 것인 데 반하여 자연력은 형태를 갖춘 물질은 아니지만 입자, 파동, 에너지로 자연계에 실재하면서 사람들의 생활의 편익에 기여하는 것이다. 따라서 무체물이 모두 관념적으로만 존재하는 것이라고는 할 수 없다.[72] 우리 민법은 무체물 가운데에서도 관리할 수 있는 자연력을 유체물과 나란히 물건으로 규정하고 있다.

당초 소유권의 객체로서의 물건을 상정하였던 독일민법 제1초안 및

---

71) 구주해(2), 28(김병재); 주석 총칙(2), 258(제5판/김종기); 강태성, 394; 고상룡, 267; 곽윤직, 220; 김민중, 230; 김상용, 298; 김용한, 215; 김주수·김상용, 259; 김준호, 178; 김증한·김학동, 266; 백태승(주 70), 270; 송덕수(주 70), 690; 오시영, 319; 정기웅, 219.

72) 구주해(2), 28(김병재)은 사고상의 존재에 지나지 않는 것을 무체물(unköperlich gegenstand)이라고 하면서 그 전형적인 것으로 권리를 들고 있다. 그러나 그 취지가 자연력을 무체물에서 배제하는 취지는 아니다. 무체물에 권리와 같은 순수 관념적인 것, 즉 사고상의 것을 포함하는 것은 그 물건 개념의 역사적 전개과정에서 비롯된 것이다. 이에 대하여 이러한 전통적인 방식의 무체물 개념이 오늘날에도 그대로 유용한 것이라고 볼 수 없고 채권과 같은 권리와 빛, 열, 전기, 에너지, 음향 등을 동렬에 두고 이론 전개를 하는 것이 불합리하다는 견해도 있다{주석 총칙(2), 259(김종기)}. 일본의 학설이기는 하지만 이와 대조적으로 무체물 개념의 현대적 의의를 적극적으로 평가하는 견해도 있다. 즉, "물건을 유체물로 한정하는 것은 하나의 입법적 입장에 지나지 않는다. 아프리오리(a priori)하게 소유권의 대상은 반드시 유체물이어야 한다고 경직되게 생각하는 것은 적당하지 않다. 무체물을 중심으로 한 각종의 이익을 배타적으로 지배하는 권리를 구상하는 것을 가능하게 하는 일본 구민법의 입장은 실은 극히 현대적인 입장이었다. 현행 §85의 해석과는 별개로 발상으로서는 참고할 점이 많다. 현행법의 틀 내에서도 채권등의 무체물을 대상으로 하는 '배타적 권리'를 구상하는 것은 어느 정도 가능하고 '채권을 대상으로 하는 양도담보(권)' 등은 유효하다고 생각된다. 이 사고를 발전시키면 '물과 채권'을 대상으로 하는 포괄재산이나 '채권채무를 포함하는 포괄재산(universitas juris)'에 대한 배타적 권리를 구상하는 것도 가능할 것이다. 나아가서는 정보에 대한 권리 등 지적재산권의 범위를 확장하는 데에서의 역할도 무시할 수 없다."{四宮·能見(주 23), 181}는 견해가 그러하다. 그러나 앞서 언급한 바와 같이 이러한 새로운 권리객체의 출현에 대한 법적 대응이 반드시 물건 규정의 확장을 통해서만 가능한 것이라고는 볼 수 없다.

제2초안의 입법에 영향을 받은 의용민법 §85는 순수 관념상의 것, 즉, 권리를 물건이라고 할 때에는 채권의 소유권과 같이 물권과 채권의 준별을 곤란하게 하고 소유권 개념을 혼란시킨다는 이유에서 물건을 유체물로 한정하였다. 그러나 무체물 가운데에서도 기술적 발전에 따른 생활환경의 변화에 따라 전기와 같은 관리할 수 있는 자연력을 권리 객체로 취급할 규범적 수요는 도리어 증대되었다. 이러한 규범적 수요에 적극적으로 대응하기 위하여 민법 제정시 §98는 의용민법 §85에는 없었던 무체물 가운데에서 '기타 관리할 수 있는 자연력'을 물건의 개념에 추가하였다. 이러한 추가는 의용민법 당시의 해석론에 영향을 받은 것이다. 당시 일본의 유력한 견해는 법률상의 물건(物)을 물리학상의 유체물로 제한하는 것은 오늘날의 사회적 경제적 사정에 적합하지 않고, 이론으로서 물건의 개념을 정당하게 파악하지 못하는 결함이 있으며, 집합물을 하나의 물건으로 파악하지 못하는 점에 있어서 여러 불합리가 발생한다는 점을 인정하여, '유체물'을 '법률상의 배타적 지배가능성'이라는 의의로 해석함으로써 물건의 개념을 확장할 필요가 있다고 주장하였다.[73] 우리 민법은 의용민법과는 달리 '전기 기타 관리할 수 있는 자연력'을 유체물과 나란히 물건으로 정의함으로써 권리 객체로서의 유체물의 협애성의 문제를 입법적으로 해결하였다. 따라서 적어도 지배 가능한 자연력을 권리의 객체로 포섭하는 데에 있어서는 일본민법학에서와 같이 애써 유체성 요건을 배타적 지배가능성으로 대체할 필요는 없어졌다고 할 수 있다. 그럼에도 불구하여 아래에서 보는 바와 같이 집합물이라든가 정보와 같은 새로운 권리 객체에 적절한 규율을 위하여 물건 규정을 무체물을 포함하는 것으로 넓고 유연하게 해석하여야 한다는 주장은 오래 전부터 제기되어 왔다. 그러나 그것이 불가피하거나 적절한 대응방식인가에 대해서는 논란이 계속되고 있다.

(2) 관리할 수 있는 자연력

전기, 열, 빛 등과 같은 자연력은 형태가 있는 물질이 아니므로 무체물에 속하지만, 권리와 같이 관념상의 것이 아니라 입자나 파동의 형태로 자연계에

---

73) 我妻榮(주 60), 201 이하. 그러나 일본에 있어서도 권리 객체 가운데에 물건의 중요성 때문에 물건의 정의 규정을 둔 것일 뿐 모든 권리 객체가 물건은 아니고 본조의 적용을 받지 않는 권리 객체를 얼마든지 상정할 수 있으며, 물건을 유체물로 한정한 본조의 의의는 물권뿐만 아니라 채권에 있어서도 권리가 미치는 객관적 한계를 설정하는 기능을 한다는 점에서 유체성 요건의 유용성을 인정할 수 있으므로 물리적 관점에서의 유체성 요건을 법적 관념인 배타적 지배가능성으로 대체하여야 한다는 주장에 의문을 표시하는 견해가 있다. 山本進一(주 63), 52 참조.

실재하는 것이며[74] 일정한 에너지를 가지고 우리 생활의 편익에 기여할 수 있다. 따라서 물건으로서의 자연력은 자연계에 존재하는 일종의 에너지를 의미하는 것으로 이해하는 것이 적절하다. 여기서의 자연력의 의미가 인공적으로 창출된 것을 배제하는 것이 아님은 물론이다.[75] 관리가능한 자연력을 유체물과 같이 취급하는 것은 형법에 있어서도 유사하다. 앞서 의용민법 시기 일본 대심원에서는 도전(盜電)의 절도죄 성부와 관련하여 전기의 물건성을 인정하면서 죄형법정주의와 관련하여 논란이 있었던바, 우리 형법 § 346(동력)도 "본장의 죄에 있어서 관리할 수 있는 동력은 재물로 간주한다."고 규정함으로써 이를 입법적으로 해결하였다.

    이와 관련하여 형법학에서는 인간의 노동력을 우마(牛馬)의 힘과 함께 동력으로 보는 견해가 있다.[76] 그러나 민법학에 있어서는 권리와 인격의 주체인 사람과 사람의 노동력을 분리하여 배타적 지배가 가능한 물건으로 볼 수는 없다. 만약 어떤 사람으로부터 노동력을 분리하여 그 사람의 의사와 관계없이 타인의 배타적 지배가 가능하다고 하면 일종의 노예와 같은 법률관계를 인정하는 것과 같아질 것이기 때문이다. 나아가 적어도 민법학에 있어서는 우마의 힘 역시 이를 우마 그 자체와 분리하여 관리가능한 자연력으로 볼 실익은 없어 보인다. 우마는 물건으로 그 힘을 이용하는 것으로 우마의 용법에 따른 사용수익에 해당한다고 보면 족하기 때문이다.

    현실의 생활관계에서 관리가능한 자연력으로서 물건으로 취급되는 것은 우선 전기와 열에너지가 있다. 전기에너지는 한국전력공사 등 전기회사가 생산한 전기를 도선을 통하여 각 사용처에 공급하는데 전압과 전류에 의하여 측정된 전력량에 시간을 곱한 단위로 거래되고 있다. 사용처에서는 이를 각 전기제품에 연결하여 전기를 사용 소비할 수 있고 또는 배터리 등에 이를 충전하여 필요할 때마다 전기제품을 연결하여 사용 소비하거나 이를 다른 사람에게 공급하여 처분할 수도 있다(전기의 사용·수익, 처분). 열에너지의 거래 역시 주로 지역난방공사 등 열에너지 생산회사가 온수의 형태로 생산된 열에너지를 대형 건물이나 아파트단지 등 사용처에 공급하면 사용처의 열교환기까지 공급된 수량과

---

    74) 가령, 구주해(2), 29(김병재); 김용한, 215; 정기웅, 219는 자연력을 무체물이라고 설명
        하면서 이를 단순히 사고상의 것이라거나 관념상의 것이라고 하지만 이는 권리에 대해서
        만 타당한 설명이고 자연력에는 적합하지 않다. 같은 취지 주석 총칙, 259(김종기).
    75) 주석 총칙, 260(김종기).
    76) 이재상, 형법총론, 제5판, 249.

온도 등에 의하여 측정된 열량을 기준으로 과금된다.[77] 난방공사에서 공급된 온수를 직접 사용하는 것이 아니라 열교환기를 거쳐 사용처의 수도물의 온도를 덥혀서 열에너지를 공급받는다는 점에 유의하여야 한다. 온수 그 자체를 공급받는다면 그것은 유체물의 거래에 지나지 않을 것이다. 그 밖에 빛에너지를 거래하는 것도 가능하겠으나 현실 생활관계에서는 빛에너지를 물건으로 거래하는 경우는 없는 것 같다. 특정 장소와 시간, 가령 야간에 야구장에 전등을 밝혀서 빛에너지를 공급하는 경우를 생각할 수는 있으나 이는 일종의 역무를 제공하는 것으로 보아야 한다. 빛을 제공받는 자가 이를 보관 저장하거나 임의로 처분할 수 없어 빛에 대한 배타적 지배(소유권)를 취득시키는 것이라고는 볼 수 없기 때문이다. 영상이나 음향을 제공하는 경우에도 대개는 역무의 제공이라고 보아야 할 것이다. 대기 중으로 발신된 전파는 배타적 지배가능성이 없어 물건이 아니라는 견해도 있다.[78] 전파의 경우에 위성수신기나 와이파이 비밀번호와 같이 특정한 수신기나 비밀번호를 통해서만 접근 가능하도록 할 수 있어서 배타적 접근가능성은 확보할 수 있다. 그러나 물리적으로는 동시에 여러 사람이 접속하여 동시 이용이 가능하므로 배타적 지배를 인정하기 어렵고, 그 사용목적도 에너지 그 자체가 아니라 전파를 통하여 특정 정보를 전달받거나 전달할 수 있는 편의를 제공받는 것에 지나지 않으므로 이 역시 역무를 제공받는 것으로 이해하면 족하다. 결과적으로 현재의 생활관계에서 민법 § 98 중 '관리할 수 있는 자연력'으로서 물건으로 거래되는 것은 전기와 열에너지 정도가 있다고 할 수 있다.

### (3) 권    리

우리 민법은 채권이나 저당권등 재산권을 질권의 목적으로 하고($\S\S^{\text{민법}}_{345,\ 348}$), 지상권, 전세권도 저당권의 목적으로 하고 있다($\S^{\text{민법}}_{371}$). 본조는 물건을 유체물에 한정하고 예외적으로 관리할 수 있는 자연력만을 물건으로 규정하고 있기 때문에 이들 권리가 물건이 아님은 분명하다.[79] 물건 규정의 입법사를 보더라도 권리는 추상적 관념적인 것으로 소유권등의 배타적 지배를 보장할 수 없어 물

---

77) 집단에너지법에 따른 열공급규정 § 5 (i)에는 열매체로서 온수, 냉수, 증기 등을 포함하여 열뿐만 아니라 냉기의 공급도 가능하다.

78) 주석 총칙(1), 263(김종기).

79) 학설로서는 지적재산권, 특허권, 저작권, 상표권과 같은 권리를 물건에 포함시키지 않은 것은 유감스러운 일이라고 하는 견해도 있다. 이영준, 민법총칙, 박영사, 2004, 852.

건의 정의에서 의도적으로 배제되었다.[80] 다만, 본조가 애당초 소유권의 객체
성을 중심으로 물건의 요건을 정한 것으로 기타 제한물권의 객체가 되는 것을
폐쇄적으로 한정한 것은 아니므로 명문의 규정이 있는 경우에는 추상적인 권
리도 물권의 객체가 될 수 있다. 따라서 일반적으로 모든 물건은 소유권의 객
체가 되고 물건의 종류에 따라 각각 일정한 제한물권의 객체가 될 수 있으나
물권의 객체가 모두 물건은 아니다.

다른 한편으로 권리가 화체(化體)된 유가증권은 물건에 해당한다.[81] 유가
증권은 일종의 문서로서 유체물의 요건을 충족하므로 유가증권 그 자체를 물
건으로 보는 데 지장이 없다. 민법도 유가증권을 물건과 나란히 유치권의 객체
로 열거하거나($\underset{\S320}{민법}$) 대물대차나 임치에 있어서는 '유가증권 기타 물건'이라고
규정하여 유가증권이 물건의 일종임을 시사하고 있다($\underset{\S\S606, 693}{민법}$). 유가증권은
채권 등 권리가 화체되어 있는 것으로 유가증권에 대한 인도나 점유가 화체된
권리의 취득과 행사의 요건이다. 따라서 물건으로서의 유가증권을 지배하는
권리관계가 유가증권에 화체된 권리의 취득과 행사요건으로 연결되어 있다.

### (4) 디지털정보(디지털 콘텐츠)

전자정보기술의 발전에 따라 디지털 정보나 콘텐츠가 거래의 대상이 되는
경우가 빈번해지고 있다.[82] 그러한 것으로 디지털화된 화상이나 음향정보,

---

80) 양창수·권영준, 26은 물건에 관한 민법의 정의에 대하여 한편으로 채권 기타의 권리 및
    정보 등을 그로부터 배제함으로써 이들에 대하여 소유권에 관한 규정(특히 §§ 213, 214
    및 201 이하)을 적용하는 것을 원칙적으로 부인하고(소극적 기능), 다른 한편으로 그것이
    유체물이 아니라도 유체물과 같이 거래될 수 있는 성질을 가지는 실체이면 그에 관한 법
    률관계를 물건과 같은 법리에 의하여 처리하도록 하는 (적극적 기능) 이중의 기능을 가진
    다고 설명한다.
81) 의용민법 § 86 Ⅲ은 "무기명채권은 이를 동산으로 간주한다."는 규정을 두었다.
82) 이들 디지털콘텐츠는 책이나 영화, 음반 등 종래의 저작물과 그 존재 형태가 다르고 복
    제와 변경이 극히 용이하며 인터넷 등 전자 네트워크를 통하여 권리자로부터 사용자에게
    직접 전달되어 그 유통 흐름이 전혀 다르다. 영상, 음성, 문자, 사진, 화상 등 여러 가지 표
    현형태가 디지털기술에 의하여 통합되어 종래 저작물과 달리 다른 분야와 융합된 작품이
    출현하고 쌍방형(interactive)의 콘텐츠처럼 종래의 저작물과 다른 표현으로 존재하는 경
    우도 있다. 저작권법으로 보호할 수 없는 디지털 콘텐츠의 경우 특별한 보호 필요성이 있
    어서 2002. 온라인디지털콘텐츠보호법을 제정하여 일정한 디지털콘텐츠를 보호하고 있다
    (2010년 콘텐츠산업기본법으로 전면 개정되었다). 여기서는 물권적인 배타적 권리로 보호
    하지 아니하나 부정경쟁방지법상 보호되는 영업비밀과 같이 권원 없는 복제 또는 전송행
    위를 일정 기간(5년) 금지시키는 방식으로 보호하고 있다(콘텐츠산업진흥법 § 37). 송영식
    외, 지적소유권법, 제2판, 2013, 50.

컴퓨터프로그램,[83) 온라인게임상의 게임아이템,[84) 사이버머니(cyber money),[85)] 전자화폐(electronic money 또는 electronic cash)[86)] 등이 있다. 디지털정보의 법적 규율과 관련해서는 먼저 형사법에 있어서 재산범죄의 성립요건인 재물에 해당하는지가 문제되었다. 형법상 재물성은 기본적으로 민법의 물건 개념에 기초하고 있으므로 이에 대하여 살펴볼 필요가 있다. 형법학에서는 재물에 대하여 유체성설과 관리가능성설이 대립되고 있다. 유체성설에 따르면 재물은 원칙적으로 일정한 공간을 차지하고 있는 유체물에 국한되며, 채권 등과 같은 권리나 정보는 재물이 될 수 없다. 다만 무체물 가운데에서도 관리할 수 있

---

83) 컴퓨터 프로그램의 의의에 대하여는 김관식, "컴퓨터프로그램의 특허법적 보호", 정보화 정책 13-4, 2006, 108 이하.

84) 온라인게임상에서 쓰이는 아이템이라는 용어는 일반적으로 온라인 게임 내에서 게임을 플레이(play)하기 위하여 활용되는 여러 가지 유형의 항목을 의미하는데, 통상 게임상의 캐릭터에 부가적인 물건 혹은 상품들을 의미한다. 게임상에서 이용되는 아이템은 게임프로그램의 일부로서 정보의 성질을 가지고 있고 게임프로그램을 벗어나 존재할 수 없으나 게임유저들이 이를 게임 외부에서 현금 거래하면서 그 법적 규율이 문제되고 있다. 최호진, "온라인 게임아이템에 대한 형법적 해석방향", 형사정책연구 22-4, 40 이하, 동 논문은 게이임아이템의 재물성은 부인되더라도 형법상 재산상 이득 개념에 의하여 규율할 수 있다고 한다. 그에 따르면 게임아이템에 대하여 절도죄, 횡령죄, 장물죄, 손괴죄의 성립은 불가능하고, 강도죄, 사기죄, 공갈죄, 배임죄의 성립만이 가능하다(같은 논문 59). 그 밖에 민사법적 관점에서 게임아이템의 법적 성질에 관하여는 정해상, "인터넷 게임 아이템거래에 관한 법리", 중앙법학 5-3, 2003, 262; 손경한, "게임산업에 대한 법적 고찰", 일감법학 11, 2004, 103 이하. 특히 온라인게임 아이템의 현금거래와 관련하여 그 물건성을 검토한 것으로 장재옥, "온라인 게임아이템 현금거래의 법률관계", 중앙법학 9-2, 400 이하.

85) "온라인에 개설된 사이버몰에서 소비자가 재화 등을 구매함에 있어서 화폐를 대신하여 대금결제수단으로 사용하는 전자지급수단' 또는 '디지털콘텐츠업체들이 회원에게 마일리지 형태로 제공하는 가상화폐'를 말한다. 조장우, "사이버머니의 민사적 법률관계에 관한 연구", 상사판례연구 29-4, 2016, 263 이하. 다양한 형태의 사이버머니의 법적 성질에 관해서는 윤태영, "사이버머니의 법적 성격과 화폐가치의 부여가능성", 민사법의 이론과 실무 18-1, 2014, 4 이하. 전자금융거래법 §2 (xi)에서는 '전자지급수단'과 관련하여 "전자자금이체, 직불전자지급수단, 선불전자지급수단, 전자화폐, 신용카드, 전자채권 그 밖에 전자적 방법에 따른 지급수단을 말한다"고 정의하고 있다.

86) 전자화폐란, "은행 기타 전자화폐 발행자가 카드 또는 컴퓨터시스템을 통하여 일정 화폐가치를 전자기호(proton)로 저장하고 그 지급을 보장하는 것으로 정보통신회선을 통하여 지급 결제가 이루어지고 다수간에 여러 목적으로 이용되는 화폐"라고 이해되었다(정진명, "전자화폐의 실용화를 위한 법적기반의 연구", 한국법제연구원, 2002, 11 이하). 이에 대하여 2006년 4월 28일 제정된 전자금융거래법 §2 (xv)는 전자화폐를, "이전 가능한 금전적 가치가 전자적 방법으로 저장되어 발행된 증표 또는 그 증표에 관한 정보로서 다음 각 목의 요건을 모두 갖춘 것"으로 정의하고, 각 목에서 가. 대통령령이 정하는 기준 이상의 지역 및 가맹점에서 이용될 것, 나. 제14호 가목(발행인 외의 제3자로부터 재화 또는 용역을 구입하고 그 대가를 지급하는 데 사용될 것)의 요건을 충족할 것, 다. 구입할 수 있는 재화 또는 용역의 범위가 5개 이상으로서 대통령령이 정하는 업종 수 이상일 것, 라. 현금 또는 예금과 동일한 가치로 교환되어 발행될 것, 마. 발행자에 의하여 현금 또는 예금으로 교환이 보장될 것 이라고 규정하고 있다.

는 동력은 형법 §346에 의하여 예외적으로 재물로 간주된다. 이에 대하여 관리가능성설은 재산범죄에 있어서 재물을 민법 §98의 물건, 즉 유체물 및 전기 기타 관리할 수 있는 자연력과 동일한 것으로 본다. 따라서 재산범죄에 있어서 재물이란, 유체물과 관리 가능한 무체물을 포함하는 개념으로 파악한다. 다만 이 견해에서 관리할 수 있다는 것은 배타적 지배가 가능하다는 의미로 파악함과 동시에 관리는 물리적 관리를 의미한다고 한다.[87] 결론적으로 유체성설에 따르면 디지털정보는 유체물이나 동력에 해당하지 아니하고, 관리가능성설에 따르더라도 디지털정보는 물리적 관리에 적합하지 않으므로 재물성은 부인된다.[88] 판례에 있어서도 정보 혹은 데이터 그 자체는 재물이 아니라고 한다. "컴퓨터에 저장되어 있는 '정보' 그 자체는 유체물이라고 볼 수도 없고, 물질성을 가진 동력도 아니므로 재물이 될 수 없다 할 것이며, 또 이를 복사하거나 출력하였다 할지라도 그 정보 자체가 감소하거나 피해자의 점유 및 이용가능성을 감소시키는 것이 아니므로 그 복사나 출력 행위를 가지고 절도죄를 구성한다고 볼 수도 없다."고 한다.[89] 나아가 "형법 §243는 음란한 문서, 도화, 필름 기타 물건을 반포, 판매 또는 임대하거나 공연히 전시 또는 상영한 자에 대한 처벌 규정으로서 컴퓨터 프로그램파일은 위 규정에서 규정하고 있는 문서, 도화, 필름 기타 물건에 해당한다고 할 수 없"다고 하고 있다.[90] 이와 같이 디지털정보의 법적 규율은 디지털정보에 관한 재산범죄 등의 성립요건상 재물성 또는 음란물로서의 물건성이라는 관점에서 형법상 쟁점이 되어 왔다.

　　오늘날 이러한 디지털 정보들에 관하여 물건과 유사한 거래관념이 형성되어 있어서 디지털정보의 사법적 규율에 있어서도 그 물건성이 문제되고 있다. 그러나 디지털정보가 저장된 물리적 매체는 물건이지만, 디지털정보 그 자체는 물건이라고 할 수 없다.[91] 디지털정보는 본질적으로 관념상의 것에 지나지

---

87) 최호진, "온라인 게임아이템에 대한 형법적 해석방향", 형사정책연구 22-4, 44. 이에 반해 정보도 물리적 관리가 가능하다고 보아 재물이라고 볼 수도 있다는 견해도 있다. 강구진, 형법강의각론 I, 1984, 245.
88) 최호진(주 87), 44 이하.
89) 대판 02.7.12, 2002도745.
90) 대판 99.2.24, 98도3140.
91) 가령 형사판결에서는 회사의 컴퓨터에 저장된 기술정보인 '설계자료'를 회사의 A2 용지 2장에 출력하여 '설계도면'을 가져간 사안에서 그 설계도면은 피고인이 소유할 목적으로 만든 문서로서 피고인의 소유이므로 설계도면의 절도죄가 성립되는 것이 아니라 A2 용지 2장의 절도죄가 인정될 뿐이라고 하여 정보 그 자체의 절취를 인정하지 않고 유형물인 그 매체에 대해서만 절도죄를 인정하고 있다. 대판 03.9.23, 2003도1560(컴퓨터에 저장된 정보가 절도죄의 객체로서 재물에 해당하지 않는다고 한 대판 02.7.12, 2002도745의 파기

않아 무체물이고 어떤 에너지, 즉 자연력이라고도 할 수도 없기 때문이다.[92] 그러나 이와 같은 디지털정보를 물건이 아니라는 이유로 민법의 규율 밖으로 몰아내는 것은 거래 현실에 비추어 바람직하지 않다는 이유에서 입법론적으로 이들을 물건의 개념으로 포섭하여야 한다는 주장이 있다.[93] 디지털정보를 법적 규율의 대상으로 포섭할 필요성은 민법학의 현대적 과제임에 틀림없다. 외국에서도 무체물을 포함하는 물건 개념의 재구축을 주장하는 견해도 있다.[94] 그러나 이러한 디지털 정보의 출현에 따른 규율 수요가 물건성의 확대를 통해서만 충족될 수 있는 것인지는 의문이 있다. 무엇보다도 디지털정보를 물건으로 규율하기 위해서는 새로운 입법적 결단이 필요하다. 디지털정보는 무체물에 속하는 것이고 §98는 물건을 명시적으로 유체물로 한정하고 그 예외로 오직 관리 가능한 자연력만을 인정하고 있기 때문이다. 무엇보다도 본조의 계수사에 비추어 무체물을 물건의 개념에서 배제하는 것이 입법자의 의사였다고 할 수 있다. 나아가 현대 디지털 기술의 발전과 디지털정보가 우리 생활의 편익에 기여하게 된 사회변화를 고려한다고 하더라도 디지털정보에 대한 규율 수요를 물건 개념에 의한 포섭을 통하여 실현하는 것이 필요하고도 적절한 것인지가 먼저 해명되어야 한다.

　　물건 규정의 발생사에 비추어 물건개념은 물권, 특히 소유권에 대한 권리 객체성을 전제로 형성된 것이다. 소유권은 물건에 대한 배타적 전면적 지배권으로서 사용, 수익, 처분 권능을 포함하고 그 침해에 대하여는 소유물 반환청구를 비롯하여 물권적 청구권을 행사할 수 있다. 이러한 배타적 지배권으로서의 소유권 관념은 그 행사 범위가 명확한 유체물($^{예외적으로 관리}_{가능한 자연력}$)을 기초로 해서만 성립할 수 있다. 따라서 디지털정보를 물건으로 볼 수 있느냐의 문제는 디지털정보에 대하여 소유권의 성립을 인정할 수 있고 소유권의 객체로 규율하

---

　　환송심이다). 이에 대한 비판적 견해로서는 문형섭, 재산범죄론의 이해, 2006, 27.

92) 오병철, "디지털정보거래의 성립에 관한 연구", 한국법제연구원, 2001, 14은 디지털정보의 본질을 무체성, 복제가능성, 품질의 동질성, 복제의 경제성, 전자적 전달, 정보의 복합성, 전화(電化)된 노동으로 설명하고 있다. 같은 논문은 디지털 정보가 네트워크를 타고 전달되는 도중에는 물리적으로 전기적 신호이므로 이를 물건으로 볼 수 있다고 설명하고 있으나 전기적 신호 그 자체를 디지털정보로 볼 수 없고 그 전기적 신호 역시 추상적 관념적 존재로서의 디지털정보를 전달하는 매체에 지나지 않는다고 볼 것이다.

93) 주석 총칙(2), 262(제5판/김종기); 배대헌, "거래대상으로서 디지털정보와 물건개념의 확대에 관한 검토", 상사판례연구 14, 2003, 347은 이러한 디지털정보에 관한 법적 규율의 수요를 종래 지적재산을 보호하는 법리와 같은 논의선상에서 특별법에 의하여 보호하는 방법과 디지털 정보를 민법상 물건으로 규율하기 위한 민법 개정 두 가지 방안을 제시하고 있다.

94) 四宮 · 能見(주 23), 181.

는 것이 필요하고도 적절한가가 관건이다. 새로운 법률적 수요로서 빈번해지고 있는 디지털영상이나 음향, 컴퓨터프로그램과 같은 디지털정보의 거래관계를 살펴보면, 당사자들은 유체물에 관한 소유권이나 매매와 비슷한 거래관념을 가지고 디지털정보를 거래하는 것처럼 보인다. 그러나 실제의 디지털정보 거래당사자가 당해 디지털정보에 관한 권리를 취득하더라도 그 권능 내지 내용은 소유권의 그것과는 판이(判異)하다. 디지털정보에 관한 거래 이후에도 무한 복제가 가능한 디지털정보의 특성상 디지털정보에 관한 권리의 양도인은 여전히 이를 사용, 수익하거나 제3자에게 처분할 수 있다. 반대로 디지털정보에 관한 권리의 취득자는 당해 디지털정보를 그 용도에 따라 사용할 수 있고 자신이 취득한 권리(사용권)를 제3자에게 양도하는 것도 허용될 수 있으나 전권리자나 그로부터 디지털정보에 관한 권리를 취득한 제3자의 사용을 배제할 수 없다. 디지털정보는 유체물과 달리 배타적 점유가 불가능하고 무엇보다도 그 특성상 무한 복제가 가능하기 때문이다. 나아가 디지털정보를 무권리자가 무단 사용하는 등의 침해가 있더라도 소유권보호 청구권의 전형인 소유권에 기한 반환청구권을 행사할 수 없다. 요컨대 디지털정보에 관한 주요한 권리관계에 있어서 소유권에서의 전형적 징표는 나타나지 않고 소유권에 기한 권리관계로 디지털정보를 규율하는 것 자체가 적절하지 않다. 현대 전자정보통신기술의 발전에 따라 등장한 디지털정보는 영화, 음반 등 종래의 전통적 저작물과 그 존재 형태가 다르고 복제와 변경이 극히 용이하고 발전한 정보통신기술에 의하여 시공간적 제약없이 폭 넓게 유통된다는 등의 고유한 특성에도 불구하고 본질적으로 지적 창작물로서 지적소유권 내지 지적 재산권법에 의한 규율에 적합한 것이라고 할 것이다. 지적 창작물을 유체물에 대한 소유권과 마찬가지로 규율할 것인가에 대하여 본조의 계수사적 전통에서는 무형의 지적 창작물을 소유권의 객체로서의 물건에서 추방하고 그 고유한 특성에 적합하게 지적소유권법 혹은 지적재산권법에 의하여 규율하는 입법적 결단이 있었다. 오늘날에 있어서도 이것을 번복할 만한 새로운 요소를 찾기는 어렵다. 요컨대 디지털정보는 본질적으로 지적 창작물로서 그 권리의 발생 여부, 즉 지적 창작물로서의 보호적격의 여부가 처음부터 자명한 것은 아니고, 무형의 관념적 존재로서 물리적 지배가 불가능하여 유체물에 대하여 확립된 소유권의 배타적 지배를 확립할 수 없으며, 그와 같은 권리관계를 인정하는 것이 디지털정보의 보호와 거래에 적합하지도 않기 때문에 이를 물건 개념의 확장을 통하여 포섭할 필요성 자체가 인정되지 않는다. 설령 디지털정보를 물건 개념의 확장을 통하여 규율한다 하더라도 디지털정보의 새로운 출현 형태가 다종다양하여 물건이라는 개념의 포섭만으로 각 디지털정보의 형태에 적응(適應)한 규율을 기대할 수도 없다. 실제 우리나라에서는 아래에서 살펴보는 대로 새로운 디지털정보의 출현에 대하여 각각 필요한 범위내에서 개별 입법을 통하여 대처하고 있다. 따라서 디지털정보에 대하여 가지는 사회일반의 소유 내지 매매라는 관념은 사회적 통념에 지나지 아니하고 법적 개념의 정확성을 갖는 것은 아니다. 예를 들어 디지털 영상이나 음향정보, 컴퓨터프로그램 등은 본질적으로 전형적인 지적 창작물로서 주로 지적재산권의 대상에 지나지 않고, 각 디지털정보의 특성에 따라 저작권법이나 컴퓨터프로그램보호법 등 개별 입법을 통하여 그 법적 수요에 대처하고 있다. 게임아이템도 다른 재화와 마찬가지로 오프라인에서 현금으로 거래되더라도 특정한 게임프로그램을 구성하는 일부로서 게임약관에 따라 게임 프로그램 내에서만 이용 가능한 게임 이용권의 일부를 구성할 뿐 게임 아이템 그 자체에 대하여 대세적 배타적 지배를 인정할 수 없다.95) 사이버머니나 전자화폐등도 관념적 가치의 표상으로 제한적으로 화폐유사의 지급 결제기능에 관한 법리적 구성이 주로 문제될 뿐96) 유체물인 물건에 준하는 통일적 규율의 필요성이 제기되는 것은 아니다. 이에 대하여도 각각 게임산업진흥법, 전자금융거래법 등 개별입법을 통한 규율이 적용되고 있다. 요컨대 디지털정보는 소유권을 비롯한 물권의 객체로서의 배타적 지배가능성, 권리가 미치는 범위를 명확히 인식할 수 있는 특정성과 독립성을 인정하기 어렵기 때문에 민법상 물건으로 규율할 수 없고, 물건 개념을 무체물로 확장하여 디지털정보를 포섭하더라도 디지털정보의 종류나 태양이 다양하여 물건으로서의 통일적 규율에 적합하지 않다. 결국 디지털정보와 같은 것들은 일종의 지적 장착물에 속하는 것으로 저작권이나 특허권등 지적재산권의 객체로 되거나 불법행위법에 의하여 보호되는 이익으로 규율되고 있으므로 이를 애써 민법상 물권의 객체인 물건으로 볼 필요는 없다. 다만 이러한 대상들이 민법상 물건과 유사한 관념하에 거래되는 실정에 비추어 필요에 따라 민법의 규정을 유추하거나 참고할 필요는 있을 것이다.97)

---

95) 정해상, "인터넷 게임 아이템거래에 관한 법리", 중앙법학 5-3, 2003, 266.
96) 윤태영(주 85), 15 이하.
97) 양창수·권영준, 26.

## (5) 동　　물

일상용어에서 물건은 통상 동물을 포함하지 않지만 법적 개념으로서의 물
건은 권리 주체로서의 인간에 속하지 않는 외계의 일부인 유체물의 일종으로
동물을 포함한다.[98] 학설 가운데에는 동물을 단순한 물건으로 볼 수 없으나 물
건에 관한 규정을 준용하여야 한다는 견해도 있다.[99] 자연환경 보전이라는 관
점에서 지구에서 인간과 함께 살아가는 생명체로서의 동물의 관점을 적극적으
로 수용하여 환경에 파괴적 영향을 미치는 고속철도공사의 중지를 청구하는
소송 당사자로 동물인 도롱뇽이 등장한 소송이 제기되기도 하였다.[100] 동물의
권리주체성에 대해서는 대법원의 판단과 마찬가지로 충분한 사회적 컨센서스
가 형성되어 있지는 않다. 그러나 최근 반려동물의 증가에 따라 사람들과 정서
적으로 친밀한 관계를 형성하는 동물의 권리나 법적 보호에 관한 관심이 늘어
가면서 동물을 법적으로 단순한 '물건'으로 다룬다는 것에 대하여 심리적 저항
감을 느끼는 사람들도 늘어나고 있다. 이러한 사회일반의 인식의 변화를 배경
으로 국내외에서는 법적으로도 동물을 단순한 물건이 아니라 특수한 지위를
갖는 존재로 파악하려는 시도가 나타나고 있다. 국내의 학설로서도 동물의 인
격성 내지 동물의 권리에 관한 이론을 배경으로 동물에 대해서도 권리 또는
그에 유사한 이익을 인정해야 한다고 하면서 불완전하게 형성된 인격적 이익
이 있는 사체나 줄기세포의 보호와 같은 맥락에서 인격체와 물건 사이의 중간
물 개념을 인정하여 중간적 인격체로서의 법적 지위를 인정하여야 한다는 견
해가 제기되었다.[101] 이러한 동물관념의 변화에 대응하여 최근 동물의 지위에
관하여 민 § 98-2($^{동물의}_{법적 지위}$)를 신설하여 "① 동물은 물건이 아니다. ② 동물에
대해서는 법률에 특별한 규정이 있는 경우를 제외하고는 물건에 관한 규정을
준용한다"는 내용의 법무부 민법개정안이 입법예고되었다($^{2021.}_{7.19}$).

98) 주석 총칙(2), 262(제5판/김종기).
99) 백태승(주 70), 278.
100) 천성산 안의 전통사찰인 내원사, 미타암 외에 천성산에 사는 동식물을 대표한 도롱뇽과
  지율스님 등 '천성산을 비롯한 모든 자연환경과 생태계 보존운동을 통해 더 이상의 자연
  파괴를 막는 한편, 생명을 중시하는 생각을 폭넓게 전파하여 환경운동 · 생명운동에 이바지
  함을 목적'으로 설립된 비법인사단인 '도롱뇽의 친구들'이 한국철도시설공단을 상대로 경
  부고속철도 천성산 구간 터널 원효터널 공사 착공금지 가처분 신청을 한 사건에서 대법
  원은 도롱뇽은 천성산 일원에 서식하고 있는 도롱뇽목 도롱뇽과에 속하는 양서류로서 자
  연물인 도롱뇽 또는 그를 포함한 자연 그 자체로서는 소송을 수행할 당사자능력을 인정할
  수 없다고 판시하였다. 대결 06.6.2, 2004마1148, 1149.
101) 양재모, "인 · 물의 이원적 권리체계의 변화—동물의 물건성과 인격성—", 한양법학 20-
  2, 2009, 300.

비교법적으로는 1988년 오스트리아민법[102]과 1990년 독일민법,[103] 2002
년 스위스민법[104]에서 "동물은 물건이 아니다."라는 규정이 신설되었다. 이를
종래 권리주체와 객체로만 분류하던 2분법적 체계에서, 권리주체인 사람과 권
리객체인 단순한 물건, 그리고 물건 중 생명이 있는 동물로 분류하는 3분법적
체계로 전환되었다고 평가하는 견해도 있다.[105] 그러나 동물이 물건이 아니라
고 규정한다고 해서, 권리의 주체와 객체의 관계에서 동물의 객체성이 폐지되
는 것은 아니라고 한다.[106] 민법상 동물에 대하여 특별한 지위가 부여된 결과
는 손해배상법에도 반영되어 동물 침해에 대한 손해배상에 관한 특례규정이
마련되었다.[107] 그 밖에 개정 독민 § 903 제2문은 "동물의 소유자는 그 권능

---

102) 오민 § 285a에서는 "동물은 물건이 아니다. 동물은 특별한 법률들에 의해 보호된다. 다
른 규정이 없는 경우에만 물건에 관한 규정들이 동물에 대하여 적용된다(Tiere sind keine
Sachen ; sie werden durch besondere Gesetze geschützt. Die für Sachen geltenden
Vorschriften sind auf Tiere nur insoweit anzuwenden, als keine abweichenden
Regelungen bestehen)."라고 규정하고 있다.

103) 1990년에 제정된 "민법상 동물의 법적 지위에 관한 법률(Gesetz zur Verbesserung
der Rechtsstellung des Tieres im bürgerlichen Recht vom 20. August 1990)"에 의해
독민 § 90a에 "동물은 물건이 아니다. 동물은 별도의 법률에 의해 보호된다. 그에 대하여
다른 정함이 없는 때에는 물건에 관한 규정이 준용된다.(Tiere sind keine Sachen. 2Sie
werden durch besondere Gesetze geschützt. 3Auf sie sind die für Sachen geltenden
Vorschriften entsprechend anzuwenden, soweit nicht etwas anderes bestimmt ist)"라
는 규정이 신설되었다. 동 법률은 동물의 법적 지위에 관하여 민법상 물건에 관한 조항뿐
만 아니라 손해배상 및 소유권에 관한 조항, 더 나아가 민사소송법과 동물보호법 등의 개
별 법률에서의 동물 관련 조항의 개정사항을 구체적으로 규정하였다: 이러한 규정을 신설
한 이유는 동물은 인간과 유사한 생명체로서 인간이 마음대로 지배할 수 있는 객체가 아
니라는 점이라고 한다. 윤철홍, "독일 민법상 동물의 법적 지위에 관한 소고", 인권과 정의
420, 7.

104) 스위스민법 § 641a에서 "① 동물은 물건이 아니다. ② 동물에 대해서 특별한 규정
이 없는 경우에는 물건에 관한 규정이 적용된다.(1 Tiere sind keine Sachen. 2 Soweit
für Tiere keine besonderen Regelungen bestehen, gelten für sie die auf Sachen
anwendbaren Vorschriften)"고 규정하고 있다. 윤철홍, "스위스법상 동물의 법적 지위에
관한 연구", 민학 68, 2014, 645 이하.

105) 양재모(주 101), 289 이하.

106) 윤철홍, "동물의 법적지위에 관한 입법론적 고찰", 민학 56, 2011, 411.

107) 개정 독민 § 251 Ⅱ 2문에서는 "피해 입은 동물을 치료하는 비용이 동물의 가액을 현저
히 상회한다는 것만으로 그 비용지출이 과도한 것이 되지 아니한다."는 규정을 신설하였
다. 같은 취지로 오민 § 1332a는 "동물이 상해를 입은 경우에, 만약 그 치료비용이 동물
의 가치를 초과한 때에는, 이성적인 동물보유자가 가해자의 상황을 고려하여 지불한 비용
의 범위 내에서 사실상 지불된 치료의 비용 혹은 치료가 시도된 비용이 보장된다."고 규
정하였고, 2002년 개정된 스채 § 42 Ⅲ은 "가정에서 재산증식이나 영리 목적으로 보유
한 것이 아닌 동물의 경우, 치료비용이 동물의 교환가치를 초과한 때에도 그 치료비용
은 손해에 적합한 것으로 취급될 수 있다.(③ OR bestimmt wie folgt: Bei Tieren, die
im haeuslichen Bereich und nicht zu Vermoegens- oder Erwerbszwecken gehalten

의 행사시에 동물의 보호를 위한 특별규정을 준수하여야 한다."고 규정하여,
동물 소유자로 하여금 자신의 권능의 행사시에 동물보호법 등의 규정들을 준
수하도록 하였다.[108] 그 밖에도 독일민사소송법(ZPO) §765a 제3문을 신설하
여 "동물에 관한 조치가 문제되는 경우 집행법원은 동물에 대한 인간의 책임
을 고려하여야 한다."고 규정하였다.[109] 이것은 인간과 동등한 피조물, 즉 인
간의 이웃으로서 동물에 대한 책임으로부터 연유한 것으로, 동물의 생명과 복
지를 보호해야 한다는 것을 소송법에서 규정한 것이라고 한다.[110] 그 밖에 독
일민사소송법은 일정 금액 미만의 동물의 강제집행을 금지하는 규정을 폐지
하는 대신 §881c를 신설하여 "① 가정에서 비영리로 보유하는 동물은 압류할
수 없다. ② 압류 불가가 채권자에게 가혹하고 동물보호의 관점에서의 평가 및
채무자의 정당한 이익의 관점에서도 정당화될 수 없는 경우 집행법원은 채권
자의 청구에 의하여 동물의 가치를 고려하여 압류를 허용할 수 있다."는 규정
을 신설하였다.[111] 그 밖에 동물보호법상 불법행위를 저지른 자가 계속해서 불
법행위를 저지를 위험이 있는 경우에는 모든 또는 특정 동물의 보유나 매매를
금지하는 규정을 두고 있다.[112] 그 밖에 스위스민법에 있어서는 상속에 있어
서 동물에 관한 특별한 배려를 규정하고 있다.[113] 이러한 입법례를 본받아 우
리 민법에 있어서도 동물에 관한 규정을 개정하여야 한다는 입법론이 제기되
었다. 그에 따르면 예컨대 §98-2에서는 "① 동물은 물건이 아니다. ② 동물은
별도의 법률에 의해 보호된다. ③ 동물에 대해서는 다른 특별한 규정이 없는

---

werden, koennen die Heillungskosten auch dann angenmessen als Schaden geltend
gemacht werden, wenn sie den Wert des Tieres uebersteigen)"고 규정하였다. 윤철홍(주
104), 650, 666.
108) 이러한 규정의 신설은 민법전에는 이례적인 것으로 법적 효과가 없는 프로그램적인 법
문이라고 비판하는 견해도 있으나, 동물의 보호의식의 발달을 위해 필요하다는 긍정적인
견해도 있다고 한다. 윤철홍(주 103), 15 이하.
109) "Betrifft die Maßnahme ein Tier, so hat das Vollstreckungsgericht bei der von
ihm vorzunehmenden Abwägung die Verantwortung des Menschen für das Tier zu
berücksichtigen."
110) 윤철홍(주 103), 16.
111) "(1) Tiere, die im häuslichen Bereich und nicht zu Erwerbszwecken gehalten
werden, sind der Pfändung nicht unterworfen. (2) Auf Antrag des Gläubigers lässt
das Vollstreckungsgericht eine Pfändung wegen des hohen Wertes des Tieres zu,
wenn die Unpfändbarkeit für den Gläubiger eine Härte bedeuten würde, die auch
unter Würdigung der Belange des Tierschutzes und der berechtigten Interessen des
Schuldners nicht zu rechtfertigen ist."
112) 독일 동물보호법(Tierschutzgesetz) §20 등. 윤철홍(주 103), 17.
113) 윤철홍(주 104), 668 이하.

한 물건에 관한 규정이 준용된다."라는 규정을 신설하고 그 밖에 동물 소유권자의 권리 행사에 있어서 동물보호에 관한 규정, 동물 사상시의 손해배상에 관한 특례규정, 동물에 관한 압류금지규정 등의 신설이 제안되었다.[114]

## 2. 관리가능성

학설은 물건의 요건으로 관리가능성을 들면서 그 의미를 배타적 지배가능성으로 설명하고 있다.[115] 사람이 지배 내지 관리할 수 없는 물건은 이를 법률상 사용, 수익, 처분할 수 없으므로 권리의 객체가 될 수 없다는 것이다.[116] 그에 따르면 일월성신(日月星辰)과 같이 누구에게도 지배될 수 없는 것은 물건이라고 할 수 없으며(우주개발계획에 의해 천체의 지배불가능성은 동요하고 있다), 반대로 공기나 해양과 같이 누구나 자유로이 지배 이용할 수 있는 것도 물건이 아니다.[117] 다만 해양은 행정상의 행위로 그 일부를 구획하여 지배할 수 있게 하면 어업권(수산업법 §15 이하)의 객체가 될 수 있다.[118] 그리고 이 한도에서 해면은 물건이 될 수 있다고 한다.[119] 그리고 배타적 지배가능성 내지 관리가능성이라는 개념은 상대적이라고 한다.[120] 공기는 물건이 아니나 일정한 용기에 모아 놓으면 물건이 된다는 견해도 있다.[121]

여기서 관리가능성이라는 개념이 물리적 관리를 의미하는 것인지 사무적 관리를 의미하는 것인지가 문제되는데, 형사법 분야에서는 재물로 간주되는 '관리할 수 있는 동력'에서의 '관리'는 사무적 관리가 아니라 물리적 관리라고 보는 것이 판례이다.[122] 본조에 있어서도 물건을 유체물로 한정하는 입법취지

---

114) 윤철홍(주 104), 678 이하. 2021. 7. 19. 입법예고된 법무부 개정안에 대해서는 37면 참조.
115) 강태성, 394; 곽윤직, 220; 김민중, 230.
116) 구주해(2), 29(김병재); 주석 총칙(2) 262 이하(제5판/김종기); 강태성, 394; 고상룡, 268.
117) 김용한, 215.
118) 김용한, 215; 고상룡, 268.
119) 김준호, 178; 김주수·김상용, 259; 오시영, 317.
120) 고상룡, 268; 김증한·김학동, 267. 김상용, 299은 오늘날 과학기술의 발달로 관리가능성의 범위가 점점 확대되고 있다고 한다. 따라서 관리가능성의 개념 역시 시대와 장소에 따라 달라진다고 보는 견해도 있다.
121) 김민중, 231.
122) "타인의 전화기를 무단으로 사용하여 전화통화를 하는 행위는 전기통신사업자에 의하여 가능하게 된 전화기의 음향송수신기능을 부당하게 이용하는 것으로, 이러한 내용의 역무는 무형적인 이익에 불과하고 물리적 관리의 대상이 될 수 없어 재물이 아니라고 할 것"(대판 98.6.23, 98도700)이라거나 "관리할 수 있는 동력도 재물로 간주되지만, 여기에서 말하는 관리란 물리적 또는 물질적 관리를 가리킨다고 볼 것이고, 재물과 재산상 이익을 구별하고 횡령과 배임을 별개의 죄로 규정한 현행 형법의 규정에 비추어 볼 때 사무적으로 관리가 가능한 채권이나 그 밖의 권리 등은 재물에 포함된다고 해석할 수 없다."(대

를 유지하는 한에 있어서는 그 요건으로서의 관리가능성은 추상적 사무적 관리가능성이 아니라 물리적 관리가능성으로 보는 것이 타당하다. 물건을 유체물로 한정한 주된 이유는 소유권 등 물권의 배타적 지배가 미치는 범위를 명확히 하고자 하는 점에 있고 유체물에 있어서야말로 물리적 지배의 범위가 명확히 드러나기 때문이다. 이러한 관점에서 보면 관리가능성 개념을 상대화하여 시대와 장소에 따라 쉽게 변화된다는 견해는 소유권 등 물권의 지배 범위를 명확히 하려는 민법 § 98의 입법취지에 맞지 않는다. 물론 과학기술의 발전에 따라 물리적 지배의 범위는 계속해서 넓어질 수 있어서 인간이 달과 같은 다른 행성에 정착하는 미래 사회에서는 천체의 일부도 배타적 지배가 가능해질 수 있고, 종래 물리적 지배를 확립하기 어려운 빛과 같은 에너지도 필요한 때에 꺼내 쓸 수 있는 기술이 실현된다면 전기나 열에너지처럼 물건으로 거래되는 시대를 맞이할 수 있을 것이다.[123] 요컨대 인간의 관리가능성은 과학기술의 발전에 의하여 제약되는 것이기는 하지만 물리적 객관적으로 판단되어야 하고 사람들의 관념에 쉽게 좌우되는 것으로 볼 것은 아니다. 공기나 해면과 같은 것도 유체물이라는 점에서는 관리가능성이 있으나 물건의 또 다른 요건으로서의 독립성이 확보되지 않아 물건으로 다루어지지 않는 것이라고 보아야 한다. 해면은 이를 사무적으로 구획함으로써 공기는 캔과 같은 공기에 포장함으로써 물건으로서의 독립성을 확보할 수 있다. 따라서 어업권이나 공유수면매립권과 같은 권리가 구획을 통하여 관리가능성이 생겨서 물건에 해당하게 되는 것은 아니라고 할 것이다. 일정한 해양을 지리적으로 구획하는 것은 일종의 사무적 관리행위에 속하는 것이고 본질적으로 토지를 지적(地積)으로 구획하여 독립한 필지로서 물건으로 다루는 것과 유사하다. 일본의 학설 가운데에는 해면과 같은 것이 물건으로 다루어지지 않는 것은 지배가능성이 없기 때문이 아니라 공공성이 있기 때문이라고 설명하기도 한다.[124] 일반적으로 해면은 해운, 어업을 위하여 누구나 이용할 수 있는 공공성을 가지고 있는 것이지만 사회적 필요에 따라 이를 권리의 객체로 규율할 필요가 있다. 이와 같이 공공성에 의한 제약에서 벗어나 사적 권리의 객체로 규율할 필요성이 있고 사무적 구획행위로 독립성이 확보된 경우에는 이를 물건으로 보아도 좋을 것이다.

---

판 94.3.8, 93도2272; 대판 14.2.27, 2011도832)고 하고 있다.

123) 구주해(2), 29(김병재); 양창수·권영준, 27.

124) 大村敦志, 民法總則讀解編, 249. 그러나 공공성이 사적거래를 제한한다는 점에서는 수긍할 수 있으나 물건성 자체가 없다고 할 필요가 있는지는 의문이다.

다만 원래 공공성이 있고 물리적으로도 무한이 연속됨으로써 다른 부분과 구별하여 특정할 수 있는, 독립성이 없는 것을 새로운 권리 객체로 하기 위해서는 적절한 입법적 근거가 있어야 할 것이다. 우리나라도 해양을 지리적으로 구획하여 어업권이나 공유수면매립권의 권리 객체로 하는 것은 모두 법률이 정하는 바에 의한 것이다. 그리고 각 법률의 입법목적상 어업권이나 공유수면매립권은 소유권 유사의 전면적 지배를 인정하는 것은 아니라는 점에도 유의하여야 한다. 어업권은 지리적으로 구획된 특정 해역에서의 배타적 어업활동을 보장하는 권리에 불과하고 그것에 소유권에서와 같은 배타적 전면적 사용, 수익, 처분의 권리가 인정되는 것은 아니다. 공유수면매립권도 공유수면의 매립이 완료되면 생성된 토지(물건)에 대하여 소유권을 취득할 수 있으나 그전에는 일정 공유수면을 매립하여 그로 인하여 형성된 토지를 취득할 수 있는 권리에 지나지 않는다. 따라서 위 각 입법에 의하여 해면의 일부를 어업권이나 공유수면매립권의 객체로 인정하는 것은 당연하지만 이를 물권 내지 이에 준하는 권리로 인정하지 않는 한 해면의 일부를 군이 물건으로 파악하여야 할 현실적 필요나 실익이 있는지는 분명하지 않다.

### 3. 독립성(일물일권주의)

#### (1) 취    지

소유권 등 물권의 객체로서 물건은 독립성이 있어야 한다. 독립성은 흔히 다른 개체의 물건과 구분되어 독자적으로 존재하는 것을 의미한다. 학설은 독립성의 여부는 반드시 물리적 형태에 의해서만 결정할 것은 아니고 사회생활상의 거래관념에 따라서 결정하여야 한다고 한다.[125] 물건의 요건으로서의 독립성 역시 소유권 등 물권의 배타적 지배의 범위를 명확히 특정하여야 한다는 요청에서 비롯된 것이다. 본조의 유체물 가운데에 일정한 형태를 가지고 다른 유체물로부터 분리되어 있는 경우에는 별도로 독립성을 논할 필요는 별로 없다. 물리적으로 독립성을 쉽게 인식할 수 있기 때문이다. 대체로 건물의 옥개(屋蓋)부분,[126]

---

125) 구주해(2), 33(김병재); 주석 총칙(2), 264; 강태성, 394; 고상룡, 270; 곽윤직, 222; 김상용, 300; 김용한, 218; 김주수·김상용, 260; 김준호, 178은 단적으로 독립성의 여부는 물리적으로 결정되는 것이 아니라 사회통념에 의하여 결정된다고 하면서 아파트나 오피스텔과 같은 집합건물의 구분소유를 들고 있다. 백태승(주 70), 273; 명순구, 269; 송덕수(주 70), 692; 오시영, 318; 정기웅, 219.
126) 대판 60.8.18, 4292민상859.

논의 논둑,[127] 시설부지에 장착된 레일[128] 등은 물건의 일부로서 독립하여 권리의 객체가 될 수 없다. 암석 역시 본래 토지의 일부이나 이례적으로 임야 내에 자연석을 조각하여 제작한 석불(石佛)을 독립한 소유권의 대상이 된다고 하는 판례[129]가 있다.

그러나 유체물 가운데에서도 액체나 기체와 같은 형태로 존재하는 경우에는 그 자체로는 물권적 지배의 대상이 되는 물건의 범위를 확정하기 어렵다. 이러한 경우에는 대개 그 액체나 기체를 수용한 용기(容器)에 의하여 동일한 종류의 다른 물건과 구별하게 된다. 가령, 생수공장의 지하에서 용출되어 탱크에 저장된 지하수는 판매를 위하여 각각 생수병에 소분됨으로써 다른 것과 분리 독립한 물건으로 인식할 수 있게 된다. LPG가스와 같은 것도 마찬가지로 파악할 수 있다. 액체나 기체는 유동적이어서 고유한 형태를 갖추고 있지 않아 권리가 미치는 범위를 확정할 수 없기 때문이다. 그러므로 고유한 형태를 갖추고 있지 않은 액체 또는 기체 형태의 유체물은 이를 수용한 용기에 의하여 다른 액체나 기체와 분리되어 독립성을 획득하게 된다. 이와 유사하게 상대적으로 작은 크기의 유체물도 액체나 기체와 같은 방식으로 거래된다. 곡물, 설탕, 소금, 석탄 등은 하나하나의 입자가 작아 낱낱의 것으로는 경제적 효용이나 가치를 지니지 않으므로 거래의 목적상 일정한 크기의 용기에 담아 특정함으로써 이를 단위로 거래된다. 따라서 고유한 형태를 갖추지 못한 유체물의 독립성은 용기에 의하여 구분되어 파악될 수 있다.

그러나 유체물 가운데에서도 토지는 물리적으로 연속되어 하나의 토지를 다른 토지와 구분할 수 없다. 따라서 토지는 지리적 정보를 기준으로 위치와 면적을 특정하여 지적도를 작성하고 그에 지번을 부여하여 다른 토지와 구별함으로써 물건으로서의 독립성을 확보하게 된다.[130] 다른 한편으로 물리적으로는 하나의 독립한 건물이지만 구조상 이용상 독립된 건물의 일부를 건물의 다른 부분과 분리하여 소유권의 객체로 할 수도 있다(구분소유). 반대로 물리적으로는 각각 별개의 것으로 구분되는 건물의 본채와 창고 등 부속건물이 하나의 경제

127) 대판 64.6.23, 64다120.
128) 대결 72.7.27, 72마741.
129) 대판 70.9.22, 70다1494.
130) 그리하여 물건의 독립성을 자연적 독립성과 인위적 독립성으로 구분하여 설명하기도 한다. 김천수, "정착, 부속, 부합—그 용어와 개념의 정리를 중심으로—", 한국민법의 새로운 전개(고상룡교수 고희기념 논문집), 2012, 229.

적 효용을 갖고 이용되는 경우, 이들 부동산을 일체로 다루어 하나의 건물로 등기하는 경우도 적지 않다. 이러한 경우에는 물리적 독립성과 물건으로서의 법적 독립성이 일치하지 않는다. 원래 물건을 유체물로 한정한 취지가 소유권 등 물권이 미치는 배타적 범위를 명확히 하고자 하는 것인데, 공시기능을 갖는 등기는 어떤 면에서는 물리적 형태보다도 더 효과적으로 물권의 범위를 명확히 확정할 수 있다. 따라서 물리적 형태에 엄격히 구속되지 않고 사회생활상의 관념에 따라 물건의 독립성을 파악하여 이를 등기함으로써 사회경제적 편의를 도모할 수 있다. 이때 등기와 같은 공시방법은 유체물에서의 물리적 형태를 대신하여 독립성을 확보하는 기능을 하게 된다.[131] 결국 물건의 독립성은 물리적 표준으로만 결정되는 것은 아니며 특정한 사무적 행위에 의해 독립성이 확보되는 경우가 있고 나아가 독립한 물건으로 다루어야 할 생활상의 필요와 소유권 등 물권이 미치는 범위를 명확하게 인식 가능하게 하는 공시방법 등을 통하여 독립된 하나의 물건으로 규율될 수 있다.[132]

(2) 일물일권주의(一物一權主義)

물건의 독립성에 의하여 하나의 물건을 다른 물건과 구분하여 그 동일성을 식별할 수 있다. 이와 같이 독립한 하나의 물건에는 동일한 내용의 하나의 물권만 성립할 수 있고 하나의 물건의 일부나 독립한 물건의 집단은 물권의 객체가 될 수 없다는 것이 물권법의 대원칙인 일물일권주의(一物一權主義)이다. 일물일권주의를 인정하는 근거에 대하여 물건의 일부나 집단 위에 하나의 물권을 인정해야 할 필요나 실익이 없다는 것과 물건의 일부나 집단 위에 하나의 물권을 인정한다면 그 공시가 곤란하거나 또는 공시를 혼란케 하기 때문이라고 한다.[133] 일물일권주의는 배타적 지배권으로서의 물권관계는 대내외적으로 명확해야 한다는 요청에서 비롯된 것이다. 물권은 물건에 대한 배타적 지배

---

131) 日注民(2) 新版, 595(田中)은 민법상 유체성에 기한 물의 관념 및 물의 단위와 조화되지 않으나 유체성은 가치의 파악을 확실하게 하기 위한 객관적 한계 설정이라는 의미를 갖고 원래는 거래안전을 위한 공시에 유체성을 대신하는 기능을 갖도록 할 수 있을 것이라고 한다.

132) 주석 총칙(2), 264(제5판/김종기). 판례는 이러한 사회적 수요를 '거래통념상 경제적 효용의 독립성'이라고 표현하고 있다. 대판 75.4.8, 74다1743; 대판 07.7.27, 84다카2428; 대판 17.7.18, 2016다38290 등.

133) 구주해(2), 33(김병재); 주석 총칙(2) 264(제5판/김종기); 강태성, 399; 곽윤직·김재형, 223; 김민중, 239; 김상용, 300; 김용한, 217; 김준호, 181; 송덕수(주 70), 692. 이와 대조적으로 물건이 단순히 채권의 객체인 경우에는 물건으로서의 독립성의 여부를 객관적으로 확정할 필요가 없다는 견해도 있다. 김용한, 217.

를 내용으로 하므로 물권이 물건의 일부에만 미친다고 하면 권리가 미치는 배
타적 범위를 확정하기 어렵고 동산의 점유이든 부동산의 등기이든 물권법상
공시의 원칙을 관철하기도 곤란하기 때문이다. 그러므로 "구분 또는 분할의 절
차를 거치지 아니한 채 하나의 부동산 중 일부분만에 관하여 따로 소유권보존
등기를 경료하거나, 하나의 부동산에 관하여 경료된 소유권보존등기 중 일부
분에 관한 등기만을 따로 말소하는 것은 허용되지 아니"[134]하고, "1동의 주택
및 창고와 부속건물 4동이 한 개의 건물로 등기되어 있는 경우 경매법원이 등
기된 건물 중 주택 및 창고와 부속건물 중 1동을 제외한 부속건물 3동을 따
로 떼어 경락 허가한 것은 일물일권주의에 위반되어 위법"[135]하며, "건물의 신
축공사를 도급받은 수급인이 사회통념상 독립한 건물이라고 볼 수 없는 정착
물을 토지에 설치한 상태에서 공사가 중단된 경우에 위 정착물은 토지의 부합
물에 불과하여 이러한 정착물에 대하여 유치권을 행사할 수 없는 것이고, 또한
공사중단시까지 발생한 공사금 채권은 토지에 관하여 생긴 것이 아니므로 위
공사금 채권에 기하여 토지에 대하여 유치권을 행사할 수도 없"다.[136]

　　반대로 물건의 일부에 물권의 성립을 인정하여야 할 거래상의 수요가 있
고 적절한 공시가 가능하다면 물건의 일부에도 물권이 성립할 수 있다. 즉, 건
물의 일부라 하더라도 구조상 이용상 독립성이 있어서 그 지배 범위를 용이하
게 인식할 수 있고 이를 공시할 방법이 마련되어 있다면 이를 부인할 필요는
없다. 예컨대 민법상으로도 토지는 원래 하나의 필지로 거래되는 것이지만 한
필지의 토지의 일부에 대해서도 지상권, 지역권, 전세권을 설정할 수 있고 건
물의 일부에 대해서도 전세권이 성립될 수 있으며, 구조상 이용상 독립성이 있
는 건물의 일부는 구분소유권의 객체가 될 수 있다.

　　다른 한편으로 복수의 물건에 관하여 하나의 물권의 성립을 인정하지 않
는다. 이것 역시 복수의 집합물에 대해서는 직접적 현실적 지배가 인정되지 않
는다는 이유에서 집합물을 유체물의 개념에서 배제해 온 독일민법 이래의 전
통적 물건의 개념에서 비롯된 것이다. 그러나 현대 사회에 있어서 거래관계의
발달에 따라 물건의 집단에 대해서도 하나의 물권의 성립을 인정할 수요가 증
가하고 있다. 이러한 수요에 대응하여 이미 공장저당법, 광업재단저당법 등이

---

134) 대판 00.10.27, 2000다39582.
135) 대결 90.10.11, 90마679.
136) 대결 08.5.30, 2007마98.

제정되어 있으나 최근에는 이러한 특별법에 의하여 규율되는 경우 외에도 집합물에 관한 양도담보의 효력을 인정하기 위하여 집합물도 하나의 물건으로 인정하여야 한다는 견해가 적지 않다.

## (3) 집 합 물

　㈎ 집합물(단일물, 합성물)의 의의　　　로마법 이래 물건은 그 구성 내지 독립성과 관련하여 단일물(單一物, henomenon, unitum), 합성물(合成物, universitas rerum cohaerentium), 집합물(集合物, univeritas rerum distantium)로 구분되었다. 단일물과 합성물이—구성부분이 개성을 유지하느냐 여부에 따라 차이는 있지만—단일한 형체를 이루어 하나의 물건으로 다루어지는 데 반하여,[137] 집합물은 가축무리, 도서관의 장서와 같이 단일물 또는 합성물인 물건의 집합으로서 개개의 물건 사이에 형체상의 관련이 없이도 일체로서 지칭되고 하나의 가치 단위로 거래되는 것을 일컫는 개념이다. 로마법에서 집합물은 확립된 법개념은 아니었으나,[138] 가축무리 자체에 대한 반환청구권(vindicatio gregis)이 인정되었다고 한다.[139] 가령 집합물로서 가축 전체에 대한 유증, 질권, 용익권을 설정하거나 매매의 목적으로 할 수 있었고, 집합물의 구성부분의 증감 변경은 물건의 동일성에 영향을 미치지 않아 노쇠한 가축이 도태되어 신생 가축으로 모두 대체된 경우에도 집합물로서의 가축의 동일성이 유지된다고 보았다.[140] 그러나 율피아누스(Ulpianus)에서 유래된 것으로 짐작되는 집합물 개념이 법개념으로 확립된 것은 중세 이후라고 한다. 그에 따르면 집합물은 다수 단일물의 산술적 집합체로서 합성물과 같이 다수 물건의 인위적 유기적 결합체는 아니지만 독자적인 경제적 효용을 가진 단일체로 인정되어 물건개념의 추상화에 따라 법률상 다른 물건과 구별되는 개체로서 통일적으로 파악되었다. 그 후 독일보통법 시대에 있어서도 이와 유사하게 가축무리나 꿀벌무리(蜜蜂群)와 같은 자연적 집합물(Naturganz)만이 권리객체가 될 뿐 그 이외의 집합물은 권리객체가 되지 않는다는 견해가 있었으나(Gierke), 이와 같은 자연적 집합물과 그 밖의 집합물을 구분할 내적인 근거가 없다는 비판이 있었고, 그

---

137) 단일물 합성물의 구분에 대해서는 Ⅳ. 물의 분류 참조
138) 현승종·조규창(주 10), 492.
139) 船田享二(주 15), 329. 가축회수소송의 원고는 개개의 가축이 그의 소유물임을 입증할 필요가 없으며 대부분의 가축이 그의 것임을 증명함으로써 충분하고 가축소송의 목적물은 최소 10마리 이상일 것을 요구하였다고 한다. 현승종·조규창(주 10), 581.
140) 현승종·조규창(주 10), 492; 船田享二(주 15), 329.

외에 집합물의 권리객체성 자체를 부인하는 견해, 나아가 집합물에 대한 소유권 그 밖에 물권의 성립을 인정하면서도 점유의 성립을 부정하는 견해도 있었다.[141] 결론적으로 독일보통법시대에 집합물은 독자적인 권리 객체로서 인정되었으나 그 인정의 범위는 제한되었다. 다만 프로이센일반란트법에서와 같이 집합물을 물건으로 인정한 입법례도 있었다($^{제1편}_{제2장}$§32). 그 후 독일민법 제1초안에 있어서는 관념 속에서만 존재하는 물건, 특히 집합물에는 현실적 지배력이 미치지 않아 점유가 인정되지 않는 반면, 물권의 객체로서의 물건은 직접적 현실적 지배가 미치는 것만을 대상으로 하여 이를 유체성이라는 개념으로 한정함으로써 집합물은 명시적으로 물건으로부터 배제되었다.[142] 이러한 입법주의는 의용민법을 경유하여 본조에 있어서도 계승되었다.[143]

그러나 오늘날 각각 독립적으로 거래되는 다수의 유체물이 일정한 경제활동을 위하여 조직되어 다수의 유체물이 하나의 가치단위로 거래되는 경우가 다양하게 나타나고 있다. 가령, 공장에서는 토지와 건물, 그에 설치된 설비와 기계류, 원재료 등을 효율적으로 조직하여 생산활동이 전개되고 있다. 그런데 자금융통을 위하여 담보가 필요한 경우, 공장의 건물과 토지를 저당권등의 담보로 제공하는 것은 가능하겠으나 생산이나 유통과정에 있는 공장의 설비나 기계, 원재료 등은 점유를 이전하는 동산질권을 설정하여서는 그 경제활동의 목적을 실현하기 어렵다. 만약 생산활동을 위하여 효율적으로 조직된 공장을 일체로 하여 그 가치를 평가하여 담보로 제공할 수 있다면 금융거래를 효과적으로 촉진할 수 있을 것이다. 공장을 처분하려는 경우에도 위와 같이 특정 생산활동을 위하여 효율적으로 조직된 다수의 물건들을—나가서는 제품생산과정에서 획득 보유하고 있는 특허권, 실용신안권, 상표권 등과 생산된 제품의 판매와 관련된 매출채권 등을 포함하여—공장을 중심으로 조직된 경제활동단위로서 일체로 거래하는 것이 경제활동의 효율과 가치를 유지하는 방법이 될 수 있다. 나아가 유통회사가 유통과정에서 창고에 보관 중인 재고상품의 경우에도 유통회사로서는 재고상품 전체를 일체로 거래함으로써 환가나 담보에 있어

---

141) 서해용, "집합동산양도담보에 관한 연구", 건국대 박사학위논문, 2001, 21-31 그에 반대하는 Gierke, Sokolowski등의 견해에 대해서는 같은 논문, 31-35 참조.

142) 서해용(주 141), 27 이하.

143) 독일민법 제정을 전후한 집합물 개념과 집합동산 양도담보의 유효성에 관한 논의에 대해서는 서해용(주 141), 27 이하; 신봉근, "유동집합동산양도담보에 관한 연구", 전북대학교 박사논문(2003), 83 이하.

서 경제적 편익을 얻을 수 있다. 그런데 집합물을 경제적 관점에서 하나의 가치 단위로 파악하고 법적으로도 이를 채권관계의 목적물로 삼아 거래하는 것은 문제가 없지만, 이것을 넘어서 물권적 관계에 있어서까지 집합물의 개념을 승인하여 집합물에 하나의 물권의 성립을 인정하는 것은 물권법체계의 근간을 건드리는 중요한 문제이다. 왜냐하면, 우리 민법 §98가 물건의 정의를 원칙적으로 유체물로 한정한 것은 집합물을 물건의 개념에서 배제하는 취지이므로, 집합물에 대하여 하나의 물권의 성립을 인정하는 것은 §98 물건의 정의에서 벗어나고 물권법의 기본원칙인 일물일권주의에 위배되기 때문이다. 따라서 집합물은 비록 채권법상 일체로 취급되는 일이 있더라도 물권법상 소유권의 이전은 각개의 물건에 대하여 하여야 한다고 한다는 것이 통설적 견해이다.[144] 한편 이에 반대하는 소수설은 물건이 집합하여 객관적으로 단일한 경제적 가치를 가지고 거래상으로도 일체로 다루어지는 경우에는 법률적으로 이를 일체로 인정하여 하나의 물건으로 다루는 것이 그 목적에 적합하며 물권법의 공시의 원칙에도 어긋남이 없다고 한다.[145]

보다 구체적으로 집합물에 하나의 물권이 성립할 수 있는가 하는 문제는 집합물을 구성한 개별 동산들이 증감변동 또는 변질하는 집합동산을 양도담보의 목적으로 제공하는 경우에 전형적으로 나타난다.[146] 가령 확정집합동산 양도담보의 경우에는 집합동산을 구성하는 개개의 동산에 대하여 담보가 설정된다고 보면 족하므로 집합물이라는 개념이 반드시 필요한 것은 아니다. 그러나

---

144) 통설, 구주해(2), 18(김병재).

145) 다만 이 경우 그 집합물이 개개의 구성물과는 다른 독자적인 경제적 작용이 있어야 하고 또한 물권의 대상으로 되기에 적합한 특정성을 구비함과 동시에 물권법상의 공시원칙에 의한 공시방법을 갖출 때에만 그 집합물을 하나의 물건으로 취급할 수 있으며 이때 집합물을 구성하는 개개의 물건은 집합물의 구성부분이라는 위치에서 집합물의 법률적 변동에 따르고 개개의 물건으로서 독립성을 가지는 위치에서는 그 독립된 개체의 법률적 변동에 따르는 이면성을 가지고 있다고 설명한다. 김증한, 물권법강의, 1983, 241.

146) 학설에 따르면 집합동산은 ① 확정집합동산(確定集合動産), ② 유동집합동산(流動集合動産), ③ 변질집합동산(變質集合動産)의 세 가지로 분류된다. 확정집합동산이라는 것은 집합동산의 내용을 이루는 개개의 동산에 변동이 없는 형태인 데 반하여 유동집합동산이라는 것은 다수의 물건(단일물이나 합성물)들의 집합이 경제적 단일성, 거래상 일체성을 가지면서도 개별 동산의 종류나 양이 계속되는 유입 유출로 인하여 변동이 되는 형태로서 집합동산을 구성하는 개별동산이 변경될 수 있다는 것이 특징이다. 가령, 상점에서 판매 중인 상품 일체, 유통회사의 창고에 보관되어 출하 대기 중인 재고상품 등이 여기에 속한다. 한편 원자재와 조립 생산된 제품을 일체로 집합동산으로 파악할 수도 있다. 가령 가구 공장에 원재료인 목재와 이를 조립하여 생산한 가구제품을 일체로 집합동산으로 파악하는 것이다. 김재협, "집합동산양도담보", 사법연구자료 16, 1989, 76; 고준석, "동산양도담보에 관한 연구", 전주대학교 대학원 박사학위논문(1993), 144-146; 서해용(주 141), 12.

유동집합동산이나 변질집합동산을 담보로 제공하는 경우에는 사태가 전혀 다르다. 집합동산에 대하여 동산담보의 전형인 질권을 설정하지 않고 양도담보를 설정하는 것은 담보물의 점유를 빼앗지 않고 담보물을 계속해서 생산 유통 과정에 투입할 수 있도록 함으로써 담보제공자의 경제활동을 제약하지 않기 위함이다. 그러나 양도담보로 제공된 집합동산을 구성하는 개개의 동산이 양도담보 계속 중에 입고 내지 출고되거나($^{유동집}_{합동산}$), 생산 활동의 결과 원재료가 완성제품으로 변질되어 집합동산을 구성하는 개개의 동산에 변경이 생기는 경우 ($^{변질집}_{합동산}$), 개개의 동산의 변동 내지 변경에도 불구하고 양도담보(권)가 변동 내지 변질된 동산에 대해서도 객체의 동일성을 유지하며 계속해서 효력이 미치는가가 문제가 된다. 이러한 문제에 법적으로 대응하기 위하여 한편으로는 집합물 담보에 대한 특별법이 제정 시행되고 있으나 그러한 특별법의 범위를 벗어난 양도담보도 여전히 이용되고 있는 것이 현실이므로 이를 어떻게 이론구성할 것인가 라는 해석론적 과제가 있다.

    (ㄴ) 특별입법에 의한 규율      국내에서는 먼저 생산활동을 위하여 조직된 집합물을 부동산을 중심으로 묶어서 저당권을 설정할 수 있도록 함으로써 집합물 담보의 법적 수요에 대응하고 있다. 즉, 우리나라에서는 일찍부터 공장저당 또는 공장재단 및 광업재단의 구성, 각 재단에 대한 저당권의 설정 및 등기 등의 법률관계를 적절히 규율함을 목적으로 하는 공장 및 광업재단저당법을 제정하여 시행하고 있다.[147] 동법에 따르면, 공장 소유자가 공장에 속하는 토지 또는 건물에 설정한 저당권의 효력은 그 토지(건물)에 부합된 물건과 그 토지(건물)에 설치된 기계, 기구, 그 밖의 공장의 공용물(供用物)에 미친다($^{§§}_{3, 4}$). 다만, 설정행위에 특별한 약정이 있는 경우 등에는 그러하지 아니하고 그러한 약정은 공장저당등기에 기재된다($^{§}_{5}$). 공장에 속하는 토지나 건물에 대하여 저당권설정등기를 신청하려면 그 토지나 건물에 설치된 기계, 기구, 그 밖의 공장의 공용물로서 저당권의 목적이 되는 것의 목록을 제출하여야 하고 이 목록에 관하여는 등기와 같은 효력이 있다($^{§§}_{6, 36}$). 저당권의 목적이 된 물건이 제3취득자에게 인도된 후에도 그 물건에 대하여 저당권을 행사할 수 있으나 민법 §249 이하 선의취득에 관한 규정들이 적용된다. 동법에 따르면, 공장

---

147) 2009년 3월 25일 공장 및 광업재단 저당법(법률 제9520호)은 공장저당과 공장재단의 저당 및 그에 따른 공장재단의 등기 등을 규정하고 있던 공장저당법(1961.10.17. 법 제749호) 및 광업재단의 구성과 그에 대한 저당권의 설정에 필요한 사항을 정한 광업재단저당법을 통합하여 전부개정한 것이다.

소유자는 하나 또는 둘 이상의 공장으로 공장재단을 설정하여 저당권의 목적으로 할 수 있고(공장의 소유자가 다른 경우에도 설정 가능하다. §10), 공장재단에는 공장에 속하는 토지, 건물, 그 밖의 공작물, 설비 및 기계류 외에 항공기, 선박, 자동차 등 등기나 등록이 가능한 동산, 지상권, 전세권, 지식재산권, 임차권(임대인이 동의한 경우)을 포함하여($\S_{13}$), 공장재단등기부에 소유권보존등기를 할 수 있고($\S_{11}$), 이와 같이 등기된 공장재단은 1개의 부동산으로 보아 소유권과 저당권 또는 저당권자의 동의를 얻어 임대차의 목적물로 할 수 있다($\S_{12}$). 결론적으로 공장저당의 효력이 미치는 물건은 공장저당권의 객체가 되고 공장재단에 속하는 물건은 공장재단이라는 하나의 부동산으로 간주되어 소유권과 저당권의 객체가 될 수 있다.[148]

그 밖에 동산 채권등을 담보로 제공하려는 법적 수요에 대응하여 동산 채권등의 담보에 관한 법률을 제정(법률 제10366호, 2010.6.10. 제정)하여 2012.6.11.부터 시행하고 있다. 동법에 따르면, 법인 또는 상업등기법에 따라 상호등기를 한 사람은 여러 개의 동산(장래에 취득할 동산을 포함)에 대하여 목적물의 종류, 보관장소, 수량을 정하거나 그 밖에 이와 유사한 방법으로 특정하여 이를 목적으로 담보등기를 할 수 있다(단, 등기된 선박이나 등록된 건설기계, 자동차, 항공기, 소형선박, 공장 및 광업재단저당법에 따라 등기되거나 등록된 동산은 제외)($\S_3$). 동법에 의하여 담보등기가 경료된 담보 동산은 하나의 물건처럼 담보권의 객체가 된다.

(다) 해석론에 의한 규율　이러한 특별법에 의하여 담보를 설정하는 경우 외에도 거래계에서는 매우 다양한 형태의 유동집합동산 양도담보가 이용되고 있다. 유동집합물 양도담보에서 나타나는 특유의 문제 상황을 살펴본다. 통상 유동집합동산 양도담보계약은 유동집합동산을 장소와 종류, 수량 등으로 지정하여 그 소유권을 담보제공자에게 이전하되, 소유권 취득을 위한 점유의 이전은 점유개정의 방법으로 하여, 담보제공자가 담보에 제공된 집합동산을 계속해서 유통이나 생산 활동에 투입할 수 있도록 하는 약정을 체결함으로써 성립하게 된다. 이때 담보설정계약상 약정에서 허용하는 바에 따라 담보제공자가 생산이나 유통과정에서 양도담보의 목적인 개별 동산을 반출하거나 이를 사용하여 새로운 제품을 만들어 낼 수 있다. 그 과정에서 반출된 개별 동산이나 새롭게 생산된 제품에는 양도담보의 효력이 유지될 수 없다. 반출된 개별 동산은 약정에 의하여 정상적으로 양도담보의 효력에서 벗어난 것이고 만약 약정에 반하여 반출된 경우에는 담보물의 제3취득자는 선의취득에 의한 보호를 받게 된다. 담보 목적 집합동산을 투입하여 새로운 제품을 생산한 경우에

---

148) 광업재단에 대하여는 동법 §52 이하.

는 생산된 제품에 양도담보의 효력이 당연히 미친다고 볼 수는 없고, 생산된
제품의 소유권 귀속에 관한 별도의 합의, 그러한 합의가 없는 경우에는 가공의
법리 등에 의하여 소유권의 귀속이 정해지게 되는 등 양도담보의 효력이 제한
되게 된다. 새로 개별 동산이 담보목적의 집합물에 반입되더라도 단순하게 보
면 과거에 체결된 양도담보설정의 합의와는 무관한 것이므로 양도담보의 효력
이 당연히 새로 반입된 개별 동산에 미친다고는 할 수 없다. 이렇게 되어서는
유동집합동산 양도담보의 거래목적을 실현하기는 어렵다.

　　이러한 사정 때문에 과거에는 개별 동산이 증감 변경되는 집합동산에 대
한 양도담보를 일물일권주의에 반하여 무효라는 견해가 없지 않았다.[149] 그
러나 최근에는 복수의 물건에 대하여 하나의 물건처럼 다루어야 할 사회경제
적 요청이 있고 그에 맞는 적당한 공시방법을 갖출 수 있다면 그 한도에서 복
수의 물건을 양도담보의 객체로 할 수 있다는 견해가 지배적이다.[150] 이와 같
은 필요에 의하여 집합동산에 대한 양도담보를 인정함에 있어서 중요한 이론
적 단서를 제공해 주는 것이 집합물이라는 개념이다. 요컨대 개별 동산의 변동
에도 불구하고 집합물 그 자체를 하나의 물건으로 보아 양도담보의 권리객체
성을 인정하는 것이다. 그러나 반대의 견해는 유동집합동산 양도담보의 효력
을 인정하는 데에 있어서 물건으로서의 집합물 개념이 반드시 필요한 것은 아
니라고 한다. 결국 집합물을 물권의 객체로서의 물건 개념에 포섭할 것인가 여부
는 집합물에 대한 양도담보를 어떻게 이론구성할 것인가라는 문제로 나타난다.

　　집합물론은 집합물을 그 구성요소인 개별 동산의 변동에도 불구하고 개별
동산과는 별개 독립된 하나의 권리객체로 보아 집합물 그 자체를 양도담보의
객체로 파악하는 견해이다. 개별 동산은 경제적으로 개성을 가지므로 법적으
로도 그에 상응하는 개성을 인정하여 권리객체성을 인정할 수 있다는 것이다.

---

149) 이러한 집합동산 양도담보에 대하여 점유개정에 의한 질권 성립을 금하는 민법 §332에
　　위반한 탈법 행위로서 무효라거나 담보제공자가 점유개정의 방법으로 인도하면서 동시에
　　그 동산에 대한 처분권한을 보유하는 것은 소유권 양도의 공시방법으로 부적당하여 실질
　　적으로 무효라는 이유에서 이러한 유동집합동산 양도담보의 효력을 부인하는 견해가 있었
　　다. 김재협(주 146), 78은 주로 일본의 학설을 중심으로 이를 소개하고 있다.
150) 구주해(2), 19(김병재); 김용한, 218; 김주수·김상용, 262; 김증한·김학동, 271; 송덕수
　　(주 70), 693; 김상용, 302도 집합물 위에 하나의 물권의 성립을 인정할 필요를 인정하면
　　서도 특별법이 없는 경우에는 집합물은 하나의 물건으로 다루어지지 않는다고 한다. 같은
　　취지 강태성, 399; 김준호, 183; 곽윤직, 224는 집합동산을 양도담보의 목적으로 할 필
　　요성을 인정하면서도 집합물의 개념이 반드시 필요한 것은 아니라고 하고, 양창수·권영준,
　　48도 민법은 집합물의 개념을 인정하지 않고 있다고 하면서 '포괄적 사전 점유개정의 약
　　정'이라는 법률구성을 통하여 변동하는 집합동산을 담보의 목적물로 할 수 있다고 한다.

집합물 자체가 양도담보의 객체이므로 집합물로부터 이탈한 개별 물건에는 양도담보의 효력이 미치지 않지만 일단 집합물에 양도담보가 설정되면 그 후에 집합물에 반입되는 개개의 물건은 별도의 점유개정 절차를 거칠 필요 없이 당연히 이미 존재하는 집합양도담보의 효력을 받게 된다.[151] 이러한 경우에 집합물에 설정된 권리와 개별 동산에 대한 권리와의 관계가 문제가 되는데, 개별 동산은 집합동산에 귀속되고 있는 한은 양도담보의 구속을 받지만, 개별 동산으로서의 독립성을 가지는 관계에 있어서는 독립한 법률적 권리변동에 따른다(개별동산의 양면적 성격). 따라서 집합양도담보에 있어서 집합동산의 소유권은 양도담보권자에게 귀속되나 개별 동산은 양도담보의 구속을 받으면서도 설정자가 집합동산의 경제적 용법에 따라 개별 동산을 이용하는 관계에 있어서는 개별 동산의 소유권은 처음부터 설정자에게 있다고 설명한다.[152] 이와 같이 집합동산에 관한 양도담보가 성립하는 경우 그 객체는 한 개의 집합물이며 이 집합물은 그 구성부분을 이루는 개별 동산과는 별개의 물건으로서 개별 동산의 변경가능성에도 불구하고 전체로서 그 소유권이 채권자에게 이전하거나(신탁적 양도설), 혹은 담보권이 설정된 것(담보권설)으로 보게 된다. 그리고 개별 동산은 담보설정자의 입출고에 의한 변경에도 불구하고 양도담보계약에 의하여 특정된 집합물에 속하고 있는 한 집합물의 구성부분으로서 양도담보권의 지배를 받게 된다.[153] 이 견해는 집합물을 민법 §98의 물건의 정의에 의해 포섭할 수 있다는 것을 전제로 한다.[154]

---

151) 김재협(주 146), 81.

152) 我妻榮, 新訂民法總則, 岩波書店, 1965, 206; 米倉明, 讓渡擔保の硏究, 有斐閣, 1976, 114; 김재협(주 146), 82.

153) 김재협(주 146), 84 이하. 이 견해는 대체로 집합물 개념을 통하여 집합동산 양도담보의 판례법리를 전개하고 있는 판례의 태도를 뒷받침하고 있다. 그 밖에 최경진(주 43), 201 이하는 집합물을 일괄 양도, 일괄 담보로 할 경제적 필요성이 크기 때문에 독자적인 집합물 개념을 인정할 실제상의 이익이 충분할 뿐 아니라 물건 요건적 측면에서도 공간설적 입장에서 집합물을 유체물로 인정할 수 있으므로, 특정 가능하고 적당한 공시방법이 갖춰진다면 집합물에 물권의 객체적격을 인정할 수 있다고 한다(동 212).

154) 최경진(주 43), 211은 집합물은 경제적으로 단일한 가치를 가지고 거래상 단일체로서 다루어지는 다수 물건의 집합으로서 비인격성, 경제적 가치성, 관리가능성의 요건을 충족시키는 한 민법상 물건성이 인정된다고 한다. 나아가 무체물과 유체물의 구별기준에 관한 공간설적 견지로부터 집합물이 유체물로 구성되어 있는 경우에는 단일체로서의 집합물도 유체물로 인정할 수 있다고 한다. 이에 대하여 집합물이라는 개념은 그 필요성이, 전혀 인정되지 않아 많은 나라들의 민법전에서 그 규정을 의도적으로 배제하고 있는 것이 분명한데 그와 같은 입법자들의 명백한 의사에도 불구하고 집합물이라는 개념을 인정하자는 것은 이해하기 힘들다는 견해가 있다. 강동욱, "집합적 동산의 담보", 민판연 26, 2004, 712.

484                             第 4 章  物    件

이에 반하여 전통적 물건 개념에 의거한 견해들은 집합물 개념 자체가 민
법 § 98의 물건의 정의에 반하고, 집합물을 구성하는 개별 동산의 처분가능성
을 설명하기 위해 개별 동산이 집합물의 구성부분인 동시에 한 개의 독립된
물건이라고 설명하는 것 역시 일물일권주의에 반하는 법률구성이라고 비판한
다. 이러한 견해들은 민법상 집합물 개념을 부정하고 집합동산을 구성하는 개
별 동산 하나하나를 양도담보의 객체로 보아야 한다는 주장으로부터 분석설이
라고도 불린다. 그 대표적 견해에 의하면, 민법은 소유권을 비롯한 물권은 하
나의 특정한 물건에만 성립할 수 있다는 원칙에서 출발하고 있고, '집합물'이
라는 것은 민법이 인정하는 법개념이 아니며, 이 원칙은 이를 물리쳐야 할 합
리적인 근거가 없는 한 함부로 변경되어서는 안 된다고 한다. 반면에 집합물에
대한 양도담보는 집합동산을 하나의 물건으로 본다는 체계파괴적 구성에 의하
지 않더라도 처리될 수 있다고 본다. 즉, 집합동산에 대한 양도담보는 유효하
지만 그것은 집합물에 대하여 하나의 양도담보권이 설정되는 것이 아니라 집
합동산을 구성하는 하나하나의 개별 동산에 대하여 복수의 양도담보권이 설정
되는 것이며, 담보계약의 내용으로 장래 채무자가 취득할 동산 각각에 대하여
미리 포괄적인 사전점유개정약정(antezipiertes Besitzkonstitut)이 체결된 것으로
해석한다.155) 그에 따르면 양도담보설정계약에서 당사자 사이에 미리 담보권자
가 특정 점포에 새로 반입되는 물건에 대하여 소유권을 취득하기로 하는 물권
적 합의를 하고, 담보권설정자가 새로 취득하게 되는 물건을 담보권자를 위하
여 보관하기로 하는 점유매개관계를 약정하였다고 볼 수 있고, 이와 같이 미리
포괄적인 사전점유개정약정을 한 경우에는 실제로 담보권설정자가 제3자로부
터 물건을 인도받으면 담보권자가 바로 간접점유의 취득과 동시에 양도담보권
자가 된다고 본다. 이와 같이 해석한다면 양도담보계약시에 구비된 담보의 대
세적 효력이 담보권설정자가 나중에 취득한 동산에 자동적으로 미치게 할 수
있고, 물권적 합의와 점유의 이전이 특정된 물건에 대해서만 행하여질 수 있다
는 원칙은 집합동산 양도담보에 대해서도 그대로 유지될 수 있다. 나아가 집합
물론에서는 집합동산을 1개의 물건이라고 하면서 이를 구성하는 개개의 동산

155) 양창수, "내용이 변동하는 집합적 동산의 양도담보와 그 산출물에 대한 효력", 저스 30-
  1, 1997, 115-116. 그 밖에 분석설의 입장에서는 설정자가 개개의 물건을 처분하는 현상
  이나 향후 편입되는 물건이 양도담보의 효력을 받는 효과에 대하여 해제조건부 소유권복
  귀, 정지조건부 점유개정, 처분수권(독민 § 185 Ⅰ), 선행적(예정적/기대적) 점유개정, 선
  취될 물품에 대한 양도 등의 개념이 사용되고 있다. 강동욱(주 154), 693.

을—아무런 '분리'의 행위도 없이—단독으로 처분할 수 있는 것을 개별 동산
의 이중적 성격으로 설명하는 견해에 대하여, 하나의 물건이 다른 물건의 일부
이면서 동시에 1개의 독립한 물건이라는 '물건의 관계적 분열'이야말로 법률구
성상의 괴물이라고 신랄한 비판을 가하고 있다.[156]

　　이러한 견해에 대해서도 비판이 없지 않다. 집합물 이론은 최초 담보권설
정시에 집합물에 관하여 공시방법을 구비함으로써 그 당시에 이미 장래 유입
될 개개 동산에 대하여도 제3자에게 대항할 수 있는 물권적 권리를 (소급하여) 취
득하였다고 보는 이론이지만( 이러한 기대가 충족되지 않으면 장래의 동산 등을 담보목적으로 하는 집합동산양도담보 제도의 기능과 효율성은 극히 저하된다 ), 분
석론은 실제로 개개의 물건이 특정 점포의 창고에 반입된 때에 점유개정이 있
다고 보게 되므로 이러한 결론 도출이 불가능하며, 양도담보권설정자가 집합
동산 양도담보권 설정계약 체결 후 재정적 위기 상태에 빠진 상태에서 개개의
동산이 집합물에 유입되었을 경우 집합물이론에 의하면 그 개개의 동산에 대
한 양도담보권 취득이 양도담보권설정자의 재정적 위기 전에 이루어진 것이어
서 이는 원칙적으로 부인권 행사 및 채권자취소권 행사의 대상이 되지 않는다
고 보게 되지만, 분석론에 의하면 양도담보의 목적이 되는 개개의 동산에 대한
담보취득이 모두 채무자의 재정적 위기상태에서 이루어진 것으로 보게 되므로
이는 부인권 행사 및 채권자취소권 행사와 관련하여 문제점을 노출하게 된다
는 것이다.[157] 그러나 이에 대해서도 다시 실무적 관점에서 그렇게까지 대항력
을 소급하여 담보권자를 보호해 주어야 할 필요성이 분명하지 않고 양도담보
의 당사자들의 의사에도 부합하지 않을 뿐 아니라 집합물이라는 것이 지나치
게 관념적 추상적이어서 발생하게 되는 실무상의 제문제에 대하여 충분한 해
답을 제공하고 있지 못하다는 비판이 제기되고 있다.[158]

　　이와 같이 학설은 대립하고 있으나 판례는 집합물 개념을 전제로 집합물
양도담보계약의 유효성을 승인하고 있다.[159] "제강회사가 제품생산에 필요하여
반입하는 원자재를 일정기간 계속하여 채권담보의 목적으로 삼으려는 소위 집
합물 양도담보권 설정계약에 있어서는 목적 동산의 종류와 수량의 범위가 지

---

156) 양창수(주 155), 117.
157) 주석 물권, 535(오영준).
158) 강동욱(주 154), 671 이하, 특히 725-733은 특히 실무적 관점에서 유동집합동산 양도
　　담보의 문제점을 상세하게 검토하고 있다.
159) 대판 88.10.25, 85누941; 대판 88.12.27, 87누1043; 대판 90.12.26, 88다카20224; 대
　　판 96.9.10, 96다25463; 대판 99.9.7, 98다47283; 대판 03.3.14, 2002다72385; 대판
　　04.11.12, 2004다22858; 대판 05.2.18, 2004다37430; 대판 07.2.22, 2006도8649 등.

정되고 그 소재 장소가 특정되어 있으면 그 전부를 하나의 재산권으로 보아 담보권의 설정이 가능하다고 보아야 할 것이고, 그러한 경우 양도담보권자는 담보권설정계약 당시 존재하는 원자재를 점유개정에 의하여 그 점유를 취득하면 제3자에 대하여 그 동산의 소유권(담보권)을 주장할 수 있는 것이고 그 후 새로이 반입되는 개개의 물건에 대하여 그때마다 점유개정의 표시가 있어야 하는 것은 아니라고 할 것"[160)]이라고 한다. 그리고 그 이유로 "재고상품, 제품, 원자재 등과 같은 집합물을 하나의 물건으로 보아 이를 일정기간 계속하여 채권담보의 목적으로 삼으려는 이른바 집합물에 대한 양도담보권 설정계약에 있어서는 그 집합물을 구성하는 개개의 물건이 변동되거나 변형되더라도 한 개의 물건으로서의 동일성을 잃지 아니한 채 양도담보권의 효력은 항상 현재의 집합물 위에 미치는 것"[161)]이라고 한다.

　　나아가 이와 같이 유동집합물 양도담보가 유효하게 성립하기 위해서는 "양도담보의 효력이 미치는 범위를 명시하여 제3자에게 불측의 손해를 입지 않도록 하고 권리관계를 미리 명확히 하여 집행절차가 부당히 지연되지 않도록 그 목적물을 특정할 필요가 있으므로, 담보목적물은 담보설정자의 다른 물건과 구별될 수 있도록 그 종류, 소재하는 장소 또는 수량의 지정 등의 방법에 의하여 외부적·객관적으로 특정되어 있어야 하고, 목적물의 특정 여부 및 목적물의 범위는 목적물의 종류, 장소, 수량 등에 관한 계약의 전체적 내용, 계약 당사자의 의사, 목적물 자체가 가지는 유기적 결합의 정도, 목적물의 성질, 담보물 관리와 이용방법 등 여러 가지 사정을 종합하여 구체적으로 판단하여야 한다."고[162)] 한다. 이때 양도담보권자가 취득하는 권리에 관하여는 "특별한 사정이 없는 한 그 동산의 소유권은 신탁적으로 이전되는 것에 불과하여, 채권자와 채무자 사이의 대내적 관계에서는 채무자가 소유권을 보유하나 대외적인 관계에서의 채무자는 동산의 소유권을 이미 채권자에게 양도한 무권리자가 되는 것이어서 다시 다른 채권자와 사이에 양도담보설정계약을 체결하고 점유개정의 방법으로 인도하더라도 선의취득이 인정되지 않는 한 나중에 설정계약을 체결한 채권자로서는 양도담보권을 취득할 수 없는데, 현실의 인도가 아닌 점유개정의 방법으로는 선의취득이 인정되지 아니하므로 결국 뒤의 채권자는

---

160) 대판 88.10.25, 85누941.
161) 대판 88.12.27, 87누1043.
162) 대판 03.3.14, 2002다72385.

적법하게 양도담보권을 취득할 수 없다."고[163] 한다. 그리고 이와 같은 집합물 양도담보는 재고상품등뿐만 아니라 양식 중인 양만장의 뱀장어,[164] 번식 성장 중인 돈사의 돼지 등에 대해서도 설정 가능하다.[165]

그러나 유동집합동산 양도담보에 있어서 대법원의 결론이 집합물 개념에 의거해서만 가능한 것은 아니다. 실제상으로도 유동집합동산 양도담보에 있어서 집합물 개념을 인정하느냐 여부에 따라 대법원의 결론에 있어서도 달라질 것이 없다.[166] 결과적으로 유동집합동산 양도담보의 법리적 구성을 위하여 굳이 집합물이라는 우리 민법이 배제한 개념을 애써 끌어들일 이유를 찾기 어렵다. 생각건대 우리 민법 §98는 물건을 유체물과 기타 관리할 수 있는 자연력으로 한정하여 정의하고 있고 이는 유체물과 자연력에 대한 현실적 지배 가능성을 전제로 하고 있다. 그런데 특히 유동집합동산은 증감변동의 가능성을 내포하는 개념으로서 현실적 지배를 전제로 하는 소유권 등 물권의 객체로 인정하는 것은 우리 민법의 물건의 개념에 대한 근본적 변경을 의미한다.[167] 물론 사회경제적 변천에 따른 새로운 법적 수요에 대응하기 위하여 입법 당시의 입법적 결단을 넘어서는 법해석론의 형성이 불가한 것은 아니다. 그러나 우리 사회는 그러한 새로운 규율 수요에 대하여 이미 공장 및 광업재단저당법이나 동산채권담보법을 제정하여 입법적으로 대응하고 있을뿐더러 그 밖에 주로 문제되고 있는 유동집합동산의 양도담보에 있어서는 법적 의미에서의 집합물 개념에 의거하지 않고도 충분한 이론적 설명을 제시하고 있다. 반대로 우리 민법 제정 당시에 유체물 외에 '전기 기타 관리할 수 있는 자연력'을 포함함으로써 유체물 개념을 포기하였다는 견해가 없지 않으나 제시된 논거만으로 그와 같은 결론을 이끌어내기에는 충분하지 않고, 무엇보다도 집합물 개념에 기초한 물권관계를 인정하였을 때 수반된 여러 실무상의 문제들에 대하여 집합물론

---

163) 대판 05.2.18, 2004다37430.

164) 대판 90.12.26, 88다카20224.

165) 대판 96.9.10, 96다25463. 단, 돼지를 양도담보의 목적물로 하여 소유권을 양도하되 점유개정의 방법으로 양도담보설정자가 계속하여 점유·관리하면서 무상으로 사용·수익하기로 약정한 경우에는 양도담보 목적물로서 원물인 돼지가 출산한 새끼 돼지는 천연과실에 해당하고 그 천연과실의 수취권은 원물인 돼지의 사용·수익권을 가지는 양도담보설정자에게 귀속되므로, 다른 특별한 약정이 없는 한 천연과실인 새끼 돼지에 대하여는 양도담보의 효력이 미치지 않는다고 한다.

166) 강동욱(주 154), 741.

167) 최경진, "물건요건론 소고", 비교 11-2(통권 제25호), 51 이하 및 동, "집합물의 법적 성질에 관한 연구", 중앙법학 6-1, 2004, 191 이하.

은 납득할 만한 설명을 제공하고 있지 못하다. 따라서 유동집합동산 양도담보의 법률관계를 설명하는 데에 집합물 개념이 일응 이해의 편의성은 있으나 그것이 우리 민법의 물건에 관한 전통적 개념 정의를 근본적으로 변경하여야 할 충분한 근거나 이유를 제공하고 있다고 보기 어렵다.[168]

## 4. 외계의 일부일 것(비인격성)

### (1) 의  의

여기서 외계의 일부라는 것은 권리주체, 즉 사람에 속하지 않는 것을 의미하며 현대적 맥락에서는 인격에 속하는 것이 아닐 것을 말한다. 사비니(Savigny) 이래 물건의 개념은 권리주체 즉 사람에 대한 대립물로서 형성된 개념일 뿐 아니라 인간은 오직 목적으로 대우받아야 하고 권리와 같은 다른 어떤 목적을 위한 수단이 될 수 없다. 따라서 현대적 법체계상 가장 중요한 절대적 법이념으로서 인간의 존엄과 가치에 비추어 인격에 속하는 어느 것도 권리의 객체로서 물건이 될 수 없다. 이러한 원칙에도 불구하고 인체에서 유래된 물체의 법적 지위와 관련하여 해명되어야 할 여러 문제들이 있다.[169] 가령 인체에서 분리된 인체의 일부(모발, 액, 장기 등), 사람이 사망한 후의 시신, 사람의 생식기관에서 채취된 정자나 난자 혹은 인공수정란과 같은 것이다.

### (2) 인체의 일부

인체 및 인체의 일부는 물건이 아니다.[170] 인간은 법적 관점에서 권리주체

---

168) 결국 "집합물설은 전통적인 법장치 또는 법기술이 새로운 사태에 자신을 적응시킬 수 있는 능력이 어느 만큼인지를 충분히 음미하여 보지 아니한 채 성급하게 자신의 재고(在庫)가 가진 가능성을 포기하고 새로운 장치 또는 기술을 찾아 나서는 태도에서 나온 것이 아닌가 생각된다"는 지적은 집합물론을 둘러싼 논란의 정곡(正鵠)을 찌르고 있다고 생각된다. 양창수(주 155), 117.

169) 프랑스민법은 제1편 제1장 제2절에 '인체의 존중에 관하여'라는 표제하에 §16-1에서 '누구나 자기의 인체를 존중받을 권리를 가지고 있다'(제1항)고 하고, '인체는 불가침이다'(제2항)라고 선언하는 한편 '인체, 그 구성요소와 유래물은 재산권의 목적이 될 수 없다'(제3항)고 명시하고 있다.

170) 사람은 자기 신체에 대한 지배권을 갖지만 그 근거가 소유권은 아니다. 자기 신체에 대한 지배의 근거에 대하여 소유권의 대상이 되는지 아니면 인격권에 의하여 지배되는 것인지 등에 관한 도그마틱한 검토로서 성중모, "인체와 그 부분의 사법적 지위—대법원 2008.11.20. 선고 2007다27670 판결 평석을 겸하여—", 고려법학 69, 2013, 323. 통설과 같이 분리 전 신체를 소유권의 객체인 물건이 아니라 인격권에 기한 지배의 대상이라고 보는 경우, 분리 후에는 어떤 근거로 인체의 일부에 대하여 소유권을 취득하는지에 관한 이론적 설명은 쉽지 않다. 이점에서 위 논문은 그 대안으로 인체를 소유권의 객체이되 불융통물이라고 하는 견해를 피력하고 있다.

로서의 지위, 즉 인격을 가지므로 권리의 객체인 물건이 될 수 없고,[171] 인간
은 정신과 육체가 불가분적으로 결합되어 있는 존재로서 정신이 깃든 육체는
본질적으로 인격에 속하는 것이기 때문이다. 인체는 인간으로서 생명을 유지
하고 외계를 감각·인식하며, 활동의 자유와 인간의 존엄, 생명, 신체, 건강 등
인격적 이익을 누리기 위한 전제이다. 본연의 인체는 아니지만 인위적으로 인
체에 고착된 의치(義齒), 의안(義眼), 의수(義手), 의족(義足), 인공관절 등도 인
체에 붙어 있는 한 인체의 일부이며 물건이 아니다.[172] 인위적으로 고착된 것
이지만 인체에 고착되어 있는 한 본래의 인체와 동등한 기능을 수행하며 그
한도에서 인격과 불가분적으로 결합되어 있기 때문이다. 따라서 의치, 의안,
의수, 의족에 대한 침해는 소유권 침해가 아니라 인격권 침해가 되어 정신적
고통에 대한 손해배상청구권이 발생한다($\frac{\S}{752}$).

　　안경, 보청기, 목발, 휠체어 등 신체활동을 보조하는 기구도 신체에 부착되
어 인격과 밀접하게 관련되어 있다. 하지만 인체의 기능을 대체하는 것은 아니
고 용이하게 인체에서 분리 대체될 수 있다는 점에서 인체의 일부로는 다루어
지지 않는다. 따라서 그에 대한 침해는 소유권 침해의 문제이다. 그러나 인체
에 부착되거나 사용되고 있는 보조구는 인체의 기능과 활동을 도움으로써 인
격적 이익과 밀접하게 관련되어 있으므로 경우에 따라 인격권 침해를 수반할
수 있다. 다만 인체조직을 대체하는 것은 아니지만 인체에 고착되어 인체기능
을 보조하는 인공심박조절기는 인체의 일부로 보아야 한다는 견해도 있다.[173]

　　학설은 인체의 일부라도 이를 인체로부터 분리한 것 가령, 모발(毛髮), 치
아, 혈액 등은 물건으로 분리 전 사람의 소유에 속하게 되고,[174] 인체의 일부

---

171) 로마법 이래의 원칙으로 율피아누스의 법격언 "누구도 자신의 사지(四肢)의 소유권자로
　　다루어지지 않는다(Dominus membrorum suorum nemo videtur)"가 인용된다(단 이에
　　대해서는 그 법격언이 제시된 사건의 맥락이 다르다는 지적이 있다(성중모(주 170), 327
　　이하) 그 밖에 신체가 물건으로 소유권의 객체가 되지 않는다는 점에 대하여 권리침해로
　　인한 불법행위를 규정한 독민 §823 Ⅰ이 신체를 생명, 건강, 자유, 및 소유권과 아울러 명
　　시적으로 규정하고 있다는 점이 인용된다. 양창수, "분리된 인체부분의 법적 성격", 민법연
　　구 9, 2009, 82.
172) 구주해(2), 30(김병재); 주석 총칙(2) 270(제5판/김종기); 강태성, 395; 고상룡, 269; 곽
　　윤직, 221; 김민중, 232; 김상용, 299; 김용한, 216; 김주수·김상용, 259; 김준호, 178; 김
　　증한·김학동, 267; 백태승(주 70), 272; 송덕수(주 70), 691; 양창수·권영준, 27; 오시
　　영, 317; 이영준(주 79), 853; 이은영, 300; 정기웅, 220. 이미 일본에서도 인체를 절단 처
　　분하는 계약의 효력 여부는 공서양속에 따라 판단한다고 하였다. 鳩山秀夫, 日本民法總論,
　　岩波書店, 1937, 260; 我妻榮, 新訂民法總則, 202; 四宮·能見(주 23), 182.
173) 최준혁, "상해죄의 행위 객체에 관한 고찰", 경찰법연구 5-2, 2007, 102.
174) 미국에서도 의료인이 백혈병 치료를 위하여 적출한 비장을 환자에게 설명·동의를 구

를 절단, 적출, 분리하는 계약이나 분리된 인체의 일부를 처분하는 행위도 공
서양속에 반하지 않는 한 유효하다고 본다.[175] 모든 사람은 자신의 신체에 대
한 지배권을 가지고 신체에 관하여 결정할 권리가 있으며, 이러한 권리는 신체
로부터 분리된 인체의 일부에도 미친다. 그러나 인체의 일부를 절단, 적출, 분
리하는 계약의 효력을 공서양속에 반하지 않는 한 유효하다고 보는 것에는 찬
성하기 어렵다. 먼저 인체의 일부를 절단, 적출, 분리하는 것을 내용으로 하는
계약은 공서양속을 원용할 필요도 없이 원칙적으로 무효라고 하여야 한다. 인
격과 신체의 불가분적 결합관계를 고려할 때 자신의 신체에 대한 결정권은 성
질상 누구에게도 양도할 수 없는 절대적인 것으로서 타인에게 처분할 수 없
기 때문이다.[176] 신체의 완전성과 신체에 대한 자기결정권은 절대적으로 보호
되어야 하므로 이를 침해거나 제한하는 것을 내용으로 하는 의무를 누구에게
도 부과할 수 없다.[177] 이것은 계약의 목적물이 모발과 같이 재생 가능한 인체
부분인 경우에도 마찬가지라고 보아야 한다.[178] 재생 가능한 것이나 의학적으
로 건강의 유지에 불필요한 것이라도 본인의 의사에 반하여 이를 절단, 절취,
분리하는 것은 필연적으로 신체의 완전성과 신체에 대한 자기결정권을 침해하
기 때문이다. 따라서 가령, 의료목적으로 수술을 하고 그 결과 분리된 환부를

---

하지 않고 상업적으로 이용한 행위에 대하여 환자가 횡령 등을 주장한 사건(Moore v.
Regents of University of California), 환자가 자신의 세포와 그 유전물질로 만들어진 '현
미경 슬라이드'에 대하여 병원 측에 소유권에 기한 반환청구권을 주장한 사건(Cornelio v.
Stamford Hospital)에서 환자의 소유권을 부인하였으나 그 후 Venner v. State 사건에서는
소유권에 기한 반환청구를 인정하였다. Venner v. State 사건에서 법원은 배설물이나 분비
물, 머리카락 기타 부분들에 대해서, 그것이 인체로부터 분리되는 시점부터 폐기시까지 분
리된 자의 소유권이 인정된다고 판시하였다. 최수정, "인체세포에 대한 법적 권리", 재산법
연구 23-2, 2006, 109-112.

175) 구주해(2), 30(김병재); 주석 총칙(2) 270(제5판/김종기); 강태성, 395; 고상룡, 269; 곽
   윤직, 221; 김민중, 232; 김상용, 299; 김용한, 216; 김주수·김상용, 259; 김준호, 178; 김
   증한·김학동, 267; 백태승(주 70), 272; 송덕수(주 70), 691; 양창수·권영준, 27; 이영준,
   853; 이은영, 300.

176) 법원으로부터 신상에 관한 결정 권한을 부여받은 성년후견인이나 후견계약에서 본인으
   로부터 직접 신상결정 권한을 수여받은 임의후견인이라도 본인이 자신의 신상에 대하여
   스스로 결정할 수 없는 경우에만 그 권한을 행사할 수 있을 뿐이고 어떤 경우에도 본인을
   구속하지 못한다(§§ 947-2, 959-14 Ⅳ 등).

177) 인체조직 안전 및 관리 등에 관한 법률 § 8 Ⅲ은 인체 조직의 채취에 동의한 자는 조직
   채취의 수술 전까지 언제든지 조직채취에 관한 동의의 의사표시를 철회할 수 있다(주 178
   참조).

178) 재생 가능한 인체 부분과 장기나 조직 등의 양도에 있어서 법적 취급의 차별성을 주장
   하는 것으로 최수정, "인체에 대한 권리관계와 새로운 패러다임", 법학논총 29-1(한양대
   2012), 116.

연구목적으로 기증하기로 계약을 했다고 하더라도 본인은 인체의 일부를 기증하기로 하는 약정에 구속되지 않는다고 보아야 하고, 길게 자란 모발을 잘라서 가발용으로 매도하기로 계약을 하였더라도 이행을 강제할 수 없음은 물론 그 불이행을 이유로 손해배상도 청구할 수 없다고 보아야 한다. 그러한 불이행에 대한 제재를 허용하면 간접적으로 신체의 자유를 침해하는 결과를 초래하기 때문이다. 다른 한편으로 수술과정에서 분리된 인체의 일부에 대하여 환자가 이를 포기하는 명시적·묵시적 의사표시가 인정되고 병원측이 이를 선점하여 소유권을 취득한다는 구성을 취하더라도 병원측이 이를 통상의 물건과 같이 취급할 수 있는지에 대해서는 분리된 인체의 특수성의 관점에서 의문이 제기되고 있다.[179)]

　　일단 신체에서 분리된 인체의 일부를 처분하는 행위는 어떠한가? 분리된 인체의 일부를 처분하는 것과 관련하여 모발과 같이 재생 가능한 신체의 일부는 통상 인격에 관한 윤리감정을 훼손하지 않으므로 영리 목적의 처분도 가능할 것이다. 그러나 재생 가능하더라도 혈액과 장기 등과 같은 것은 학술 연구 또는 수혈, 장기이식 등 공익적 인도적 목적의 양도만 가능하고 그 양도에 대하여 대가나 보수를 지급하는 약정은 공서양속에 반하여 모두 무효이다. 장기 등 이식에 관한 법률 § 6, 혈액관리법 § 3, 인체조직 안전 및 관리 등에 관한 법률[180)] § 5는 장기 또는 혈액 기타의 인체조직의 유상의 처분행위를 금지하고

───────────

179) 양창수(주 171), 78 이하. 위 논의와 관점에서는 소유권 포기의 약정은 구속력이 없고 단독행위로서의 소유권 포기는 가능할 것이다.

180) 동법은 "인체조직의 기증·관리 및 이식 등에 필요한 사항을 정함으로써 인체조직의 적정한 수급과 안전성을 도모하고 국민보건향상에 이바지함을 목적으로(§ 1)" 2014.1.20. 법률 제7097호로 제정되어 2015.1.1.부터 시행된 것이다. 동법은, 1. 뼈·연골·근막·피부·양막·인대 및 건, 2. 심장판막·혈관 및 3. 신체의 일부로서 사람의 건강, 신체회복 및 장애예방을 위하여 채취하여 이식될 수 있는 것으로 대통령령이 정하는 것을 인체조직으로 정의하고(§ 3 (i)) 조직의 매매행위 등을 금지(§ 5)하는 한편, 조직의 채취요건으로 1. 본인이 뇌사 또는 사망 전에 조직의 채취에 동의한 경우(다만, 그 가족 또는 유족이 조직 등의 채취를 명시적으로 거부하는 경우를 제외), 2. 본인이 뇌사 또는 사망 전에 조직의 채취에 동의 또는 반대하였다는 사실이 확인되지 아니한 경우로서 그 가족 또는 유족이 조직의 채취에 동의한 경우(다만, 본인이 16세 미만의 미성년자인 경우에는 그 부모가 조직의 채취에 동의한 경우), 그 밖에 살아 있는 자로부터 조직을 채취할 경우에는 본인의 동의가 있는 경우(다만, 미성년자의 조직을 채취하고자 하는 경우에는 본인의 동의 외에 부모의 동의를 얻어야 한다), 그리고 이상의 동의를 한 자는 조직의 채취를 위한 수술이 시작되기 전까지 언제든지 조직채취에 관한 동의의 의사표시를 철회할 수 있다고 규정하고 있다(§ 8). 그 밖에 동법은 조직분배 및 이식 금지요건(§ 9), 조직의 안전성확보(§ 10), 조직분배 우선순위(§ 12) 등을 정하고 국립조직기증관리기관을 설치하여(§ 6-2) 조직기증자의 동의(§ 7)와 등록(§ 7-2) 등을 관리하도록 하고 있다.

있다.

기증자가 자신의 분리된 인체의 일부를 무상 양도하거나 소유권을 포기한 경우에도 분리된 인체에는 여전히 인격적 요소가 남아 있으므로 그 사용 용도와 처분에 있어서 기증자의 의사를 존중하고 인체에 남아 있는 인격적 이익이 침해되지 않도록 주의를 기울여야 할 의무가 있다고 보아야 한다.[181] 이러한 의무는 특히 인체의 일부에 남아 있는 유전자정보 등을 이용하는 경우에 현저하다. 그러한 정보를 이용하기 위해서는 통상의 인체의 일부에 대한 양도나 포기가 아니라 별도의 설명 후 승낙(informed consent)이 필요하다고 보아야 할 것이다.

현대 의학기술의 발전에 따라 장기이식 수요가 증가하는 가운데 장기등의 적출 및 이식이 인도적 정신에 따라 기증자의 의사 존중과 자발성에 의거하여 이루어지고, 장기등을 이식받을 기회를 공평하게 배분하고, 윤리적 의학적으로 타당한 방법으로 이루어지도록 하기 위하여 장기등 이식에 관한 법률(<sub>법률 제 5858호, 1999.2.8 제정</sub>)이 2000.2.9.부터 시행되고 있다. 동법의 적용대상이 되는 장기등은 신장·간장·췌장·심장·폐, 골수·안구, 뼈·피부·근육·신경·혈관 등으로 구성된 복합조직으로서의 손·팔 또는 발·다리 외에 장기등이식윤리위원회의 심의를 거쳐 보건복지부장관이 결정·고시한 것 및 그 밖에 사람의 내장 또는 조직 중 기능회복을 위하여 적출·이식할 수 있는 것으로서 대통령령으로 정하는 것(<sub>현재, 췌도(膵島), 소장, 위장, 십이지장, 대장, 비장, 조혈모세포를 이식할 목적으로 채취하는 말초혈</sub>)을 규정하고 있다. 동법은 금전 기타 반대급부의 수수를 약속하고, 장기등을 주고 받거나 알선하는 행위를 모두 금지하고 있다(<sub>동법 §7</sub>). 살아있는 사람의 장기등은 본인이 동의한 경우에만 적출할 수 있고, 본인이 16세 이상인 미성년자의 장기등과 16세 미만인 미성년자의 골수를 적출하려는 경우, 본인과 그 부모의 동의를 함께 받아야 한다. 뇌사자와 사망한 자의 장기등은 ① 본인이 뇌사 또는 사망하기 전에 장기 등의 적출에 서면 또는 유언으로 동의한 경우(<sub>그 가족 또는 유족이 장기등의 적출을 명시적으로 거부하는 경우는 제외</sub>) 또는 ② 본인이 뇌사 또는 사망하기 전에 장기등의 적출에 동의하거나 반대한 사실이 확인되지 아니한 경우로서 그 가족 또는 유족이 장기등의 적출에 동의한 경우에 가능하고, 위 동의는 장기등을 적출하기 위한 수술이 시작되기 전까지는 언제든지 철회

---

181) 이와 관련하여 의료행위에 의하여 발생한 인체조직물에 대하여 통상적으로 의료계약의 해석상 상대방인 의료인에게 그 소유권이 이전된다고 보더라도 의료인측은 이를 '통상의 용도'로 사용하여야 할 의무를 부담하고 이를 다른 용도로 사용하는 경우에는 환자의 별도의 동의를 얻어야 한다는 견해가 있다. 양창수(주 171), 99.

할 수 있다($\frac{동법}{\S22}$). 이러한 동의는 모두 서면 또는 본인의 유언 방식에 의하여야 한다($\frac{동법}{\S12}$). 장기이식의 대상자는 국립장기이식 관리기관의 장이 대통령령($\frac{\S26}{별표5}$)으로 정하는 장기등 이식대상의 선정기준에 따라 선정한다($\frac{동법}{\S26}$). 나아가 동법에서는 장기등의 적출을 법적으로 원만히 처리하기 위하여 뇌사판정위원회와 그 절차를 규정하고 있다($\frac{동법}{\S16 \, 이하}$).

다른 한편으로 이식 등을 목적으로 분리, 적출된 장기등 인체의 일부는 분리 적출 전 사람의 소유에 속하는 물건으로 간주되지만, 다른 사람의 인체에 이식되면 다시 물건성을 상실한다.[182] 다만 적출된 장기나 혈액을 다시 자신에게 이식할 예정인 경우에는 장기가 적출되었더라도 '기능적으로 일체화'되어 있으므로 인체의 일부로 보아야 한다는 견해도 있다.[183] 뇌사자로부터 타에 이식하기 위하여 적출된 장기의 소유권 귀속에 있어서는 장기적출 수술의 결과 사망에 이르게 되므로($\substack{\text{다만 사망의 원인은 뇌사의 원인이 된 질병 또}\\ \text{는 행위로 인하여 사망한 것으로 본다. 동법 }\S21}$) 이론적으로는 뇌사자에게서 적출된 장기의 이식 전까지의 일시적인 권리 귀속이 문제될 수 있다. 분리 후 뇌사자의 사망에 의하여 시신의 권리자 귀속에 관한 법리를 유추 적용할 수 있을 것이다. 그 밖에 일단 분리되어 다른 사람에게 이식된 장기에 대해서는 그 반환을 청구할 수 없다. 다른 사람에게 이식되면 물건성을 상실하고 이식된 사람의 신체의 일부가 되기 때문이다.

다른 한편으로 학술연구 등의 목적으로 이용되는 생식세포 등 신체 일부의 채취, 사용, 관리, 폐기 등은 생명윤리 및 안전에 관한 법률의 적용을 받는다. 동법은 '인체로부터 수집하거나 채취한 조직·세포·혈액·체액 등 인체구성물 또는 이들로부터 분리된 혈청, 혈장, 염색체, DNA, RNA, 단백질 등'을 인체 유래물로 정의하고($\frac{\S2}{(xi)}$),[184] 인체 유래물의 제공과 관련하여 '보존 및 제공 등과 관련된 실비변상'을 제외하고는, 무상으로 하여야 함을 명시하는 한편($\substack{\S26 \\ I, 38 \, III}$), '배아 및 인체 유래물의 폐기'에 관하여도, '폐기의 절차, 방법 등 필요한 사항'을 보건복지부령으로 정하도록 하고 있다($\frac{동법 \, \S\S25}{V, 39 \, IV}$). 생명윤리안전법의 목적이 인간과 인체 유래물의 연구와 취급과정에서 발생하는 '생명에 대한 본질적 침해'를 방지하는 데 있다고 보아 동법에 의하여 보호되는 인체 유래물

---

182) 주석 총칙(2), 272(제5판/김종기).

183) 형법상 상해죄의 행위 객체로서 문제된 사안이다. 최준혁(주 173), 101.

184) 그 밖에 인체 유래물의 개념에 관한 학설에 대해서는 유지홍, "인체유래물의 법적 지위에 대한 인격적 측면에서의 고찰—인격성의 본체로서 DNA의 성격을 중심으로—", 서울대 법학 56-2, 2015, 119 이하.

을 'DNA를 내포하고 있는 인체구성물질'로 정의하면서, 인체 유래물(DNA)이 생명체의 모든 요소를 담고 있고 생명체의 모든 것이 될 수 있는 존재라는 점에서, 인체 유래물의 법적 지위를 단순한 물건이 아니라 유사성이 인정되는 범위에서 '분리 전 인체'에 준하여 파악하고 소유권이 아닌 인격권으로 보호하여야 한다는 주장도 있다.[185]

　　인체 유래물 가운데 특수한 것으로 모체에 착상되기 전 체외배아가 있다. 생명윤리법 §2 (iii)에 의하면, '배아(胚芽)'란, 인간의 수정란 및 수정된 때부터 발생학적(發生學的)으로 모든 기관(器官)이 형성되기 전까지의 분열된 세포군(細胞群)을 말한다. 체외수정된 배아를 여성의 자궁에 착상시키면 태아로서 발생하게 되는데, 모체 착상 전 체외에 수정된 배아의 법률적 지위가 문제된다. 이에 대하여 외국에는 분리된 인체의 일부처럼 이를 물건에 준하여 취급하는 견해가 있으나[186] 우리나라에서 이러한 견해를 취하는 학설은 찾기 어렵다. 두 번째는 체외 수정란을 태아에 준하여 보거나[187] 수정란이었을 경우에 불법행위를 당하거나 부모가 사망한 경우 태아와 달리 권리능력을 인정하지 않을 이유는 없다는 점에서 착상 전 배아에 대하여도 태아와 동일한 권리능력을 인정하여야 한다는 견해[188]가 있다. 세 번째는 착상 전의 수정란은 장차 인간이 될 잠재성으로 말미암아 인간생명의 상징으로 존중되어야 하지만, 아직 인간으로서의 생물학적 구조를 갖지 않으므로 인간으로 취급할 수 없고 착상 후 비로소 태아로서 인정될 수 있다거나,[189] 수정란은 체외에 있든 체내에 있든 인간이 될 가능성을 가진 존재로 정자·난자와 달라 단순한 물건으로 볼 수는 없어 소유권이 성립하거나 처분할 수 없으며,[190] 정자·난자나 수정란은 인체의 일

185) 유지홍(주 184), 155.
186) 가령 독일의 Bilsdorfer는 신체에서 분리된 생물학적인 물질을 독민 §90의 물건으로 분류하며 인간 신체로부터의 분리로 인격권이 물권법상의 소유권으로 변화된다고 주장한다. 체외배아를 물건(Sache)으로 보고 독민 §953가 갖는 법률사상의 준용으로 신체일부는 신체로부터의 분리로 지금까지의 귀속자의 소유로 되며 체외배아는 모의 신체에서 분리 후에 양쪽 부모에게 민법상의 소유권(Eigentum)이 부여된다고 한다. 최민수, "체외배아의 민법상 지위—독일과 한국의 비교를 중심으로—", 민학 598, 2012, 40.
187) 이상태, "부부의 인공수정과 법률문제", 숙명여대 아세아여성연구 23, 1984, 307.
188) 박홍래, "수정란의 민사법적 지위" 전남대 법률행정논총 21-2, 2001. 12, 180. 아직 포태되지 않은 상태에서는 태아라 할 수 없으나 제3자를 위한 계약의 수익자로 될 여지가 있다는 견해도 있다. 반희성·오윤경, "체외배아의 민법상 지위에 관한 비교법적 검토", 제주대 국제법무 4-1, 2012. 5, 90.
189) 고정명, "체외수정의 법적 소고", 법학논총 5, 1992, 16.
190) 김민중, "생명공학의 발달에 따른 민사법적 과제—인위적 인간생식기술을 중심으로—", 민학 21, 2002, 53.

부를 구성하는 구성요소 혹은 인체로부터의 산출물로서 인체 그 자체와 마찬가지로 법적 이익을 가진다고 보아 인격권의 보호객체가 될 수 있다는 절충적 견해[191]가 있다.

체외배아의 법적 지위와 관련하여 헌법재판소도 대체로 착상을 기준으로 체외배아와 권리능력 있는 태아를 구별하여 보호하는 절충적 입장을 취하고 있다.

헌법재판소는 2010년 5월 27일 인공수정배아를 규정하고 있는 '생명윤리 및 안전에 관한 법률'에 관한 2005헌마346 헌법소원심판청구사건에서 "초기 배아는 … 아직 모체에 착상되거나 원시선이 나타나지 않은 이상 현재의 자연과학적 인식 수준에서 독립된 인간과 배아 간의 개체적 연속성을 확정하기 어렵"고, "배아의 경우 현재의 과학기술 수준에서 모태 속에서 수용될 때 비로소 독립적인 인간으로의 성장가능성을 기대할 수 있다는 점", "수정 후 착상 전의 배아가 인간으로 인식된다거나 그와 같이 취급하여야 할 필요성이 있다는 사회적 승인이 존재한다고 보기 어려운 점" 등을 고려하여 배아의 기본권 주체성을 부인하고 생물학적 부모로서의 지위를 갖게 되는 배아생성자가 배아의 관리 또는 처분에 대한 결정권을 가진다고 하였다. 다만, 배아의 경우 형성 중에 있는 생명이라는 독특한 지위로 인해 국가에 의한 적극적인 보호가 요구되고, 배아의 관리·처분에는 공공복리 및 사회 윤리적 차원의 평가가 필연적으로 수반되지 않을 수 없다는 점에서 그 제한의 필요성이 크다고 설시하였다.

이와 같이 착상을 전후로 체외배아와 체내배아를 구별하는 절충적 견해와는 달리, 서로 다른 유전자를 가진 생식세포의 수정으로 비로소 인간의 유전적인 프로그램이 확정되어 새로운 인간 생명이 발생한다는 점에서 체외배아는 모체 내의 착상 여부와 관계없이 수정의 순간부터 인간의 생명체로 보호해야 한다는 견해가 있다.[192] 이 견해에 따르면 정자·난자는 인간의 세포이지만 이들은 인간으로 발전하기 위해 소극적인 잠재성(passive Potentialität)만을 가진 데 반하여, 정자와 난자의 생식세포융합을 통해 생성된 배아는 인간존재로의 적극적인 발전 가능성(aktive Potentialität)이 있다는 점에 주목하여, 체외배아는 나중에 살아서 출생할 것을 조건으로 모체 내의 태아(착상된 배아)와 동일하게 보아야 하고, 따라서 태아를 위한 특별규정에 관한 한 체외배아에게도 제한적

---

191) 김민중, "생명윤리와 민법", 저스 65, 2002, 124.
192) 최민수(주 186), 62.

인 권리능력과 상속능력이 인정될 수 있다고 주장한다.[193]

　(3) 시신(屍身)

　　(가) 물 건 성　　사람의 시신($^{유체나}_{유골}$)[194]에 대해서는 다수의 견해가 물건이라고 보지만,[195] 소수의 견해는 시신이 '미이라'나 학술용 골격으로 되어 인간의 존엄과 가치에 대한 인식을 자극하지 않게 된 경우라면 모르되, 그렇지 않은 경우에는 시신의 물건성을 인정할 수 없다는 견해,[196] 시신을 사망을 초월하여 존재하는 인격의 잔영(殘影) 내지 잔재로서 보호되어야 한다거나[197] 인간의 존엄과 가치가 일정한 조건하에서는 사후에도 유지 보호되어야 한다거나[198] 인격권은 사후에도 계속된다는 점에서[199] 또는 물건은 자유로운 거래의 대상이 되는 것만을 의미하는 것[200]이라는 이유에서 물건성을 부정한다.

　　시신의 물건성을 인정하는 다수의 견해는 유체·유골 역시 소유권의 객체가 된다고 보지만 그 소유권의 내용은 보통의 소유권과 같이 자유롭게 사용, 수익, 처분할 수 있는 것이 아니라 오로지 매장, 제사, 공양 등을 할 수 있는 권능과 의무가 따르는 특수한 것이라고 한다.[201] 반대로 물건성을 부인하는 소수설은 유체·유골에 대한 소유권은 인정되지 않고 매장 제사를 할 수 있는 권능 내지 의무를 지는 관습법상의 관리권이 인정될 뿐이라고 한다.[202] 두 견해는 용어상의 차이에도 불구하고 실질적인 권능에 있어서는 차이가 없다. 판례는 통설과 같이 사람의 유체와 유골은 매장, 관리, 제사, 공양의 대상이 될 수 있는 유체물로서 특수한 소유권의 대상이 되는 것으로 본다.

　　생각건대 사람의 사망에 의하여 인체는 불가분적 결합관계에 있던 인격과 분리되어 외계의 일부로 남게 되지만, 윤리 정서적 관점에서 인간의 존엄에

---

193) 최민수(주 186), 62.
194) 시신과 유체유골은 사망 후 시간의 경과와 같은 뉘앙스의 차이가 느껴지나 일단 동의어로 사용한다.
195) 김용한, 216; 김주수·김상용, 260; 김증한, 267; 송덕수(주 70), 691; 양창수·권영준, 27; 정기웅, 220.
196) 이영준(주 79), 853.
197) 김민중, 235.
198) 백태승(주 70), 272.
199) 김상용, 299.
200) 명순구, 268.
201) 강태성, 396; 곽윤직·김재형, 222; 김용한, 216; 김준호, 178; 김주수·김상용, 260; 김증한·김학동, 268; 송덕수(주 70), 691; 오시영, 317 이하; 이은영, 301; 정기웅, 220. 양 학설이 내용적으로 다를 바 없고 그 권리 귀속자를 누구를 할 것인가만이 문제라는 견해도 있다. 고상룡, 269.
202) 송덕수(주 70), 268; 백태승(주 70), 272.

서 비롯된 인격적 보호 가치가 남아 있다. 따라서 시신에 대한 훼손 등은 사람
들의 윤리 감정을 크게 해치므로 시신에 대한 관리와 처분은 공서양속에 의하
여 엄격 제한되어 전통관습이나 종교적 예절에 따라 매장 등 처리되거나 타인
의 생명을 구하거나 치료하기 위한 이식, 학술연구, 의료교육을 위한 제공 등
공익적 목적을 위한 무상의 사용, 처분만이 허용된다. 이와 같이 시신은 인격
적 보호가치라는 특수성을 갖기 때문에 그에 대한 권리의 행사도 엄격히 제한
될 수밖에 없다. 이러한 이유에서 시신의 물건성이 문제된다. 민법에서 물건은
소유권 등 물권의 객체가 되거나 채권의 목적물로서 주로 경제적 거래의 대상
으로서 다루어져 왔기 때문에 시신을 경제적 거래의 대상인 물건이라고 부르
는 것이 우리들의 법관념과 윤리감정에 위화감을 일으키는 것이 사실이다. 그
러나 이러한 이유에서 시신의 물건성을 부인한다면 시신에 대해서는 소유권
등 물권이 성립할 수 없으므로 부득이 그 밖에 다른 권리로서 관습상의 관리
권이 성립한다고 할 수밖에 없다. 따라서 관습상의 관리권설은 시신에 관한 윤
리감정을 존중하는 견해라고 할 수 있다. 그러나 문제는 관습상의 관리권의 실
체, 즉 내용이 무엇인지 분명하지 않다는 점이다. 의료과학기술의 발전에 따라
예상되는 시신을 둘러싼 다양한 사태에 대응하는 데에 관습상의 지배권이라는
불투명한 개념을 기초로 하기는 어렵다. 결국 시신도 사망에 의하여 인격과 분
리됨으로써 물건이 되어 소유권 등의 객체가 될 수 있으나 인격적 보호가치가
남아 있다는 특수성 때문에 시신에 관한 소유권은 시신의 인격적 윤리적 보호
가치가 훼손되지 않도록 관리와 처분에 제약을 받는 특수한 소유권이라고 정
의할 수 있다.

　　(나) 권리의 귀속　　　유체·유골에 관한 소유권 혹은 관리권이 누구에게
귀속되는가 하는 것이 문제이다. 소유권의 일종이라면 본인의 사망으로 인하
여 유체·유골이 물건이 되면 상속재산에 준하여 본인의 상속인들이 이를 승
계한다고 볼 수 있고, 관습상의 관리권이라면 그 귀속에 있어서 관습에 좇아
상주(喪主)에게 귀속된다고 볼 수도 있다.[203] 1990년 삭제되기 전 민법 §996
에서는 제사용 재산의 소유권은 호주상속인이 이를 승계한다는 규정을 두고
있었으므로 이를 근거로 유체·유골에 관한 권리의 귀속자로 호주상속인을 상
정할 수 있었으나 현재는 호주상속인이 완전 폐지되었으므로 그 근거를 상실

---

203) 고상룡, 270; 김민중, 234.

하였다. 이에 관하여 근래 대법원 전원합의체 판결은 § 1008-3[204]을 유추적용하여 분묘와 함께 분묘에 안치되어 있는 유체·유골은 제사를 주재하는 자에게 속한다고 본다.[205] 동 판결은, "사람의 유체·유골은 매장·관리·제사·공양의 대상이 될 수 있는 유체물로서, 분묘에 안치되어 있는 선조의 유체·유골은 민법 § 1008-3 소정의 제사용 재산인 분묘와 함께 그 제사주재자에게 승계되고, 피상속인 자신의 유체·유골 역시 위 제사용 재산에 준하여 그 제사주재자에게 승계된다."고 하고 그 이유로서 유체·유골은 분묘의 본체이고 종래 분묘에 대한 수호·관리권은 특별한 사정이 없는 한 누가 그 분묘를 설치했는지에 관계없이 제사주재자에게 속한다고 해석[206]되었기 때문이라고 한다. 학설도 대체로 이를 지지하고 있다.[207] 이 대법원판결은 분묘에 안치된 유체·유골에 관한 것이므로 분묘 안치 전 시신에 대해서도 같은 결론을 도출할 수 있는지가 문제될 수 있다. 실제 "장례의 방식이 다양화하여 분묘 없는 장례가 빈번하게 되고, 매장 또는 분묘개설을 강행할 근거가 없는 이상, 유체의 귀속은 분묘의 귀속과 분리하여 처리되어야 한다"는 반대의견(송수의 권①)이 있다.[208] 이 반대의견에 따르면 "제사를 지내는 사람이 없는 경우에도, 또 특히 부모 기타 선조가 분묘에 묻혀 있지 아니한 경우에도, 부모 등의 유체 등의 귀속을 정하기 위하여, 종전 판례에 의하면 '제사를 주재하는 자' 또는 '제사를 주재하여야 하는

---

204) § 1008-3은 "분묘에 속한 1정보 이내의 금양임야와 600평 이내의 묘토인 농지, 족보와 제구의 소유권은 제사를 주재하는 자가 이를 승계한다"고 규정하고 있다. 원래 1958.2.22. 법률 제471호로 제정된 구 민법은 제사상속에 관한 일반 규정을 두지 않음으로써 제사상속을 도덕과 관습의 범주에 맡기면서도, § 996에서 분묘에 속한 1정보 이내의 금양임야와 600평 이내의 묘토인 농지, 족보와 제구(이하 '제사용 재산'이라 한다)의 소유권은 호주상속인이 이를 승계하도록 규정하고 있었는데, 1990.1.13. 법률 제4199호로 개정된 구 민법에서는 호주상속제도를 폐지하고 호주승계제도를 채택하면서 위와 같이 제사용 재산의 승계를 호주승계의 효력이 아닌 재산상속의 효력 중의 하나로 § 1008-3에 규정하고 그 승계권자를 '호주상속인'에서 '제사를 주재하는 자'로 변경하였으며, 2005.3.31. 법률 제7427호로 개정된 현행 민법에서는 호주승계제도도 폐지하였다. 대판(전) 08.11.20, 2007다27670.
205) 대판(전) 08.11.20, 2007다27670.
206) 대판 97.9.5, 95다51182.
207) 김민중, 235; 김주수·김상용, 260; 송덕수(주 70), 692; 오시영, 318; 정기웅, 220, 구주해(2), 32(김병재)은 위 판결 이전부터 분묘에 안치되어 있는 유체·유골에 관하여는 제사를 주재하는 자가 이를 승계한다고 하면서도 피상속인 자신의 유체·유골의 경우에 대해서는 살아 있는 사람의 신체는 권리주체인 그 사람 자신이고 따라서 신체의 사후의 모습인 시체 유해에 대한 권리가 피상속인으로부터 상속되거나 승계되는 것이라고는 볼 수 없고 이는 관습법에 기하여 관행상 정해지는 상주될 자에게 원시적으로 당연히 귀속되는 것이라고 한다.
208) 대법관 양창수·안대희의 반대의견.

자'를 관습법 또는 조리의 이름으로 '창조'해 내야 하는" 문제가 있다는 것이다.

한편으로 유체가 민법 §108-3에 따라 분묘와 함께 제사주재자에게 귀속
된다고 하더라도 제사주재자를 정하는 방법이 문제이다.

전원합의체 다수의견은 "제사주재자는 우선적으로 망인의 공동상속인들
사이의 협의에 의해 정하되, 협의가 이루어지지 않는 경우에는 제사주재자의
지위를 유지할 수 없는 특별한 사정이 있지 않은 한 망인의 장남(장남이 이미 사망
한 경우에는 장남의 아들 즉 장손자)이 제사주재자가 되고, 공동상속인들 중 아들이 없는 경우에는 망인의
장녀가 제사주재자가 된다."고 한다. 이에 대하여 제사용 재산의 승계에 관한
법률관계를 간명히 할 필요가 있어 제사주재자를 특정한 1인으로 하는 것에는
동의하지만, 결국 다수의견은, "제사용 재산에 관한 특권을 향유하는 자를 형
식상으로만 '호주상속인'에서 '장남 등'으로 바꾸었을 뿐 실질적으로는 종전과
동일한 결과를 가져옴으로써, 제사용 재산을 호주상속인의 특권에서 분리시키
려 한 1990년 개정 민법의 취지를 몰각"시키고, "장남을 우선시하는 종래의
관습이… 현재 우리 사회의 전체 법질서에 부합하는지 의문"이라는 점에서, 제
사주재자는 우선 공동상속인들의 협의에 의해 정하되, 협의가 이루어지지 않
는 경우에는 다수결에 의해 정하는 것이 타당하다는 반대의견(소수의견②)[209]과 다
수의견은 "전통적인 종법사상과 부계혈족 중심의 가(家) 관념에 입각한 장자우
선의 원칙을 여전히 지도적 원리로 유지하겠다는 선언과 다르지 않다"고 비판
하며, 다수결로 정할 수 없는 경우 등을 고려하면 공동상속인들 사이에 협의가
이루어지지 아니하여 분쟁이 발생한 경우에는 개별 사건에서 당사자들의 주장
의 당부를 심리·판단하여 결정하여야 한다는 반대의견이 있다.[210]

생각건대, §1008-3 제사용 재산의 승계와 제사주재자라는 개념은 제사
관습을 유지하는 경우를 상정한 것이지만, 급변하고 있는 현대 생활관계와 종
교적 다양성에 비추어 보면 전통적 제사 관습이 앞으로의 현대사회에서도 여
전히 보편적일 수 있을지 의문이 적지 않다.[211] 따라서 비록 §1008-3에 의거
한 것이기는 하지만 제사주재자라는 전통 관념을 통하여 유족·유골의 귀속을
정하는 것이 타당한지 나아가 유체·유골의 관리와 처분을 공동상속인 중 어
느 한 사람의 결정에 맡기는 것이 오늘날의 법의식에 적합한지도 의문이다. 유

---

209) 대법관 박시환·전수안의 반대의견.
210) 대법관 김영란·김지형의 반대의견.
211) 이 점에 대해서는 대판(전) 08.11.20, 2007다27670에서 대법관 양창수·안대희의 반대
    의견 참조.

체·유골의 귀속에 있어서 제사주재자라는 개념을 차용하지 않는다면 결국 유족·유골의 관리와 처분은 상속분과는 관계없이 공동상속인 전원의 협의에 의하여 정하여야 하고 협의가 이루어지지 않는 경우에는 망인의 추정적 의사 등을 고려하여 법원이 결정하도록 하는 것이 바람직하다. 이때 가사소송법 등에 절차 규정이 없는 상황에서는 상속재산분할에 관련 규정을 유추적용하는 것도 고려할 수 있다.

(다) 처분행위　　　유체·유골의 귀속권자가 유체·유골의 처분행위(대학병원에 해부용으로 기증하는 행위 등)를 할 수 있는가, 귀속권자의 권리는 이를 소유권이라고 하든 관습상의 관리권이라고 하든 특수한 내용의 것이므로 그러한 처분행위는 사회질서에 반하는 것으로 무효라고 한다.212) 소수설은 원칙적으로 무효이지만, 학술연구 등 순수한 목적으로 증여하는 계약 등 민법 § 103에 반하지 않고 본인이 이를 원한 경우에는 그 뜻대로 처분하는 것은 허용된다는 견해도 있다.213)

사망한 본인이 생전에 사후 자신의 유체나 유골에 관한 법률상 혹은 사실상의 처분을 지정한 경우 그것이 법적 효력이 있는가가 문제될 수 있다. 통설은 이러한 행위는 선량한 풍속 기타 사회질서(민법 § 103)에 반하지 않는 한 유효하나214) 유해·유골의 귀속자에 대하여 법적 구속력이 없으므로215) 그 귀속자에게 이행을 강제하지 못하지만 귀속자가 스스로 이를 이행할 수 있다고 한다.216) 그 근거로 사망한 본인이 그 생전에 한 행위는 선량한 풍속 기타 사회질서에 반하지 않는 한 호의행위로 해석되고 이러한 도덕적 의무는 유족 유골의 귀속자에게도 상속되어 그 도덕적 의무에 따라 처분할 수 있으나 그렇게 하지 않더라도 법적 책임은 없다고 한다.217)

앞서의 대법원 전원합의체 판결 역시 다수설과 같은 태도를 취하고 있

212) 구주해(2), 32(김병재); 주석 총칙(2), 275(제5판/김종기); 고상룡, 270; 곽윤직·김재형, 222; 백태승(주 70), 272; 송덕수(주 70), 692.
213) 강태성, 397.
214) 이영준(주 79), 853; 김민중, 237은 민법이 망인이 생전에 가지고 있었던 재산에 대하여 행한 그의 종국적인 사인행위에 대하여 유언 또는 사인증여라는 이름으로 법적 효력을 주고 있다시피, 망인이 소유하는 어떤 물건보다도 더욱 현저하게 그에게 속하여 그 의사에 의하여 지배되던 그의 몸에 대한 처분에 관하여는 그 성질상 더욱 망인의 의사가 존중되어야 한다고 한다.
215) 곽윤직·김재형, 222; 김상용, 300; 김주수·김상용 260; 김준호, 179; 송덕수(주 70), 692.
216) 구주해(2), 32(김병재); 고상룡, 270; 김용한, 216; 백태승(주 70), 272; 오시영, 318.
217) 강태성, 398.

다.[218] 동 대법원 전원합의체 판결의 다수의견은 "피상속인이 생전행위 또는 유언으로 자신의 유체·유골을 처분하거나 매장장소를 지정한 경우에, 선량한 풍속 기타 사회질서에 반하지 않는 이상 그 의사는 존중되어야 하고 이는 제사주재자로서도 마찬가지이지만, 피상속인의 의사를 존중해야 하는 의무는 도의적인 것에 그치고, 제사주재자가 무조건 이에 구속되어야 하는 법률적 의무까지 부담한다고 볼 수는 없다"고 한다. 그러나 이에 대해서는 "제사주재자가 피상속인의 유체·유골에 대한 관리·처분권을 가지고 있다고 하여 정당한 사유 없이 피상속인의 의사에 반하여 유체·유골을 처분하거나 매장장소를 변경하는 것까지 허용된다고 볼 수는 없다."는 반대의견[219]이 있는 외에 "망인이 자신의 장례 기타 유체를 그 본래적 성질에 좇아 처리하는 것에 관하여 생전에 종국적인 의사를 명확하게 표명한 경우에는, 그 의사는 법적으로도 존중되어야 하며 일정한 법적 효력을 가진다고 함이 타당하다. 나아가 망인의 의사대로 이미 장례나 분묘개설 기타 유체의 처리가 행하여진 경우에는, 다른 특별한 사정이 없는 한 유체의 소유자라고 하더라도 그 소유권에 기하여 그 분묘를 파헤쳐 유체를 자신에게 인도할 것을 청구할 수 없다."고 하여 망인의 자신의 시신의 처분 관리에 관한 의사에 법적 구속력을 인정하여야 한다는 반대의견이 있다.[220] 후자의 반대의견은 그 논거로서 "사람이 자신의 신체에 대하여 가지는 권리는 인격권적인 성질의 것으로서, 그것이 법정의 유언사항인지 아닌지 여부와는 관계없이, 장례·장기기증·분묘개설 기타 자신의 유체에 대한 사후처리에 관한 한, 이른바 '사후적 인격보호'의 한 내용으로서 법적 효력을 가진다고 하여야 한다"는 점, 망인의 생전 재산에 대한 사인행위에 법적 효력을 주는 것을 고려하면 "망인이 소유하는 어떠한 물건보다도 더욱 현저하게 그에게 속하여 그 의사에 의하여 지배되던 그의 몸에 대하여는 그 성질상 더욱 그러하여야 할 것"이라는 점, "망인의 의사를 유체 처리의 면에서도 존중하는 것이 부차적으로는 사람이 사망한 후에 그 유족들이 망인의 유체를 '모시는' 것을 두고 분쟁에 말려드는, 결코 바람직하지 않은 일을 부족하나마 미리 막는 하나의 방법이 될 수도 있다."는 점, 장기등 이식에 관한 법률도 "유체에 대한 망의인의 의사지배를 기본적으로는 인정하는 바탕 위에 서 있다"는 점을 들고

---

218) 대판(전) 08.11.20, 2007다27670.
219) 대법관 박시환·전수안의 반대의견.
220) 대법관 양창수·안대희의 반대의견.

있다.[221]

## Ⅲ. 재산과 기업

### 1. 재    산

물건과는 다르지만 민법이나 상법에는 재산이라는 용어가 빈번히 사용된다. 그러나 그 의미를 통일적으로 정의하기는 어렵다. 가령, 민법에서는 미성년자의 처분이 허락된 재산($\S_6$), 부재자의 재산($\S_{22}$), 재단법인의 설립을 위해 출연된 재산($\S\S_{45,\ 48}^{43,}$), 법인의 재산($\S\S_{67}^{55,}$), 법인의 잔여재산($\S_{80}$), 청산중인 법인의 재산($\S_{93}$), 증여의 목적인 재산($\S_{554}$), 조합의 재산($\S_{704}$), 부당이득의 대상으로서 타인의 재산($\S_{741}$), 불법의 원인으로 급여된 재산($\S_{746}$), 부부재산($\S_{829}$), 자(子)의 재산($\S\S_{918,\ 916}^{916,}$), 상속재산($\S\S_{1022,\ 1023}^{1019,}$) 등이 그러하다. 이러한 재산은 보통 어떤 주체와 관련하여 혹은 어떤 목적하에 결합된 경제적 가치가 있는 물건 및 권리 등을 총칭하는 것[222]( 경우에 따라 채무등 각종 의무를 포함하여 지칭하는 경우도 있다 )에 지나지 않고 '재산'이라는 관념에 특유한 의의가 있는 것은 아니다.[223] 그런데 이러한 재산이 어떤 법률관계에서 일체로 다루어지는 때에는 법률상의 재산의 관념에 특유한 의의가 인정될 수도 있다.[224] 예컨대 주체를 중심으로 하는 부재자의 재산, 채무자의 일반재산, 피상속인의 재산 등은 관리, 담보, 귀속, 상속의 객체가 되는 물건 및 권리 의무를 통틀어서 일컫고 있을 뿐이고 독립성이나 일체성이 약하여 전체가 독립한 일체로서 하나의 권리나 거래의 목적물이 되는 것은 아니지만, 일정한 목적으로 결합한 재산, 가령 재단법인의 출연재산, 조합재산, 신탁재산, 파산재단, 재단저당에 말하는 재단 등은 상대적으로 일체성과 독립성이 강하며 그중에서도 재단법인의 출연재산은 법인격이 부여되고 각종 재단을 구성하는 재산은 하나

---

221) 대법관 양창수·안대희의 반대의견.
222) 양창수·권영준, 36에 따르면 반드시 법적 권리가 아니라도 신용이나 고객관계 또는 영업 그 자체와 같이 재산적 가치를 가지는 것이면 이에 속하며 나아가 본권이 없는 점유, 권리를 취득하거나 이익을 얻을 수 있는 가능성도 재산이 될 수 있다. 그러나 순수한 인격적 권리, 비영리사단의 사원권, 친족법상의 인적 권리와 같은 것은 통상 재산적 가치가 없어 재산에 포함되지 않는다. 또한 사람의 노동력이나 전문적 지식, 경험 등과 같은 인적인 능력이나 성질은 재산이라고 할 수 없다고 한다.
223) 구주해(2), 23(김병재).
224) 곽윤직·김재형, 225.

의 권리 객체로서 법률상 특별 취급되는 경우가 있다. 그러나 그 밖에 특별한
규정이 없는 한 어떤 재산에 대하여 독립성이나 일체성을 인정하여 특별 취급
을 할 수 있는 것은 아니다.[225] 그 밖에 법률상 특별한 법적 지위를 인정하는
재산으로 상속인의 고유재산과 분리된 상속재산($\S 1045 \text{이하}$)은 상속채권자와 상속인
의 채권자가 각각 상속재산과 상속인의 고유재산으로부터 우선변제를 받는 특
별한 취급을 받으며, 그러한 특별재산으로 한정승인된 상속재산($\S 1028$), 조합재
산($\S 704$), 신탁에 의한 신탁재산($\S 22 \text{신탁 이하}$)등을 들기도 한다.[226]

## 2. 기업재산

기업은 인력과 재산을 조직하여 영리를 목적으로 계속적으로 경제활동을
하는 독립한 경제 활동의 단위를 일컫는다. 이 기업에 속하는 재산을 보통 기
업재산이라고 하는데, 위에서 말한 넓은 의미의 재산, 즉 물건, 각종 권리와
의무, 영업상의 비밀, 고객관계 등과 같은 무형의 경제적 이익을 모두 포함한
다.[227] 이러한 기업재산은 주체를 떠난 객관적으로 독립한 일체로서의 존재를
획득하여 매매, 임대차, 경영위임, 담보 등의 거래의 객체가 되고 있고 또 이는
계약 자유의 원칙상 얼마든지 가능하다고 한다. 그러나 기업재산을 일체로 거
래의 목적으로 하는 것은 채권계약에 그칠 뿐 그 이행행위는 포괄적인 방법이
없고 물권법의 일반원칙에 따라 개개의 물건 내지 재산에 대하여 개별적 이행
의 방법을 취하여야 한다. 이러한 점에서 상대적으로 일체성이 높은 기업재산
이라도 물권법상으로는 일체성이 인정되지 않는다고 할 수 있다. 가령 상법상
으로는 기업재산을 전체로서 영업의 양도가 인정되지만 이것도 물권적 양도를
의미하는 것은 아니고 채권계약인 매매를 의미한다.[228] 학설상으로는 이러한
기업재산을 일체로 하여 채권 및 물권의 성립을 인정하여야 한다는 주장이 대
두되고 있다.[229] 그러나 특히 일체로서의 기업재산의 거래를 원활히 하기 위하
여 기업을 하나의 단위로 물권의 성립까지를 인정할 필요가 있는지는 의문이
다. 공장재단저당의 입법화되어 있는 외에 회사법상 주권(株券)의 거래를 통하
여 거의 동일한 거래목적을 용이하게 달성할 수 있을 것으로 생각되기 때문이

---

225) 곽윤직 · 김재형, 225; 구주해(2), 23(김병재).
226) 양창수 · 권영준, 37.
227) 구주해(2), 24(김병재).
228) 구주해(2), 25(김병재).
229) 김증한 · 김학동, 273.

다. 어찌되었든 기업재산의 물권법상의 특별 취급을 위해서는 새로운 입법이
필요함은 물론이다.

## Ⅳ. 물건의 분류

### 1. 의　의

물건은 여러 가지 관점에서 분류될 수 있다. 먼저 민법은 물건을 그 성질
에 따라 부동산과 동산으로 나누고($\S_{99}$), 사회경제적 목적이나 효용에 따라서
주물과 종물($\S_{100}$), 원물과 과실($\S_{101}$)로 나눈다. 그 밖에도 물건은 그 구성에 따
라 단일물, 합성물 또는 집합물의 구별이 있고 그 성질에 따라서는 가분물과
불가분물, 소비물과 비소비물, 대체물과 부대체물의 구별이 있으며, 그 사회경
제적 목적에 따라 융통물과 불융통물, 당사자의사에 따라 특정물과 불특정물
의 구분이 있다.

### 2. 단일물과 합성물(물건의 구성)

단일물과 합성물은 물건의 구성형태와 관련된 구분이다. 이러한 구분은
물건의 본질에 관한 스토아철학의 영향을 받은 로마법학자들로부터 유래한
다.[230] 로마법학자들은 단일물(單一物)을 하나의 정기(精氣)로 구성된 유체물
(corpora, quae uno spiritu continentur)이라고 정의하고 그 예로 노예, 우마,
동상, 보석을 들었다. 이에 반하여 합성물(合成物)이란, 다수의 단일물의 인위
적 또는 기계적 결합이나 조립으로 성립한 물건(corpora ex congentibus vel ex
cohaerentibus)으로 건물, 선박, 마차 등을 예로 들었다. 합성물은 구성부분이
분리되면 다수의 단일물이 되지만 본래의 단일물과는 다른 새로운 경제적 효
용을 가진 물건으로 그 자체가 단위물로서 법률행위의 목적이 된다. 소유물회
수소송에서도 합성물의 구성부분인 개개의 단일물의 반환청구는 인정되지 않

---

230) 현승종·조규창(주 10), 491. 철학자들은 물의 성립요소를 원질(原質, hule,ousia,
　　substantia)과 정기(精氣, hexis spiritus)로 나누어 후자가 모든 사물을 지배한다고 하였
　　는데 원수정시대 로마철학자들에게도 나타나는 이러한 설명에 대하여 로마에서는 옛날부
　　터 물건(物)과 그 구성부분의 결합의 정도에 따라 여러 가지 서로 다른 규정들이 있었는
　　데 이러한 규정의 상위(相違)를 설명하기 위하여 스토아(Stoa)파의 이론을 이용한 것이라
　　고 한다. 船田享二(주 15), 327.

고, 가령, 선박의 모든 부분품을 장기간에 걸쳐 모두 신품으로 대체하여도 합성물인 선박의 동일성은 변하지 않고 합성물에 관한 기존 법률관계는 존속한다고 보았다.[231]

물건의 구성부분이 그 자신의 개성을 잃고 단일물을 구성하는 때에는 물건에서의 소유권과 구성부분에 있어서의 소유권이 서로 독립해서 존재하는 것은 불가능하고 먼저 구성부분을 분리하지 않는 한 그 구성부분만의 소유권을 이전할 수 없다. 물건이 다른 물건의 구성부분이 된 때에는 전자에 대하여 성립한 소유권은 소멸한다. 분리가 불가능 또는 부적당 또는 곤란한 구성부분도 이와 같은 물건의 구성부분이다. 가령 지표의 상하 및 토지와 결합하여 일체를 이루는 물건, 가령 지상의 건물은 토지의 구성부분을 이룬다. 물건의 구성부분이 분리되더라도 그 자체의 개성을 가지는 물건, 예를 들면 배의 돛대(檣), 반지의 보석 등에 대해서는 물건의 소유자가 이러한 구성부분에 대하여 별개의 소유권을 가지는 것은 아니지만 물건과 이러한 구성부분이 소유자를 달리하는 것은 가능하다. 예를 들면 보석의 소유자는 보석이 타인의 반지에 끼워졌더라도 물건제시소송(actio ad exhibendum) 및 소유물회수소송(rei vindicatio)을 제기할 수 있다.[232] 즉, 목적물을 분리할 수 있는 한 소유자는 물건제시소송으로 물건의 분리를 청구하고 그 후에 분리물에 대한 회수소송을 제기할 수 있었다고 한다.[233]

우리나라의 학설은 단일물과 합성물은 형태상 하나의 일체를 이루고 있는 점(이 점에서 집합물[234]과는 구별된다)에서는 같지만 단일물은 물건의 구성부분이 개성을 잃고 있는 것을 말하고, 형체상 일체를 이룬 것이라도 각 구성부분이 개성을 유지하고 있는 것(건물, 자동차 등)은 합성물로 보는 것이 다수설이다. 여기서 각 구성부분의 개성을 유지한다는 것은, 분리하면 각 구성부분이 각각 별개의 물건으로 사회경제적 효용을 갖는 것을 의미한다.[235]

231) 현승종·조규창(주 10), 491.
232) 船田享二(주 15), 328.
233) 현승종·조규창(주 10), 581.
234) 형태상의 일체성이라는 점에서 보면 곡물이나 카드 한 세트(一式)는 낱알 하나하나 카드 한 장 한 장으로 구성된 집합물로 경제적 효용과 기능적 일체성이라는 사회 경제적 관념도 고려하여 물건의 구성과 동일성을 구분한다. 김민중, 241도 단일물인가 집합물인가는 외형적 요소보다는 사회통념 특히 통일적 사용목적이나 사실상의 이용에 의하여 결정된다고 한다.
235) 구주해(2), 15(김병재); 주석 총칙(2), 276(제5판/김종기); 고상룡, 270 이하; 곽윤직·김재형, 223; 김상용, 301; 김용한, 218; 김주수·김상용, 261; 김준호, 183; 김증한·김학

## 3. 융통물과 불융통물

### (1) 의 의

융통물과 불융통물의 구별은 사법상 거래의 객체로 할 수 있는가 여부에 의한 구별이다.

융통물은 사법상 거래의 객체가 될 수 있는 물건이고, 불융통물은 사법상 거래의 객체로 삼는 것이 금지되거나 제한된 물건이다. 법률상 물건으로서 권리의 객체가 될 수 있는 적격을 물건의 권리능력이라고 하고, 거래의 객체가 될 수 있는 능력을 이와 구별하여 거래능력이라고 한다. 사법상 권리의 객체가 될 수 없는 것은 거래의 객체도 될 수 없다[236]고 하여 불융통성의 근거를 구분하기도 한다. 예를 들면 위조화폐, 마약 등은 전자의 예이고, 총포·도검·화약류 등의 안전관리에 관한 법률에 의하여 제조와 소지, 판매, 임대가 엄격히 제한된 총포류 등은 후자의 예이다.

### (2) 불융통물

학설은 불융통물을 통상 공용물(公用物), 공공용물(公共用物), 금제물(禁制物)로 나눈다.

    (가) 공용물(公用物)과 공공용물(公共用物)       공용물(公用物)이란, 국가나 지방자치단체 등 행정주체 자신의 사용에 제공된 물건으로 행정청의 청사, 관청의 집기나 비품 등이 이에 속하는데, 국유재산법의 공용재산(公用財産) 및 기업용재산(企業用財産)이 여기에 해당한다. 공공용물(公共用物)은 일반공중의 사용에 제공된 물건으로 도로, 하천, 공원, 해변과 그 부속건물 등이 여기에 속하고 국유재산법의 공공용재산(公共用財産)이 여기에 해당한다.[237]

---

동, 270; 명순구, 273; 백태승, 274; 송덕수, 693; 오시영, 319 이하; 이영준, 854; 정기웅, 221. 그러나 단일물이라는 죽은 코끼리도 그 상아와 나머지 부분이 개성을 가지고 있는 것이고 결국 모두 합성물이라고 할 수 있으며 다만, 같은 성분으로 결합된 것과 다른 성분으로 결합되어 있는 것을 구분할 수 있을 뿐 구별의 실익이 없다는 견해도 있다. 강태성, 404.

236) 구주해(2), 6(김병재); 주석 총칙(2), 277(제5판/김종기); 日注民(2) 新版, 577(田中).

237) 구주해(2), 7(김병재). 국유재산법은 국유재산을 행정재산과 그 밖에 일반재산으로 구분하고, 행정재산을 다시 ① 공용재산: 국가가 직접 사무용·사업용 또는 공무원의 주거용 (직무 수행을 위하여 필요한 경우로서 대통령령으로 정하는 경우)으로 사용하거나 대통령령으로 정하는 기한까지 사용하기로 결정한 재산, ② 공공용재산: 국가가 직접 공공용으로 사용하거나 대통령령으로 정하는 기한까지 사용하기로 결정한 재산, ③ 기업용재산: 정부기업이 직접 사무용·사업용 또는 그 기업에 종사하는 직원의 주거용(직무 수행을 위하여 필요한 경우로서 대통령령으로 정하는 경우)으로 사용하거나 대통령령으로 정하는 기한까지 사용하기로 결정한 재산, ④ 보존용재산: 법령이나 그 밖의 필요에 따라 국가가 보존하

공용물의 성립에는 공용물로서 형태를 갖추어 사실상 사용함으로써 성립하고 공용개시라는 공법상의 의사표시가 필요하지 않다.[238] 이와 달리 인공적인 공공용물 즉 도로가 성립하기 위해서는 일반공중의 사용에 제공한다는 뜻의 의사표시가 필요하고 이를 공용개시행위라고 한다. 반면에 천연 공공용물인 하천, 해변과 같은 것은 공용개시행위가 필요하지 않다는 것이 통설 판례이다.[239] 공용개시행위를 하기 위해서는 권원의 취득이 필요하고 권원을 취득하지 않은 공용개시행위는 무효이며, 이는 공용물의 경우에도 마찬가지이다. 공용폐지와 관련하여, 공용물의 폐지는 공용물이 멸실되거나 사실상 그 사용을 폐지함으로써 족하고 별도의 공용폐지의 의사표시를 요하지 않는다는 것이 통설이다.[240] 한편 공공용물의 경우 자연 공공용물은 그 자연적 상태가 영구확정적으로 소멸함으로써 당연히 공공용물로서의 성질을 상실하고 공용폐지라는 공법상 의사표시가 필요하지 않다. 반면에 인공 공공용물은 형태상의 소멸뿐 아니라 행정주체의 공용폐지의 의사표시에 의하여 비로소 공공용물이 폐지된

---

는 재산으로 나눈다(§ 6).

238) 구주해(2), 7(김병재). 공용물의 성립과 소멸은 공용목적으로 사용하거나 그 사용을 폐지한 사실로 족하고 공용지정이나 공용폐지의 의사표시를 요하지 않는다. 공공용물의 경우에는 국유 하천부지는 자연의 상태 그대로 공공용에 제공될 수 있는 실체를 갖추고 있는, 이른바 자연공물로서 별도의 공용개시행위가 없더라도 행정재산이 되고, 그 후 본래의 용도에 공여되지 않는 상태에 놓여 있더라도 국유재산법령에 의한 용도폐지를 하지 않은 이상 당연히 잡종재산으로 된다고는 할 수 없다(대판 97.8.22, 96다10737). 농로나 구거와 같은 이른바 인공적 공공용 재산은 법령에 의하여 지정되거나 행정처분으로 공공용으로 사용하기로 결정한 경우 또는 행정재산으로 실제 사용하는 경우 어느 하나에 해당하면 행정재산이 된다(대판 07.6.1, 2005도7523).

239) 따라서 하천법상 하천관리청의 하천구역 지정 변경 등의 행위는 공공용물의 범위를 확정하는 확인행위에 지나지 않으며 공용지정은 아니다. 서원우, "공물법이론의 비교연구(상)", 고시연구 23-9, 1996, 21.

240) 그러나 공용물의 공용폐지는 공공용물의 공용폐지와 마찬가지로 공물로서의 지위상실을 의미하며, 이로 인하여 일반인의 자유로운 공물취득이 가능하게 되는 것이므로, 법적 안정성과 명확성을 위하여 공용폐지의 의사표시가 필요하다고 생각한다. 따라서 이러한 공용폐지의 측면에서의 양자의 구별은 불필요하다는 견해도 있다(유지태, "공물법의 문제점 소고", 고시연구 28-4, 2001, 40). 판례도 지방교육청 부지로 제공되어 온 토지에 관하여, 행정재산에 대한 공용폐지의 의사표시는 명시적이든 묵시적이든 상관이 없으나 적법한 의사표시가 있어야 하고, 행정재산이 사실상 본래의 용도에 사용되지 않고 있다는 사실만으로 용도폐지의 의사표시가 있었다고 볼 수는 없으므로 행정청이 행정재산에 속하는 1필지 토지 중 일부를 그 필지에 속하는 토지인줄 모르고 본래의 용도에 사용하지 않는다는 사실만으로 묵시적으로나마 그 부분에 대한 용도폐지의 의사표시가 있었다고 할 수 없다고 한 사례가 있다(대판 97.3.14, 96다43508). 이와 달리 묵시적 공용폐지를 인정한 것으로 지방의 국도사무소가 폐지되고, 그 소장관사로 사용되던 부동산이 그 이래 달리 공용으로 사용된 바 없다면, 그 부동산은 이로 인하여 묵시적으로 공용이 폐지되어 시효취득의 대상이 되었다는 판례도 있다(대판 90.11.27, 90다5948).

다.[241)]

　이와 같은 공용물과 공공용물은 공용폐지 전에는 사법상의 권리 취득과 그 사용에 제한을 받는다.

　먼저 공유수면에 대해서는 사권을 취득할 수 없고,[242)] 일정한 경우에 허가를 받아 사용할 수 있을 뿐이다.[243)] 그 밖에 공용물과 공공용물은 동법의 절차와 방법에 의하지 않고 사용·수익할 수 없고, 공유 또는 사유재산과 교환하여 그 교환받은 재산을 행정재산으로 관리하려는 경우와 행정재산을 직접 공용이나 공공용으로 사용하기 위하여 필요로 하는 지방자치단체에 양여하는 경우 외에는 처분하지 못한다($\frac{\S}{27}$). 반면에 일반재산은 일정한 경우를 제외하고는 매각할 수 있다($\frac{\S}{48}$). 그 밖에 공용물과 공공용물(공물)은 공용폐지되어 일반재산이 되지 않는 한 시효취득의 대상이 되지 않는다($\frac{\S}{7}$). 강제집행을 할 수 있는지에 대해서는 학설의 대립이 있으나 "국가에 대한 강제집행은 국고금의 압류에 의하여 한다"고($\frac{민사집행}{법 \S 192}$) 규정되어 있으므로 그 밖에 국유재산에 대한 강제집행은 허용되지 않는다.[244)]

　　(ㄴ) 금제물(禁制物)　　금제물이란 법령에 의하여 거래가 금지된 물건을 말한다. 금제물에는 거래뿐만 아니라 그 제조, 소지, 판매가 모두 금지되는 것부터 그 거래의 일부만이 금지 제한되는 것도 있다. 가령, 마약, 총포화약류 및 유사총포류, 음란물 등은 제조, 소지, 판매가 모두 금지되는 반면, 문화재보호법상 문화재는 그 거래가 일부 제한될 뿐이다.

## 4. 가분물(可分物)과 불가분물(不可分物)

　거래관념상 분할할 수 있는 물건이 가분물이고 물건의 성질이나 가치를 현저히 손상하지 않고는 분할할 수 없는 물건이 불가분물이다. 전자의 예로 금전, 곡물, 토지 등이고, 후자의 예로서는 우마, 자동차 등이다. 이러한 구분은

---

241) 구주해(2), 7(김병재).
242) 토지가 바닷물이나 적용 하천의 물에 개먹어 무너져 바다나 적용하천에 떨어져 그 원상복구가 불가능한 상태에 이르렀을 때에는 포락으로 토지소유권을 상실하게 된다. 대판 00.12.8, 99다11687. 종래 하천법상 하천은 국유로 하였으나 2007.4.6. 법률 제8338호로 하천법을 전문개정하여 하천의 국유제를 폐지하고, 대신 하천을 구성하는 사유의 토지 등에 대하여는 소유권 이전 및 저당권 설정 등의 일부 사권 행사를 제외하고는 사권을 행사할 수 없도록 하고(§4 Ⅱ), 국가하천으로 지정된 사유 토지에 대하여는 매수청구권을 행사할 수 있도록 하였다(§79).
243) 하천법 §4 Ⅱ (iii), 공유수면 관리 및 매립에 관한 법률 §8.
244) 구주해(2), 9(김병재).

물건의 객관적 성질에 의하여 정해지는 것이지만, 성질상 가분물이라도 당사자의 의사나($\S\S^{268\ \text{I}}_{409,\ 1012}$) 법률의 규정 또는 법원의 명령($\S^{269}_{\text{II}}$)으로 분할이 금지되어 불가분물처럼 다루어지는 경우도 있다.

이 구별의 실익은 수인이 물권이나 채권을 가지는 경우에 나타나는데 가령, 채권의 목적물이 불가분물인 경우에는 불가분채권관계가 성립한다($\S_{409}$).

## 5. 소비물(消費物)과 비소비물(非消費物)

물건의 성질상 그 용법에 따라 사용하면 손모(損耗)되어 다시 같은 용법으로 사용할 수 없거나($^{곡물,\ 석}_{유,\ 가스등}$) 금전과 같이 한 번 사용하면 그 보유 주체가 변경되어 사용자가 다시 사용할 수 없는 물건을 소비물이라고 하고, 한 번 사용하더라도 주체의 변경 없이 다시 사용할 수 있는 물건을 비소비물이라고 한다($^{책,\ 건}_{물,\ 토지}$).

이 구별은 대차관계의 성질을 결정하여 소비물에 대해서는 소비대차($\S_{598}$), 비소비물에 대해서는 사용대차($\S_{609}$)나 임대차($\S_{618}$)가 성립한다. 소비물에 대해서는 소비임치가 성립할 수도 있다($\S_{702}$). 소비대차나 소비임치는 계약 종료 후 동종, 동량의 물건으로 반환되는 데 반하여, 사용대차나 임대차 종료 후에 차주는 대차의 목적물 그 자체를 반환하여야 한다.

## 6. 대체물(代替物)과 부대체물(不代替物)

거래관념상 물건의 개성이 중요시되는지 여부에 따른 구별이다. 거래관념상 물건의 개성이 중시되지 않고 동종, 동질, 동량의 물건으로 대체하더라도 급부의 동일성에 영향이 없는 물건이다. 대량생산된 공업생산물은 대체로 대체물인 데 반하여, 토지와 건물과 같은 부동산은 부대체물이다. 대체물은 소비대차($\S_{598}$)나 소비임치($\S_{702}$)의 목적물이 될 수 있는 데 반하여 부대체물은 그렇지 못하다.

## 7. 특정물(特定物)과 불특정물(不特定物)

거래 관계에서 당사자가 어떤 물건의 개성을 중시하여 거래의 목적물로 삼은 것으로서 다른 물건으로의 대체가 허용되지 않는 것을 특정물(特定物)이라고 하고 물건의 개성을 염두에 두지 않고 거래한 것으로 동종, 동질, 동량의 다른 물건으로 이행하더라도 영향이 없는 물건을 불특정물(不特定物)이라고 한다. 대체로 부대체물은 특정물로서 대체물은 불특정물로 거래하는 것이 보통이지만 반드시 그런 것은 아니다. 우마(牛馬)와 같이 거래관념상으로는 부대체물이라도 당사자의 주관적 의사에 따라서는 불특정물로 거래할 수 있고, 반대로 자동차와 같이 대체물이라도 판매장에 전시된 차량을 보다 저렴한 가격으로 정하여 목적물을 특정하면 특정물로 거래할 수도 있다. 따라서 특정물과 불특정물의 구별은 물건 그 자체에 대한 구별이라기보다는 거래 방법에 관한 구별이라는 견해도 있다.[245] 특정물과 불특정물의 구별은 채권의 목적물이 특정물인 경우 선량한 관리자의 보관의무($\S_{374}$), 특정물에 대한 현상인도의무($\S_{462}$), 채권의 변제($\S_{467}$), 매도인의 담보책임($\S_{\text{이하}}^{570}$) 등 채권의 효력과 관련하여 차이를 가져오게 된다.

[박 인 환]

## 第99條(不動産, 動産)
① 土地 및 그 定着物은 不動産이다.
② 不動産 以外의 物件은 動産이다.

---

245) 구주해(2), 14(김병재).

# I. 본조의 의의

## 1. 동산과 부동산의 구별 의의

본조는 물건을 부동산과 동산으로 구별하여 토지와 그 정착물을 부동산으로 그 밖의 물건을 동산으로 정의하고 있다. 이것은 의용민법 §86의 취지를 거의 그대로 답습하면서 제3항의 유가증권을 동산으로 간주하는 규정을 삭제한 것뿐이다.[1]

종래 부동산과 동산을 구별하는 이유에 대하여 다음과 같은 점들이 거론되었다.[2]

첫째, 부동산의 사회 경제적 가치가 동산에 비하여 훨씬 크다는 점에서 법적으로도 특별한 취급이 필요하였다. 특히 역사적으로 봉건적 신분사회에서는 토지가 세습 신분을 유지하는 중요한 사회 경제적 기반이었으므로 법적으로도 특별한 취급을 하였고 이러한 사정이 근대민법전 체계에도 반영되었다. 가령 후견인이 후견감독인의 동의를 필요로 하는 행위의 하나로 중요한 재산과 나란히 부동산에 관한 권리의 득실변경을 목적으로 하는 행위가 열거되었다 $\left( \substack{\S\,950 \\ I\,(iv)} \right)$.[3]

둘째, 동산은 쉽게 그 장소를 바꾸는 데 반하여 부동산은 그 정의에서와 같이 원칙적으로 장소를 변경하는 일이 없다. 또한 부동산은 토지 및 그 정착물로 그 종류가 한정적이어서 소재하는 장소를 특정하는 방법으로 공적장부에 의하여 물건의 현황과 권리관계를 공시할 수 있다(물적편 성주의). 이에 반하여 동산은 그 종류와 태양이 다종다양하고 쉽게 이동 가능하여 공적 장부에 의한 공시에 적합하지 않다. 이러한 차이 때문에 부동산은 그 현황과 권리관계를 상세하고 정확하게 공시할 수 있는 등기부에 의하여 공시하는 반면(민법 §§186-187), 동산의 경우에는 동산등록제도가 채택된 일부 유형(자동차, 선박, 항공기 등)을 제외하고는 점유(인도)에 의해 권리관계를 공시할 수밖에 없다. 그러나 인도나 점유에 의한 공시는

---

1) 본조의 성립과정에 대한 소상한 경위에 대해서는 尹大成, "土地와 그 定着物의 關係—土地와 建物이 別個의 不動産으로 된 沿革을 중심으로—", 成均館法學 16-2, 2004, 183 이하 참조. 같은 논문은 일민 §86의 성립과정뿐만 아니라 본조와 같은 내용의 민주국민법 §96의 성립과정에 대해서도 함께 살펴보고 있다.
2) 구주해(2), 36(김병재); 고상룡, 274; 곽윤직·김재형, 228; 김상용, 306; 김용한, 220 이하; 김증한·김학동, 276; 백태승, 민법총칙, 집현재, 2016, 289; 송덕수, 민법총칙, 박영사, 2015, 297; 양창수·권영준, 38.
3) 구주해(2), 36(김병재).

불완전하기 때문에 거래상대방의 점유에 대한 신뢰를 특별히 보호하여 점유에 공신력을 인정하고 있다($\S_{188}$).

　　이와 같은 종래의 구별이유에 대하여 근래에는 첫째 것은 역사적 이유에 지나지 않아 오늘날에는 그 의의를 거의 상실하였고, 둘째의 공시방법상 차이가 부동산과 동산을 구별하는 주된 이유라고 한다. 과거 농업경제를 중심으로 하는 봉건시대에서는 주요 생산수단으로서 부동산의 가치가 월등한 것이었으나 상품생산과 유통경제가 발달한 현대사회에 있어서는 화폐와 유가증권 등 부동산 못지않게 사회 경제적으로 중요한 동산이 출현하였고, 따라서 물건의 특성에 따른 공시방법의 차이가 양자를 구별하는 주된 이유로 남았다는 것이다.[4]

## 2. 부동산·동산의 차이

### (1) 공시방법(公示方法)

　　㈎ 공시방법의 차이　　부동산의 물권변동은 등기에 의하여 공시되고 동산의 물권변동은 점유·인도에 의하여 공시된다($\S\S_{187, 188}^{186,}$). 우리 민법은 물권적 권리관계의 공시를 강제하기 위하여 부동산에 있어서 등기, 동산에 있어서 점유·인도를 물권변동의 효력발생요건으로 하고 있다. 따라서 법률행위에 의한 물권변동은 등기나 점유·인도 없이는 효력이 발생하지 않으며($\S\S_{188}^{186,}$), 법률의 규정 등 법률행위에 의하지 않고 부동산에 관한 물권을 취득하였더라도 등기하지 않으면 처분할 수 없다($\S_{187}$).

　　부동산의 물권변동등 권리관계는 등기부에 기재하므로 권리관계를 상세히 공시할 수 있는 데 반하여, 동산은 점유를 통하여 점유자에로의 권리 귀속만을 공시하고 그 권리의 종류나 내용 등을 알 수 없으므로 점유에 의한 공시방법은 불완전하다. 이러한 이유로 경제활동에 중요한 동산으로서 운송수단에 대해서는 등기나 등록에 의한 공시방법을 채택하고 있다. 예를 들면 일정 규모 이상의 선박(총톤수 20톤 이상의 기선(機船)과 범선(帆船) 및 총톤수 100톤 이상의 부선(艀船))은 등기에 의하여 공시하고($\frac{\text{상}\S743,}{\text{선등}\S2}$), 그 밖의 소형선박과 자동차, 항공기, 일정한 건설기계는 등록에 의하여 공시한다(선박§8, 자관§8, 항공안 전법§§7, 9, 건관§§3, 5). 그리고 동산·채권 등의 담보에 관한 법률에 따라 동산담보권을 설정하는 경우에도 등기에 의하여 공시할 수 있다($\frac{\text{동담}}{7}$). 동산을 등기나 등록함으로써 담보 제공시 점유를 이전하지 않고 저당권을 설정할 수 있게

---

4) 구주해(2), 36(김병재); 고상룡, 275; 곽윤직·김재형, 228; 김용한, 221; 김증한·김학동, 276; 이영준, 857.

된다.

(나) 공신력(公信力)　　공시방법에 따른 효과로서 공신력의 인정 여부에 차이가 있다. 동산의 양수인이 평온·공연·선의·무과실로 동산을 점유한 경우에는 전주(前主)가 무권리자라도 동산에 관한 소유권을 취득한다. 따라서 동산 점유자의 권리를 신뢰한 거래 상대방은 그가 무권리자라도 권리를 취득한다. 따라서 동산의 점유에는 공신력(公信力)이 인정된다. 반면에 부동산의 등기를 신뢰하여 부동산에 관한 권리를 취득한 사람은 전주가 진정한 권리자가 아니면 부동산에 관한 권리를 취득하지 못한다. 우리 민법 시행 당시 등기부가 진실한 권리관계와 다른 경우가 적지 않아 등기부에 공신력을 부여하면 진정한 권리자 권리를 잃는 경우가 많을 것이라는 우려에서 등기부의 공신력을 인정하지 않았다.[5]

(다) 권리의 추정력　　공시방법에 따른 효과상의 차이로 동산에 대해서는 점유에 의한 권리 추정력이 인정된다($\S_{200}$). 그러나 부동산의 경우에는 유치권의 경우를 제외하면 등기에 의하여 권리관계가 공시되므로 부동산에 대해서는 등기의 권리 추정력이 인정된다.

## (2) 소유권의 취득

(가) 시효취득　　부동산과 동산 모두 취득시효가 인정되지만, 시효취득의 방법과 요건이 다르다. 동산의 경우에는 10년간 소유의 의사로 평온·공연하게 점유하거나 위 점유가 선의이며 과실 없이 개시된 경우에는 5년을 경과함으로써 소유권을 취득한다($\S^{246}_{I, II}$) 부동산에 대해서는 20년간 소유의 의사로 평온·공연하게 점유할 것을 요건으로 등기함으로써 소유권을 취득한다($\S^{245}_{I}$). 또한 부동산은 등기부취득시효가 인정되어 부동산의 소유자로 등기된 자가 10년간 소유의 의사로 평온·공연하게 선의이며 과실 없이 점유함으로써 소유권을 취득한다($\S^{245}_{II}$).

(나) 선의취득　　(1)의 가. 공신력 참조.

(다) 무주물 선점(無主物 先占)　　무주(無主)의 동산을 소유의 의사로 점유한 자는 그 동산의 소유권을 취득하는 데 반하여($\S^{252}_{I}$), 무주의 부동산은 국유로 한다($\S^{252}_{II}$). 다만, 학술, 기예 또는 고고(考古)의 중요한 재료가 되는 물건은 동산이든 부동산이든 모두 국유로 귀속된다($\S_{255}$).

(라) 부합(附合)　　부합은 복수의 물건이 결합하여 하나의 물건이 되는

---

5) 구주해(2), 38(김병재).

것이므로 하나의 소유권만이 존속할 수 있다(일물일<br>권주의). 새로 발생한 합성물의 소유권이 누구에게 귀속되는가 하는 것이 문제인데, 동산 간의 부합에서는 부합에 의해 발생한 합성물의 소유권이 주된 동산의 소유자에게 귀속되고, 주종(主從)을 구별할 수 없는 때에는 부합 당시의 가액의 비율로 합성물을 공유한다($^{\S}_{257}$). 부동산의 부합에서는 원래의 부동산의 소유자가 부합한 물건의 소유권을 취득한다.[6] 다만 부합물이 타인의 권원에 의하여 부속된 것은 그러하지 않다($^{\S}_{256}$).

### (3) 설정할 수 있는 제한물권

부동산에는 지상권($^{\S}_{279}$), 지역권($^{\S}_{291}$), 전세권($^{\S}_{303}$)의 용익물권을 설정할 수 있으나 동산에는 용익물권을 설정할 수 없다. 담보물권에 관한 한 부동산에는 등기에 의하여 공시하는 저당권을 설정할 수 있는 데 반하여, 점유와 인도에 의하여 공시하는 동산에 관해서는 점유에 의하여 공시하는 질권만을 설정할 수 있다. 단, 유치권은 부동산과 동산 모두에 성립할 수 있다. 이 점에 있어서 담보 가치와 담보 이용의 편의에 있어서 큰 차이가 발생하게 된다. 부동산의 경우에는 저당권을 등기에 의하여 공시하므로 담보제공자인 설정자는 계속해서 부동산을 점유하며 사용·수익할 수 있는 데 반하여, 동산 담보로 질권을 설정하는 경우에는 설정자는 점유를 잃게 되어 더 이상 동산을 사용·수익할 수 없게 된다. 이러한 이유에서 저당권은 널리 금융담보로 이용되는 데 반하여 동산질권은 소비재를 담보로 제공하는 경우에 제한적으로만 이용된다. 질권 담보에 있어서 점유 상실의 불합리를 회피하기 위하여 동산양도담보가 더 빈번하게 이용되고 있다.

### (4) 기    타

부동산을 둘러싼 소송의 재판관할에 관하여는 민사소송법에 특별규정을 두고 있으며($^{\S}_{20}$), 국제사법상 준거법의 결정 기준이 된다($^{국사}_{\S 19}$). 그 밖에 인접한 부동산의 사용에서 발생하는 이해충돌을 조정하기 위한 상린관계는 부동산에 대해서만 적용된다. 반대로 혼화나 가공의 법리($^{\S\S 258,}_{259}$)는 동산에만 적용이 있다. 환매기간에 대하여도 동산은 3년을 넘지 못하는 데 반하여 부동산은 5년을 넘지 못한다($^{\S 591}_{1}$).

---

6) 판례는 증축한 건물 부분이 기존 건물의 면적에 비하여 2배 이상이고 그 평당 가격도 훨씬 높다고 하더라도 그 구조상이나 용도, 기능의 점에서 기존 건물에 부합하면 그 일부를 이루고 거래상의 독립성이 인정되지 아니한다고 한다. 대판 81.12.8, 80다2821.

## II. 부 동 산

### 1. 입법연혁

#### (1) 로 마 법

고전기 로마법에서는 토지와 지상물인 건물이나 공작물을 포함한 일반적 의미에서의 부동산 개념은 확립되지 않았고 농경지, 대지, 임야, 목초지, 건물, 공작물 등 개개의 목적물을 구체적으로 표시하였다. 한편 동산과 부동산은 취득시효, 점유보호, 강제집행 등에서는 법적 규제를 달리하였으나 로마법에서 동산과 부동산의 구분은 중요한 의미가 없었다.[7] 동산(res mobilres)과 부동산(res immobilres)의 구별은 동부지역 특히 이집트에서 등기제도의 발달과 함께 부동산과 동산의 구별이 중요한 의의를 가졌다. 원수정(元首政) 시대 토지에 특수한 의의를 갖게 하는 공법규정이 만들어지고, 전주정(專主政) 시대에는 부동산과 동산의 경제적 가치의 구별이 중요해지면서 부동산을 특수하게 취급하는 사법규정이 발달하여 취득시효의 기간을 달리하는 규정이 만들어졌다. 유스티니아누스황제의 법에서는 부동산과 동산을 객체로 하는 권리의 취득방법을 달리하는 규정이 나타나기에 이르렀다.[8] 특히 토지에 관하여 로마법학자는 "지상물은 토지에 따른다(superficies solo cedit)"는 법리에 따라 모든 지상물을 토지의 구성부분으로 파악하여 지상물을 독립한 물권의 객체로 구성하지 않았다. 가령 가이우스의 법학제요에서는 타인이 건축한 것이라도 자연법(自然法)에 따라 토지 소유자에게 귀속하는데, 그 이유는 지상물은 토지에 속하기 때문이라고 하였다.[9] 여기서 지상물(superficies)은 토지 위에 만들어진 것 즉 축조물 또는 구조물을 의미하므로 예건대 식재(植栽)된 것이나 지상이 아니라 지하에 축조된 수도관에는 적용되지 않았다.[10] 지상물은 토지에 정착된 것이어야 하지만, 토지의 소유자가 타인의 자재로 건축하든 자재 소유자가 타인의 토지에 건축하든 심지어 토지이용권에 기초하여 건축한 것도 모두 토지소유자에게 속한다고 하였다.[11] 따라서 지상물이 토지에 부합하는 동안 양자는 분리처

---

7) 현승종·조규창, 로마법, 488 이하.
8) 船田享二, ローマ法 제2권, 326.
9) 가이우스(Gaius) 법학제요 2, 73. 정병호, "건물의 토지에의 부합 법리와 건물의 구분소유권에 관한 史的 素描", 재산법연구 30-2, 2013, 4에서는 그 밖에 같은 취지의 다수의 로마 법원(法源)에 대해서도 소개하고 있다.
10) 정병호(주 9), 5.
11) 정병호(주 9), 6 이하.

분될 수 없었다. 토지 없이 건물만 양도하거나 건물만을 사용취득(usucapio)할 수 없었고 건물의 점유자를 상대로 토지소유자는 건물과 토지를 함께 소유물 반환청구할 수 있고 토지와 건물은 점유에 있어 분리될 수 없었다.[12)]

한편 전주정(專主政)하에서는 부동산에 관한 법규정이 토지의 사회 경제적 효용의 증대라는 관점에서 구성되어 농사를 위한 동산인 농기구와 농업용 가축 및 노예는 토지의 구성부분으로 파악되어 이들 동산에도 부동산법이 적용되었다. 이러한 유스티니아누스황제 법의 규정들은 그 후 중세봉건사회의 기초가 되었다.[13)]

### (2) 근대대륙법전

근대 유럽대륙법의 입법례를 보면, 토지를 부동산으로 보는 데에는 차이가 없으나 토지 기타 정착물을 어떻게 취급할 것인가에 대해서는 차이가 있다.[14)] 독일민법의 경우에는 로마법의 전통에 따라 토지만을 부동산으로 하고 건물이나 수목 등 토지에 정착한 물건은 토지의 본질적 구성부분(wesentlicher Bestandteil)으로서 토지와 분리되어 권리의 객체가 될 수 없다고 규정하였다($\substack{독민 \\ §94^{15)}}$). 이에 반하여 프랑스민법은 토지를 '천연의 부동산'으로 보고 토지에의 부착에 의하여 비로소 부동성(不動性)을 취득한 건물이나 수목은 토지와 함께 이를 '성질에 의한 부동산'으로 규정하고 그 외에 부동산에 종속된 물건을 '용도(用途)에 의한 부동산' 나아가 부동산을 객체로 하는 소유권 이외의 권리를 '권리객체에 의한 부동산'으로 보아 그 예를 열거하였다($\substack{프민 \\ §517}$).[16)]

### (3) 일본민법 제정과정

일본 구민법도 프랑스민법의 예에 좇아 동산과 부동산의 정의와 종류를 규정하고 그 예를 열거하였다.[17)] 그러나 일본민법 입법과정에서 그러한 예시가 번잡하고 필수적이지 않은 정의 또는 예시를 삭제한다는 방침에 따라 이를

---

12) 정병호(주 9), 14 이하.

13) 현승종·조규창(주 7), 489.

14) 이하에 대해서는 박인환, "일본메이지민법 입법이유(총칙편:물건) 분석", 중앙대 법학논문집 35-2, 2011, 70 이하.

15) 독민 §94 ① "토지의 정착물 특히 건물과 토지에 부착되어 있는 토지의 산출물은 토지의 본질적 구성부분에 속한다. 종자는 파종에 의하여, 식물은 식재에 의하여 토지의 본질적 구성부분이 된다." ② "건물의 건축을 위하여 부가된 물건은 건물의 본질적 구성부분에 속한다." 나아가, 독민 §96는 "토지의 소유권과 결합되어 있는 권리는 토지의 구성부분으로 본다."고 규정하고 있다.

16) 박인환(주 14), 70.

17) 각 조문에 대해서는 박인환(주 14), 73 이하.

삭제하고 동산과 부동산을 식별하는 표준으로서 본조와 같은 문언의 현행 §86를 규정하게 되었다. 구체적으로는 '용도에 의한 부동산'은 일본의 관습에 맞지 아니할 뿐 아니라 그 취지는 '성질에 의한 부동산'에 종된 것으로 그 처분에 따른다는 것이므로 다음 조의 종물 개념에 포섭될 수 있고, '용도에 의한 부동산'이라는 개념은 입법례가 없고 실제의 필요도 없다는 이유에서 삭제되었다. 나아가 무체물인 권리도 모두 부동산, 동산으로 나누어 규정하였으나 모두 삭제하였고, 다만, 무기명채권 증서는 무기명채권 그 자체로 취급되므로 이를 동산으로 취급할 필요가 있어 제3항(<sup>무기명채권은 동</sup><sub>산으로 간주한다</sub>)에서 이를 규정하였다.[18]

### (4) 토지와 그 정착물의 관계

한편, 일본에서는 일본민법 §86에서 토지와 그 정착물을 부동산으로 하는 규정 취지가 토지에 정착물을 독립한 물건으로서 부동산성을 인정하는 것인지 아니면 토지와 부합하여 토지의 일부로서 부동산성을 인정하는 것인지 그 취지가 분명하지 않았다. 토지의 정착물은 독립한 물건이어야 한다는 견해[19]가 있는 반면, §87 I은 부동산성을 규정한 것이지 독립한 부동산을 결정하는 것이 아니므로 정착물은 원래 독립한 부동산으로 보는 것(<sup>가령</sup><sub>건물</sub>), 부착된 토지에 흡수되어 독립성이 없어지는 것(<sup>철탑,돌담,</sup><sub>구거,디딤돌</sub>), 원칙적으로 독립성을 상실하지만 거래관행에 따라 독립한 권리의 객체가 될 수 있는 것으로 나누는 견해도 있다.[20] 하지만, 건물은 어느 견해에 따르더라도 모두 독립한 부동산으로 다루어졌다.[21] 이점은 토지와 건물의 법적 취급에 있어서 제외국의 입법례와 구별되는 일본민법 고유의 특징이고, 일본민법의 영향을 받은 대만민법과 더불어 우리 민법도 토지와 건물을 각각 독립한 부동산으로 다루는 입법주의를 좇고 있다.[22]

---

18) 梅謙次郎, 民法要義卷之一, 有斐閣書房, 1909, 187 이하.

19) 鳩山秀夫, 日本民法叢論, 岩波書店, 1935, 259; 日注民(2) 新版, 615 이하(田中), 우리 민법학에 있어서도 정착물을 독립 부동산을 규정한 것으로 이해하는 견해가 있다. 구주해 (2), 41(김병재).

20) 我妻 榮, 新訂民法總則, 岩波書店, 2008(초판 1965), 213.

21) 토지와 건물을 법률상 일체로 구성하는 경우의 장단점에 대해서는 이승우, "토지와 건물과의 일체성에 관한 일고찰", 법학논총 25, 2005, 136.

22) 근래 건물과 토지를 별개 독립한 것으로 보는 이원적 부동산 체계에 관한 검토를 중심으로 여러 편의 논문이 학계에 보고되어 있다. 엄동섭, "토지와 건물을 별개의 부동산으로 취급하는 현행 민법의 태도에 대한 비판적 고찰", 법조 42-8(제443호), 1993, 34 이하; 송영민, "토지와 건물을 별개의 물건으로 취급하는 민법태도에 관한 법사학적 일고찰", 토지법학 19, 2003, 3 이하; 윤대성, "토지와 그 정착물의 관계", 성균관법학 16-2, 2004, 183 이하; 정우형, "토지소유권과 건물소유권의 이원적 체계에 관한 연혁적 고찰", 감정평가연구 14-1, 2004, 163 이하; 이승우, "토지와 건물의 일체성에 관한 고찰", 법학논총 25, 2005, 전남대학교 법률행정연구소, 127 이하; 김병진, "토지와 건물의 이원적 체계에

## (5) 건물의 독립성

본조 역시 일본민법 §86 I, II의 취지를 답습하고 있으므로 일본에서 어떤 역사적 배경과 경위에서 건물을 토지와 별개의 독립한 부동산으로 취급하게 되었는지 살펴 볼 필요가 있다.[23] 일본에서도 에도(江戶)시대까지만 하더라도 건물이 있는 토지는 가옥부지(家屋敷)로서 토지와 건물이 일체로 양도 임대의 대상이 되었다. 다만 에도시대 토지는 처분에 제한이 있는 무가지(武家地)가 대부분이었으므로 토지만을 임차하여 건물을 짓는 경우에는 임차인의 소유라고 생각되었으나 그것을 부동산이라고 인식한 것은 아니었다.[24] 그 후 메이지유신(明治維新) 이후 지조개정(地租改正)으로 토지의 영구(永久) 매매가 허용되고 '토지의 매매양도에 관한 지권발행규칙($\binom{地所賣買讓渡二付地券發}{行規則 大藏省達 제25호}$)'에 의해 정부가 토지소유자에게 지권(地券)을 발행하여 그 소유권을 공인하고 토지 매매의 권리를 보장하였다. 지권에는 토지의 소재, 면적, 소유자의 이름, 지조(地租)와 토지 가격을 기재하여 각 소유자에게 교부되고 토지의 매매거래에서는 이 지권에 배서하여 소유권을 이전하였다. 그 후 토지담보가 활발해지면서 토지소유권의 이전은 지권의 서면교환으로 가능했으나 지권은 소유권 이외의 권리를 표창할 수 없었기 때문에 담보권인 질입($\binom{質入, 부}{동산질}$), 서입($\binom{書入, 부동산}{비점유담보}$)의 경우에 그 방법을 정할 필요가 절실하였다. 그리하여 1873년($\binom{明治}{6}$) 토지장부로서 오서할인장(娛書割印帳)을 비치하고 증서의 요지를 기재하여 증서에 간인(割印)을 하는 것을 공증(公證)이라고 불렀다.[25] 그 후 토지매매양도규칙($\binom{土地賣買讓渡規則}{太政官布告 제52호}$)이 공포되어 토지의 매매와 담보에는 공증을 대항요건으로 하게 되었다.[26] 일본

---

관한 연구―건축 중인 건물의 법률관계를 중심으로―", 법학논집 12-2, 2008, 247 이하 등.

23) 이에 관한 상세한 연구 성과로서 김성수, "토지와 건물의 관계에 관한 기초연구(1)~(18)", 사법행정 52-8, 2011~55-4 참조.

24) 김성수, "토지와 건물의 관계에 관한 기초연구(1)", 20 이하. 이러한 관습도 에도(江戶)지역(지금의 도쿄 일대)에 한정된 것으로 가령 오사카(대판(大阪)에서는 이러한 관습이 없었다고 한다.

25) 김성수, "토지와 건물의 관계에 관한 기초연구(2)", 45.

26) 김성수(주 25), 39 이하. 토지매매양도규칙 제1조 "무릇 소유 토지를 매도하거나 양도하고자 하는 자는 매도 양도 증문(證文)에 지권를 첨부하여 그 지역의 호장(戶長)의 사무소에 제출하여 오서할인(娛書割印)을 받아 이를 매수인 또는 양수인에게 교부하여야 한다. 만약 한 필의 토지를 분할하여 오서할인(娛書割印)을 받고자 하는 자는 그 분계(分界) 및 평수등을 상세히 기재한 도면을 첨부하여 제출하여야 한다. 제2조 호장(戶長) 사무소에서는 미리 토지 매매양도 오서할인장부(娛書割印帳)를 비치하여 오서할인(娛書割印)을 신청하는 자가 있으면 지소질입서입오서할인장을 대조하여 등기기 없는 때에는 매도 양도 증문(證文)에 오서할인(娛書割印)을 하여야 한다.

에도시대 토지는 공조공과(公租公課)의 대상으로 지권(地券)이 발행되었으나 건물에는 공시(公示) 제도가 없었다. 이로 인하여 건물의 이중매매 등 사기적 거래가 증가함에 따라 지방정부에 의해 가권(家券)이 발행되어 지권과 동등하게 취급되었다. 그러나 그 후에도 건물에 관한 거래 분쟁이 증가하자 일본 사법성에서는 '제건물서입질입규칙 및 매매양도규칙($\frac{諸建物書入質入規則並二売買}{讓渡規則}$ 太政官布告 제148호)'을 시행하게 되었다. 이로써 건물을 독립적으로 서입질(書入)할 수 있게 되었다.[27] 그 후 토지 담보의 기본법령으로서 효력을 가진 지소서입질입규칙($\frac{地所書入}{質入規則}$ $\frac{1873,}{明治 6}$), 건물의 저당권을 인정한 건물서입질입규칙($\frac{建物書入質}{入規則}$ 1875), 선박의 서입질(書入質)을 인정한 태정관포고($\frac{1877년\ 大政}{官布告\ 제28호}$)가 새롭게 '등기법'으로 상세하게 규정됨으로써 토지와 건물이 완전히 별도의 등기부로서 편성되게 되었다.[28]

구체적인 입법과정에서 보게 되면, 일본의 구민법은 동산과 부동산에 관한 상세한 목록을 가지고 있었다. 의용민법 §86의 원안($\frac{§}{87}$)은 토미이(富井政章)가 기초하였는데 원안은 "토지, 건물과 그 정착물은 이를 부동산으로 한다. 기타의 물건은 모두 이를 동산으로 한다($\frac{土地,建物及ヒ其定着物ハ之ヲ不動}{産トス此他ノ物ハ總テ之ヲ動産トス}$)"라고 하였다. 언뜻 토지와 건물을 별개의 부동산으로 규정한 것처럼 보이지만 동 기초 이유에 대하여 토미이는 "건물은 토지에 정착하여 이(토지)와 일체를 이루는 물건이므로 이를 부동산으로 한다($\frac{建物ハ土地二定着シテ之ト一体ヲ成}{ス物ナルヲ以テ之ヲ不動産トセリ}$)"고 설명하고 있어 건물의 독립성을 인정하는 취지는 아니었다.[29] 그러나 그 후 법전조사회 정리회에서 건물이 토지의 정착물이라는 것은 말하지 않아도 당연한 것이라고 하여 '건물'을 삭제하여 현행 §86와 같이 "토지와 그 정착물은 이를 부동산으로 한다."라고 제안한 후 원안 §89로서 "토지의 정착물은 별도의 정함이 있는 경우를 제외하고 그 토지의 일부를 구성한다($\frac{土地ノ定着物ハ別段ノ定アル場合}{ヲ除ク外其土地ノ一部ヲ成ストス}$)"는 규정을 제안하였다. 그 제안이유로 토미이는 "단지 토지라고만 하면 그 토지 위에 있는 건물도 포함한다고 하는 것은 의문이 없을 것이라고는 생각합니다만 전날 저당권에 대하여 조문을 논의할 때에 일본에서는 크게 의문이 있다고 하고 우리도 참으로 다소 의문이 있다고 생각하여 이 조를 두고 … 적어도 저당권에 대하여는 건물이 토지의 일부를 구성한다고 하는 태도를 벗어나 있지만 다른 일반적 경우에 대하여는 적어도 일본에서는 의문이 있습니다. 그러므로 이 조를 두

---

27) 김성수(주 25), 43.
28) 김성수(주 25), 47.
29) 박인환(주 14), 71; 김성수, "토지와 건물의 관계에 관한 기초연구(4)", 21.

고자 하는 것입니다"라고 설명하였다.[30] 이것은 저당권에 관한 논의($\frac{일민}{§370}$)에서 저당권이 미치는 범위와 관련하여 부가일체물에 건물이 포함되는지에 관하여 논란 끝에 건물을 제외하게 된 것[31]을 의식하여 적어도 일반적으로는 토지의 정착물인 건물이 토지의 구성부분이 된다는 원칙을 분명히 하고자 하는 의도였다.[32] 그러나 토지와 건물을 별개의 부동산으로 하는 것은 일본의 관습이라는 이유에서 이 규정의 삭제를 주장하는 반대의견이 제출되면서 가부 동수의 격론 끝에 의장인 미츠쿠리 린쇼(箕作麟祥)의 반대로 삭제되었다.[33] 한편 부동산의 부합에 관한 원안 §242($\frac{우리 민법 §256}{와 같은 취지}$) "부동산의 소유자는 그 부동산의 종된 것으로 부합한 물건의 소유권을 취득한다. 단 권원에 의하여 그 물건에 부속시킨 타인의 권리를 방해하지 않는다."[34]는 위 논쟁이 있기 전에 토미이에 의해 제안되어 특별한 이의 없이 법전조사회를 통과하였는데, 이러한 경위로부터 당초 토미이가 위 §242를 제안할 당초에는 지상권 등 권원에 의하여 축조된 것이 아닌 이상 토지 상에 축조된 건물은 그 토지에 부합하는 것을 상정하여 제안된 것이었음을 추측할 수 있다.[35]

요컨대 일본메이지민법의 입법자들은 §370에서 토지 저당권의 효력이 미치는 부가일체물에서 건물을 제외하더라도 적어도 일반 원칙으로서는 건물이 토지의 정착물로서 토지에 부합하는 것으로 입법 제안을 하였으나, 건물과 토지를 하나의 물건으로 다루는 것이 일본의 관습에 반한다는 반대의견에 부딪혀 법전조사회에서의 격론 끝에 그 입법이 좌절된 것이었다. 그리고 그 '관습'이라는 것이 사실은 일본에 있어서도 전통적인 것이 아니라 공조공과의 대상인 토지와 그렇지 않은 건물에 대하여 공시제도가 별개로 만들어지면서 형성된 일시적 우연적 사정에 기인한 것임을 알 수 있다. 이에 대해서 일본에서도

---

30) 일본근대입법자료총서 제14권 법전조사회정리회 의사속기록, 상사법무연구회, 1988, 32; 김성수(주 29), 22.

31) 그 결과 현행 일본민법은 저당권의 효력이 미치는 범위에 관하여 '저당지 위에 존재하는 건물을 제외하고(抵当地の上に存する建物を除き)'라는 문언이 삽입되게 되었다. 일본민법 §370 "저당권은 저당지 위에 존재하는 건물을 제외하고 그 목적인 부동산에 부가하여 일체가 된 물건에 미친다. 단 설정행위에 별단의 정함이 있는 경우 및 §424의 규정에 의하여 채권자가 채무자의 행위를 취할 수 있는 경우는 그러하지 아니하다."

32) 三好登, "土地建と物間の法的構成について", 法研論集 제19호(早稲田大學院), 284.

33) 박인환(주 14), 71 이하.

34) 일본민법 제242조 不動産の所有者は, その不動産に従として付合した物の所有権を取得する。ただし, 権原によってその物を附属させた他人の権利を妨げない。

35) 김성수(주 29), 22 이하.

부정적인 평가가 지배적이다.[36]

  그리고 일제가 위와 같은 내용의 일본민법을 한반도에 강제로 적용하고 토지등기부와 건물등기부로 이원화된 등기제도를 도입하면서 우리나라에서도 건물과 토지를 별개의 부동산으로 다루는 법제가 확립되었다.[37]

## 2. 토        지

### (1) 지적공부의 의의

  토지는 물리적으로 연속되어 있으므로 형태상으로는 하나의 토지를 다른 토지와 구분하여 독립적 존재로 특정하기 어렵다. 과거에는 하천, 바위, 나무 등 자연물이나 인위적으로 설치한 담장 등으로 경계를 삼거나 계속된 점유가 미치는 범위로써 다른 토지와 구분하여 토지의 동일성을 식별하기도 하였다. 그러나 이러한 방법으로 토지 소유권의 배타적 지배가 미치는 세부의 경계를 정확히 확정하기 어렵고, 하물며 이를 제3자에게 정확히 공시하는 것은 매우 곤란하였다. 오늘날에는 측량등 지적조사에 의한 지리적 정보로서 면적과 경계를 확정하여 특정 토지를 다른 토지와 구별하여 지적공부[38]에 등록함으로써

---

36) 이승우, "토지와 건물의 일체성에 관한 일고찰", 법학논총 25(전남대, 2005), 127. 이와 같은 이유에서 일본의 경우에 특유의 건물 구조 및 역사적 배경을 전제로 하는 것이므로 이를 달리하는 우리나라에서는 현행 민법의 제정시에 토지와 건물의 관계를 한 번이라도 진지하게 검토해 보았어야 한다는 점에서 현행 민법은 졸속이라는 비난을 면하기 어렵다는 지적이 있다. 윤대성, "토지와 그 정착물의 관계—토지와 건물이 별개의 부동산으로 된 연혁을 중심으로—", 성균관법학 16-2, 2004, 194. 그럼에도 불구하고 우리 입법자들이 다른 입법적 선택을 할 수 있었을 것인가를 생각하면 그러한 선택이 현실적이지는 않았을 것이다. 이미 식민지배 35년간 건물과 토지에 대하여 각각 별도의 등기부에 의한 공시제도가 확립되어 이를 전제로 하는 법률관계가 당시 우리 사회에 확고하게 자리잡았다는 역사적 제약이 있기 때문이다.

37) 조선시대까지의 우리의 전통법제에서 토지와 건물이 어떻게 다루어졌는지는 분명하지 않다. 일제가 시행한 우리의 전통관습에 대한 조사에 따르면 다음과 같은 관습이 보고되고 있다. "가옥과 부지가 일 소유자에게 속하는 때에는 가옥의 양도 또는 전당은 당연히 그 부지에 미치는 것으로 하였다. 이것은 가옥과 그 부지를 함께 매매하는 것이 풍습이었으므로 결국 가옥의 매매 및 전당에는 당연 부지를 포함하는 것으로 간주하기에 이른 것이다. 이 점에 있어서는 가옥을 주된 물건으로 보고 부지를 종된 것으로 보는 것 같다. 그러므로 가옥만을 목적으로 하고 부지를 제외하는 매매, 전당에 있어서는 특히 그 취지를 계약서에 명기하는 것을 관례로 한다. 단 광무(光武) 10년 12월 토지가옥증명규칙의 시행 이후 토지와 가옥은 각각 별개로 증명을 하게 되었으므로 이 관습은 점차 사라지고 있다." 조선총독부, 관습조사보고서, 1912, 40 이하.

38) "지적공부"란 토지대장, 임야대장, 공유지연명부, 대지권등록부, 지적도, 임야도 및 경계점좌표등록부 등 지적측량 등을 통하여 조사된 토지의 표시와 해당 토지의 소유자 등을 기록한 대장 및 도면(정보처리시스템을 통하여 기록·저장된 것을 포함한다)을 말한다(공간정보관리법 §2 (xix)).

한 필지(筆地)[39]의 토지가 독립한 물건으로 특정된다. 이와 같이 하나의 토지를 식별하고 그 동일성을 인식하기 위해서는 지적공부의 등록이 기준이 된다. 지적공부에 등록하는 절차에 관하여 1950년대부터 지적법($\substack{\text{법률 제165호}\\1950.12.1}$)이 제정 시행되어 왔다. 그러나 측량, 지적 및 수로업무 분야에서 서로 다른 기준과 절차에 따라 측량 및 지도 제작 등이 이루어져 우리나라 지도의 근간을 이루는 지형도·지적도 및 해도가 서로 불일치하는 등의 문제가 있었다. 이에 국가지리정보산업의 발전에 지장을 초래하는 문제를 해소하기 위하여, 「측량법」, 「지적법」 및 「수로업무법」을 통합하여 2009.6.9. 법률 제9774호로 「측량·수로조사 및 지적에 관한 법률」이 제정되어 2009.12.10.부터 시행되었다. 그 후 동 법률은 공간정보의 구축을 위한 측량 및 수로조사의 기준 및 절차와 지적공부의 작성 및 관리 등에 관한 사항을 규정한 것이라는 취지에 맞게 제명(題名)을 「공간정보의 구축 및 관리 등에 관한 법률」로 변경하여($\substack{\text{법률 제12738호 2014.6.3. 일}\\\text{부개정, 약칭 공간정보관리법}}$) 2015.6.4.부터 시행하고 있다. 동법에 따르면, 국토교통부장관은 모든 토지에 대하여 필지별로 소재·지번·지목·면적·경계 또는 좌표 등을 조사·측량하여 지적공부에 등록하여야 하고,[40] 지적공부에 등록하는 지번·지목·면적·경계 또는 좌표는 토지의 이동이 있을 때 토지소유자의 신청을 받아 지적소관청이 결정하되, 신청이 없으면 지적소관청이 직권으로 조사·측량하여 결정할 수 있다($\substack{\text{동법}\\§64}$). 한 필의 토지를 수개의 토지로 분할하거나 수개의 토지를 합하여 하나의 토지로 할 경우 토지소유자는 지적소관청에 분할 또는 합병의 신청을 하여야 한다($\substack{\text{동법}\\§§79, 80}$). 지적공부에 등록된 토지소유자의 변경사항은 등기필증이나 등기관서에서 제공한 등기전산정보자료에 따라 등기부를 기준으로 정리되고, 신규 등록하는 토지의 소유자는 지적소관청이 직접 조사하여 등록한다($\substack{\text{동법}\\§88}$).

### (2) 토지의 개수

공간정보관리법에 의하면 토지의 개수를 확정하는 것은 지적공부의 등록 여부이다. 판례도 같은 취지이다. 토지의 개수는 지적법에 의한 지적공부상의 토지의 필수를 표준으로 하여 결정된다. 1필지의 토지를 수필의 토지로 분할하여 등기하려면 지적법이 정하는 바에 따라 먼저 지적공부 소관청에 의하여 지적측량을 하고 그에 따라 필지마다 지번, 지목, 경계 또는 좌표와 면적이 정

---

39) 대통령령으로 정하는 바에 따라 구획되는 토지의 등록단위를 말한다(공간정보관리법 §2 (xxi)).

40) 지적공부에 등록된 토지의 소재, 지번(地番), 지목(地目), 면적, 경계 또는 좌표를 '토지의 표시'라고 한다(공간정보관리법 §2 (xx)).

하여진 후 지적공부에 등록되는 등 분할의 절차를 밟아야 하고, 반대로 수필의 토지를 1필의 토지로 합병하려면 합필의 절차를 밟아야 한다. 가령, 등기부에만 분필의 등기가 이루어졌다고 하여도 이로써 분필의 효과가 발생할 수는 없다.[41] 따라서 분할 전 임야가 등기부상으로만 분필되고, 그에 터 잡아 소유권이전등기들이 마쳐졌다 하더라도 그 전제가 되는 임야대장과 임야도상의 분할이 이루어져 있지 않다면, 분할의 효력은 발생하지 않는다. 따라서 분할 후의 임야들에 대한 등기부상의 소유자 명의의 각 소유권이전등기는 특별한 사정이 없는 한 1부동산 1용지주의 원칙에 위배되어 무효이다. 결국 분할 전 임야는 의연히 한 필지의 임야로 존재하고, 그 소유자는 여전히 회복등기명의자라고 보아야 한다.[42] 다만, 1필지의 임야가 2필지로 등기부상으로는 분필등기가 되어 있다 하더라도 그 전제가 되는 임야대장과 임야도상 분할되어 있지 않아 분할의 효력은 발생하지 아니하더라도 원래 임야 내에서 소송의 목적인 임야 부분의 위치 및 면적을 특정할 수 있는 이상 그 부분에 대한 소유권이전등기가 불가능하다고 할 수 없다.[43]

### (3) 토지의 특정

어떤 토지를 특정하는 것도 지적공부의 등록에 의한다. 즉, 일정한 토지가 지적공부에 1필의 토지로 등록된 경우, 그 토지의 소재 지번, 지목, 지적 및 경계는 일응 그 등록으로써 특정되고 그 토지의 소유권의 범위는 지적공부상의 경계에 의하여 확정된다.[44] 다만, 6.25사변 후 지적공부의 복구 재제과정에서 관계공무원의 사무착오로 인하여 잘못 작성된 특별한 사정이 있는 경우에는 그 지적공부와 달리 지번, 지적 등을 인정할 수 있다고 하여 지적공부에 의한 경계확정에 예외가 인정된다.[45] 따라서 등기부상만으로 어떤 토지 중 일부가 분할되고 그 분할된 토지에 대하여 지번과 지적이 부여되어 등기되어 있어도 지적공부 소관청에 의한 지번, 지적, 지목, 경계확정 등의 분필절차를 거친 바가 없다면 그 등기가 표상하는 목적물은 특정되었다고 할 수 없다.[46] 한편

---

41) 대판 90.12.7, 90다카25208; 대판 95.6.16, 94다4615.
42) 대판 97.9.9, 95다47664.
43) 대판 90.12.7, 90다카25208.
44) 대판 95.6.16, 94다4615.
45) 대판 82.6.8, 81다611.
46) 대판 95.6.16, 94다4615. 따라서 그 등기부에 소유자로 등기된 자가 그 등기부에 기재된 면적에 해당하는 만큼의 토지를 특정하여 점유하였다고 하더라도, 그 등기는 그가 점유하는 토지부분을 표상하는 등기로 볼 수 없어 그 점유자는 등기부취득시효의 요건인

등기부에 물권의 객체인 토지의 면적이 지적도나 임야도와 다르게 표시된 경우에도 해당 토지를 표상하는 등기로서는 유효하다.[47) 따라서 부동산등기부상의 표시에 따라 지번과 지적을 표시하고 1필지의 토지를 양도하였으나 그 양도된 토지의 실측상의 지적이 등기부상 표시된 것보다 넓은 경우에는 당사자가 양도의 목적 토지인 한 필지 토지의 면적이나 경계에 관한 착오를 이유로 취소하지 않는 한 등기부상의 지적을 넘는 토지 부분은 양도된 지번과 일체를 이루는 것으로서 양수인의 소유에 속하고 양도행위시에 표시한 평수 구역 가운데 명시되지 않았다는 이유로 양수인의 소유권 취득을 부정할 수 없다.[48) 이러한 법리는 경매에 있어서도 마찬가지여서, 어느 토지의 지번과 지적을 등기부의 표제부에 등재된 대로 표시하여 경매하였으나 그 토지의 임야나 지적도의 경계에 따라 측량한 실제 면적이 등기부의 표제부에 등재된 것보다 넓더라도, 집행법원이 직권으로 또는 이해관계인의 집행절차상 불복을 받아들여 별도의 재판을 하지 않은 이상, 등기부상의 지적을 넘는 면적은 경매의 목적물인 토지의 일부로서, 매각허가결정 및 그에 따른 매각대금의 납입에 따라 등기부상의 면적과 함께 매수인에게 귀속되는 것이고, 매각 목적물인 토지와 등기된 토지 사이에 동일성이 없어 경매가 무효라거나, 매각 목적물의 등기부상 표시 면적이 그 토지의 실제 면적에서 차지하는 비율만큼의 지분만 경매되었다고 볼 수는 없다.[49)

### (4) 지적공부와 현실의 경계가 다른 경우

어떤 토지가 지적공부에 1필지의 토지로 등록되면 토지의 소재, 지번, 지목, 지적 및 경계는 특별한 사정이 없는 한 등록으로써 특정되고 소유권의 범위는 현실의 경계와 관계없이 공부상의 경계에 따라 확정되는 것이 원칙이다. 다만 지적도를 작성할 때 기점을 잘못 선택하는 등 기술적인 착오로 지적도상의 경계선이 진실한 경계선과 다르게 작성되었다거나 당사자들이 사실상의 경계대로 토지를 매매할 의사를 가지고 거래를 한 경우 등과 같은 특별한 사정

---

'부동산의 소유자로 등기한 자'에 해당하지 아니하므로 그가 점유하는 부분에 대하여 등기부시효취득을 할 수는 없다(동 판결).
47) 물권의 객체인 토지 1필지의 공간적 범위를 특정하는 것은 지적도나 임야도의 경계이지 등기부의 표제부나 임야대장·토지대장에 등재된 면적이 아니므로, 토지등기부의 표제부에 토지의 면적이 실제와 다르게 등재되어 있다 하여도, 이러한 등기는 해당 토지를 표상하는 등기로서 유효하다. 대판 05.12.23, 2004다1691; 대판 16.6.28, 2016다1793.
48) 대판 91.3.22, 91다3185; 대판 16.6.28, 2016다1793.
49) 대판 05.12.23, 2004다1691.

이 있는 경우에 한하여 토지의 경계는 실제의 경계에 의하여야 한다.[50] 따라서 매매당사자가 토지의 실제 경계가 지적공부상의 경계와 상이한 것을 모르는 상태에서 실제의 경계를 대지의 경계로 알고 매매하였다고 하여 매매당사자들이 지적공부상의 경계를 떠나 현실의 경계에 따라 매매목적물을 특정하여 매매한 것이라고 볼 수 없다.[51]

어떤 토지가 지적법에 의하여 1필지의 토지로 지적공부에 등록되면 그 토지는 특별한 사정이 없는 한 그 등록으로써 특정되고 그 소유권의 범위는 현실의 경계와 관계없이 공부상의 경계에 의하여 확정되는 것이고, 지적도상의 경계표시가 분할측량의 잘못 등으로 사실상의 경계와 다르게 표시되었다 하더라도 그 토지에 대한 매매도 특별한 사정이 없는 한 현실의 경계와 관계없이 지적공부상의 경계와 지적에 의하여 소유권의 범위가 확정된 토지를 매매 대상으로 하는 것으로 보아야 한다.[52] 다만 지적도를 작성함에 있어서 기술적인 착오로 인하여 지적도상의 경계선이 진실한 경계선과 다르게 작성되었기 때문에 경계와 지적이 실제의 것과 일치하지 않게 되었다는 등의 특별한 사정이 있는 경우에는 실제의 경계에 의하여야 할 것이므로, 이와 같은 사정이 있는 경우 그 토지에 대한 매매에 있어서 매매 당사자 사이에 진실한 경계선과 다르게 작성된 지적도상의 경계대로 매매할 의사를 가지고 매매한 사실이 인정되는 등의 특별한 사정이 없는 한 진실한 경계에 의하여 소유권의 범위가 확정된 토지를 매매 대상으로 하는 것으로 보아야 한다.[53] 다른 한편으로 일정한 토지가 지적공부에 1필의 토지로 복구 등록된 경우, 그 토지의 소재·지번·지목·지적 및 경계는 지적공부의 복구 재제과정에서 관계 공무원이 사무착오로 지적공부를 잘못 작성하였다는 등의 특별한 사정이 없는 한, 지적복구 전 토지의 소재·지번·지목·지적 및 경계가 그대로 복구된 것으로 추정되고, 지적공부가 관계 공무원의 사무착오로 잘못 작성되었다는 등의 특별한 사정에 대한 증명책임은 이를 주장하는 당사자에게 있다.[54]

---

50) 대판 91.2.22, 90다12977; 대판 16.6.28, 2016다1793.
51) 대판 93.5.11, 92다48918, 48925; 대판 05.3.24, 2004다71522, 71539; 대판 15.5.28, 2015다5514.
52) 대판 96.7.9, 95다55597, 55603; 대판 85.5.14, 84다카941.
53) 대판 95.4.14, 94다57879; 대판 96.7.9, 95다55597, 55603; 대판 98.6.26, 97다42823.
54) 대판 98.2.24, 96다54263; 대판 08.5.29, 2006다56114; 대판 10.7.8, 2010다21757.

## (5) 토지의 일부

1필의 토지의 일부에 대해서는 분필하기 전에는 이를 양도하거나 제한물권을 설정할 수 없는 것이 원칙이지만 토지의 일부라도 지상권($\S_{69}^{부동}$(vi)), 지역권($\S_{70}^{부동}$(v)), 전세권($^{부동}_1\S_{(vi)}^{72}$)의 용익물권을 설정할 수 있다.

이것은 토지의 일부에 대하여 물권을 취득할 수 없다는 것이므로 분필을 전제로 한 필지의 토지의 일부를 특정하여 매매나 증여의 목적물로 하는 것은 가능하다. 이때 매수인은 아직 분필 전이라도 1필의 토지의 특정된 일부에 대하여 소유권이전등기를 청구할 수 있다. 1필지의 토지의 특정된 일부에 대하여 소유권이전등기절차의 이행을 명하는 판결을 받은 등기권자는 그 판결에 따로 토지의 분할을 명하는 주문기재가 없더라도 그 판결에 기하여 등기의무자를 대위하여 그 특정된 일부에 대한 분필등기절차를 마친 후 소유권이전등기를 할 수 있다.[55]

한편 토지의 일부를 매매하였으나 분할등기가 되어 있지 아니한 관계로 그 전부에 대한 소유권이전등기를 하였다면 특별한 사정이 없는 한 매매하지 아니한 부분에 대한 등기는 명의신탁에 의한 유효한 등기라는 것이 종래 판례의 입장이었다.[56] 그런데 「부동산실권리자명의 등기에 관한 법률」($^{1995.3.30.\ 법}_{률\ 제4944호}$)이 시행된 이후에는 명의신탁 약정 및 그에 따른 물권변동이 모두 무효이므로 위와 같은 경우 초과 등기된 부분은 원인무효의 등기가 된다고 보아야 한다는 견해가 있다.[57] 그러나 동법 시행 이후에도 대법원은 계속해서 위와 같은 판례 법리를 유지하고 있다.[58]

또한 1필의 일부에 대하여도 일정한 요건하에 시효취득할 수 있다. 즉, 1필의 토지의 일부에 대한 시효취득을 인정하기 위하여는 그 부분이 다른 부분과 구분되어 시효취득자의 점유에 속한다는 것을 인식하기에 족한 객관적인 징표가 계속하여 존재할 것을 요한다.[59] 취득시효가 완성된 후에는 토지소유

---

55) 대판 94.9.27, 94다25032. 반대로 1필지의 토지의 특정된 일부에 대하여 소유권이전등기의 말소를 명하는 판결을 받은 등기권자는 그 판결에 따로 토지의 분할을 명하는 주문기재가 없더라도 그 판결에 기하여 등기의무자를 대위하여 그 특정된 일부에 대한 분필등기절차를 마친 후 소유권이전등기를 말소할 수 있다. 대판 87.10.13, 87다카1093.

56) 대판 71.11.30, 71다1867; 대판 81.7.28, 80다1819; 대판 88.6.28, 88다카3601; 대판 89.9.12, 88다카33176.

57) 주석 총칙(2), 278(제4판/이상원); 주석 총칙(2) 293(제5판/김종기).

58) 대판 08.2.14, 2007다63690; 대판 10.2.11, 2009다40264.

59) 대판 89.4.25, 88다카9494; 대판 97.3.11, 96다37428; 대판 15.4.9, 2012다2408.

자를 대위하여 분할등기절차를 거쳐 등기함으로써 소유권을 취득한다($\S^{245}_1$).

### (6) 토지의 범위

과거 토지의 이용은 주로 지면에 한정되었으므로 토지의 배타적 지배의 범위 역시 토지의 평면적 이용을 중심으로 획정되었다. 그러나 오늘날에는 도시화에 따른 인구의 밀집으로 가용 토지의 부족과 과학기술의 발달에 따라 지하는 물론 지상으로 토지 상하의 입체적 이용에 관한 사회 경제적 수요가 커지고 있다. 이러한 관점에서 토지의 소유자의 배타적 지배가 미치는 상하의 범위를 어떻게 확정할 것인가 하는 것이 중요한 법정책적 과제가 되었다.

이와 관련하여 우리 민법은 토지소유권의 상하에 미치는 배타적 효력이 미치는 범위에 관하여 '정당한 이익이 있는 범위 내'라는 기준을 제시하고 있다($\S_{212}$).[60] 토지소유권의 효력이 미치는 범위를 규정한 것이지만, 권리 객체인 물건의 관점에서는 토지라는 물건의 입체적 범위를 확정하는 문제이기도 하다. 소유권은 물건의 전면적 지배권이므로 소유권의 효력이 미치는 범위가 곧 물건의 범위일 수밖에 없기 때문이다. 만약 소유권의 효력이 미치지 않는 물건의 범위를 상정한다면 그것은 우리가 역사적으로 확립한 소유권의 개념에 맞지 않을 뿐 아니라 그렇게 보아야 할 실익도 없다. 그렇다면 §212의 규정은 토지소유권의 배타적 효력이 미치는 입체적 범위를 확정하는 기준으로 '정당한 이익이 있는 범위 내'라는 기준을 제시한 것이면서 동시에 토지라는 물건의 입체적 범위를 확정할 기준을 제시한 것이라고 볼 수 있다. 그런데 토지의 평면적 범위에 관해서는 지리적 정보에 의해 획정된 좌표와 면적으로 토지를 특정함으로써 지표상 토지의 평면적 범위는 명확히 특정되는 데 비하여 토지의 상하에 미치는 입체적 범위는 '정당한 이익이 있는 범위 내'라는 매우 추상적인 기준밖에는 제시되어 있지 않다.

이와 관련하여 먼저 각국의 입법 태도를 살펴볼 필요가 있다.

토지소유권은 아무런 제한이 없는 물건에 대한 완전한 사법적 지배권으로서 지표뿐 아니라 지상과 지하 깊은 곳까지 미친다는 사고는 이미 로마법으로부터 기원하였다. 로마법상 "토지소유자의 권리는 지상은 천심에 이르고 지하는 지심에 미친다(Qui dominus est soli, dominus est caeli et inferorum)."는 법

---

60) 의용민법 §207는 법령의 범위 내에서 그 지하의 상하에 미친다고 규정하였으나 민법 제정시 스위스민법의 입법례를 참고하여 위와 같이 수정하였다. 구주해 물권(2), 173(김상용).

언은 프랑스민법에도 영향을 미쳐서[61] 프랑스민법 §552 Ⅰ은 "토지의 소유권
은 지상 및 지하의 소유권을 포함한다."라고 규정하였고 그 취지는 토지의 상
하 무한대까지 토지소유권이 미치는 것이라고 하였다. 이러한 입법주의를 토
지소유권의 입체적 효력에 관한 무제한주의라고 한다.[62] 이것은 상급소유권과
하급소유권이 중첩적으로 구성되어 있는 중세 봉건적 토지소유권에서 영주와
국왕의 지배를 배제하여 단일한 절대적 토지소유권을 인정하려는 혁명사상의
표현이지만, 그 구체적인 이용과 지배가능성이 반드시 무제한의 상공과 지하
까지 포함한 것은 아니었다.[63] 이미 §552 Ⅲ이나 §553는 토지 소유권이 토지
의 상하에 무제한적으로 미치는 것은 아니라는 점을 시사하고 있었다.[64]

　　독민 §905는 "토지소유자의 권리는 지표 위의 공간 및 지표 하의 지괴(地
塊)에 미친다. 그러나 소유자는 그 독점에 아무런 이익도 없는 높이의 지상 또
는 지하에서 행하여지는 간섭을 금지할 수 없다."라고 규정하여[65] 토지소유권
이 미치는 입체적 범위에 스스로 내재적 한계가 있음을 명시하고 있다. 그 취
지는 토지소유권이 미치는 범위는 원칙적으로 토지의 상하에 미치는 것으로
하되, 이익 없는 곳에서는 소유권의 행사를 제한하고 있는 것이라고 이해한
다.[66] 이를 소극적 제한주의라고 한다. 독일민법의 영향을 받으면서도 더 적극
적으로 토지소유권의 한계를 규정하고 있는 입법례가 스민 §667이다. 동조는
"토지의 소유권은 그 행사에 관하여 이익이 있는 한도 내에서 지상 및 지하에
미친다."고 규정한다. 독민 §905가 토지 소유권의 범위가 먼저 존재하고 이익
이 없는 경우 그 제약가능성을 규정하고 있는 데 반하여, 스위스민법은 처음부
터 토지소유권의 효력이 이익이 있는 한도 내에서만 지상과 지하에 미치는 것

---

61) 김상원, "지하에 대한 토지소유권의 범위", 토지법학 13, 1998, 183.
62) 그러나 동 Ⅲ, §553까지를 아울러 살펴본다면 프랑스민법의 이른바 무제한주의가 이른
　　바 소극적 제한주의를 취하고 있다는 독민 §905의 태도와 근본적으로 다른 것인지는 의
　　문이다.
63) 김상원(주 61), 178.
64) 프민 §552 Ⅲ 소유자는 광산 및 치안에 관한 법령상의 예외를 제외하고는 그 지하에서
　　그가 적당하다고 생각하는 모든 건축 및 발굴을 할 수 있으며, 발굴에 의하여 획득할 수
　　있는 모든 산출물을 소유한다. §533 지상 또는 지중에 있는 모든 건축물, 식재, 공작물은
　　반증이 없는 한 토지 소유자가 자기의 비용으로 설치하고 그의 소유에 속하는 것으로 추
　　정한다. 그러나 이로 인하여 제3자가 타인의 소유의 건물 밑의 지하공간 또는 건물의 다
　　른 부분에 대한 소유권을 취득할 수 있었다거나 시효취득을 하였음을 방해하지 않는다.
　　명순구역, 프랑스민법전, 2004.
65) 양창수, 독일민법전, 2015.
66) 김상원(주 61), 185.

으로 규정하고 있다. 이것을 적극적 제한주의라고 한다. 한편 일본민법 §207
는 "토지소유권은 법령의 제한 내에서 그 토지의 상하에 미친다."고 규정하고
있다. 이에 대해서는 일본의 입법자들은 토지소유권이 지하에 무한으로 효력
이 미친다고 보았는데 법령에 의해서만 이를 제한할 수 있다고 보았다.[67] 이는
일본민법 제정시에는 아직 지하공간을 이용하는 기술이 발달하고 있지 않았으
므로 입법자가 토지소유권이 미치는 범위를 제한할 필요성을 인식하지 못했음
을 의미한다고 한다. 그러나 법령상의 제한이 아닌 경우라도 토지소유권의 효
력이 공중 지중에 무한으로 미친다고 생각해서는 안 된다는 것은 일찍부터 일
본의 토지소유권이론이 인정하는 바[68]이고, 학설은 독민 §905 단서 및 스민
§667 규정처럼 일본도 토지소유권은 이익이 존재하는 한도에서 토지의 상하
에 미친다고 해석하고 있다.[69]

우리 민법 §212는 의용민법과 달리 스민 §667의 규정 취지와 유사하게
'정당한 이익이 있는 범위 내'로 토지소유권의 효력이 미치는 배타적 범위를
규정하고 있고, 이것은 곧 물건으로서의 토지의 입체적 범위를 규정한 것으로
이해된다. 특히 §212의 입법취지는 소유권 제한을 명시하는 법률의 존재 여하
를 불문하고 토지소유권자는 자신의 정당한 이익을 침해하지 않는 토지의 상
하에 대한 타인의 이용을 금지할 수 없다는 것,[70] 둘째는 토지의 완전한 이용
을 위해서는 지표뿐 아니라 지상의 공간이나 지하에 대해서도 소유권이 미친
다는 것이라고 할 수 있다.[71]

그러나 실제 민법 §212는 지하공간 이용과 관련된 정책의 수립이나 분쟁
의 예방과 해결에는 크게 기여하지 못하고 있다. 토지의 입체적 범위에 관한
'정당한 이익이 있는 범위 내'를 결정할 수 있는 구체적 척도에 대해서는 아무
런 단서도 제공하고 있지 않기 때문이다.

우리 민법은 이러한 토지의 입체적 이용에 관한 수요에 대응하기 위하여
1984년 민법을 개정하여 구분지상권에 관한 §298-2[72]를 신설하였다. 하지만

---

67) 반대로 토지소유권의 객체는 법령의 제한 이전에 이미 '지배가능한 범위에서의 지표면
    의 상하'로 보아야 한다는 견해도 있다. 石田喜久夫, "地下所有權의 制限 可能性의 限界", ジ
    ュリスト 제913호(1988.7.15), 11.
68) 김상원(주 61), 178, 일본에 있어서 학설의 변천에 대해서는 179 이하 주) 37 참조.
69) 김상원(주 61), 179.
70) 곽윤직, 물권법, 1991, 276.
71) 김상원(주 61), 183.
72) §289-2(구분지상권) ① 지하 또는 지상의 공간은 상하의 범위를 정하여 건물 기타 공

구분지상권은 토지소유권의 범위 내에서 설정 가능한 것이라는 점에서 토지의 입체적 이용에 관한 토지 소유권의 배타적 범위를 확정하는 선행과제는 여전히 불명확한 법상태에 있다고 할 수 있다. 따라서 현재로서는 지하 공간의 공익적 이용과 관련한 손실보상과 관련한 개별 규정들에 의하여 당면한 지하공간의 이용문제에 대처하고 있는 것이 현실이다.[73]

이러한 상황에서 보다 적극적으로 토지 소유권의 입체적 이용을 확대하기 위한 법정책을 뒷받침하기 위하여 새로운 이론적 시도들이 나타나고 있다. 가령 '정당한 이익'의 강도 또는 여부에 따라 정당한 이익의 강도가 높은 영역에 대해서는 토지소유자에게 전면적인 소유권을 인정하고 '정당한 이익'의 강도가 낮은 영역에 대해서는 토지소유자가 갖는 권능 중 일부분을 국가에게 분리 귀속시켜야 한다는 견해이다. 그에 따르면 토지의 지하 영역 중 한계심도와 대심도를 구분하여[74] 한계심도에 대해서는 토지소유자의 배타적 지배에 귀속시키는 반면, 대심도에 대해서는 처분권을 물건의 소비, 변형, 개조, 파괴 등을 위한 사실적 처분권과 법률적 처분권으로 구분하여 사실적 처분권을 개발권이라는 별도의 권능으로 분리하여 이를 국가에 귀속시켜 공공목적을 위한 사업주체에게 설정하는 방안을 제시한다.[75] 나아가 토지의 입체적 이용에 대비하여 현행 집합건물에 적용되는 구분소유권제도를 토지에 대하여 적용함으로써 지

---

작물을 소유하기 위한 지상권의 목적으로 할 수 있다. 이 경우 설정행위로써 지상권의 행사를 위하여 토지의 사용을 제한할 수 있다. ② 제1항의 규정에 의한 구분지상권은 제3자가 토지를 사용·수익할 권리를 가진 때에도 그 권리자 및 그 권리를 목적으로 하는 권리를 가진 자 전원의 승낙이 있으면 이를 설정할 수 있다. 이 경우 토지를 사용·수익할 권리를 가진 제3자는 그 지상권의 행사를 방해하여서는 아니된다[본조신설 1984.4.10.].

73) 예를 들면 도시철도법 §9에 의하면 타인 토지의 지하부분을 사용하려는 경우에는 그 토지의 이용 가치, 지하의 깊이 및 토지 이용을 방해하는 정도 등을 고려하여 보상하도록 하고 있고, 동 시행령 §10에 의하면 구분지상권 설정이나 이전 면적, 해당 토지의 가격, 건물과 지하부분 등의 이용저해율을 곱하여 산정함으로써 토지 소유자의 토지 이용의 가능성을 보상가 산정에 반영하고 있다. 그러나 일정한 깊이 이하 부분의 사용에 대하여 손실보상을 하지 않는다 하더라도 그것은 단지 토지소유권에 대한 제한일 뿐이지 토지소유권이 미치는 지하의 범위를 한정하는 것은 아니라는 견해도 있다. 구주해 물권(2), 172(김상용).

74) 여기서 대심도(大深度)라 함은 건축물의 지하실이나 건물의 기초가 미치지 않으며 토지소유자의 이용가능성이 거의 없는 지하공간을 말하며, 한계심도(限界深度)라 함은 지하시설물의 설치로 인하여 일반적인 토지이용에 지장이 없는 것으로 판단되는 깊이로서 토지소유자의 통상적 이용행위는 예상되지 않지만, 이용가능성은 인정되는 지하공간을 말한다. 송호열, "立體的 利用을 위한 土地所有權의 上下效力範圍", 토지법학 22, 2006. 일본의 「일본의 대심도지하의 공공적 사용에 관한 특별조치법」에 대해서는 109 이하; 阿部泰隆, 大深度地下利用の法律問題1, 法律時報 68-9, 1996. 8, 63.

75) 류창호, "토지소유권의 상하효력범위에 관한 법제연구", 법제연구원, 2005, 83 이하.

하 공간의 깊이에 따라 필지구분을 하여 각 필지별로 별도의 권원을 설정하고 이를 공시함으로써 지하공간에 대한 권리관계를 명확히 할 필요가 있다는 제 안도 있다.[76]

다른 한편으로 토지의 지상 공중도 정당한 이익이 있는 범위에서 토지소 유권이 미친다. 토지의 지상 공중의 이용과 관련해서는 선하지(線下地)의 보상 등이 문제가 된다. 이에 대하여 전기사업법은 현재의 사용방법을 방해하지 아 니하는 범위에서 다른 자의 토지의 지상 또는 지하 공간에 전선로를 설치할 수 있다고 규정($\S_1^{89}$)하는 한편, 다른 자의 토지의 지상 또는 지하 공간의 사용 에 관하여 구분지상권의 설정 등에 관하여 규정하고 있다($\S_{89-2}$).

판례도 송전선 등으로 인하여 토지소유자의 토지 지상 공중의 이용이 제 한될 가능성이 있는 경우 실제 토지의 이용상황과는 관련 없이 상응하는 구분 지상권 상당의 손해에 대한 부당이득의 반환을 인정하고 있다. 가령, 농지로만 사용되어 온 토지의 상공에 송전선이 가설되어 농사를 짓는 데는 지장이 없고 농지로만 이용하여 왔다고 하더라도 송전선의 가설로 인하여 토지의 상공에 대한 구분지상권에 상응하는 임료 상당의 손해를 입었다고 보며,[77] 토지의 상 공에 고압전선이 통과함으로써 토지소유자가 그 토지 상공의 이용을 제한받는 경우, 그 토지소유자는 위 전선을 소유하는 자에게 이용이 제한되는 상공 부분 에 대한 임료 상당액의 부당이득금 반환을 구할 수 있다.[78]

이와 같이 오늘날 토지의 소유권이 단지 지표만이 아니라 그 상하의 입체 적 공간에 미친다는 점을 의심하는 견해는 더 이상 존재하지 않는다. 이를 그 객체인 토지의 관점에서 보면 토지는 지리적 정보로 특정된 지표를 중심으로 그 상하의 입체적 공간이라고 재정의할 수 있다. 이와 같은 정의는 그간 토양 으로 구성된 형태를 갖춘 유체물로서 토지를 이해하고 파악해 왔던 것과는 상 당히 다른 것이지만, 오늘날 토지가 사람의 거주 활동을 위하여 이용하는 입체 적 공간으로서의 기능과 가치가 더 중시되고 있는 상황에 좀 더 부합한다.

### (7) 토지의 구성부분

㈎ 토    석        먼저 지표는 대체로 토양과 암석 등으로 구성되어 있

---

76) 류창호(주 75), 88. 이와 유사하게 토지의 상하 공간에 대한 등록을 지적법(현행 공간 정보관리법)하에서 필지 본위로 구현하자는 견해도 있다. 정회근, "토지소유권의 효력범위 및 그 등록에 관한 연구", 토지공법연구 31, 2006, 423.

77) 대판 96.5.14, 94다54283; 대판 06.4.13, 2005다14083.

78) 대판 09.1.15, 2007다58544; 대판 14.11.13, 2012다108108.

는데, 이는 토지의 구성부분 중 하나이다. 토석을 토지로부터 굴취(堀取)하여 분리하지 않는 한 토지의 구성부분으로 독립한 물건이 되지 않는다. 건설 등의 목적과 수요에 의하여 굴취 분리된 토석은 동산으로 다루어진다. 따라서 토지 상의 자연석은 토지의 일부로서 토지소유권에 속하는 것이다. 다만, 과거 자연 석을 조각하여 제작한 석불(石佛)을 임야와 독립된 소유권의 대상이 된다고 판 시한 것도 있다.[79] 이는 천여 년 전에 조각되어 신앙의 대상으로 뫄고 사찰의 관리하에 있었던 사정 등이 고려된 것으로 일반화하는 데에는 무리가 있다고 생각된다.

⒝ 식     물     토지에 식생(植生)하고 있는 수목이나 버섯, 산채 등 식물 역시 토지의 구성부분으로 토지소유권의 배타적 지배를 받는다. 권원 없 이 수목을 식재하거나 작물을 재배하는 경우에도 원칙적으로는 토지소유권에 부합한다. 다만, 수목과 농작물에 대해서는 권원에 기하여 식재하거나 입목등 기나 명인방법등을 갖춤으로써 토지에 부합하지 않고 별개의 물건으로 다루어 지기도 한다. 그에 대해서는 3. 토지의 정착물 참조.

⒞ 미채굴의 광물     토지에 매장되어 있는 미채굴 광물에 대해서는 광업법 § 2에 의하여 국가가 이를 채굴·취득할 수 있는 권리를 부여하는 광업 권[80]의 객체로서 토지소유권에 속하지 않는다. 광업권은 등록을 한 일정한 토 지의 구역(鑛區)에서 등록된 광물을 지중으로부터 채굴·취득하는 권리로서 물 권이다. 따라서 제3자가 광구 내에서 광업을 방해하는 행위를 할 때에는 광업 권자가 광업권의 물권적 효력에 기하여 그 제3자에 대하여 방해배제청구권 및 방해예방청구권을 가진다.[81]

하지만 광업권은 어디까지나 지중의 광물을 독점적이고 배타적으로 채굴· 취득할 수 있는 권리일 뿐 광업권의 효력이 토지의 지표에도 당연히 미친다고 볼 수는 없으므로, 광업권자가 지표의 토지를 사용하기 위하여는 토지 소유자

---

79) 대판 70.9.22, 70다1494.
80) 광업권이란, 탐사권과 채굴권을 의미하는데, 탐사권이란, 등록을 한 일정한 토지의 구 역(광구)에서 등록을 한 광물과 이와 같은 광상(鑛床)에 묻혀 있는 다른 광물을 탐사하는 권리를 말하고, 채굴권이란 광구에서 등록을 한 광물과 이와 같은 광상에 묻혀 있는 다른 광물을 채굴하고 취득하는 권리를 말한다. 한편 설정행위에 의하여 타인의 광구에서 채굴 권의 목적이 되어 있는 광물을 채굴하고 취득하는 권리는 조광권(租鑛權)이라고 한다. 광 업 § 3 (iii) 이하.
81) 대판 67.4.4, 66다1211; 대판 90.12.21, 90누1250.

와 사법상의 계약을 체결하여 토지사용권을 취득하여야 한다.[82] 미채굴의 광
물은 채굴권 없이는 채굴할 수 없고($\substack{광업\\§4}$), 광구에서 광업권이나 조광권에 의하
지 아니하고 토지로부터 분리된 광물은 그 광업권자나 조광권자의 소유로 한
다. 다만, 토지소유자나 그 밖에 토지에 대한 정당한 권원(權原)을 가진 자가
농작물의 경작, 공작물의 설치, 건축물의 건축 등을 하는 과정에서 토지로부터
분리된 광물은 광물을 분리한 해당 토지소유자나 그 밖에 토지에 대한 정당한
권원을 가진 자의 소유로 한다.[83] 다만, 그 토지소유자나 그 밖에 토지에 대한
정당한 권원을 가진 자는 분리된 광물을 영리 목적으로 양도할 수 없다($\substack{§5\\1}$).
광구 밖에서 토지로부터 분리된 광물은 그 취득자의 소유로 한다. 다만, 범죄
행위로 인하여 취득한 경우에는 그러하지 아니하다($\substack{동조\\Ⅱ}$).

　　미채굴의 광물의 특수한 지위 때문에 그 법적 성질에 대하여는 학설상 다
양한 견해가 제시되고 있다. 미채굴의 광물은 토지의 일부로서 토지소유권이
미치지만 광업법이 적용되는 한도에서 토지소유자의 권리행사가 제한된다는
견해,[84] 토지소유권이 미치지는 않으나 토지의 일부이므로 독립한 부동산이
아니며 국가의 배타적 채굴 취득허가권의 객체가 된다는 견해,[85] 토지의 구성
부분이 아닌 국유의 독립한 부동산이라는 견해[86]가 대립한다.

　　⒝ 지 하 수　　　토지의 소유권은 정당한 이익이 있는 범위 내에서 토
지의 상하에 미치므로 토지소유자는 법률의 제한 범위 내에서 그 소유 토지의
지표면 아래에 있는 지하수를 개발하여 이용할 수 있다.[87] 그런데 지하수는 수
맥으로 복잡하게 연결되어 있어서 어느 한 토지의 지하수를 과도하게 취수할
경우 인접 토지의 지하수를 고갈시키는 등 인접 토지에서의 지하수 이용을 방
해할 수 있다. 따라서 어느 토지소유자가 새로이 지하수 개발공사를 시행하여
설치한 취수공 등을 통하여 지하수를 취수함으로 말미암아 그 이전부터 인근
토지 내의 원천에서 나오는 지하수를 이용하고 있는 인근 토지소유자의 음료

---

82) 대판 96.4.26, 94다57336.
83) 광업 §5 단서의 규정은 2010.1.27. 법률 제9982호로 신설된 것으로 구 광업 §8에 따
　　르면 토지의 소유권이나 사용권의 정당한 행사의 결과로 광물이 채굴된 때에도 그 광물은
　　광업권자의 소유에 귀속되었다(대판 90.12.21, 90누1250). 주석 총칙(2), 290(제4판/이
　　상원).
84) 고상룡, 277; 이영준; 김준호, 185; 명순구.
85) 김용한, 223; 김증한·김학동, 278; 김주수·김상용, 267; 백태승(주 2), 280.
86) 구주해(2), 42(김병재); 강태성, 412; 곽윤직·김재형, 229; 김상용, 308; 송덕수(주 2),
　　699.
87) 대판 98.4.28, 97다48913.

수 기타 생활상 필요한 용수에 장해가 생기거나 그 장해의 염려가 있는 때에
는, 생활용수 방해를 정당화하는 사유가 없는 한 인근 토지소유자는 그 생활용
수 방해의 제거($^{월상}_{회복}$)나 예방을 청구할 수 있다.[88] 그리고 이러한 경우에 토지
소유자가 지하수 개발에 대하여 관할 행정청으로부터 「먹는물관리법」에 의한
허가를 받았다는 사유만으로는 생활방해가 정당화된다고 할 수 없으며, 지하
수 개발공사 자체만으로는 인근 토지 소유자의 생활용수에 장해가 생기지 않
는다고 하더라도, 인근 토지소유자는 지하수의 대량 취수에 의한 생활방해의
예방을 위하여 필요한 한도 내에서 대량 취수를 위한 지하수 개발공사의 중지
를 구할 수 있다.[89] 나아가 판례는 자연히 용출하는 지하수나 동력장치를 사용
하지 아니한 가정용 우물 또는 공동우물 및 기타 경미한 개발·이용 등 공공의
이해에 직접 영향을 미치지 아니하는 범위에 속하는 지하수의 이용은 토지소
유권에 기한 것으로서 토지소유권에 부수하여 인정되는 권리로 보아야 할 것
이지만, 그 범위를 넘어선 지하수 개발·이용은 토지소유권에 부수되는 것이
아니라 지하수의 공적 수자원으로서의 성질과 기능 등을 고려하여 행정청의
허가·감시·감독·이용제한·공동이용 명령·허가취소 등 공적관리방법에 의한
규제를 받게 하고 있다고 할 것이라고 하여, 토지소유권에 기한 지하수의 개발
이용은 자연용출 지하수나 가정용 우물 등 경미한 개발 이용에 한정되고, 그러
한 범위를 넘어 공공의 이해에 직접 영향을 미치는 지하수의 개발 이용은 공
적 관리·감독과 허가의 대상이라는 점을 분명히 하였다. 따라서 이러한 규제
의 범위에 속하는 지하수 개발·이용권은 토지소유권의 범위에 속하지 않는
것이므로 지하수의 개발·이용허가를 받은 후 그 토지소유권이 이전된다고 하
여 허가에 의한 지하수 개발·이용권이 새로운 토지소유자에게 당연히 이전되
는 것은 아니다.[90]

　　㈑ 온천(溫泉)　　　온천수도 지하수의 일종이기는 하지만 수질의 특수
성 때문에 온천에 대한 적절한 보호와 온천의 효율적인 개발·이용을 도모하
기 위하여 온천법이 시행되고 있다. 동법에 따르면 온천이란, 지하로부터 솟아
나는 섭씨 25도 이상의 온수로서 그 성분이 대통령령으로 정하는 기준에 적합
한 것이다($^{동법}_{§2 (i)}$). 온천을 이용하려는 자는 대통령령이 정하는 바에 따라 시장

---

88) 대판 98.4.28, 97다48913; 대판 98.6.12, 98두6180.
89) 대판 98.4.28, 97다48913.
90) 대판 01.10.23, 99두7470.

군수의 허가를 받아야 하고($\substack{동법 \\ \S 16}$), 시장군수는 온천우선이용권자($\substack{온천발견신고가 수리 \\ (受理)된 신고인으로}$서 해당 온천공(溫泉孔)이 있는 토지를 소유하고 있는 자 또는 그 양수인)에게 온천원보호지구 또는 온천공보호구역에서 토지를 굴착하게 하거나 온천의 이용을 우선하여 허가하고 온천이용시설 설치등의 비용을 지원할 수 있다($\substack{동법 \\ \S 23}$).

따라서 온천은 지하수의 일종이기는 하지만 시장 군수의 허가에 의하여 취득하는 온천권의 객체이기도 하다. 토지소유권과의 관계에서 온천 및 온천에 관한 권리의 성질이 문제된다. 온천권에 관하여 관습법상 물권으로서의 성질을 인정하여야 한다는 견해가 없지 않으나[91] 온천은 토지의 구성부분이고 온천권은 토지소유권과 독립한 물권이 아니라는 것이 다수설이다.[92] 판례 또한 광천에 관한 권리가 관습법상의 물권이거나 또는 그 주장과 같은 준물권이 아니며 또 온천수가 민법 §§ 235, 236 소정의 용수도 아니라고 한 바 있다.[93]

㈘ 도 로　　도로 역시 토지의 일부로서 토지소유권이 미치지만, 도로법의 적용을 받는다. 도로법상 도로는, 차도, 보도(步道), 자전거도로, 측도(側道), 터널, 교량, 육교 등 대통령령으로 정하는 시설로 구성된 것으로서, 고속국도(지선 포함), 일반국도(지선 포함), 특별시도(特別市道)·광역시도(廣域市道), 지방도, 시도, 군도, 구도의 어느 하나에 해당하는 것으로 도로의 부속물[94]을 포함한다($\substack{동법 \S\S 2 \\ (i), 10}$). 도로를 구성하는 부지, 옹벽, 그 밖의 시설물에 대해서는 사권(私權)을 행사할 수 없다. 다만, 소유권을 이전하거나 저당권을 설정하는 경우에는 사권을 행사할 수 있다($\substack{동법 \\ \S 4}$). 도로구역 및 공고를 한 도로구역 결정·변경 또는 폐지 예정지에서 건축물의 건축, 공작물의 설치, 토지의 형질변경, 토석(土石)의 채취, 토지의 분할, 물건을 쌓아놓는 행위, 그 밖에 대통령령으로 정하는 행위를 하려는 자는 특별자치시장, 특별자치도지사, 시장·군수 또는 구청장의 허가를 받아야 한다($\substack{동법 \\ \S 27 ①}$). 공작물·물건, 그 밖의 시설을 신설·개축·변경 또는 제거하거나 그 밖의 사유로 도로($\substack{도로구역을 \\ 포함한다.}$)를 점용하려는

91) 양재모, "온천에 관한 법률관계의 검토", 현대법학의 발자취와 새지평: 평광조성국교수정년기념논문집, 2006.
92) 구주해 물권(2), 171(김상용); 주석 총칙(2), 302(제5판/김종기).
93) 대판 70.5.26, 69다1239; 대판 72.8.29, 72다1243.
94) 가. 주차장, 버스정류시설, 휴게시설 등 도로이용 지원시설, 나. 시선유도표지, 중앙분리대, 과속방지시설 등 도로안전시설, 다. 통행료 징수시설, 도로관제시설, 도로관리사업소 등 도로관리시설, 라. 도로표지 및 교통량 측정시설 등 교통관리시설, 마. 낙석방지시설, 제설시설, 식수대 등 도로에서의 재해 예방 및 구조 활동, 도로환경의 개선·유지 등을 위한 도로부대시설, 바. 그 밖에 도로의 기능 유지 등을 위한 시설로서 대통령령으로 정하는 시설(동법 § 2 (ii)).

자는 도로관리청의 허가를 받아야 한다($\frac{동법}{\S 61}$). 따라서 도로는 토지의 구성부분
으로 토지소유권의 객체이기는 하지만 도로의 공익적 성질에 따라 소유권의
행사가 제한되며, 그로 인하여 토지소유자에게 손해가 발생한 경우에는 권원
없이 도로를 개설·관리하고 있는 도로관리청을 상대로 부당이득의 반환을 청
구할 수 있다.

　　　(사) 바다, 하천　　　　바다[95)]에 관해서는 해면하의 토지를 포함하여[96)] 어
업권이나 공유수면사용권 및 공유수면매립권 등 객체가 될 수 있으나 사적 소
유권은 성립하지 않는다.[97)] 그 이유는 배타적 지배 가능성이 없다거나 공용물
에 해당하기 때문이라고 한다. 바다 및 해면하의 토지도 지리적 정보로 구획하
여 특정함으로써 배타적 지배를 확보할 수 있으므로 바다에 대한 사적소유권
을 인정하지 않는 것은 해면 및 그 해면하 토지가 갖는 공공성에 기인한 것이
라고 이해하여야 할 것이다. 판례도 공유수면관리 및 매립에 관한 법률상 공유
수면, 즉 바다와 바닷가($\frac{해안선으로부터 지적공부(地籍}{公簿)에 등록된 지역까지의 사이}$) 및 하천·호소(湖沼)·구거(溝
渠), 그 밖에 공공용으로 사용되는 수면 또는 수류(水流)로서 국유인 것($\frac{동법}{\S 2 (i)}$)
은 자연의 상태에서 공공용으로 제공될 수 있는 실체를 갖추고 있는 자연공물
로서 국유재산법상 행정재산에 속하는 것으로 사법상 거래의 대상이 되지 않
는다고 하고 있다.[98)]

　　또한 지적공부에 등록된 토지라 하더라도 바닷물에 침식되어 수면 밑으로
잠겨서 사회통념상 원상복구할 수 없게 되었을 경우 이를 포락(浦落)이라고 하
는데[99)] 이러한 경우에는 토지소유권은 소멸한다.[100)] 그리고 이와 같은 법리는

---

95) 사적 소유권의 객체인 토지와 바다를 구분하는 기준인 해안선은 해수면이 약최고고조
　　면(略最高高潮面: 일정 기간 조석을 관측하여 분석한 결과 가장 높은 해수면)에 이르렀
　　을 때의 육지와 해수면과의 경계로 표시한다(공간정보의 구축 및 관리 등에 관한 법률 §6 Ⅰ
　　(iv)).
96) 해면하의 토지에 대하여 개인의 지배가능성이 있고 또한 재산적 가치가 있다고 인정될
　　경우에는 사적 소유권의 객체가 될 수 있는 토지라고 풀이하는 것이 타당하다는 견해가
　　있다. 고상룡, 278.
97) 구주해(2), 42(김병재); 주석 총칙(2), 303(제5판/김종기); 곽윤직·김재형, 230; 김상
　　용, 308; 김주수·김상용, 268; 김증한·김학동, 278; 백태승(주 2), 280; 송덕수, 699; 오
　　시영, 328; 이영준(주 4), 858; 정기웅, 227.
98) 바다와 같은 자연공물의 경우에는 자연적 상태에 의한 물건의 성상 그 자체로 당연히
　　공공의 사용에 제공되는 것이므로 불용통물로서 사법상 거래의 대상이 되지 아니한다. 대
　　판 95.11.14, 94다50922; 대판 09.8.20, 2007다64303.
99) 공유수면 관리 및 매립에 관한 법률 §2 (ii).
100) 토지소유권의 상실 원인이 되는 포락이라 함은 토지가 바닷물이나 적용 하천의 물에 개
　　먹어 무너져 바다나 적용하천에 떨어져 그 원상복구가 불가능한 상태에 이르렀을 때를 말

간석지($\binom{\text{만조수위선(滿潮水位線)과 간}}{\text{조수위선(干潮水位線) 사이}}$)로 되어 원상복구가 불가능한 경우에도 적용된다.[101]

구 하천법($\binom{\text{2007.4.6, 법률 제8338호}}{\text{로 전부개정되기 전의 것}}$) §3는 하천국유제를 취하고 다만, 지방2급 하천에 편입되는 토지에 대해서만 예외를 인정하였다. 그로 인하여 포락(浦落)등으로 인하여 국가하천과 지방 1급하천에 편입되는 토지는 사전 보상이나 등기 없이도 바로 국유로 편입됨으로 인하여 사유재산권을 침해한다는 논란이 있었고 그 보상비로 인한 재정상의 어려움도 있어 위 하천법의 전부개정으로 하천 국유제를 전면 폐지하였다.[102]

## 3. 토지의 정착물

### (1) 토지 정착물의 의의

토지의 정착물이라 함은 토지에 고정적으로 부착되어 쉽게 이동할 수 없는 물건으로서 토지에 고착(固着)된 상태로 사용하는 것이 그 물건의 거래관념상의 성질로 인정된 것이다.[103] 가령 건물, 정원수로 식재된 수목,[104] 도로의 포장, 담장, 둑, 교량, 시설부지에 계속 고착된 상태의 레일[105] 등이 여기에 해당한다. 그 밖에 농업용 비닐하우스,[106] 주유소에 설치된 주유시설물,[107] 입인삼(立人蔘)[108] 등도 토지의 정착물로 본다. 이에 반하여 설치되어 있더라도 용이하게 이동할 수 있는 이동식 가건물, 가식재(假植栽)한 수목, 견본주택신고를 하고서 축조한 임시적 가설건축물,[109] 콘크리트 지반 위에 볼트조립방식으로

하고, 그 원상회복의 불가능 여부는 포락 당시를 기준으로 하여 물리적으로 회복이 가능한지 여부를 밝혀야 함은 물론, 원상회복에 소요될 비용, 그 토지의 회복으로 인한 경제적 가치 등을 비교 검토하여 사회통념상 회복이 불가능한지 여부를 기준으로 하여야 하는 것으로서, 복구 후 토지가액보다 복구공사비가 더 많이 들게 되는 것과 같은 경우에는 특별한 사정이 없는 한 사회통념상 그 원상복구가 불가능하게 되었다고 볼 것이며, 또한 원상복구가 가능한지 여부는 포락 당시를 기준으로 판단하여야 하므로 그 이후의 사정은 특별한 사정이 없는 한 이를 참작할 여지가 없다. 대판 02.6.14, 2002두1823.

101) 대판 09.8.20, 2007다64303.
102) 주석 총칙(2), 303(제5판/김종기).
103) 구주해(2), 45(김병재); 주석 총칙(2), 304(제5판/김종기); 곽윤직·김재형, 231; 김상용, 309; 김주수·김상용, 268; 김증한·김학동, 276; 백태승(주 2), 281; 송덕수(주 2), 700; 오시영, 330; 정기웅, 228.
104) 대판 91.4.12, 90다20220.
105) 대결 72.7.27, 72마741.
106) 대판 91.10.22, 90누10117.
107) 대판 05.9.30, 2004두2356.
108) 대판 72.2.29, 71다2573.
109) 대판 86.10.28, 85누778.

철제 파이프 또는 철골 기둥을 세우고 지붕을 덮은 다음 삼면에 천막이나 유
리를 설치한 세차장구조물,[110] 쉽게 분해하여 재조립할 수 있는 공장 내 설치
된 기계,[111] 다소의 비용이 소요되더라도 큰 기술적 어려움 없이 분리·해체가
가능한 주차시설의 철판난간[112] 등은 토지의 정착물이 아니라고 한다.

결국 토지의 정착물인가 여부의 판단에는 어떤 물건이 토지와 물리적으로
고착되어 있는가가 중요하게 고려된다. 그러나 본조에서의 토지 정착물은 어
떤 물건을 부동산법리에 따르게 하는 것이 타당한가 라는 관점에서 평가하여
야 하므로 부착한 상태는 부합(附合)($\S_{256}$)에 있어서와 같이 물건의 가치를 현저
히 훼손하지 않고는 분리할 수 없을 정도로 토지와 결합되어 있을 것을 요구
하는 것은 아니며,[113] 그 고착의 정도(정착성)는 물리적 결합 정도를 기초로
거래관념에 의하여 결정하여야 하며, 나아가 토지의 정착물이라고 한 경우의
법적 처리도 고려하여 객관적으로 결정하여야 한다.[114]

토지의 정착물로 인정된 것이더라도 그 법적 처리에 있어서는 토지의 정
착물을 독립한 부동산으로 볼 것인가 하는 것이 중요한 문제이다. 이에 대해서
본조는 토지와 그 정착물을 별개의 물건으로 취급하고 있다는 전제 위에서 토
지의 정착물은 토지와는 별개의 독립한 물건만을 의미한다는 소수의 견해[115]
와 토지의 정착물을 넓게 파악하여 독립한 부동산인 정착물과 토지에 부합하
여 토지의 일부에 지나지 않는 정착물까지 모두 포함된다는 다수의 견해가 있
다.[116] 또 다른 소수의 견해는 본조의 원형인 의용민법 §86 Ⅰ의 입법 경위에
비추어 동 규정은 토지와 그 정착물을 그 각각이 부동산이라는 의미가 아니라
토지의 정착물이 토지의 일부로 취급된다는 것을 표현하고자 하였던 데에 지

---

110) 대판 09.1.15, 2008도9427.
111) 대판 94.12.22, 93다60632, 60649.
112) 대판 05.9.30, 2004두2356.
113) 구주해(2), 46(김병재).
114) 고상룡, 279, 동 견해에 의하면 토지에 대한 권리 이전·설정이나 토지에 대한 압류의
    효력이 당연하게 그 정착물에도 미치는가, 토지와는 별도로 정착물에 대한 권리의 이전·
    설정, 압류가 가능한가, 토지와는 별도로 정착물을 부착한 때에 토지에 대한 권리가 정착
    물에도 미치는가와 같은 것들이 고려된다(278).
115) 김기선, 한국민법총칙, 1980, 197; 강태성, 415.
116) 구주해(2), 46(김병재); 고상룡, 278; 김민중, 245; 김주수·김상용, 269; 백태승(주 2),
    281; 송덕수(주 2), 700; 정기웅, 228. 그 밖에 정착물이란 토지 이외의 어떤 물체가 부동
    산으로 평가되기 위한 하나의 중요한 표준을 정한 것일 뿐이므로 정착물 중에는 부동산인
    것도 있고 부동산으로 볼 수 없는 것(토지의 구성부분)도 있어서 정착물은 부동산의 상위
    개념이라는 견해도 있다. 명순구, 280.

나지 않는다는 견해도 있다.[117)]

다수 견해의 입장에서 본조의 주된 취지는 토지와 함께 토지의 정착물의 부동산성을 명시한 것이지 토지와 토지 정착물이 하나의 물건인가 여부(독립성)에 대해서 규정한 것은 아니라는 이해에서 출발한다. 토지의 정착물은 소수설과 같이 토지와 별개의 부동산으로 존재하는 것도 있으나 구체적 사정에 따라 토지에 대한 정착성의 정도는 생활환경의 변화에 따라 매우 다양하게 나타날 수 있다. 이들 문제를 정착물이라는 개념을 통하여 종합적으로 파악할 수 있다는 점에서 다수의 견해가 유리하다고 생각된다.

다수 견해에 따르면 토지의 정착물은 다음과 같이 분류할 수 있다.

① 토지와는 별개의 독립한 부동산으로 다루어지는 정착물로서 대표적으로 건물, 「입목등기에 관한 법률」에 의하여 입목등기된 수목이 있다. ② 토지의 일부에 불과한 종속정착물로서 예를 들면, 돌담, 교량, 구거(溝渠) 등이 있다. ③ 반독립 정착물로서는 농작물, 수목, 미분리과실 등이 여기에 속하는데, 원래 토지의 구성부분이지만, 권원에 의해 부속시켰거나 명인방법 등을 갖춘 경우 독립한 부동산으로 다루어진다.

한편 정착물로서 어떤 물건을 토지에 부착한 경우에는 민법 §256의 부합(附合)의 법리가 적용되는데 이를 토지의 정착물의 관점에서 평가하면 다음과 같은 귀결을 얻을 수 있다.[118)] 건물이나 입목등기된 수목은 토지에 부합하지 않는다. 특히 우리 민법은 건물을 토지로부터 독립된 별개의 부동산으로 보므로 건물로 인정되는 한 토지에 부합하는 일은 없다. 신축 중인 건물의 경우, 건물로서의 구조적 요건을 갖추기 전에는 토지에 부합되어 독립한 부동산으로 다루어지지 않는다. 건물로서의 요건을 갖추면 그 등기 전이라도 독립한 부동산으로 자신의 노력과 재료로 건물을 건축한 사람(건축주)이 그 소유권을 취득한다.[119)]

종속정착물은 토지에 대한 고착의 정도가 강하여 토지의 구성부분으로 다루어진다.[120)] 제3자가 토지에 부착시킨 정착물은 그의 권원에 의하여 부착시

---

117) 제철웅, "물권의 객체로서의 물건", 중앙법학 2, 2000, 20. 이 견해에 따르면 우리 민법이 서구제국의 입법과 마찬가지로 "지상물은 토지에 따른다"는 원칙에 입각해 있다고 한다.
118) 구주해(2), 46(김병재) 이하.
119) 대판 80.7.8, 80다1014; 대판 90.4.24, 89다카18884; 대판 92.8.18, 91다25505; 대판 96.9.20, 96다24804 등.
120) 토지정착물 중에는 부동산인 것도 있고 부동산으로 볼 수 없는 것(즉 토지의 구성부분)도 있으며, 통설의 '독립정착물'과 '반독립정착물'은 부동산이지만 '종속정착물'은 애당초

킨 것이라도 부착자는 정착물의 소유권을 상실하고 그 분리에 의해 본래의 기능이나 가치가 현저히 훼손되므로 그 분리를 청구하여 회수할 수 없다(강한 부합). 수목이나 미분리의 과실과 같은 반독립 정착물의 경우, 원칙적으로 토지에 부합하여 토지의 일부가 되나 권원에 의하여 부착시키거나($\S_{256}$) 명인방법을 갖춘 경우에는 독립한 부동산으로 다루어진다(단 농작물에 대해서는 특별한 취급을 받는다).

  이와 같이 토지의 정착물이 토지와 별개의 독립한 물건인지의 여부는 본조가 아니라 부합에 관한 § 256[121)]에 의하여 처리된다.[122)] 즉 부동산의 소유자는 부합된 물건의 소유권을 취득한다. 그러나 그 단서에 의하여 타인이 그 권원에 의하여 '부속'한 것은 그러하지 아니하므로 그 부합물은 부동산의 소유권에 흡수되지 않고 그것을 부속시킨 자의 소유로 남는다.[123)] 여기서 타인의 권원이라 함은 지상권, 전세권, 임차권 등 물권과 채권을 막론하고 타인의 부동산에 지상물을 부속시킬 권능을 내용으로 하는 부동산이용권을 말한다.[124)] 그러나 부속된 물건이 주물인 부동산을 훼손하거나 또는 많은 비용을 지출하지 않고서는 분리할 수 없을 정도로 부착·합체되어 있는 것[125)]은 전형적인 부합의 형태로서 이른바 '강한 부합'에 해당하는 경우이다. 부동산에 부합된 물건이 사실상 분리 복구가 불가능하여 거래상 독립한 권리의 객체성을 상실하고 그 부동산과 일체를 이루는 부동산의 구성부분이 된 경우에는 타인의 권원에 의하여 부합시킨 경우에도 그 물건의 소유권은 부동산 소유자에게 귀속된다.[126)]

  즉, § 256 부합에 있어서 이른바 '강한 부합'과 '약한 부합'을 구별하여 부합한 물건을 훼손하지 않으면 분리할 수 없거나 분리에 과다한 비용을 요하는 경우에는 '강한 부합'이 일어나기 때문에 부동산의 일부가 되어 부동산소유권에 흡수되므로 권원에 의하여 부착시킨 것이라도 그 분리를 청구할 수 없다. 반면에 '약한 부합'의 경우에는 권원에 의하지 않고 부착시킨 경우에는 부합물

---

부동산의 범주에 포함되지 않는다는 견해도 있다. 명순구, 「민법」제256조 단서에 관한 해석과 입법에 대한 비판", 연세대 법학연구 26-3, 2016, 61.

121) § 256 부동산의 소유자는 그 부동산에 부합한 물건의 소유권을 취득한다. 그러나 타인의 권원에 의하여 부속된 것은 그러하지 아니하다.

122) 구주해(2), 47(김병재).

123) 구주해 물권(2), 497(권오곤); 곽윤직·김재형, 물권법, 제8판, 2014, 277; 김증한·김학동, 물권법, 제9판, 2004, 168; 구주해(2), 47(김병재).

124) 구주해 물권(2), 498(권오곤); 구주해(2), 47(김병재); 곽윤직·김재형, 물권법, 제8판, 2014, 277; 김증한·김학동, 물권법, 제9판, 2004, 167.

125) § 257(동산간의 부합)과 같은 취지이다. 김증한·김학동, 물권법, 167은 동산에의 부합과는 달리 그 결합의 정도가 느슨하여 이를 쉽게 분리할 수 있는 것도 모두 포함된다고 한다.

126) 곽윤직·김재형, 물권법, 277.

은 그 부동산에 부합되어 원래 부합물의 소유자는 소유권을 상실하지만, 권원에 의하여 부속시킨 것은 부동산의 소유권에 흡수되지 않고 부합물 소유자의 권리가 유지된다는 것이다.[127] 그리고 그 근거로 권원에 의하여 '부속'시킨 것은 전형적인 부합($^{이른바\ '강}_{한\ 부합'}$)의 경우와는 달리 부합물이 그 독립성을 유지한다거나[128] 애당초 타인의 권원에 의하여 부속시킨 것은 부합되지 않는다고 설명한다.[129] 토지의 정착물 중 등기된 부동산과 즉시 등기할 수 있는 부동산은 부동산 집행절차에 따르지만($^{민소\ §\ 81}_{I\ (i),\ (ii)}$), 등기할 수 없는 토지의 정착물로서 독립하여 거래의 객체가 될 수 있는 것은 유체동산 강제집행의 대상이 된다($^{민소\ §\ 189}_{II\ (i),\ (ii)}$).

### (2) 건　　물

(가) 건물의 의의　　　토지의 정착물 가운데에 대표적인 것이 건물이다. 서구 제국에 있어서 건물은 토지의 구성부분으로 취급하여 별개의 부동산으로 보지 않는 것이 지배적인 입법례이다. 가령 독민 § 94는 건물을 토지의 본질적 구성부분(Wesentlicher Bestandteil)으로 취급하고, 프민 § 517 역시 건물을 그 성질에 의한 부동산(immeuble par nature)으로 보아 모두 건물을 별개의 부동산으로는 보지 않는다. 이에 반하여 우리 민법은 의용민법의 태도를 좇아 건물을 언제나 토지와는 분리 독립한 별개의 부동산으로 본다. 따라서 건물은 토지와 부합하는 일이 없으며, 토지와 그 지상의 건물이라도 토지등기부와는 별개의 건물등기부에 의하여 공시되고, 별개의 독립한 부동산으로서 각각 분리하여 처분될 수 있다. 그러나 어떤 건물과 그 대지가 소유자를 달리 하는 경우, 건물의 소유를 위한 토지의 이용에 관하여 당사자들의 합의가 없거나 합의할 수 없었던 경우에는 사회 경제적으로 여러 가지 불합리한 상황이 발생할 수 있다. 이에 우리 민법은 특히 법정지상권에 관한 명문의 규정($^{§§\ 305,}_{366}$)을 두어 건물 소유자와 그 대지소유자 사이의 이해관계를 조절하는 한편, 판례는 이를 더욱 넓게 유추적용하여 관습상 법정지상권에 관한 판례법리를 형성하고 있

---

127) 구주해(2), 48(김병재); 주석 총칙(2), 305(제5판/김종기); 구주해 물권(2), 495(권오곤)은 § 256 본문의 부합이라는 용어와 단서의 부속이라는 용어의 차이는 이와 같은 강한 부합과 약한 부합의 차이를 표시하기 위하여 용의주도하게 구별되어 사용된 것이라고 주장한다. 그러나 이에 대해서는 § 256 본문과 단서가 그 규정형식에 있어서 부조화할 뿐 아니라 분리하여도 경제적 가치가 있는 경우라면 애당초 부합이 성립하지 않은 것으로 보는 것이 옳다는 점에서 본문과 단서가 딜레마 상황에 있어서 단서 규정을 삭제하는 것이 바람직하다는 견해도 있다. 명순구(주 120), 71 이하.

128) 구주해 물권(2), 495(권오곤).

129) 이영준, 물권법, 548.

다. 이와 같이 건물은 토지의 정착물 가운데에서도 토지와는 별개의 독립한 부
동산으로서 특별한 취급을 받으므로 토지의 정착물 가운데에 어떤 것을 건물
이라고 하는지를 검토해 보아야 한다. 가령, 건물을 신축 중인 경우 어느 정도
의 구조가 갖추어졌을 때에 이를 건물로 보아야 하는지는 당해 건물에 대한
소유권의 취득과 양도, 압류방법 등에 있어서 현격한 차이가 있기 때문에 특히
당사자들의 권리관계에 미치는 영향이 크다.

　　　　(나) 건물의 인정요건　　　건물의 현황에 대해서는 먼저 건축물관리대장
에 등재되어 이를 바탕으로 건물 등기부가 작성된다. 나아가 건물로서 독립된
부동산으로 거래되기 위해서는 건물등기부에 등기되어야 한다. 먼저 건축물
관리대장과 건물등기의 요건을 중심으로 건물의 요건을 살펴본다.[130]

　　　먼저 건물이 신축되면 건축물 관리대장이 만들어진다.[131] 건축물 관리대장
에 등재되는 건축법상의 '건축물'이란, 토지에 정착하는 공작물 중 지붕과 기
둥 또는 벽이 있는 것과 이에 딸린 시설물, 지하나 고가의 공작물에 설치하는
사무소·공연장·점포·차고·창고, 그 밖에 대통령령으로 정하는 것이라고 규
정하고 있다.[132] 그러나 건축법상 건축물에 해당되어 건축물대장에 등재되었다
고 해서 모두 등기할 수 있는 건물, 즉 등기능력이 있는 건물은 아니다.[133] 어
떤 건축물이 등기할 수 있는 건물인가에 관하여 법령상 명문의 규정은 없으므
로 사회의 일반 거래관념과 이에 기초한 판례 및 등기실무례를 토대로 판단할
수밖에 없다. 이에 대하여 등기예규에서는 "건축법상 건축물에 관하여 건물로
서 소유권보존등기를 신청한 경우, 등기관은 그 건축물이 토지에 견고하게 정
착되어 있는지(정착성), 지붕 및 주벽 또는 그에 유사한 설비를 갖추고 있는지
(외기분단성), 일정한 용도로 계속 사용할 수 있는 것인지(용도성) 여부를 당사자가 신청
서에 첨부한 건축물대장등본 등에 의하여 종합적으로 심사하여야 한다."고 한

---

130) 건축법상 건축물과 부동산등기법상 건물의 차이와 등기를 위한 건물 요건 등에 대해서
　　는 윤태영 외, "건물에 관한 민법과 건축법의 법리에 관한 연구", 법무부 연구용역보고서
　　(2014) 참조.
131) 종래 토지대장과 임야대장에 관하여는 구 지적법(2009.6.9. 법률 제9774호 측량·수로
　　조사 및 지적에 관한 법률 부칙 §2로 폐지) §9에서 그 작성근거 규정을 두고 있었지만
　　가옥대장(건축물대장)에 관해서는 그 작성근거 규정이 없었다. 그렇지만 건축법이 전면 개
　　정되면서 §29에서 건축물대장의 작성을 의무화하여 작성근거 규정이 생겼고, 이에 근거하
　　여 대장이 작성되게 된다.
132) 건축법 §2 Ⅰ (ii).
133) 법원행정처, 부동산등기실무(1), 2007, 37.

다.[134)135)]

건축법상 건축물과 등기할 수 있는 건물은 반드시 일치하는 것은 아니고 심지어는 건축허가를 받지 않은 무허가 건물이라도 민법상 건물로 성립하는 데에는 영향이 없으며 자기의 재료와 노력으로 건물을 신축한 자는 그 건물의 소유권을 취득한다. 그러나 민법에는 건물의 개념과 성립요건에 관하여 명문 규정을 두고 있지 않다. 판례는 사회통념상 건물이라고 볼 수 있는 형태와 구조를 갖추고 있으면 건물의 소유권을 취득할 수 있다고 한다.[136)] 그리고 건물로서의 성립을 판단하는 기준으로 최소한의 기둥과 지붕 그리고 주벽이 이루어지면 법률상 건물이라고 한다.[137)] 이것은 주로 독립된 부동산으로 볼 수 있는지 라는 관점에서 건물성을 판단하고 있는 것으로 생각된다.

이와 같은 기준에 따라 신축 중인 건물이 당초 건축계획에 따라 완성되기 전이라도 위 요건을 갖춘 경우에는 건물로 인정된다. 즉, 판례는 "경락 당시 지하 1, 2층 및 지상 1층까지의 콘크리트 골조 및 기둥, 천장(슬라브)공사가 완료되어 있고, 지상 1층의 전면(남쪽)에서 보아 좌측(서쪽) 벽과 뒷면(북쪽) 벽 그리고 내부 엘리베이터 벽체가 완성된 사실을 인정할 수 있으므로, 이 사건 공작물은 최소한의 지붕과 기둥 그리고 주벽이 이루어졌다고 할 것이어서 미완성 상태의 독립된 건물(원래 지상 7층 건물로 설계되어 있으나, 지상 1층만으로도 구분소유권의 대상이 될 수 있는 구조임)로서의 요건을 갖추었다"고 하고,[138)] 지하층만 완성된 건축 중인 것에 대해서도 "신축 건물의 지상층 부분이 골조공사만 이루어진 채 벽이나 지붕 등이 설치된 바가 없다 하더라도, 지하층 부분만으로도 구분소유권의 대상이 될 수 있는 구조라는 점에서 신축 건물은 경락 당시 미완성 상태이기는 하지만 독립된 건물로서의 요

---

134) 등기능력 있는 물건 여부의 판단에 관한 업무처리지침, 2004.10.1. 등기예규 제1086호, 가령, 건축물 가운데에서는 관람을 위한 공작물이나 건축설비와 같은 것은 대체로 건물로서의 요건을 갖추지 못한 것도 포함된다.

135) 건축법과 비교해보면 정착성과 외기분단성은 거의 일치하지만 용도성이 추가되어 있음을 알 수 있다. 그런데 실제로 용도성이 있는지는 허가 당시 판단하게 될 것이므로 이 부분도 시점이나 명시적으로 언급하고 있는지의 차이만 있을 뿐 실제로 크게 다른 것은 아니다. 그런데도 우리나라 예규 등에서는 건물인지 여부를 판단함에 있어 그 물건의 이용 상태 등을 고려하여 등기관이 개별적, 구체적으로 판단하도록 하고 있다. 객관적 구체적 기준 없이 건물의 등기능력을 등기관의 개별 구체적 심사에 맡기는 것은 우리나라 등기제도의 형식적 심사주의를 간과한 실무운용이라는 지적이 있다. 윤태영 외(주 130), 124 이하.

136) 대판 84.9.25, 83다카1858, 2006.5.12, 2005다68783; 대판 07.4.26, 2005다19156.

137) 대판 86.11.11, 86누173; 대판 01.1.16, 2000다51872; 대판 03.5.30, 2002다21592, 21608; 대판 07.4.26, 2005다19156 등.

138) 대판 01.1.16, 2000다51872.

건을 갖추었다"고 하고 있다.[139] 그리고 공장 울 안에 공장 건물과 인접하여
설치된 저유조가 그 설치된 장소에서 손쉽게 이동시킬 수 있는 구조물이 아니
고 그 토지에 견고하게 부착시켜 그 상태로 계속 사용할 목적으로 축조된 것
이며 거기에 저장하려고 하는 원유, 혼합유 등을 풍우 등 자연력으로부터 보호
하기 위하여 둥그런 철근콘크리트 및 철판 벽면과 삿갓모양의 지붕을 갖추고
있는 경우, 그 저유조는 유류창고로서의 기능을 가진 독립된 건물이다.[140] 나
아가 사회통념상으로는 가건물이지만 독립된 건물에 해당하는 것으로 본 예도
있다. 가령 "가건물들은 시멘트 블록조, 철골조 혹은 목조이고, 지붕은 슬레이
트, 함석, 천막 등으로 되어 있으며, 주벽이 이루어진 상태로 사무실, 점포, 공
장, 창고, 물치장, 주거용 방 등의 용도로 사용되고 있는 사실이 인정되므로,
이 사건 가건물들은 부동산으로서의 건물에 해당된다"고 하였다.[141] 반대로 "4
개의 나무기둥을 세우고 그 위에 유지로 만든 지붕을 얹었고, 4면 중 앞면을
제외한 3면에 송판을 띄엄띄엄 가로질러 놓았으나 벽이라고 볼만한 시설이 되
어있지 아니한 물건이라면, 쉽게 이를 해체 이동할 수 있는 것이어서 토지의
정착물, 즉 부동산이라고는 볼 수 없다"[142]고 판단한 바 있다.

　(대) 건물의 개수

　　(a) 판단의 기준　　　　토지에 있어서는 지번(地番)이 토지의 개수를 결
정할 것이나 건물에 있어서는 동일한 지번상에 수개의 건물이 있을 수도 있기
때문에 그 개수가 문제된다. 판례는 건물의 개수를 판단함에 있어서는 물리적
구조뿐만 아니라 거래 또는 이용의 목적물로서 관찰한 건물의 상태도 그 개수
판단표준의 중요한 자료가 된다고 본다. 이러한 상태를 판별하기 위하여는 주
위 건물과 접근의 정도, 주위의 상태 등 객관적 사정은 물론 건축한 자의 의사
와 같은 주관적 사정도 고찰하여야 할 것으로서 단순히 건물의 물리적 구조로
서만 그 개수를 판단할 수는 없다고 한다.[143]

　　따라서 물리적으로는 별개의 건물이라도 본관과 별관 또는 부속건물, 창
고 등과 같이 서로 기능적 일체로서 사용하는 건물은 하나의 등기용지에 하나

---

139) 대판 03.5.30, 2002다21592, 21608.
140) 대판 90.7.27, 90다카6160.
141) 대판 96.6.14, 94다53006.
142) 대판 66.5.31, 66다551.
143) 대판 61.11.23, 4293민상623, 624; 대판 90.1.12, 88다카28518; 대판 01.10.12, 2000두
　　1591.

의 건물로 등기할 수 있고, 그렇게 물리적으로 별개의 건물이라도 하나의 등기용지에 하나의 건물로 등기된 이상 그 일부만을 따로 떼어 소유권의 객체로 할 수는 없다.[144] 나아가 건물이 증축된 경우에 증축 부분이 별개의 건물이 되는가 아니면 기존 건물에 부합하여 하나의 건물이 되는 것으로 볼 것인가 하는 점에 대하여, 판례는 증축 부분이 기존 건물에 부착된 물리적 구조뿐만 아니라, 그 용도와 기능의 면에서 기존 건물과 독립한 경제적 효용을 가지고 거래상 별개의 소유권 객체가 될 수 있는지의 여부 및 증축하여 이를 소유하는 자의 의사 등을 종합하여 판단하여야 한다고 한다.[145] 따라서 지하 1층, 지상 7층의 주상복합건물을 신축하면서 불법으로 위 건물 중 주택 부분인 7층의 복층으로 같은 면적의 상층을 건축하였고, 그 상층은 독립된 외부 통로가 없이 하층 내부에 설치된 계단을 통해서만 출입이 가능하고, 별도의 주방시설도 없이 방과 거실로만 이루어져 있으며, 위와 같은 사정으로 상·하층 전체가 단일한 목적물로 임대되어 사용된 경우, 그 상층 부분은 하층에 부합되었다고 본다.[146] 그리고 기존 건물과 증축된 건물 부분이 구조상 독립하여 있는 것이 아니라 서로 벽을 통하여 인접함으로써 각 유지 존립에 있어 불가분의 일체를 이루고 있고, 위 증축 건물 부분을 증축한 자도 이를 기존 건물과 별개의 건물로 할 의사로써 증축한 것이 아니라면 그 용도를 달리하고 있다고 하더라도 1개의 건물로 본다.[147] 또한 기존 건물의 북쪽 벽과 남쪽 벽을 이용하여 그에 덧붙여 경량철골조의 가건물형식으로 새 건물을 증축하고 거기에 기존 건물의 생산공정의 일부에 사용되는 기계를 설치하여 이를 이용하고 있고, 새 건물의 각 면적이나 감정가격이 기존 건물의 면적 및 감정가격보다 작고 낮다면 위 증축부분인 기존 건물의 그 물리적 구조뿐만 아니라 경제적 효용의 면에서 보더라도 그 증축시에 기존 건물에 부합하여 이와 일체를 이루어 새 건물이 기존 건물에 부합된다고 본다.[148] 반대로 기존 건물과 신축 건물이 외관상 1개의 건물로 보이고, 두 건물의 내부가 서로 연결되어 있으며, 일부 점포의 경우 두 건물의 경계선 위에 걸쳐 있다고 하더라도 두 건물을 원래의 경계대로 복원하여 분리하는 데 과다한 비용이 필요하다거나 분리로 인하여 두 건물의 경제적

---

144) 이와 다른 견해로 구주해(2), 51(김병재).
145) 대판 02.10.25, 2000다63110.
146) 대판 02.10.25, 2000다63110.
147) 대판 90.1.12, 88다카28518.
148) 대판 94.6.10, 94다11606.

가치가 심하게 훼손하지 않고, 그 동안의 공매·경매 절차에서도 별개의 건물로 취급되었다면 신축 건물이 기존 건물에 부합되어 하나의 건물이 되었다고 볼 수 없다고 한다.[149]

　　　(b) 구분건물　　　다른 한편으로 1동의 건물 중 구분된 각 부분이 구조상·이용상 독립성을 가지고 있는 경우에는 그 각 부분을 1개의 구분건물로 하는 것도 가능하고, 그 1동 전체를 1개의 건물로 하는 것도 가능하다. 따라서 이를 구분건물로 할 것인지 여부는 특별한 사정이 없는 한 소유자의 의사에 의하여 결정된다.[150] 결국 구분건물이 되기 위하여는 ① 객관적, 물리적인 측면에서 구분건물이 구조상, 이용상의 독립성을 갖추어야 하고, ② 그 건물을 구분소유권의 객체로 하려는 의사표시 즉 구분행위가 있어야 한다.[151] 기존 건물을 증축한 경우에도 증축 부분이 구분소유의 객체가 될 수 있는 구조상, 이용상 독립성을 갖추었다고 하더라도 이로써 곧바로 그 증축 부분이 법률상 기존 건물과 별개인 구분건물로 되는 것은 아니고, 구분건물이 되기 위하여는 증축 부분 소유자의 구분소유의사가 객관적으로 표시된 구분행위가 있어야 한다.[152]

　　언제 이러한 구분행위가 있었다고 볼 것인가에 대하여, 종래 판례는 원칙적으로 건물 전체가 완성되어 당해 건물에 관한 건축물대장에 구분건물로 등록된 시점을 기준으로 판단하여야 하고, 그 후의 건물개조나 이용상황의 변화 등은 전유부분인지 공용부분인지 여부에 영향을 미칠 수 없다고 판시한 것[153]과 집합건축물관리대장의 등록은 필요하지 아니하며 구분건물이 물리적으로 완성되기 전이라도 분양계약 등을 통하여 장래 신축되는 건물을 구분건물로 하겠다는 구분의사를 표시함으로써 구분행위를 인정할 수 있다는 것[154]으로 나뉘어 있었다. 이에 대하여 2013년 대법원 전원합의체 판결은, 여기서 구분행위는 건물의 물리적 형질에 변경을 가함이 없이 법률관념상 건물의 특정 부분을 구분하여 별개의 소유권의 객체로 하려는 일종의 법률행위로서, 그 시기나 방식에 특별한 제한이 있는 것은 아니고 처분권자의 구분의사가 객관적으로 외부에 표시되면 인정된다. 따라서 구분건물이 물리적으로 완성되기 전에도 건

---

149) 대판 02.5.10, 99다24256.
150) 대판 99.7.27, 98다35020.
151) 대판 99.7.27, 98다35020.
152) 대판 99.7.27, 98다32540.
153) 대판 99.9.17, 99다1345; 대판 06.11.9, 2004다67691; 대판 07.7.12, 2006다56565; 대판 11.3.24, 2010다95949.
154) 대판 06.3.10, 2004다742.

축허가신청이나 분양계약 등을 통하여 장래 신축되는 건물을 구분건물로 하겠다는 구분의사가 객관적으로 표시되면 구분행위의 존재를 인정할 수 있고, 이후 1동의 건물 및 그 구분행위에 상응하는 구분건물이 객관적·물리적으로 완성되면 아직 그 건물이 집합건축물대장에 등록되거나 구분건물로서 등기부에 등기되지 않았더라도 그 시점에서 구분소유가 성립한다고 판시하였다.[155) 이와 같이 구분건물이 물리적으로 완성되기 전에 분양계약 등을 통하여 장래 신축되는 건물을 구분건물로 하겠다는 의사표시를 함으로써 구분행위를 한 경우에는 그 후 1동의 건물 및 구분행위에 상응하는 구분 건물이 객관적·물리적으로 완성되면 그 시점에서 구분소유가 성립한다.[156) 만약 구분행위 후에 소유권자가 분양계약을 전부 해지하고 1동 건물 전체를 1개의 건물로 소유권보존등기를 마쳤다면 이는 구분폐지행위를 한 것으로서 구분소유권은 소멸한다.[157) 나아가 일반건물로 등기되었던 기존 건물에 관하여 실제로 건축물대장의 전환등록절차를 거쳐 구분건물로 변경등기까지 마쳐진 경우라면 특별한 사정이 없는 한 전환등록 시점에는 구분행위가 있었던 것으로 본다.[158)

　　㈔ 건물의 멸실　　　건물이 멸실된 경우에는 그 건물 소유권의 등기 명의인은 1개월 이내에 멸실등기를 신청하여야 하고(부동산등기법 §43 ①), 그 건물 소유권의 등기명의인이 1개월 이내에 멸실등기를 신청하지 아니하면 그 건물 대지의 소유자가 건물 소유권의 등기명의인을 대위하여 멸실등기를 신청할 수 있다(동조 ②). 건물이 멸실되면, 멸실등기를 경료하지 않더라도 건물의 등기는 무효이며 표시등기를 전용하는 것은 허용되지 않는다. 따라서 멸실된 건물과 신축된 건물이 위치나 기타 여러 가지 면에서 서로 같다고 하더라도 그 두 건물이 동일한 건물이라고는 할 수 없으므로 신축건물의 물권변동에 관한 등기를 멸실건물의 등기부에 등재하여도 그 등기는 무효이고 가사 신축건물의 소유자가 멸실건물의 등기를 신축건물의 등기로 전용할 의사로써 멸실건물의 등기부상 표시를

---

155) 대판(전) 13.1.17, 2010다71578. 이에 대해서는 법률관계의 명확성과 안정성을 담보하기 위해서는, 부동산 소유권의 내용을 변경시키는 법적 행위로서 구분행위가 부동산 물권변동에서 요구되는 공시방법인 등기에 준할 정도로 명료한 공시기능을 갖추는 것이 반드시 필요하다는 이유에서 집합건축물대장의 등록을 건물의 소유자와 같이 처분권한 있는 자가 건물의 단독소유권을 구분소유권으로 변동시키는 구분행위의 필수적인 방식으로 보아야 한다는 반대견해가 있다.
156) 대판 16.1.14, 2013다219142.
157) 대판 16.1.14, 2013다219142.
158) 대판 16.6.28, 2013다70569.

신축건물의 내용으로 표시변경등기를 하였다고 하더라도 그 등기가 무효임에는 변함이 없다.[159] 구건물 멸실 후에 신건물이 신축되었고 구건물과 신건물 사이에 동일성이 없는 경우, 멸실된 구건물에 대한 근저당권설정등기는 무효이며 이에 기하여 진행된 임의경매절차에서 신건물을 경락받았다 하더라도 그 소유권을 취득할 수 없다.[160] 새 건물에 대한 근저당권을 설정할 의사를 가지고 종전 건물의 등기부에 근저당권설정등기를 하고, 후에 그 표제부 표시를 새 건물로 변경등기하였다고 하여 새 건물에 대한 등기로서 유효하게 된다고 할 수 없다.[161]

### (3) 수　　목

㈎ 수목의 권리 귀속　　　수목은 토지에 자연 식생하는 것이나 인위적으로 식목한 것이나 토지의 정착물로서 원칙적으로 토지에 부합하여 토지소유권이 미치게 된다. 다만 토지소유자 아닌 타인이 그 권원에 기하여 나무를 심은 경우에는 그 타인은 수목에 대한 소유권을 잃지 않는다. 여기서 권원이란, 지상권, 전세권, 임차권 등과 같이 타인의 부동산에 자기의 동산을 부속시켜서 그 부동산을 이용할 수 있는 권리를 뜻한다.[162] 가령 토지의 사용대차권에 기하여 그 토지상에 식재된 수목은 이를 식재한 자에게 그 소유권이 있고 그 토지에 부합되지 않는다 할 것이므로 비록 그 수목이 식재된 후에 경매에 의하여 그 토지를 경락받았다고 하더라도 경락인은 그 경매에 의하여 그 수목까지 경락 취득하는 것은 아니다.[163] 반대로 타인의 토지 위에 권원 없이 심은 수목은 그 토지소유자에게 귀속된다.[164] 토지소유자의 승낙을 받음이 없이 그 임차인의 승낙만을 받아 그 부동산 위에 나무를 심었다면 특별한 사정이 없는 한 토지소유자에 대하여 그 나무의 소유권을 주장할 수 없다.[165] 다른 사람에게 지상권을 설정한 토지소유자로부터 토지를 이용할 수 있는 권리를 취득하였더라도 지상권이 존속하는 한 이와 같은 권리는 원칙적으로 민법 §256 단서가 정한 '권원'에 해당하지 아니하지만, 금융기관이 대출금 채권의 담보를 위하여 토지에 저당권과 함께 지료 없는 지상권을 설정하면서 채무자 등의 사용·수

---

159) 대판 80.11.11, 80다441.
160) 대판 93.5.25, 92다15574.
161) 대판 92.3.31, 91다39184; 대판 16.8.30, 2016다24529, 24536, 24543.
162) 대판 89.7.11, 88다카9067.
163) 대결 90.1.23, 89다카21095; 대판 16.8.30, 2016다24529, 24536, 24543.
164) 대판 70.11.30, 68다1995.
165) 대판 89.7.11, 88다카9067.

익권을 배제하지 않은 경우, 그러한 토지소유자로부터 토지를 사용·수익할 수 있는 권리를 취득하였다면 이러한 권리는 민법 §256 단서가 정한 '권원'에 해당한다.[166]

　　　(내) 명인방법을 갖춘 수목　　　수목은 통상 토지에 부합하여 토지소유권이 미치므로 토지와 함께 거래되는 경우가 보통이다. 그러나 수목은 토지와는 별개의 경제적 가치와 효용을 가질 수 있으므로 토지와 분리하여 수목만을 거래의 목적으로 할 경제적 수요가 있다. 이러한 수요에 대응하여 과거 수목을 그 정착한 토지와 분리하여 거래의 목적으로 하는 방법의 하나로 관습상 명인방법이 사용되었다. 명인방법이란 토지 소유자 외 제3자가 수목과 같은 지상물의 소유자를 공중에게 명백히 인식시키는 방법이다. 적법한 명의방법을 갖추기 위해서는 권리자와 그 권리가 미치는 수목이 특정되어야 하고 누구나 쉽게 인식할 수 있는 방법을 취하여야 한다. 임야의 통로에 누구나 알기 쉽게 푯말을 세운다든가 수피(樹皮)를 깎아 소유자를 묵서(墨書)하는 방법이 사용된다. 따라서 임야의 지반과 분리하여 임야의 수개 소에 '입산금지 소유자 ○○○'라는 문구를 기재한 푯말을 붙여 놓았다면 입목 소유권 취득의 명인방법으로 충분하다.[167] 집달관이 임야의 입구 부근에 그 지상입목들이 원고의 소유에 속한다는 공시문을 붙인 팻말을 세운 경우도 명인방법으로 인정된다.[168] 그러나 권리자 또는 대상 수목을 특정할 수 없으면 적법한 명인방법이 아니다. 가령 토지의 주위에 울타리를 치고 그 안에 정원수를 심어 가꾸어 온 경우,[169] 임야 7단 8무보 지상 입목 중 97,000재(才)를 특정하지 않고 지적만으로 표시하여 매수하고 그 공시를 위하여 그 입목이 원고의 소유라는 푯말을 게시한 경우,[170] 검증 당시 수령이 10년 이상 된 수목을 흰 페인트칠로 표시하라는 재판장의 명에 따라 측량감정인이 포푸라의 표피에 흰 페인트칠을 하고 편의상 그 위에 일련번호를 붙인 경우[171]에는 명인방법을 충족하지 못한다.

　　명인방법은 토지와 분리하여 수목에 대한 소유권의 양도 또는 토지 양도 시 수목에 대한 소유권의 유보를 위하여 사용될 수 있으며 공시방법으로서의

---

166) 대판 18.3.15, 2015다69907.
167) 대판 67.12.18, 66다2383, 2383.
168) 대판 89.10.13, 89다카9064.
169) 대판 91.4.12, 90다2209.
170) 대판 75.11.25, 73다1323.
171) 대판 90.2.13, 89다카23022.

불완전성 때문에 저당권을 설정할 수는 없다. 명인방법도 소유권 이전의 효력
발생요건이므로[172] 수목에 대한 소유권이 이중 양도된 경우에는 먼저 명인방
법을 갖춘 쪽이 그 소유권을 취득하고 양수인이 모두 명인방법을 갖춘 경우에
는 이를 먼저 실시한 쪽이 그 소유권을 취득한다.[173]

　　　㈐ 등기된 입목(立木)　　　명인방법을 통해서는 토지와 분리된 수목만
의 소유권이전 또는 소유권이전 형식의 양도담보의 설정이 가능하고, 그 공시
방법의 불완전성 때문에 부동산 담보의 전형인 저당권 등을 설정할 수는 없다.
명인방법의 불완전한 공시기능으로 인한 한계를 극복하기 위하여 마련된 것이
입목등기제도이다. '입목(立木)'이란 토지에 부착된 수목의 집단으로서 그 소유
자가 입목에 관한 법률에 따라 소유권보존의 등기를 받은 것($\frac{입목}{\S 2 ⑴}$)으로, 소유
권보존의 등기를 받을 수 있는 수목의 집단은 동법에 따른 입목등록원부에 등
록된 것으로 한정되고 그 등록을 받으려는 자는 그 소재지를 관할하는 특별자
치도지사, 시장, 군수 또는 구청장에게 입목의 등록을 신청하여야 한다($\frac{\S}{8}$). 특
별자치도지사, 시장, 군수 또는 구청장은 입목등록원부를 갖추어 입목을 관리
한다($\frac{\S}{9}$). 등기된 입목은 부동산으로서 입목 소유자는 토지와 분리하여 양도하
거나 저당권의 목적으로 할 수 있고, 토지 소유권 또는 지상권 처분의 효력은
입목에 미치지 않는다($\frac{동법}{\S 3}$). 입목의 경매나 그 밖의 사유로 토지와 그 입목이
각각 다른 소유자에게 속하게 된 경우에는 법정지상권이 인정된다($\frac{\S}{6}$).

　　　㈑ 수목의 소유를 위한 지상권　　　타인의 토지 위에 수목을 소유하기
위하여 지상권을 설정할 수 있다($\frac{\S}{279}$). 판례에 따르면 수목의 소유를 목적으로
하는 지상권을 취득한 자는 특별한 사정이 없는 한 그 임야에 대한 지상권설
정 당시 현존하는 입목의 소유권도 취득한 것이라고 추정된다.[174]

　　(4) 미분리 과실(未分離 果實)

　　미분리의 과실은 수목으로부터 분리되지 않은 천연과실을 말한다. 과수의
열매, 뽕나무잎 등이 여기에 속한다. 수목으로부터 분리된 과실은 독립한 물건
으로 과실의 수취권자의 소유가 되지만($\frac{\S}{102}$), 아직 수목으로부터 분리되지 않은
미분리과실은 수목의 일부로서 수목의 소유자에게 속하고, 수목이 토지에 부
합한 경우에는 토지소유권이 미치게 된다. 미분리의 과실을 그 토지나 수목으

---

172) 대판 69.11.25, 69다1346(집 17-4, 58); 대판 74.6.11, 74다542(집 22-2, 99).
173) 대판 67.2.28, 66다2442(집 20-3, 65); 대판 67.12.18, 66다2382, 2383(집 15-3, 360),
　　　구주해(2), 57(김병재).
174) 대판 72.10.25, 72다1389.

로부터 분리하여 독립한 거래의 목적으로 하고자 하는 때에는 명인방법을 사용하여야 한다.[175] 이때 미분리의 과실이 동산인가 부동산인가에 대하여 학설이 대립한다. 다수설은 토지의 정착물인 수목의 일부라는 점에서 부동산이라고 하는 데[176] 반하여 소수설은 민사집행법 § 189 Ⅱ (ii)가 미분리과실을 유체동산으로 취급하고 있는 점을 들어 유체동산으로 보고 있다.[177] 미분리과실이 이미 성숙기에 이른 경우에는 일종의 동산으로 선의취득의 대상이 된다는 견해도 있다.[178]

### (5) 농 작 물

농작물도 원칙적으로 토지에 부합하여 독립한 물건이 되지 못한다. 그러나 정당한 권원에 의하여 농작물을 파종 재배하면 농작물은 토지에 부합하지 않고 경작자의 소유가 된다. 농작물은 일종의 토지의 과실로 취급된다. 따라서 토지에 대하여 경작할 정당한 권원이 없더라도 그러한 권원이 있다고 믿고 그렇게 믿은 데에 정당한 이유가 있는 경우에는 선의 점유자로서 농작물을 수취할 수 있다($§\,^{201}_{1}$).

그러나 타인의 토지에 대하여 권원 없이 그러한 사실을 알면서 무단 경작을 한 경우에 그 농작물에 대한 권리의 귀속이 문제된다. § 256 본문에 따르면 그 농작물은 토지에 부합하여 토지소유자에게 귀속되어야 한다. 그러나 이에 대하여는 학설이 대립한다. 다수설은 § 256 본문에 따라 토지에 부합하여 토지소유자가 그 권리를 취득한다고 한다. 농작물 경작자에게 권원이 없는 이상 § 256 본문에 의하여 독립성 없는 단순한 정착물로서 부합에 의하여 토지소유자에게 귀속하는 것이 논리해석상 명백하며,[179] 과실에 관한 게르만법의 생산주의에 따르더라도 경작할 권리가 있는 자 또는 그러한 권리가 있다고 믿은 자만이 그 생산물을 취득할 수 있었을 뿐이고 위법하게 타인의 토지를 경작한 경우에도 그 생산물은 여전히 경작자에게 돌아간다는 것은 소박한 고대법에서도 결코 이를 인정한 바 없다는 것이다.[180]

---

175) 미분리과실의 명인방법에 의한 소유권취득의 관습법은 물권의 귀속에 관한 강행법규에 반하여 그 효력이 부인되며 명인방법은 공시방법 그 자체가 아니라 부분 점유설정의 한 방법에 지나지 않는다는 견해도 있다. 제철웅(주 117), 37.
176) 김대정, 556; 이영준(주 4), 862.
177) 곽윤직·김재형, 235.
178) 고상룡, 283.
179) 곽윤직·김재형, 235.
180) 곽윤직·김재형, 241.

　　그러나 소수설과 판례는 무단경작의 경우에도 농작물은 토지에 부합하지
않고, 경작자에게 속하며 미분리 과실의 경우처럼 명인방법을 갖출 필요도 없
다고 한다.[181]

　　소수설은 농지개혁법($\frac{1994.12.22.}{폐지}$)의 근본정신으로부터 도출되는 경자유전 및
농경자보호의 원칙에 충실하여 농경지에 부합하지 않는다고 주장한다.[182] 판례
는 무단 경작의 경우에도 확고하게 경작자가 그 소유자임을 거듭해서 밝히고
있다. 그리고 그 이유에 대하여 농작물재배의 경우에는 파종시부터 수확까지
불과 수개월밖에 걸리지 않고 경작자의 부단한 관리가 필요하며, 그 점유의 귀
속이 비교적 명백하다는 점을 들고 있다.[183] 특히 입도(立稻)에 대해서는 적법
한 경작권 없이 타인의 토지를 경작하였더라도 그 경작한 입도가 성숙하여 독
립한 물건으로서의 존재를 갖추었으면 입도의 소유권은 경작자에게 귀속한
다.[184] 경작과정에 있는 농작물이 어느 시점에 독립한 물건으로 취급될 수 있
는가에 대하여는 종자가 발아한 이후부터 독립한 농작물이 된다는 견해가 있
다. 판례는 4.5cm 정도 자란 벼를 농작물로 본 사례가 있다. 농작물의 경우에
도 재배지인 토지로부터 분리하기 전에 미분리 과실의 경우와 같이 명인방법
으로 그 토지와 별도로 양도할 수 있다.[185]

## Ⅲ. 동　산

### 1. 의　의

　　부동산 이외의 모든 물건은 동산이다. 전기 기타 관리할 수 있는 자연력도
동산으로 취급된다. 토지에 부착된 것이라도 고착되어 있지 않고 쉽게 이동 가
능한 것은 동산이다. 선박, 자동차, 항공기, 일정한 건설기계는 동산이지만 부
동산과 유사하게 등기나 등록에 의해 권리관계를 공시하고 저당권의 객체로
할 수 있다. 의용민법은 무기명채권을 동산으로 간주하는 규정을 두었으나 우

---

181) 주로 60년대의 판결들로서 대판 63.2.21, 62다913; 대판 65.7.20, 65다874; 대판
　　 67.7.11, 67다893; 대판 68.6.4, 68다613 등.
182) 이영준(주 129), 550.
183) 대판 70.11.30, 68다1995; 제철웅(주 117), 31은 경자유전의 원칙을 들 필요도 없이
　　 §256 단서 규정의 확대적용 내지 그 법정신으로부터 도출된다고 한다.
184) 대판 79.8.28, 79다784.
185) 대판 96.2.23, 95도2754.

리 민법은 이를 채용하지 않고 채권편에서 이를 별도로 규정하여 그 양도와
선의취득에 관한 특칙을 두고 있다($_{내지\ 526}^{\S\S\ 523}$) 무기명채권은 상품권, 승차권, 영화
관람권과 같이 채권자를 표시하지 않은 증권적 채권으로 그 증서의 정당한 소
지자에게 변제함으로써 이행되는 채권이다. 채권이 증권에 화체되어 있으므로
채권의 성립, 존속, 행사 등에 있어서 증권을 요건으로 한다. 무기명채권의 양
도에는 증서의 교부($_{523}^{\S}$), 선의취득의 인정($_{514}^{\S}$), 증서교부에 의한 질권설정($_{351}^{\S}$)
등에서 동산에 준하는 취급을 하고 있다.

## 2. 금    전

　금전도 동산의 일종이기는 하지만 국가가 화폐로서 강제통용력을 부여하
여 상품교환을 매개하고 경제적 가치가 화체(化體)되어 있는 거래의 수단으로
특별히 수집용 고화폐 기념주화가 아닌 경우에는 물건으로서의 개성이 없다.
따라서 금전에 대한 소유권은 언제나 점유와 함께 하고 금전에 대한 물권적
청구권은 성립하지 않는다. 따라서 금전의 절취 등에 있어서 언제나 부당이득
반환청구권이나 불법행위로 인한 손해배상청구권등 채권적 반환청구권만이 발
생한다.

[박 인 환]

**第 100 條**(主物, 從物)

① 物件의 所有者가 그 物件의 常用에 供하기 爲하여 自己所
有인 다른 物件을 이에 附屬하게 한 때에는 그 附屬物은
從物이다.

② 從物은 主物의 處分에 따른다.

# Ⅰ. 의　　의

## 1. 규정의 취지

복수의 물건이 결합하여 일체로서 경제적 효용과 가치를 갖는 경우가 적
지 않다. 그중에서도 민법은 하나의 독립한 물건이 지속적으로 다른 물건의 효
용(效用)에 이바지하는 관계에 있을 때 이를 종물(從物)이라고 한다. 이와 같
이 복수의 물건이 일체로서 경제적 효용을 가지고 거래되는 것으로 집합물이
있다. 집합물에는 반드시 주종의 구별이 있는 것은 아니라는 점에서 종물과 다
르다. 종물은 경제적 효용 면에서는 주물과 일체를 이루지만 법적으로는 별개
독립한 물건이다. 이 점에서 부속된 물건이 독립성을 상실하고 다른 물건에 흡
수되는 부합의 경우와 다르다. 그러나 실제 부합하여 하나의 물건을 구성하는
것인지(부합) 아니면 별개의 물건으로 경제적으로만 일체를 이루고 있는지의
구별은 미묘한 경우가 적지 않다. 경제적으로는 주물과 일체를 이루고 있더라
도 별개의 물건인 종물은 분리 처분의 가능성이 있고, 주물과 종물이 그 처분

을 달리하는 경우에는 일체로서 경제적 효용과 가치가 훼손될 우려가 있다. 따라서 주물과 종물의 경제적 일체성이 유지될 수 있도록 가능한 한 종물의 법률적 운명을 주물과 일치시킬 필요가 있다. 이러한 취지에서 본조는 물건의 소유자가 그 물건의 상용(常用)에 공(供)하기 위하여 자기 소유 물건을 이에 부속하게 한 때에는 그 부속물을 종물(從物)이라고 정의하고($\frac{\text{동조}}{\text{I}}$), 종물은 주물의 처분에 따른다($\frac{\text{동조}}{\text{II}}$)고 정하고 있다. 이때 본조의 규정 취지가 주물과 종물이 일체로서의 객관적 경제적 결합관계에 기초하여 그 법률적 운명을 일치시키고자 하는 것인지 아니면 그와 같은 경제적 일체성을 고려하여 처분 당사자(들)의 의사를 추정하는 조항인지에 대해서는 견해가 달라질 수 있다. 전자의 경우에는 종물의 처분 방식이나 요건($\frac{\text{공시}}{\text{방법}}$)에 있어서도 주물에 따른다는 견해와 친화성(親和性)이 높은 반면, 후자의 경우에는 주물 처분에 있어서 당사자의 의사를 추정하는 규정일 뿐이므로 종물의 처분 방식이나 요건은 종물이 부동산인가 동산인가에 따라 그에 맞는 처분 방식과 요건을 갖추어야 한다는 해석을 도출할 수 있다. 그러나 주물과 종물의 경제적 결합관계는 그 소유자를 구속하는 것은 아니다. 종물은 법률적으로는 여전히 독립한 물건이므로 어느 견해를 취하더라도 종물을 주물과 달리 처분할 수 있다($\frac{\text{임의}}{\text{규정}}$). 따라서 소유자가 주물에 대한 처분행위를 하면서 종물에 대하여는 별도로 처분의 의사를 표시하지 않더라도 본조에 의하여 주물 처분행위의 효력은 종물에도 미치게 되지만, 처분자가 이와 다른 의사표시를 한 경우에는 주물 처분의 효력은 종물에 미치지 않는다.

그 밖에 우리 민법은 저당권의 효력이 미치는 범위와 관련해서도 종물에 대한 규정을 두고 있다. §358는 "저당권의 효력은 저당부동산에 부합된 물건과 종물에 미친다. 그러나 법률에 특별한 규정 또는 설정행위에 다른 약정이 있으면 그러하지 아니하다."라고 정하고 있다. 이 규정도 저당권 설정에 있어서 주물과 종물이 분리되는 것을 방지함으로써 주물과 종물의 경제적 결합관계가 파괴되지 않도록 보장하기 위함이다. 종물에 관한 한 §358의 고유한 의의는 저당권 설정 후에 저당물에 부속된 종물에 대하여도 저당권의 효력을 미치게 한다는 점에서 찾을 수 있다. 본조에 의하면 저당권설정계약 후에 저당권설정자가 저당물에 부속한 종물에 대하여는 저당권의 효력이 미친다고 할 수 없기 때문이다. 또 하나는 본조를 단순한 의사해석규정으로 이해하는 경우, 종물에 대한 고유의 공시방법을 갖추지 않더라도 저당권의 효력을 저당 부동산의 종물에 미치게 하는 효과를 갖게 한다.

저당권의 효력을 저당 목적물의 종물 등에 미치게 하는 §358의 취지는 민법 이외에 특별법에도 규정되어 있다. 상법에서는 선박의 속구(屬具)를 선박의 종물로 간주하여 선박저당권의 효력이 선박의 속구에 미치는 것으로 규정하고 있다($\substack{상 §§ 742^{1)} \\ 및 787 \; II^{2)} \; 등}$), 공장 및 광업재단 저당법 §§ 3,[3] 4,[4] 집합건물의 소유 및 관리에 관한 법률 § 20[5] 등도 같은 취지를 규정하고 있다.

## 2. 종물 규정의 연혁과 비교법

### (1) 로마법과 게르만법

로마법에서든 독일 중세법에서든 종물과 구성부분이라는 개념적 구별[6]이 없었기 때문에 오늘날과 같은 의미에서의 종물론은 로마법에서든 게르만법에서든 존재하지 않았다.[7] 독립적인 물건이 다른 물건에 대하여 경제적으로 종속적 지위에 있는 경우, 법률적 취급이라는 관점에서 보면, 로마법에서는 토지에 부속되어 농업에 필요한 것들, 농경도구($\substack{農耕道具, \\ \text{instrumentum fundi}}$)는 양도인의 명시적 의사표시가 있는 경우에만 주물의 처분에 따르고,[8] 특별유증처분이 있는 경우에만 토지의 유증처분에 따르지만, 토지의 용익권설정에는 반대의 의사표시가 없는 한 농경도구($\substack{\text{instrumentum fundi,} \\ 농기구, 가축, 노예}$)도 수반한다는 원칙이 있었다.[9] 그러나 법체계 전반에 일관된 원리라고 할 만한 것은 없었고, 로마 법원(法源)에서 나타나는 것은 오직 매매, 유증, 용익권 설정 등 당사자의 법률적 처분이 있는 경우,

---

1) 선박의 속구목록에 기재된 물건은 선박의 종물로 추정한다.
2) 선박의 저당권은 그 속구에 미친다.
3) 공장 소유자가 공장에 속하는 토지에 설정한 저당권의 효력은 그 토지에 부합된 물건과 그 토지에 설치된 기계, 기구, 그 밖의 공장의 공용물(供用物)에 미친다. 다만, 설정행위에 특별한 약정이 있는 경우와 「민법」§406에 따라 채권자가 채무자의 행위를 취소할 수 있는 경우에는 그러하지 아니하다.
4) 공장 소유자가 공장에 속하는 건물에 설정한 저당권에 관하여는 제3조를 준용한다. 이 경우 "토지"는 "건물"로 본다.
5) 제20조(전유부분과 대지사용권의 일체성) ① 구분소유자의 대지사용권은 그가 가지는 전유부분의 처분에 따른다 ② 구분소유자는 그가 가지는 전유부분과 분리하여 대지사용권을 처분할 수 없다. 다만, 규약으로써 달리 정한 경우에는 그러하지 아니하다. ③ 제2항 본문의 분리처분금지는 그 취지를 등기하지 아니하면 선의(善意)로 물권을 취득한 제3자에게 대항하지 못한다. ④ 제2항 단서의 경우에는 제3조 제3항을 준용한다.
6) 이러한 구별은 근세 특히 독일 학설에 의하여 순화된 것이라고 한다.
7) 原田慶吉·石井良助, 日本民法の史的素描, 創文社, 1971, 41.
8) 현승종·조규창, 로마법, 494.
9) 原田慶吉·石井良助(주 7), 41.

그 물건에 부속된 것도 그 처분에 따르게 할 것인가 라는 문제일 뿐이었다.[10] 실제적으로 가장 문제가 되는 상황, 즉 종물을 주물과 같은 물건의 성질에 따르게 할 것인가와 같은 문제는 발생하지 않았다. 왜냐하면 부동산 주물, 동산 종물의 경우에도 하나의 법률행위로 처분하든 두 개의 법률행위로 처분하든 부동산과 동산의 법률적 취급을 달리 하지 않아 결과적으로 차이가 없었기 때문이다.[11]

반면에 게르만법에서는 농경도구(instrumentum fundi)는 토지의 종물로서 주물 토지와 동일한 운명에 따르게 하였고, 종물에 관한 문제 폭도 훨씬 복잡하다. 프로이센 일반란트법과 프랑스민법에 반영된 게르만 고유법에 뿌리를 둔 종물론은 주물과 종물의 모든 법률적 운명을 같게 한다는 기초사상에서 나온 것이므로 주물의 법적 변동에 의한 종물의 법적 변동은 당사자의 법률적 처분뿐만 아니라 법률의 규정에 의해서도 발생하였다. 나아가 동산과 부동산이 종종 법률적 취급을 달리하는 결과, 종물인 동산은 주물인 부동산의 성질을 받아들여 부동산화(가령 프랑스민법상 용도에 의한 부동산(immeuble par destination)의 사고가 그러하다)하였다. 그 한도에서는 종물인 동산이 부동산에만 가능한 권리의 객체도 되고, 부동산의 원칙에도 따르는 등의 문제가 발생한다.[12] 프랑스에서 종물인 동산은 간이(簡易)한 동산집행에 따르지 않고 주물인 부동산과 동일한 부동산에 관한 집행절차에 따른다 라는 문제가 발생하고, 프로이센법을 비롯하여 다수의 독일법계 법전에서는 저당권이 저당부동산의 종물에 미친다고 규정하였다. 이러한 규정의 사상적 기초는 물건 사이의 객관적 경제적 관계에 기초를 둔 합목적성에서 비롯된 것으로 일부 독일 보통법학자들이 주장하는 바와 같이 당사자의 의사에서 비롯된 것이 아니었다.[13]

### (2) 일본민법

우리 민법 §100는 의용민법 §87 "① 물건의 소유자가 그 물건의 상용에 供하기 위하여 자기의 소유에 속하는 다른 물건을 그 물건에 부속시킨 때에는 그 부속된 물건을 종물이라고 한다. ② 종물은 주물의 처분에 따른다"를 그대

---

10) 로마법의 영향을 받은 독일 판덱텐법학에서 종물론의 중점은 종물이 주물의 처분에 따른다는 점에 있었고 이것이 입법에도 영향을 미쳤다(독민 §87 Ⅱ, 독민 초안 §790)고 한다.
11) 原田慶吉·石井良助(주 7), 42.
12) 原田慶吉·石井良助(주 7), 42.
13) 原田慶吉·石井良助(주 7), 43.

로 답습한 것이다. 따라서 우리 민법 규정의 취지를 분명히 파악하기 위해서
일본민법의 종물 규정이 어떤 취지와 경위로 입법되었는지 살펴본다.14) 현행
일본민법 §87는 브아소나드민법 초안에 기초한 일본의 구민법으로부터 전해
진 것이다. 일본 구민법 재산편 §41 Ⅱ은, "주된 물건의 처분은 종된 물건의
처분을 포함한다. 단 반대의 증거가 있는 경우에는 그러하지 아니하다"라고 규
정되어 있었다. 이 규정은 브아소나드가 "종물은 주물의 처분에 따른다
(accessorium sequitur principale)"라는 원리에 따라 규정한 것이다. 그러나 그
근거를 당사자의 의사에서 구했는지 여부, 나아가 왜 종물은 주물의 처분에 따
른다는 프랑스민법에는 없는 일반규정을 삽입했는지는 명확하지 않다.15) 일본
구민법은 재산편 총칙에서 프랑스민법에 좇아서 '성질(性質)에 의한 부동산
(immeubles par nature)'과 '용도(用途)에 의한 不動産(immeubles par
destination)'을 구별하고 있었고($\frac{일본 구민법 재산편}{§7 내지 §9 참조}$), 그 규정이 원래 브아소나드
초안에서는 §15 Ⅲ으로 "① 물건은 다른 것에 부속되어 완전한 효용을 갖는
가 아닌가에 따라 주(主)된 것과 종(從)된 것이 있다. ② 용도(用途)에 의한 부
동산은 성질(性質)에 의한 부동산의 종(從)된 것이고, 지역(地役)은 요역(要役)
의 종(從)된 것이며, 채권의 담보는 채권에 종(從)된 것이다"라는 규정들 뒤에
위치하였다는 점에 비추어, '종된 물건'에는 물건의 구성부분에 해당하는 '성질
에 의한 부동산'과 종물에 해당하는 '용도에 의한 부동산'이 모두 포함되는 의
미로 이해되었다.16) 이 규정들은 다음과 같은 이유로 수정되어 의용민법 §87
가 성립하였다. 구민법전이 '용도에 의한 부동산'이라고 한 물건이 주된 부동
산의 처분에 포함되는 것은 종종 일본의 관습에 반해서 불측의 손해를 가져온
다는 이유에서 '용도에 의한 부동산'이라는 개념이 폐지되었다.17) 그 대신에
오직 거래처분의 범위의 문제를 염두에 두고 그 일반적 기준을 정하는 것으로
종물개념을 다시 규정하였다.18) 이러한 전환에 의하여 현행 일본민법 §87 Ⅰ

---

14) 이하에 대해서는 박인환, "종물의 공시방법", 민학 32, 2006. 6, 169-173 참조.
15) 我妻榮, 抵當權と從物の關係について, 民法研究Ⅳ, 有斐閣, 1969, 47 이하.
16) 我妻榮(주 15), 35.
17) 富井政章, 民法原論 第一卷(有斐閣, 大正11), 343; 岡松參太郎, 註釋民法理由總則編, 有
斐閣, 明治31, 151.
18) 瀨川信久, "抵當權と從物", 北法 31卷 3·4號, 1315 이하. 기초자의 이러한 사고는 현행
일민 §87 Ⅱ의 원안에 "반대의 의사가 있는 때에는 그러하지 않다(但反對ノ意思アルト
キハ此限二在ラス)"라는 단서가 붙어 있었다는 점(이 단서는 당연한 것이라는 이유로 삭
제되었다)으로부터도 알 수 있다. 그리고 종물 개념이 이와 같이 거래의 범위 문제로 한
정되었기 때문에 어떤 민법기초위원은 본조를 채권편의 행위의 個所에 규정할 수도 있다

의 종물관념은 종래 프랑스법에 영향을 받은 구민법의 이론을 폐기하고, 독일
민법 제1초안($\overset{§789}{1}$)의 종물관념에 따른 것으로 파악된다. 그에 따라 종물은
주물의 구성부분이 아니고 별개의 독립한 물건일 것을 요한다는 취지가 분명
해지는 한편, 제2항에 대해서도 형식적으로는 구민법 재산편 §41 Ⅱ에 자구
수정을 가한 데 지나지 않는다고 설명되었으나,[19] 일본구민법에서와는 달리
거래과정에서의 처분의 범위에 관한 당사자의 의사해석 내지 보충규정으로서
의 성격이 분명해졌다.[20] 그리고 일본민법이 독일민법처럼 종물을 동산에 한
정하지 않은 것은 로마법과 게르만법에도 합치하고 주물과 종물을 동일한 소
유자에게 속하게 하는 요건 역시 일본민법 특유의 것이 아니라 프로이센민법
이나 오스트리아민법 등에도 그 예가 있다고 한다.[21]

　　다른 한편으로 저당권의 효력이 미치는 범위에 관해서는 그 범위가 보다
제한되어 현행 일본민법 §370에는, 건물의 증축, 목재장식(造作)[22]을 염두에
둔 '부가되어 그것과 일체를 이룬 물건($\overset{附加シテ之卜一}{體ヲ成シタル物}$)'이라는 제한된 문언이 채용
되었다. 덧붙여서 구민법에는 없었던 '설정행위에 달리 정함이 있을 때($\overset{設定行為}{ニ別段ノ}$
$\overset{定アル}{卜キ}$)'라고 하는 문언이 새로 추가되었다.[23] 이에 관하여 일본민법 기초위원들
은 부가물을 부합물과 동일시하고, 부합물은 물건의 일부분을 구성하는 것임
에 반하여 종물은 별개 독립의 것으로 대립시킴으로써, 종물은 §370의 부가물
에 포함되지 않는다고 생각했다.[24] 그러한 점 때문에 일본민법 제정 직후부터

　　는 주장을 하기도 하였다(瀨川信久, 抵當權と從物, 1316 주 24) 참조]. 독민 구 §314(현행
　　§311-c)가 종물의 정의에 관한 §97와 분리되어 채권편에 규정되게 된 경위와 유사한 주
　　장이다.
19) 民法修正案理由書 §§98, 88에 관한 記述 및 我妻榮(주 15), 50 참조. 그러나 프랑스민
　　법-구민법의 '용도에 의한 부동산' 개념을 폐지함에 따라 구민법과 같은 내용이더라도 그
　　규범적 의미는 달라지게 되었다. 즉, 구민법에서는 부동산의 구성부분에 해당하는 동산
　　과 종물에 해당하는 동산이 모두 부동산의 '종된 물건'으로 종물은 주물의 처분에 따른다
　　는 규정에 당연히 포함되었으나, 이제는 구성부분이 되는 동산은 주물과 일체로서 동일한
　　법률적 운명을 따르는 것이 이론상 당연한 것이 되었고, 종물은 주물의 처분에 따른다는
　　제2항 규정은 오직 종물에만 적용되는 것으로 한정되었다(我妻榮, 같은 면).
20) 瀨川信久(주 18), 1316. 현행 일본민법 제정 이후 §87 Ⅱ을 의사해석규정으로 이해하는
　　학설로서는 岡松參太郎, 註釋民法理由總則編, 153; 末弘嚴太郎, 民法總則, 218; 鳩山秀夫,
　　日本民法總論, 岩波書店(1928), 259; 穗積重遠, 改訂民法總論, 有斐閣(1936), 269 참조.
21) 原田慶吉・石井良助(주 7), 43.
22) 대체로 건물의 내・외부 장식에 해당하는 것으로 목재를 사용한 문틀, 천정, 마루, 덧문
　　따위를 가리킨다.
23) 瀨川信久(주 18), 1315에 의하면 이는 프랑스민법전이나 독일민법 초안에는 없고, 몬테
　　네그로법, 인도재산법을 참고한 것이라고 한다.
24) 梅謙次郎, 民法要義卷之二物權編, 511 이하.

저당권의 효력이 종물, 특히 저당권 설정 후 부가된 종물에도 미치는지에 관하여 논란이 있었고, 이를 극복하기 위하여 종물에 대한 저당권의 효력 근거를 일본민법 §87에서 구하고자 하는 해석론이 시도되었다.[25]

### (3) 독일민법에서의 종물

독일민법(BGB)에 있어서 종물 개념은 물건의 구성부분과의 엄격한 구별로부터 시작된다.[26] 독일민법 제1초안 §789($\binom{현행\ 독일}{민법\ §97}$)에 관한 입법이유에 따르면, 물건의 구성부분이 물건의 완전성에 이바지하는 데에 반하여 종물은 독립성을 유지한 채 주물에 부가되어 물건(주물)의 완전한 경제적 용도에 이바지 하는 것이다. 이러한 종물 개념의 법적 의의는 로마법 이래 어떤 물건에 대하여 행해진 처분은 종물에도 미친다고 하는 점에 있다.[27] 그런데 어떤 물건에 관한 행위는 개념상 당연히 그 구성부분에도 해당되므로 물건에 대하여 취득한 권리는 당연히 그 물건의 모든 구성부분에도 미치는 데 반하여, 종물은 주물의 채권적 관계에 따를 뿐이라고 이해되었다. 물론 법률이 주물에 발생한 권리를 종물에도 미치는 것으로 정할 수 있으나, 그러한 규정이 없으면 법률이 정한 권리취득 요건을 충족한 경우에만 종물은 주물과 물권적 운명을 같이 한다.[28] 따라서 독일민법 제1초안 §790는 종물의 일반적 효과로서 "물건에 관한 생전 처분은 의심스러운 경우에는 법률행위 당시의 그 물건의 종물에도 미친다"는 규정을 두었다($\binom{구\ 독민\ §314,}{개정\ 후\ §311-c}$). 이는 종물 없이는 주물이 그 경제적 목적을 다할 수 없다는 이유에 의하여 정당화되었지만, 당초부터 그 취지는 의사해석원칙을 규정한 것으로 이해되었다. 그러므로 물권행위에 있어서 어떤 물건에 발생한 권리가 곧바로 종물에 미친다는 의미를 갖는 것은 아니다. 부동산에 관한 소유권양도의 합의를 하고 등기를 경료하였더라도 종물의 소유권양도에 필요한 인도를 하지 않는 한 부동산에 속한 종물의 소유권까지 부동산 취득자에게 이전되지는 않는다.[29] 물론 부동산에 설정된 저당권은 제1초안 §1067 (iii)에 의하여 저당 부동산의 소유자에게 속하지 않는 것을 제외한 모든 종물에도 미

---

25) 그 대표적인 것이 我妻榮, "抵當權と從物の關係について"이다. 그에 대해서는 박인환(주 14), 173 이하 참조.

26) 이하의 기술에 대해서는 박인환(주 14), 181-184 참조.

27) Motive, Bd. Ⅲ, S. 62(Mugdan Ⅲ, S. 34). Windscheid, Lehrbuch des Pandektenrechts, Bd. Ⅰ (Berlin, 1906), S. 708.

28) Motive, Bd. Ⅲ, S. 62(Mugdan Ⅲ, S. 34).

29) Motive, Bd. Ⅲ, S. 65f.(Mugdan Ⅲ, S. 36). 부동산소유권양도시 종물의 소유권이전에 관한 독민 §926는 제1초안에는 없었고 그 후의 심의과정에서 입안된 것이다(Mugdan Ⅲ, S. 614f. 참조).

친다. 그러나 이는 저당권의 특수성일 뿐 종물 개념으로부터의 귀결이 아니라
고 이해되었다.30) 이러한 견해에 대해서 심의과정에서 프로이센 등의 입법례
와 종물이 주물의 처분에 따르는 것은 행위자의 의사에 기한 것이 아니라 주
물과 종물 사이의 객관적 경제적 관계에 의한 것이라는 비판31)에 기초하여 이
규정을 물권행위에도 적용하여야 한다는 제안이 있었다.32) 주물에 대한 소유
권 이전시 종물의 소유권을 이전하기 위하여 별도의 인도가 필요하다는 것은
주물·종물의 결합관계가 느슨한 동산 사이에서는 근거가 있어 보이지만, 부동
산과 종물은 그 경제적 일체성 때문에 법적 의미에서도 결속되어 있는 것으로
보아 부동산에 대한 물권적 처분의 효과를 종물에도 미치도록 하는 것이 정당
하다는 것이다. 또한 이러한 물권행위에 관한 일반 규정을 둠으로써 저당권의
효력에 관한 개별 규정 등은 필요가 없게 된다고 주장하였다.33) 그러나 다수의
견해는 종물에 대한 물권적 효과에 관한 일반규정을 두는 것에 대해서는 개별
규정이 여전히 필요하다고 하며 이를 거부하였다. 왜냐하면 주물과 법적 운명
을 같이 한다는 종물 규정에 있어서는 본질적으로 상이한 시점이 고려된다는
것이다. 즉, 부동산소유권양도에 있어서는 언제나 의사표시를 하는 시점에서의
종물이 문제된다면, 저당권에 있어서는 그 실현 시점에 현존하는 종물(저당권 설
정 후의 종
물을 포함—필
자)이 문제된다는 것이다.34) 오히려 종물에 관한 일반규정으로서는 어
디까지나 이것이 채권행위에 관한 의사해석규정이라는 점을 분명히 하기 위하
여 이 규정의 위치를 총칙의 종물에 관한 규정에서 분리하여 채권편의 계약상
채권관계 가운데 삽입하게 되었다(제2초안
§265-a). 그리고 이것이 그대로 독민 §314
(현행
§311-c)가 되었다. 따라서 현행 독민 §311-c는 그 문언35)뿐만 아니라 그 규정
의 체계적 위치로부터도 채권행위에 관한 의사해석규정임을 분명히 보여주고
있다.36) 심의과정에서는 그 대신에 부동산의 소유권 양도에 있어서 종물의 물
권적 효과에 관한 특별규정의 필요성이 인정되었다. 거래 현실에서 부동산과
그 종물은 경제적 일체로서 간주되기 때문에 부동산소유권 양도의 효과를 종

---

30) Motive, Bd. Ⅲ, S. 65f.(Mugdan Ⅲ, S. 36).
31) Kohler, Zur Lehre von den Pertinenzen, Jherings Jahrbücher, Bd. 26. S. 1, 9ff.
32) 我妻榮(주 15), 42.
33) Mugdan Ⅲ, S. 497.
34) Mugdan Ⅲ, S. 497.
35) "물건의 양도나 부담설정의 의무를 지는 경우에, 그 의무는 의심스러운 때에는 그 물건
   의 종물에도 미친다."
36) 我妻榮(주 15), 42.

물에도 미치게 하는 것이 정당하고, 그러한 특별 규정에 의해 종물에 대한 권리 취득을 보장하고 단순화할 필요가 있다는 것이다.[37] 이러한 취지에서 독일민법 제1초안에는 없었던 §868-a가 새로이 제안되었다. 그에 따르면, 양도인과 취득자 사이의 부동산 소유권양도의 합의시에 부동산 양도가 그 종물에도 미친다는 데에 합의를 하면, 부동산 소유권이전과 함께 종물에 대한 양도인의 소유권도(없이) 취득자에게 이전한다. 이 제안은 심의과정에서 종물에 관한 합의를 입증하지 않더라도 의심스러운 경우에는 부동산 소유권과 함께 종물에 관한 양도인의 소유권도 이전한다는 추정을 덧붙이는 것으로 수정되었고, 이것이 제2초안 §839를 거쳐 현행 독민 §926[38]로 성립하였다. 다른 한편 저당권의 효력이 미치는 범위에 관해서는 제1초안 §1067에서 구성부분, 산출물, 법정과실, 보험금과 함께 종물이 열거되었는데, 이는 위에서 살펴 본 바와 같이 종물개념으로부터 직접 도출된 것이라기보다는 저당권의 특수성에서 비롯된 것으로 파악되어 이렇다 할 논의 없이 현행 독민 §1120[39]로 성립하였다.

### (4) 스위스민법

스민(ZGB) §644는 먼저 종물의 효과에 대하여 "어떤 물건에 대한 처분은 달리 정함이 없으면 종물에도 미친다"(제1항)고 규정하고, 종물의 정의로서 "그 지역의 사회통념 또는 주물 소유자의 분명한 의사에 의하여 지속적으로 주물의 관리, 이용, 보존을 위한 용도로서 결합, 적응 또는 기타의 방법으로 주물에 이바지하는 관계에 있는 동산이 종물이다." 그리고 "주물과의 일시적 분리는 종물성을 잃지 않는다"(제3항)고 규정하고 있다.[40] 특히 스민 §644 I은 행위의 유형을 구분하지 아니하고 주물의 처분이 종물에 미친다는 취지를 규정하고

---

37) Mugdan Ⅲ, S. 615.

38) "① 양도인과 양수인이 양도가 부동산의 종물에도 미친다는 합의를 한 경우에, 양수인은 부동산소유권과 함께 그 취득시에 현존하는 종물도 그것이 양도인의 소유인 한에서 그 소유권을 취득한다. 의심스러운 때에는 양도는 종물에도 미친다. ② 양도에 기하여 양수인이 양도인에게 속하지 아니하거나 제3자의 권리의 목적인 종물을 점유한 경우에는 §§932 내지 936이 적용된다; 양수인의 선의에 관하여는 점유취득시가 기준이 된다."

39) "저당권은 토지로부터 분리된 산출물과 기타의 구성부분 그리고 토지의 종물에도 미친다. 그러나 산출물과 기타의 구성부분이 분리와 함께 §§954 내지 957에 따라 토지의 소유자나 자주점유자가 아닌 사람의 소유에 속하게 된 경우 및 종물이 토지소유자의 소유에 속하지 아니하게 된 경우는 그러하지 아니하다."

40) 기타 §645는 주물 점유자의 일시적 사용이나 소비에 제공되거나 주물의 성질과는 관계없거나 주물의 보관, 판매 또는 임대를 위해서만 사용되는 것은 종물이 아니라는 취지를 규정하고 있다. 이하의 기술에 대해서는 박인환(주 14), 189-191 참조.

있다. 이점은 우리 민법 §100 Ⅱ과 같고 독일민법의 구조와는 다른 점이다.
그리고 제2항의 종물의 정의 규정에서는 사회통념과 소유자의 명시적 의사를
종물 판단의 기준으로 제시하고 있는데, 사회통념을 명시적 기준으로 제시하
고 있는 것은 독일민법과 유사하지만, 소유자의 분명한 의사라고 하는 기준[41]
은 스위스민법의 특징이다. 스위스민법에 있어서도 §644 Ⅱ의 분명한 문언에
따라 종물은 동산에만 해당하고 종물개념을 부동산이나 권리에 확장하는 것은
허용되지 않는다.[42] 스민 §644 Ⅰ에 따르면—다른 정함이 없는 한—주물에
관한 처분은 종물에도 미친다. 처분(Verfügung)은 기술적 용어로 파악되지 않
고 보다 넓은 의미로 해석된다. 따라서 예전 판결은 이를 법률행위로 제한하였
지만, 오늘날에는 주물에 관한 모든 권리변경으로 이해해서 의무부담행위나
법률규정 또는 법원의 명령에 의한 것이라도 상관없다고 한다.[43] 스민 §644
의 해석상 특징은 주물이 부동산인 경우에 종물에 대한 소유권은 부동산 소유
권과 동시에 따라서 등기시에 취득자에게 이전된다는 것이다. 이점에 있어서
스민 §644는 문언 자체로부터는 분명한 것이 아니지만 종물에 대한 소유권양
도의 의사를 추정하는 것일 뿐 아니라 효력규정으로 이해된다. 다만, 추정은
반증가능하므로 당사자들 사이에 다른 의사가 명백한 경우에는 그러하지 않
다. 나아가 동산의 경우에도 일관되게 같은 것이 적용된다.[44] 이러한 해석의
저변에는 §644가 물건의 관계에 대한 당사자의 의사의 추정에 기초한 것이
아니라 물건 전체의 객관적 관계에 기초한 것이라는 사고가 깔려 있다.[45] 반대
로 당사자의 의사는 물건을 분리할 때나 필요하다고 한다. 이러한 사고는 독일
민법의 다수 견해와는 다른 것이지만, 독민 §926 Ⅰ 규정을 참고한 것이다.[46]
종물이 주물의 소유자에게 속하지 않는 경우에도 양수인이 종물에 대한 소유

---

41) 반드시 명시적이어야 하는 것은 아니다(BK-Meier-Hayoz, Art. 644-645, Rdn. 41ff. 특
   히 42).
42) 학설상으로는 경우에 따라서 종물에 관한 규정을 권리에 유추적용하여야 한다는 제안
   (BK-Meier-Hayoz, Art. 644-645, Rdn. 13)이 있지만, §644 Ⅰ이 규정하고 있는 (추정에
   의해) 처분을 종물에 연장하는 것은 법률에 규정되지 않은 것으로 확장될 수 없으므로 정
   당하지 않다는 비판이 가해지고 있다(Basler/Wiegand, Art 644-645 Rdn. 3). 왜냐하면,
   필수적으로 요구되는 개별적 처분을 포기하는 것에는 법률적 근거가 있어야 하고, 이는
   특히 예외 없이 방식을 필요로 하는 권리에 대한 처분에 있어서 더욱 그러하다는 것이다.
43) BK-Meier-Hayoz, Art. 644-645 Rdn. 59; Basler/Wiegand, Art. 644-645 Rdn. 25.
44) 이전에는 반대 견해가 있었지만 이점에 관해서도 오늘날에는 더 이상 다투어지지 않
   다고 한다(Basler/Wiegand, Art. 644-645 Rdn. 26).
45) BK-Meier-Hayoz, Art. 644-645 Rdn. 59.
46) BK-Meier-Hayoz, Art. 644-645 Rdn. 63.

권을 취득하는지에 대해서는 다투어지는데, 통설은 종물이 타인 소유인 경우
에도 점유 취득 없이 주물의 양수인이 소유권을 취득한다고 한다. 즉, 그러한
경우 스민 §934(도품·유실물에 관한 특칙—괄호 필자)에 해당하지 않는 한 종물의 점유를 취득하지
못한 경우에 있어서도 선의취득이 인정된다.[47] 그리고 이러한 해석은 거래관
념에 의하여 정당화된다. 동산 담보의 설정은 소유권양도와 마찬가지로 종물
에도 함께 미친다. 이것은 §644 Ⅰ에서 나올 뿐 아니라 §892[48]에서 재차 분
명하게 규정되어 있다. 동산 담보권은 나중에 부가된 종물에도 미친다. 다만,
어느 경우에 있어서나 담보권자는 종물에 대한 점유를 취득하는 것이 필요하
다.[49] 부동산 담보에 있어서도 마찬가지로 이미 §644 Ⅰ에 따라 발생하는 효
력을 §805[50]가 특별규정으로서 분명히 규정하고 있다. 따라서 부동산 담보권
은 현존하는 종물뿐 아니라 나중에 부가된 종물에도 미친다.[51]


## Ⅱ. 종물의 요건

종물의 요건에 관하여 학설은 일반적으로 주물의 상용(常用)에 이바지(供)
하는 관계에 있을 것, 주물에 부속되어 있을 것, 독립한 물건일 것, 주물과 종
물이 동일한 소유자에게 속할 것을 요하고 있다.[52] 판례 역시 위 네 가지를 종
물의 요건으로 하고 있다. 다만 일부 학설은 판례와는 달리 동일 소유자 요건
을 완화할 수 있다고 한다.

---

47) BK-Meier-Hayoz, Art. 644-645 Rdn. 63; 그러나 입법자는 종물을 의도적으로 법적으
    로는 독립적인 물건으로 남겨 두었기 때문에 주물과 종물의 통일적 취급이 이익이 된다
    하더라도 종물의 선의취득을 정당화할 수 있는 것은 아니므로, 선의취득의 요건을 모두
    갖추어야 한다는 반대설이 있다. 그에 따르면 부동산 양도뿐 아니라 동산 양도에 있어서
    도 종물에 대한 점유 취득이 필요하다고 한다(Basler/Wiegand, Art. 644-645 Rdn. 27).
48) "질권은 종물을 포함한 질물에 효력을 미친다."
49) Basler/Wiegand, Art. 644-645 Rdn. 28.
50) 동조 제1항에 따르면, "토지담보권은 토지 및 모든 구성부분과 종물에 미친다."
51) Basler/Wiegand, Art. 644-645 Rdn. 29.
52) 강태성, 425 이하; 고상룡, 285; 곽윤직·김재형, 237 이하; 김대정, 559 이하; 김민중,
    152 이하; 김상용, 314; 김용한, 329; 김주수·김상용, 275; 김준호, 190; 김증한·김학동,
    286 이하; 명순구, 293; 백태승, 민법총칙, 집현재, 2016, 288; 송덕수, 민법총칙, 박영사,
    2015, 707; 오시영, 336; 이영준, 민법총칙, 박영사, 2004, 863; 이은영, 305; 정기웅, 234 등.

## 1. 주물의 상용(常用)에 이바지(供)할 것

종물은 '주물의 상용(常用)에 이바지(供)하는 것'이어야 하고, 여기에서 주물의 상용에 이바지한다 함은 주물 그 자체의 경제적 효용을 다하게 하는 것을 말하는 것이며, 주물의 소유자나 이용자의 상용에 공여(供與)되고 있더라도 주물 그 자체의 효용과는 직접 관계없는 물건은 종물이 아니다.[53] 그리고 어느 물건이 종물이기 위하여는 주된 물건의 경제적 효용을 보조하기 위하여 계속적으로 이바지하는 관계가 있어야 한다.[54]

이와 관련하여 종물에 관한 재판례를 살펴본다.

백화점 건물의 지하 2층 기계실에 설치되어 있는 전화교환설비가 건물의 원소유자가 설치한 부속시설이며, 위 건물은 당초부터 그러한 시설을 수용하는 구조로 건축되었고, 위 시설들은 볼트와 전선 등으로 위 건물에 고정되어 각 층, 각 방실까지 이어지는 전선 등에 연결되어 있을 뿐이어서 과다한 비용을 들이지 않고도 분리할 수 있고, 분리하더라도 독립한 동산으로서 가치를 지니며, 그 자리에 다른 것으로 대체할 수 있는 것이라면, 위 전화교환설비는 독립한 물건이기는 하나 그 용도, 설치된 위치와 그 위치에 해당하는 건물의 용도, 건물의 형태, 목적, 용도에 대한 관계를 종합하여 볼 때, 위 건물에 연결되거나 부착하는 방법으로 설치되어 위 건물인 10층 백화점의 효용과 기능을 다하기에 필요불가결한 시설들인 경우 이는 건물의 상용에 제공된 종물이다.[55] 주유소의 주유기가 비록 독립된 물건이기는 하나 유류저장탱크에 연결되어 유류를 수요자에게 공급하는 기구로서 주유소 영업을 위한 건물이 있는 토지의 지상에 설치되었고, 그 주유기가 설치된 건물은 당초부터 주유소 영업을 위한 건물로 건축되었다는 점 등을 종합하여 볼 때, 그 주유기는 계속해서 주유소 건물 자체의 경제적 효용을 다하게 하는 작용을 하고 있으므로 주유소 건물의 상용에 공하기 위하여 부속시킨 종물이다.[56] 그리고 횟집으로 사용할 점포 건물에 거의 붙여서 횟감용 생선을 보관하기 위하여 즉 점포 건물의 상용에 공하기 위하여 신축한 수족관 건물은 위 점포 건물의 종물이다.[57] 나아가 주된

---

53) 대판 85.3.26, 84다카269; 대판 94.6.10, 94다11606; 대판 97.10.10, 97다3750; 대결 00.11.2, 2000마3530.
54) 대판 88.2.23, 87다카600.
55) 대판 93.8.13, 92다43142.
56) 대판 95.6.29, 94다6345.
57) 대판 93.2.12, 92도3234.

건물인 본채와 떨어져 축조되어 있기는 하나 일부는 그 넓이가 3.1평방미터에 불과한 방으로 낡은 가재도구를 보관하는 장소로 사용되고, 일부는 연탄창고, 일부는 점유자들의 공동변소로 사용되고 있는 건물에 대하여 위 각 부분들이 본채와 독립하여 독립된 효용을 가진 건물이라기보다는 본채를 점유하고 있는 자들의 필요에 따라 주된 건물의 경제적 효용을 보조하기 위하여 계속적으로 이바지하는 종물이라고 봄이 합리적이다.[58]

반대로 다음과 같은 경우에는 종물성이 부인되었다.

호텔의 각 방실에 시설된 텔레비죤, 전화기, 호텔세탁실에 시설된 세탁기, 탈수기, 드라이크리닝기, 호텔주방에 시설된 냉장고, 제빙기, 호텔방송실에 시설된 브이티알(비데오), 앰프 등은 호텔의 경영자나 이용자의 상용에 공여됨은 별론으로 하고 주물인 호텔 건물 그 자체의 경제적 효용에 직접 이바지하지 아니하므로(강조점 필자) 위 부동산에 대한 종물이라고는 할 수 없다.[59] 공장저당법에 의해 근저당권이 설정된 건물에 연결하여 건축된 증축 건물에 대하여 경매목적물과 동일 지번상에 건립되어 있다거나 가옥대상 등 공부상 부속건물로 기재되어 있다는 사정만으로 그 건물에 부합되었다거나 종물이라고 할 수 없다고 하면서, 그 증축 건물 자체의 면적이 480평방미터나 되는 독립된 건물로서, 그 안에 일부 탈의실, 샤워실, 화장실이 있기는 하나 공장으로 쓰이는 부분이 1/2을 넘고 있다고 보여지고, 감정가격도 전체 건물가액의 1/3을 초과하는 등 그 자체만으로도 독립적인 공장의 구조를 갖추고 있다고 볼 여지가 있다면, 위 증축건물이 주된 건물과 보일러배관이 연결되어 있고 부속건물로 등기가 되어 있으며 주된 건물과 함께 하나의 공장으로 사용되고 있다는 사정만으로 이를 종물로 단정할 수는 없다.[60] 공장저당권이 설정된 공장에 새로 설치된 신 폐수처리시설이 구 폐수처리시설과 그 기능면에 있어서는 전체적으로 결합하여 유기적으로 작용함으로써 하나의 폐수처리장을 형성하고 그 기능을 수행한다 하더라도 신 폐수처리시설이 구 폐수처리시설 그 자체의 경제적 효용을 다하게 하는 시설이라고 할 수 없어 신 폐수처리시설이 구 폐수처리시설의 종물이라고 할 수 없다.[61]

이상 여러 재판례를 살펴보았으나 '주물의 상용(常用)에 이바지(供)하는

---

58) 대판 91.5.14, 91다2779.
59) 대판 85.3.26, 84다카269.
60) 대판 94.6.10, 94다11606.
61) 대판 97.10.10, 97다3750.

것', 즉, '주물 그 자체의 경제적 효용을 다하게 하는 것'의 객관적 척도를 끌어내는 것은 용이하지 않다. 가령, 위 판례 중 호텔 비품에 관한 사안을 살펴보면, 적어도 주물인 건물이 호텔 용도의 건물이라면, 위 기구 및 설비들이 모두 호텔 영업에 사용되어 온 것이 명백하므로 주물인 호텔의 사용목적에 지속적으로 이바지한 물건으로 전통적인 종물 개념에 전형적으로 부합하는 것이라고 생각된다. 이러한 물건들을 호텔 경영자나 이용자의 상용에 제공되었을 뿐이라는 설시는 전통적 종물 개념을 부인하는 것에 가깝다. 반면에 위 판례 중 백화점 건물에 설치된 전화교환설비와 같은 것은 백화점 건물에 부합되어 그 건물의 일부를 구성하고 있다고 볼 여지가 없지 않다(물론 쉽게 분리할 수 있고 분리하더라도 동산으로서의 가치를 유지하므로 이른바 '약한 부합'에 해당한다고 할 것이다). 그러나 판례는 이를 종물로 파악하고 있다. 부합과 종물의 구별과는 별개로 적어도 위 두 판결로부터 판례는 종물을 판단함에 있어 그 건물의 사용 용도를 고려한 경제적 효용보다는 건물에 부착 등의 방법으로 '건물 그 자체의 기능적 효용에 직접 이바지하는 것'만을 종물로 파악하고 있는 듯하다. 가령 형사판결 중에는 축사에 소독시설은 축사출입차량의 소독을 위하여 설치한 것이기는 하나 별개의 토지 위에 존재하는 독립한 건조물로서 축사 자체의 효용에 제공된 종물이 아니라고 한 사례가 있다.[62] 축사출입차량의 소독시설은 축사 외에는 달리 용도를 찾을 수 없는 축사의 방역시설로서 축사의 안전성을 높이기 위한 긴요한 설비임에도 판례는 축사 자체의 효용에 제공된 것이 아니라고 한다. 이 경우에도 역시 축사는 그 '건물 그 자체의 기능을 직접 돕는 것'은 아니라고 할지 모른다. 그러나 이것은 전통적 종물 개념에서 상정했던 주물의 경제적 효용에 이바지하는 관계(종물성)보다 이를 상당히 축소해서 파악하는 것으로 이해된다. 가령, 전통적으로는 가장 전형적 종물이라고 할 수 있는 농경도구(instrumentum fundi), 가령 농경지에 속하는 농기구, 농막, 심지어는 경작용 가축 등은 우리 판례에 따르면, 농경지의 종물로 인정되기 어렵다. 그런 점에서 판례는 종물성 판단에 있어서 어떤 물건이 다른 물건의 상용(常用)에 이바지(供)하는 관계를 좁게 파악하면서, '주물의 소유자나 이용자의 상용에 공여되고 있는 것'과 '주물 그 자체의 효용을 돕는 것'을 개념적으로 준별할 것을 요구한다. 그러나 그러한 구별은 애당초 용이한 것이 아니어서 주물의 '상용(常用)에 이바지(供)하는 것'의 의미를 그 경제적 효용이 아니라 보다 엄격히 건물 그 자체에 보다 밀접히 관련된 것으로 제한하기 위

---

62) 대판 07.12.13, 2007도7247.

한 수사(修辭)에 지나지 않는다. 따라서 그러한 레토릭(rhetoric)이 수범자들에게 종물성 판단의 실질적 준거를 제공하고 있는지에 대하여는 의문이 있다. 결론적으로 부합의 경우도 그러하거니와 '종물성'이라고 하는 것 역시 주물의 처분에 수반하는 종물의 효과라는 면을 고려하여 당시의 사회통념과 거래관행 등에 의하여 판단할 수밖에 없다. 그런 관점에서 보면 판례의 태도를 이해 못할 바가 아니다. 이와 관련하여 우리 민법 § 100는 독민 § 97나 스민 § 644에서와 같이 종물성을 판단하는 기준으로서 사회적 관습에 관한 분명한 언급은 없다. 그러나 § 100의 입법 과정에서의 경위 등에 비추어 종물성의 해석에 있어서 사회적 관습이라는 기준이 배제되는 것은 아니다.[63] 따라서 어떤 물건에 관하여 종물의 요건들, 즉 주물의 효용에 이바지하는 경제적 관계의 지속, 장소적 관련 등이 인정되더라도 사회적 관습이 이를 종물로 인정하지 않는다면 법적으로 종물이 아니며, 따라서 주물이 처분되더라도 종물은 그에 수반하지 않는다고 하여야 한다.[64][65] 이런 관점에서 보면 우리 판례의 태도는 종물이라는 개념이 우리 사회의 거래관념으로 그리 폭넓게 받아들여지고 있지는 않다는 사실을 반영한 것이라고 할 수 있다.

## 2. 주물에 부속(附屬)되어 있을 것

종물은 주물에 부속되어 있어야 한다. 그 의미에 대하여 학설은 주물과 종물이 장소적으로도 밀접한 위치에 있어야 하는 것으로 해석한다. 일부 학설은 이것을 별도의 요건으로 들지 않고 경제적 효용을 돕는 관계를 인정하기 위한 전제로 설명하고 있다.[66] 그러나 상당한 격지(隔地)의 물건이라도 경제적 효용을 돕는 관계를 상정할 수 없는 것은 아니므로 독립적 요건으로 파악할 필요가 있다. 부속의 의미를 장소적 밀접성으로 이해하므로 주물에 반드시 부착 내지 고정되어 있을 필요는 없다. 그리고 종물이 반드시 주물에 붙

---

63) 이에 대해서는 민법안심의록에 따르면, "主物, 從物에 關하여 瑞民 第六四四條 中民 第六八條와 如히 慣習에 依據하는 길을 여는 것이 如何하냐의 意見이 있었으나 本條는 任意規定임으로 事實인 慣習이 있는 때에는 草案 第一○一條(현행 § 105—괄호 안 필자)가 適用될 것이므로 不必要하다."는 의견에 따라 민법 초안 § 95(현행 § 100)에 추가되지 못하였을 뿐이다(민의원 법제사법위원회 민법안심의소위원회, 민법안심의록(상), 68 참조).

64) Münchkomm/Holch § 97 Rdn. 30f.; Staudinger/Dilcher, § 97 Rdn. 23ff.

65) 박인환(주 14), 163.

66) 강태성, 425 이하; 고상룡, 286; 곽윤직 · 김재형, 237 이하; 김상용, 314; 김용한, 329; 김주수 · 김상용, 275; 김준호, 190; 김증한 · 김학동, 286 이하; 명순구, 293; 백태승(주 52), 288; 송덕수(주 52), 707; 오시영, 336; 이영준(주 52), 863; 이은영, 305; 정기웅, 234 등.

어 있을 것을 요구하는 것도 아니다. 그리고 이러한 장소적 밀접성은 지속적인 것이어야 하고 일시적 분리는 종물성을 방해하지 않는다. 종물의 정의에 관한 독민 § 97는 경제적 효용을 돕는 관계에 '상응하는 장소적 관계에 있을 것 (entsprechenden räumlichen Verhältnis)'을 요건으로 들고 주물과의 일시적 분리에 의해 종물성을 잃지 않는다는 점을 명시하고 있다. 대법원 판례는 본옥(本屋)과는 거리가 15尺이나 떨어지고 또 목조와즙(木造瓦葺)으로 건축된 물이 주물의 상용에 공하는 물이라고는 해석하기 어렵다고 판시하고,[67] 별개의 토지 위에 존재하는 독립한 건조물을 종물이 아니라고 한 사례[68]가 있는 반면, 본채와 떨어져서 축조된 건물이라도 독립적 효용이 없이 본채의 경제적 효용을 돕는 관계에 있다면 종물성을 인정한다.[69]

## 3. 독립한 물건일 것

종물은 법적으로는 독립한 물건이어야 하므로 주물의 일부 또는 구성부분은 종물이 될 수 없다. 주물의 소유자가 어떤 물건을 그 상용에 이바지하기 위하여 부속시킨 경우, 그 물건이 주물에 부합하여 독립성을 상실하였는지 아니면 여전히 물건으로서의 독립성을 유지하고 있는지 여부가 종물 여부 판단의 전제이다.[70] 그러나 부속된 물건이 어떤 물건의 일부 내지 구성부분이 되어 물건으로서의 독립성을 상실하였는지 아니면 부속된 상태에서 여전히 물건으로서의 독립성을 유지하고 있는지를 판단하는 것은 그리 용이한 것이 아니다. 왜냐하면 여러 물건이 결합하여 하나의 물건(합성물)이 성립하는 경우, 합성물을 구성하는 물건들은 독립성을 상실하지만 그 개성을 잃지 않고 있기 때문이다. 이때 부합으로 성립된 합성물을 분리할 경우 물건의 기능이나 가치의 감손이 현저한 경우에는 이른바 '강한 부합'으로 물건의 구성부분이 되었다고 보아 그 분리를 허용하지 않지만, 이른바 '약한 부합'의 경우에도 권원에 의하여 부속시킨 경우($^{§ 256}_{단서}$)가 아니라면 부합된 부분이 여전히 개성을 잃지 않는 경우에도 하나의 물건이 성립하는 점에는 차이가 없기 때문이다.[71]

---

67) 대판 56.5.24, 4288민상526(판례카드 5451); 구주해(2), 68(김병재)에서 재인용.
68) 대판 07.12.13, 2007도7247.
69) 대판 91.5.14, 91다2779.
70) 따라서 주유소에 설치된 유류저장탱크는 토지의 부합물이지만, 주유기는 토지에 부합하지 않으므로 주유소의 효용에 이바지하는 종물이 될 수 있다. 대결 00.10.28, 2000마5527.
71) 동산 부합의 경우와는 달리 부동산에의 부합의 경우에는 그 분리에 현저한 가치의 감손

그러나 이러한 판단이 언제나 용이한 것은 아니다. 고전적인 예로서 가방과 열쇠, 시계와 시계줄 등을 종물로 드는 경우가 있다. 그러나 가방과 잠금장치(자물쇠)가 분리될 수 있는 것이 아니라면 열쇠만으로는 아무런 기능을 할 수 없으므로 열쇠는 잠금장치 있는 가방의 구성부분이라고 보아야 할 것이고, 그 시계가 손목시계라면 오늘날 시계줄이 없는 손목시계라든가 시계줄만을 분리하여 별도로 처분한다든지 다른 시계에 결착시켜 사용하는 것과 같은 일은 매우 드물 것이라는 점에서 위 열쇠와 시계줄은 독립성을 잃고 합성물인 손목시계의 일부가 되었다고 보는 것이 오늘날의 거래관념에 부합한다. 좀 더 있을 법한 예로서 고급주택에 설치된 값비싼 샹들리에나 정원에 설치된 장식물로서 용이하게 분리 가능한 것은 대체로 종물로 볼 수 있다. 주택 지붕에 설치된 태양광 발전설비 같은 것도 큰 가치의 감손 없이 분리하여 타에 설치 가능한 한 종물로 보기에 적당하다. 분양 당시부터 설치되어 있던 아파트의 붙박이장과 같은 것은 아파트의 구성부분이라고 할 수도 있고, 아파트 소유자가 별도로 주문 제작 설치한 것으로 비교적 손쉽게 분리하여 다른 곳에 이전 설치할 수 있다면 종물이라고 볼 수도 있다. 주택의 배관에 연결 설치된 난방보일러는 분리하여 다른 곳에도 설치 가능하여 결합의 정도가 낮다는 점에서는 종물에 지나지 않는다고 할 수 있으나, 거실에 놓여 있는 스탠드형 에어컨은 그 이동 설치에는 에어컨가스의 충전 등 비교적 비싼 이전비용이 소요됨에도 불구하고 주물 사용자 상용에 제공된 물건일 뿐 종물 아닌 독립한 물건이라고 할 것이다. 보일러와는 달리 스탠드형 에어컨 같은 것은 함께 양도하겠다는 의사가 없는 한 아파트의 처분에 수반한다는 거래관념은 형성되어 있지 않기 때문이다. 반면에 최근 그 설치가 늘어나고 있는 시스템에어컨과 같은 것은 당해 주택에 맞춤 제작되어 설치되어 쉽게 분리할 수 없다면 당해 주택의 구성부분이 되었다고 보는 것이 적당하다. 반대로 어쨌든 비교적 쉽게 분리하여 타에 이전 설치하거나 처분할 수 있다면 종물로 볼 수 있을 것이다. 이와 같이 물건의 부합 여부 또는 종물에 관한 관념은 우리들의 생활양식의 변화에 따라 함께 변모하는 것이므로 그 판단 등에는 당시의 거래관념에 따르지 않을 수 없다.

이와 관련하여 실무에서는 주로 건물에 부착된 물건 그중에서도 특히 건물의 증축부분의 부합 여부 등이 자주 문제되어 왔다. 이에 대하여 판례는, 어

---

이 없더라도 부합이 인정된다. 특히 이점에 대해서는 제철웅, "물권의 객체로서의 물건", 중앙법학 2, 2000, 24.

떠한 동산을 부동산에 부합된 것으로 인정하기 위해서는 그 동산을 훼손하거나 과다한 비용을 지출하지 않고서는 분리할 수 없을 정도로 부착·합체되었는지 여부와 그 물리적 구조, 용도와 기능면에서 기존 부동산과는 독립한 경제적 효용을 가지고 거래상 별개의 소유권의 객체가 될 수 있는지 여부 등을 종합하여 판단하여야 한다고 하고,[72] 이러한 부동산에의 부합에 관한 법리는 건물의 증축의 경우는 물론 건물의 신축의 경우에도 그대로 적용될 수 있다고 한다.[73] 따라서 증축된 부분이 구조상으로나 이용상으로 기존 건물과 구분되는 독립성이 있는 때에는 구분소유권이 성립하여 증축된 부분은 독립한 소유권의 객체가 될 수 있다.[74] 다만 이와 같은 기준에 의하여 증축건물의 독립성이 인정되더라도 그 건물이 주된 건물의 종물이 될 수 있는지는 주된 건물의 경제적 효용에 이바지하고 있는지 등 종물 요건에 비추어 다시 검토되어야 함은 물론이다.

이와 같이 우리 민법은 건물에 대해서도 다른 주된 건물의 종물이 될 수 있음을 인정하고 있다.[75] 이에 반하여 독민 §97 I은 종물에 대하여, "주물의 구성부분이 아니면서 주물의 경제적 목적에 사용되고 이러한 주물의 용도에 상응하는 장소적 관계에 있는 동산"이라고 정의하여 종물을 동산에 한정하고 있고, 스민 §644 II 역시 종물의 정의로서 "그 지역의 사회통념 또는 주물 소유자의 분명한 의사에 의하여 지속적으로 주물의 관리, 이용, 보존을 위한 용도로서 결합, 적응 또는 기타의 방법으로 주물에 이바지하는 관계에 있는 동산"이라고 정의하고 있다. 유럽대륙법제에서 종물이론은 동산 사이나 부동산의 경제적 효용에 기여하는 동산과의 관계에서 발전해 온 것으로 부동산인 종물은 고려되지 않는다. 특히 건물은 토지의 구성부분으로 독립성이 없으므로 토지의 종물이 아닐뿐더러 다른 건물의 종물도 될 수 없고, 토지 사이에도 종물관계는 인정되지 않는다. 이에 반하여 건물과 토지를 별개의 부동산으로 하는 우리 민법과 일본민법의 경우에는 특히 부동산인 건물 사이에 종물관계를 인정하고 있다. 그 밖에 건물이 토지의 종물이 될 수 있는가에 대해서는 논의가 없다. 가령 농경지의 매매에 있어서 농막과 같은 것이 문제될 여지가 없지 않

---

72) 대판 03.5.16, 2003다14959, 14966; 대판 17.7.18, 2016다38290.
73) 대판 09.9.24, 2009다15602.
74) 대판 99.7.27, 99다14518.
75) 대판 88.2.23, 87다카600(집 36-1, 민50); 대판 91.5.14, 91다2779(공 91, 1631); 대판 94.6.10, 94다11606(공 94하, 1935) 등 참조.

다.[76] 그러나 농경지 위가 아니라 통상 대지 위에 건립된 건물이 토지의 종물이 되는 경우는 상정할 수 없다. 경제적 효용의 면에서 건물과 그 대지는 언제나 일체로서 경제적 효용을 발휘하기는 하지만, 건물과 대지(垈地) 사이에 주종의 구별을 할 수 없고, 우리 법제가 건물을 토지로부터 독립한 별개의 부동산으로 다루기 시작한 이래 건물과 그 대지는 별개의 독립한 물건으로 각각의 독립적 처분의 대상이라는 법관념이 확고히 자리 잡았기 때문이다.

## 4. 주물과 종물이 동일한 소유자에 속할 것

본조의 문언상으로는 주물과 종물이 동일한 소유자에게 속하여야 한다. 반면에 독일민법이나 스위스민법은 명문상 원칙적으로 동일 소유자일 것을 요건으로 하지 않으며, 다만 저당권의 효력이 미치는 종물에 대해서는 동일 소유자일 것을 요건으로 하거나,[77] 종물에 대한 제3자의 권리는 유보된다.[78]

본조와 같은 취지의 의용민법 §87의 입법이유를 살펴보면, "만약 종물이 무엇인가를 정함에 있어서 주물과 그 소유자가 동일하여야 한다는 것을 밝히지 않을 때에는 혹은 소유자가 누구인지를 묻지 않고 어떤 물건의 사용에 제공되기 위하여 이것에 다른 물건을 부속시킨 사실만을 가지고 법률상 당연히 종물이 되어 그 결과 주물과 함께 처분된 것이라고 해석하게 되는 것을 막을 수 없다. 이것이 곧 본조에 위의 요건을 명시하는 것을 필요로 하는 까닭이다."라고 한다.[79] 결국 그 취지는 타인의 물건(주물)의 경제적 효용을 위하여

---

76) 쉽게 이동 가능한 가설식 농막을 설치하여 농기구 등의 보관이나 휴게용으로 사용하고 있는 경우, 그것이 동산이라면 일단 종물성 여부를 논하는 데에 지장이 없을 것이다. 같은 농막을 토지에 고착시켜 토지의 정착물로서 일응 건물의 요건을 갖춘 경우에는 어떨까? 그 건물의 토지에 대한 종물성을 부인할 근거는 분명하지 않다. 토지에 고착됨으로써 토지와 결합 정도는 더 높아졌다고 할 수 있고, 건물은 언제나 토지와 별개의 부동산으로 다룬다는 것은 물건으로서의 법적 독립성을 의미하는 것이지 경제적 효용관계로 결합되는 것을 부정하는 취지는 아니라고 할 수 있기 때문이다. 농경지를 처분하면서 그 지상의 농막도 함께 처분한다는 거래 관념을 상정할 수 없는 것도 아니다. 그러나 실무적으로는 흔히 농경지에 저당권 등 담보권이 설정될 당시 그 지상에 비닐하우스 등으로 만들어진 농막이 있었던 경우, 그것이 건물로 인정되는 경우에는 오히려 건물에 대한 법정지상권의 성립 여부가 문제되는 예가 더 빈번하다. 요컨대 당해 농막등이 그 구조에서뿐만 아니라 경제적 효용의 면에서도 농지와 분리하여 독립성을 인정할 수 있는가 등의 관점에서 음미할 필요가 있다고 생각된다.
77) 독민 §1120 및 Westermann, Sachenrecht, 7. Aufl., S. 708.
78) 스민 §805.
79) 民法修正案(前三編)理由書(주 19), 134. 그러나 이러한 입법자들의 이해는 그들이 §87의 입안과정에서 참고한 독민의 종물 효과에 관한 의사해석규정에 의하면 발생하지 않는다. 이는 아래에서 보는 것처럼 종물의 효과를 효력규정으로 파악하는 경우에나 발생할

자신의 물건을 부속시킨 자가 주물 소유자의 처분으로 인하여 그 권리를 잃게되는 것을 막기 위한 규정으로 이해된다. 학설도 같은 취지로 다른 소유자에게속하는 물건 사이에 주물과 종물의 관계를 인정하면 종물이 주물과 운명을 같이 하게 되는 결과 주물의 처분으로 제3자의 권리가 침해될 염려가 있기 때문이라고 한다.[80] 그렇다면 만약 제3자가 부속시킨 종물 성격의 물건에 대해서도 이것이 종물의 일반적 효과에 관한 §100 Ⅱ의 적용에 있어서 그 제3자가권리를 잃게 되지 않는 범위 내에서는 주물·종물 법리의 취지를 인정하더라도 §100 Ⅰ의 종물과 주물의 소유자 동일성이라는 요건의 규정 취지는 훼손되지 않는다.[81]

압도적 다수의 학설 역시 제3자의 권리를 해하지 않는 범위에서는 물건상호간의 경제적 효용을 중요시하여 §100 Ⅰ의 취지를 확장해서 다른 소유자에게 속하는 물건 사이에도 주물·종물의 관계를 인정한다.[82] 가령 제3자에게 속하는 종물이라도 채권계약에 있어서는 주물에 따르게 하여도 타인의 권리를 해하지 않을 것이며, 타인 소유의 종물이라도 선의취득의 요건을 구비하면 주물과 함께 물권취득의 객체가 되는 것으로 보아도 좋다고 한다.[83] 생각건대, §100 Ⅱ의 처분이 채권계약인 매매인 경우, 타인이 부속시킨 종물 성격의 물건에 관하여 주물에 관한 매매계약을 체결하면, 종물을 배제하는 특약을하지 않는 한 채권계약인 매매계약의 효력은 §100 Ⅱ에 따라 타인이 부속시킨 종물에도 미치므로 매도인은 종물에 대한 소유권을 이전해 줄 의무를 지고이를 불이행하였을 경우 종물에 대한 담보책임을 질 수 있다. 그러나 제3자의권리에는 영향이 없다. 나아가 매도인이 주물에 관한 물권적 처분행위를 한 경

---

수 있는 문제이다. 그렇다면 일본민법기초위원들이 이를 효력규정으로 파악했던 것인가. 논리적으로는 가능한 추론이지만 그 이후 일본민법 기초위원이 이를 의사해석규정으로 보았던 점에 비추어 보면 그렇게 단정하기는 어렵다.

80) 구주해(2), 69(김병재).
81) 박인환, "타인 소유 부속물의 종물적격", 민판연 35, 2013, 18.
82) 강태성, 426; 고상룡, 286; 곽윤직, 238; 김대정, 562; 김민중, 255; 김상용, 314; 김용한, 230; 이영준; 김주수·김상용, 275; 김증한·김학동, 287; 백태승(주 52), 289; 송덕수(주 52), 707; 이은영, 864; 정기웅, 236 등.
83) 구주해(2), 69(김병재), 미등기 법정지상권이 있는 건물 양도에 관한 사안에 "법정지상권을 취득한 건물소유자가 법정지상권의 설정등기를 경료함이 없이 건물을 양도하는 경우에는 특별한 사정이 없는 한 건물과 함께 지상권도 양도하기로 하는 채권적 계약이 있었다고 할 것이므로 법정지상권자는 지상권설정등기를 한 후에 건물양수인에게 이의 양도등기절차를 이행하여 줄 의무가 있는 것"이라고 설시하는 것 역시 이러한 맥락에서 이해된다. 대판 88.9.27, 87다카279(집 36-2, 민154, 공 88, 1325) 외 다수.

우에도 이는 무권리자의 처분행위에 지나지 않으므로 처분행위로 인하여 바로
제3자의 권리에 영향을 미치는 것은 아니다. 다만 주물에 관한 처분행위의 상
대방이 종물을 인도받아 동산 선의취득의 요건을 갖춘 경우에는 종물의 소유
자인 제3자는 권리를 잃게 된다. 그러나 이는 동산 선의취득의 효과일 뿐 직
접 §100 적용의 결과가 아니므로 이를 들어 종물을 소유한 제3자의 권리가
침해되었다고 할 수 없음은 명백하다.[84)]

    이와 같이 종물을 인정함에 있어서 소유자의 동일성을 완화하는 해석은
동조가 의사해석규정이라는 것에 근거한다. 반면에 본조를 의사해석을 넘어서
효력 규정이라고 보게 되면, 주물 처분이 주물에 관한 공시방법을 갖추어 권리
이전의 물권적 효력이 발생하면 그것이 종물에도 미쳐서 종물의 물권귀속이
변경된다. 후자의 견해에 따르면 타인 소유 종물을 인정하는 경우에는 종물 소
유 제3자의 권리를 해하는 결과를 초래할 수 있게 된다.

    판례도 같은 입장이다. 가령, 주유소 건물과 토지를 매각 물건으로 하는
경매절차에서 주유소에 부착시킨 정유회사 소유의 주유기를 경락인이 선의취
득하였는지 여부가 다투어진 사안에서, 대법원은 "민법 §100는 종물에 관하여
'자기 소유인 다른 물건'이라고 규정하고 있어 종물이 주물 소유자의 소유물인
것을 전제로 하고 있지만, 종물이 타인의 소유라고 하더라도 그 타인의 권리를
해하지 아니하는 범위에서 §100가 적용된다고 할 것이고, 따라서 주물이 처분
된 경우에 종물의 소유자가 동의 또는 추인하거나, 종물이 동산인 경우에 상대
방이 선의취득의 요건을 갖추면 종물의 소유권을 취득하게 되는 것이며, 또한
동산의 선의취득을 주장하는 자는 점유취득시에 무과실이었다는 점을 주장입
증하여야 한다($^{\text{대판 62.3.22, 61다}}_{\text{1174, 1175 참조}}$)"고 판시한 바 있다.[85)] 그러나 저당권의 효력이
미치는 범위와 관련해서는 타인이 부속시킨 종물에는 저당권의 효력이 미치지
않는다. 즉, 부동산의 상용에 공하여진 물건일지라도 그 물건이 부동산의 소유
자가 아닌 다른 사람의 소유인 때에는 이를 종물이라고 할 수 없으므로 부동
산에 대한 저당권의 효력이 미칠 수 없어 부동산의 낙찰인이 당연히 그 소유

---

84) 박인환(주 81), 20.
85) 대판 02.2.5, 2000다38527(공보 미게재). 그러나 당해 사안에 있어서는 "그 경매절차에
    서는 이 사건 주유기에 대한 평가를 명백하게 제외하고 있었으므로 경매절차를 통한 매수
    인인 윤○○이 타인의 소유이던 이 사건 주유기를 취득하는 데 과실이 없었다고 보기 어
    렵고, 달리 그 무과실을 인정할 자료가 없으므로 윤○○이 주유기를 선의취득하였다고 볼
    수는 없다."고 하였다.

권을 취득하는 것은 아니며, 나아가 부동산의 낙찰인이 그 물건을 선의취득하였다고 할 수 있으려면 그 물건이 경매의 목적물로 되었고 (방점 필자) 낙찰인이 선의이며 과실 없이 그 물건을 점유하는 등으로 선의취득의 요건을 구비하여야 한다고 하여 §357와 관련해서는 타인 소유물의 종물 적격을 부인한다.[86]

따라서 저당권 설정자 또는 저당 부동산 소유자의 소유가 아닌 타인 소유 종물에는 저당권의 효력이 미치지 않는다. 민법 §100의 해석상 타인 소유 물건이 종물이 되더라도 종물에 대한 제3자의 권리를 해할 수 없고, 저당권설정에 있어서는 등기의 공신력이 인정되지 않을 뿐 아니라, 점유를 취득하지 못하므로 선의취득의 여지도 없기 때문이다. 저당권설정 당시에는 타인 소유였으나 저당권의 실행시까지 저당권설정자 또는 부동산소유자가 종물의 소유권을 취득한 경우에는 저당권의 효력이 미침은 물론이다.


## Ⅲ. 종물의 효과

### 1. 처분의 의미

본조 제2항에서 규정하고 있는 '처분'의 의미에 대하여 살펴본다. 이 처분을 채권행위에 한정되는 것으로 이해하는 견해도 있으나,[87] 다수의 학설은 처

---

86) 대판 08.5.8, 2007다36933, 36940, 동 판결의 평석으로 박인환(주 81), 1 이하. 이와 같이 서로 엇갈리는 듯 한 판례의 태도는 §100가 의사해석규정에 지나지 않아 종물 소유자인 제3자의 권리를 해하지 않는 반면, §357는 저당권의 물권적 효력이 종물에 미치는 결과, 저당권의 실행으로 저당 목적 부동산에 자신의 물건을 부속시킨 제3자가 권리를 잃게 할 위험이 있기 때문이다. 그러나 동 판결은 그 결론에 있어서는 찬성하기 어렵다. 경락인이 경매과정에서 경매 목적 부동산에 부속되어 있는 종물 성격의 물건이 타인 소유임을 알지 못하고 전체로서 그 부동산을 경락받은 경우, 그 종물 성격의 물건이 명시적으로 경매의 목적물로 되지 않았더라도 선의·무과실로 그 물건을 점유하게 되면 선의취득의 요건을 구비하였다고 보는 것이 타당하기 때문이다. 왜냐하면 경매 역시 본조 제2항의 처분에 해당하고 따라서 주물에 대한 경매절차에서 종물의 성격의 물건이 타인 소유임을 알지 못한 데에 경락인이 선의·무과실이라면 그 물건을 점유함으로써 선의취득을 할 수 있다고 보아야 하기 때문이다. 요컨대 동 판결이 근저당권의 효력 범위와 관련된 §357에서 타인 소유물의 종물 적격을 부인하는 것은 타당하지만, 경매 목적 부동산에 타인이 부속시킨 종물(성격의 물건)에 대하여 주된 물건인 부동산의 경매과정에서 그 물건들이 타인 소유임을 들어 종물성을 부인하여 §100의 적용을 배제하고 명시적으로 경매목적물로 제시되지 않았다는 이유로 그 선의취득을 부정하는 것은 타당하지 않다.

87) 그러한 학설로서 김증한, 민법총칙, 진일사, 1972, 253이 있다. 즉, "(1) 주물에 관하여 매매, 임대차, 기타의 채권계약이 행해진 때에는 그 계약의 해석으로―다른 의사표시가 없는 한―종물도 포함한다고 새겨야 한다"고 하고, (2) 주물상 저당권은 당연히 종물에 미

분이라는 의미가 흔히 물권적 처분을 연상시키듯 오히려 물권적 처분을 내세우면서 채권적 처분도 포함하는 것으로 설명한다.[88] "여기서 말하는 처분은, 소유권 양도나 제한물권의 설정과 같은 물권적 처분뿐만 아니라, 매매·대차와 같은 채권적 처분도 포함하는 넓은 의미이며, 결국 종물은 주물과 그 법률적 운명을 같이 한다는 뜻"이라고 한다.[89] 나아가 제2항의 '처분'의 의미는 보다 확대 해석되어, "본조항은 처분행위에 의한 권리변동에만 적용이 있는 것과 같은 모습을 보이지만 경제적 일체성의 점에서 본다면 주물의 권리관계가 공법상의 처분[90]이나 법률규정에 의하여 생긴 경우에도 유추적용되어야 할 것이라고 생각되고 경매절차[91]에 의한 경우에도 이 원칙이 적용된다"고 한다.[92] 이러한 유연한 해석으로부터 우리 민법 §100 Ⅱ에서 말하는 '처분'은 특별한 법기술적 개념으로서의 '처분'이 아니라 널리 권리관계의 변동을 의미하는 것이라고 할 수 있다.[93]

처분은 법률행위 및 이에 준하는 처분에 적용되는 것이므로 사실관계를

---

친다(358…)고 하면서 공시방법으로는 등기로서 족하다고 하고, "부동산 소유권의 양도(독민 §926 참조)·부동산의 압류(독민 §862 참조)도 저당권과 마찬가지로 새겨야 한다"고 한다. 이로써 김증한 박사는 민 §100 Ⅱ을 독민 §311-c와 마찬가지로 이를 채권행위에 대한 의사해석규정으로 파악하고, 독민 §926에 해당하는 부동산소유권 양도시 종물에 대해서는 우리 민법상 그에 해당하는 규정이 없으므로 저당권의 효력에 관한 §358를 (유추)적용하려 했음을 알 수 있다. 이러한 설명은 약간의 수정에도 불구하고 김증한·김학동, 287 이하에도 이어지고 있다. 박인환, 164.

88) 강태성, 427 이하; 고상룡, 286; 곽윤직·김재형, 238; 김대정, 566; 김민중, 255; 김상용, 314; 김용한, 230; 김주수·김상용, 276; 백태승(주 52), 290; 송덕수(주 52), 708; 정기웅, 236 등.

89) 구주해(2), 70(김병재).

90) 일본인 회사 소유 농지 및 양수장 시설이 귀속재산으로 국가에 귀속되어 농지는 경작자에게 분배되고 양수장 시설은 귀속재산처리법에 따라 처분된 사안에서, 양수장 시설이 본건 농지의 부속시설인 이상 그 시설의 처분은 농지개혁법에 의하여 처분되어야 함에도 불구하고 아무 권한 없는 피고가 위 시설은 농지에 부속된 것이 아니고 단순한 귀속재산에 불과하다는 전제하에 이를 귀속재산처리법에 의하여 처분하였음은 … 당연무효라 아니할 수 없고, 본건 양수장 시설이 본건 귀속 농지의 부속시설이며, 그 양수장 시설과 그 몽리 농지가 모두 위 회사 소유로서 그 소유자가 동일한 이상 … 본건 양수장시설은 종물로서 주물인 그 몽리 농지의 수분배자인 원고를 비롯한 그 외의 농지수분배자들의 소유에 귀속되었다"고 판단하였다. 대판 67.3.7, 66누176.

91) 대판 02.2.5, 2000다38527.

92) 구주해(2) 71(김병재); 강태성, 428; 김대정, 566; 정기웅, 237. 이와 같은 이해는 구민법, 즉 현행 일본민법 §87의 설명에서도 같다. 石田文次郎, 民法總則, 弘文堂, 1937, 204 및 日注民(2) 新版, 637 참조.

93) 이러한 해석은 민법 §100 Ⅱ과 같은 내용인 스민 §644 Ⅰ의 해석론과도 일치한다. Basler/Wiegand, Art. 644-645, Rdn. 25 참조. 박인환(주 14), 165.

요건으로 하는 시효취득 등에는 적용이 없다. 즉, 주물에 대하여 점유 취득시효가 완성되었더라도 그 효력이 종물에는 미치지 않는다. 그리고 주물에 대한 질권 설정의 경우에도 질물과 함께 종물을 인도하지 않으면 질권의 효력은 종물에는 미치지 않는다.[94]

## 2. 종물의 공시방법

주물에 대하여 물권적 처분이 행해지면 종물도 그 처분에 따르게 된다. 이때 주물의 처분에 따르게 되는 종물은 독자적인 공시방법을 갖추어야 물권적 처분의 효력이 발생하는가, 아니면 주물에 대하여 공시방법을 갖추면 종물에 대해서는 별도의 공시방법을 갖추지 않더라도 주물과 같이 물권변동의 효력이 발생하는가? 또한 민법 § 358에 따라 저당권의 효력이 미치는 종물에 대하여, 주물인 부동산에 대한 저당권설정등기를 갖춤으로써 종물에 대하여는 별도의 공시방법을 갖출 필요가 없는 것인가, 아니면 종물에 대하여도 등기 또는 인도 기타 공시방법을 갖추어야 하는가?

이에 관한 판례의 태도를 보면, "법정지상권자가 건물을 제3자에게 양도하는 경우에는 특별한 사정이 없는 한 건물과 함께 법정지상권도 양도하기로 하는 채권적 계약이 있었다고 할 것"이지만, "관습상 법정지상권이 붙은 건물의 소유자가 건물을 제3자에게 처분한 경우에는 법정지상권에 관한 등기를 경료하지 아니한 자로서는 건물의 소유권을 취득한 사실만 가지고는 법정지상권을 취득하였다고 할 수 없다"고 한다.[95] 따라서 판례는 § 100 Ⅱ이 유추적용되는 종된 권리에 관하여 별도의 등기를 하지 않으면 적어도 물권변동은 일어나지 않는다는 태도를 취하고 있다. 다른 한편 학설상으로는 견해가 상반된다. 일부 문헌에서는 "민법 § 100 Ⅱ은 주물·종물의 객관적·경제적 결합에 기한 법률적 운명을 공통되게 하려는 것이므로, 주물인 부동산의 등기에 의하여 동시에 그 종물에 대하여도 물권변동이 공시되는 것이라고 해석하여야 하고 종물에 대하여 다시 인도 기타 특별한 공시방법을 필요로 하지 않는다고 할 것"이라고 하고,[96] 다만, 유치적 효력을 본질적 특성으로 하는 동산질권의 설정을

---

94) 구주해(2), 70(김병재); 주석 총칙(2), 327(제5판/김종기).

95) 대판 95.4.11, 94다39925(공 95상, 1836) 참조, 그 외 같은 취지의 것으로서 대판 88.9.27, 87다카279(집 36-2, 민154); 대판 89.5.9, 88다카15338(공 89, 902); 대판 91.5.28, 91다6658(공 93상, 1457) 등 다수.

96) 구주해(2), 71(김병재), 이러한 태도를 명시적으로 지지하는 견해로서는 지원림, 민법강

위해서는 §188 Ⅰ에 따라 인도하지 않으면 안 된다고 한다.[97] 반면, 다른 견해는 "본조는 물건의 경제적 효용이라는 관점에서 종물을 주물의 처분에 따르게 하자는 데 그 취지가 있는 것이고, 따라서 물권변동에서 요구되는 공시방법은 이와는 별개의 것으로 해석된다"라고 한다.[98] 한편 민법 §100에서와는 달리, 민법 §358에 의하여 저당권의 효력이 미치는 종물의 공시방법에 대해서는 부동산인 주물에 공시방법(등기)을 갖추면 "저당권의 효력은 … 종물에 미친다."라는 문언에 따라 별도의 공시방법을 갖출 필요 없이 종물에도 저당권의 효력이 미친다고 보는 것이 일반적이다.[99] 판례 역시 민법 §358 본문은 "저당권의 효력은 저당부동산에 부합된 물건과 종물에 미친다."고 규정하고 있는바, 이 규정은 저당부동산에 종된 권리에도 유추적용되어 건물에 대한 저당권의 효력은 그 건물의 소유를 목적으로 하는 지상권에도 미친다고 보아야 할 것이라고 하고, 이 경우 건물에 대한 저당권이 실행되어 경락인이 그 건물의 소유권을 취득하였다면 경락 후 건물을 철거한다는 등의 매각조건하에서 경매되었다는 등 특별한 사정이 없는 한 그 건물 소유를 위한 지상권도 민법 §187의 규정에 따라 등기 없이 당연히 경락인이 취득하고, 따라서 경락인은 종전의 지상권자를 상대로 지상권이전등기절차의 이행을 구할 수 있다고 본다.[100] 그러나 저당권의 효력이 미치는 종물은 그것이 동산이든 부동산이든, 나아가 종된 권리에 대해서도 마찬가지 해석이 행해지고 있는데, 종물이 별도의 등기능력을 갖는 부동산 또는 종된 권리인 경우에는 고유한 공시방법인 등기와 충돌하는 문제가 발생할 수 있다.

한편, 공장 및 광업재단저당법에서는 공장에 속하는 토지나 건물에 대한 저당권설정등기를 신청하려면 그 토지나 건물에 설치된 기계, 기구, 그 밖의 공장의 공용물로서 §3 및 §4에 따라 저당권의 목적이 되는 것의 목록을 제출하도록 하고($^{§6}_{Ⅰ}$) 이 목록은 동법 §36$\left(\substack{\text{재단목록에 공장재단 목록은 등기부의 일부}\\\text{로 보고 기록된 내용은 등기된 것으로 본다}}\right)$를 준용한다.

---

의, 제4판, 2005, 136. 주석 총칙(2), 252(제5판/김종기)도 같다.

97) 구주해(2), 71(김병재) 및 김증한 · 김학동, 247.

98) 김준호, 191, 같은 면은 그 근거로 대판 85.4.9, 84다카1131, 1132(집 33-1, 민174)을 인용하고 있다.

99) 가령, 곽윤직 · 김재형, 물권법, 334; 이영준, 한국민법론(물권편), 811 등.

100) 대판 92.7.14, 92다527.

## 3. 임의규정성

본조 제1항 종물 개념은 당사자의 의사에 의하여 변경될 수 없다. 다만, 종물성의 요건, 즉 경제적 효용을 돕는 관계라든가, 장소적 관련을 당사자의 의사에 의하여 좌우할 수 있을 뿐이다. 따라서 본조가 임의규정이라고 하는 것은 제2항의 처분에 관한 것이다.[101] 따라서 소유자는 이를 주물과 분리하여 처분할 수 있다는 데에 학설은 일치한다.[102] 종물은 경제적으로는 주물의 효용을 도와 경제적 일체로서 기능하거나 가치를 갖지만 법적으로는 독립한 물건이므로 법률적으로 종물을 주물과 달리 처분할 수 있을 뿐 아니라 종물을 주물로부터 분리함으로써 주물과 종물의 경제적 결합관계를 해체할 수 있다. 다만 주물에 저당권이 설정되어 있는 경우에는 종물의 분리가 통상의 저당 부동산의 사용의 범위를 넘어서는 경우에는 저당물의 침해로 인한 책임이 발생할 수 있다.[103]

## 4. 종물만의 강제집행

채권자는 다른 특별한 사정이 없는 한 종물만에 대하여 강제집행을 할 수 없다. 왜냐하면 이것을 인정한다면 물건의 경제적 가치를 부당하게 손상시킬 뿐 아니라 이것을 금지하더라도 개인의 권리를 부당하게 제한하는 것으로는 되지 않기 때문이다.[104]

## 5. 증명책임

종물인지의 여부에 관해서는 종물임을 주장하는 자가 입증책임을 진다. 반대로 주물의 처분에 있어서 종물의 수반을 배제하는 명시적 의사가 있었는가의 여부는 그러한 예외적 의사를 주장하는 자에게 있음은 물론이다.[105]

---

101) 박인환(주 14), 163.
102) 강태성, 428; 고상룡, 288; 곽윤직 · 김재형, 238; 김대정, 566; 김민중, 256; 김상용, 315; 김용한, 230; 김주수 · 김상용, 276; 김준호, 192; 김증한 · 김학동, 288; 백태승(주 52), 290; 송덕수(주 52), 708; 이영준(주 52), 865; 이은영, 306; 정기웅, 237 등.
103) 구주해(2), 72(김병재).
104) 이러한 취지는 공장 및 광업재단저당법 §8 Ⅱ에도 규정되어 있다. 구주해(2), 72(김병재); 강태성, 429; 고상룡, 288; 김용한, 230; 김준호, 191; 김증한 · 김학동, 288; 백태승, 290.
105) Münchkomm/Holch §97 Rdn. 32; Staudinger/Dilcher, §97 Rdn. 34. 참조.

## 6. 유추적용

학설과 판례에 따르면 종물에 관한 §100는 권리 상호간에도 유추적용된다.[106) 이에 따르면 주물의 경제적 목적에 이바지하는 권리는 종된 권리로서 주물의 처분에 따르게 된다. 가령, 건물에 대한 저당권의 효력은 반대의 특약이 없는 한 그 대지이용권인 지상권, 전세권, 임차권에도 미친다. 특히 대판 92. 7.14, 92다527에서는 다만, 건물 소유를 위한 대지 임차권의 경우에는 임차권 양도에 임대인의 승낙을 요하므로($^{\S}_{629}$), 임대인의 승낙이 없는 한 경락인은 임차권의 취득으로서 임대인에게 대항할 수 없다고 한다. 그러나 대판 93.4.13, 92다24950 판결에 따르면, "임차인의 변경이 당사자의 개인적인 신뢰를 기초로 하는 계속적 법률관계인 임대차를 더 이상 지속시키기 어려울 정도로 당사자 간의 신뢰관계를 파괴하는 임대인에 대한 배신행위가 아니라고 인정되는 특별한 사정이 있는 때에는 임대인은 자신의 동의 없이 임차권이 이전되었다는 것만을 이유로 민법 §629 Ⅱ에 따라서 임대차계약을 해지할 수 없"다고 한다.

[박 인 환]


## 第101條(天然果實, 法定果實)

① 物件의 用法에 依하여 收取하는 産出物은 天然果實이다.
② 物件의 使用對價로 받는 金錢 其他의 物件은 法定果實로 한다.

---

106) 대판 92.7.14, 92다527(집 40-2, 민199); 대판 93.4.13, 92다24950(집 41-1, 민301); 대판 95.8.22, 94다12722(집 43-2, 민80); 강태성, 429; 고상룡, 288; 곽윤직·김재형, 238; 김대정, 566; 김민중, 256; 김상용, 315; 김용한, 230 이하; 김주수·김상용, 276; 김준호, 192; 김증한·김학동, 288; 백태승(주 52), 290; 송덕수(주 52), 708; 이영준(주 52), 865; 이은영, 306; 정기웅, 238 등. 이 점도 구민법 이래 일본민법학의 태도와 같으나 독일민법이나 스위스민법과는 다른 점이다.

# I. 과실의 연혁

## 1. 로 마 법

로마법에서는 천연과실(天然果實, fructus naturalis)과 법정과실(法定果實, fructus civilis)이라는 용어의 구별은 없었고 과실은 전자를 의미하고 후자는 과실에 준하여 다루어지는 물건(pro fructibus, loco fructum)이었다.[1] 양자를 구별한 것은 독일 보통법 이후의 일이라고 한다.[2] 천연과실은 원물(元物)의 용법(用法)에 따라 수취한 산출물로서 원물에서 분리하지 않는 동안은 원물의 일부이고, 자연적으로 혹은 인력으로 분리하였을 때 독립한 물건이 되었다. 법률행위에 의하여 수취하기로 약정한 물건, 가령 이자, 차임, 운임 등이 과실에 준하는 물건(법정과실)으로 다루어졌다.[3] 원물이란 주기적으로 과실을 산출하는 물건이고, 과실이란 원물의 과실 산출능력이나 그 실질을 변경하지 않지 않고 주기적으로 수취되는 산출물(産出物)을 의미하였다. 특히 원물이 과실을 산출하는 주기적(週期的) 요소가 과실 여부를 결정하는 기준이 되었다. 그에 따르면 일시적으로 채취한 목재는 산림의 천연과실이 아니나 주기적인 벌채로 취득한 목재는 과실이다.[4]

누가 과실을 수취하는가에 대하여 로마법은 원물주의(原物主義)에 따라 분리한 때의 원물의 소유자가 취득하였고, 만약 타 물권자가 과실으로 취득하더라도 그것은 그 권리의 작용에 기하여 취득하는 것일 뿐이었다. 반면에서 게르만법에서는 원물에서 분리하지 않는 동안의 과실도 독립적 존재일 수 있었고 생산주의(生産主義), 즉 "뿌린 자가 거둔다(Wer säet, der mähet)"는 원칙에 따라 경작자(耕作者)가 수취권자였다.[5]

## 2. 일본민법

본조는 의용민법 §88를 좇은 것이므로 의용민법 즉 일본메이지민법의 입법이유를 살펴본다. 프랑스법계에 좇은 일본 구민법은 과실에 관한 통칙을 두지 않고 용익권의 장에 그 수득(收得)에 관한 약간의 규정을 두고 이를 그 밖

---

1) 船田, ローマ法 제2권, 332.
2) 현승종·조규창, 로마법, 494.
3) 船田(주 1), 332.
4) 현승종·조규창(주 2), 495.
5) 原田慶吉 石井良助, 日本民法の史的素描, 創文社, 1954, 43.

의 경우에 준용하는 입법 형태를 취하였으나 과실로 인정할 범위에 관하여 논란의 여지가 있었다.[6] 그리하여 일본메이지민법에 있어서는 다른 물건에 관한 규정과 함께 이를 총칙편에 규정하게 되었다. 이 역시 독일민법 §99 이하의 입법례를 좇은 것이다.

일본메이지민법의 입법이유에 따르면,[7] 과실의 정의에 관해서는 과실의 요건과 관련하여 과실로 인정되는 것 중 정기적 수확을 요하지 않는 것도 적지 않고 통상의 경우 정기적 수확은 물건의 과실임을 알려주는 자료가 되지만 수확 방법으로 과실의 성질을 정하는 것은 본말전도이고, 물건의 원질을 소진하지 않는다는 점도 광물, 석재와 같은 것은 그 채취에 의하여 점차 원물을 감소시킴에도 대체로 이것을 과실이라고 한다면 점에서 독일민법초안의 예에 좇아 물건의 용도에 따르는 것만을 과실의 요소로 삼았다.[8] 의용민법 §88의 천연과실의 정의에 대하여 보면 산출물이란 물리적 관점에서의 유기적 산출물뿐 아니라 경제적 관점에서의 무기적 산출물도 포함하는 것으로 보고, 그 '용법에 따른' 것은 그 경제적 목적에 의한 것을 의미하는 것으로 해석한다. 나아가 법정과실은 천연과실은 아니지만 그에 준하는 것으로 임차인이나 점유자 등의 권리를 정함에 있어서 편의상 그 명칭을 채용해서 이들의 권리를 정함에 있어서 그 예목을 열거하는 번거로움을 피하려는 의도에서[9] 물건의 사용대가로서 받은 금전 기타의 물건으로 정의하여 이를 원물의 대가(<small>賣買代</small>)와 구별하고 있다. 특히 일민 §88에서는 독민 §99 Ⅱ, Ⅲ에서와 같은 권리의 과실 개념은 이를 취하지 아니하였다.

## Ⅱ. 천연과실과 법정과실

### 1. 천연과실

본조는 천연과실을 '물건의 용법에 의하여 수취되는 산출물'로 정의하고 있다. 그 경위는 위 §88와 같은 것이다. 그 취지로 보아 위 천연과실에는 과

---

6) 日注民(2) 新版, 644.
7) 박인환, "일본메이지민법 입법이유(총칙편: 물건) 분석", 중앙대 법학논문집 35-2, 2011, 80 이하.
8) 廣中俊雄 編著, 民法修正案(前三編)の理由書, 有斐閣, 1987, 76.
9) 廣中俊雄 編著(주 8), 76 이하.

수(果樹)의 열매, 젖소의 우유, 양의 양모, 가축의 새끼 등 유기적(有機的) 산출물뿐 아니라 광물(鑛物), 석재(石材), 토사(土砂) 등 이른바 무기적(無機的) 산출물을 포함한다.[10] 그리고 '물건의 용법에 의하여' 수취된 것은 원물의 경제적 용도에 따른 것을 의미한다.[11] 그런데 여기서 물건의 경제적 용도에 주목하게 되면 경주용 말의 새끼, 일소(役牛)의 새끼, 감상용 식물의 열매 등은 원물의 본래의 용법에 따라 수취된 것이 아니므로 과실이 아닌 것이 된다. 이에 대해서는 천연과실의 관념은 원물에서 분리될 때에 누구의 소유로 귀속하는가를 결정하는 데 의미가 있는 것이므로 위와 같은 것들을 과실로 보느냐 않느냐 하는 것보다 그러한 물건들이 누구의 소유로 귀속하는 것으로 볼 것인가, 즉 원물의 임차관계가 수익도 목적으로 하고 있었느냐 아니냐 라는 점에서 해결하여야 한다는 견해[12]가 있다. 그러나 이에 대해서는 천연과실에 해당하는지가 소유권 귀속 문제의 논리적 전제라는 점에서 논리적 적정성을 결여한다고 지적하며 위와 같은 산출물들은 원물의 부가적 용도에서 나온 산출물로서 그로 인해 본래의 용도가 잠식되는 것은 아니므로 이와 같은 산출물도 모두 천연과실로 보아야 한다는 견해,[13] 어떤 견해에 의하더라도 본조를 적용하거나 유추 적용된다는 점에서 결론에 차이가 없어 논의의 실익이 없고 오히려 '물건의 용법에 의하여'라는 문언을 삭제하는 것이 타당하다는 견해도 있다.[14]

## 2. 법정과실

법정과실이란 물건의 사용대가로 받는 금전 기타의 물건을 말한다.[15]

사용대가는 타인에게 사용케 하고 사용 후에 원물 그 자체 또는 그 물건과

---

10) 구주해(2), 74(김병재); 주석 총칙(2), 333(제5판/김종기); 곽윤직, 240; 강태성, 429; 고상룡, 288; 곽윤직·김재형, 238; 김대정, 566; 김민중, 256; 김상용, 315; 김용한, 230 이하; 김주수·김상용, 276; 김준호, 192; 김증한·김학동, 288; 백태승, 민법총칙, 집현재, 2016, 290; 송덕수, 민법총칙, 박영사, 2015, 708; 이영준, 민법총칙, 박영사, 2004, 865; 이은영, 306; 정기웅, 238.

11) 구주해(2), 74(김병재).

12) 곽윤직, 민법총칙, 신정판, 1989, 317; 구주해(2), 74(김병재).

13) 명순구, 299 이하.

14) 강태성, "민법 제1편(총칙)·제2장(인)·제3장(법인)·제4장(물건)에 관한 개정의견", 법제 602, 2008, 139.

15) 엄밀한 의미에서 원물의 수익은 차료, 차임, 이자 등 물건에 대한 청구권이고 그 지급의 수령은 추심에 불과한 것이지만 이 점에 있어서 민법은 법률적으로보다는 경제적으로 관찰하여 수령할 금전 기타 물건으로서 법정과실이라고 보는 듯 하다는 지적이 있다. 구주해(2), 76(김병재).

동종, 동질, 동량을 반환하여야 할 법률관계가 있는 경우에 인정된다. 예컨대 지료나 임대차의 차임이 여기에 해당한다.[16]

물건의 사용대가가 아니라 노동의 대가 또는 권리의 사용대가로 취득하는 것도 과실이 아니다. 다만 권리의 사용대가가 과실로 취급되어야 하는지에 대하여는 학설의 대립이 있다. 본조가 모두 물건인 원물의 산출물을 규정하고 있으므로 권리의 과실이라는 개념은 인정되지 않는다는 견해[17]와 법정과실에 관한 규정은 원물이 물건인가 권리인가에 따라 그 적용을 달리할 이유는 없기 때문에 실질적으로 별로 실익이 없고, 법정과실은 계약관계에 기하여 받는 금전 기타의 물건(대체물), 즉 금전 기타의 채권이기 때문에 엄격히 말해 민법에서 말하는 물건이 아니고 독민 § 99 Ⅲ도 권리의 법정과실을 인정하고 있다는 점 등을 들어 권리의 과실을 법정과실로 인정하거나 적어도 유추적용하여야 한다고 한다.[18]

금전의 사용대가인 이자가 법정과실인지에 대해서도 학설이 대립한다. 다수의 견해는 금전도 물건이므로 그 사용대가인 이자 역시 법정과실이라고 하는 데 반하여[19] 소수설은 이자는 물건으로부터 발생하는 수익이 아니라 원본 채권으로부터 발생하는 수익이므로 법정과실은 아니지만 그 귀속에 관해서는 본조 제2항을 유추적용하여야 한다고 한다.[20]

주주의 회사에 대한 이익배당이 주식의 법정과실인가에 대하여도 논란이 있다. 그것이 법정과실이라면 주식의 질권자는 배당을 받을 수 있지만 주주는 회사에 납입한 주금의 반환을 청구할 수 없다는 점에서 이익배당은 법정과실이 아니고 물건 사용의 결과인 이익의 분배에 불과하다는 견해가 있다.[21]

한편 판례는 국립공원의 입장료는 토지의 사용대가라는 민법상 과실이 아니라 수익자 부담의 원칙에 따라 국립공원의 유지·관리비용의 일부를 국립공원 입장객에게 부담시키고자 하는 것이어서 토지의 소유권이나 그에 기한 과

---

16) 구주해(2), 74(김병재); 주석 총칙(2), 334(제5판/김종기).

17) 곽윤직·김재형, 241; 김민중, 259; 김상용, 315; 김용한, 230 이하; 김주수·김상용, 276; 김준호, 192; 김증한·김학동, 288; 백태승(주 10), 290; 송덕수(주 10), 709; 이영준 (주 10), 865; 이은영, 306; 정기웅, 238.

18) 고상룡, 291; 강태성, 437; 김대정, 570.

19) 강태성, 436; 고상룡, 291; 곽윤직·김재형, 241; 김대정, 568; 김준호, 195; 김증한·김 학동, 292; 송덕수(주 10), 711 등.

20) 김주수·김상용, 278.

21) 구주해(2), 75(김병재); 강태성, 437.

실수취권과는 아무런 관련이 없다고 한다.[22]

## Ⅲ. 사용이익

　　일정한 장소나 물건을 점유하여 현실적으로 사용하여 얻는 이익을 사용이익(使用利益)이라고 한다. 이러한 사용이익은 물건의 사용 대가(代價)는 아니므로 과실은 아니다. 그러나 그 실질은 과실과 다름 없으므로 과실의 취득과 반환에 있어서는 과실과 마찬가지로 취급하여야 한다고 한다.[23] 판례 역시 같은 입장으로 한편 토지를 사용함으로써 얻는 이득은 그 토지로 인한 과실과 동시할 것이므로 선의의 점유자는 비록 법률상 원인 없이 타인의 토지를 점유사용하고 이로 말미암아 그에게 손해를 입혔다 하더라도 그 점유사용으로 인한 이득을 그 타인에게 반환할 의무는 없다고 한다.[24]

[박 인 환]

## 第102條(果實의 取得)

　　① 天然果實은 그 元物로부터 分離하는 때에 이를 收取할 權
　　　 利者에게 屬한다.
　　② 法定果實은 收取할 權利의 存續期間日數의 比率로 取得한다.

---

22) 대판 01.12.28, 2000다27749.
23) 구주해(2), 76(김병재); 주석 총칙(2), 336(제5판/김종기); 김증한·김학동, 291; 송덕수
　　(주 10), 712.
24) 대판 96.1.26, 95다44290; 대판 96.1.26, 95다44290.

## I. 입법취지

본조는 과실의 귀속시기와 귀속권자에 대하여 천연과실의 경우와 법정과실의 경우를 나누어서 천연과실에 대해서는 분리하는 때의 수취할 권리자를 규정하고, 법정과실에 대해서는 수취할 권리를 기준으로 존속기간의 일수의 비율에 의하여 과실의 귀속권자를 정하고 있다. 일민 §89에 관한 입법이유를 보면 "과실이 아직 원물로부터 분리하지 않은 동안에는 원물의 일부분으로서 다른 사람의 소유로 될 수 없다는 것은 논할 필요도 없다. … 그렇지만 과실을 발생시키는 물건이 일단 임차권, 점유권 등의 목적이 된 경우에 있어서는 과실의 취득자를 달리 하여야 할 것이다. 기타 소유권 이전의 경우에 있어서도 역시 과실의 취득자를 정하는 것이 필요하다. 본조는 이러한 경우에 대해서 과실을 취득하는 방법 및 시기를 정하는 것으로 하여 임차인, 점유자 등에 통용하여야 할 규칙을 편의상 규정하는 것"[1]이라고 취지를 설명하고 있다.

## II. 천연과실의 귀속

### 1. 의    의

천연과실의 귀속에 관하여 본조는 일민 §89에 좇아 게르만법의 원칙(생산주의)을 따르지 않고 독민 §101와 마찬가지로 로마법상의 원물주의 내지 분리주의를 취한 것으로 평가되고 있다.[2] 그리고 미분리(未分離)의 과실은 원물의 일부이지만, 과실이 원물로부터 분리되면, 독립한 물건(동산)이 되는 것과 동시에 그 소유권이 수취권자에게 귀속함을 정하고 있다. 천연과실은 법정과실과 달리 산출에 관한 기여의 비율을 확정하기 곤란하고 또한 그 성질상 분할이 적당하지 않은 것이 보통이므로 이를 획일적으로 정하는 것이라고 설명하기도 한다.[3]

이때 과실의 분리는 자연적으로 분리된 것인지 인위적으로 분리된 것인지를 구별하지 않으며, 인위적으로 분리된 것이라도 누가 분리하였는가는 과실

---

1) 廣中俊雄 編著, 民法修正案(前三編)の理由書, 有斐閣, 1987, 137.
2) 구주해(2), 77(김병재); 原田慶·吉石井良助, 日本民法の史的素描, 創文社, 1954, 43; 일본민법 §89에 대하여 日注民(2) 新版, 649.
3) 구주해(2), 78(김병재); 주석 총칙(2), 338(제5판/김종기).

의 귀속권자를 정함에 있어 아무런 영향이 없다. 따라서 과실수취권자가 원물을 점유하지 않고 있는 동안에 분리되었더라도 문제되지 않는다.[4]

다만 이는 공익에 관한 규정은 아니므로 당사자의 합의에 의하여 과실의 귀속에 관하여 달리 정할 수 있다.[5]

## 2. 과실수취권자

"천연과실은 … 수취할 권리자에게 속한다."라는 문언으로부터 본조는 원물로부터 분리되어 독립한 물건이 된 천연과실에 대하여 그 원시적 소유권의 취득을 정한 것이다.[6] 대부분의 교과서에서는 본조 과실의 수취권자로서 원칙적으로 소유자($\S_{211}$)이지만, 예외적으로 선의의 점유자($\S_{201}$), 지상권자($\S_{279}$), 전세권자($\S_{303}$), 유치권자($\S_{323}$), 질권자($\S_{343}$), 저당권자($\S_{359}$), 매도인($\S_{587}$), 사용차주($\S_{609}$), 임차인($\S_{618}$), 친권자($\S_{923}$), 유증의 수유자($\S_{1079}$) 등을 열거하고 있다.[7][8] 그러나 이와 같은 열거되고 있는 자들이 본조의 과실수취권자로서 모두 적절한지에 대하여는 근래 유력한 비판이 제기되었다. 하나하나 과실 수취권자로서의 적격성을 검토할 필요가 있다.[9]

### (1) 소 유 자

원물의 소유자가 본조의 과실수취권임에는 의심의 여지가 없다.

---

4) 양창수, "민법 제102조 제1항에 의한 천연과실의 귀속", 저스 83, 2005, 40 이하; 주석 총칙(2), 338(제5판/김종기).

5) 구주해(2), 79(김병재); 주석 총칙(2), 338(제5판/김종기).

6) 양창수(주 4), 41.

7) 곽윤직·김재형, 241; 김민중, 258; 김상용, 317; 김용한, 232; 김주수·김상용, 277 이하; 백태승, 민법총칙, 집현재, 2016, 440; 송덕수, 민법총칙, 박영사, 2015, 710; 이영준, 민법총칙, 박영사, 2004, 866; 이은영, 307; 정기웅, 240.

8) 일본에서 §89의 입법기초자(토미이, 富井)는 과실수취권자로서 점유자, 영소작인, 유치권자, 질권자 및 임차인 등을 열거하였다(富井政章, 訂正增補 民法原論 第1卷 叢論, 有斐閣, 1985(1922. 合冊版復刻), 363). 그러나 그 이후 해석론으로서 원물의 소유자, 선의의 점유자, 지상권자, 영소작권자(永小作權者), 부동산질권자, 사용차주, 임차인, 친권자, 수유자(受遺者)가 열거되었다(日注民(2) 新版, 649(田中)). 다만, 유치권자 및 유치권자의 과실수취에 관한 규정이 준용되는 동산질권자에 대해서는 과실에 대한 유치권을 취득할 뿐이라는 견해도 있다(동 650). 원물의 소유자, 임차권자, 지상권자, 영소작권자 및 부동산질권자만이 열거되기도 한다(我妻榮, 新訂民法總則, 岩波書店, 2008, 227).

9) 양창수(주 4), 38 이하는 다수 교과서에서 위와 같은 과실수취권자의 목록을 음미함이 없이 반복 열거하고 있는 것에 대하여 비판하며 각각의 경우를 개별적으로 검토하여 과실수취권자로서의 적부를 논하고 있다. 이와 같은 지적에 찬동하는 것으로 김준호, 민법총칙, 193 이하. 반면에 소유자 아닌 자로서 어찌되었든 과실을 취득하게 되는 경우가 포함되는 것을 굳이 배제할 필요가 없다는 견해도 있다. 송덕수, 711.

### (2) 매도인과 매수인

매매계약 있은 후에도 인도하지 아니한 목적물로부터 생긴 과실은 매도인에게 속한다($\frac{\S}{587}$). 다만 매매목적물의 인도 전이라도 매수인이 매매대금을 완납한 때에는 그 이후의 과실수취권은 매수인에게 귀속된다고 본다.[10] 이와 달리 소유권유보부 매매의 경우에는 그 약정의 취지상 매매대금 납입 전까지는 매도인에게 소유권이 유보되어 있더라도 매수인은 목적물을 사용·수익할 수 있으므로 매수인에게 과실수취권이 있다.[11]

### (3) 지상권자, 전세권자

지상권자는 § 279에 따라 토지를 사용·수익할 수 있고 그 사용·수익의 범위에서 토지로부터 산출되는 과실을 수취할 수 있다. 단, 금융기관에서 나대지(裸垈地)에 저당권을 설정하면서 병행하여 설정되는 이른바 '담보목적 지상권'의 경우에는 그 지상권 설정의 목적이 담보목적으로 제한되므로 지상권설정자가 계속해서 토지의 과실을 수취할 수 있다고 보아야 할 것이다. 전세권자 역시 전세권설정계약에 따라 부동산의 용도에 좇아 사용·수익하는 범위($\frac{\S}{303}$) 내에서 전세 목적부동산으로부터 발생한 과실을 수취할 수 있다.

### (4) 사용차주, 임차인

§§ 609, 618에 따라 사용차주(使用借主)와 임차인은 대차의 목적물을 사용·수익할 수 있으므로 그 용법에 따라 수취한 과실 역시 수취할 수 있다. 그러나 과실이 대차의 목적에 따라 수취된 것이 아닌 경우에는 차주(借主)가 과실수취권이 있는지 논란이 있을 수 있다. 가령 승마용으로 말(馬)을 대여하였는데, 마침 말이 임신 중이어서 그 말이 새끼 말을 출산한 경우가 거기에 해당한다. 임차 주택의 정원에 식재된 과수에서 과일이 열린 경우에도 마찬가지이다. 이에 대하여 사용만을 목적으로 하는 경우의 사용차주와 임차인은 과실수취권자가 아니라거나,[12] 특히 사용차주의 경우에는 일반적으로 과실수취권이 있다고 서술하는 것은 오해의 여지가 크며, 당사자 사이에 천연과실의 수취를 포함하는 수익(收益)의 특약이 있는 경우에만 본조가 적용된다는 견해가 있

---

10) 대판 93.11.9, 93다28928. 이에 대해서는 과실의 귀속 여부가 물권법적 문제임에도 불구하고 그 귀속 여부를 매수인의 매매대금 지급의무 이행 여부를 과실 귀속권자 판단의 기준으로 하는 것은 법리적으로 타당하지 않다는 비판이 있다. 명순구, "부동산매매목적물로부터 발생한 과실: 그 수취권의 판단", 고려법학연구 36, 2001, 390.

11) 주석 총칙(2), 340(제5판/김종기).

12) 강태성, 432.

다.[13] 구체적인 대차계약에서 정한 사용 목적과 그 범위에 관한 계약의 해석에 의하여 판단되어야 한다.[14]

### (5) 선의의 점유자

§ 201 Ⅰ에 의하면, "선의의 점유자는 점유물의 과실을 취득한다." 여기서 선의의 점유자란 과실취득권을 포함하는 권원(소유권, 지상권, 임차권 등)이 있다고 오신(誤信)한 점유자를 말하고, 그와 같은 오신을 함에는 오신할 만한 근거가 있어야 한다.[15]

따라서 과실을 수취할 수 있는 점유 권원이 아닌 유치권자나 질권자로서 점유 권원이 존재한다고 믿고 그렇게 믿은 데에 정당한 근거가 있는 자는 유치권이나 질권만을 취득할 뿐 과실 자체의 소유권을 취득할 수는 없다.[16] 따라서 소유권 등 과실을 수취할 권원이 있다고 믿고 그렇게 믿은 데에 정당한 근거가 있는 선의 점유자만 본조의 과실 수취권자에 해당한다. 다만, § 201 Ⅰ의 과실취득권에 대하여 점유자가 과실의 소유권을 취득한다는 적극적 취지로 해석하는 다수의 견해[17]가 있는 반면, 단지 회복자인 소유자의 부당이득반환청구에 대하여 선의의 점유자의 반환의무를 면제하는 소극적 취지라고 해석하는 견해도 있다.[18]

### (6) 유치권자 및 질권자

유치권자는 § 323 Ⅰ에 의하면, "유치물의 과실을 수취하여 다른 채권보다 먼저 그 채권의 변제에 충당할 수 있다. 그러나 과실이 금전이 아닌 때에는 경매하여야 한다." § 323의 취지는 유치권자가 유치물인 원물을 점유하는 동안 원물로부터 분리된 과실을 점유하면 과실에 대하여도 유치권을 취득하고 이로써 원물과 함께 그 과실에 대해서도 우선변제권을 행사할 수 있다는 취지이다. 따라서 유치권자가 § 323의 적용에 의하여 과실에 대한 우선변제권을 행사할 수 있을 뿐 본조에 의하여 과실을 취득하는 것이 아님은 분명하다.[19] 특히 과실이 금전 아닌 때에는 경매를 하여야 하므로 본조는 간접적으로도 유치권자의 과실수취를 담보하지 못한다. 이러한 해석은 § 323를 준용($\S\S\ 345, 355$)하고 있는 질권자에 있어서도 마찬가지이다.

13) 양창수(주 4), 49 이하에서 상세히 검토하고 있다.
14) 주석 총칙(2), 341(제5판/김종기).
15) 대판 81.8.20, 80다2587; 대판 92.12.24, 92다22114; 대판 95.8.25, 94다27069 등.
16) 주석 총칙(2), 340(제5판/김종기).
17) 곽윤직·김재형, 206; 김증한·김학동, 물권법, 230; 이영준, 물권법, 378.
18) 김용한, 물권법론, 1993, 202.
19) 양창수(주 4), 44; 주석 총칙(2), 329(제5판/김종기); 구주해(2), 78(김병재); 강태성, 433.

(7) 저당권자

§359는 "저당권의 효력은 저당부동산에 대한 압류가 있은 후에 저당권설정자가 그 부동산으로부터 수취한 과실 또는 수취할 수 있는 과실에 미친다. 그러나 저당권자가 그 부동산에 대한 소유권, 지상권 또는 전세권을 취득한 제3자에 대하여는 압류한 사실을 통지한 후가 아니면 이로써 대항하지 못한다."라고 규정하고 있다. 이 규정을 근거로 저당권자를 과실수취권자로 열거하고 있는 견해가 적지 않다. 저당권은 저당권설정자의 점유를 빼앗지 않으므로 저당권설정자는 저당권 설정 후에도 계속해서 저당물을 사용·수익하며 과실을 취득할 수 있다. 그러나 저당부동산에 대한 압류 후에는 그로부터 발생한 과실에 대해서도 저당권의 효력이 미치도록 한다. 이는 저당물의 담보가치를 유지하고 원활한 저당권의 실행을 보장하기 위한 규정이다. 그러나 §359는 저당권의 효력이 미치는 범위와 관련하여 압류 후에는 저당물로부터 수취한 과실에 저당권의 효력($물적\atop 범위$)이 미친다는 취지를 규정한 것일 뿐, 그 과실의 소유권의 귀속을 정한 것이 아님은 그 문언으로부터 명백하다. 결국 §359는 압류 후 과실이 원물인 저당 부동산과 함께 경매되어 저당권의 우선변제권의 대상이 됨을 정한 것에 지나지 않고 본조의 과실수취권자에는 해당하지 않는다.[20] 이는 유치권자나 질권자에 있어서와 사실상 같은 권리관계이다.

(8) 친 권 자

§923에 따르면 "법정대리인인 친권자의 권한이 소멸한 때에는 그 자의 재산에 대한 관리의 계산을 하여야 한다($동조\atop I$). 전항의 경우에 그 자의 재산으로부터 수취한 과실은 그 자의 양육, 재산관리의 비용과 상계한 것으로 본다. 그러나 무상으로 자에게 재산을 수여한 제3자가 반대의 의사를 표시한 때에는 그 재산에 관하여는 그러하지 아니하다($동조\atop II$)."라고 규정하고 있다. 통설은 이 조항을 근거로 친권자는 그 자녀의 재산으로부터 발생한 과실에 대하여 과실수취권이 있다고 본다. 그러나 §923의 취지에 대하여 친권의 종료시에 재산관리에 관한 관리 계산시 수익과 비용의 정산을 명확히 하는 것이 용이하지 않기 때문에 수익과 비용의 불균형이 현저하지 않는 한 상계하여 영(零)이 된다 해도 위법하지 않다는 취지일 뿐 관리권이 소멸한 후 남은 수익이 있으면 이를 반환하여야 한다고 해석하는 견해가 유력하다.[21] 이러한 입장에서는 §923

---

20) 양창수(주 4), 46; 주석 총칙(2), 339(제5판/김종기); 강태성, 434.
21) 김주수, 친족상속법, 제6전정판, 2006, 340.

가 미성년 자의 재산에 대하여 친권자가 과실수취권이 있다고 보기 어렵다.[22]

(9) 수유자(受遺者)

§ 1079에 따르면, 수증자는 유증의 이행을 청구할 수 있는 때로부터 그 목적물의 과실을 취득하고, 다만 유언자가 유언으로 다른 의사를 표시한 때에는 그 의사에 의한다. 이 규정의 취지는 포괄유증과 달리 특정유증의 경우에는 유언자의 사망시 유증목적물이 사망시 즉시 수유자에게 이전되는 것이 아니라 수유자에게 상속인에 대하여 유증채무의 이행을 청구할 수 있는 채권적 권리가 발생할 뿐이라는 것에서 비롯된 규정이다. 이때 유증 이익이 유언자의 사망과 동시에 수유자에게 이전되기를 희망하는 것이 유언자의 통상의 의사라는 것을 전제로, 상속인에 의한 유증채무의 이행이 부당히 지연되는 것을 막기 위하여 그 과실의 수취권을 수유자에게 귀속시킨 규정이다. 그러나 그 기초는 유언자의 통상의 의사에 지나지 않으므로 유언자가 이와 다른 의사를 표시한 때에는 그에 따라야 함은 물론이다(동조 단서).

(10) 양도담보권자

일반적으로 양도담보권은 담보목적상 소유권을 담보권자에게 이전하지만 당사자들 사이에 양도담보 목적물의 사용·수익의 권리는 양도담보설정자에게 유보되어 있는 경우가 많다. 따라서 일반적으로 부동산을 채권담보의 목적으로 양도한 경우 특별한 사정이 없는 한 목적부동산에 대한 사용수익권은 채무자인 양도담보설정자에게 있다.[23] 같은 취지에서 돼지를 양도담보의 목적물로 하여 소유권을 양도하되 점유개정의 방법으로 양도담보설정자가 계속하여 점유·관리하면서 무상으로 사용·수익하기로 약정한 경우, 양도담보 목적물로서 원물인 돼지가 출산한 새끼 돼지는 천연과실에 해당하고 그 천연과실의 수취권은 원물인 돼지의 사용·수익권을 가지는 양도담보설정자에게 귀속되므로, 다른 특별한 약정이 없는 한 천연과실인 새끼 돼지에 대하여는 양도담보의 효력이 미치지 않는다고 본 사례도 있다.[24] 따라서 전형적 양도담보에 있어서 양도담보설정자는 본조에 의한 과실수취권자에 해당한다.[25] 그러나 이와 같은 전형적 양도담보 외에 특정 양돈농장에 모돈(母豚)으로부터 출산한 자돈(子豚)

22) 양창수(주 4), 48.
23) 대판 88.11.22, 87다카2555; 대판 01.12.11, 2001다40213; 대판 08.2.28, 2007다37394, 37400.
24) 대판 96.9.10, 96다25463.
25) 양창수(주 4), 48.

을 포함하여 증감변동하는 이른바 유동집합물을 담보의 목적으로 한 경우에는 자돈의 경우도 집합물로서 양도담보의 목적이 되는 경우도 있을 수 있다. 이러한 경우에는 양도담보권자가 천연과실인 자돈에 대하여 담보목적의 소유권을 취득한다고 볼 것이다.

　　한편 가등기담보법상의 가등기담보의 경우에는 담보목적으로 가등기를 경료한 경우 담보물에 대한 사용·수익권은 가등기설정자인 소유자에게 있다고 할 것이나 … 그 성질에 반하지 않는 한 매매에 관한 민법 규정이 준용된다 할 것이고($\frac{\text{민법}}{\S567}$), 채권자가 가등기담보권을 실행하여 그 담보목적 부동산의 소유권을 취득하기 위하여 가등기담보등에관한법률에 따라 채무자에게 담보권 실행을 통지한 경우 청산금을 지급할 여지가 없는 때에는 2월의 청산기간이 경과함으로써 청산절차는 종료되고, 이에 따라 채권자는 더 이상의 반대급부의 제공 없이 채무자에 대하여 소유권이전등기청구권 및 목적물 인도청구권을 가진다 할 것임에도 채무자가 소유권이전등기의무 및 목적물 인도의무의 이행을 지연하면서 자신이 담보목적물을 사용·수익할 수 있다고 하는 것은 심히 공평에 반하여 허용될 수 없으므로 이러한 경우 담보목적물에 대한 과실수취권 등을 포함한 사용·수익권은 청산절차의 종료와 함께 채권자에게 귀속된다고 한다.[26]


## Ⅲ. 법정과실의 귀속

　　법정과실은 수취할 권리의 존속기간 일수(日數)의 비율로 취득한다.

　　법정과실의 경우에는 천연과실과 달리 분리라는 문제가 발생할 여지가 없으므로 권리의 존속기간에 따라 그 일수의 비율로 과실을 분배하도록 규정한 것이다. 따라서 임대차계약 계속 중 소유권이 변경된 경우에는 소유권 이전 시점을 전후로 신·구 소유자 사이에 차임이 분배되고, §201 Ⅰ에 의하여 과실취득권 있는 선의 점유자가 진정한 소유자의 반환청구를 받아 패소한 경우에는 그 소제기를 받은 시점까지는 선의의 점유자가 과실의 소유권을 취득하고 그 이후 과실에 대해서는 반환청구권자에게 귀속된다.

　　그 밖에 법정과실을 수취할 권리자 역시 천연과실의 경우와 마찬가지로 물권법이나 채권법상의 권리의 성질에 따라 결정된다. 이 규정 역시 임의규정

---

26) 대판 01.2.27, 2000다20465.

이므로 당사자들 사이에서 이와 다른 약정을 하는 것을 방해하지 않는다.[27] 다만 본조와 다른 약정에 대한 증명책임은 특약의 존재를 주장하는 자에게 있음은 물론이다.[28]

　부동산을 직접 점유·사용하여 이익을 얻는 것과 같은 사용이익은 법정과실은 아니지만 사용이익의 반환의무에 관해서는 본조 및 § 201 이하의 규정이 유추적용된다.[29]

[박 인 환]

---

27) 구주해(2), 80(김병재); 주석 총칙(2), 345(제5판/김종기).
28) 구주해(2), 80(김병재); 주석 총칙(2), 346(제5판/김종기).
29) 구주해(2), 80(김병재).

# 사항색인

제 2 판
민법주해 Ⅱ − 총칙 (2)

제 2 판발행      2022년 3월 30일

편집대표          양창수
펴낸이            안종만 · 안상준

편 집            이승현
기획/마케팅       조성호
표지디자인        이수빈
제 작            고철민 · 조영환

펴낸곳            (주) **박영사**
                서울특별시 금천구 가산디지털2로 53, 210호(가산동, 한라시그마밸리)
                등록  1959. 3. 11. 제300-1959-1호(倫)
전 화            02)733-6771
f a x            02)736-4818
e-mail           pys@pybook.co.kr
homepage        www.pybook.co.kr
ISBN            979-11-303-4181-1   94360
                979-11-303-3730-2   94360(세트)

* 파본은 구입하신 곳에서 교환해 드립니다. 본서의 무단복제행위를 금합니다.


정  가      60,000원